張大可 韓兆琦 等 注譯

新譯資治通鑑

（三）

漢紀五—十一

三民書局

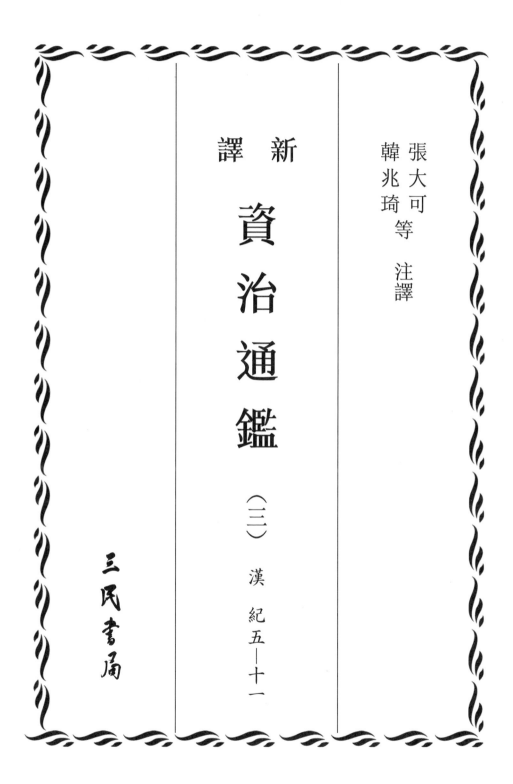

國家圖書館出版品預行編目資料

新譯資治通鑑(三)／張大可,韓兆琦等注譯.－－初版
三刷.－－臺北市：三民，2024
冊；　公分.－－(古籍今注新譯叢書)

ISBN 978-957-14-6239-4（全套:精裝）
1.資治通鑑 2. 注釋

610.23　　105022920

古籍今注新譯叢書

新譯資治通鑑(三)

注譯者｜張大可　韓兆琦等
創辦人｜劉振強
發行人｜劉仲傑
出版者｜三民書局股份有限公司(成立於1953年)

三民網路書店
https://www.sanmin.com.tw

地址｜臺北市復興北路386號　(復北門市)　(02)2500-6600
臺北市重慶南路一段61號(重南門市)　(02)2361-7511

出版日期｜初版一刷2017年1月
初版三刷2024年5月

全套不分售
ISBN｜978-957-14-6239-4

新譯資治通鑑 目次

第二冊

卷第十三 漢紀五 西元前一八七至前一七八年……一
卷第十四 漢紀六 西元前一七七至前一七〇年……七七
卷第十五 漢紀七 西元前一六九至前一五五年……一三九
卷第十六 漢紀八 西元前一五四至前一四一年……二一一
卷第十七 漢紀九 西元前一四〇至前一三四年……二九九
卷第十八 漢紀十 西元前一三三至前一二五年……三七五
卷第十九 漢紀十一 西元前一二四至前一一九年……四五九

卷第十三

漢紀五

起閼逢攝提格（甲寅 西元前一八七年），盡昭陽大淵獻（癸亥 西元前一七八年），凡十年。

【題解】本卷寫了高后元年（西元前一八七年）至文帝二年（西元前一七八年）共十年間的全國大事，其中最主要的是寫了惠帝死後呂后親自臨朝執政，繼之前報復性地殺死戚夫人與趙王如意後，又殺了劉邦的其他兒子劉友、劉恢；與此同時大量分封諸呂為王為侯，將朝廷的一切軍政大權集中於呂產、呂祿等人之手，連已經極力投靠呂氏的陳平、周勃等元老功臣的權力也被架空，將其驅入反呂陣營。至呂后一死，齊王劉襄首先起兵發難，朝廷派出抵抗的灌嬰中途倒戈與齊王結盟，乘此機會周勃、陳平倚仗朱虛侯劉章與其他功臣共同發動政變，一舉消滅了諸呂，擁立代王劉恆為皇帝的驚險過程。並接著寫了劉恆上臺後逐步裁抑周勃、陳平，壓抑劉襄、劉章兄弟；較妥善地處理了南越王稱帝；以及招納善言、減低田賦、拒絕臣民進貢，不搞「改正朔、易服色」等時髦活動的若干善政。

高皇后❶

元年（甲寅　西元前一八七年）

冬，太后❷議欲立諸呂❸為王，問右丞相陵❹，陵曰：「高帝刑白馬盟❺曰『非劉氏而王，天下共擊之❻。』今王呂氏，非約也❼。」太后不說❽，問左丞相平❾、太尉勃❿，對曰：「高帝定天下，王子弟⓫；今太后稱制⓬，王諸呂⓭，無所不可⓮。」太后喜。罷朝，王陵讓⓯陳平、絳侯曰：「始與高帝啑血盟⓰，諸君不在邪！今高帝崩，太后女主，欲王呂氏，諸君縱欲阿意背約⓱，何面目見高帝於地下乎？」陳平、絳侯曰：「於今面折廷爭⓲，臣不如君；全社稷⓳、定劉氏之後⓴，君亦不如臣㉑。」陵無以應之。

十一月甲子㉒，太后以王陵為帝太傅㉓，實奪之相權。陵遂病免歸㉔。乃以左丞相平為右丞相㉕，以辟陽侯審食其㉖為左丞相，不治事㉗，令監宮中㉘，如郎中令㉙。食其故㉚得幸於太后，公卿皆因而決事㉛。

太后怨趙堯為趙隱王謀㉜，乃抵堯罪㉝。

上黨守任敖㉞嘗為沛獄吏㉟，有德於太后㊱，乃以為御史大夫。

太后又追尊其父臨泗侯呂公㊲為宣王，兄周呂令武侯澤㊳為悼武王，欲以王諸呂為漸㊴。

春，正月，除三族罪、妖言令[40]。

夏，四月，魯元公主薨。封公主子張偃[41]為魯王[42]，謚公主曰魯元太后[43]。

辛卯[44]，封所名孝惠子山[45]為襄城侯[46]，朝為軹侯[47]，武為壺關侯[48]。

太后欲王呂氏，乃先立所名孝惠子彊[49]為淮陽王[50]，不疑[51]為恆山王[52]。使大謁者張釋[53]風[54]大臣，大臣乃請立悼武王長子酈侯台[55]為呂王。割齊之濟南郡為呂國[56]。

五月丙申[57]，趙王宮叢臺[58]災。

秋，桃李華[59]。

二年（乙卯　西元前一八六年）

冬，十一月，呂肅王台薨[60]。

春，正月乙卯[61]，地震。羌道、武都道[62]山崩。

夏，五月丙申[63]，封楚元王子郢客[64]為上邳侯[65]，齊悼惠王子章[66]為朱虛侯[67]，令入宿衛[68]，又以呂祿女妻章[69]。

六月丙戌晦[70]，日有食之[71]。

秋，七月，恆山哀王不疑[72]薨。

行八銖錢[73]。

癸丑[74]，立襄成侯山為恆山王，更名義。

三年（丙辰　西元前一八五年）

夏，江水、漢水溢[75]，流[76]四千餘家。

秋，星晝見[77]。

伊水、洛水[78]溢，流千六百餘家。汝水[79]溢，流八百餘家。

四年（丁巳　西元前一八四年）

春，二月癸未[80]，立所名孝惠子太[81]為昌平侯[82]。

夏，四月丙申[83]，太后封女弟嬃[84]為臨光侯[85]。

少帝寖長[86]，自知非皇后[87]子，乃出言曰：「后安能殺吾母而名我[88]！我壯，即為變[89]。」太后聞之，幽[90]之永巷[91]中，言帝病，左右莫得見。太后語羣臣曰：「今皇帝病，久不已[92]，失惑昏亂[93]，不能繼嗣[94]治天下，其代之[95]。」羣臣皆頓首言：「皇太后為天下齊民計[96]，所以安宗廟、社稷甚深，羣臣頓首奉詔[97]。」遂廢帝，幽殺之[98]。

五月丙辰[99]，立恆山王義為帝，更名曰弘。不稱元年，以太后制天下事故也。

以軹侯朝為恆山王。

是歲，以平陽侯曹窋(100)為御史大夫(101)。

有司(102)請禁南越關市鐵器(103)。南越王佗(104)曰：「高帝立我(105)，通使物(106)。今高后聽讒臣，別異蠻夷(107)，隔絕器物(108)。此必長沙王計(109)，欲倚中國擊滅南越，而并王之(110)，自為功也。」

五年（戊午　西元前一八三年）

春，佗自稱南越武帝(111)，發兵攻長沙(112)，敗數縣(113)而去。

秋，八月，淮陽懷王彊(114)薨，以壺關侯武(115)為淮陽王。

九月，發河東、上黨騎(116)屯北地(117)。

初令戍卒歲更(118)。

六年（己未　西元前一八二年）

冬，十月，太后以呂王嘉(119)居處驕恣(120)，廢之。十一月，立肅王弟產(121)為呂王。

春，星晝見。

夏，四月丁酉(122)，赦天下。

封朱虛侯章弟興居(123)為東牟侯(124)，亦入宿衛。

匈奴寇狄道[125]，攻阿陽[126]。

行五分錢[127]。

宣平侯張敖[128]卒，賜諡曰魯元王[129]。

七年（庚申　西元前一八一年）

冬，十二月，匈奴寇狄道，略[130]二千餘人。

春，正月，太后召趙幽王友[131]。友以諸呂女[132]為后，弗愛，愛他姬。諸呂女怒，去[133]，讒之於太后曰：「王言『呂氏安得王[134]！太后百歲後，吾必擊之。』」太后以故召趙王。趙王至，置邸[135]，不得見[136]。令衛圍守之[137]，弗與食。其群臣或竊饋[138]，輒捕論之[139]。丁丑[140]，趙王餓死[141]，以民禮葬之長安民冢次[142]。

己丑[143]，日食，晝晦[144]。太后惡之，謂左右曰：「此為我也[145]！」

二月，徙梁王恢[146]為趙王，呂王產[147]為梁王。梁王不之國[148]，為帝太傅[149]。

秋，七月丁巳[150]，立平昌侯太[151]為濟川王[152]。

呂須女為將軍、營陵侯劉澤[153]妻。澤者，高祖從祖昆弟[154]也。齊人田生[155]為之說大謁者張卿曰：「諸呂之王也，諸大臣未大服。今營陵侯澤，諸劉最長[156]，今卿言太后王之，呂氏王益固[157]矣。」張卿入言太后，太后然之。乃割齊之琅邪郡[158]

封澤為琅邪王[159]。

趙王恢之徙趙，心懷不樂。太后以呂產女為王后[160]，王后從官皆諸呂，擅權[161]，微伺趙王[162]，趙王不得自恣[163]。王有所愛姬，王后使人酖殺之。六月[164]，王不勝悲憤[165]，自殺[166]。太后聞之，以為王用婦人棄宗廟禮[167]，廢其嗣[168]。

是時，諸呂擅權用事[169]，朱虛侯章[170]，年二十，有氣力[171]，忿劉氏不得職[172]。嘗入侍太后燕飲[173]，太后令章為酒吏[174]。章自請曰：「臣將種[175]也，請得以軍法行酒[176]。」太后曰：「可。」酒酣，章請為耕田歌[177]，太后許之。章曰：「深耕穊種[178]，立苗欲疏[179]。非其種者[180]，鉏而去之！」太后默然。頃之[181]，諸呂有一人醉，亡酒[182]，章追，拔劍斬之，而還報曰：「有亡酒一人，臣謹行法斬之。」太后左右皆大驚，業已許其軍法，無以罪[183]也，因罷[184]。自是之後，諸呂憚[185]朱虛侯。雖大臣皆依朱虛侯[186]，劉氏為益彊[187]。

陳平患諸呂，力不能制，恐禍及己，嘗燕居[188]深念。陸賈往，直入坐，而陳丞相不見[189]。陸生曰：「何念之深也[190]！」陳平曰：「生[191]揣我何念[192]？」陸生曰：「足下極富貴，無欲矣[193]，然有憂念，不過患諸呂、少主耳[194]。」陳平曰：「然。為之柰何？」陸生曰：「天下安，注意相；天下危，注意將[195]。將相和調，則士豫附[196]。天下雖有變，權不分[197]。為社稷計，在兩君[1]掌握[198]耳。臣嘗欲謂太尉絳侯[199]，絳侯與我戲，易吾言[200]。君何不交驩太尉，深相結[201]？」因為陳平畫呂氏數事[202]。陳平用其計，乃以五百金為絳侯壽[203]，厚具樂飲[204]。太尉報亦如之[205]。兩人深相結，呂氏謀益衰[206]。陳平以奴婢百人、車馬五十乘、錢五百萬，遺[207]陸生為飲食費。

太后使使告代王[208]，欲徙王趙。代王謝[209]之，願守代邊[210]。太后乃立兄子呂祿[211]為趙王，追尊祿父建成康侯釋之[212]為趙昭王[213]。

九月，燕靈王建[214]薨，有美人子[215]，太后使人殺之，國除[216]。

遣隆慮侯周竈[217]將兵擊南越。

【章旨】以上為第一段，寫呂后執政元年（西元前一八七年）至七年間的全國大事，主要寫了呂后殺劉邦和孝惠諸子、封諸呂為王、架空陳平、周勃諸元功大臣將朝廷主要權力都集中於呂氏集團之手，以及周勃、陳平彼此聯絡，劉章為維護劉氏權益勇敢鬥爭並逐漸形成氣候，為最後決戰積蓄了力量等等。

【注釋】❶高皇后　劉邦的皇后，姓呂名雉，字娥姁。惠帝死後，臨朝執政，在位共八年（西元前一八七—前一八〇年）。事跡詳見《史記・呂太后本紀》與《漢書・高后紀》。❷太后　即指呂后。現時在位的皇帝是惠帝之子，稱呂氏理應稱太皇太后，但《史記》、《漢書》相沿如此，故《通鑑》亦仍其舊。❸諸呂　指呂后的娘家人，如其長兄呂澤、次兄呂釋之等人，都是劉邦的開國功臣。❹右丞相陵　王陵，劉邦的開國功臣，以軍功被封為安國侯。事跡詳見《史記・陳丞相世家》。劉邦稱帝時設「相國」一人，蕭何、曹參相繼為之。惠帝時曹參死，從此改「相國」為「丞相」，設為右左二人，右丞相居上。❺刑白馬盟　古代訂立盟約或宣誓時，往往宰殺牲畜以血塗口，是之謂「歃血」，以表其盟誓之莊重。按，劉邦與群臣刑白馬定盟事，本紀不載。❻非劉氏而王二句　《史記·漢興以來諸侯王年表序》有云：「高祖末年，非劉氏而王者，若（或）無功上所不置而侯者，天下共誅之。」❼非約也　不合劉邦當年的規定。❽不說　同「不悅」。❾左丞相平　陳平，劉邦的開國謀臣，以功封曲逆侯，時任左丞相。事跡詳見《史記·陳丞相世家》。❿太尉勃　劉邦的開國功臣，以軍功封絳侯，高祖末年曾任太尉，後來「太尉」之職取消，至呂后四年又任周勃太尉。⓫高帝定天下二句　意謂劉邦做了皇帝，就封其劉姓子弟為王。⓬稱制　行使皇帝職權。制，皇帝的命令。⓭王諸呂　意即封呂氏兄弟子姪為王。⓮無所不可　凌稚隆曰：「陳平、周勃不以此時極諫而顧阿諛曲從，乃致釀成其禍，他日雖有安劉之功，僅足以贖今之罪耳。」按，凌氏所云乃從維持封建宗法而言；若從實際情況而論，呂后封其兄弟有何不可？況呂氏兄弟皆戰功累累，不比劉邦封其襁褓中兒更有理由？陳平、周勃之令人討厭，乃在於其看風使舵、投機取巧。⓯讓　責備。⓰啑血盟　歃血定盟。啑，通「歃」。⓱縱欲阿意背約　即使想順從呂后的欲望，背叛高帝的盟約。縱，即使。阿意，曲意迎合他人的意願。阿，曲順以求媚於人。⓲面折廷爭　當面駁回皇帝的意見，在朝廷上公開堅持自己的主張。⓳全社稷　意即維護國家的穩定。社稷，指社稷壇，古代帝王祭祀土神和穀神的場所，後人遂習慣地用以代指國家政權。⓴定劉氏之後　使劉邦的後代繼續守國稱帝。㉑君亦不如臣　此話恐是陳平等日後編造的自我粉飾之辭。如果呂氏從此篡取了天下，陳平、周勃豈不遂安享其擁立之功？㉒十一月甲子　十一月二十九。㉓帝太傅　小傀儡皇帝的太傅。太傅是皇帝或太子的輔導官，為周初的三公（太師、太傅、太保）之一，位極尊貴。東周以來，此職久廢。今呂氏任王陵為太傅，名似提高，實為奪其相權。㉔遂病免歸　遂稱病辭職歸鄉。㉕乃以左丞相平為右丞相　由此可知漢時以「右」為上。按，以「左」為上，還是以「右」為上，各個時期、各個地區的習慣不一，如《史記·魏公子列傳》魏公子迎侯生有所謂「虛左」，乃以「左」為上；而《史記·廉頗藺相如列傳》又有所謂「以藺相如為上卿，位在廉頗之右」云云，則又以「右」為上。《史記》敘入漢以後諸事，以「右」為上者居多。故師古有曰：「右職，高職也；其有得罪下遷者，則曰『左遷』。」㉖辟陽侯審食其　審食其因曾與太公、呂后一道被項羽所俘虜，所以後來深為呂后所親幸，封辟陽侯，今又任以為左丞相。辟陽，漢縣名，在今河北棗強西南。㉗不治事　謂不管理其左丞相職內的事務。㉘令監宮中　令其管理宮廷內的事務，以便於接近呂后。監，監督；管理。㉙如郎中令　和郎中令管的事務差不多。郎中令，官名，九卿之一，負責守衛宮門、統領帝王侍從，及管理內廷事務。㉚故　本來；早就。㉛公卿皆因而決事　朝廷大臣都通過他、借助他來決斷大事。

公卿，三公九卿，這裡即泛指朝廷大臣。㉜趙堯為趙隱王謀　趙堯原為符璽御史，曾為劉邦出主意派御史大夫周昌往任趙國丞相，以保護趙王如意。也正因此而趙堯被劉邦提升為御史大夫。趙隱王，即指趙王如意，死後諡曰隱。㉝抵堯罪　找藉口而加之以罪，撤職下獄。㉞任敖　劉邦的開國功臣，此時任上黨郡的郡守。上黨郡的郡治長子，在今山西長子城西南。㉟沛獄史　秦時沛縣的監獄小吏。㊱有德於太后　時劉邦有罪逃走，呂后被下獄，有人侮辱呂后，任敖曾挺身維護之。有德，有恩。有關任敖諸事，詳見《史記・張丞相列傳》。㊲臨泗侯呂公　呂后之父，史失其名。曾在劉邦微賤時對其大加賞識，並以其女許配之。劉邦建國後，封以為臨泗侯，早死；今呂后執政，乃追尊之為「宣王」。㊳周呂令武侯澤　呂澤，呂后的長兄，劉邦的開國功臣，於楚漢戰爭中死事，被劉邦封為「周呂侯」，令武二字是諡。今則更追尊之曰「悼武王」。㊴以王諸呂為漸　為下一步封呂氏諸人為王做鋪墊。漸，如水之逐步浸潤，意即今之「做鋪墊」、「打基礎」。㊵除三族罪妖言令　師古曰：「罪之重者戮及三族，過誤之語以為妖言，今謂重酷，皆除之。」㊶張偃　張敖之子，魯元公主所生。㊷為魯王　張敖因貫高謀刺劉邦事被降為侯，今公主又死，呂后為心痛外甥，故特封之為魯王，都城即今山東曲阜。㊸諡公主曰魯元太后　劉邦此女原來只稱「公主」，並無封邑。所以被稱為「魯元公主」，即因其子此時受封為魯王故。㊹辛卯　四月二十八。㊺所名孝惠子山　孝惠張皇后因自己不能生子，故而抱取其他妃嬪所生的孩子假說是自己所生，其最長者已即位為傀儡皇帝，其次者名字曰「山」，又名「義」，又名「弘」。㊻襄城侯　封地襄城即今河南襄城。㊼朝為軹侯　又有名「朝」者被封為軹侯，封地軹縣（今河南濟源東南）。㊽武為壺關侯　又有名「武」者，封地壺關（今山西長治西北）。㊾所名孝惠子彊　劉彊。㊿淮陽王　國都陳縣（今河南淮陽）。(51)不疑　劉不疑。(52)恆山王　國都真定（今石家莊東北）。梁玉繩曰：「孝惠後宮子凡六人，而所謂『太子為帝』者不與焉。『彊』與『不疑』之薨皆無嗣，即以襄城侯為常山王，壺關侯為淮陽王。其後常山王立為帝，又以軹侯朝為常山王。此五人紀、表所書並同，而紀獨不及『平昌侯大』何哉？『大』封於四年二月，比五人為後，想以其甚幼耳。」(53)大謁者張釋　大謁者，諸謁者之長，為帝王主管收發、傳達以及贊禮等等，上屬郎中令。張釋，也作「張澤」、「張卿」，任「大謁者」之職。(54)風　用含蓄的語言暗示。(55)酈侯台　呂台，呂澤之子，因其父死事，故呂台被劉邦封為酈侯。(56)割齊之濟南郡為呂國　此呂后一箭雙鵰之法，既壯大呂氏，又削弱劉氏。從此齊國的濟南郡改稱「呂國」，國都東平陵（在今山東章丘西北）。齊王劉肥原來轄有七個郡，為逃避呂后迫害而獻給魯元公主一個城陽郡，今又讓呂台佔去一個郡，還有五個郡。(57)五月丙申　五月初四。(58)叢臺　趙國都城的名勝，原為戰國時趙武靈王所建。(59)秋二句　秋天非桃李開花之時，今開花不時，古人視以為災變，故書於史。(60)呂肅王台薨　呂肅王台即呂台，肅字是諡。按，西元一九九九年在山東濟南之洛莊發見巨大豪華漢墓，出土大批珍貴文物，經考察，此墓的墓主即呂台。(61)正月乙卯　正月二十六。(62)羌道武都道　西漢時的二縣名，羌道在今甘肅岷縣東南，武都道在今甘肅武都東北。當時凡縣內有少數民族聚居者則稱「道」。(63)五月丙申　五月初九。(64)楚元王子郢客　劉郢客，劉邦弟楚元王劉交之子。楚國的都城即今江蘇徐州。(65)上邳侯　封地上邳縣，縣治在今山東滕縣南。(66)齊悼惠王子章　劉章，劉邦子齊悼惠王劉肥之子，齊哀王劉襄之弟。事跡詳見《史記・齊悼惠王世家》。(67)朱虛侯　封地朱虛縣，在今山東臨朐東南。(68)宿衛　在宮中擔任警衛。按，呂后調劉章進京，實有監督，並用以為人質之意。(69)以呂祿女妻章　同時又想通過聯姻以拉攏收買之。呂祿是呂后之姪，呂后次兄呂釋之之子。被封為胡陵侯。(70)六月丙戌晦　六月的最末一天是丙戌日。晦，陰曆每月的最後一天。(71)日有食之　這天日蝕。古人視日蝕為最大天變，故例皆書之於史。(72)恆山哀王不疑　劉不疑，哀字是謚。(73)行八銖錢　流通、使用八銖錢。行，流通。八銖錢，實際重半兩。(74)癸丑　七月二十七。(75)江水漢水溢　長江、漢水氾濫。江水，即今之長江。漢水，長江的支流，流經陝西南部，至湖北入長江。溢，氾濫。(76)流　沖；沖走。(77)星晝見　星辰白天出現，古人視為天變，故書於史。見，通「現」。(78)伊水洛水　流經今河南西部，伊水匯入洛水，洛水匯入黃河。(79)汝水　流經今河南南部，東流入淮水。(80)二月癸未　二月初七。(81)孝惠子太　劉太。(82)昌平侯　封地昌平縣。按，錢穆以為此「昌平」應作「平昌」，在今山東諸城東南。(83)四月丙申　四月二十。(84)女弟嬃　呂嬃，呂后之妹，樊噲之妻。(85)臨光侯　梁玉繩《史記志疑》曰：「此及噲傳並作『臨光』，《漢書》亦然；而如淳〈文帝紀〉注作『林光』，疑古通假字。蓋嬃以女人封侯，且為呂氏謀主，未必遠封他所，亦不聞有地名『臨光』者。《三輔黃圖》云：『林光宮在雲陽縣界』，得無以嬃主林光宮而食邑雲陽邪？」(86)少帝寖長　現時在位的小傀儡皇帝越長越大。少帝，即後宮妃嬪之子，呂后殺其母，張皇后假說是自己所生，現時在位為帝者。寖，逐漸。(87)皇后　此指張皇后，魯元公主與張敖之女。按，此處用語混亂，不可為訓。所謂「皇后」自應稱皇帝之妻，豈能仍稱皇帝之母曰「皇后」？(88)名我　把我說成她的兒子。(89)即為變　意即要發動政變為母報仇。也有人以為是要把名分變過來。(90)幽　囚禁。(91)永巷　宮中囚禁犯人的場所。(92)不已　不完；不痊癒。(93)失惑昏亂　精神錯亂，神志不清。(94)繼嗣　這裡猶言「繼續」。(95)其代之　《漢書》作「其議代之」，意謂「我想撤換他，你們大家討論一下」。(96)為天下齊民計　為普天下的黎民百姓考慮。齊民，猶言「平民」。計，計慮；謀劃。(97)奉詔　意即按您的命令行事。(98)遂廢帝二句　郭嵩燾曰：「惠帝崩，太子即位，年三歲耳。立四年而太后廢之，其年不過六七歲。」(99)五月丙辰　五月十一。(100)曹窋　曹參之子，襲父爵為平陽侯。(101)御史大夫　「三公」之一，掌監察糾彈，職同副丞相。丞相有缺，照例以御史大夫增補。(102)有司　主管該項事務的官員。(103)請禁南越關市鐵器　請求禁止向南越國出售鐵器。關市，原指邊境貿易市場，這裡用如動詞，即指交易。104南越王佗　趙佗，因其曾為南海尉，故又稱「尉佗」。乘秦末農民起義與楚漢戰爭之際，以兵力統一嶺南諸郡，自立為南越王，都城番禺，即今廣州。劉邦稱帝後，派陸賈勸其稱臣於漢。事跡詳見《史記・南越列傳》。105高帝立我　意即承認、加封我為南越王。106通使物　互通使節，相互貿易。107別異蠻夷　對我們少數民族另眼相看。別異，視為另類。108隔絕器物　禁止把某些東西賣給我們。109此必長沙王計　這一定是長沙王吳右的主意。吳右是長沙王吳芮的後代。110滅南越二句　兼併南越，而稱王於兩片國土。111南越武帝　此生時自稱，與中原之稱謚不同，蓋亦猶黥布之自稱「武王」也。以此向漢王朝示威。112長沙　此指長沙王國，都城臨湘即今湖南長沙。113敗數縣　打敗了幾個縣的防禦守軍。114淮陽懷王彊　淮陽王劉彊，惠帝之子，懷字是死後的謚。115壺關侯武　劉武，惠帝之子。116河東上黨騎　河東、上黨兩郡的騎兵。河東郡的郡治安邑，在今山西夏縣西北。上黨郡的郡治長子，在今山西長子城西南。117北地　漢郡名，郡治馬領，在今甘肅慶陽西北。118歲更　每年更替一回，比以往的秦朝更為人性化。119呂王嘉　呂台之子，繼其父位為呂王。120驕恣　驕橫；放縱。121肅王弟產　呂台之弟呂產，乃呂嘉之叔，呂后之姪。122四月丁酉　四月初三。123朱虛侯章弟興居　劉興居，齊悼惠王劉肥之子，哀王劉襄與朱虛侯劉章之弟。124東牟侯　封地東牟縣，在今山東文登西北。125狄道　漢縣名，即今甘肅臨洮，當時為隴西郡的郡治所在地。126阿陽　漢縣名，縣治即今甘肅靜寧。127五分錢　漢代錢幣名，為當時「莢錢」的一種。128張敖　張耳之子，繼其父位為趙王，娶劉邦女魯元公主為妻，後因貫高事被貶為宣平侯。129賜謚曰魯元王　魯元公主本無封號，乃因其子為魯王，故得謚為魯元公主。今張敖死，又因其妻曰「魯元公主」而被謚為魯元王。130略　通「掠」。劫虜。131召趙幽王友　意即召趙幽王友進京。趙幽王友，劉友，劉邦之子，先被封為淮陽王，又被改封為趙王。此時劉友已居趙十四年。幽字是其死後的謚。132諸呂女　呂氏家族的女兒，呂后指配與劉友為王后。133去　生氣地離開趙國，回到長安。134呂氏安得王　姓呂的怎能稱王。135置邸　將劉友軟禁於趙國在長安所蓋的官邸中。136不得見　不得見皇帝，也不准見朝廷的百官群臣。137令衛圍守之　派衛兵將劉友單獨禁閉起來。衛，指呂后派去的侍衛。138其羣臣或竊饋　劉友帶來的臣僚有人偷偷送一些食物。竊饋，偷偷送給。139輒捕論之　立即抓起來予以治罪。論，判罪，這裡即指處死。140丁丑　正月十七。141趙王餓死　據《史記・呂太后本紀》，劉友餓時作歌曰：「諸呂用事兮劉氏危，迫脅王侯兮強授我妃。我妃既妒兮誣我以惡，讒女亂國兮上曾不悟。我無忠臣兮何故棄國？自決中野兮蒼天舉直。於嗟不可悔兮寧蚤自財，為王而餓死兮誰者憐之？呂氏絕理兮託天報仇。」司馬光又刪棄不取。142民冢次　平民百姓的墳墓旁。次，側；旁。143己丑　正月二十九。144晝晦　白天暗得像黑夜。145此為我也　古人認為自然界的災變都與人類社會緊密相關，這就是漢代人所說的「天人感應」。呂后知道自己作惡多端，故而以為日蝕現象是朝她而來。146梁王恢　劉恢，劉邦之子。147呂王產　呂產，呂台之弟，呂后之姪。148不之國　不到自己的封地上去，留在京城充當呂后的左膀右臂。149帝太傅　皇帝的輔導官名，本無實權，但當時陳平的丞相之權已被架空，呂產實際成了呂后的丞相。150七月丁巳　七月無丁巳日，此處記事有誤。151平昌侯太　劉太，惠帝之子，前此被封為平昌侯。152濟川王　封地濟南郡，也就是此前以東平陵（在今山東章丘西北）為都城的「呂國」。因呂產已由呂王改封為梁王，故遂將呂國改稱「濟川國」，以封惠帝子劉太。153將軍營陵侯劉澤　劉邦的遠房兄弟與開國功臣，以軍功被封為營陵侯，娶呂須之女為妻。事跡詳見《史記・荊燕世家》。154從祖昆弟　《史記》稱之為「諸劉遠屬」。從祖，堂祖父。昆弟，兄弟。155田生　一個寄食權門以籌謀劃策獲取私利的人，類似戰國時代的縱橫家。156諸劉最長　在劉姓諸臣中，年齡最大。157呂氏王益固　諸呂之封王者也就更踏實了。158齊之琅邪郡　齊王劉肥屬下的琅邪郡，郡治即今山東諸城。159封澤為琅邪王　《史記・呂太后本紀》云：「太后女弟呂須有女，為營陵侯劉澤妻，澤為大將軍。太后王諸呂，恐即崩後劉將軍為害，乃以劉澤為琅邪王，以慰其心。」此呂后之本意，田生、張卿所為適逢其時機。呂后從齊國割出一個郡以封劉澤，既收買了劉澤，又削弱了齊國，可謂一舉兩得。至此，齊國已被削去三個郡。160以呂產女為王后　指令呂產之女為劉恢做王后。161擅權　專權；專趙國之權。162微伺趙王　暗中監視趙王的活動。微伺，暗中監視。163趙王不得自恣　趙王不能按自己意願想幹什麼就幹什麼。按，呂后強制劉氏宗室必須娶呂氏女為妻，蓋皆用以「微伺」。164六月　在趙國為王六個月。165不勝悲憤　無法克制自己的悲哀憤怒。166自殺　此劉邦的第三個兒子被呂后殺害。徐孚遠曰：「趙王自殺非但為悲哀愛姬也，懼有前幽王之禍耳。」167用婦人棄宗廟禮　因為一個女人而拋棄了祭祀宗廟的為王的責任，指其自殺。用，因。168廢其嗣　廢掉了他的繼位人，不允許其後代再繼任為趙王。169擅權用事　專權管事。170朱虛侯章　劉章，齊王劉肥之子，齊哀王劉襄之弟，被封為朱虛侯，現時住在京城，名義上是「宿衛」宮廷。171有氣力　慷慨任氣，且又勇武多力。172不得職　不被任用；不能在位掌權。173燕飲　和樂而不拘禮節的歡宴。174酒吏　酒筵上的令官，以監督不守規矩者。175將種　將門之後，《史記・曹相國世家》載有劉肥率軍隨劉邦討伐黥布事。176行酒　監督酒席上的一切活動。177請為耕田歌　請允許演唱一首〈耕田歌〉。178穊種　猶言「密植」。穊，密。179立苗欲疏　等到定苗時，就要注意到分布得合理。師古曰：「穊種者，言多生子孫也；疏立者，四散置之，令為藩輔也。」180非其種者　凡不是自己種下的作物，即一切野生的東西，這裡隱指呂氏。或者「種」字指物種、血統。凡不屬自己血統的人，隱指呂氏。吳見思曰：「有意無意，若近若遠，絕妙比興。」181頃之　過了不久。182亡酒　因躲避喝酒而逃亡。183無以罪　沒有理由怪罪他。184因罷　就這樣一直到酒筵結束。凌稚隆引董份曰：「章志奇矣，然犯人所深忌，而輕言之，幸得脫虎口，甚岌岌矣。」郭嵩燾曰：「朱虛侯所以得免者，由娶呂祿女故也，亦呂后深惜呂氏之意。」(185)憚 畏懼。(186)雖大臣皆依朱虛侯 雖，即使。大臣，如周勃、陳平之流。周勃當時為太尉，陳平當時為丞相，只是皆被呂后所架空，留有空名而已。周勃、陳平在平時如何依附劉章，史無明載；但在政變發動後，周勃等之所以能夠獲勝，在很大程度上還是依靠了劉章。詳見《史記・呂太后本紀》。(187)劉氏為益彊 謂劉氏勢力因此而漸強。益，漸。(188)燕居 安居；閒居。即韜晦而不任事。(189)不見 沒有看見陸生進來，可見其思慮問題之專且深。(190)何念之深也 在想什麼事，想得這麼專注。(191)生 猶今之言「先生」。(192)揣我何念 你猜我在想什麼。(193)極富貴二句 富貴已達頂點，不可能再有別的欲望了。(194)不過患諸呂少主耳 此文美化陳平，似其一切皆出自公心者，豈其然哉？(195)天下安四句 注意，人們的眼睛盯著。《史記・孫子吳起列傳》：「主少國疑，大臣未附，百姓不信，方是之時，屬之於子乎？屬之於我乎？」彼「屬」字即此處之「注意」也。將，指太尉周勃。(196)將相和調二句 和調，調齊心一力。豫，樂也。士豫附即滿朝士大夫樂於歸附。(197)權不分 朝廷的大權不致分裂。(198)在兩君掌握 在你們兩個人的手掌之中，極言其容易控制。(199)臣嘗欲謂太尉絳侯 我常想和太尉絳侯講此道理。嘗，通「常」。太尉絳侯，即周勃，劉邦的開國功臣，以滅秦、滅項功封為絳侯，此時雖名為太尉，但已被呂后架空，其實權已歸呂祿。事跡詳見《史記・絳侯周勃世家》。(200)易吾言 不重視我的話。易，輕視。《正義》曰：「絳侯與生常戲狎，輕易其言也。」姚苧田曰：「蓋勃少文，而陸生時時稱說《詩》、《書》，勃之易賈，即高祖『馬上得之』之見耳。」(201)深相結 加深二人之間的聯繫。(202)畫呂氏數事 策劃了幾個對付呂氏的方法。(203)為絳侯壽 祝周勃健康長壽，這裡即指「獻禮」。(204)厚具樂飲 盛設歌舞、酒宴以招待周勃。(205)報亦如之 也以同等厚薄的禮數回敬陳平。(206)兩人深相結二句 益衰，越來越不行。郭嵩燾曰：「陸生數語，足以定天下大計。其時絳侯木強無智計，曲逆（陳平）專務自全而已。陸生彬彬，固一時佳士。」按，陸賈彌合周勃、陳平之關係，有助於日後之平諸呂，當屬事實；若謂「兩人深相結，則呂氏之謀益衰」，恐未必有此巨效，試看《史記・呂太后本紀》可知。(207)遺 送給。(208)代王 指劉恆，劉邦之子，即日後的漢文帝，薄太后所生。代國的都城中都，在今山西平遙西南。(209)謝 謝絕；推辭。(210)代邊 當時的代國轄代郡、雁門、雲中、太原四個郡，前三個郡都與匈奴為鄰。(211)呂祿 呂后之姪、呂后次兄呂釋之之子，在此之前為胡陵侯，與呂產同為呂氏集團的首領。(212)建成康侯釋之 呂釋之，劉邦的開國功臣，以軍功被封為建成侯，康字是其死後的諡。(213)趙昭王 昭字是給呂釋之追尊的諡。(214)燕靈王建 劉建，劉邦之子。靈字是其死後的諡。(215)美人子 美人所生的兒子。美人，帝王姬妾的名號之一。據《漢書・外戚傳》，漢初皇帝的姬妾有美人、良人、八子、七子、長使、少使等等，亦可統稱曰「夫人」。(216)國除 劉建封國的稱號被撤銷。按，劉建無罪病死，又有美人之子可以繼承父業，照理是不能廢除這個封國的。但因為呂后仇視劉邦的兒子，又急於騰出一些大國以封她的呂氏黨羽，故而公然殺死了劉建的庶子，將其封國除掉了。217 隆慮侯周竈　劉邦的開國功臣，以軍功封隆慮侯，封地即今河南林州。

【校　記】1 君　原作「軍」。據章鈺校，甲十五行本、乙十一行本、孔天胤本皆作「君」，張瑛《通鑑校勘記》同。今從諸本及《史記・酈生陸賈列傳》、《通鑑紀事本末》改。

【語　譯】高皇后

元年（甲寅　西元前一八七年）

冬季，呂太后想封自己娘家呂姓的兄弟們為王，便去徵求右丞相王陵的意見，王陵說：「高帝劉邦曾經殺白馬歃血，與群臣訂立盟約說『不是劉姓的封王，天下的人就共同討伐他。』如果封呂姓兄弟子姪為王，就違背了盟約。」呂太后很不高興，又去問左丞相陳平和太尉周勃，兩人都說：「高帝劉邦平定了天下，所以把劉姓的子弟都封了王；如今是太后行使皇帝職權，封呂氏的兄弟子姪為王，也沒有什麼不可以。」呂太后一聽就很高興。當日罷朝之後，王陵責問陳平和絳侯周勃，他說：「當初高帝與大臣殺白馬歃血訂立盟約的時候，你們難道沒有在場嗎！現在高皇帝死了，呂太后成了女君主，她想要封那些姓呂的為王，你們即使是為了逢迎太后而違背盟約，將來死了之後，有什麼臉面見高皇帝於地下呢？」陳平、周勃說：「現在，在朝堂之上當面駁回皇帝的意見、公開堅持自己的主張，我們比不上你；但是在維護國家穩定、使高皇帝的後代能繼續守國稱帝方面你也比不上我們。」王陵聽了以後，不知道該如何反駁他們。

十一月二十九日甲子，呂太后任命王陵為小皇帝的太傅，實際上是奪去了他丞相的實權。王陵稱說自己年老有病請求告老還鄉。呂太后任命左丞相陳平為右丞相，任命辟陽侯審食其為左丞相，但不負責處理左丞相職務之內的事務，只是負責管理宮廷內的事務，和郎中令管理的事務差不多。審食其一向受到太后的寵幸，所以朝中大臣都通過他、或借助他來裁決政事。

呂太后怨恨趙堯為了趙隱王如意而給高皇帝劉邦出謀劃策，因而罷免了他的職務，以懲治他過去的罪過。

上黨太守任敖曾經擔任過沛縣的監獄官，對呂太后有恩，於是呂太后就任命任敖為御史大夫。

太后又追尊自己的父親、臨泗侯呂公為宣王，追封亡兄周呂令武侯呂澤為悼武王，想以此作為下一步大肆封賞呂姓為王的鋪墊。

春季，正月，下令廢除秦朝的滅三族以及過誤之語即為妖言的律令條款。

夏季，四月，魯元公主去世。封魯元公主的兒子張偃為魯王，尊魯元公主為魯元太后。

四月二十八日辛卯，封孝惠帝名義上的兒子劉山為襄城侯，劉朝為軹侯，劉武為壺關侯。

太后想封呂姓的人為王，於是便先將孝惠帝的兒子劉彊封為淮陽王，劉不疑封為恆山王。又讓擔任大謁者的張釋去暗示諸位大臣，大臣們於是奏請呂太后封悼武王的長子酈侯呂台為呂王。將齊國的濟南郡劃分出來設立為呂國。

五月初四日丙申，趙王都城中的叢臺發生火災。

秋天，桃樹、李樹開花。

二年（乙卯　西元前一八六年）

冬天，十一月，呂肅王呂台去世。

春季，正月二十六日乙卯，發生地震。羌道、武都道發生山崩。

夏季，五月初九日丙申，封楚元王劉交的兒子劉郢客為上邳侯，封齊悼惠王劉肥的兒子劉章為朱虛侯，同時讓他到宮中擔任警衛，又把呂祿的女兒許給劉章為妻。

六月最後一天三十是日丙戌，發生日蝕。

秋季，七月，恆山哀王劉不疑去世。

開始流通使用八銖錢。

三年（丙辰　西元前一八五年）

七月二十七日癸丑，封襄成侯劉山為恆山王，劉山更名為劉義。

夏季，長江、漢水氾濫成災，被洪水沖走的有四千多戶。

秋季，大白天能看到星辰。

伊水、洛水氾濫，因遭受水災而四處漂泊的有一千六百多戶。汝水氾濫，遭受水災而四處漂泊的有八百多戶。

四年（丁巳　西元前一八四年）

春季，二月初七日癸未，封孝惠帝劉盈的兒子劉太為昌平侯。

夏天，四月二十日丙申，呂太后封自己的妹妹呂嬃為臨光侯。

少帝劉恭逐漸長大，知道自己不是張皇后所生，於是說：「張皇后怎麼能殺死我的母親，而把我說成是她的兒子！等我長大了，我就發動政變為我的母親報仇。」呂太后聽說之後，就把少帝劉恭囚禁在永巷中，對外聲稱小皇帝有病，就連小皇帝身邊侍奉的人也不能見到他。呂太后又對大臣們說：「如今皇帝生病很久了，一直不見痊癒，目前他已經是神志不清，精神錯亂，不能再讓他繼續治理天下了；我準備撤換他，你們商量一下。」大臣們都連連磕頭說：「太后為天下的黎民百姓著想，為了國家社稷，考慮得非常深遠，我們一定遵從您的詔命。」於是將少帝劉恭廢掉，並將他暗中殺死。

五月十一日丙辰，立恆山王劉義為皇帝，劉義改名為劉弘。這年不稱元年，因為是太后掌管國家大事。封軹侯劉朝為恆山王。

這年，任命平陽侯曹窋為御史大夫。

有關部門的官員奏請禁止向南越國出售鐵器。南越王趙佗說：「漢高帝承認並加封我為南越王，准許南越國與中國互通貿易。如今呂太后聽信大臣的讒言，把我們當做蠻夷而加以歧視，禁止將鐵器賣給我們。這一定是長沙王吳右的主意，他想借助中國的力量兼併我們南越，然後由他稱王於這片土地，因為他把這當做他自己的功勞。」

五年（戊午　西元前一八三年）

春天，趙佗自稱南越武帝，發兵攻打長沙國，連續攻破數縣之後才退去。

秋天，八月，淮陽懷王劉彊去世，封孝惠帝之子壺關侯劉武為淮陽王。

九月，徵調河東郡、上黨郡的騎兵去戍守北地郡。

開始實行守邊士兵每年更替的制度。

六年（己未　西元前一八二年）

冬天，十月，呂太后因為呂王嘉為王之後行為驕橫放縱，就廢掉了呂嘉的王號。十一月，改封呂肅王呂台的弟弟呂產為呂王。

春季，白天能夠看到星辰。

夏天，四月初三日丁酉，赦免天下罪犯。

封朱虛侯劉章的弟弟劉興居為東牟侯，也讓他進入皇宮擔任警衛。

匈奴的軍隊侵入狄道縣，攻打阿陽縣。

發行五分錢貨幣。

宣平侯張敖去世，賜諡號為「魯元王」。

七年（庚申　西元前一八一年）

冬季，十二月，匈奴進犯狄道縣，劫掠二千餘人。

春天，正月，呂太后召見趙幽王劉友。劉友娶呂姓女子為王后，但並不喜歡，而喜歡其他的姬妾。呂姓王后很生氣，就離開幽王府，到太后面前讒毀劉友說：「趙王劉友說『姓呂的人怎麼能封為王！太后死了之後，我一定發兵消滅他們。』」呂太后因此而召見趙王劉友。趙王劉友到了長安之後，被軟禁在自家的府邸中，呂太后不召見他。派衛兵將他的府邸包圍起來，不許他隨便出入，又斷絕了他的飲食。趙國的官員有人偷偷地給他送些吃的東西，馬上就被抓起來予以治罪。十七日丁丑，趙王劉友被餓死在京師的府邸，以平民的身分被埋葬在民間的墳場中。

正月二十九日己丑，日蝕，白天如同黑夜。呂太后心裡感到很不舒服，她對身邊的人說：「這種天象是針對我的！」

二月，改封梁王劉恢為趙王，改封呂王呂產為梁王。梁王呂產並不到自己的封國去，而是留在長安擔任皇帝的太傅。

秋季，七月丁巳日，封平昌侯劉太為濟川王。

呂太后的妹妹呂嬃的女兒是將軍、營陵侯劉澤的妻子。劉澤，是高帝的堂兄弟。齊人田生為了劉澤的利益去遊說大謁者張卿，他對張卿說：「太后封呂姓人為王，許多大臣都不服氣。現在的營陵侯劉澤，在姓劉的人中，年紀最大；如果您勸太后封他為王，呂姓王的地位就會更加鞏固。」張卿果真告訴了太后，太后認為有道理。於是把齊國的琅邪郡劃分出來，封劉澤為琅邪王。

趙王劉恢被改封為趙王後，心中悶悶不樂。太后把呂嬃的女兒指配給趙王做王后，趙王后的隨從官員都是呂姓的心腹之人，他們在趙王府中不僅專擅國政，而且處處監視趙王的一舉一動，趙王感到行動很不自由。趙王所寵愛的一個姬妾也被王后指使人用鴆酒毒死了。劉恢在趙國為王六個月，因為無法克制自己的悲哀和憤怒，就自殺身亡了。太后知道以後，反而認為趙王是因為一個女人而拋棄了祭祀宗廟的責任，所以就不准許他的後代繼任為趙王。

在那個時候，呂姓家族掌握著國家大權，朱虛侯劉章，二十歲，很有勇力，對劉姓皇族失掉權力感到非常憤恨。他曾經入宮侍奉太后宴飲，呂太后命他充當酒令官。劉章請求說：「我是將門之後，請允許我按照軍法監督酒席上的一切活動。」呂太后說：「可以。」當大家喝酒喝得正在興頭上的時候，劉章請求為大家演唱一首〈耕田歌〉，太后也答應了。劉章開始唱起來，歌詞是：「深耕密種，等到定苗時留苗要稀。不是自己種下的作物，務必鋤去！」太后聽了沒有說話。過了一會兒，有一個姓呂的喝醉了，因為不勝酒力而逃走。劉章追了出去，拔出寶劍就把那個姓呂的斬首了，他回來後向太后報告說：「有一人逃酒，我按照軍法，已經把他斬首。」太后以及左右的人都大吃一驚，但因為已經同意他按照軍法行事，也找不到理由怪罪他，就這樣一直到酒筵結束。從此以後，諸呂姓之人都很懼怕朱虛侯劉章。即使是朝中大臣也都依附於朱虛侯，劉姓皇族的勢力逐漸得到加強。

右丞相陳平對呂姓專權感到很憂慮，但又沒有能力阻止，常常擔心大禍臨頭，所以就是在家閒居而不任事時也在思考著對策。一天，陸賈前去拜訪，沒等通報就直接進到客廳坐下，而陳平竟然沒有看見陸賈進來。陸賈說：「您在想什麼事情，想得這樣專注！」陳平說：「你猜我在想什麼？」陸賈說：「先生已經富貴到極點，不會再有什麼欲望了，然而值得您憂慮的事情，不過是諸呂專權、皇帝年齡太小而已。」陳平說：「是這樣。該怎麼辦呢？」陸賈說：「天下安定的時候，應該注意選擇丞相；天下危急的時候，應該注意選擇武將。將、相能夠協調一致，人們就樂於聽從；即使國家遭遇突變，朝廷的權力也不會分裂。為國家命運考慮，就在您和周勃兩個人了。我常想跟擔任太尉的絳侯周勃講此道理，但絳侯周勃經常與我開玩笑，不將我說的話放在心上。您為什麼不去與絳侯搞好關係，加深兩人的友誼？」於是又為陳平謀劃了幾個對付呂氏的辦法。陳平採納了陸賈的意見，於是拿出五百斤黃金為絳侯周勃祝壽，又盛設歌舞、酒筵招待周勃。太尉也以同等厚薄的禮數回敬陳平。從此，周、陳兩人的情誼越來越深厚，而呂氏的勢力則越來越衰弱。陳平把一百個奴婢和五十輛車馬、五百萬錢，贈送給陸賈作為生活補貼。

呂太后派使者告訴代王劉恆，想把他改封為趙王。代王劉恆謝絕了，表示自己願意駐守在邊塞。呂太后於是封自己哥哥的兒子呂祿為趙王，追封呂祿的父親建成康侯呂釋之為趙昭王。

九月，燕靈王劉建去世，他只有美人所生的兒子，被呂太后派人殺死。由於沒有繼承人，於是將其封國廢除。

派遣隆慮侯周竈率軍去攻打南越國。

八年（辛酉　西元前一八〇年）

冬，十月辛丑❶，立呂肅王❷子東平侯通❸為燕王，封通弟莊為東平侯❹。

三月，太后祓❺，還過軹道❻，見物如蒼犬❼，撠太后掖❽，忽不復見。卜之❾，云「趙王如意為祟」❿。太后遂病掖傷⓫。

太后為外孫魯王偃⓬年少孤弱，夏，四月丁酉⓭，封張敖前姬兩子⓮侈為新都侯⓯，壽為樂昌侯⓰，以輔⓱魯王。又封中大謁者⓲張釋為建陵侯⓳，以其勸王諸呂⓴，賞之也。

江、漢水溢，流萬餘家。

秋，七月，太后病甚，乃令趙王祿為上將軍㉑，居北軍㉒，呂王產居南軍㉓。

太后誡產、祿曰：「呂氏之王，大臣弗平。我即崩，帝年少，大臣恐為變。必據兵衛宮㉔，慎毋送喪，為人所制！」辛巳㉕，太后崩，遺詔大赦天下，以呂王產為相國㉖，以呂祿女為帝后㉗。高后已葬㉘，以左丞相審食其為帝太傅㉙。

諸呂欲為亂㉚，畏大臣絳、灌㉛等，未敢發。朱虛侯以呂祿女為婦，故知其謀㉜，乃陰令人告其兄齊王㉝，欲令發兵西。朱虛侯、東牟侯為內應，以誅諸呂，立齊王為帝。齊王乃與其舅駟鈞、郎中令祝午㉞、中尉魏勃㉟陰謀發兵。齊相召平弗聽㊱。八月丙午㊲，齊王欲使人誅相。相聞之，乃發卒衛王宮㊳。魏勃紿㊴召平[1]曰：「王欲發兵，非有漢虎符驗[40]也。而相君圍王固善[41]，勃請為君將兵衛王[42]。」召平信之。勃既將兵，遂圍相府，召平自殺。於是齊王以駟鈞為相，魏勃為將軍，祝午為內史[43]，悉發國中兵。

使祝午東詐[44]琅邪王[45]曰：「呂氏作亂，齊王發兵，欲西誅[46]之。齊王自以年少[47]，不習兵革之事，願舉國委大王[48]。大王，自高帝將[49]也，請大王幸之臨菑[50]，見齊王計事。」琅邪王信之，西馳見齊王。齊王因留[51]琅邪王，而使祝午盡發琅邪國兵[52]，并將之[53]。琅邪王說齊王曰：「大王，高皇帝適長孫[54]也，當立[55]。今諸大臣狐疑，未有所定，而澤於劉氏最為長年[56]，大臣固待澤決計[57]。今大王留臣無為也[58]，不如使我入關[59]計事。」齊王以為然，乃益具車送琅邪王[60]。琅邪王既行，齊遂舉兵西攻濟南[61]，遺諸侯王書，陳諸呂之罪[62]，欲舉兵誅之。

相國呂產等聞之，乃遣潁陰侯灌嬰將兵擊之[63]。灌嬰至滎陽[64]，謀曰：「諸呂擁兵關中，欲危劉氏而自立。今我破齊還報，此益呂氏之資[65]也。」乃留屯滎陽，使使諭齊王及諸侯，與連和[66]，以待呂氏變，共誅之[67]。齊王聞之，乃還兵西界[68]待約。

呂祿、呂產欲作亂，內憚[69]絳侯、朱虛等，外畏齊、楚兵[70]，又恐灌嬰畔之。

欲待灌嬰兵與齊合(71)而發，猶豫未決。

當是時，濟川王太、淮陽王武、常山王朝(72)及魯王張偃(73)皆年少，未之國(74)，居長安，趙王祿、梁王產各將兵居南、北軍：皆呂氏之人(75)也。列侯羣臣莫自堅其命(76)。

太尉絳侯勃(77)不得主兵。曲周侯酈商(78)老病，其子寄(79)與呂祿善。絳侯乃與丞相陳平謀，使人劫(80)酈商，令其子寄往紿說(81)呂祿曰：「高帝與呂后共定天下，劉氏所立九王(82)，呂氏所立三王(83)，皆大臣之議。事已布告諸侯，諸侯[2]皆以為宜。今太后崩，帝少。而足下佩趙王印，不急之國守藩(84)，乃為上將，將兵留此，為大臣諸侯所疑。足下何不歸將印，以兵屬太尉(85)，請梁王歸相國印，與大臣盟而之國(86)。齊兵必罷，大臣得安，足下高枕而王千里，此萬世之利也。」呂祿信然其計(87)，欲以兵屬太尉，使人報呂產及諸呂老人。或以為便，或曰不便，計猶豫未有所決。

呂祿信酈寄，時與出游獵，過其姑呂嬃。嬃大怒曰：「若(88)為將而棄軍(89)，呂氏今無處(90)矣！」乃悉出珠玉、寶器，散堂下，曰：「毋為他人守也(91)！」

九月庚申旦(92)，平陽侯窋(93)行御史大夫事(94)，見相國產計事。郎中令賈壽(95)使從齊來[96]，因數產[97]曰：「王不早之國[98]，今雖欲行，尚可得耶！」具以灌嬰與齊、楚合從[99]，欲誅諸呂告產，且趣產急入宮[100]。平陽侯頗聞其語，馳告丞相、太尉[101]。

太尉欲入北軍[102]，不得入。襄平侯紀通[103]尚符節[104]，乃令持節矯內太尉北軍[105]。太尉復令酈寄與典客[106]劉揭先說呂祿曰：「帝使太尉守北軍[107]，欲足下之國。急歸將印辭去；不然，禍且起。」呂祿以為酈況不欺己[108]，遂解印屬典客[109]，而以兵授太尉。太尉至軍，呂祿已去。太尉入軍門，行令軍中曰：「為呂氏右袒，為劉氏左袒[110]！」軍中皆左袒。太尉遂將北軍[111]。然尚有南軍。丞相平乃召朱虛侯章佐太尉。太尉令朱虛侯監軍門[112]，令平陽侯告衛尉[113]：「毋入相國產殿門[114]。」

呂產不知呂祿已去北軍[115]，乃入未央宮，欲為亂[116]。至殿門，弗得入，徘徊往來。平陽侯恐弗勝，馳語太尉[117]。太尉尚恐不勝諸呂，未敢公言誅之[118]，乃謂朱虛侯曰：「急入宮衛帝[119]！」朱虛侯請卒，太尉予卒千餘人。入未央宮門，見產廷中。日餔時[120]，遂擊產，產走。天風大起，以故其從官亂，莫敢鬬。逐產，殺之郎中府[121]吏廁中。

朱虛侯已殺產，帝命謁者持節勞朱虛侯[122]。朱虛侯欲奪其節，謁者不肯。朱虛侯則從與載[123]，因節信馳走[124]，斬長樂衛尉呂更始[125]。還，馳入北軍報太尉。太尉起拜賀，朱虛侯曰：「所患獨呂產，今已誅，天下定矣(126)！」遂遣人分部(127)悉捕諸呂男女，無少長皆斬之(128)。辛酉(129)，捕斬呂祿而笞殺(130)呂嬃。使人誅燕王呂通，而廢魯王張偃。戊辰(131)，徙濟川王王梁(132)。遣朱虛侯章以誅諸呂事告齊王，令罷兵。

灌嬰在滎陽，聞魏勃本教齊王舉兵(133)，使使召魏勃至，責問之(134)。勃曰：「失火之家，豈暇先言丈人，而後救火乎(135)？」因退立，股戰而栗，恐不能言者，終無他語(136)。灌將軍熟視笑曰：「人謂魏勃勇，妄庸(137)人耳，何能為乎！」乃罷魏勃(138)。灌嬰兵亦罷滎陽歸。

班固贊曰(139)：「孝文時，天下以酈寄為賣友(140)。夫(141)賣友者，謂見利而忘義(142)也。若寄父為功臣，而又執劫(143)。雖(144)摧呂祿以安社稷(145)，誼存君親(146)可也。」

諸大臣相與陰謀(147)曰：「少帝及梁、淮陽、恆山王，皆非真孝惠子也(148)，呂后以計詐名他人子(149)，殺其母，養後宮，令孝惠子之，立以為後及諸王(150)，以彊呂氏(151)。今皆已夷滅諸呂，而所立即長(152)，用事(153)，吾屬無類矣(154)！不如視諸王(155)最賢者立之。」或言(156)：「齊王(157)，高帝長孫，可立也。」大臣皆曰：「呂氏以外家惡(158)，而幾危宗廟、亂功臣(159)。今齊王舅駟鈞，虎而冠(160)。即立齊王(161)，復為呂氏[162]矣。代王[163]方今高帝見子最長[164]，仁孝寬厚。太后家薄氏謹良[165]。且立長固順，況以仁孝聞天下乎！」乃相與共陰使人召代王[166]。

代王問左右，郎中令張武等曰：「漢大臣皆故高帝時大將，習兵，多謀詐。此其屬意[167]非止此[168]也，特畏高帝、呂太后威耳[169]。今已誅諸呂，新啑血[170]京師，此以迎大王為名，實不可信。願大王稱疾毋往，以觀其變。」中尉宋昌進曰：「羣臣之議皆非也。夫秦失其政，諸侯、豪桀並起，人人自以為得之[171]者，以萬數，然卒踐天子之位者，劉氏也，天下絕望[172]，一矣。高帝封王子弟，地犬牙相制[173]，此所謂磐石之宗[174]也，天下服其彊，二矣。漢興，除秦苛政，約法令[175]，施德惠，人人自安，難動搖，三矣。夫以呂太后之嚴[176]，立諸呂為三王[177]，擅權專制。然而太尉以一節[178]入北軍，一呼，士皆左袒為劉氏，叛諸呂，卒以滅之。此乃天授，非人力也[179]。今大臣雖欲為變，百姓弗為使[180]，其黨寧能專一邪[181]？方今內有朱虛、東牟[182]之親，外畏吳、楚、淮陽、琅邪、齊、代[183]之彊。方今高帝子獨淮南王與大王。大王又長，賢聖仁孝聞於天下，故大臣因[184]天下之心，而欲迎立大王。大王勿疑也[185]！」

代王報太后[186]計之，猶豫未定。卜之，兆得大橫[187]，占[188]曰：「大橫庚庚[189]，余為天王，夏啓以光[190]。」代王曰：「寡人固已為王矣，又何王？」卜人[191]曰：「所謂天王者，乃天子也。」於是代王遣太后弟薄昭往見絳侯[192]，絳侯等具為昭言所以迎立王意。薄昭還報曰：「信矣，毋可疑者[193]。」代王乃笑謂宋昌曰：「果如公言。」

乃命宋昌參乘[194]，張武等六人乘傳[195]，從詣長安。至高陵[196]休止，而使宋昌先馳之長安觀變[197]。昌至渭橋[198]，丞相[199]以下皆迎。昌還報。代王馳至渭橋，羣臣拜謁稱臣，代王下車答拜。太尉勃進曰：「願請間[200]。」宋昌曰：「所言公，公言之；所言私，王者無私[201]。」太尉乃跪上天子璽符。代王謝曰：「至代邸而議之[202]。」後九月[203]己酉晦[204]，代王至長安，舍代邸，羣臣從至邸。丞相陳平等皆再拜言曰：「子弘等[205]皆非孝惠帝[3]子[206]，不當奉宗廟[207]。大王，高帝長子[208]，宜為嗣[209]。願大王即天子位。」代王西鄉讓者三，南鄉讓者再[210]，遂即天子位。羣臣以禮次侍[211]。

東牟侯興居[212]曰：「誅呂氏，臣無功，請得除宮[213]。」乃與太僕汝陰侯滕公[214]入宮。前謂少帝曰：「足下非劉氏子，不當立[215]。」乃顧麾[216]左右執戟者掊兵罷去[217]。有數人不肯去兵，宦者令張釋[218]諭告，亦去兵。滕公乃召乘輿[219]，車載少帝出。少帝曰：「欲將我安之[220]乎？」滕公曰：「出就舍[221]。」舍少府[222]。

乃奉天子法駕[223]，迎代王於邸，報曰：「宮謹除[224]。」代王即夕[225]入未央宮[226]。有謁者[227]十人持戟衛端門[228]，曰：「天子在也，足下何為者而入[229]！」代王乃謂太尉，太尉往諭，謁者十人皆掊兵而去，代王遂入。夜拜宋昌為衛將軍[230]，鎮撫南、北軍[231]。以張武為郎中令[232]，行殿中[233]。有司[234]分部誅滅梁、淮陽、恆山王及少帝於邸[235]。文帝還坐前殿，夜下詔書赦天下[236]。

【章　旨】以上為第二段，寫呂后於其在位的第八年（西元前一八〇年）病死，儘管她生前極力安排，以防劉氏與大臣生變，但由於諸呂無能，結果還是因劉襄起兵於外，灌嬰於滎陽倒戈，周勃、陳平借助劉章之力趁機發動政變，遂一舉消滅諸呂，迎立劉恆為帝事。

【注　釋】❶十月辛丑　十月十六。❷呂肅王　即呂台，肅字是諡。❸東平侯通　呂通，呂台之子，前此被封為東平侯。❹東平侯　封地東平縣，縣治在今山東東平城東南。❺祓　祈求免禍去災的祭祀。❻還過軹道　回來時經過軹道亭。瀧川曰：「《漢書・五行志》作『祓霸上還』。」軹道，古亭名，在當時長安城的東面，在長安與霸上之間。❼見物如蒼犬　見到一個類似「蒼犬」的精靈。物，漢人用以稱人所難以認知的怪物。❽撠太后掖　向著呂后的腋下撞擊。撠，撞擊。掖，通「腋」。❾卜之　請人予以占卜，看是何等吉凶。❿云趙王如意為祟　祟，古稱神鬼作怪以害人。按，呂后多行不義，亦如《紅樓夢》中鳳姐之末年，畏神畏鬼，整日陷於淒淒惶惶之中。⓫遂病掖傷　意即遂因腋部受傷而患病。吳見思曰：「寫得與彭生一樣，冥報之說自古有之，不必辨其果否。」按，彭生的鬼魂報仇齊襄公事，見《左傳》莊公八年。⓬魯王偃　張偃，張敖與魯元公主之子，此時為魯王。⓭四月丁酉　四月十四。⓮張敖前姬兩子　張敖在娶魯元公主之前與其姬妾所生的兩個兒子。⓯侈為新都侯　張侈為新都侯。梁玉繩曰：「《史》、《漢》表並作『信都』，此作『新都』，誤也。」信都，漢縣名，即今河北冀州。⓰壽

為樂昌侯　封地樂昌，在今河南南樂西北。⑰輔　輔佐；輔助。⑱中大謁者　即大謁者，為帝王主管收發傳達及贊禮等等。這裡加一「中」字，更表明此人是宦者。⑲建陵侯　封地建陵縣，縣治在今山東新沂城南。⑳勸王諸呂　勸呂后封諸呂為王。㉑上將軍　漢初以來無此固定官職，此亦特加任命，令其居諸將之上而已。㉒居北軍　居於北軍而統領之。居，統領。㉓呂王產居南軍　梁玉繩曰：「呂產之將南軍當在七年封劉澤琅邪王時，蓋澤將南軍者也，澤就國琅邪，必以產代將矣。呂祿之將北軍當在二年呂台死後，蓋台將北軍者也，台死而祿必繼之矣。《漢書・外戚傳》與此同誤。〈高后紀〉又書祿為上將軍於七年，亦誤。」㉔據兵衛宮　以便挾天子以令諸侯。㉕辛巳　七月三十日。㉖以呂王產為相國　漢初設相國一人，蕭何任之；蕭何死，曹參任之；曹參死，乃命王陵為右丞相，陳平為左丞相，於是一人任相國之制始改。今已有陳平為右丞相，審食其為左丞相，乃忽又遺詔以呂產為「相國」，則呂后拋開陳平等，獨任呂產之意甚明。㉗以呂祿女為帝后　為第二個小傀儡皇帝做皇后，以加強控制。梁玉繩曰：「祿女為后當在四年少帝宏即位之時，《漢書・外戚傳》可證，此敘於高后死後，亦誤也。」㉘高后已葬　呂后墓在今陝西咸陽城東二十多公里處，在劉邦墓長陵的東南側。正所謂「山各一所」，或者稱作「同塋不同墓」。㉙以左丞相審食其為帝太傅　據此益知左、右丞相已被廢除，審食其是呂氏親信，故特意將其重加安置；陳平儘管極意討好，但仍不受信任，此其日後轉而反呂的關鍵原因。㉚諸呂欲為亂　此周勃、陳平等所強加罪名，無事實。郭嵩燾曰：「呂后以南、北軍屬之呂產、呂祿，使據兵自固，以無為人所制而已，產、祿庸才，並所將兵亦解以屬之太尉，是豈欲為亂者？史公以周勃除諸呂，特重呂氏之罪，以疑似被之名耳。」㉛絳灌　絳侯周勃與潁陰侯灌嬰，皆劉邦的開國功臣。事跡詳見《史記・絳侯周勃世家》、〈樊酈滕灌列傳〉。瀧川曰：「絳侯周勃，其不稱姓者，以漢初功臣多周姓也（按，如周昌、周竈、周定等）。」㉜故知其謀　謂劉章陰知諸呂欲「為亂」之謀。㉝齊王　齊哀王劉襄，劉邦的私生子劉肥之子，繼其父位為齊王。㉞郎中令祝午　齊國的郎中令姓祝名午。郎中令是為帝王掌管宮中諸事、統領帝王侍衛、看守宮廷門戶的官員，照例為帝王親信。㉟中尉魏勃　齊國的中尉魏勃。諸侯國的中尉是主管該國軍事的官員。㊱齊相召平弗聽　齊國的丞相召平不同意、不答應。當時各諸侯國的丞相都由朝廷委派，代表朝廷利益，對朝廷負責。召平，秦漢之際名「召平」者有三人，其一見於《史記・陳涉世家》，為起義軍將領；其二見於〈蕭相國世家〉，乃秦朝的東陵侯，秦亡後曾給蕭何籌謀劃策；其三即此齊國之相。㊲八月丙午　八月二十五。㊳乃發卒衛王宮　名為「保衛」，實乃將其圍困。㊴紿　哄騙。㊵非有漢虎符驗　沒有漢王朝中央的虎符作為憑證，意即他根本調不了兵，造不成反。虎符，朝廷調兵的印信，用銅做成虎形，中分為二，一半存於朝廷，一半在統兵的將領之手。沒有朝廷的使者持那一半兵符前來，統兵的將領無權調動軍隊。驗，憑證。㊶相君圍王固善　您現在把他圍困起來，的確是很好的。㊷勃請為君將兵衛王　我願意替您領兵圍困著他。㊸內史　諸侯國的內史主管該國民政，秩二千石。㊹詐　哄騙。㊺琅邪王　劉澤，其所封王之地原乃齊國的一個郡，故齊王發兵伊始，即欲將其奪回。㊻誅　討；討伐。㊼自以年少　劉襄與劉澤按輩分說，是孫子輩，故以「小孩子」自稱。㊽願舉國委大王　願把整個國家的軍隊都交給您指揮。委，託付。㊾自高帝將　自高帝時已為將軍。㊿幸之臨菑　希望您前往臨淄。之，往。臨菑，當時齊國的都城，即今山東淄博之臨淄區。(51)留　扣留。(52)盡發琅邪國兵　將琅邪國的全部兵員通通調集出來。(53)并將之　將齊國與琅邪國的軍隊一併統領起來。此三字的主語是「齊王」。(54)適長孫　嫡子所生的長孫。按，此劉澤故意哄著劉襄高興才這麼說，其實劉襄之父劉肥頂多只能說是劉邦的庶子。(55)當立　理應繼位為皇帝。(56)於劉氏最為長年　在劉氏家族現存的男人中最為年長。(57)待澤決計　等著我去一道商量擁立誰。(58)大王留臣無為也　您把我留在這裡沒有用處。(59)入關　入函谷關，這裡即指入朝。(60)乃益具車送琅邪王　吳見思曰：「齊王詐琅邪王，只『高帝將也』一句；琅邪詐齊王，只『高帝嫡長孫』一句，投入其心，安得不聽。兩邊權術相照。」史珥曰：「齊王使祝午詐琅邪王，與成祖詐大寧同，然成祖能挾大寧制其死命，而齊王惑於『當立』之言，使琅邪入長安，詐人者復詐於人矣。」益具車，更多地安排了一些車馬。(61)西攻濟南　濟南地區原是齊國的一個郡，呂后將其改為濟川國，故劉襄起兵伊始也要將其奪回。(62)遺諸侯王書二句　遺，給；分送。按，此「遺諸侯王書」即通常之所謂檄文。其原文見於《史記》之〈呂太后本紀〉與〈齊悼惠王世家〉。凌稚隆稱「此書詞嚴義正，與高祖約諸侯『擊楚之殺義帝者』同例」。(63)遣潁陰侯灌嬰將兵擊之　此時灌嬰必亦偽裝效忠於呂氏者。偽裝忠於呂氏，而無助諸呂擅權，日後又能為誅諸呂建大功者，唯灌嬰其人，陳平、周勃不足數。(64)滎陽　漢縣名，歷來為軍事要地，即今河南滎陽東北之古滎鎮。(65)益呂氏之資　為呂氏增添篡國的資本。益，增添。(66)使使諭齊王及諸侯二句　朝廷諸臣最先脫離呂氏而轉向諸侯者為灌嬰。(67)待呂氏變二句　等待呂氏篡國為亂，再名正言順地討伐之。鍾惺曰：「此最是誅呂安劉先著，其得力在平、勃、朱虛之前，呂氏之敗，敗於灌嬰牽制耳。文帝即位行賞先論灌嬰合謀功，而後及平、勃、朱虛等，得之矣。」(68)還兵西界　回兵駐紮於齊國的西部邊界。(69)憚　畏懼。(70)齊楚兵　齊哀王劉襄與楚元王劉交的兵馬。楚，劉邦之同父異母弟劉交的封國，都彭城（今江蘇徐州）。(71)合　調合戰、交兵，蓋此時諸呂尚不知灌嬰已與齊兵聯合。(72)濟川王太淮陽王武常山王朝　皆惠帝後宮子。(73)魯王張偃　張敖之子，魯元公主所生。(74)未之國　未到封國上任。之，到；前往。凡被封王、封侯者照例都應到自己的封地上去。(75)皆呂氏之人　此句的意思欠明晰，謂朝廷之上乎？謂南北軍中乎？就下文看，此句上似應增「朝廷握權者」五字讀。(76)莫自堅其命　對自己的死活都心中無數。自堅，自保；自信。(77)太尉絳侯勃　絳侯周勃，時為太尉之職，但已被呂后架空。太尉是

「三公」之一，執掌全國軍事。78曲周侯酈商　劉邦的開國功臣，酈食其之弟，以功封曲周侯。事見《史記・樊酈滕灌列傳》。79其子寄　酈寄，字兄（同「況」）。80劫　挾持以為人質。81給說　用假話勸說人。給，騙。82劉氏所立九王　似應曰「所立劉氏九王」，即吳王劉濞，楚王劉交，齊王劉肥，淮南王劉長，琅邪王劉澤，代王劉恆，常山王劉朝，淮陽王劉武，濟川王劉太。83呂氏所立三王　似應曰「所立呂氏三王」，即梁王呂產，趙王呂祿，燕王呂通。84之國守藩　離開京城到自己的封地上去，為朝廷作屏障。藩，指諸侯封國，古稱諸侯之國為天子的藩籬屏障。85以兵屬太尉　把兵權交給周勃。屬，給。86請梁王歸相國印二句　意即讓呂產辭去相國之職，以取得大臣信任，而後也離開京城到自己的封地上去。盟，盟誓以取信。87信然其計　相信並贊同酈寄的說法。郭嵩燾曰：「史公於此寫盡呂氏庸才，意在容身保位而已，豈能為亂者？」88若　爾；汝。89棄軍　離開軍隊。90呂氏今無處　我們呂家將永無存身之處。今，將；立刻就要。無處，無地可居，實即被消滅、被殺光。91毋為他人守也　沒必要再為別人保管這些東西。鍾惺曰：「呂后部署後事如此，雖百酈寄何為哉？及寄給祿歸將印，呂嬃聞之大怒曰：『若為將而棄軍，呂氏無處矣』，與呂后意正合。呂氏獨有兩女子，祿、產輩奴耳。呂雉死後，諸呂中有一人如嬃者，漢危矣哉。嬃之雄略，勝呂氏數王耳。」92九月庚申旦　九月初十的清晨。93平陽侯窋　曹窋，曹參的兒子，襲其父爵為平陽侯。94行御史大夫事　正在代理御史大夫的職位。行，代理。御史大夫，官名，漢代的「三公」之一，主管監察、彈劾。95賈壽　據下文看應是呂氏一黨。96使從齊來　剛從齊國出使回來。使，出使；出差。97數產　責備呂產。數，埋怨；責備。98不早之國　當初不及早離開京城前往封地。99合從　這裡即指聯合。從，通「縱」。100趣產急入宮　催促呂產趕緊入宮擁兵自衛，及控制皇帝以發號施令。趣，通「促」。101馳告丞相太尉　趕緊報告給了丞相陳平與太尉周勃。102太尉欲入北軍　北軍較南軍勢大，控制北軍即可控制京城局面，因此太尉首先謀入北軍。吳仁傑曰：「漢之兵制，常以北軍為重，周勃一入北軍，而呂產輩束手被戮；戾太子不得北軍之助，而卒敗於丞相之兵，兩軍之勢大略可睹。」103襄平侯紀通　劉邦功臣紀成之子。紀成死事於收復三秦之役，故封其子通為襄平侯。事見《史記・高祖功臣侯者年表》。104尚符節　為皇帝掌管兵符印信。尚，主管。符節，古代用竹、木或金屬製成的用以為信驗的器物。胡三省曰：「漢之節，即古之旌節也。以竹為之，柄長八尺，以氂牛尾為之旄，三重。此漢制也。」105矯內太尉北軍　假傳皇帝的命令使守衛軍門者放周勃進入北軍。按，這是紀通為周勃預備的一個「通行證」。106典客　官名，主管諸侯及少數民族事務，後來改稱「大鴻臚」。107守北軍　掌管北軍。守，臨時掌管。108以為酈況不欺己　以為酈寄不會欺騙自己。欺，哄騙。109解印屬典客　摘下自己所佩的掌管北軍的印信，交給了典客劉揭。110為呂氏右袒二句　袒，露出臂膀。按，此處所云「左袒」、「右袒」者，乃一種激勵、鼓舞軍心的手段，有人引證古禮詳辨「左」、「右」之分，恐亦過於穿鑿。(111)太尉遂將北軍　陳子龍曰：「凡定內變必須得禁軍，觀唐太子重俊之所以敗，玄宗之所以勝，皆在此，甘露之敗亦如是也。」(112)監軍門　監守北軍的軍門。(113)衛尉　官名，主管防衛宮廷，為漢代的「九卿」之一。按，漢初衛尉有二，一為長樂宮衛尉，一為未央宮衛尉，品級相同。此處乃指未央宮衛尉。(114)毋入相國產殿門　不要讓相國呂產進入未央宮殿門。茅坤曰：「恐其從中矯制為亂也，須安宮中而後可以制外。」(115)已去北軍　已離北軍而去。(116)乃入未央宮二句　郭嵩燾曰：「呂祿已去北軍，呂產又去南軍而入未央宮，一衛尉拒之有餘，而云『入未央宮欲為亂』，則所欲為亂者何也？其實『為亂』之形跡，初無可徵也。」(117)平陽侯恐弗勝二句　瀧川曰：「『恐弗勝』三個字疑衍，《漢書》無。」按，瀧川說是。(118)未敢公言誅之　沒敢明確地說要將呂產殺掉。公言，公開說；明確說。(119)急入宮衛帝　凌稚隆引余有丁曰：「本以誅產，而曰『衛帝』，是『未敢公言誅之』也。」史珥曰：「太尉遣朱虛侯『急入宮衛帝』，倉卒中見識力，觀東漢之季及唐甘露之變，乃知絳侯此著為高。」(120)日餔時　猶言下午時分。餔，《漢書》作「晡」。晡，日申時也，相當於今之下午三點至五點。餔，申時食也，漢時每天吃兩頓飯。(121)郎中府　郎中令的官府。郎中令掌管宮殿門戶，故殿門外有其官府。(122)帝命謁者持節勞朱虛侯　此時宮外都發生了什麼事情，宮中尚未得知。謁者，帝王的侍從官員，為帝王主管收發傳達以及贊禮等。勞，慰問，蓋小皇帝亦畏懼劉章。(123)從與載　謂登上謁者之車，與之同車共載。(124)因節信馳走　藉著謁者手中的旌節，故可於宮廷禁地間馳走無阻。因節信，師古曰：「因謁者所持之節用為信也，章與謁者同車，故為門者所信，得入長樂宮。」吳見思曰：「寫朱虛靈變迅捷，大是妙人。」(125)斬長樂衛尉呂更始　劉章適才斬呂產於未央宮，現又馳至長樂宮斬了衛尉呂更始，其氣力才幹的確驚人，周勃、陳平之所以獲得成功，關鍵在於劉章。(126)所患獨呂產三句　因其身為相國，且又掌握南軍，關係至巨，故云。按，據《史記・呂太后本紀》，此三句乃是周勃向劉章致謝時所說，今司馬光乃改為劉章所說，於情理、身分都不合適。(127)分部　分塊；分片。(128)無少長皆斬之　足見兩派的仇恨之深，與周勃、陳平諸人的手段之絕。(129)辛酉　九月十一，殺掉呂產的第二天。(130)笞殺　用棍棒竹板將人打死。(131)戊辰　九月十八。(132)徙濟川王王梁　濟川國原名「呂國」，乃呂后割齊國的濟南郡而設立，今呂氏已敗，故須將其歸還齊國。(133)本教齊王舉兵　「本」字的意思是最早、最堅決。按，《史記》於此句稱「本教齊王反」，用字甚謬。(134)責問之　責問其為何擅自起兵。(135)豈暇先言丈人二句　丈人，家長；一家之主。《索隱》曰：「謂救火之急，不暇先啟家長也。亦猶國家有難，不暇待詔命也。」(136)因退立四句　史珥曰：「批隙導窾，一言已足，是豈『股戰而栗』者所能？勃蓋知嬰忌己之勇，故飾詐以脫禍耳。」吳見思曰：「『終無他語』更妙。」(137)妄庸　荒唐、平庸。(138)乃罷魏勃　《索隱》曰：「謂不罪而放遣之。」中井曰：「魏勃亦宜言：『非劉氏而王者，天下共擊之』，是高皇帝之約，臣勸齊王，謹奉高皇帝之約也，非教反矣。然勃之免死，以怯也。即直對不屈，或速罪也。」(139)班固贊曰　以下班固贊語見《漢書·樊酈滕灌傳靳周傳》。(140)賣友　出賣朋友，指利用呂祿對他的信任，勸誘呂祿交出兵權，致使呂祿被周勃等所殺事。按，此語原見於《史記》〈樊酈滕灌列傳〉有所謂「天下稱酈寄賣交也」。(141)夫　語氣詞。(142)見利而忘義　即見利忘義。(143)執劫　被周勃等所劫持。意即酈寄之「賣交」乃為了救父，是出於不得已。(144)雖　即使。(145)安社稷　穩定國家政權。(146)誼存君親　為了救君救父的大節。誼，同「義」。大義。君親，皇帝、父親。(147)相與陰謀　暗中商量。(148)少帝及梁淮陽恆山王三句　何焯曰：「『少帝非劉氏』，乃大臣既誅諸呂，從而為之辭。」王先謙引周壽昌曰：「前後有兩『少帝』，前之『少帝』即後宮美人子，於高后四年幽死；後之『少帝』為恆山王弘也，亦明前幽死之『少帝』實為孝惠帝子也。」按，周勃、陳平對凡與呂氏有親緣者，誅之唯恐不盡，故連惠帝子亦不放過。(149)詐名他人子　抱取他人子假說以為己子。(150)立以為後及諸王　有的被立為皇帝，有的被封為諸侯王。(151)以彊呂氏　目的就是為了加強呂氏一黨的勢力。(152)所立即長　呂氏所立的小皇帝一旦長大。即，若。(153)用事　掌管實權。(154)吾屬無類矣　我們這些人就都將被他們滅門了。無類，絕種；全族被殺光。(155)諸王　劉氏家族現有的諸侯王。(156)或言　有人說。(157)齊王　齊哀王劉襄。(158)呂氏以外家惡　諸呂作為皇家的外戚，心性險惡。外家，外戚之家。(159)而幾危宗廟亂功臣　所謂「亂功臣」才是周勃、陳平等所最痛心疾首的事。(160)虎而冠　是一隻戴著人帽子的老虎。(161)即立齊王　如果立齊王為皇帝。即，若。(162)復為呂氏　意謂駟鈞家族將又成為一夥新的「呂氏」。(163)代王　劉恆，劉邦之子，薄后所生。(164)高帝見子最長　在高帝現存的兒子中年齡最長。見，同「現」。(165)太后家薄氏謹良　徐孚遠曰：「薄昭後殺漢使者，亦不為『謹良』也。大臣以齊王起兵，英氣難測，又劉澤怨之，故中代屈齊也。」(166)乃相與共陰使人召代王　陰使，暗中派遣。恐他人聞之生變，故一切都是暗箱操作。又，周勃、陳平等滅諸呂後，故意不立劉襄為帝，企圖立一個生性軟弱的，以便他們控制，結果誤挑了正在「韜晦」中的代王劉恆。(167)此其屬意　這些人的用心。屬意，用心所在。(168)非止此　指不滿足於為列侯、為將相，都還有更大的陰謀，即圖謀稱帝。(169)特畏高帝呂太后威耳　意謂他們當初之所以不敢造反，是因為害怕高皇帝與呂后的威嚴。(170)喋血　踐血而行，極言流血之多。喋，同「蹀」。師古曰：「本字當作『蹀』，謂履涉之耳。」(171)自以為得之　誰都認為自己可以做皇帝。(172)天下絕望　指起義群雄都對劉邦心服，自己不再存有奢想。(173)地犬牙相制　指高祖子弟的封國與中央直屬的郡縣犬牙交錯，緊相控制，大臣們想造反是造不成的。(174)磐石之宗　像磐石一樣穩固的宗法統治。按，劉邦建國初期廣建子弟，是為了用以對付功臣異姓；幾十年後，劉氏諸王遂又成了讓賈誼「痛哭」的問題，直至吳、楚七國造反，竟都是劉邦子姪的後代，真是十年河東，十年河西。(175)約法令　精減法律條文。

約，滅；省。劉邦剛入咸陽時有所謂「約法三章」，即此類。176嚴　威風；威望。177立諸呂為三王　時呂產為梁王、呂祿為趙王、呂通為燕王，三人皆呂后之姪。178以一節　就憑著紀通所給他的那個旌節。179此乃天授二句　《史記》之〈留侯世家〉張良稱劉邦有所謂「沛公殆天授」；〈淮陰侯列傳〉韓信謂劉邦有所謂「陛下所謂天授，非人力也」，蓋當時即有此語，今宋昌又引之以稱劉氏。180弗為使　不會聽他們的使喚。181其黨寧能專一邪　他們的內部就能鐵板一塊嗎。或謂，憑他們就能把天下人團聚在一起嗎。182朱虛東牟　朱虛侯劉章、東牟侯劉興居，二人皆劉恆之姪，當時都在長安。183吳楚淮陽琅邪齊代　都是劉邦的兄弟子姪所佔據的諸侯國。吳，吳王劉濞，劉邦之姪，都廣陵（今揚州）。楚，楚王劉交，劉邦之弟，都彭城（今徐州）。淮陽，淮陽王劉長，劉邦之子，都壽春（今安徽壽縣）。琅邪，琅邪王劉澤，劉邦之同族，都東武（今山東諸城）。齊，齊王劉襄，劉邦長男劉肥之子，劉章之兄，都臨淄。代，劉恆的封國，都中都（今山西平遙西南）。184因　順從。185大王勿疑也　凌稚隆曰：「諸呂既誅，人心已定，安可毋往?張武其過慮哉。宋昌三說灼見時事，亦有識之士矣。」吳見思曰：「前列三段，後用四轉，事理明透，筆墨乾淨。」186太后　劉恆之母薄氏。事跡詳見《史記・外戚世家》。187兆得大橫　師古引應劭曰：「龜曰兆，筮曰卦，卜以荊灼龜，文正橫也。」兆，指龜殼上顯示的徵象。中井曰：「大橫是卜兆之名，猶筮之卦名。」188占　爻辭。189庚庚　鮮明、顯豁的樣子，以形容龜殼上的橫文。190夏啓以光　夏啓繼父之位，能光大禹之事業。師古引張晏曰：「夏啟能光先君之業，文帝亦襲父跡，言似啟也。」191卜人　陳直曰：「當即太常屬官之太卜令，漢初王國設官皆如漢朝，非一般占卜之人。」192遣太后弟薄昭往見絳侯　徐孚遠曰：「遣薄昭往見太尉，非但察迎立之情，亦以自託於大臣也。」193信矣二句　果然是請您入朝為帝，沒有什麼可懷疑的。信，果然；的確如此。194參乘　陪劉恆同乘一輛車，充當警衛之職。195乘傳　乘坐驛站上的驛車。按，據《史記・呂太后本紀》，文帝等進京乃「乘六乘傳」。儘管何謂「六乘傳」，眾人說法不一，但文帝等絕對是乘坐「傳車」，可謂無疑。因此對本文的理解，首先是大家都乘「傳車」，宋昌之與張武等所不同的，僅在於他是和文帝同乘一輛，為文帝「參乘」而已。196高陵　即今陝西高陵，在當時的長安城東北。197使宋昌先馳之長安觀變　郭嵩燾曰：「遣薄昭見絳侯，所以觀大臣將相之心；又復使宋昌觀變，以少帝尚在，慮其事或中變也。寫得文帝周詳慎重。」198渭橋　在當時的長安城北三里。長安舊址在今西安西北。199丞相　指陳平。200請間　請求個別交談。間，空隙，即支開眾人而談。201王者無私　行王道者沒有什麼見不得人。鍾惺曰：「不學之過，惹出宋昌正論。」202至代邸而議之　謂關於為帝的事情至代邸再議，不必似周勃在此渭橋即獻「天子璽符」。代邸，代王在京的官邸。師古曰：「郡國朝宿之舍，在京師者率名邸。邸，至也，言所歸至也。」203後九月　即該年的閏九月，當時的曆法凡置閏都在該年的年末。204己酉晦　後九月的最後一天是己酉日。(205)子弘等　現任的小傀儡皇帝劉弘與其他幾位被封王的弟兄。子弘，劉弘，惠帝之子，呂后執政時期的第二個小傀儡皇帝。(206)皆非孝惠帝子　惠帝的皇后張氏，是惠帝的親外甥女，魯元公主所生。張皇后不能生子，抱養過其他妃嬪所生的孩子，謊稱自己所生。於是群臣藉故誣陷，遂說惠帝後宮的兒子全都不姓劉，從而將其全部誅除。於此可見周勃、陳平等「剪草除根」之狠毒。(207)不當奉宗廟　即不能在位稱帝，因為只有皇帝才能主持宗廟的祭祀。(208)高帝長子　在劉邦現存的兩個兒子裡劉恆為長。(209)宜為嗣　理應做接班人。嗣，繼承人；接班人。(210)西鄉讓者三二句　鄉，通「向」。面向。胡三省曰：「蓋代王入代邸，而漢廷群臣繼至，王以賓主禮接之，故『西鄉』。群臣勸進，王凡三讓；群臣遂扶王正南面之位，王又讓者再。則『南鄉』，非王之得已也。」王駿圖曰：「西鄉讓三，示不敢居正位也；南向讓再，讓楚王交及吳王濞也，蓋吳、楚地在南。有司勸立太子時，文帝猶以『楚王季父也，吳王於朕兄也』為辭，可見此時南鄉讓之意矣。」按，有史以來許多統治者都慣於演戲，文帝如真不想幹，則「六乘傳」飛速來京又為何事？(211)以禮次侍　按照禮儀次序站立。按，《漢書》無「禮」字，師古曰：「各依職位。」(212)東牟侯興居　劉興居，齊悼惠王之子，齊哀王劉襄與朱虛侯劉章之弟，被封為東牟侯，與其兄劉章同在京城。(213)請得除宮　請讓我替您前去打掃一下宮廷，意即先進宮把在位的小傀儡皇帝趕出宮廷。(214)汝陰侯滕公　夏侯嬰，劉邦的開國功臣，因其曾為滕縣縣令，故號「滕公」。長期以來任太僕之職，連續為幾任皇帝趕車。(215)足下非劉氏子二句　為除諸呂，而連帶惠帝子亦必除盡；為除惠帝子又必須稱其為「非劉氏子」，周勃、陳平等亦可謂狠毒之極。(216)顧麾　回頭揮手示意。麾，意思同「揮」。(217)掊兵罷去　放下武器退下。掊，通「踣」。放下。(218)宦者令張釋　有說即前文出現過的「中大謁者張釋」。宦者令，宮廷宦官的頭目，上屬郎中令。(219)乘輿　皇帝所乘的車駕。猶言「車駕」。(220)安之　到哪裡去。(221)出就舍　到外頭去住。(222)舍少府　住在少府的官署裡。少府，「九卿」之一，為皇帝私家理財及主管一切為皇家服務的製造業等。(223)天子法駕　皇帝舉行典禮時所乘坐的車駕。《集解》引蔡邕曰：「天子有大駕、小駕、法駕。法駕上所乘曰金根車，駕六馬。有五時副車，皆駕四馬。侍中參乘，屬車三十六乘。」吳見思曰：「前誅諸呂一段，雄壯飛動；後又敘此兩段，安詳容與，以終此篇。」(224)宮謹除　宮廷已經打掃好了。(225)即夕　閏九月二十九的當天晚上。(226)未央宮　也稱「西宮」，因其處於長安城的西部而言，是皇帝居住的地方。(227)謁者　帝王的侍從官員，主管收發傳達及贊禮等等。(228)端門　宮殿的正門。(229)天子在也二句　梁玉繩曰：「宮既除矣，少帝出矣，而猶曰『天子在』乎？大臣奉璽立天子矣，又奉天子法駕即位入宮矣，而猶曰『足下者何為』乎？事不應有，理所必無，此史公載筆之失。」(230)衛將軍　統領帝王的警衛部隊，主管帝王的警衛。(231)鎮撫南北軍　鎮撫，這裡即指監管、統領。南北軍，自古理解不一，有說，北軍管護衛京城，南軍管護衛宮廷，其他說法參看韓兆琦《史記箋證》之〈呂后本紀〉注。按，令宋昌鎮撫南、北軍，既委任自己之親信，又分去絳侯之權。232以張武為郎中令　張武原為代國之郎中令，今乃任為朝廷之郎中令，九卿之一，主管宮殿門戶。233行殿中　在宮殿中巡邏。瀧川曰：「入宮即令『撫軍』、『行殿』，疾雷不及掩耳，亦是漢皇馳入奪軍之術矣。」董份曰：「前『馳至渭橋』，『馳入代邸』，用二『馳』字。此又云『即日夕』，又用二『夜』字，蓋變起倉卒，機不容間，事須如此；亦見文帝應變神速，知大計也。」234有司　主管該項事務的官員。設官分職，各有所司，故曰有司。司，主管。235分部誅滅梁淮陽恆山王及少帝於邸　分部，分片；分批。按，惠帝的兒子遂被統統殺光。郭嵩燾曰：「謂太子非皇后子可也，謂非惠帝子則不可。當時以呂后所立，廢之可也；分部誅滅之，亦已過矣。少帝諸王之死，史公據事直書，其情事固自顯然。」236夜下詔書赦天下　當夜下詔，此收買人心事也斷不可少。

【校　記】 1召平　原作「邵平」。據章鈺校，甲十五行本、乙十一行本、孔天胤本皆作「召平」，今據改。2諸侯　此二字原不重。據章鈺校，甲十五行本、乙十一行本、孔天胤本二字皆重，張敦仁《通鑑刊本識誤》同。今從諸本及《史記・呂太后本紀》、《通鑑紀事本末》補。3帝　原無此字。據章鈺校，甲十五行本、乙十一行本、孔天胤本皆有此字。今從諸本及《史記・孝文本紀》、《通鑑紀事本末》補。

【語　譯】 八年（辛酉　西元前一八〇年）

冬季，十月十六日辛丑，封呂肅王呂台的兒子東平侯呂通為燕王，封呂通的弟弟呂莊為東平侯。

三月，呂太后到霸上主持祈富驅災的祭祀典禮，回宮途中經過軹道亭，看見一隻動物，樣子就像一隻青毛狗，向著太后的腋下就撞擊，轉眼間就又不見了。太后命人占卜吉凶，占卜的人說是趙王如意作祟。從那以後，太后的腋下因被撞傷而患病。

呂太后因為自己的外孫魯元王張偃年紀幼小，又失去父母的呵護，於是，就在夏季，四月十四日丁酉，封張敖在娶魯元公主之前與其姬妾所生的兩個兒子為侯爵：張侈為新都侯，張壽為樂昌侯，讓他們輔佐魯王張偃。又封中大謁者張釋為建陵侯，因為張釋曾經勸說太后封諸呂姓為王，所以特別賞賜他。

長江、漢水流域發生洪澇災害，造成一萬多戶人家流離失所。

秋季，七月，太后病重，於是命令趙王呂祿為上將軍，統領北軍駐紮在未央宮、長樂宮以北，命令呂王呂產率領守衛皇宮的禁衛軍駐守在城南。太后告誡呂祿、呂產說：「我們呂氏封王，許多大臣都心中不服。我如果死了，皇帝年紀又小，要小心大臣政變。你們一定要握緊兵權、嚴密地守衛皇宮，千萬不要離開軍營為我送葬，否則的話，就要受制於人！」三十日辛巳，呂太后駕崩，太后留有遺詔：大赦天下，任命呂王產為相國，封呂祿的女兒為少帝劉弘的皇后。太后下葬後，改任左丞相審食其為皇帝太傅。

諸呂想要發動政變，只是因為畏懼大臣絳侯周勃、灌嬰等，才沒敢發作。朱虛侯劉章因為自己的妻子是呂祿的女兒，所以知道他們的陰謀，於是就祕密地派人告訴自己的哥哥齊王劉襄，想讓劉襄發兵西進。朱虛侯自己，還有東牟侯劉興居為內應，共同誅殺諸呂氏，然後擁立齊王劉襄為皇帝。齊王跟自己的舅舅駟鈞、郎中令祝午、中尉魏勃密謀發兵西進長安。只有齊國的相國召平不肯聽命。八月二十五日丙午，齊王劉襄準備派人去殺死相國召平。召平得到消息，就調動士兵守住王宮，不讓齊王出來。魏勃欺騙召平說：「齊王要想發兵西進，必須有朝廷的虎符作為憑證，而現在齊王沒有接到朝廷送來的那一半虎符，因此他就無權調動部隊。相國您把齊王圍困在王宮以阻止他發兵，這個辦法很好，請讓我來接替您領兵護衛王宮。」召平信以為真，就把兵權交給了魏勃。魏勃取得兵權以後，馬上包圍了相府，召平被逼自殺。於是，齊王任命駟鈞為相國，魏勃為將軍，祝午為內史，徵調齊國全部的兵力西進。

齊王劉襄又派祝午向東去哄騙琅邪王劉澤說：「呂氏正準備發動叛亂，齊王想要率兵西進，平定呂氏的叛亂。齊王覺得自己太年輕，不懂得軍事，願意把齊國所有的軍隊都交付給您指揮。大王您從高帝的時候起，就已經是將軍了，就請大王親自到齊國的臨淄與齊王商議滅呂之事。」琅邪王劉澤信以為真，立即騎著快馬前往臨淄。齊王扣留了琅邪王劉澤，又派祝午以琅邪王劉澤的名義將琅邪國的全部軍隊統統調集起來，由齊王劉襄統一指揮。琅邪王劉澤勸說齊王說：「大王您是高皇帝的嫡長孫，應當繼位為皇帝。如今各位大臣對擁立誰為皇帝，還在猶豫不決，而我劉澤在劉氏子孫中年紀最大，大臣都在等我做出決定。如今大王扣留我，已經沒有任何意義，不如放我前往長安與朝中大臣商議計策。」齊王認為有道理，就準備好了車馬護送琅邪王劉澤前往長安。琅邪王劉澤走了之後，齊王就率領軍隊向西攻打濟南，並將檄文分別發送給各諸侯王，列舉了呂氏的諸多罪狀，動員共同起兵誅討諸呂。

相國呂產等知道齊王劉襄起兵的消息後，就派潁陰侯灌嬰率兵迎擊齊兵。灌嬰抵達滎陽，與親信商議說：「諸呂氏在關中擁有重兵，他們是想推翻劉氏而自己做皇帝。如果我打敗齊王的軍隊向呂氏獻功，這就更為呂氏增加了篡國的政治資本。」於是停止前進，把軍隊駐紮在滎陽，同時派使者告訴齊王劉襄聯合其他諸侯，等待呂氏篡國為亂，再名正言順地共同討伐他們。齊王聽從了灌嬰，就將軍隊撤回齊國的西部邊界駐紮，等待時機。

呂祿、呂產想要發動政變，在朝中畏懼絳侯周勃、朱虛侯劉章等人，外部懼怕齊國、楚國的軍隊，又擔心灌嬰背叛自己。想等待灌嬰的軍隊與齊王劉襄的軍隊打起來再採取行動，所以一直舉棋不定。

與此同時，濟川王劉太、淮陽王劉武、常山王劉朝以及魯王張偃都因為年紀尚小，還留在長安沒有到自己的封國去。趙王呂祿、梁王呂產分別統率南北兩軍：軍隊中都是呂氏的黨羽，列侯和群臣對自己的死活都心中無數。

絳侯周勃雖然位為太尉卻沒有兵權。曲周侯酈商年老多病，他的兒子酈寄與呂祿關係密切。絳侯周勃與丞相陳平密謀，派人劫持了酈商，然後讓酈商的兒子酈寄去哄騙呂祿說：「高皇帝劉邦與呂后共同打下的天下，劉氏封了九個王，呂氏封了三個王，這都是大臣們共同商議決定的。事情已經知會各諸侯，各諸侯也都認可。如今太后駕崩，皇帝年紀尚小。而您佩帶著趙王的印綬，卻不急於回到自己的封國去守住自己的領地，反而擔任了上將軍，率領軍隊留守在這裡，所以才引起各位大臣與諸侯的猜疑。您何不歸還將軍印，把兵權交給太尉，再請梁王呂產歸還相國印，與大臣訂立盟約，然後回到自己的封國。這樣的話，齊國必定罷兵休戰，大臣也可心安，而您也可以高枕無憂，在您那一千里方圓的國土上稱王稱霸，這對您的子孫後代都是有益無害的。」呂祿相信並且同意了酈寄的計策，就準備把兵權交給太尉周勃，又派人告訴呂產以及呂氏家族中年長的老人。有的人同意呂祿的意見，有的人表示反對，猶猶豫豫不能決定。

呂祿信任酈寄，經常和他一起出去巡遊打獵，一天，呂祿去拜訪他的姑姑呂嬃。呂嬃非常生氣的責備他說：「你作為將軍卻扔掉了兵權，呂氏恐怕是死無葬身之地了！」於是，呂嬃將自己的所有珠玉、寶器，拿到堂下散發給家中的侍從和僕人，說：「已經沒有必要再為別人看守它了！」

九月初十日庚申凌晨，平陽侯曹窋代行御史大夫事務，他去進見相國呂產商議國事。郎中令賈壽從齊國出使回來，責備呂產說：「大王不早點回到自己的封國去，現在即使您想回去，恐怕也是回不去了！」於是就把灌嬰已經與齊國、楚國聯合，準備誅殺呂氏的情況告訴了呂產，並催促呂產趕緊入宮。平陽侯曹窋稍微聽到了一點消息，就趕緊報告給了丞相陳平和太尉周勃。

太尉周勃擔心發生變故，就立即馳向北軍，結果卻不得進入。襄平侯紀通負責為皇帝掌管兵符印信，太尉周勃就讓紀通手持符節假傳聖旨讓守衛軍門者放周勃進入北軍。太尉周勃又派酈寄與典客劉揭先進去對呂祿說：「皇帝派太尉周勃前來接管北軍，讓您回到自己的封國去。您趕緊把將軍印歸還太尉，離開這裡；不然的話，就要大禍臨頭了。」呂祿認為酈寄不會欺騙自己，於是，就把自己身上所佩帶的掌管北軍的印信摘下來交給典客劉揭，由典客劉揭把兵權轉交給太尉周勃。太尉周勃到達北軍時，呂祿已經離開。太尉一進入軍門，就下令軍中說：「願意歸屬呂氏的就袒露出你們的右胳膊，願意歸屬劉氏的就袒露出你們的左胳膊！」軍中所有的人都袒露出左胳膊。太尉於是接管了北軍。然而還有南軍掌握在呂氏手中。丞相陳平將朱虛侯劉章召來協助太尉周勃。太尉周勃讓劉章監守北軍的軍門，派平陽侯曹窋通知守衛皇宮的衛尉說：「不要讓相國呂產進入未央宮的殿門。」

呂產不知道呂祿已經離開了北軍，他就進入未央宮，準備作亂。他來到未央宮的殿門口，卻無法進入，急得他在門前往來徘徊卻又無計可施。平陽侯曹窋擔心沒有獲勝的把握，就飛快的跑來請示太尉周勃。太尉周勃也擔心不能戰勝諸呂，所以沒敢明確地表示要將呂產殺死，於是對朱虛侯劉章說：「你趕緊入宮去保護皇帝！」朱虛侯請求增加兵力，太尉周勃就撥給了他一千多名士兵。朱虛侯進入未央宮，看見呂產正站在庭院中。下午三、四點鐘的時候，朱虛侯劉章下令誅殺呂產，呂產逃走。因為突然颳起大風，所以呂產的隨從官員亂作一團，不敢與劉章的軍隊對抗。朱虛侯率軍追殺呂產，將呂產殺死在郎中令官府的廁所中。

朱虛侯已經殺死了呂產，皇帝派謁者手持符節前來慰勞朱虛侯劉章。朱虛侯就想奪取謁者手中的符節，謁者不肯將符節交給他。朱虛侯就登上謁者的車子，與他同車共載，利用謁者手中的符節在宮廷中馳走，殺死了長樂宮的衛尉呂更始。然後出宮後，飛快地趕往北軍報告給太尉周勃。周勃站起來向朱虛侯劉章祝賀勝利，朱虛侯劉章說：「最擔心的只有呂產，如今呂產已經被除掉，天下大勢已成定局了！」於是派人分別去捉拿諸呂氏，不論男女老少，全部殺掉。九月十一日辛酉，抓獲了呂祿並將他殺死，呂頦也被亂棍打死。又派人殺死了燕王呂通，廢掉了魯王張偃。十八日戊辰，將濟川王劉太改封為梁王。派朱虛侯劉章將已經誅滅諸呂的情況通報給齊王劉襄，讓他罷兵。

灌嬰駐軍於滎陽，聽說是魏勃勸說齊王劉襄起兵誅殺諸呂，就派使者將魏勃召來責問。魏勃回答說：「家裡失了火，哪裡還顧得上先請示家長，然後再去救火呢？」說完就退後站立，兩腿發抖，顯示出一副因恐懼而不能言辭的樣子，始終沒有再說別的話。灌嬰盯住他看了半天，最後笑著說：「人們都說魏勃勇敢，今天看來不過是個庸才罷了，能有什麼作為！」於是便將魏勃放回齊國。灌嬰也從滎陽罷兵返回長安。

班固稱讚說：「孝文帝的時候，天下人都認為酈寄出賣了朋友。所謂的出賣朋友，是指那些見利忘義的人。像酈寄，他的父親酈商是開國功臣，又被人劫持，即使是因為他才摧毀了呂祿，但卻安定了國家，從出於救君、救父的大節來看，酈寄這樣做也是可以的。」

諸大臣暗中商議說：「少帝和梁王劉太、淮陽王劉武、恆山王劉朝，都不是孝惠帝的親兒子，是呂后將別人的孩子抱入宮中，又將孩子的生母殺死，然後冒充孝惠帝的兒子進行撫養，並將這些孩子或是立為皇帝或是封為諸侯王，以加強呂氏的勢力。現在諸呂已經被全部滅掉，而呂氏所立的皇帝、所封的諸侯王將來長大後掌握了權力，我們這些人就都將被他們滅門了！不如在諸侯王中選擇一個最賢能的人立為皇帝。」有人說：「齊王是高帝的長孫，可以立為皇帝。」其他大臣都說：「呂氏就因為是皇家的外戚，心性險惡，幾乎顛覆了劉氏建立起來的國家政權，擾亂了功臣。如今齊王的舅舅駟鈞，就像是一個戴著帽子的老虎，如果立齊王做了皇帝，就等於是又出了一個呂氏。代王劉恆，在高皇帝現存兒子中年紀最大，而且為人仁慈孝敬、待人寬厚。他的母家薄氏一向謹慎善良。而且立長子也名正言順，更何況他是以仁慈、孝敬而聞名天下呢！」大家全都贊同立代王劉恆為帝，於是祕密派人前往代地迎接代王劉恆進京。

代王就進京之事徵求身邊人的意見，郎中令張武等人都說：「現在朝中的大臣都是已故高皇帝手下的大將，他們熟習兵法，又長於謀略。他們這些人的志向絕不止滿足於現在的為將、為相，只是因為懼怕高皇帝和呂后的威勢才不敢有所行動。如今已經誅滅諸呂，京城已經是鮮血遍地，現在只是以迎接大王回京為藉口，其實是居心叵測不可相信。希望大王您假裝有病不要前往，就在這裡靜觀事態的發展變化。」中尉宋昌近前說：「他們這些人的意見都是不對的。秦國失掉了它的政權，各路英雄豪傑紛紛舉事，人人都以為自己可以奪取天下，有這種想法的人，成千上萬，然而最終登上皇帝寶座的人卻只有劉氏，其他的人因此而不再抱有這種幻想，這是第一點。漢高帝將子弟大量封王，這些封國與直接屬於朝廷的郡縣之間像犬牙一樣交錯，互相控制，大臣們想造反也是造不成的，所以整個國家政權就像磐石一樣的穩固，天下之人無不佩服漢國的強大，這是第二點。漢朝建國以後，廢除了秦朝的暴政，精簡法令條文，廣施恩惠，因此人心穩定，政權很難動搖，這是第三點。呂后憑藉自己的威勢，封了三個呂姓諸侯王，呂氏於是專擅國柄，獨斷專行。然而太尉周勃僅憑一個符節就得以進入北軍，他振臂一呼，將士們就全都袒露左臂歸附劉氏，背叛了呂氏，最終滅掉呂氏。這都是上天的安排，不是靠人力能夠做到的。現在即使大臣想要叛亂，百姓也不會被他們所利用，再說，他們內部就能鐵板一塊嗎？如今在朝中有朱虛侯劉章、東牟侯劉興居這樣的親屬，外部他們畏懼吳國、楚國、淮陽國、琅邪國、齊國、代國的強大。如今高皇帝的兒子中只有淮南王與大王兩個人在世。大王又年長，您的賢能聖明、仁慈孝敬早就聞名於天下，所以朝中大臣順應民意，而來迎接大王即皇帝位。大王不要心存疑慮！」

代王劉恆請自己的母親薄太后拿主意，薄太后也是猶豫不決。於是請人燒龜甲占卜吉凶，龜甲上顯示了一個很大的橫紋，爻辭是：「大橫鮮明，預示我將要繼位做天王，能像夏啓那樣光大先帝的事業。」代王劉恆說：「我已經是代王了，還做什麼王？」占卜的人說：「這裡所說的天王，是指皇帝啊。」於是代王劉恆就派薄太后的弟弟、自己的舅父薄昭到長安去見絳侯周勃，絳侯周勃等人就把迎立代王的意思詳細地對薄昭講了一遍。薄昭回來向代王劉恆報告說：「果然是請您入朝為帝，沒有什麼可懷疑的。」代王劉恆這才高興地對宋昌說：「果然像你所說的那樣。」

代王劉恆便命宋昌陪同自己乘坐同一輛車子，張武等六個人乘坐驛站的馬車，跟隨自己前往長安。一行人走到高陵縣的時候停了下來，代王劉恆派宋昌先到長安觀察事態的變化。宋昌到達渭水橋，丞相以下的大小官員全都前來迎接。宋昌趕緊回到高陵向代王劉恆報告。代王劉恆這才放心大膽地驅車來到渭水橋邊，群臣全都上前跪拜，向他稱臣，代王劉恆趕緊下車還禮。太尉周勃上前對代王說：「希望單獨和您談談。」宋昌說：「如果您所說的是公事，就請當著眾人明說；如果是私事，行王道者沒有什麼見不得人的事。」太尉周勃趕緊跪下，把天子玉璽、符節呈獻給代王劉恆。代王劉恆推辭說：「等我回到代國在京師的府邸再商議這件事。」

閏九月最後一天二十九日己酉，代王劉恆進入長安，住在代國的府邸，群臣也都跟隨著來到代王府邸。丞相陳平等大臣再次跪倒在地請求說：「現在的皇帝劉弘等人都不是孝惠帝的親生兒子，不應當繼承皇位、奉祀宗廟。大王您是高皇帝的長子，理應由您繼承帝位。就請大王即天子位。」代王面向西推讓再三，又面向南謙讓了兩次，這才答應下來，正式登上天子寶座，成為大漢天子，就是漢文帝。群臣也都按照君臣之禮依次站立。

東牟侯劉興居說：「誅滅呂氏，我沒有什麼功勞，就讓我來為您去清理一下皇宮吧。」便與擔任太僕的汝陰侯滕公夏侯嬰一同入宮。他走到少帝面前說：「你不是劉氏子孫，不應當做皇帝。」說完，就回過頭來揮手示意旁邊持戟的皇宮衛士放下手中的兵器離開皇宮。有幾個人不肯放下兵器，宦者令張釋勸說他們服從，這幾個人也放下了兵器。滕公招呼人用乘輿把少帝送出皇宮。少帝問：「想要把我送到哪裡去呀？」滕公說：「到皇宮外頭去住。」於是把少帝安置在少府的官署中暫住。

這才排出天子儀仗，到代王府邸迎接代王，並報告說：「皇宮已經認真清理過了。」當天晚上，代王進入未央宮。當時還有十幾個謁者持戟守衛著端門，看見代王，說：「天子在宮中，你是幹什麼竟敢入宮！」代王劉恆將此事告訴太尉周勃，太尉周勃上前吩咐，這十幾個謁者才放下手中的兵器離去，代王於是進入皇宮。當天夜裡就封宋昌為衛將軍，負責統領南北兩軍。任命張武為郎中令，負責在宮中巡視。有關部門分別派人到梁王劉太、淮陽王劉武、恆山王劉朝以及少帝劉弘所住的官邸將他們全部殺死。漢文帝從後宮來到金鑾殿上，當夜就頒布詔書，大赦天下。

太宗孝文皇帝❶上

元年（壬戌　西元前一七九年）

冬，十月庚戌❷，徙琅邪王澤為燕王❸。封趙幽王子遂❹為趙王。

陳平謝病❺，上問之，平曰：「高祖時，勃功不如臣；及誅諸呂，臣功亦不如勃。願以右丞相讓勃❻。」十一月辛巳❼，上徙平為左丞相，太尉勃為右丞相，大將軍灌嬰為太尉❽。諸呂所奪齊、楚故地❾，皆復與之❿。

論⓫誅諸呂功，右丞相勃以下益戶⓬、賜金各有差⓭。絳侯朝罷趨出⓮，意得⓯甚。上禮之恭，常目送之。郎中安陵袁盎⓰諫曰：「諸呂悖逆，大臣相與共誅之。是時丞相為太尉，本兵柄⓱，適會其成功⓲。今丞相如有驕主色⓳，陛下謙讓⓴，臣主失禮[21]，竊為陛下弗取也[22]。」後朝[23]，上益莊[24]，丞相益畏[25]。

十二月，詔曰：「法者，治之正也[26]。今犯法已論[27]，而使無罪之父母、妻子、同產[28]坐[29]之，及為收帑[30]，朕甚不取[31]。其除收帑諸相坐律令[32]！」

春，正月，有司請蚤建太子[33]。上曰：「朕既不德[34]，縱不能博求天下賢聖有德之人而禪天下[35]焉，而曰豫建[36]太子，是重吾不德[37]也。其安之[38]！」有司曰：「豫建太子，所以重宗廟、社稷，不忘天下也。」上曰：「楚王[39]，季父也；吳王[40]，兄也；淮南王[41]，弟也。豈不豫哉[42]？今不選舉焉，而曰『必子』，人其[43]以朕為忘賢有德者而專於子，非所以憂[1]天下[44]也！」有司固請曰：「古者殷、周有國，治安[45]皆千餘歲[46]，用此道也[47]。立嗣必子，所從來遠矣。高帝平天下，為太祖[48]，子孫繼嗣世世不絕。今釋宜建[49]，而更選於諸侯及宗室，非高帝之志也。更議不宜[50]。子啓[51]最長，純厚慈仁，請建以為太子。」上乃許之[52]。

三月，立太子母竇氏為皇后。皇后，清河觀津[53]人。有弟廣國，字少君，幼為人所略賣[54]，傳十餘家[55]。聞竇后立，乃上書自陳。召見，驗問得實[56]，乃厚賜田宅、金錢，與兄長君[57]家於長安。絳侯、灌將軍[58]等曰：「吾屬[59]不死，命乃且縣此兩人[60]。兩人所出微[61]，不可不為擇師傅、賓客[62]，又復效呂氏大事也[63]！」

於是乃選士之有節行者與居(64)。竇長君、少君由此為退讓君子，不敢以尊貴驕人(65)。

詔振貸(66)鰥、寡(67)、孤、獨、窮困之人。又令：「八十已上，月賜米、肉、酒；九十已上，加賜帛、絮(68)。賜物當稟鬻米者(69)，長吏閱視(70)，丞若尉致(71)；不滿九十(72)，嗇夫令史致(73)。二千石遣都吏循行(74)，不稱者督之(75)。」

楚元王交(76)薨。

夏，四月，齊、楚地震，二十九山同日崩，大水潰出(77)。

時有獻千里馬者。帝曰：「鸞旗(78)在前，屬車(79)在後，吉行(80)日五十里，師行(81)三十里。朕乘千里馬，獨先安之(82)？」於是還其馬，與道里費(83)，而下詔曰：「朕不受獻(84)也，其令四方毋求來獻(85)。」

帝既施惠(86)天下，諸侯四夷(87)遠近驩洽(88)，乃修(89)代來功(90)，封宋昌為壯武侯(91)。

帝益(92)明習國家事。朝而問右丞相勃曰：「天下一歲決獄(93)幾何？」勃謝(94)不知。又問：「一歲錢穀出[2]入(95)幾何？」勃又謝不知，惶愧，汗出沾背(96)。上問左丞相平。平曰：「有主者(97)。」上曰：「主者謂(98)誰？」曰：「陛下即(99)問決獄，責廷尉(100)；問錢穀，責治粟內史(101)。」上曰：「苟各有主者，而君所主者何事也？」平謝曰：「陛下不知其駑下(102)，使待罪宰相(103)。宰相者，上佐天子，理陰陽(104)，順四時[105]，下遂萬物之宜[106]；外鎮撫[107]四夷諸侯，內親附百姓，使卿大夫[108]各得任其職焉。」帝乃稱善。右丞相大慚，出而讓[109]陳平曰：「君獨不素教我對[110]！」陳平笑曰：「君居其位，不知其任邪？且陛下即問長安中盜賊數，君欲彊對邪[111]？」於是絳侯自知其能不如平遠矣[112]。

居頃之，人或說勃曰：「君既誅諸呂、立代王，威震天下，而君受厚賞、處尊位，久之即禍及身矣。」勃亦自危，乃謝病請歸相印，上許之。秋，八月辛未[113]，右丞相勃免，左丞相平專為丞相[114]。

初[115]，隆慮侯竈[116]擊南越[117]，會暑濕[118]，士卒大疫，兵不能踰領[119]。歲餘，高后崩[120]，即罷兵。趙佗因此以兵威財物賂遺[121]閩越[122]、西甌[123]、駱[124]，役屬[125]焉。東西萬餘里，乘黃屋左纛[126]，稱制[127]與中國侔[128]。

帝乃為佗親冢[129]在真定[130]者置守邑[131]，歲時奉祀[132]。召其昆弟[133]，尊官厚賜寵之[134]。復使陸賈使南越[135]，賜佗書曰：「朕，高皇帝側室之子[136]也，棄外[137]，奉北藩于代[138]。道里遼遠[139]，壅蔽樸愚[140]，未嘗致書[141]。高皇帝棄羣臣[142]，孝惠皇帝即世[143]，高后自臨事[144]，不幸有疾[145]，諸呂為變。賴功臣之力，誅之已畢。朕以王侯吏不釋[146]之故，不得不立[147]，今即位[148]。乃者[149]聞王遺[150]將軍隆慮侯書，求親昆弟[151]，請罷長沙兩將軍[152]。朕以王書[153]罷將軍博陽侯[154]。親昆弟在真定者，已遣人存問[155]，脩治先人冢[156]。前日聞王發兵於邊[157]，為寇災[158]不止。當其時，長沙苦之[159]，南郡尤甚[160]。雖[161]王之國，庸獨利乎[162]！必多殺士卒[163]，傷良將吏，寡人之妻[164]，孤人之子[165]，獨人父母[166]。得一亡十[167]，朕不忍為也。朕欲定地犬牙相入者[168]，以問吏，吏曰：『高皇帝所以介長沙土也。』[169]朕不得擅變[170]焉。今得王之地，不足以為大；得王之財，不足以為富。服領以南[171]，王自治之[172]。雖然，王之號為帝[173]，兩帝並立[174]，亡一乘之使以通其道[175]，是爭也。爭而不讓，仁者不為也[176]。願與王分棄前惡[177]，終今以來[178]，通使如故[179]。」

賈至南越，南越王恐，頓首謝罪，願奉[180]明詔，長為藩臣，奉貢職[181]。於是下令國中曰：「吾聞兩雄不俱立[182]，兩賢不並世[183]。漢皇帝，賢天子。自今以來，去帝制、黃屋左纛。」因為書稱：「蠻夷大長[184]老夫臣佗，昧死再拜上書皇帝陛下[3]：老夫，故越吏[185]也。高皇帝幸賜臣佗璽，以為南越王[186]。孝惠皇帝即位，義不忍絕，所以賜老夫者厚甚。高后用事，別異蠻夷[187]，出令曰：『毋與蠻夷越金鐵田器、馬牛羊。即予[188]，予牡，毋予牝[189]。』老夫處僻[190]，馬牛羊齒已長[191]，自以祭祀不脩[192]，有死罪。使內史藩[193]、中尉高[194]、御史平[195]，凡三輩[196]上書謝過[197]，皆不反(198)。又風聞老夫父母墳墓已壞削，兄弟宗族已誅論(199)。吏相與議(200)曰：『今內不得振(201)於漢，外亡以自高異(202)。』故更號為帝，自帝其國(203)，非敢有害於天下(204)。高皇后聞之，大怒，削去南越之籍(205)，使使不通。老夫竊疑長沙王讒臣(206)，故發兵以伐其邊。老夫處越四十九年，于今抱孫焉。然夙興夜寐(207)，寢不安席(208)，食不甘味(209)，目不視靡曼之色(210)，耳不聽鍾鼓之音者，以不得事漢(211)也。今陛下幸哀憐，復故號，通使漢如故。老夫死，骨不腐(212)。改號不敢為帝矣(213)！」

齊哀王襄(214)薨。

上聞河南守吳公(215)治平(216)為天下第一，召以為廷尉(217)。吳公薦洛陽人賈誼(218)，帝召以為博士(219)。是時賈生年二十餘，帝愛其辭博(220)，一歲中，超遷(221)至太中大夫(222)。賈生請改正朔(223)、易服色(224)、定官名(225)、興禮樂(226)，以立漢制、更(227)秦法，帝謙讓未遑(228)也。

【章　旨】以上為第三段，寫文帝元年（西元前一七九年）的全國大事，主要寫了周勃的居功自滿、文帝對周勃的裁抑；寫了文帝下令優撫鰥寡孤獨、拒絕臣民向朝廷進貢、不接受「改正朔、易服色」建議的種種善政；以及處理南越王趙佗「稱帝」問題的妥善措施。

【注　釋】❶孝文皇帝　劉恆，劉邦之子，薄后所生。為帝前被封為代王，都中都（今山西平遙）。周勃、陳平等誅滅諸呂後，擁立劉恒為皇帝，文字是他死後的諡。❷十月庚戌　十月初一。❸徙琅邪王澤為燕王　徙，移；調動。琅邪王澤，劉澤，劉邦的開國功臣，被劉邦封為營陵侯。呂后在封諸呂為王時，為拉攏劉澤，乃從齊國割出琅邪郡，封劉澤為琅邪王。齊王劉襄起兵討呂時，已將琅邪收歸齊國，而劉澤對文帝又有擁立之功，故此將其改封為燕王。都城薊縣，在今北京市之西南部。❹趙幽王子遂　劉遂，趙幽王劉友之子，因劉友前被呂后所殺，故文帝復封其子劉遂為趙王。都城邯鄲，即今河北邯鄲。❺謝病　推說有病而不任職。❻以右丞相讓勃　陳平在呂后時曾為右丞相，但隨著呂后任呂產為相國，陳平之右丞相已被架空，只有虛名。當呂產等在政變中被殺，陳平理所當然地又成了右丞相。但陳平覺得自己在政變當中的表現不如周勃，故願將右丞相之職讓與周勃。其實這是黃老權謀的「欲取之，先予之」。❼十一月辛巳　十一月初二。❽太尉　「三公」之一，主管全國軍事。❾諸呂所奪齊楚故地　胡三省曰：「呂后封呂台為呂王，得梁地，奪齊楚之地以附益之。」❿皆復與之　現在都返回齊、楚二國。⓫論　評定。⓬益戶　增加食邑的戶數。⓭各有差　增邑、賜金的數目多少各有不同。差，等級。⓮趨出　小步疾行地走出殿門。趨，小步疾行，這是臣子在君父面前走路的一種禮節性姿式。⓯意得　意滿；傲然自足。⓰郎中安陵袁盎　皇帝的侍從安陵人袁盎。郎中，帝王的侍從，秩三百石，上屬郎中令。安陵，漢惠帝的陵墓名，其陵邑的級別相同於縣，在今陝西咸陽東北。⓱本兵柄　掌握兵權。⓲適會其成功　意謂周勃、陳平等人的功勳，只不過是碰巧趕上機會而已。⓳如有驕主色　似乎對您有一種傲慢的意思。驕主，對君主表現傲慢。⓴陛下謙讓　而您反而對他表示謙讓。㉑臣主失禮　為臣與為君者皆於禮有失。㉒竊為陛下弗取也　我覺得這樣是不合適的。楊樹達曰：「文帝後遣勃就國，蓋由盎此語啟之。」㉓後朝　後來再上朝。㉔上益莊　文帝就漸漸嚴肅起來，不再像以往那麼客氣、敬重周勃了。益，漸漸。㉕丞相益畏　周勃對文帝也越來越敬畏。瀧川引中井曰：「據兩『益』字，非一日之事。」㉖法者二句　法律是審判、定罪的原則、標準。㉗犯法已論　犯法者已經受到懲處。論，判決；懲處。㉘同產　猶言「同胞」，指兄弟。㉙坐　連坐；因受牽連被判罪。㉚及為收帑　李笠曰：「『及』，疑應作『乃』。」收帑，沒入官府為奴。收，逮捕；沒入。帑，此處通「孥」、「奴」。㉛不取　不同意；不贊成。㉜其除收帑諸相坐律令　要把這些誅連九族的刑法廢除掉。其，表示祈請、指令的發語詞。王鳴盛曰：「車裂、腰斬、具五刑、夷三族，皆秦之酷法，漢初沿襲行之，韓信、英布皆受此。文帝元年冬十二月，盡除收帑相坐律令；十三年夏五月，除肉刑法矣，然景帝於鼂錯、武帝於郭解、主父偃、公孫賀、李陵、李廣利、公孫敖、任安、田仁、劉屈氂，猶皆腰斬夷族，〈文帝紀〉云云，徒虛語耳。」瀧川曰：「《漢書・刑法志》云：『後新垣平謀逆，復行三族之誅。』王說未確。」按，新垣平妖言欺詐被誅事，見本書後文十七年。㉝蚤建太子　早日確立接班人。蚤，通「早」。㉞不德　品德不高。自謙語。

㉟禪天下　把國家政權讓給他。㊱豫建　及早建立。豫，通「預」。㊲重吾不德　更加重我的道德品質之差。㊳其安之　還是放放再說吧。呂祖謙曰：「文帝之元年，景帝方十歲耳，平、勃所以亟請建太子者，懲惠帝繼嗣不明之禍；文帝所以固讓者，蓋踐阼之始，懼不克勝。所言者皆發於中心，非好名也。」按，呂氏似巧為之辯。㊴楚王　楚元王劉交，劉邦之弟，文帝之叔。㊵吳王　劉濞，劉邦次兄之子，文帝的堂兄。㊶淮南王　劉長，文帝之弟。㊷豈不豫哉　難道不該列入應考慮的範圍嗎。意思說這幾個人都是我準備禪讓的對象。豫，通「預」。㊸其　將，表示推測的發語詞。㊹非所以憂天下　這不是以天下為己憂的做法。㊺治安　國治而民安。㊻皆千餘歲　通常皆說商朝傳國六百年，周朝傳國八百年。㊼用此道也　都是採用傳子的辦法。㊽為太祖　為漢代歷朝皇帝的始祖。太，大；至高無上。㊾宜建　應該確立的，指嫡長子。㊿更議不宜　師古曰：「不當更議。」(51)子啓　劉啓，文帝之子，即日後的漢景帝。(52)上乃許之　如此幾推幾讓的虛應故事，武帝於封諸子為王時亦用之，見《史記・三王世家》。(53)清河觀津　清河郡的觀津縣。清河，漢郡名，郡治清陽，在今河北清河縣東南。觀津，漢縣名，縣治在今河北武邑東南。按，觀津縣乃屬信都郡（郡治今河北冀州），不屬清河郡，此謂「清河觀津」者，誤。(54)略賣　被劫走轉賣。略，意思通「掠」。(55)傳十餘家　輾轉被賣了十多家。傳，義同「轉」，輾轉。(56)驗問得實　檢驗盤問，考查其是不是真的，結果弄清是真的。(57)長君　以其弟「字少君」例之，此「長君」宜為其兄之字。(58)絳侯灌將軍　絳侯指周勃，時為丞相。灌將軍指灌嬰，時為太尉。(59)吾屬　猶言「我等」。(60)命乃且縣此兩人　我們的性命將被他們攥在手心。縣，通「懸」。這裡是「掌握」的意思。師古曰：「恐其後擅權，則將相大臣當被害。」(61)所出微　出身寒微。(62)師傅賓客　指成天與他們相伴的人。師傅，官僚貴族的輔導老師，負責教育、教學之職。賓客，半朋友、半僕役的陪侍人員。(63)又復效呂氏大事也　句上應增「不者」二字讀。《史記》中類似句式甚多，〈太史公自序〉：「故有國者不可以不知《春秋》，（不者，）前有讒而不見，後有賊而不知；為人臣者不可以不知《春秋》，（不者，）守經事而不知宜，遭變事而不知權。」〈平原君虞卿列傳〉：「虞卿能盡秦力之所至乎？誠能知秦力之所不能進，（則可矣，不者，）此彈丸之地弗與，令秦明復來攻，王得無割其內以媾乎？」呂氏大事，指外戚專權，圖謀叛逆。(64)與居　和他們生活在一起。(65)以尊貴驕人　倚仗自己的地位高貴而傲慢放縱，盛氣陵人。(66)振貸　救濟。振，通「賑」。(67)鰥寡　男人無妻曰鰥，婦人無夫曰寡。(68)帛絮　帛是絲織品的總稱。絮指粗絲綿。(69)賜物當稟鬻米者　饋贈九十歲以上的老人，凡是要贈送粥米者。稟，通「廩」。發給。鬻米，做粥用的米。(70)長吏閱視　縣長縣令要親自檢查過目。長吏，這裡指縣令、縣長。當時規定萬戶以上的大縣長官稱「縣令」，萬戶以下的小縣長官稱「縣長」。(71)丞若尉致　由縣丞或縣尉親自給九十歲以上的老人送去。丞，縣丞，縣令縣長的助手。若，或。尉，縣尉，

掌管武事與緝捕盜賊、徵兵徵糧的武官。致，送。(72)不滿九十　指給不足九十歲的老人送粥米。(73)嗇夫令史致　由嗇夫、令史給那些老人們送去。嗇夫，鄉一級的小吏名。令史，縣裡的低級文辦人員。(74)二千石遣都吏循行　各郡國的長官要派員巡視檢查。二千石，指各郡的郡守與各諸侯國的丞相，這些人的官秩為二千石。都吏，即督郵，郡國派出巡視各縣事務的小吏。循行，巡視。(75)不稱者督之　凡是沒按詔書辦好的，都要督促他們辦好。不稱，不合格；不相稱。(76)楚元王交　劉交，字游，劉邦的同父異母弟，被封為楚王，國都彭城，即今江蘇徐州。元字是其死後的謚。(77)潰出　沖破堤岸而出。(78)鸞旗　繡有鸞鳥、編有羽毛的旌旗，此指皇帝駕前的儀仗。(79)屬車　也稱「副車」，跟從帝王出行的車駕。(80)吉行　太平無事的出行。因太平無事，故可以行走得快。(81)師行　有軍情的出行。因形勢不定，故帝王車駕不可貿然疾行。(82)獨先安之　獨自領先跑到哪裡去。(83)與道里費　給了他一些為送馬所花的盤纏。(84)不受獻　不接受臣民的進貢。獻，貢獻；進貢。(85)毋求來獻　不要請求來京獻物。(86)施惠　施恩布惠。(87)諸侯四夷　各諸侯王國與四方周邊的少數民族。(88)驩洽　歡悅融洽。(89)脩　行，這裡指封賞。(90)代來功　由代國扈從進京的功勳。凌稚隆引董份曰：「先敘治化已成，然後論封，見帝不私代邸臣耳。」(91)封宋昌為壯武侯　封地壯武縣，在今山東膠縣東北。(92)益　漸；越來越。(93)決獄　判處案件。(94)謝　道歉；抱歉地說。(95)錢穀出入　錢、糧的出入與人口的增減數目。(96)惶愧二句　方孝孺曰：「周勃挾誅諸呂之權，常有德色，帝待之益莊。夫不責其德色之不恭，而引職事以問之。文帝豈不知其不能答哉？出其不意問其所當知，使其不對而自慚，慚而不敢怒，其驕慢之虛氣至是索然銷鑠而無餘，天下之大權不待發於聲色而盡歸於己，此其得御權臣之道者也。」(97)有主者　有主管這方面事務的人。(98)謂　此處同「為」。(99)即　若。(100)責廷尉　可以問廷尉。責，問。廷尉，九卿之一，主管刑獄。(101)治粟內史　九卿之一，後改稱「大司農」，主管全國錢糧。(102)不知其駑下　不嫌我拙笨，這裡是謙詞。駑下，猶言「拙笨」。駑，劣馬。(103)待罪宰相　「官居丞相」的客氣說法。意謂身居此職而心常惴惴，不知何日將因官事不辦而受譴。(104)理陰陽　使陰陽調和。(105)順四時　使四時變化有序。(106)遂萬物之宜　使萬物自然生長。瀧川曰：「周官三公之職，以論道經邦，燮理陰陽為務，漢初猶守此說，觀陳平對文帝，丙吉問牛喘，可以見焉。」(107)鎮撫　鎮壓、安撫，使其安定、臣服。(108)卿大夫　泛指朝廷上的各級官僚。卿，九卿一級，有如今之中央各部長官。大夫，有如今之司、局級。(109)讓　責怪。(110)君獨不素教我對　你平常為何不教給我如何回答問題。素，平時。(111)君欲彊對邪　難道你也一定要逞強回答嗎。(112)絳侯自知其能不如平遠矣　楊維楨曰：「宰相於天下事無不知，況於獄數繫民命，錢穀繫國命！廷尉、內史其主職也，而一歲生殺、出納之數上計冢宰者，獨可不知乎？平所學黃老術，戰國之縱橫說耳。其陳相職於帝者，平果能之否乎？亦不過剿言以妄帝耳。帝善其言，而勃又慚其言而去，遂專相以為德也，君子哂之。」史珥曰：「平對孝文『所主何事』之問，雖非渠所能及而漫為大言，然不可謂非知相職者。『使卿大夫各得任其職』，尤為扼要之言。」113八月辛未　八月二十六。114平專為丞相　陳平獨自為丞相之職。郭嵩燾曰：「呂后之陰私，王陵不能容，而陳平居相如故；文帝之明習國事，周勃不能容，而陳平之居相亦如故。此風一開，延至於今垂二千年，祖述陳平以保全祿位皆居之以為『奇計』矣。」115初　追敘往事的前置語。116隆慮侯竈　周竈，劉邦的開國功臣，封地隆慮縣（即今河南林州）。117擊南越　事在呂后七年九月。118會暑濕　正趕上炎熱潮溼。119踰領　越過南嶺。踰，通「逾」。翻越。領，通「嶺」。即南嶺，此處指今「五嶺」中的騎田嶺，在今江西與廣東的交界處。120高后崩　事在高后八年（西元前一八〇年）七月。121賂遺　饋贈；收買。122閩越　越王句踐的後人「無諸」，因率越人佐劉邦建國有功，被劉邦封為閩越王，都城東冶（舊說為今福建福州，近說為武夷山市的城村故城），詳情見《史記・東越列傳》。123西甌　小國名，據蒙文通《越史叢考》，其全盛時佔地約當「漢之鬱林、蒼梧、合浦三郡」，亦即秦之桂林、象郡，今之廣西大部地區。後被秦朝攻破，在其地設桂林、象郡，西甌之餘部始退縮至今廣西玉林、貴港區一帶。124駱　「駱越」的簡稱，據蒙文通《越史叢考》，其地略當「漢交趾、九真二郡」，即今越南國之北部地區。125役屬　使其歸屬，為己效力。126黃屋左纛　帝王的車駕。黃屋，用黃繒為頂的篷車，帝者所乘。左纛，左側邊馬的頭上插有犛牛尾製的飾物，也是帝者車駕的特有裝飾。127稱制　發布命令使用皇帝的口氣。制，皇帝的命令，或稱「制」，或稱「詔」。128與中國侔　與中原地區的皇帝不相上下。侔，相當；相等。129佗親冢　趙佗父母的墳墓。130真定　趙佗的故鄉，在今石家莊城東北。131置守邑　圍繞墳墓劃出一塊領地，派官員予以護理。132歲時奉祀　逢年過節，按時祭祀。歲，年關。時，四時。133昆弟　兄弟。134尊官厚賜寵之　以高官厚賞尊寵之。135復使陸賈使南越　又第二次派陸賈出使南越國。詳情見《史記・南越列傳》。136側室之子　文帝之母薄氏乃劉邦的普通嬪妃，故文帝自稱「側室之子」。137棄外　指被封王於外地。138奉北藩于代　意即在代國稱王。北藩，北部的藩籬。古稱諸侯為天子的屏障藩籬。139道里遼遠　言代國距離南越相隔遙遠。道里，道路里程。140壅蔽樸愚　本性拙笨，又受蒙蔽。此文帝謙言自己。141未嘗致書　沒有主動致書慰問。142棄羣臣　離開群臣而去，謙言劉邦之死。143即世　辭世，也指死。144自臨事　自己臨朝執政。145不幸有疾　不欲指斥呂后為政之失，故諱曰「有疾」。146以王侯吏不釋　由於各諸侯王、各列侯，以及百官群臣對我勸進不已。不釋，沒完沒了；不放過。147不得不立　不得已而做了皇上。148今即位　如今已經登基了。149乃者　前者；前些時候。150遺　給；致。151求親昆弟　請求能讓你的兄弟們到南越去。152請罷長沙兩將軍　請求撤回漢王朝派到長沙國，幫著長沙國進攻南越的兩位將領。長沙，漢初封立的諸侯國名，國都即今長沙。國王吳芮，是劉邦的開國功臣。153朕以王書　現在我就依著你的書信。

(154)罷將軍博陽侯　將駐紮長沙國的漢朝將軍博陽侯陳濞撤回。罷，撤銷；撤回。博陽侯，指陳濞，劉邦的開國功臣。(155)存問。(156)脩治先人冢　並為你重新修建了你先人的陵墓。(157)發兵於邊　派兵到漢朝邊境。(158)寇災　侵襲抄掠，殺人、搶東西。(159)長沙苦之　長沙國深受其害。(160)南郡尤甚　臨近南越的邊郡尤其受害嚴重。南郡，南部邊郡。顏師古以為指首府江陵的南郡，似過於遙遠，非南越勢力之所及。(161)雖　即使。(162)庸獨利乎　難道就有好處了嗎。(163)多殺士卒　使士卒大量犧牲。(164)寡人之妻　使人妻成為寡婦。(165)孤人之子　使人子成為孤兒。(166)獨人父母　使人之父母變得孤獨無依。(167)得一亡十　為得一分利益而付出十倍的犧牲。(168)欲定地犬牙相入者　我本來想把長沙國與南越交界那些犬牙相錯的地方重新劃定一下，以免老鬧摩擦。(169)吏曰二句　官吏們說：「這是當年高皇帝給長沙國限定的地界。」介，限。(170)擅變　隨意改變。(171)服領以南　意即五嶺以南。服領，荒服以外的南嶺。領，通「嶺」。(172)王自治之　任憑你自己去管理。(173)雖然二句　意即儘管如此，而你竟自稱「南越武帝」這還是不好的。(174)兩帝並立　你和我並立，彼此都稱皇帝。(175)亡一乘之使以通其道　你也沒有派一名使者來向我說說你的理由。亡，無。一乘之使，一輛車的使臣。極言禮數之簡。通其道，說明一下理由。(176)爭而不讓二句　言外之意就是希望你自覺地取消帝號。(177)分棄前惡　雙方都捐棄前嫌。(178)終今以來　從今以後。(179)通使如故　還像從前一樣互通使節。(180)奉　接受；執行。(181)奉貢職　履行向漢朝進貢。貢職，即進貢。「職」也是貢的意思。(182)不俱立　不相互對立。(183)不並世　不在同一個時代相互對抗。(184)大長　大君長；大頭領。(185)故越吏　原是南越地區的一名官吏。指其在秦時曾為龍川縣令，後乘中原之亂遂據南越稱王。(186)幸賜臣佗璽二句　原是趙佗自立為王，今乃說是高帝「幸賜臣佗璽，以為南越王」，老佗亦可謂善為文辭。(187)別異蠻夷　對我們少數民族另眼相看。別異，意即歧視。(188)馬牛羊二句　如果給他們馬牛羊。即，如果。(189)予牡二句　只給他們公的，不給母的，不能讓他們自行繁殖，越來越多。(190)處僻　生活在一個偏僻的地方。(191)馬牛羊齒已長　我們地區的馬牛羊都已經老了。因為近年來無法繁殖小的。(192)祭祀不脩　無法祭祀祖先神靈，因為沒有合適的牲畜作祭品。不脩，無法進行。(193)內史藩　南越國的內史，其名曰藩。內史是在諸侯國主管民政的官。(194)中尉高　南越國的中尉，其名曰高。中尉是在諸侯國主管軍事的官。(195)御史平　南越國的御史，其名曰平。御史是在諸侯國主管監察、彈劾的官。(196)凡三輩　前後共三次。凡，共。輩，次。(197)上書謝過　一方面承認錯誤，一方面說明原因。(198)皆不反　都一去無回，指被漢王朝所扣留。(199)誅論　被誅滅。論，治罪，通常即指殺死。(200)吏相與議　我手下的官員們都說。(201)振　意即鼓勵、表揚。(202)亡以自高異　沒法表現自己比周圍的那些蠻夷頭領們地位高。《史記・南越列傳》有所謂「其東閩越千人眾號稱王，其西甌駱裸國亦稱王」，故老佗發動機會而稱「帝」。(203)自帝其國　只在自己國內以此相稱。(204)非敢有害於天下　意即不是想跟漢朝皇帝爭高低。(205)籍　名籍，指相互往來的通行證。(206)讒臣　說我的壞話，挑撥我與漢朝天子的關係。(207)夙興夜寐　猶今所謂起早貪黑，極言其辛苦、勤勞之狀。(208)寢不安席　輾轉反側，睡不好覺。(209)食不甘味　吃東西不覺香甜，極言其心思沉重。(210)靡曼之色　華麗的顏色，指美女的舞蹈。(211)事漢　侍奉漢朝，為漢王朝服務。(212)骨不腐　猶今所謂「永垂不朽」。(213)不敢為帝矣　陳仁錫曰：「賜書誠，答書亦誠。非孝文莫服其心，非陸賈莫通其意。」吳見思曰：「寫老佗遜處極遜，豪處極豪，讀之如見其人，是史公筆力。」(214)齊哀王襄　劉襄，哀字是諡。劉襄首舉討呂之兵，給周勃、陳平提供了發動政變的機會，其功甚大。但文帝對之嫉恨入骨，對劉襄兄弟百般打壓，故劉襄抑鬱而死。(215)河南守吳公　河南郡的郡守吳姓某人，史失其名。河南郡的郡治洛陽，在今河南洛陽城東北。(216)治平　師古曰：「言其政治和平也。」按，「治平」二字似應讀如動詞，意即孟子之所謂「治國平天下」，這裡指治理政事的能力與效果。(217)廷尉　掌管全國刑獄的長官，「九卿」之一。(218)賈誼　西漢時期的著名政論家與辭賦家，著有〈過秦論〉、〈治安策〉等。事跡詳見《史記・屈原賈生列傳》。(219)博士　帝王的侍從官員，以備參謀顧問，上屬太常。當時「太學」的教官亦稱博士，主管講授某種課程。賈誼所從事的是前一種。(220)辭博　贍於文辭，博學多識。(221)超遷　越級提升。(222)太中大夫　帝王的侍從官員，秩比千石，掌參謀議論，上屬郎中令。(223)改正朔　即指改用新的曆法。正朔，正月初一。夏、商、周以來，每換一個朝代，也就相應地變更一次曆法，即用不同的月分作「正月」，故有所謂「夏曆」、「殷曆」、「周曆」、「秦曆」之稱。劉邦建漢以來，各項制度大體仍是襲用秦朝的一套，曆法亦然。故賈誼有此「改正朔」之說。(224)易服色　改變秦朝規定的朝會與各種典禮所用的輿馬服飾的顏色，秦朝是以黑色為上。(225)定官名　改換新的職官名稱。(226)興禮樂　按照儒家的說法制禮作樂。(227)更　改；改變。(228)謙讓未遑　推辭說現在還不是時候。未遑，顧不上。文帝自謙德薄，但欲維持高祖舊序，不欲更事制作，此深受史公讚賞者。

【校　記】[1]憂　原誤作「優」。據章鈺校，甲十五行本、乙十一行本、孔天胤本皆作「憂」，張瑛《通鑑校勘記》同，今據改。[2]出　原無此字。據章鈺校，乙十一行本有此字。今從乙十一行本及《史記・陳丞相世家》補。[3]下　原作「下曰」。據章鈺校，甲十五行本、乙十一行本、孔天胤本皆無「曰」字。今從諸本及《通鑑紀事本末》刪。

【語　譯】太宗孝文皇帝上

元年（壬戌　西元前一七九年）

冬季，十月初一日庚戌，改封琅邪王劉澤為燕王。封趙幽王劉友的兒子劉遂為趙王。

陳平藉口有病而不任職，文帝問他原因，陳平說：「高祖時，周勃的功勞不如我；但在誅除諸呂時，我的功勞不如周勃。我希望將右丞相之職讓給周勃。」十一月初二日辛巳，漢文帝改任陳平為左丞相，任命太尉周勃為右丞相，大將軍灌嬰為太尉。被呂氏所奪取的齊、楚之地，現在又都返還給齊、楚二國。

評定大臣們在誅滅諸呂時的功勞，右丞相周勃以下根據他們功勞的大小，所增加的食邑戶數、賞賜的金錢數量也各不相同。絳侯周勃散朝之後往外走的時候顯得非常得意。皇帝待他也非常恭敬，經常用目光將他送出去很遠。擔任郎中的安陵人袁盎勸諫文帝說：「諸呂行為狂悖忤逆，所以大臣們才互相聯合起來共同將呂氏誅滅。當時丞相周勃擔任太尉，本來手中就掌握軍權，又正巧遇到機會，所以才使他獲得成功。現在丞相周勃對陛下表現出傲慢的神色，而陛下卻對他很謙遜；臣驕而君謙，是君臣都於禮有失，我私下裡覺得這是很不合適的。」後來再上朝，文帝就逐漸地嚴肅起來，對周勃就不像以往那麼客氣了，丞相周勃對文帝也越來越感到敬畏。

十二月，漢文帝下詔說：「法律是審判、定罪的原則和依據。如今犯法的人已經按照法律受到懲處，而他們沒有犯法的父、母、妻、子，以及同父母的兄、弟，卻要受到牽連而被判罪，被沒入官府充當奴婢，我很不贊同。從此以後，要把這些株連九族的刑法廢除掉！」

春天，正月，有關人員請求文帝早點確立太子。文帝說：「我本身品行不高，即使我不能廣泛的求取天下聖明、賢德的人而把皇位讓給他，而建議我早早地確立接班人，這是在加重我的道德品質之差啊。還是緩緩再說吧！」有關官員又說：「早點確立太子，是尊重宗廟，安定國家，不忘記天下重託的重要舉措。」文帝說：「楚王劉交是我的叔父；吳王劉濞是我的兄長；淮南王劉長是我的兄弟。難道不應該列入考慮的範圍嗎？現在不從這些人中進行選擇，而說『一定要從自己的兒子中挑選』，那麼別人會認為我忘記了那些賢明、有才德的人，而專注於自己的兒子，這不是以天下為己憂的做法！」有關人員堅持請求說：「古代的殷朝和周朝建立國家政權以後，都是國泰民安、傳國一千多年，都是採用將皇位傳給兒子的辦法。繼承人一定要是自己的兒子，這是由來已久的。高皇帝平定了天下，為漢代歷朝皇帝的始祖，後世就子孫相繼為皇帝，世世不絕。如果捨棄當立的嫡長子不立，卻從諸侯或是皇室中另外挑選接班人，這不是高皇帝的本意。所以，做其他考慮是不妥當的。皇子劉啓是陛下的長子，而且他的為人寬厚仁慈，請陛下將其立為太子。」文帝這才表示同意。

三月，封太子的生母竇氏為皇后。竇皇后是清河觀津人。竇皇后有個弟弟叫竇廣國，字少君，幼年時被人拐賣，先後被轉賣了十多家。後來聽說姐姐被封為皇后，就給竇皇后寫信陳述自己的不幸經歷。竇皇后召見了他，經過觀察、盤問證明確實是自己的親弟弟，於是賞賜給他很多的田地、房舍、金錢，讓他與哥哥竇長君一起住在長安。絳侯周勃與灌嬰等都說：「我們這些人如果不死，性命恐怕就掌握在這兩個人的手中了。這兩個人出身寒微，必須慎重地給他們選擇師傅和賓客，如果他們又像呂氏那樣，那可是關係到國家命運的大事！」於是，就選擇了一些品行好、有節操的人與他們一起生活。竇長君、竇少君兄弟二人因此而成為懂得謙恭、退讓的謙謙君子，不敢以自己的地位尊貴而傲慢放縱、盛氣陵人。

文帝下詔，對沒有娶妻的男子、失去丈夫的婦女、年幼而失去父母的孩子、年老而沒有子女的老人以及特別窮困的人家給以救濟。又下令說：「年紀在八十歲以上，每月賞賜米、肉、酒；九十歲以上的老人，另外再多賞賜一些絲織品、粗絲綿。餽贈九十歲以上老人的東西如果是粥米的，要由縣令親自檢驗過目，由縣丞或縣尉親自送達；年紀在八十歲以上、不滿九十歲的，賞賜的東西由嗇夫或令史親自送達。享受兩千石俸祿的郡守要派督郵到各縣進行巡視，凡是沒有按照詔書辦好事情的要督促他們辦好。」

楚元王劉交去世。

夏季，四月，齊國、楚國境內發生地震，二十九座山同時崩塌，大水沖破堤岸而出。

當時有人獻千里馬給文帝。文帝說：「我在出行的時候，前面有鸞旗引路，後面有侍從的車隊跟隨，太平無事的時候出行每天走五十里，有軍情時出行每天行三十里。我騎著千里馬獨自一人跑到前面去幹什麼呢？」就將千里馬退還給那個獻馬人，同時還將往返的路費送給他，並頒布詔令說：「我不接受臣民的進貢，通令四方，不要請求來京貢獻物品。」

文帝普遍地施恩惠於天下的百姓，因此，不論是各個諸侯國，還是國境四周的少數民族部落，不分遠近都很歡悅融洽，於是封賞那些從代國扈從進京大臣的功勞，其中就屬宋昌的功勞最大，於是封宋昌為壯武侯。

文帝對處理國家政務越來越明晰。在一次早朝上，他向右丞相周勃詢問說：「國家一年判決多少案件？」周勃抱歉地說自己不知道。文帝又問他：「一年之中國家的錢糧出入與人口增減的數目是多少？」周勃又說不知道，此時的周勃已經因為惶恐慚愧而汗流浹背了。文帝又將此問題去問左丞相陳平。陳平回答說：「有主管這方面事務的人。」文帝問：「主管的人是誰？」陳平說：「陛下如果是問刑事案件有多少，可以問廷尉；如果是問錢糧收入有多少，可以去問治粟內史。」文帝說：「如果各有主持者，那麼先生你主管的是什麼事呢？」陳平謝罪說：「陛下不知道我的才能低下，讓我擔任宰相。宰相的職責是：對上輔佐皇帝處理國家大事，使陰陽調和，使四時變化有序，對下使萬物自然生長；對外安撫諸侯，使其安定臣服，對內使百姓親附，使大小官員各盡其職。」文帝對陳平的回答很滿意。右丞相周勃很慚愧，走出朝門後責備陳平說：「你平時為什麼不教我如何應對皇上的問話呢！」陳平笑著回答說：「先生居其位，難道不知道自己的職責嗎？如果皇帝問長安城中有多少盜賊，難道你也要逞強回答嗎？」從此之後，周勃知道自己的才能比陳平差遠了。

過了不久，有人對周勃說：「您已經滅掉了諸呂，擁立代王做了皇帝，威震天下，而您已經得到了優厚的獎賞，處在尊貴的位置上，如果時間久了，恐怕就要招致災禍了。」周勃自己也感到了這種危機，於是稱病謝罪，請求歸還右丞相印信，辭去右丞相職務，文帝批准了他的請求。秋季，八月二十六日辛未，免去周勃右丞相的職務，由左丞相陳平專任丞相。

當初，隆慮侯周竈率領軍隊攻打南越國的時候，當時正是暑天，天氣炎熱潮溼，軍中瘟疫流行，軍隊無法翻越南嶺去與越國人作戰。一年後，高皇后呂雉去世，周竈則撤兵而回。南越王趙佗趁此機會以武力相威脅、用錢財賄賂等手段迫使閩越、西甌、駱越等小國歸屬於自己，為自己效力。南越國的領土東西長一萬餘里，南越王趙佗出行時乘坐的車駕以黃繒為篷頂、左側的邊馬頭上插著用犛牛尾作裝飾的大旗，發布命令使用皇帝的口氣，與中原地區的皇帝不相上下。

文帝於是派人將南越王趙佗在原籍真定的祖墳重加修整，還設置官員予以護理，逢年過節按時灑掃祭祀。又把他的兄弟召來，以高官厚祿封賞他們。又派陸賈第二次出使南越國，並帶去皇帝的親筆書信，文帝在信上說：「我是高皇帝側室所生的兒子，被封到北部邊陲的代地為王，那裡離南越國路途遙遠，我又生性魯鈍愚笨，所以從未修書以示問候。高皇帝辭世之後，孝惠帝也不久人世，後來高后臨朝稱制，不幸身染重病，諸呂氏趁機謀亂。幸虧靠諸多功臣的努力，才平息了呂氏之亂。我因為諸位侯王、朝中大臣以及大小官吏的再三勸進，才不得已而繼承大統，如今我做了大漢的皇帝。前些時候，聽說大王曾經派人給將軍隆慮侯周竈寫信，請求讓你的親兄弟們到南越去，同時請求漢朝撤回派到長沙王國、幫助長沙國進攻越南的兩位將軍。我根據大王書信上的意願，已經將駐紮在長沙國的漢朝將軍、博陽侯陳濞撤回。大王的親兄弟中凡是在真定居住的，已經派人前去慰問，並為你的先人重新修建了陵墓。前些時，聽說大王率軍侵略漢朝的邊境，不斷在漢朝邊境製造災難。在那個時候，不僅長沙國的人民深受其害，鄰近南越的邊郡受害更為深重。就是大王的南越國難道就真的享受到戰爭所帶來的好處了嗎！必定是犧牲了許多士兵，損傷了許多優秀的將吏，使許多人的妻子變成了寡婦，使許多人的孩子變成了孤兒，使許多人的父母因為失去了愛子而變得孤苦伶仃、無依無靠。對這種為得一分利益而付出十倍犧牲的事情，我實在不忍心去做。我本來想把兩國邊界上犬牙交錯的地方調整過來，我去徵詢主管官員的意見，他們說：『這是高皇帝給長沙王國設定的界線。』所以，我不敢擅自變更。如果我得到了大王你的全部土地，對於漢朝來說也大不了多少；得到大王你的全部財富，漢朝也不會因此而顯得富有。所以從五嶺以南屬於南越國，任憑你去治理。不過，你又稱自己為皇帝，這就同時有了兩個皇帝，你也沒有派一名使者來向我說說你的理由，這就要引起爭端。有了爭端而相互不肯讓步，具有仁愛之心的人是不會這樣做的。我希望與大王相互拋棄前嫌，從今以後，還像從前那樣互通使節。」

陸賈來到南越國，南越王趙佗心裡很惶恐，在漢朝使節面前磕頭謝罪，願意接受執行漢朝皇帝的詔令，永遠做漢朝的藩臣屬國，履行向漢朝按時貢獻方物的職責。並向全國發布命令說：「我聽說：兩個英雄不能同時存在，兩個聖明賢能的人也不會在同一個時代出現。大漢皇帝，是一個聖明的天子。從現在起，我要去掉皇帝的稱號，仍舊稱南越王，不再乘坐用黃綾做車篷和左側插有犛牛尾作裝飾的車子。」於是上書給漢朝皇帝，說：「蠻夷人的大頭領一介老夫臣趙佗，冒昧地上書給漢朝皇帝陛下：我，原本是南越地區的一名官吏。高皇帝賜給我印綬，封我為南越王。孝惠皇帝在位的時候，也不忍心拋棄我，賞賜給我的禮物特別的厚重。高帝皇后呂后當權，把我們當成蠻夷之人加以歧視，下令說：『不准把金、鐵、耕田的器具、馬、牛、羊等賣給蠻夷一樣的南越。即使賣給他們一些，也只能把那些雄性的馬、牛、羊賣給他們，而不允許賣給他們母的。』我們南越地理位置十分偏僻，現有的馬、牛、羊都已經很老而無法繁衍，我們因為沒有合適的牲畜做祭品而無法祭祀祖先神靈，犯了不可饒恕的罪過。所以就派內史藩、中尉高和御史平，先後三次到漢朝去上書承認錯誤、說明原委，但這三個人都是有去無回。又傳聞我父母的墳墓也已經被毀壞削平，我的兄弟以及趙氏家族全都被誅滅。我屬下的官吏議論說：『如果我們得不到漢朝的鼓勵，又沒有別的辦法表示自己比周圍的那些蠻夷頭領地位更高。』所以就把南越王改稱為皇帝，於是便在國內稱起皇帝來，並不是有意要與中國皇帝爭高下。高皇后得知消息後，大發雷霆，就將南越國從屬國中除名，使得使者不能往來。我心裡懷疑是長沙王在高后面前進讒言，所以才派軍隊侵入長沙王國的邊境。我在南越已經四十九年，現在已經抱上了孫子。然而每天起早貪黑，睡也睡不安穩，吃也吃不出什麼滋味，眼睛對美色視而不見，耳朵對鐘鼓之音充耳不聞，原因就是不能侍奉漢朝。現在有幸得到陛下的哀憐，使我恢復了原來的稱號，又允許我像從前一樣與漢朝互通使者。即使我死了，也將永垂不朽。我已經改換稱號再不敢稱帝了！」

齊哀王劉襄去世。

漢文帝聽說河南郡太守吳公治理政事的能力和效果堪稱天下第一，就把他調到京師擔任掌管司法的廷尉。吳公將洛陽人賈誼舉薦給漢文帝，漢文帝召見了賈誼，並任命賈誼為博士。當時賈誼只有二十多歲，文帝很欣賞他的文辭優雅、知識淵博，一年當中，破格提升賈誼為太中大夫。賈誼請求文帝更用曆法，改換秦朝時所規定的朝會及各種典禮所用的輿馬服飾的顏色，改換新的職官名稱，按照儒家的說法制禮作樂，建立起漢朝自己的制度，廢掉秦朝制度，文帝推辭說現在還不是時候。

二年（癸亥 西元前一七八年）

冬，十月，曲逆獻侯陳平❶薨。

詔列侯各之國❷，為吏❸及詔所止❹者，遣太子❺。

十一月乙亥❻，周勃復為丞相❼。

癸卯晦❽，日有食之❾。詔：「羣臣悉思朕之過失，及知見之所不及❿，匄以啓告朕⓫。及舉賢良方正⓬、能直言極諫者，以匡⓭朕之不逮⓮。」因各敕以職任⓯，務省繇費⓰以便民，罷衛將軍⓱。太僕見馬遺財足⓲，餘皆以給傳置⓳。

潁陰侯騎賈山⓴上書言治亂之道㉑曰：「臣聞雷霆㉒之所擊，無不摧折者；萬鈞㉓之所壓，無不糜滅㉔者。今人主之威，非特㉕雷霆也；執重㉖，非特萬鈞也。開道而求諫㉗，和顏色㉘而受之，用其言而顯其身㉙。士猶恐懼而不敢自盡㉚，又況於縱欲恣暴㉛，惡聞其過乎！震之以威，壓之以重，雖有堯、舜㉜之智，孟賁㉝之勇，豈有不摧折者哉！如此，則人主不得聞其過，社稷㉞危矣。

「昔者周蓋千八百國㉟，以九州㊱之民，養千八百國之君。君有餘財，民有餘力，而頌聲作㊲。秦皇帝以千八百國之民㊳自養㊴，力罷㊵不能勝其役㊶，財盡不能勝其求㊷。一君之身耳，所自養者，馳騁弋獵㊸之娛，天下弗能供也。秦皇帝計其功德，度(44)其後嗣世世無窮(45)，然身死纔數月(46)耳，天下四面而攻之，宗廟滅絕(47)矣。秦皇帝居滅絕之中而不自知者，何也？天下莫敢告也。其所以莫敢告者，何也？亡養老之義(48)，亡輔弼之臣(49)，退誹謗(50)之人，殺直諫之士。是以道諛(51)媮合苟容(52)。比其德(53)，則賢於堯、舜；課其功(54)，則賢於湯、武(55)。天下已潰，而莫之告(56)也。

「今陛下使天下舉賢良方正之士，天下皆訢訢(57)焉，曰：『將興堯、舜之道、三王(58)之功矣。』天下之士，莫不精白(59)以承休德(60)。今方正之士皆在朝廷矣，又選其賢者，使為常侍、諸吏(61)，與之馳驅射獵，一日再三出(62)。臣恐朝廷之解弛(63)，百官之墮於事(64)也。陛下即位，親自勉(65)以厚天下(66)，節用愛民，平獄(67)緩刑，天下莫不說喜。臣聞山東吏(68)布詔令(69)，民雖老羸癃疾(70)，扶杖而往聽之。願少須臾毋死(71)，思見德化之成(72)也。今功業方就(73)，名聞方昭(74)，四方鄉風而從(75)。豪俊之臣、方正之士，直(76)與之日日射獵，擊兔伐狐，以傷大業(77)，絕天下之望。臣竊悼之！古者大臣不得與宴游(78)，使皆務其方(79)以[1]高其節(80)，則羣臣莫敢不正身脩行，盡心以稱大禮(81)。夫士(82)，脩之於家，而壞之於天子之廷(83)，臣竊愍(84)之。陛下與眾臣宴游(85)，與大臣(86)、方正朝廷論議(87)。游不失樂(88)，朝不失禮(89)，議不失計[2]，執事之大者[90]也。」上嘉納[91]其言。

上每朝[92]，郎、從官上書疏，未嘗不止輦[93]受其言。言不可用，置之[94]；言可用，采之。未嘗不稱善。

帝從霸陵[95]上欲西馳下峻阪[96]。中郎將[97]袁盎[98]騎並車擥轡[99]。上曰：「將軍怯邪[100]？」盎曰：「臣聞『千金之子[101]，坐不垂堂[102]』。聖主不乘危[103]，不徼幸[104]。今陛下騁六飛[105]馳下峻山，有如馬驚車敗[106]，陛下縱自輕[107]，柰高廟、太后何[108]！」上乃止。

上所幸慎夫人[109]，在禁中[110]常與皇后同席坐[111]。及坐郎署[112]，袁盎引卻慎夫人坐[113]。慎夫人怒，不肯坐。上亦怒，起，入禁中[114]。盎因前說曰：「臣聞『尊卑有序，則上下和』。今陛下既已立后[115]，慎夫人乃妾，妾主[116]豈可與同坐哉！且陛下幸之，即厚賜之[117]。陛下所以為慎夫人[118]，適所以禍之[119]也。陛下獨不見『人彘』乎[120]！」於是上乃說，召語慎夫人[121]。慎夫人賜盎金五十斤。

賈誼說上曰[122]：「管子[123]曰：『倉廩實而知禮節，衣食足而知榮辱[124]。』民不足[125]而可治者，自古及今，未之嘗聞[126]。古之人曰：『一夫不耕，或受之飢[127]；一女不織，或受之寒。』生之有時[128]，而用之無度[129]，則物力必屈[130]。古之治天下，至纖至悉(131)，故其畜積足恃(132)。今背本而趨末(133)者甚眾，是天下之大殘(134)也；淫侈之俗(135)，日日以長，是天下之大賊(136)也。殘賊公行，莫之或止(137)。大命將泛(138)，莫之振救(139)。生(140)之者甚少而靡(141)之者甚多，天下財產何得不蹷(142)！

「漢之為漢(143)，幾(144)四十年矣，公私之積，猶可哀痛。失時(145)不雨，民且狼顧(146)。歲惡不入(147)，請賣爵子(148)。既聞耳(149)矣，安有為天下(150)阽危者若是(151)而上不驚者！

「世之有饑穰(152)，天之行(153)也，禹、湯被之矣(154)。即(155)不幸有方二三千里之旱，國胡以相恤(156)；卒然(157)邊境有急，數十百萬之眾，國胡以餽之(158)？兵旱相乘(159)，天下大屈(160)。有勇力者，聚徒而衡擊(161)；罷夫羸老(162)，易子齩其骨(163)。政治未畢通(164)也，遠方之能僭擬者(165)並舉而爭起矣。乃駭而圖之(166)，豈將有及乎？夫積貯(167)者，天下之大命(168)也。苟(169)粟多而財有餘，何為而不成！以攻則取(170)，以守則固(171)，以戰則勝。懷敵附遠(172)，何招而不至(173)！

「今敺民而歸之農，皆著於本(174)。使天下各食其力(175)，末技游食之民(176)轉而緣南畮(177)，則畜積足而人樂其所(178)矣。可以為富安天下(179)，而直為此廩廩也(180)，竊為陛下惜之(181)！」

上感誼言，春，正月丁亥(182)，詔開藉田(183)，上親耕以率(184)天下之民。

三月，有司請立皇子[185]為諸侯王。詔先立趙幽王少子辟彊[186]為河間王[187]，朱虛侯章[188]為城陽王[189]，東牟侯興居[190]為濟北王[191]。然後立皇子武[192]為代王[193]，參為太原王，揖為梁王。

五月，詔曰：「古之治天下，朝有進善之旌[194]，誹謗之木[195]，所以通治道[196]而來諫者[197]也。今法有『誹謗』、『訞言』之罪[198]，是使眾臣不敢盡情，而上無由聞過失也，將何以來遠方之賢良？其[199]除之！」

九月，詔曰：「農，天下之大本也，民所恃以生也。而民或[200]不務本而事末，故生不遂[201]。朕憂其然[202]，故今茲[203]親率羣臣農以勸之[204]，其賜天下民今年田租之半[205]。」

燕敬王澤[206]薨。

【章　旨】以上為第四段，寫文帝二年（西元前一七八年）的全國大事，一方面繼續寫了文帝實行的一些善政，諸如引導全國重視、發展農業，減免全國農民田稅之半；招納臣民進言；以身作則節省開支等等。另一方面連續記述了賈山、袁盎、賈誼的進言，著錄了賈山《至言》與賈誼〈論積貯〉的一些段落，賈山主要是勸告文帝開言路、省遊獵；賈誼主要是勸導文帝重農抑商、廣積糧食，以備災患；至於袁盎的言論，固然有其正確一面，但諂媚投機，為個人謀私利的色彩甚濃，應結合其日後的表現一併思考。

【注　釋】❶曲逆獻侯陳平　陳平的封號為曲逆侯，封地為曲逆縣，死後諡曰獻。❷各之國　都到自己的封地上去居住。當時列侯的封地也叫「國」。之，去；往。❸為吏　在朝廷為吏。如陳平原在朝為丞相。❹詔所止　朝廷有命令讓他留在京城。如梁孝王特別受其母寵愛，常在京城留住。❺遣太子　先派自己的兒子到封地上去。漢初時諸侯王或列侯的嫡長子也稱「太子」。❻十一月乙亥　十一月初二。❼周勃復為丞相　因陳平死，故又讓周勃接任之。❽癸卯晦　十一月的最末一天是癸卯日。❾日有食之　日蝕。古人視日蝕為最大的天變，以為將有重大變故發生，故例書於史。❿知見之所不及　知道或是看到我有什麼該做而沒有做到的。⓫匄以啓告朕　希望你們能夠稟告我。匄，請求。啓告，稟告。⓬賢良方正　漢代選拔人才的科目名，顧名可知其主要是從「道德」上著眼。由郡國選出，向朝廷上報，朝廷再經過考試，而後量情任用。⓭匡　扶正；糾正。⓮不逮　不到位，這裡即指缺失。瀧川引胡三省曰：「賢良、方正之舉，昉此。」凌稚隆引丘濬曰：「此後世人主因災異求言之始。」瀧川曰：「自是其後，宣帝五鳳四年，元帝永元二年、四年，成帝河平元年、永始二年、三年，哀帝元壽元年，亦日蝕下詔自責，其他天變地變莫不皆然，蓋以為天象與人事相關也。」⓯各敕以職任　語略不順，《史記》作「各飭其任職」，亦頗晦澀。大意為嚴格要求各個在職的官吏。敕，命令。飭，嚴管。⓰繇費　徭役及與之相關的費用。繇，通「徭」。兵役；勞役。⓱罷衛將軍　撤除「衛將軍」之職。罷，取消其建置。衛將軍，皇帝禁衛軍的統帥。按，《史記》原文作「罷衛將軍軍」，意即撤掉宋昌統領的禁衛軍。⓲太僕見馬遺財足　太僕所管理的皇帝的現有馬匹只保留夠用的就行了。太僕，給皇帝趕車並為皇帝管理車馬的官，九卿之一。見，通「現」。遺財足，留到夠用即可。財，通「才」。⓳給傳置　補充到各個驛站上去。傳、置，都是驛站的別稱。⓴潁陰侯騎賈山　為潁陰侯當騎兵侍從的賈山。潁陰侯，灌嬰，現任太尉之職。賈山，西漢初期的政論家，著有《至言》。㉑治亂之道　國家太平與戰亂的有關道理。以下言論即見於《至言》。㉒雷霆　霆指暴雷。㉓萬鈞　以喻重量之極大。一鈞等於三十斤。㉔糜滅　糜爛、粉碎。㉕非特　不止。㉖埶重　勢力之大。㉗開道而求諫　廣開言路，徵求意見。㉘和顏色　和顏悅色。㉙用其言而顯其身　一旦採納了他的意見，就要讓他升官發財。㉚不敢自盡　不敢有什麼說什麼。㉛縱欲恣暴　縱欲妄為、殘暴任性。㉜堯舜　古代傳說中的聖君，這裡即指最聰明、最有智慧的人。㉝孟賁　古代傳說中的大勇士。㉞社稷　社稷壇，古代帝王祭祀土神、穀神的地方，通常用以代指國家政權。㉟周蓋千八百國　通常多說周朝分封的諸侯有八百多個，現在賈山又說有「一千八百多個」，極言其多而已。蓋，表示約略、揣摩的意思。㊱九州　古代用以泛指中華全國。相傳大禹治水後劃定的九州為揚、荊、豫、青、兗、雍、幽、冀、并。㊲頌聲作　歌頌周朝盛德的聲音四起。作，興；起。㊳千八百國之民　整個華夏地區的黎民百姓。㊴自養　供養他一個人。㊵罷　通「疲」。精疲力盡。(41)不能勝其役　完成不了他所興辦的那些工程徭役。勝，勝任；完成。(42)不能勝其求　滿足不了他的要求。(43)馳騁弋獵　即指遊獵。弋，射鳥。秦漢時代的帝王特別迷戀遊獵，故當時的辭賦亦多以描寫此類為內容。(44)度　估計；預測。(45)後嗣世世無窮　故而他自稱「始皇」，其後依次為「二世」、「三世」，害怕上萬的漢字不夠給他子孫的帝號作命名。(46)身死纔數月　秦始皇死於西元前二一〇年七月，至秦二世元年（西元前二〇九年）七月陳涉起義爆發，中間相隔十一個月。(47)宗廟滅絕　帝王的宗廟斷絕祭祀，即代指亡國。(48)亡養老之義　朝廷沒有尊養賢人的做法。亡，通「無」。老，這裡指年老而正直的賢人。《史記·伯夷列傳》有所謂「西伯善養老」，故伯夷、叔齊兄弟前往投之。(49)輔弼之臣　能堅持原則、公而忘私以輔佐帝王的賢良之臣。弼，扶之使直。(50)誹謗　指出缺點錯誤。與今之純乎貶意的「誹謗」含義不同。(51)道諛　曲意迎合，引導帝王做壞事。道，通「導」。引導。(52)媮合苟容　出賣原則、出賣靈魂地順從、迎合權勢者，以求達到個人目的。媮、苟，二字意思相同，都是「苟且」、「不講是非」、「不講原則」的意思。(53)比其德　要把秦始皇的道德與前人比。(54)課其功　要計算秦始皇的功勳。課，計算；考量。(55)賢於湯武　秦人吹捧始皇帝功高三皇、德蓋五帝的諂媚言辭，大量見於李斯所作的刻石銘文。可參看《史記·秦始皇本紀》。(56)天下已潰二句　反秦的烈火已燒遍全國，起義的軍隊已逼近咸陽，秦二世尚不知具體情況。詳見《史記·秦始皇本紀》。潰，崩潰。(57)訢訢　喜悅的樣子。(58)三王　夏、商、周三代的開國帝王，指夏禹、商湯、周文王、周武王。(59)精白　既精且白，這裡用如動詞，指努力修煉自己。(60)以承休德　以響應、追循您的美意。(61)使為常侍諸吏　有的令其為常侍，有的使其為各部門的官吏。常侍，帝王的侍從官員，如郎中、中郎、侍郎等。(62)一日再三出　有時一天出去兩次，有時一天出去三次。(63)解弛　稀鬆；鬆散。解，通「懈」。(64)墮於事　工作馬虎，不負責任。墮，同「隳」。毀。(65)自勉　自勵；自己要求嚴格。(66)厚天下　對待天下人、天下事都盡量優厚，如減賦稅、撫恤老人等等。(67)平獄　平反冤案。(68)山東吏　崤山以東的各郡、各諸侯國的官吏。(69)布詔令　向百姓們宣布朝廷的命令。(70)老羸癃疾　泛指一切老弱病殘的人。羸，瘦弱。癃疾，難以治癒的老病。(71)願少須臾毋死　盼望老天爺讓自己再多活一些時候。少，稍微。須臾，一會兒。(72)思見德化之成　希望能夠親眼看到太平盛世的來臨。德化之成，仁義政治的實現。(73)方就　剛剛獲得成功。(74)名聞方昭　名聲剛剛響起來。昭，顯著。(75)鄉風而從　望風而動，順著已有的大好形勢繼續發展。鄉，同「向」。(76)直　竟然。(77)大業　治國治民的大事。(78)大臣不得與宴游　大臣不能參與帝王的歡宴與遊獵。與，參與。宴游，宴飲與遊樂。《晏子春秋》載有齊景公邀請大司馬穰苴一起遊宴，穰苴加以拒絕事，即以此為說。(79)務其方　提高自己的業務能力。方，技；本領。(80)高其節　提高自己的品德節操。(81)盡心以稱大禮　把一切心思都用到幫您治國平天下的大事情上來。大禮，大體；大局。(82)夫

士 作為一個士大夫。夫，發語詞。(83)壞之於天子之廷 到了朝廷上不幹好事，指整天陪著皇帝吃喝打獵等等。(84)愍 通「憫」。惋惜。(85)陛下與眾臣宴游 您應該只和那些小臣、寵臣一起吃喝玩樂。眾臣，指太監、俳優、侍從等等。(86)大臣 指三公、九卿等管理國家大政的人。(87)朝廷論議 在朝廷上討論國家大事。(88)游不失樂 遊宴時不至於沒有樂趣。(89)朝不失禮 在朝廷上又不至於有失體統。(90)軌事之大者 這是處理一切事務的大原則。軌，法度，這裡用如動詞，即「規劃」、「處置」的意思。按，以上文字見於《至言》。(91)嘉納 稱讚、採納。(92)上每朝 這裡實指文帝每次上下朝的路上。(93)止輦 停下車來。輦，帝王乘坐的車，有的用人拉，有的用人抬。(94)置之 擱下；放在一邊。(95)霸陵 漢文帝為自己預修的陵墓，在今西安灞橋區之毛窯院村，位於灞河西岸白鹿原北坡形似方錐的鳳凰嘴。(96)欲西馳下峻阪 想從陵墓頂處的高坡上馳車而下。按，文帝的霸陵不是由平地堆土而成，而是鑿洞於一個山坡上，所以其陵墓頂處可以很高。(97)中郎將 帝王的衛隊長官名，上屬郎中令。(98)袁盎 字絲。事跡詳見《史記·袁盎鼂錯列傳》。(99)並車擥轡 傍著文帝的車子，緊緊拉住文帝諸馬的轡繩。並，通「傍」。靠著。轡，勒馬的嚼子與韁繩。(100)將軍怯邪 袁將軍你怕了麼。因袁盎當時為中郎將，故文帝稱之為「將軍」。怯，膽小；害怕。(101)千金之子 豪富人家的孩子。千金，漢代稱黃金一斤曰「一金」，「一金」可抵銅錢一萬枚。(102)坐不垂堂 不坐在屋簷下。《索隱》引張揖曰：「恐簷瓦墜，中人。」也有稱「垂堂」為殿邊者，《說文》云：「堂，殿也。」師古曰：「謂坐殿外邊，恐墜墮也。」(103)不乘危 不到危險的地方去。乘，登。(104)不徼幸 不追求意外的幸運。徼，求。(105)六飛 六匹快馬拉著的車子，皇帝的車子用六馬。(106)車敗 車翻；車壞。(107)自輕 指不愛護身體、生命。(108)柰高廟太后何 意謂倘若有個好歹，怎麼向死去的父親和堂上的老母交代呢。高廟，劉邦的寢廟，這裡即指劉邦。太后，指文帝的母親薄太后。瀧川曰：「司馬相如《諫獵書》，蓋敷衍此數語。」(109)慎夫人 文帝的寵妃。皇帝的姬妾可以統稱曰「夫人」，其中細分有「美人」、「長使」、「少使」、「八子」、「七子」等名目。(110)禁中 宮廷內。(111)同席坐 同坐一張席子。漢時的習慣不坐椅子，都坐在墊子上，與今日本之習慣同。(112)及坐郎署 及至這次在郎署就坐時。郎署，上林苑中警衛部門的官衙。師古引蘇林曰：「上林中直衛之署。」(113)引卻慎夫人坐 將慎夫人的坐席向後拉了一點，使其與皇后分出等級。(114)上亦怒三句 文帝也生氣地站起身來，回宮了。按，《漢書》無「入禁中」三字，似乎更合情理，因為這是在上林苑。(115)立后 確立皇后。(116)妾主 小老婆與正妻之間。舊時小老婆稱正妻為「家主」，二者之間的地位懸殊。(117)陛下幸之二句 如果您喜歡她，可以賞賜東西給她。(118)陛下所以為慎夫人 您現在對待慎夫人的這些做法，指妻妾無別。(119)適所以禍之 恰好是害了她。適，恰好。(120)獨不見人彘乎 您難道不記得「人彘」那回事了嗎。人彘，指劉邦的寵妃戚夫人，因受寵，幾乎危及到呂后與太子的地位。故劉邦死後，戚夫人被呂后斷去四肢，拋入廁所，稱為「人彘」。詳見《史記・呂太后本紀》。121召語慎夫人　把慎夫人叫來，把袁盎的話說給她聽。語，告訴。122說上曰　以下說辭見賈誼文章〈論積貯〉。123管子　相傳是春秋時代管仲所著的一部講經濟問題的書，實際上可能產生於戰國後期或秦漢之交，有人稱之為黃老哲學的代表作。124倉廩實而知禮節二句　二語見《管子・牧民》。倉廩，這裡即泛指倉庫。實，滿。125不足　不得溫飽。126未之嘗聞　沒有聽說過。127或受之飢　就要有人為此而挨餓了。128生之有時　作物生長都得有一定週期。129無度　沒有限度，指極力消耗浪費。130屈　竭盡。131至纖至悉　指在發展生產、節約開支方面都考慮得非常細緻，非常周密。132畜積足恃　貯存的東西夠吃夠用。畜，通「蓄」。足恃，不擔心突發事件。133背本而趨末　指棄農經商。古代稱農業為本業，稱工商業為末業。134大殘　大禍害。135淫侈之俗　肆意揮霍、奢侈浪費的風俗。136大賊　大禍害。上述「殘」、「賊」二字的意思相同。137莫之或止　沒有辦法禁止它。138大命將泛　整個國家民族的命運將要完蛋。泛，顛覆；滅亡。139莫之振救　誰也無法拯救它。140生　生產。141靡　此處通「縻」。消耗。142何得不蹷　怎麼能夠不枯竭。蹷，滅；枯竭。143漢之為漢　從漢王朝建立。144幾　差不多；近乎。145失時　錯過節令，該下而未下。146狼顧　東張西望，惶恐害怕的樣子。147歲惡不入　年景不好，顆粒不收。歲，年景。148請賣爵子　只好賣爵、賣子。當時許多平民也有爵級，這些爵級可以是通過戰場立功，或是交納糧食而換得，遇有需要也可以轉賣。149聞耳　意即已經有所耳聞。150為天下　治理國家。151阽危者若是　危險到了這種程度。阽危，面臨危險。若是，如此；像這種樣子。152世之有饑穰　世上之有荒年、有豐收。穰，豐收。153天之行　大自然的規律。154禹湯被之矣　夏禹、商湯全都遇上過。被，遭遇。據說大禹時曾有多年洪水，商湯時曾有多年乾旱。155即　假如。156國胡以相恤　國家拿什麼來救濟他們。胡，如何。157卒然　突然。卒，通「猝」。158胡以餽之　如何供應糧餉。餽，給；供應。159兵旱相乘　戰爭與旱災一齊來到。160大屈　大劫難。161聚徒而衡擊　指群起造反。衡擊，四處攻擊搶奪。衡，通「橫」。橫行。162罷夫羸老　沒有力氣的病弱老人。罷，通「疲」。羸，瘦弱。163易子齩其骨　相互交換著吃小孩。易，交換。164政治未畢通　意即統治者的恩德威望還沒有受到普天下的擁戴信任。165僭擬者　即也想起來稱帝稱王的人。僭擬，越分；與皇帝平起平坐。166乃駭而圖之　到那時才慌忙地想來解決它。167積貯　儲存物資，這裡主要指儲存糧食。168天下之大命　關係國家生死存亡的大問題。169苟　只要；假如。170以攻則取　以此攻城，就能攻下。171以守則固　以此守城，就誰也攻不下。172懷敵附遠　讓敵對之人感恩，讓遠方之人歸附。173何招而不至　想招任何人沒有招不來的。174皆著於本　都在農業上紮下根來。本，指農業。175各食其力　自己養活自己，即男耕女織，自給自足。176末技游食之民　指從事工商業以及其他各行各業的遊民，諸如醫卜星相、侏儒乞丐等等。177緣南畮　指回歸農業。南畮，農田，

《詩經・七月》有「饁彼南畝」，後世遂以「南晦」指農田。晦，同「畝」。[178]樂其所　願意生活在這塊土地上。[179]可以為富安天下　本來是可以使國家富強安定的。[180]而直為此廩廩也　結果竟弄成了這種戚戚惶惶的樣子。廩廩，擔心受怕的樣子。[181]竊為陛下惜之　我真為您感到遺憾。竊，謙詞。惜，惋惜；遺憾。[182]正月丁亥　正月十五。[183]藉田　也作「籍田」。帝王為引導民眾從事農業而特別開闢的「樣板田」，親自耕種，以其收成奉祀宗廟。[184]率　引導；示範。[185]皇子　現行皇帝的太子以外的其他兒子。[186]趙幽王少子辟彊　劉辟彊，趙幽王劉友之少子、趙王劉遂之弟。[187]河間王　國都樂城，在今河北獻縣東南。[188]朱虛侯章　劉章，齊悼惠王之子，原被封為朱虛侯。[189]城陽王　封地城陽郡，原屬齊國，今從齊國分出以封劉章，都城即今山東莒縣。[190]東牟侯興居　劉興居，劉章之弟，原被封為東牟侯。[191]濟北王　封地濟北郡，原屬齊國，今從齊國挖出以封劉興居。都城盧縣，在今山東長清西南。[192]皇子武　劉武，文帝之子，竇皇后所生。[193]代王　都城晉陽，在今山西太原西南。[194]進善之旌　相傳堯時曾立有「進諫之旗」，讓人們站在此旗下給堯進言。進善，進善言。[195]誹謗之木　相傳堯時曾立有「誹謗之木」，讓人們在此木上書寫對堯的意見。按，誹謗之木是一種十字形的立木，今故宮前面的「華表」即其遺制。[196]通治道　使統治者的想法能與吏民的想法溝通。[197]來諫者　招納人們前來提意見。來，招使前來。[198]訞言之罪　高后元年曾有詔除妖言令。今又有妖言罪，可見其間又曾重設此條。[199]其　表示命令的發語詞。[200]或　有的人。[201]生不遂　生活得不順心，指飢餓貧困等等。[202]憂其然　可憐他們成了這種樣子。[203]今茲　今此；現在。[204]農以勸之　通過我們君臣的親自從事農業勞動來勸勉他們。[205]其賜天下民今年田租之半　意即免除全國農民應交農業賦稅的一半。[206]燕敬王澤　劉澤，劉邦的開國功臣，先被呂后封為琅邪王，後被文帝改封為燕王。事跡詳見《史記・荊燕世家》。敬字是其死後的謚。

【校　記】①以　原作「而」。據章鈺校，甲十五行本、乙十一行本、孔天胤本皆作「以」。今從諸本及《漢書・賈鄒枚路傳》改。②議不失計　此四字原無。據章鈺校，甲十五行本、乙十一行本、孔天胤本皆有此四字，張瑛《通鑑校勘記》同。今從諸本及《漢書・賈鄒枚路傳》補。

【語　譯】二年（癸亥　西元前一七八年）

冬季，十月，曲逆獻侯陳平逝世。

漢文帝下詔讓各諸侯王回到自己的封國去，凡是在朝廷擔任職務或朝廷有命令讓他留在京師者，就先派自己的太子到封地去。

十一月初二日乙亥，再次任命周勃為丞相。

十一月最後一天三十日癸卯，發生日蝕。漢文帝下詔說：「所有大臣都要認真思考我自即位以來所犯的過失，以及知道或是看到我有什麼該做而沒有做到的，請你們稟報給我。還要向朝廷舉薦賢良方正、能直言敢諫的人，以糾正我的缺失。」於是下令各級官員要嚴格要求、恪盡職守，務必減少各種徭役及與之相關的費用，以保證人民的生產生活，取消「衛將軍」之職。替皇帝掌管車馬的太僕手下只需保留夠用的馬匹就可以了，多餘的馬匹全部補充到驛站使用。

潁陰侯灌嬰的騎兵隨從賈山給漢文帝上書，陳述他自己對國家太平與戰亂的一些看法，他說：「我聽說：凡是被疾雷擊中的，無不徹底被摧毀；遭受萬鈞之力重壓的，沒有不被壓得粉碎的。現在皇上的威力，比雷霆還要大；權勢之重，超過萬鈞。皇帝廣開言路，徵求意見，並和顏悅色地聽取別人的意見，一旦他的意見被採納就讓他升官發財使他顯貴。就是這樣，那些士人還是心懷恐懼而不敢有什麼說什麼，更何況是縱欲妄為、殘暴任性而厭惡聽到自己的過失呢！以威嚴震懾，用權勢壓制，即使有堯、舜那樣的智謀，有孟賁那樣的勇敢，也沒有不被堵住口、滅掉勇的道理！這樣的話，皇帝就再也聽不到自己的過失，國家就危險了。

「過去周朝有一千八百個封國，用九州的百姓去養活這一千八百個國君。仍然是國君有餘財，百姓有餘力，而稱頌周朝盛德的聲音四起。秦朝的皇帝用一千八百個封國的民力財力來供養他一個人，而人民累得筋疲力盡，也完成不了他所興辦的那些工程徭役，財富滿足不了他的要求。只是皇帝一個人，供養他馳騁遊獵的娛樂，用全國的財力也供養不起。秦始皇統計自己的功德，預測自己的後代會世世代代沒有窮盡，然而他去世才幾個月的時間，天下人便紛紛揭竿而起，很快地秦國的宗廟就斷絕祭祀、國家就滅亡了。秦始皇生活在國家即將滅亡的危險之中而不自知，為什麼呢？天下沒有人敢告訴他。為什麼沒人敢告訴他呢？因為朝廷沒有尊養賢人的做法，朝廷之中缺乏能堅持原則、公而忘私以輔助皇帝的賢臣良將；他辭退了那些能夠指出他的缺點錯誤的人，殺戮了那些直言敢諫的臣子。所以有人阿諛奉承、出賣原則、出賣靈魂、迎合權勢以達到個人目的。把秦始皇的道德與前人相比，說他勝過堯、舜；評價秦始皇的功勞，說他超過商湯、周武，國家已經崩潰，卻沒有人敢將實情告訴秦國的皇帝。

「如今陛下下詔讓天下舉薦賢良方正之士，天下人全都欣喜，說：『皇上將要推行堯、舜那樣的治國方法，建立夏禹、商湯、周文王、周武王那樣的功業了。』天下的士人無不努力修煉自己，以響應、遵循您的美意。如今的方正之士已經都在朝廷了，又從中選擇那些最優秀的，有的任命為常侍，有的使他們擔任各級官吏，陛下與他們一起馳騁射獵，有時一天出去兩次，有時一天出去三次。我擔心陛下受此影響而懶於朝政，各級官員工作馬虎而貽誤了政事。陛下即位以來，對自己嚴格要求，對天下之人、之事則竭盡厚待，節省開支、愛護人民，平定冤案、減輕刑法，天下之人無不興高采烈。我聽說山東官吏在宣布皇帝的詔命時，就連那些老弱病殘，都拄著拐杖趕著去聽。祈求上天讓自己能夠再多活幾天，希望能夠親眼目睹太平盛世的來臨。如今在功業上才剛剛見到一些成效，賢明的讚譽聲剛剛響起，四面八方就已經聞風效法。而經過朝廷選拔的那些豪傑之人、品行端正之士，竟然與陛下天天射獵，追擊野兔，捕捉狐狸，荒廢了治理國家的大業，斷絕了天下人的希望。我心裡感到十分難過！古代的大臣不得參與皇上的宴飲遊獵，使他們都能提高自己的業務能力和道德節操，那麼文武百官就沒有人敢不廉潔自律、修養自己的品行節操，竭盡心力把所有心思都用到幫助皇帝治理天下的大事情上來。這些士大夫在家居的時候無不修養自己的品德，而到了朝廷之上沒有幹成什麼好事，我從心裡同情他們。陛下只應該與那些侍從小臣宴飲遊樂，而與朝廷重臣、賢良方正之士在朝廷上商討國家大事。這樣，遊玩時能盡情歡樂，在朝廷上又不至於有失禮儀，議論國家大事也不至於失策，這是處理一切事務的大原則。」漢文帝非常讚賞他的見解並採納了他的意見。

漢文帝在上朝的路上，無論遇到負責禁衛的郎官，還是遇到其他隨從官員上書言事，每次都會停下車輦接受奏章。對於所提的建議認為沒有採納價值的，就擱置起來；有用的，就採納，而且給以表揚。

漢文帝想從霸陵頂上向西縱馬馳車衝下陡坡。擔任中郎將的袁盎驅馬向前，傍著文帝的車子，緊緊地拉住文帝車馬的轡繩。文帝說：「將軍膽怯了嗎？」袁盎回答說：「我聽說『豪富人家的子弟，不坐在屋簷下，以防簷瓦墜落砸傷』。聖明的皇帝不到危險的地方去，不追求意外的僥倖。現在陛下乘坐著六匹快馬拉的車子馳下陡坡，如果馬驚車壞，陛下縱然不愛惜自己的身體，萬一有什麼意外，怎麼向死去的高皇帝和堂上的薄太后交代呢！」文帝於是停止了驅車奔馳。

漢文帝所寵愛的慎夫人，在皇宮之中經常與皇后同坐在一張席子上。等到這次在郎官府署就坐時，袁盎就將慎夫人的坐席向後拉了一點，使她與皇后分出等級。慎夫人非常惱怒，不肯入坐。漢文帝也很生氣，立即站起身回宮去了。袁盎趁機上前對文帝說：「我聽說『地位尊卑之間要有一定的秩序，才能上下和睦相處』。現在陛下既然已經確立了皇后，慎夫人的地位就是妾，妾和皇后怎麼能並排而坐呢！如果陛下寵愛她，就厚厚地賞賜她。陛下現在如此對待慎夫人，恰恰是給慎夫人招災致禍呀。陛下難道不記得『人彘』的事情了嗎！」文帝這才轉怒為喜，他把慎夫人叫到跟前並告訴她這個道理。慎夫人賞賜給袁盎五十斤黃金。

賈誼對漢文帝說：「《管子》上說：『倉廩實而知禮節，衣食足而知榮辱。』百姓窮得連溫飽都無法保證而能使國家穩定的事情，從古到今，沒聽說過。古人說：『一個男人不種地，就要有人挨餓；一個女人不織布，就要有人受凍。』作物生長都有一定的週期，而用起來沒有限度，則物力必然枯竭。古代的人治理天下，考慮得非常細緻、周到，所以他們蓄積的東西夠吃夠用。現在放棄農業而從事工商業的人很多，這是國家的大禍害；奢侈浪費的風俗，日漸增長，這是國家的大禍害。這種棄農經商、奢侈浪費的現象，沒有人加以禁止。整個國家、民族的命運就要完蛋，誰也無法挽救它。生產的東西很少而消耗它的人很多，國家的財產怎麼能不枯竭呢！

「漢朝的建立差不多已有四十年了，國家和私人的積蓄，仍然少得可憐，實在讓人感到痛心。風雨不調、錯過時令，就會人心惶惶。遇到災年沒有收成，人們就要賣爵位、賣子女。這樣的事情已經有所耳聞，國家已經危險到這種程度而作為皇帝還不感到驚恐嗎！

「國家有災年、有豐年，這是受天氣影響，屬於正常現象，夏禹、商湯時全都遇到過。假設國家不幸遇到二三千里範圍的大旱，國家拿什麼去撫恤災民；國家邊境突然發生戰爭，數十百萬軍隊，國家怎麼供養他們？如果戰爭與旱災一起到來，國家財力極度匱乏。到那時，年富力強的，就要聚眾造反；而年老體弱的，就要易子而食。國家的政治法令失去效力而無法執行，遠方勢力強大的就要起來爭奪天下了。到了那時才感到驚慌失措、圖謀挽救，難道還來得及嗎？所以，搞好國家的財物儲備，是關係國家生死存亡的大問題。如果國家儲備的糧食和財物非常充足，想幹什麼不能成功呢！用來進攻，必然能夠攻取，用來守城，必然牢不可破，用來作戰，則攻無不克。用懷柔政策安撫遠方，想招誰來歸附誰能不來歸附嗎！

「如果驅趕所有的人都回歸農業、紮根於農業生產。讓所有的人都通過自己的勞動來養活自己，讓那些從事商業和各種手工業者都改行回到田裡從事農業勞動，那麼就會使國家的糧食儲備充足而人民安居樂業了。本來可以使國家富強人民安定的，結果卻弄成現在這種淒淒惶惶的樣子，我深為陛下感到惋惜！」

漢文帝被賈誼的話所打動，春季，正月十五日丁亥，漢文帝下詔開闢藉田，皇帝要親自到耕田耕種，為天下百姓做出表率。

三月，有關部門請求皇帝封諸位皇子為諸侯王。漢文帝於是下詔，先封趙幽王的小兒子劉辟彊為河間王，封朱虛侯劉章為城陽王，封東牟侯劉興居為濟北王。然後封自己的兒子劉武為代王、劉參為太原王、劉揖為梁王。

五月，漢文帝下詔說：「古代的賢君治理國家，在朝廷門口立有讓人獻計獻策的旌旗和批評朝政的誹謗木，目的是為了建立朝廷與百姓之間相互溝通的渠道和鼓勵人民對治理國家進言獻策。而現在的法律設有誹謗罪、妖言惑眾罪，這使得眾臣不敢暢所欲言，而皇帝無法知道自己的過失，將用什麼招徠遠方那些賢良之士呢？將誹謗罪、妖言罪的條款徹底刪除！」

九月，漢文帝下詔說：「農業，是國家的根本，人民賴有農業而生存。有人不從事農業生產而去從事工商業，所以人民生活得很不順心。我很為他們的處境而憂慮，所以今年我親自率領群臣進行耕作來勸導那些經商者回到農田中去從事耕種，免除全國從事農業生產的農戶今年應交田租的一半。」

燕敬王劉澤逝世。

【研　析】本卷所寫的中心問題是惠帝死後呂后專權，因報復性地殺害劉邦諸子，架空以周勃、陳平為代表的功臣元老，大封諸呂為王為侯，集中一切軍政大權於呂氏之手，致使劉氏與功臣元老結合起來，一舉滅掉諸呂一黨的艱險過程。其材料主要是依據《史記》的〈呂太后本紀〉。圍繞這個事件令人思考的事情有以下幾點：

一、從今天的觀點來看，劉邦做了皇帝就立一條「非劉氏者而王，天下共擊之」，那麼等呂后做了皇帝怎麼就不能也立一條「非呂氏者不得王」呢？況且呂后也沒有這麼絕對，她也就是立了呂氏的幾個兄弟子姪而已。應該知道呂家和劉家一樣，都是在反秦、反項的過程中浴血大戰過來的。呂澤、呂釋之的軍功絕非劉邦的兄弟如劉仲、劉交之流所能及。因此那種莫名的敵視呂氏諸人的情緒壓根就沒有道理，或者說只是一種頑固的宗法思想在作怪。

二、《史記》的〈呂太后本紀〉在寫到呂后去世時，先是說「當是時，諸呂擅權，欲為亂」；接著寫到齊王劉襄起兵時，又說「呂祿、呂產欲發亂關中」。這是強加罪名，沒有事實根據的。清代郭嵩燾說：「呂后以南、北軍屬之呂產、呂祿，使據兵自固，以無為人所制而已。產、祿庸才，並所將兵亦解以屬之太尉，是豈欲『為亂』者？史公以周勃除諸呂，特重呂氏之罪，以疑似被之名耳。」這種理解是恰當的，但凡兩個政治派別對立、火併時，總是盡量把對方說得罪大惡極。而罪惡之巔峰，沒有比「造反」更可恨的了。

三、關於周勃、陳平等人的「歷史功勳」。從現有的資料看來，當呂后專權，氣焰隆盛之時，周勃與陳平都是趨附呂后的，尤其是陳平，表現得異常明顯。當惠帝剛死，張良之子張辟彊為討得呂后歡心而勸陳平等「請拜呂台、呂產、呂祿為將，將兵居南北軍，及諸呂皆入宮，居中用事」，陳平等「乃如辟彊計，太后悅」時，司馬遷在此下寫道：「呂氏權由此起」。這句史斷是相當嚴厲的。接著當王陵引劉邦當年的盟誓「非劉氏而王，天下共擊之」明確反對呂后封王諸呂時，周勃、陳平則說「高帝定天下，王子弟；今太后稱制，王諸呂，無所不可」，於是封王諸呂之事遂暢行無阻。前面說過，如果周勃、陳平真是如此認識，就是從心眼裡擁護呂后，那也沒有什麼不好。但當他們受到王陵的質問時，卻又說「於今面折廷爭，臣不如君；全社稷、定劉氏之後，君亦不如臣」；特別在〈陳丞相世家〉寫到此事，還特別有一句「呂太后立諸呂為王，陳平偽聽之」。儼然周勃、陳平是早就準備了日後的反戈一擊。這些話可信麼？多數讀史者都認為那是諸呂被滅後周勃、陳平為自己的塗脂抹粉、文過飾非。生在當時的袁盎就曾說「方呂后時諸呂用事，擅相王，劉氏不絕如帶，是時絳侯為太尉，主兵柄，弗能正」；說他們日後的「偉業」是「適會其成功」，是趕上了機會。清代史珥說陳平前一半的表現是「去長樂老（馮道）不遠」；明代凌稚隆說「周勃、陳平不以此時極諫，而顧阿意曲從，乃致釀成其禍，他日雖有安劉之功，僅足以贖今之罪耳」。而且他們日後所以加入反呂聯盟乃是出於呂后對他們仍不信任，她奪了周勃的兵權交給呂祿，架空了陳平的「丞相」，另立呂產為相國。至此兩個投機分子眼看著自己的資本已被剝得精光，於是當劉襄的討呂大兵在東方興起，灌嬰的倒戈消息傳進長安，於是兩個變色龍立即改與劉章結合，憑著他們昔日的崇高職位，輕而易舉地奪取了政變的領導權。但社會上歷來也有些人稱道周勃、陳平，如清代郭嵩燾說：「是時呂后決意王諸呂，非王陵、平、勃所能爭也，爭則相與俱罷，而呂氏之禍益烈，無有能制其後者矣。諸呂之王無當呂氏之安危，而止益諸呂之禍。平、勃之不爭，固自有見，非王陵所能及也。」真是成者王侯敗者賊，勝利者怎麼解釋歷史都可以了。

四、劉恆之被擁立為帝。劉恆與其母薄氏都以黃老思想為安身立命之基，當劉邦晚年，戚夫人與呂后相互較量時，劉恆與其母都盡力裝出一種胸無大志、與世無爭的樣子。劉邦封王諸子，大家都搶著挑齊國、趙國，唯有劉恆願意長留窮邊的代國。其母見呂后兇惡，心知日後難纏，故而自請跟著兒子去窮邊，離開呂后遠遠地。周勃、陳平消滅諸呂後，大權在握，要挑選一個軟弱無為的材料做皇帝，以利於他們控制。齊王劉襄是絕對不能立的，因為他根子既硬，且又英武無雙。那麼誰最軟和呢？於是挑來挑去，看中了長期處於韜晦之中的劉恆。《老子》說：「欲取之，先與之。」等到皇帝大權一旦到手，看他在對付周勃、陳平，對付劉襄、劉章兄弟是如何的不念舊恩、不講情面，人們就該想周勃、陳平這兩個傢伙挑走了眼，簡直是挑了一個刺蝟、一個炸彈，挑了一個置他們於死地的大剋星。歷代凡行廢立的大臣，他們雖於新主有大恩，然也最使新主所畏忌，春秋晉國之里克、南朝劉宋之徐羨之、傅亮所以有大功而被殺，就是這個原因。陳平死得早，免卻了許多麻煩；周勃死得略晚，後半生的種種難熬就全讓他攤上了。難哪！

五、誣衊呂后執政時的兩個小傀儡皇帝與其他孝惠帝的兒子「皆非劉氏子」。周勃、陳平以及新上臺的劉恆為將凡與呂氏有關的人員通通殺光，甚至連孝惠帝的幾個兒子都不放過，其根本原因就是要斬草除根，留下來害怕日後有麻煩，因為這涉及到劉恆的繼位是否合理合法的問題。而要殺這些孩子，最有力量的藉口就是誣說他們不姓劉。這就如同漢初人所熟說、所痛罵的秦始皇不姓嬴而是姓呂一樣的可惡。但謊言掩蓋不住事實，清醒的歷史家們是絕不想念這種誣衊的。清代何焯說：「『少帝非劉氏』，乃大臣既誅諸呂，從而為之辭。」王先謙引周壽昌曰：「前後有兩『少帝』，前之『少帝』即後宮美人子，於高后四年幽死；後之『少帝』為恆山王弘也，亦明前幽死之『少帝』實為孝惠帝子也。」梁玉繩曰：「上文一曰『孝惠後宮子』再則曰『孝惠皇后無子，取美人名之』，則但非張后子，不得言『非孝惠子』也。乃此言『詐他人子以為子』，後又云『足下非劉氏』，何歟？《史記考要》謂『諸大臣陰謀而假之辭，以絕呂氏之黨，不容不誅』，其信然矣；史公於紀兩書之，而年表亦云『以孝惠子封』，又云『以非子誅』，皆有微意存焉，非歧說也。」按：俞正燮《癸巳存稿》有「漢少帝本孝惠子考」，亦發此意。

卷第十四

漢紀六

起閼逢困敦（甲子　西元前一七七年），盡重光協洽（辛未　西元前一七〇年），凡八年。

【題　解】本卷寫了文帝三年（西元前一七七年）至文帝十年（西元前一七〇年）共八年間的全國大事，主要寫了絳侯周勃因功高權大被文帝找藉口逐出朝廷，又以莫須有罪名將其下獄，又因無罪只好又將其釋放事；寫了淮南王因其母受害致死，為報仇椎殺大臣審食其，又因驕縱謀反而被發配自殺於途中，文帝不安，封其四子為侯事；寫了濟北王因恨文帝對己不公而謀反被討平事；寫了匈奴與文帝相互致書，重行和親，以及中行說被迫入匈奴，為漢王朝帶來巨大麻煩事；寫了張釋之為官公正，敢於直言極諫事；寫了賈誼連續上書，諫立淮南王諸子為侯，諫令私人鑄造錢幣，以及在〈治安策〉中提出了亟須解決的國內諸侯割據、國外與匈奴的形勢倒掛，以及太子的教育、重法排儒的風氣、對大臣人格尊嚴的保護等等。

太宗孝文皇帝中

前三年（甲子　西元前一七七年）

冬，十月丁酉晦❶，日有食之。

十一月丁卯晦，日有食之❷。

詔曰：「前❸遣列侯之國❹，或辭未行❺。丞相，朕之所重，其為朕率❻列侯之國！」十二月，免丞相勃，遣就國❼。乙亥❽，以太尉灌嬰為丞相，罷太尉官，屬丞相❾。

夏，四月，城陽景王章薨❿。

初，趙王敖獻美人於高祖⓫，得幸，有娠⓬。及貫高事發⓭，美人亦坐繫河內⓮。美人母弟⓯趙兼因辟陽侯審食其言呂后⓰，呂后妒，弗肯白⓱。美人已生子⓲，恚⓳，即自殺。吏奉其子詣上⓴，上悔，名之曰長，令呂后母之㉑，而葬其母真定㉒。後封長為淮南王㉓。

淮南王蚤㉔失母，常附㉕呂后，故孝惠、呂后時㉖得無患㉗，而常心怨辟陽侯，以為不彊爭㉘之於呂后，使其母恨而死也。及帝即位㉙，淮南王自以最親㉚，驕蹇㉛，數不奉法㉜，上常寬假㉝之。是歲，入朝㉞，從上入苑囿㉟獵，與上同車，常謂上「大兄」㊱。王有材力㊲，能扛鼎㊳。乃往見辟陽侯，自袖鐵椎㊴，椎辟陽侯㊵，令從者魏敬剄之㊶，馳走闕下㊷，肉袒㊸謝罪。帝傷其志為親㊹故，赦弗治㊺。當是時，薄太后及太子、諸大臣皆憚(46)淮南王。淮南王以此，歸國益驕恣，出入稱警蹕(47)，稱制(48)擬於天子(49)。袁盎諫曰：「諸侯太驕，必生患(50)。」上不聽。

五月，匈奴右賢王(51)入居河南地(52)，侵盜上郡(53)保塞蠻夷(54)，殺略[1]人民。上幸甘泉(55)。遣丞相灌嬰發車騎(56)八萬五千詣高奴(57)擊右賢王，發中尉材官(58)屬衛將軍(59)，軍長安(60)。右賢王走出塞(61)。

上自甘泉之高奴，因幸太原(62)，見故羣臣，皆賜之，復晉陽、中都民三歲租(63)。留游太原十餘日。

初，大臣之誅諸呂也，朱虛侯功尤大。大臣許盡以趙地王朱虛侯(64)，盡以梁地(65)王東牟侯(66)。及帝立，聞朱虛、東牟之初欲立齊王(67)，故絀其功(68)。及王諸子(69)，乃割齊二郡以王之(70)。興居自以失職(71)奪功(72)，頗怏怏(73)。聞帝幸太原，以為天子且(74)自擊胡，遂發兵反。帝聞之，罷丞相及行兵(75)皆歸長安，以棘蒲侯柴武(76)為大將軍(77)，將(78)四將軍、十萬眾擊之，祁侯繒賀(79)為將軍，軍滎陽(80)。秋，七月，上自太原至長安。詔：「濟北(81)吏民，兵未至先自定(82)及以軍城邑降(83)者，皆赦之，復官爵。與王興居去來(84)者，赦之。」八月，濟北王興居兵敗，自殺。

初，南陽(85)張釋之(86)為騎郎(87)，十年不得調(88)，欲免歸(89)。袁盎(90)知其賢，而薦之為謁者僕射[91]。

釋之從行[92]，登虎圈，上問上林尉[93]諸禽獸簿[94]。十餘問，尉左右視，盡不能對。虎圈嗇夫[95]從旁代尉對上所問禽獸簿甚悉[96]，欲以觀其能[97]，口對響應無窮[98]者。帝曰：「吏不當若是邪！尉無賴[99]。」乃詔釋之拜嗇夫為上林令[100]。釋之久之[101]，前曰：「陛下以絳侯周勃何如人也？」上曰：「長者[102]也。」又復問：「東陽侯張相如[103]何如人也？」上復曰：「長者。」釋之曰：「夫絳侯、東陽侯稱為長者，此兩人言事曾不能出口[104]，豈效此嗇夫喋喋利口捷給哉[105]！且秦以任刀筆之吏[106]，爭以亟疾苛察相高[107]，其敝，徒文具而無實[108]，不聞其過[109]，陵遲[110]至於土崩[111]。今陛下以嗇夫口辯[112] [2] 而超遷[113]之，臣恐天下隨風而靡[114]，爭為口辯[115]而無其實。夫下之化上[116]，疾於景響[117]，舉錯[118]不可不審[119]也。」帝曰：「善。」乃不拜嗇夫。上就車，召釋之參乘[120]。徐行，問釋之秦之敝，具以質言[121]。至宮，上拜釋之為公車令[122]。

頃之，太子[123]與梁王[124]共車入朝，不下司馬門[125]。於是釋之追止[126]太子、梁王，無得入殿門，遂劾[127]：「不下公門[128]，不敬[129]。」奏之[130]。薄太后[131]聞之，帝免冠謝[132]，教兒子不謹[133]。薄太后乃使使承詔[134]赦太子、梁王，然後得入。帝由是奇釋之，拜為中大夫(135)。

頃之，至中郎將(136)。從行至霸陵(137)，上謂羣臣曰：「嗟乎！以北山石為椁(138)，用紵絮斮陳漆其間(139)，豈可動哉(140)！」左右皆曰：「善。」釋之曰：「使其中有可欲者，雖錮南山，猶有隙(141)；使其中無可欲者，雖無石槨，又何戚焉(142)！」帝稱善(143)。

是歲，釋之為廷尉(144)。上行出中渭橋(145)，有一人從橋下走(146)，乘輿(147)馬驚。於是使騎(148)捕之，屬廷尉(149)。釋之奏當(150)：「此人犯蹕(151)，當罰金。」上怒曰：「此人親驚吾馬，馬賴和柔；令他馬，固不敗傷(152)我乎！而廷尉乃當之罰金！」釋之曰：「法者，天下公共也。今法如是，更重之(153)，是法不信於民(154)也。且方其時(155)，上使使誅之則已(156)。今已下廷尉，廷尉，天下之平(157)也。壹傾(158)，天下用法皆為之輕重(159)，民安所錯其手足(160)！唯(161)陛下察之！」上良久曰：「廷尉當是也。」

其後人有盜高廟(162)坐前玉環(163)，得(164)。帝怒，下廷尉治(165)。釋之案「盜宗廟服御物者」為奏(166)當棄市(167)。上大怒曰：「人無道，乃盜先帝器！吾屬廷尉者(168)，欲致之族(169)。而君以法奏之(170)，非吾所以共承宗廟(171)意也。」釋之免冠頓首謝曰：「法如是，足也。且罪等，然以逆順為差(172)。今盜宗廟器而族之，有如萬分一，假令愚民取長陵一抔土⑰，陛下且何以加其法乎？」帝乃白太后許之。

【章旨】以上為第一段，寫文帝三年（西元前一七七年）的全國大事，主要寫了周勃被排擠出朝廷、城陽王劉章死、濟北王劉興居謀反被滅，皆上卷討滅諸呂事件之餘波；寫了淮南王劉長的身世與其為母報仇，椎殺審食其，為其日後謀反埋下伏筆；寫了張釋之公正執法、仗義執言，以及文帝從諫如流的一系列事跡。

【注釋】❶十月丁酉晦　十月的最後一天是丁酉日。晦，陰曆每個月的月末。❷十一月丁卯晦二句　兩個月的月末連續出現日蝕，古人視為極其嚴懲的天變。❸前　指上次下詔書。見本書卷十三文帝前二年。❹遣列侯之國　讓各位列侯都到自己的封地上去。❺或辭未行　有的人推說原因拒而未去。❻率　帶頭，給人做榜樣。❼免丞相勃二句　說是因日蝕而發，說是給他人做榜樣，其實是文帝畏懼、討厭周勃，尋藉口將其逐出朝廷。❽乙亥　十二月初八。❾屬丞相　將太尉的權力一併交與丞相，從此丞相的權力極大，既管政府，又管軍隊。其所以如此，是文帝喜歡灌嬰。灌嬰既有擁立文帝之大功，又沒有周勃那種出爾反爾，權勢逼人。❿城陽景王章薨　城陽景王章即劉章，景字是謚。劉章在消滅諸呂中功勳蓋世，但由於開始他是想立其兄劉襄，於是被文帝所忌恨，因此遲遲不封，最後乃從劉章之兄劉襄那裡割出一個郡，封劉章為城陽王，於是劉章被氣死。⓫趙王敖獻美人於高祖　事在高祖八年，劉邦率軍往討韓王信叛軍餘黨回來，路經趙都邯鄲時，趙王張敖獻出自己身邊的一個妃嬪侍候劉邦。美人，是妃嬪中的諸多稱號之一。⓬有娠　懷了身孕。⓭貫高事發　趙相貫高為氣憤劉邦對待趙王敖無禮，而圖謀殺害劉邦的事情被發現。⓮美人亦坐繫河內　貫高事發，不僅貫高被殺，趙王敖也牽連被捕，曾受劉邦寵幸的女人也被下獄，關押在河內郡。河內，漢郡名，郡治懷縣（今河南武陟西南）。⓯母弟　胞弟。⓰因辟陽侯審食其言呂后　通過辟陽侯審食其轉告呂后，意思是請呂后代向劉邦說情。因，通過。辟陽侯審食其，呂后的相好，楚漢戰爭時期曾與呂后一起被項羽所捕獲關押二年多。⓱弗肯白　不願為厲王母向劉邦說情。⓲已生子　生下孩子之後。⓳恚　惱怒。⓴吏奉其子詣上　有關人員捧著孩子送給劉邦。奉，捧；抱著。詣，到；送給。㉑令呂后母之　讓呂后養育這個孩子。㉒真定　原稱東垣，後改稱真定，在今石家莊城東北。㉓封長為淮南王　事在高祖十一年，當時劉長兩歲。㉔蚤　通「早」。㉕附　依附；

依靠。㉖孝惠呂后時　指劉邦死後惠帝與呂后當權的那段時間。孝惠，名盈，劉邦之子，呂后所生，西元前一九四—前一八八年在位。孝惠死後，呂后繼其子執政，西元前一八七—前一八〇年在位。㉗得無患　指劉邦的其他兒子多被呂后所殺（如劉如意、劉友、劉恢），而劉長獨得以幸免而言。㉘不彊爭　不努力爭取，不認真催著呂后辦此事。㉙及帝即位　待至劉恆當了皇帝。㉚自以最親　劉邦現存的兒子只有這兩個。㉛驕蹇　縱恣；不馴服。㉜數不奉法　屢屢地違法亂紀。奉，守；遵行。㉝寬假　寬大；寬容。㉞入朝　時劉長年二十一歲。按，漢朝的諸侯王何時進京朝見皇帝，隔多少年進京一回，與在京停留多長時間都有明確規定。詳情參見韓兆琦《史記箋證・梁孝王世家》注。㉟苑囿　指上林苑，秦漢時代的皇家獵場，舊址在今西安西南，廣達數縣。㊱謂上大兄　皇帝哥哥。梁玉繩曰：「文帝行非第一，而稱『大』者，蓋『大』乃天子之謂也。」㊲有材力　指身高力大。㊳扛鼎　舉鼎。扛，舉。㊴自袖鐵椎　自己的袖子裡藏著鐵椎。椎，通「錘」。㊵椎辟陽侯　擊殺審食其。㊶剄之　割斷了他的脖子。《正義》曰：「剄謂刺頸。」㊷闕下　指宮門，因帝王的宮門前有雙闕，故云。㊸肉袒　袒露出膀子，古人在請罪時常做出這種姿態。㊹其志為親　他的動機是為母親報仇。親，指父母。㊺弗治　不予查辦。按，審食其為呂后寵臣，周勃等滅諸呂，不知緣何使審食其得以幸免。今劉長殺之，文帝所以不罪，或以劉長之為正順應了當時之人心。㊻憚　畏懼。㊼警蹕　清道戒嚴。蹕，清道。這是皇帝才有的排場。㊽稱制　把自己下的命令稱作「制」。按當時的規定，只有皇帝的命令才能稱作「制」。㊾擬於天子　與皇帝的排場相同。擬，等同。㊿生患　鬧亂子。(51)右賢王　僅次於匈奴單于的兩個頭領之一，左賢王居東方，右賢王居西方，協助單于分管匈奴的大片地區。(52)入居河南地　向南佔據了今內蒙古河套一帶地區。河南，指今內蒙古黃河以南的伊克昭盟一帶。秦時蒙恬曾將匈奴人逐至黃河後套以北，並在黃河以北修築長城，派兵駐守。秦末以來中原戰亂不已，匈奴人遂乘機南下，又佔據了黃河以南的大片地區。(53)上郡　漢郡名，郡治膚施，在今陝西榆林東南。(54)保塞蠻夷　歸附漢王朝，集中居住在漢朝邊境之外的少數民族。(55)上幸甘泉　漢文帝出行到甘泉宮。甘泉，山名，在今陝西淳化西北，秦、漢時代那裡有皇帝的離宮。《集解》引蔡邕曰：「天子車駕所至，民臣以為僥幸，故曰『幸』。」按，文帝之「幸」甘泉，有巡北邊以禦匈奴之意，故史文連及之。(56)車騎　車兵與騎兵。(57)詣高奴　到高奴縣。詣，到。高奴縣的縣治在今延安東北。(58)中尉材官　中尉屬下的以力大聞名的特種兵。中尉，主管首都治安的軍事長官。材官，軍中由力大善射者組成的特種兵。(59)衛將軍　皇帝禁衛軍的統帥。(60)軍長安　駐紮京城附近，以備匈奴。(61)走出塞　迅速逃出漢朝邊境。(62)因幸太原　順便到達了太原郡。太原郡的郡治晉陽，在今山西太原西南。太原郡是文帝為代王時的屬郡之一，今又故地重遊。(63)復晉陽中都民三歲租　免除晉陽、中都兩縣的居民的三年田租。復，免除勞役賦稅。中都，漢縣名，縣治在今山西平遙西南，當年代國的都城。[64]盡以趙地王朱虛侯　意即封劉章為趙王。王，用如動詞，意思即封之為王。[65]梁地　梁國之地，梁國的都城在今山東定陶西北。[66]東牟侯　劉興居，劉章之弟。[67]齊王　齊哀王劉襄，劉襄是劉章與劉興居之兄。[68]絀其功　不承認人家的功勳。絀，通「黜」。罷除。[69]及王諸子　等到文帝要封自己的兒子為王的時候。[70]割齊二郡以王之　從劉襄的齊國劃出了城陽郡，以封劉章為城陽王；劃出了濟北郡以封劉興居為濟北王。[71]失職　沒有得到自己應得的東西。[72]奪功　功勳不被承認。[73]怏怏　失意不滿的樣子。[74]且　將。[75]罷丞相及行兵　命令率軍出征的丞相灌嬰與其所率領的全部軍隊停止北進。罷，這裡即指停止討伐匈奴之役，並非要罷免丞相。行兵，正在北進的軍隊。[76]棘蒲侯柴武　劉邦的開國功臣，以軍功封棘蒲侯。[77]大將軍　此時尚非固定官名，意思有如後世之所謂大元帥、總指揮。[78]將　率領。[79]祁侯繒賀　劉邦的開國功臣，以軍功封祁侯。[80]軍滎陽　作為柴武的後方的接應，且備前言之不虞。滎陽，漢縣名，縣治在今河南滎陽東北，秦漢時代的軍事要地。[81]濟北　劉興居的封國名，都城盧縣在今山東長清南。[82]兵未至先自定　在朝廷的討伐大軍到達之前，能自己穩定地面秩序，不支持叛亂。[83]以軍城邑降　（雖已參加叛亂，但）能率領軍隊或是率領本城、本鄉投降朝廷。[84]去來　指原先有過往來。[85]南陽　漢郡名，郡治即今河南南陽。[86]張釋之　南陽郡的堵陽縣（今河南方城東）人，字季。事跡詳見《史記・張釋之馮唐列傳》。[87]騎郎　帝王的侍從官員，上屬郎中令。[88]調　提升。[89]欲免歸　想要辭職回家。因為當時為郎官的人有的需要自備服裝鞍馬，張釋之就屬於這一類，他不想再給家裡添麻煩。[90]袁盎　此時為中郎將，是張釋之的上司。[91]謁者僕射　官名，眾謁者的頭目。謁者也是帝王的侍從官名，為帝王主管收發傳達以及贊禮等。[92]從行　跟著文帝外出，此處指隨文帝往遊上林苑。[93]上林尉　上林令的僚屬。上林令是上林苑的長官，主管苑中的禽獸和住在該區域內的居民。其下屬有丞、尉各一人。上林苑是秦、漢時期皇家的獵場，舊址在今陝西西安西南，東起藍田，西至周至、興平，南依秦嶺，北臨渭河，周圍約三百餘里。[94]諸禽獸簿　這裡即指各種禽獸的數目。[95]嗇夫　小吏名，執掌各項雜役。[96]甚悉　很清楚；很詳細。[97]觀其能　顯示其才能。[98]口對響應無窮　對答之快如同響之應聲，不帶一點遲疑、留難。[99]無賴　靠不住；不足任使。瀧川曰：「文帝嘗問周勃、陳平以一歲決獄、錢穀之數，與此相似，蓋帝試人慣用手段。」[100]詔釋之拜嗇夫為上林令　文帝讓張釋之往傳此封拜之令，此正謁者之職。[101]久之　故意地遲延了好半天。[102]長者　厚道人。[103]東陽侯張相如　高帝時為中大夫，後為河間守，以擊陳豨功封侯，文帝時為太子太傅。其事跡散見於《史記・孝文本紀》、〈高祖功臣侯者年表〉、〈萬石張叔列傳〉等篇。[104]言事曾不能出口　連一件事情都說不出來。按，周勃被人稱為「木強敦厚」，又有文帝問其決獄、錢穀，周勃不能對等等，見《史記・陳丞相世家》。張相如事不詳。[105]豈效此嗇夫喋喋利口捷給哉　哪像這個嗇夫佞牙俐齒說得這麼流利呢。喋喋，說話流利、快速的樣子。利口捷給，口才好，來得快。捷給，供給得及時。(106)刀筆之吏　掌管公文案牘的書吏，因為這些人可以舞文弄法，隨心輕重，故多被世人所畏懼、厭惡。刀筆，古代的書寫工具，筆用以寫字於竹簡木牘，發見錯誤即用刀刳削而改之。(107)爭以亟疾苛察相高　爭著看誰辦案更嚴厲、更瑣細。亟疾，快速、嚴厲。(108)其敝二句　到頭來只搞了一套表面的官樣文章。(109)不聞其過　統治者聽不到臣民對其過失的批評。(110)陵遲　局勢越來越壞。(111)土崩　徹底崩潰，指爆發全國農民大起義。(112)口辯　口齒伶俐。(113)超遷　越級提拔，因「上林令」猶在「上林尉」之上。(114)靡　隨風倒伏的樣子。(115)爭為口辯　都爭著夸夸其談。(116)下之化上　臣民隨著統治者的樣子變化。(117)疾於景響　比影之隨形、響之應聲還要快。景，同「影」。(118)舉錯　辦什麼和不辦什麼。舉，興辦。錯，同「措」。停置；停辦。(119)審　仔細；慎重。(120)參乘　陪侍帝王乘車，兼充護衛之職。此處即召之同車，以示優遇，且可一道說話。(121)以質言　按實情相告。質，實。(122)公車令　也稱「公車司馬令」，上屬衛尉，掌管殿門、司馬門，夜則巡邏宮中。天下上書及四方貢獻品物，一概由公車令接收上達。(123)太子　劉啓，即日後的漢景帝。(124)梁王　劉武，劉啓的胞弟，同為竇皇后所生，受竇皇后特殊寵愛。事跡詳見《史記・梁孝王世家》。梁國的都城睢陽，在今河南商丘城南。(125)不下司馬門　謂乘車至司馬門不下車。司馬門是皇宮的外門。《三輔黃圖》：「凡言司馬者，宮垣之內，兵衛所在，司馬主武事，故設宮之外門為司馬門。」據〈宮衛令〉規定：諸出入殿門、公車司馬門者，皆下車，否則，要受處罰。(126)追止　追過去將其攔住。(127)劾　彈劾；舉報違法。(128)公門　猶言「君門」。《論語・鄉黨》：「入公門，鞠躬如也，如不容。」(129)不敬　對皇帝表示不恭敬。(130)奏之　將彈劾文書送呈皇帝。(131)薄太后　文帝之母，太子與梁王之祖母。(132)帝免冠謝　向其母免冠謝罪，給老人家添了麻煩。姚苧田曰：「細書此節，見西京家法之嚴如此，而釋之風力藉此益顯。」(133)不謹　不嚴格。(134)承詔　以皇帝的名義。(135)中大夫　郎中令的屬官，在帝王跟前掌議論。(136)中郎將　帝王侍衛的統領，上屬郎中令。(137)霸陵　漢文帝為自己預修的陵墓，在今陝西西安灞橋區毛窯院村，位於灞河西岸白鹿原北坡形似方錐的鳳凰嘴。秦漢時代的皇帝都在生前即為自己修建陵墓，文帝此行即視察自己的陵墓工地。(138)椁　外棺。(139)用紵絮斮陳漆其間　把絲紵綿絮之類切碎，填塞其縫隙，而後再用漆把塞了紵絮的棺槨縫隙灌住。斮，切；斬。陳，塞。(140)豈可動哉　還有哪個盜墓者能打開它呢。(141)雖錮南山二句　即使把整座終南山灌鑄起來（當棺槨），那它也還是會有縫隙（，還會被人打開）。錮，熔化金屬以灌縫隙。(142)雖無石槨二句　戚，憂慮；擔心。姚苧田曰：「數語大得黃老之精，透極，達極。」(143)帝稱善　凌稚隆引余有丁曰：「他日文帝治陵，才令流水，蓋有感於是言。」(144)廷尉　國家的最高司法官，「九卿」之一。(145)上行出中渭橋　文帝出行，經由中渭橋。出，行經。中渭橋，《索隱》曰：「渭橋有三所，一所在城西北咸陽路，曰西渭橋；一所在東北高陵道，曰東渭橋；其中渭橋，在古城之北也。」146走　跑。147乘輿　皇帝的車駕。148騎騎馬侍從。149屬廷尉　交由廷尉審理。屬，託；交給。150奏當　奏上判處結果。當，判處。《索隱》引崔浩曰：「當，謂處其罪也。」151犯蹕　違犯戒嚴令。蹕，清道戒嚴。152敗傷　翻車傷人。敗，這裡指車壞。153今法如是二句　法律條文規定如此，如果故意重判。154是法不信於民　那將使法律不被臣民所信任。155方其時　當問題剛剛發生的時候。156上使誅之則已　如果您當時派人將其處死，那也就算了。凌稚隆引余有丁曰：「法不可重，獨可立誅乎？啟人主妄殺之心者，必是言也。」吳見思曰：「此是寬一句，借作說詞耳，乃後人認客為主，議論紛紛，豈為善讀書者哉！」157天下之平　主持全國的法律公平。158壹傾　廷尉的執法一有偏頗。159皆為之輕重　都跟著寬嚴不一。160民安所錯其手足　黎民百姓將不知自己的手足該向哪裡放，意即不知如何是好。錯，通「措」。161唯　表示祈請的發語詞。162高廟　高祖劉邦的廟。陳直曰：「漢代京師及各郡國皆有高廟。」163玉環　陳直曰：「為『璧環』之環，非裝飾品。」164得　犯罪分子被捉到。165下廷尉治　交由廷尉審理。166案盜宗廟服御物者為奏　意即按照偷盜宗廟供奉用品的法律條文向上報告。服御，使用。167當棄市　意即判為處死。棄市，刑人於市，以示與眾共棄之。168吾屬廷尉者　我之所以交給你審理。屬，交給。169欲致之族　想將其定為滅族。170以法奏之　仍按通常的法律條文向上報告。171共承宗廟　恭敬地對待先人。共，同「恭」。172且罪等二句　即使兩人的罪過相同，其中還有個具體情節的差別。《集解》引如淳曰：「俱死罪也，盜玉環不若盜長陵土之逆也。」173取長陵一抔土　隱言如果有人偷掘了劉邦的墳墓。長陵，高祖陵墓。一抔土，一捧土。錢鍾書曰：「盜掘本朝先帝陵墓，大逆不道，罪惡彌天，為臣子者心不敢想而亦口不忍宣也，然而臣姑妄言之，君其姑妄聽之。故『有如』上而累以『萬分之一』，猶恐冒昧，復益以『假令』。似設之詞幾如屋上加屋，心之猶豫，口之囁嚅，即於語氣徵之，而無待摹狀矣。」

【校　記】1略　原作「掠」。據章鈺校，甲十五行本、乙十一行本、孔天胤本皆作「略」。今從諸本及《通鑑紀事本末》改。2辯　原作「辨」。據章鈺校，甲十五行本、乙十一行本、孔天胤本皆作「辯」。今從諸本及《史記·張釋之馮唐列傳》改。

【語　譯】太宗孝文皇帝中

前三年（甲子　西元前一七七年）

冬季，十月最後一天二十九日丁酉，發生日蝕。

十一月最後一天三十日丁卯，發生日蝕。

漢文帝下詔說：「在去年的詔書中曾命令各諸侯王回到自己的封國去，有人尋找各種理由拒絕回去。丞相是我所倚重的大臣，就請丞相做出表率，與諸侯王一起回自己的封國去！」十二月，免去周勃的丞相職務，命他回自己的封國。初八日乙亥，任命太尉灌嬰為丞相，取消太尉一職，其職責歸屬於丞相。

夏季，四月，城陽王劉章逝世，死後追謚為景王。

當初，趙王張敖獻美女給劉邦，這個美女很受劉邦的寵愛，且懷了身孕。等到貫高事件被揭發出來以後，張敖所送的美女也因此受到牽連而被囚禁在河內郡。美人的胞弟趙兼想通過辟陽侯審食其向呂后求情，而呂后早就對美人心懷妒忌，因此不肯替美人說情。美人生子後因怨恨而自殺。有關人員捧著美人所生的孩子送給劉邦，劉邦很後悔，給孩子起名叫劉長，責令呂后撫養，而將美人葬在真定。後來封劉長為淮南王。

淮南王劉長由於幼年喪母，經常依附於呂后，所以在孝惠帝和呂后當政時期，並沒有遭受迫害。然而劉長心裡常常怨恨辟陽侯審食其，認為辟陽侯不在呂后面前力爭，致使其母含恨而死。等到漢文帝即位當了皇帝，淮南王劉長認為自己和漢文帝的關係最親，因而逐漸驕慢不馴起來，屢屢地違法亂紀，文帝常常寬容他而不予追究。當年，淮南王劉長來京朝見文帝劉恆，跟著文帝到苑中打獵，就和劉恆同坐在一輛車上，他常呼文帝為大哥。淮南王劉長身高體壯，力能舉鼎。他假裝去拜訪辟陽侯審食其，預先在袖中暗藏了鐵椎，擊殺了辟陽侯審食其，並命令隨從魏敬將辟陽侯審食其的頭割下來，然後跑到皇宮，袒露出臂膀向文帝請罪。文帝憐他是為母報仇而擊殺辟陽侯，所以就赦免了他，沒有給他任何處罰。當時，薄太后、太子及各大臣都畏懼淮南王劉長。因此，淮南王劉長回國以後更加驕橫，出入時也模仿皇帝，在所經過的地方命令灑掃街道，禁止通行，在其封國之內把自己下的命令稱作「制」，與皇帝的排場相同。袁盎規勸文帝說：「侯王如果太驕橫，必然會生出亂子。」文帝不聽。

五月，匈奴右賢王佔領了河套以南地區，掠奪居住在上郡邊境之外的少數民族的財產，殺害人民。漢文帝親自來到甘泉。命令丞相灌嬰率領戰車、騎兵總計八萬五千人到高奴縣迎擊右賢王，調撥中尉管轄下的以力大聞名的特種兵歸屬於衛將軍指揮，駐紮在長安。右賢王聞訊率領軍隊撤出邊塞。

漢文帝從甘泉前往高奴，順便回到太原，他召見舊時的臣屬，每個人都有獎賞，並下詔免除晉陽、中都兩縣百姓的三年田租。漢文帝在太原逗留遊覽了十多天。

當初，消滅呂氏集團時，朱虛侯劉章功勞最大。大臣們允諾把趙地全部給劉章，封他為趙王，而把梁國之地全部給東牟侯劉興居，封他為梁王。當漢文帝劉恆即位後聽說朱虛侯、東牟侯當初曾經要立其兄齊王劉襄為皇帝時，心裡便對二人產生不滿，所以故意貶低他們的功勞，遲遲不給他們封王，一直到為自己的兒子封王時，才把齊王劉襄管轄下的城陽郡分割出來封朱虛侯劉章為城陽王；把濟北郡分割出來封東牟侯劉興居為濟北王。劉興居因為自己既沒有得到應該得到的東西，功勞又被埋沒，很不滿意。聽說漢文帝巡幸太原，就以為漢文帝要親率大軍迎擊匈奴，遂趁機發兵造反。漢文帝聽到消息後，立即下令率軍出征的丞相灌嬰及其所率領的軍隊停止前進，返回長安，任命棘蒲侯柴武為大將軍，率領著四位將軍、十萬大軍去平定東牟侯劉興居的叛亂，任命祁侯繒賀為將軍，率軍駐紮在滎陽。秋天，七月，漢文帝從太原回到長安。下詔說：「濟北國的官員百姓，凡是在朝廷平叛大軍未到之前能夠自行穩定地方秩序、不支持叛亂，以及雖然參加叛亂，但能率軍或率領本地、本鄉向朝廷大軍投降的，一律既往不咎，官復原職。曾經與濟北王劉興居有過往來的，也不予追究。」八月，濟北王劉興居兵敗自殺。

當初，南陽人張釋之為騎郎時，十年沒有得到提升，他想辭職回家。袁盎知道張釋之有才能，便極力向漢文帝推薦，於是漢文帝任命張釋之為謁者僕射。

張釋之跟隨漢文帝到上林苑的虎圈觀看老虎，漢文帝向上林尉詢問上林苑中各種禽獸的數目，一連提了十多個問題，上林尉都顯得局促不安、左右環顧，一個也回答不上來。虎圈嗇夫便在旁邊代替上林尉回答漢文帝的問話，漢文帝於是就向嗇夫詢問有關上林苑中各種禽獸的情況，問得很詳細，想藉此觀察他的才能；嗇夫對答之快就像響之應聲，不帶一點遲疑，而且沒有回答不上來的。漢文帝稱讚嗇夫說：「難道當官的不應該如此嗎！尉官不足任使。」於是命令張釋之去宣布任命嗇夫為上林令。張釋之沒有馬上執行皇帝的命令，過了好大一會，他問文帝說：「陛下認為絳侯周勃是怎麼樣的一個人？」文帝說：「是一個謹慎忠厚的人。」

張釋之又問：「東陽侯張相如是什麼樣的人？」文帝又說：「張相如也是一個謹慎忠厚的人。」釋之說：「絳侯、東陽侯都是謹慎忠厚的人，可是他們兩人說起話來結結巴巴，連一件事情也說不清楚，哪裡像這個嗇夫伶牙俐齒說得如此流利呢！秦朝因為重用刀筆吏，都爭著看誰辦案更嚴厲、更瑣細，其弊端就是只做表面的官樣文章而沒有實質內容，在上位的因為聽不到臣民對自己過失的批評而無法改過，以至於國家局勢越來越壞，終於徹底崩潰、國家滅亡。現在陛下因為嗇夫口齒伶俐而越級提升，我擔心天下華而不實之風會從此興起，爭學嗇夫能言善辯而不求實際。上行下效，比影之隨形、響之應聲還要快，處理事情不能不審慎。」漢文帝說：「說得好。」於是，不再提提升嗇夫的事情。回來的時候，文帝坐上車，招呼張釋之和自己坐在同一輛車子上。車子緩緩而行，文帝向張釋之詢問秦朝的弊端，張釋之於是老老實實、詳詳細細地為漢文帝做了分析。回宮之後，漢文帝立即任命張釋之為公車令。

過了不久，太子劉啓和梁王劉武同車入朝，他們到了司馬門沒有下車。張釋之立即追上去將他們攔住，不允許他們進入殿門，並向文帝奏報說：「太子、梁王到司馬門前不下車，犯了不尊敬皇帝之罪。」薄太后也知道了此事，文帝趕緊摘掉帽子，向薄太后道歉，承認自己教子不嚴。薄太后派人以皇帝的名義前去赦免太子、梁王，太子、梁王這才得以入宮。文帝從此對張釋之更加另眼相看，任命他為中大夫。

不久，又升任他為中郎將。張釋之跟隨漢文帝來到霸陵，漢文帝對群臣說：「哎呀！如果能以北山之石為槨，再把苧麻等剪碎和漆調和在一起填塞在石縫中，將會多麼堅固，還有哪個盜墓者能打開它呢！」群臣隨聲附和說：「陛下說得很對。」張釋之卻說：「假設棺槨之中有很多令人垂涎的寶物，即使把整個終南山灌鑄起來當做棺槨，也會有隙可乘；假如其中沒有值錢的東西，即使沒有石槨，又有什麼可擔心的呢！」文帝認為張釋之說的話很有道理。

這一年，張釋之擔任廷尉。一次，漢文帝出行經過中渭橋，有一人從橋下經過，文帝的車駕受了驚。漢文帝立即下令騎兵將從橋下經過的那個人逮捕起來送交廷尉張釋之去處置。張釋之將判處意見向漢文帝奏報說：「此人違犯戒嚴令，按照法律規定應當判處罰款。」文帝一聽就很生氣地說：「此人驚了我的馬，幸虧馬馴服；若是別的馬，我豈不是要受傷了嗎！廷尉卻怎麼只判他交納罰金！」張釋之解釋說：「法律，對天下所有的人都應該一樣公平。按照現在的法律量刑，驚了陛下的馬也就是判處交納一些罰金；如果隨意加重處罰，法律就得不到百姓的信任。如果在御馬受驚時，皇上立即派人殺了他也就罷了。現在既然把他交給廷尉處置，廷尉代表天下公平執法，稍微有所偏向，下面的執法者就會隨意的加重或減輕執法力度，老百姓就會不知所措！希望陛下考慮！」文帝考慮了很久，說：「還是廷尉量刑正確。」

後來有人偷盜了高祖劉邦廟座前的玉環，被逮捕。文帝對此非常憤怒，就又將盜賊交給廷尉張釋之處置。張釋之按「盜宗廟服御物者」的法律條文向漢文帝奏報，認為此人應該被判處死刑。漢文帝大怒，說：「此人如此行徑，竟敢盜竊先帝寢廟的器物！我將他交給你處置，是想誅滅他的三族，而你竟依照法律條文只判處他棄市，這不符合我恭敬宗廟的本意。」張釋之脫下帽子磕頭謝罪說：「法律就是這樣規定的，這樣的處置已經足夠了。而且罪分等次，應該按照順逆的不同程度來區別罪行的差別。現在盜了宗廟器物就滅三族，假設萬一，有愚民盜掘了長陵，陛下還怎麼再加重處罰呢？」文帝將此事稟告給太后，最後還是同意了張釋之的判決。

四年（乙丑　西元前一七六年）

冬，十二月，潁陰懿侯灌嬰❶薨。

春，正月甲午❷，以御史大夫❸陽武張蒼❹為丞相。蒼好書博聞，尤邃律曆❺。

上召河東守季布❻，欲以為御史大夫。有言其勇、使酒難近❼者。至❽，留邸一月❾，見罷❿。季布因進曰：「臣無功竊寵，待罪河東⓫。陛下無故召臣，此人必有以臣欺陛下⑫者。今臣至，無所受事，罷去⑬，此人必有毀臣者⑭。夫陛下以一人之譽⑮而召臣，以一人之毀而去臣。臣恐天下有識⑯聞之，有以闚陛下之淺深⑰也。」上默然慚，良久曰：「河東，吾股肱郡⑱，故特召君耳⑲。」

上議⑳以賈誼任公卿㉑之位。大臣㉒多短之曰：「洛陽之人㉓，年少初學，專欲擅權，紛亂諸事㉔。」於是天子後亦疏之，不用其議，以為長沙王太傅㉕。

絳侯周勃既就國㉖，每河東守、尉㉗行縣㉘至絳，勃自畏恐誅㉙，常被甲㉚，令家人持兵以見之。其後人有上書告勃欲反，下廷尉㉛。廷尉逮捕勃，治㉜之。勃恐，不知置辭。吏稍侵辱之㉝，勃以千金與獄吏，獄[1]吏乃書牘背㉞示之曰：「以公主為證㉟。」公主者，帝女也，勃太子勝之㊱尚之㊲。薄太后亦以為勃無反事。帝朝太后，太后以冒絮㊳提㊴帝曰：「絳侯始誅諸呂，綰皇帝璽㊵，將兵於北軍㊶，不以此時反，今居一小縣，顧欲反邪㊷！」帝既見㊸絳侯獄辭㊹，乃謝㊺曰：「吏方驗而出之㊻。」於是使使持節㊼赦絳侯，復爵邑㊽。絳侯既出，曰：「吾嘗將百萬軍，然安知獄吏之貴乎！」

作顧成廟㊾。

五年（丙寅　西元前一七五年）

春，二月，地震。

初，秦用半兩錢(50)，高祖嫌其重，難用，更鑄莢錢(51)。於是物價騰踊(52)，米至石萬錢(53)。夏，四月，更造四銖錢(54)。除盜鑄錢令(55)，使民得自鑄。

賈誼諫曰：「法(56)使天下公得(57)雇租(58)鑄銅、錫為錢，敢雜以鉛、鐵為它巧(59)者，其罪黥(60)。然鑄錢之情，非殽雜為巧(61)，則不可得贏(62)。而殽之甚微，為利甚厚。夫事有召禍而法有起姦(63)，今令細民(64)人操造幣之埶(65)，各隱屏而鑄作(66)。因欲禁其厚利微姦(67)，雖黥罪日報，其埶不止(68)。乃者(69)，民人抵罪(70)多者一縣百數，及吏之所疑(71)，搒笞奔走(72)者甚眾。夫縣法以誘民，使入陷阱(73)，孰多於此(74)？又民用錢(75)，郡縣不同(76)。或用輕錢，百加若干(77)；或用重錢，平稱不受(78)。法錢不立(79)，吏急而壹之乎(80)，則大為煩苛(81)，而力不能勝；縱而弗呵(82)乎，則市肆異用(83)，錢文大亂(84)。苟非其術(85)，何鄉而可哉(86)！今農事棄捐，而采銅者日蕃(87)。釋其耒耨(88)，冶鎔炊炭(89)，姦錢(90)日多，五穀不為多。善人怵(91)而為姦邪，愿民(92)陷而之刑戮，刑戮將甚不詳(93)，柰何而忽(94)！國知患此，吏議必曰『禁之(95)』。禁之不得其術，其傷必大。令(96)禁鑄錢，則錢必重(97)。重則其利深，盜鑄如雲而起，棄市(98)之罪又不足以禁矣。姦數不勝(99)而法禁數潰(100)，銅使之然也。銅布於天下，其為禍博矣，故不如收之(101)。」賈山亦上書諫，以為：「錢者，亡用器(102)也，而可以易(103)富貴。富貴者，人主之操柄(104)也，令民為之，是與人主共操柄，不可長(105)也。」上不聽。

是時，太中大夫鄧通(106)方寵幸，上欲其富，賜之蜀嚴道銅山(107)，使鑄錢。吳王濞(108)有豫章銅山(109)，招致天下亡命者(110)以鑄錢；東煮海水為鹽，以故無賦(111)而國用饒足(112)。於是吳、鄧錢布天下(113)。

初，帝分代為二國，立皇子武為代王(114)，參為太原王(115)。是歲，徙代王武為淮陽王(116)，以太原王參為代王，盡得故地(117)。

【章　旨】以上為第二段，寫文帝四年（西元前一七六年）、五年兩年間的全國大事，主要寫了賈誼因受讒毀外調長沙，周勃因受誣告而被下獄，以及文帝開放鑄錢禁令，而賈誼、賈山上書反對等等。

【注　釋】❶潁陰懿侯灌嬰　灌嬰是劉邦的開國功臣，以軍功封潁陰侯，懿字是諡。因參與滅諸呂之功升任太尉，周勃被擠出朝廷後，灌嬰繼為丞相。❷正月甲午　正月初三。❸御史大夫　三公之一，主管監察彈劾，位同副丞相。丞相出缺，例由御史大夫遞補。❹張蒼　陽武（今河南原陽東南）人，劉邦的開國功臣，以功封北平侯，任御史大夫。事跡詳見《史記・張丞相列傳》。❺尤邃律曆　尤其對律令曆法深有研究。邃，深。❻河東守季布　季布原是項羽的部將，項羽死後輾轉歸劉邦，為河東郡守。事跡詳見《史記・季布欒布列傳》。河東郡的郡治安邑，在今山西夏縣西北。❼使酒難近　好喝酒發脾氣，令人不好接近。❽至　到達京師長安。❾留邸一月　在招待所裡等候召見等了一個月。邸，河東郡的駐京辦事處。❿見罷　被打發回去。⓫無功竊寵二句　意即我無功無勞而能受任為河東郡守。竊寵、待罪都是謙詞，得到寵幸的謙詞。⓬以臣欺陛下即「有人讚美我、舉薦我」的客氣說法。⑬無所受事二句　沒有新的派遣，就打發回去了。⑭此人必有毀臣者　這一定是有人說我的壞話。⑮譽　讚美。⑯有識　指有識之士。⑰闚陛下之淺深　「由此看出您的判斷力是否正確」的委婉說法。⑱股肱郡　左膀右臂一樣的鄰近地區。⑲故特召君耳　所以特別請你進京見一面。⑳議　考慮；打算。㉑公卿　三公、九卿。三公指丞相、太尉、御史大夫。九卿包括太常、郎中令、衛尉、太僕、廷尉、典客、宗正、大司農、少府。這裡即泛指朝廷大臣。㉒大臣　《史記・屈原賈生列傳》直言是絳侯周勃、潁陰侯灌嬰等說賈誼的壞話。㉓洛陽之人　即指賈誼，賈誼是洛陽人。㉔紛亂諸事　故意把朝廷上的許多事情鬧得紛紛揚揚，指建議「改正朔、易服色」等等。㉕長沙王太傅　長沙王吳著的太傅。吳著是老長沙王吳芮的後代，繼其先人之位為長沙王，都城臨湘，即今湖南長沙。太傅是帝王的輔導官，秩二千石。㉖既就國　回到自己的封地絳縣（在今山西侯馬東北）。㉗河東守尉　河東郡的郡守或郡尉。河東郡的郡治在安邑（今山西夏縣西北）。㉘行縣　到所屬各縣視察。周勃的封地絳縣上屬河東郡，故河東郡的郡守、郡尉有時要來視察。㉙勃自畏恐誅　漢朝初年大肆誅殺功臣，使得人人自危，周勃有擁立文帝之大功，尚畏懼如此，他人可知。瀧川曰：「以此等事推之，文帝未必寬仁之人。」㉚被甲　披甲。被，通「披」。㉛下廷尉　皇帝把事情交由廷尉辦理。㉜治　審理；拷問。㉝吏稍侵辱之　獄吏們越來越欺侮周勃。稍，漸；越來越厲害。㉞書牘背　寫在木簡的背面。牘，古人寫字用的木板。㉟以公主為證　讓公主出來給你作證。㊱勃太子勝之　周勃的嫡長子周勝之。按，漢初時皇帝、諸王以及列侯的嫡長子都稱「太子」，景帝以後方改為只用以稱皇太子。㊲尚之　娶以為妻。皇帝之女地位至高，不可謂娶，尊之曰「尚」。尚，上配。㊳冒絮　猶今婦女所戴之頭巾。師古曰：「冒，覆也，老人所以覆其頭。」㊴提　擲擊。《史記》之〈刺客列傳〉「夏無且以藥囊提荊軻」，〈吳王濞列傳〉「皇太子引博局提吳太子」，皆與此意同。㊵綰皇帝璽　綰，繫，這裡即指「掌握」、「把持」。㊶將兵於北軍　指掌握著駐紮京城的主要兵力，因為周勃誅滅諸呂時首先是奪得了北軍，故云。漢代初期駐紮長安城的軍隊有北軍、南軍兩支，北軍比南軍更為強大。兩軍都由帝王與其心腹將帥直接統領。㊷顧欲反邪　反而倒要造反嗎。顧，反而，轉折語詞。㊸既見　已經看到。㊹絳侯獄辭　周勃在獄中所寫申訴材料。㊺謝　抱歉地稟告。㊻吏方驗而出之　主管此事的官吏很快就能對證清楚，放他出來。方，即將。㊼持節　手持旌節。節，旌節，以竹為之，以旄牛尾為之飾，天子派出的使者持之以為信驗。㊽復爵邑　恢復了他的爵位與封地。㊾顧成廟　應劭曰：「文帝自為廟，制度卑狹，若顧望而成，猶文王靈臺不日成之，故曰顧成。」㊿半兩錢　每文錢重半兩。(51)莢錢　也稱「榆莢錢」，銅質，形如榆莢，面值「半兩」，重三銖（十銖等於一兩），文曰「漢興」。(52)騰踊　飛漲，因為錢的本身變薄了。(53)米至石萬錢　一石米價值莢錢一萬。(54)四銖錢　重四銖，文曰「半兩」。(55)除盜鑄

錢令　解除過去規定的不准私人鑄造錢幣的禁令。盜鑄，不顧禁令地私鑄。(56)法　國家的法律規定。(57)公得　公然、公開地允許。(58)雇租　雇用勞動力。(59)雜以鉛鐵為它巧　在銅、錫之中摻入廉價的鉛、鐵以非法謀利。雜，摻雜。它巧，違法手段。(60)黥　在臉上刺字的一種刑罰。用針刺字，以墨塗之。(61)非殽雜為巧　如果不用摻雜廉價金屬的手段。(62)贏　賺錢。(63)事有召禍而法有起姦　有些行業本身就容易產生問題，有些法令本來就易於讓壞人興心。起姦，讓壞人動心。(64)細民　小民；黎民百姓。(65)人操造幣之埶　每個人都有通過鑄錢獲得發財的機會。埶，同「勢」。(66)各隱屏而鑄作　都躲到一個角落去鑄錢。隱屏，隱蔽；隱退。(67)因欲禁其厚利微姦　國家為了懲辦他們的犯小罪賺大錢。(68)雖黥罪日報二句　即使你每天都把一些人判為黥刑，也仍是禁止不了。報，判處；執行。(69)乃者　從前；往日。(70)抵罪　犯罪。(71)吏之所疑　吏疑其犯罪而尚未落實。(72)掠笞奔走　有的受過官吏的責打，有的望風而逃。掠笞，被棍棒所打。(73)縣法以誘民二句　這就如同用法令引著人們往陷阱裡跳。因為懲罰太輕，而利潤太厚。縣，通「懸」。懸法即指公布允許私自鑄錢的法令。(74)孰多於此　還有比這個更多的麼。(75)民用錢　各地區的百姓所使用的錢幣。(76)郡縣不同　各郡各縣都不一樣。(77)百加若干　一百錢外還要再加上若干枚，才能成交易。(78)平稱不受　你想一百當一百，則持錢者定不接受。(79)法錢不立　國家沒有法定的標準錢。法錢，標準錢。(80)吏急而壹之乎　如果某個官吏想急於統一它。壹，統一。(81)煩苛　煩難瑣碎。(82)縱而弗呵　放任不管。縱，放任。呵，盤問；管理。(83)市肆異用　一個市場上使用不同的錢幣。市肆，意即市場。肆，市場上的商戶行列。(84)錢文大亂　貨幣的使用就要亂套。(85)苟非其術　如果沒有那方面的本事。(86)何鄉而可哉　是怎麼弄也不行的。鄉，通「向」。(87)日蕃　日益增多。蕃，盛。(88)釋其耒耨　扔下他們的農具。耒耨，古代的兩種農具。(89)冶鎔炊炭　燃燒炭火熔銅鑄錢。(90)姦錢　不合格的錢幣。(91)怵　動心；受利誘。(92)愿民　老實厚道的百姓。(93)不詳　有凶險；有問題。詳，通「祥」。(94)柰何而忽　怎麼能對之掉以輕心呢。忽，不經意。(95)禁之　禁止私人鑄錢。(96)令　國家下命令。(97)則錢必重　因國家一旦形成壟斷，必定是鑄錢的花費小而單位的面值貴。重，意思即貴。(98)棄市　即指處死、殺頭。(99)姦數不勝　壞人屢禁不止。(100)法禁數潰　國家法令屢屢失敗。(101)不如收之　將開銅礦以及鑄錢的事業，全部收歸國有。(102)亡用器　沒有用處的東西。(103)易　換；換來。(104)人主之操柄　是應該由帝王來掌握的。(105)不可長　不能提倡；不能讓其繼續發展。(106)太中大夫鄧通　鄧通是漢文帝的寵臣，官為太中大夫之職。事跡見《史記·佞幸列傳》。太中大夫是帝王的侍從官員，在帝王的身邊掌議論，上屬郎中令。(107)蜀嚴道銅山　蜀郡嚴道的銅山。蜀郡的郡治成都，嚴道是蜀郡的一個縣，縣治即今四川滎經。當時凡縣內有少數民族聚居的即稱「道」。據《史記·佞幸列傳》，有人相面說鄧通必當餓死，而漢文帝偏想讓他富，於是賜給他一座銅山。(108)吳王濞　劉濞，劉邦二哥劉仲之子，被封為吳王，都城廣陵，即今江蘇揚州。事跡詳見《史記・吳王濞列傳》。(109)豫章銅山　此依《史記》為說，其文有誤。此「豫章」應作「鄣郡」。鄣郡是吳國的一個郡，境內產銅。至於郡治南昌的「豫章郡」，根本不屬吳國。(110)天下亡命者　來自各郡各諸侯國的潛逃犯。(111)無賦　不用再徵收其他賦稅。(112)國用饒足　吳國的一切開支都很富裕。(113)布天下　流通到全國各地。(114)代王　都城在今河北蔚縣東北之代王城。(115)太原王　都城晉陽，在今山西太原東南。太原王的封地太原郡在文帝為代王時也屬代國。(116)淮陽王　封地陳郡，都城即今河南淮陽。(117)故地　文帝當初為代王時的全部封地，轄有代郡、太原、雲中、雁門四個郡。

【校　記】[1]獄　原無此字。據章鈺校，甲十五行本、乙十一行本、孔天胤本皆有此字。今從諸本及《史記・絳侯周勃世家》補。

【語　譯】四年（乙丑　西元前一七六年）

冬季，十二月，潁陰懿侯灌嬰逝世。

春季，正月初三日甲午，任命御史大夫陽武人張倉為丞相。張倉喜好讀書，博學多聞，尤其精通律令曆法。

漢文帝召見河東郡守季布，準備任命季布為御史大夫。有人對文帝說：季布雖然勇敢，卻嗜酒如命好發脾氣，很難讓人接近。季布到京之後，在官邸中逗留了一個多月漢文帝也沒有召見他，就打發他回去，任命他為御史大夫的事當然也就沒有了下文。季布於是向漢文帝奏報說：「我本來沒有什麼功勞卻得到陛下的信任，讓我擔任了河東郡的郡守。如今陛下無緣無故的召我來到京師，一定是有人妄言不實，在陛下面前舉薦我，從而欺瞞了陛下。現在我來到京師又沒有給我新的派遣，就讓我離去，這一定是有人在陛下面前說我的壞話。陛下因為一人的稱讚、舉薦就想召見我，又因為有人說我的壞話、詆毀我，就疏遠我。我擔心從此以後天下的有識之士，會由此而妄斷陛下城府的深淺和決斷能力的高低。」漢文帝默默無語，深感慚愧，過了好一會兒才說：「河東郡，是京師的鄰近之郡，從地理位置上說就如同京師的左膀右臂，所以才特別召見你。」

漢文帝提議讓賈誼擔任公卿職務。就有許多大臣揭露他的短處說：「賈誼是洛陽人，年紀很輕，學識短淺，卻專愛攬權，將朝廷上的許多事情攪得亂七八糟。」於是文帝開始逐漸疏遠賈誼，對賈誼所提的建議也不再採納，只任命他去做了長沙王吳著的太傅。

絳侯周勃回到封地絳縣後，每遇河東郡的郡守、尉等到所屬各縣巡察而來到絳縣時，都擔心是來誅殺自己的，所以總是穿好鎧甲，命令家人手持兵器，然後才與他們相見。後來就有人向文帝奏報說周勃要造反，文帝下令讓廷尉查辦。廷尉逮捕了周勃，對他進行審訊。周勃越是恐懼，越不知道如何為自己辯解。獄吏也越加對他進行傷害和侮辱。周勃的家人用千金賄賂獄吏，獄吏在一塊木簡的背後寫上：「請公主出面為你作證。」這裡所說的公主，指的是文帝的次女，周勃長子周勝之娶她為妻。薄太后也堅持認為周勃絕不會造反。文帝朝見太后時，太后將頭巾摔到文帝的身上，憤怒地說：「絳侯周勃當初誅殺呂氏的時候，身上揣著皇帝玉璽，又控制著北軍，他不在那時候造反，現在居住在一個小縣裡，反而要造反了嗎！」文帝已經看過周勃在獄中所寫的申訴材料，於是向薄太后謝罪說：「主管此事的官吏很快就能對證清楚，放他出來。」於是派使者捧著皇帝旌節去宣布赦免絳侯周勃，並恢復了他的爵位、給還他的封地。絳侯出獄後說：「我曾經率領過百萬大軍，哪裡想到獄吏會有那麼大的權威啊！」

文帝親自規劃自己的顧成廟。

五年（丙寅　西元前一七五年）

春季，二月，發生地震。

當初，秦朝使用的錢幣每文重半兩，高祖稱帝後嫌秦朝的錢幣太重，不方便使用，改鑄榆莢錢。於是物價飛漲，一石米價值一萬錢。夏季，四月，另造四銖錢。同時解除過去規定的不准私人鑄造錢幣的禁令，允許民間私鑄錢幣。

賈誼向文帝建議說：「國家的法律准許天下人可以雇用勞力、租借資本、用銅錫鑄造錢幣，如果在銅、錫中摻雜廉價的鉛、鐵或以其他巧妙手段非法謀利的，處以黥面的刑罰。然而鑄錢這種事，非攙雜使假，不能盈利。稍微攙點假，就能獲取很豐厚的利潤。有些行業本身就容易產生問題招致災禍，有些法令本來就容易引起壞人動心，現在允許小民百姓鑄造錢幣，大家都在隱蔽的場所鑄造錢幣。若要禁止他們為獲取豐厚的利潤而採用細微的作弊行為，即使日日判決，天天黥面定罪，鑄錢作弊的現象也無法禁止。過去犯罪的人很多，一縣多達百起，還有因為被官吏懷疑有犯罪嫌疑，而被逮捕起來進行拷打的，再加上因畏罪而潛逃的人就更多了。現在公布法令允許小民鑄造錢幣，就等於是設置陷阱，引誘小民犯罪，使他們自投羅網，還有哪一個法律比這項更嚴重呢？還有，各地百姓所用的錢，各郡各縣不盡相同。有的用輕錢，然後再加上若干枚補足；有的用重錢，平秤後須找零錢而對方又不接受。國家沒有規定出錢幣的標準，如果官府急於要求貨幣統一，由於幣種繁雜，難度很大，很難奏效；如果放任不管，市場上各種貨幣同時流通，那麼貨幣的使用必然混亂。如果沒有這方面的本事，是怎麼弄也不行的！現在拋棄農耕，開採銅礦，放下犁耙，燒炭冶煉用來鑄錢的人日益增多，劣質錢也就越來越多，而糧食並沒增加。善良的人受此風氣的引誘就會去幹那些罪惡的勾當，樸實的人陷入罪惡的泥坑而遭受刑戮，因此而被刑戮是很不公平的，怎麼能疏忽呢！國家一旦意識到它的危害，那些官吏必然建議『禁止私鑄錢幣』。禁止如果不得其法，對國家的危害必定會更大。法令一旦禁止私鑄錢幣，那麼錢幣就會顯得更貴重。錢幣貴重，鑄錢的獲利就更大，盜鑄錢幣的一定會蜂湧而起，即使判處死罪也不能完全禁止啊！不法之徒屢禁不止而法令屢屢失敗，這是因為銅可以鑄造錢幣獲取巨大利潤而造成的。銅礦遍布天下，它的危害簡直是太大了，所以不如把銅礦收歸國有。」賈山也向文帝進言，認為：「錢是沒用的東西，然而卻可以換取富貴。讓人富貴，這應該是皇帝所掌握的權力；讓人民隨意製造錢幣，這就如同使百姓和皇帝共同掌握這個權柄，所以不可任其發展。」文帝不聽。

此時，太中大夫鄧通正受到文帝的寵愛，文帝想使他富貴，所以就把蜀郡嚴道縣的銅山賞賜給他，讓他鑄錢。吳王劉濞封國之內的鄣郡有銅山，他把天下逃亡之人全部招引到這裡來開礦冶銅鑄錢；同時在封國東邊的沿海地區煮海水製鹽，所以雖不收賦稅而國用富足。當時，吳王劉濞和鄧通所鑄的錢幣流通到全國各地。

當初，漢文帝劉恆把代國一分為二，立皇子劉武為代王，立劉參為太原王。這一年，改封代王劉武為淮陽王，改封太原王劉參為代王，這樣劉參得到了原來代國所轄的全部土地。

六年（丁卯 西元前一七四年）

冬，十月，桃李華❶。

淮南厲王長❷自作法令❸行於其國，逐❹漢所置吏，請自置相、二千石❺，帝曲意從之❻。又擅刑殺不辜，及爵人至關內侯❼，數上書不遜順❽。帝重❾自切責❿之，乃令薄昭⓫與書風諭⓬之，引管、蔡⓭及代頃王⓮、濟北王興居⓯以為儆戒⓰。

王不說⓱，令大夫但⓲、士伍開章⓳等七十人與棘蒲侯柴武太子奇⓴謀以輂車㉑四十乘㉒反谷口㉓，令人使閩越㉔、匈奴㉕。事覺，有司治㉖之，使使召淮南王。王至長安，丞相張蒼、典客㉗馮敬行御史大夫事㉘，與宗正㉙、廷尉㉚奏：「長罪當棄市。」制曰㉛：「其㉜赦長死罪，廢勿王㉝，徙處㉞蜀郡嚴道邛郵㉟。」盡誅所與謀者。載長以輜車㊱，令縣以次傳㊲之。

袁盎諫曰：「上素驕㊳淮南王，弗為置嚴傅、相㊴，以故至[1]此。淮南王為人剛，今暴摧折之㊵，臣恐卒逢霧露㊶病死。陛下有殺弟之名，柰何㊷？」上曰：「吾特苦之㊸耳，今復之㊹。」

淮南王果憤恚㊺不食死。縣傳至雍㊻，雍令發封㊼，以死聞㊽。上哭甚悲，謂袁盎曰：「吾不聽公言，卒亡淮南王㊾。今為柰何㊿？」盎曰：「獨斬丞相、御史以謝天下[51]乃可。」上即令丞相、御史逮考[52]諸縣傳送淮南王不發封餽侍[53]者，皆棄市[54]，以列侯[55]葬淮南王於雍，置守家三十戶[56]。

匈奴單于遺漢書曰：「前時皇帝言和親事[57]，稱書意，合歡[58]。漢邊吏侵侮右賢王[59]，右賢王不請[60]，聽後義盧侯難支[61]等計，與漢吏相距[62]，絕二主之約，離兄弟之親，故罰右賢王，使之西求月氏[63]擊之。以天之福，吏卒良，馬力強，以夷滅[64]月氏，盡斬殺，降下，定之。樓蘭[65]、烏孫[66]、呼揭[67]及其旁二十六國，皆已為匈奴[68]。諸引弓之民，并為一家，北州以定[69]。願寢兵[70]，休士卒，養馬，除前事[71]，復故約，以安邊民。皇帝即[72]不欲匈奴近塞[73]，則且詔吏民遠舍[74]。」

帝報書曰：「單于欲除前事，復故約，朕甚嘉之！此古聖王之志也。漢與匈奴約為兄弟，所以遺單于甚厚。倍約、離兄弟之親者，常在匈奴。然右賢王事已在赦前[75]，單于勿深誅[76]！單于若稱書意[77]，明告諸吏，使無負約，有信[78]，敬如單于書[79]。」

後頃之[80]，冒頓死[81]，子稽粥立[82]，號曰老上單于。老上單于初立，帝復遣宗室女翁主[83]為單于閼氏[84]，使宦者燕人中行說[85]傅翁主[86]。說不欲行，漢強使之。說曰：「必我也，為漢患者[87]！」中行說既至，因降單于，單于甚親幸之。

初，匈奴好漢繒絮、食物。中行說曰：「匈奴人眾不能當漢之一郡，然所以強者，以衣食異，無仰於漢[88]也。今單于變俗[89]，好漢物。漢物不過什二[90]，則匈奴盡歸於漢[91]矣。」其得漢繒絮，以馳草棘中[92]，衣袴皆裂敝[93]，以示不如旃裘[94]之完善也。得漢食物，皆去之[95]，以示不如湩酪[96]之便美也。於是說教單于左右疏記[97]，以計課[98]其人眾、畜牧。其遺漢書牘及印封[99]，皆令長大，倨傲其辭[100]，自稱「天地所生日月所置匈奴大單于」。

漢使或訾笑[101]匈奴俗無禮義者，中行說輒窮[102]漢使曰：「匈奴約束徑[103]，易行；君臣簡[104]，可久。一國之政，猶一體也[105]。故匈奴雖亂，必立宗種[106]。今中國雖云有禮義，及親屬益疏[107]，則相殺奪，以至易姓[108]，皆從此類[109]也。嗟！土室之人[110]，顧無多辭[111]，喋喋佔佔[112]！顧漢所輸匈奴繒絮、米糵，令其量中，必善美而已矣[113]，何以言為乎[114]？且所給備、善[115]則已；不備、苦惡[116]，則候秋熟[117]，以騎馳蹂而稼穡[118]耳！」

梁太傅賈誼[119]上疏[120]曰：「臣竊惟[121]今之事埶[122]，可為痛哭者一，可為流涕者二，可為長太息者六。若其它背理而傷道者，難徧以疏舉[123]。進言者皆曰『天下已安已治[124]矣』，臣獨以為未也。曰安且治者，非愚則諛[125]，皆非事實、知治亂之體[126]者也。夫抱火厝[127]之積薪[128]之下，而寢其上[129]，火未及然[130]，因謂之安。方今之埶，何以異此！陛下何不壹令[131]臣得孰數[132]之於前，因陳『治安之策[133]』，試詳擇焉！

「使為治[134]，勞智[2]慮[135]，苦身體，乏鐘鼓之樂，勿為可也。樂與今同[136]，而加之諸侯軌道[137]，兵革不動，匈奴賓服[138]，百姓素朴。生為明帝[139]，沒為明神[140]，名譽之美，垂於無窮，使顧成之廟[141]稱為太宗[142]，上配太祖[143]，與漢亡極[144]。立經陳紀[145]，為萬世法[146]。雖有愚幼不肖之嗣[147]，猶得蒙業而安[148]。以陛下之明達[149]，因使少知治體[150]者得佐下風[151]，致此[152]非難也。

「夫樹國固必相疑之埶[153]，下數被其殃[154]，上數爽其憂[155]，甚非所以安上而全下[156]也。今或親弟[157]謀為東帝，親兄之子[158]西鄉而擊[159]。今吳[160]又見告[161]矣。天子春秋鼎盛[162]，行義未過[163]，德澤有加[164]焉，猶尚如是[165]，況莫大諸侯[166]，權力[167]且十此[168]者虖！

「然而天下少安[169]，何也？大國[170]之王，幼弱未壯；漢之所置傅、相[171]，方握其事。數年之後，諸侯之王大抵皆冠[172]，血氣方剛；漢之傅、相稱病而賜罷[173]，彼自丞、尉以上偏置私人[174]。如此[175]，有異淮南、濟北之為邪[176]？此時而欲為治安[177]，雖堯、舜不治[178]。

「黃帝[179]曰：『日中必彗，操刀必割[180]。』今令此道順而全安[181]甚易，不肯蚤
為，已乃[182]墮骨肉之屬[183]而抗剄[184]之，豈有異秦之季世虖？其異姓負彊而動[185]者，
漢已幸而勝之[186]矣。又不易其所以然[187]，同姓襲是跡[188]而動，既有徵[189]矣，其埶盡
又復然[190]。殃禍之變，未知所移[191]。明帝[192]處之，尚不能以安，後世[193]將如之何？

「臣竊跡前事[194]，大抵彊者先反。長沙[195]乃二萬五千戶耳，功少而最完[196]，埶
疏而最忠[197]。非獨性異人[198]也，亦形埶然[199]也。曩[200]令樊、酈、絳、灌[201]據數十城
而王，今雖以殘亡[202]可也；令信、越之倫[203]列為徹侯而居[204]，雖至今存[205]可也。然
則天下之大計可知已：欲諸王[206]之皆忠附[207]，則莫若令如長沙王；欲臣子[208]勿菹
醢[209]，則莫若令如樊、酈等[210]；欲天下之治安，莫若眾建諸侯[211]而少其力[212]。力少
則易使以義[213]，國小則亡邪心[214]。令海內之埶，如身之使臂，臂之使指，莫不制
從[215]。諸侯之君不敢有異心，輻湊並進[216]，而歸命[217]天子。割地定制[218]，令齊、趙、
楚各為若干國，使悼惠王[219]、幽王[220]、元王[221]之子孫畢[222]以次各受祖之分地[223]，地
盡而止。其分地眾[224]而子孫少者，建以為國[225]，空而置之，須[226]其子孫生者舉使君
之[227]。一寸之地，一人之眾，天子亡所利[228]焉，誠以定治[229]而已。如此，則臥赤子

天下之上而安[230]，植遺腹[231]，朝委裘[232]，而天下不亂。當時大治[233]，後世誦聖[234]。陛下誰憚[235]而久不為此[236]？

「天下之埶方病大瘇[237]，一脛[238]之大，幾如要[239]；一指[240]之大，幾如股[241]，平居[242]不可屈伸，一二指搐[243]，身慮無聊[244]。失今不治，必為錮疾[245]，後雖有扁鵲[246]，不能為已。病非徒瘇也，又苦䠋盭[247]。元王之子[248]，帝之從弟[249]也；今之王者[250]，從弟之子[251]也。惠王之子[252]，親兄子也；今之王者，兄子之子[253]也。親者或亡分地[254]以安天下，疏者或制大權[255]以偪[256]天子。臣故曰非徒病瘇也，又苦䠋盭。可痛哭者，此病是也[257]。

「天下之埶方倒縣[258]。凡天子者，天下之首。何也？上也。蠻夷者，天下之足。何也？下也。今匈奴嫚侮[259]侵掠，至不敬也，而漢歲致[260]金絮采繒以奉之[261]。足反居上，首顧[262]居下，倒縣如此，莫之能解[263]，猶為國有人乎[264]？可為流涕者此也。

「今不獵猛敵而獵田彘[265]，不搏反寇而搏畜菟[266]，翫細娛[267]而不圖大患[268]，德可遠加[269]，而直數百里外，威令不伸[270] [3]。可為流涕者此也[271]。

「今庶人[272]屋壁[273]，得為帝服[274]；倡優[275]下賤，得為后飾[276]。且帝之身自衣皁綈[277]，而富民牆屋被文繡[278]；天子之后[279]以緣其領[280]，庶人孽妾[281]以緣其履[282]。此臣所謂舛[283]也。夫百人作之[284]，不能衣一人[285]，欲天下亡寒[286]，胡可得也[287]？一人耕之[288]，十人聚而食之[289]，欲天下亡飢[290]，不可得也。飢寒切於民之肌膚[291]，欲其亡為姦邪[292]，不可得也。可為長太息者此也[293]。

「商君[294]遺禮義[295]，棄仁恩[296]，并心[297]於進取[298]。行之二歲，秦俗日敗[299]。故秦人家富，子壯則出分[300]；家貧，子壯則出贅[301]。借父耰鉏[302]，慮有德色[303]；母取箕帚[304]，立而誶語[305]；抱哺其子[306]，與公併倨[307]；婦姑[308]不相說[309]，則反脣[310]而相稽[311]。其慈子[312]耆利[313]，不同禽獸者亡幾[314]耳。今其遺風餘俗，猶尚未改，棄禮義、捐廉恥日甚，可謂月異而歲不同[315]矣。逐利不耳[316]，慮非顧行[317]也，今其甚者，殺父兄矣。而大臣特以簿書不報、期會之間以為大故[318]，至於俗流失[319]，世壞敗[320]，因恬而不知怪[321]，慮不動於耳目[322]，以為是適然[323]耳。夫移風易俗，使天下回心而鄉道[324]，類[325]非俗吏之所能為也。俗吏之所務，在於刀筆、筐篋[326]，而不知大體。陛下又不自憂[327]，竊為陛下惜[328]之！豈如今定經制[329]，令君君臣臣[330]，上下有差，父子六親[331]，各得其宜？此業[332]壹定，世世常安，而後有所持循[333]矣。若夫經制不定，是猶度江河亡維楫[334]，中流而遇風波，船必覆矣。可為長太息者此也[335]。

「夏、殷、周為天子，皆數十世[336]；秦為天子，二世而亡[337]。人性不甚相遠也，何三代之君有道之長[338]，而秦無道之暴[339]也？其故可知也。古之王者，太子乃生[340]，固舉以禮[341]，有司[342]齊肅端冕[343]，見之南郊[344]，過闕則下[345]，過廟則趨[346]，故自為赤子，而教固已行[347]矣。孩提有識[348]，三公三少[349]，明孝仁禮義[350]以道習[351]之。逐去邪人，不使見惡行，於是皆選天下之端士[352]、孝弟博聞有道術者以衛翼[353]之，使與太子居處[354]出入。故太子乃生而見正事，聞正言，行正道，左右前後皆正人也。夫習與正人居之不能毋正，猶生長於齊不能不齊言[355]也；習與不正人居之不能毋不正，猶生長於楚之地不能不楚言也。孔子曰：『少成若天性，習貫如自然[356]。』習與智長[357]，故切而不媿[358]；化與心成[359]，故中道若性[360]。夫三代之所以長久者，以其輔翼太子有此具[361]也。及秦而不然，使趙高傅[362]胡亥而教之獄[363]，所習者非斬劓[364]人，則夷[365]人之三族[366]也。胡亥今日即位，而明日射人，忠諫者謂之誹謗，深計[367]者謂之妖言，其視殺人，若艾草菅[368]然。豈惟胡亥之性惡[369]哉？彼其所以道之者[370]，非其理[371]故也。鄙諺[372]曰：『前車覆，後車誡[373]。』秦世之所以亟絕[374]者，其轍跡可見[375]也，然而不避[376]，是後車又將覆也。天下之命，縣於太子[377]，太子之善，在於早諭教[378]與選左右。夫心未濫[379]而先諭教，則化[380]易成也；開於道術智誼之指[381]，則教之力也；若其服習積貫[382]，則左右而已[383]。夫胡、粵[384]之人，生而同聲，嗜欲不異[385]；及其長而成俗，累數譯而不能相通[386]，有雖死而不相為[387]者，則教習[388]然也。臣故曰選左右、早諭教最急。夫教得[389]而左右正[390]，則太子正矣，太子正而天下定矣。書曰：『一人有慶，兆民賴之[391]。』此時務[392]也。

「凡人之智，能見已然[393]，不能見將然[394]。夫禮者禁於將然之前[395]，而法者禁於已然之後[396]，是故法之所為用[397]易見，而禮之所為生[398]難知也。若夫慶賞[399]以勸善[400]，刑罰以懲惡，先王執此之政，堅如金石[401]；行此之令，信如四時[402]；據此之公[403]，無私如天地[404]，豈顧不用哉[405]？然而曰『禮云禮云』者[406]，貴[407]絕惡於未萌[408]，而起教於微眇[409]，使民日遷善遠罪[410]而不自知[411]也。孔子曰：『聽訟，吾猶人也，必也使毋訟乎[412]。』為人主計[413]者，莫如先審取舍[414]，取舍之極[415]定於內，而安危之萌[416]應於外[417]矣。秦王之欲尊宗廟而安子孫，與湯、武同；然而湯、武廣大其德行，六七百歲而弗失[418]，秦王治天下十餘歲[419]則大敗。此亡他故矣，湯、武之定取舍審[420]，而秦王之定取舍不審矣。夫天下，大器[421]也。今人之置器[422]，置諸安處則安，置諸危處則危。天下之情，與器無以異[423]，在天子之所置之。湯、武置天下於仁、義、禮、樂，累子孫數十世，此天下所共聞也；秦王置天下於法令、刑罰，禍幾及身[424]，子孫誅絕，此天下之所共見也，是非其明效大驗邪[425]！人之言曰：『聽言之道[426]，必以其事觀之[427]，則言者莫敢妄言。』今或言禮誼[428]之不如法令，教化[429]之不如刑罰，人主胡不[430]引殷、周、秦事以觀之也？人主之尊譬如堂[431]，羣臣如陛[432]，眾庶如地。故陛九級上[433]，廉遠地[434]，則堂高；陛無級，廉近地，則堂卑[435]。高者難攀，卑者易陵[436]，理埶然也。故古者聖王制為等列[437]，內[438]有公、卿、大夫、士[439]，外[440]有公、侯、伯、子、男[441]，然後有官師[442]、小吏，延及庶人，等級分明而天子加焉[443]，故其尊不可及也[444]。

「里諺[445]曰『欲投鼠而忌器[446]』，此善諭也。鼠近於器，尚憚[447]不投，恐傷其器，況於貴臣之近主[448]乎？廉恥節禮以治君子[449]，故有賜死而無戮辱[450]。是以黥、劓[451]之罪，不及大夫[452]，以其離主上不遠也。禮[453]不敢齒君之路馬[454]，蹴其芻[455]者有罰，所以為主上豫遠不敬[456]也。今自王、侯、三公[457]之貴，皆天子之所改容而禮之[458]也，古天子之所謂伯父、伯舅[459]也，而今與眾庶同黥、劓、髡、刖、笞[460]、傌、棄市之法，然則堂不無陛虖[461]？被戮辱者[462]不泰迫[463]虖？廉恥不行，大臣無乃握重權、大官而有徒隸無恥之心虖[464]？夫望夷之事[465]，二世見當以重法[466]者，投鼠而不忌器之習[467]也。臣聞之：『履雖鮮，不加於枕[468]；冠雖敝，不以苴履[469]。』夫嘗已在貴寵之位，天子改容而體[4]貌之矣，吏民嘗俯伏以敬畏之矣，今而有過，帝令廢之(470)可也，退之(471)可也，賜之死可也，滅之可也。若夫束縛之、係緤(472)之，輸之司寇(473)，編之徒官(474)，司寇小吏(475)詈罵(476)而榜[5]笞(477)之，殆非所以令眾庶見(478)也。夫卑賤者習知尊貴者之一旦(479)吾亦乃可以加此(480)也，非所以尊尊、貴貴之化也(481)。古者大臣有坐不廉(482)而廢者，不謂『不廉』，曰『簠簋(483)不飾』；坐汙穢淫亂、男女無別者，不曰『汙穢』，曰『帷薄(484)不脩』；坐罷軟(485)不勝任者，不謂『罷軟』，曰『下官不職(486)』。故貴大臣定有其罪(487)矣，猶未斥然正以呼之(488)也，尚遷就(489)而為之諱也。故其在大譴、大何(490)之域者，聞譴、何(491)則白冠氂纓(492)，盤水加劍(493)，造請室(494)而請罪耳，上不執縛係引(495)而行也。其有中罪者，聞命而自弛(496)，上不使人頸盭而加(497)也。其有大罪者，聞命則北面再拜，跪而自裁(498)，上不使人捽抑(499)而刑之也。曰：『子大夫(500)自有過耳，吾遇(501)子有禮矣。』遇之有禮，故羣臣自憙(502)；嬰以廉恥(503)，故人矜節行(504)。上設廉恥禮義以遇其臣，而臣不以節行報其上者，則非人類也。故化成俗定(505)，則為人臣者，皆顧行(506)而忘利，守節而伏義(507)，故可以託不御之權(508)，可以寄六尺之孤(509)，此厲廉恥(510)、行禮義之所致也，主上何喪(511)焉？此(512)之不為而顧彼(513)之久行，故曰可為長太息者此也(514)。」

誼以絳侯前逮繫獄[515]，卒無事[516]，故以此譏上。上深納其言，養臣下有節[517]，是後大臣有罪皆自殺，不受刑。

【章　旨】以上為第三段，寫文帝六年（西元前一七四年）的全國大事，主要寫了淮南王劉安因圖謀造反被發配，死於途中；寫了匈奴單于與文帝相互通信，重約漢匈和親，而中行說入匈奴為以後埋下禍根事；並大篇幅地載入了賈誼的〈陳政事疏〉，表明了作者對此文的分外喜愛與重視。

【注　釋】❶華　開花。冬天桃李開花，古人視為怪異，以為不祥，故書於史。❷淮南厲王長　劉長，劉邦的少子，厲字是諡。❸自作法令　不遵行中央王朝的法令。❹逐　驅逐。❺請自置相二千石　依漢法，諸侯王國的相、內史、中尉等二千石吏，皆由漢王朝為之選任，其餘官吏由王國自置。❻曲意從之　違心地答應了他。曲意，違心；委曲己意。❼爵人至關內侯　給人加封到關內侯的爵位。爵，用如動詞，加封爵位。關內侯，秦漢時期二十級爵位的第十九級。❽不遜順　說話無君臣禮。❾重　不好意思；不願意。❿切責　嚴厲批評。⓫薄昭　薄太后之弟，文帝之舅。⓬風諭　委婉示意。⓭管蔡　武王之弟管叔、蔡叔，因勾結殷朝餘孽公開造反被周公討殺。⓮代頃王　劉邦之兄劉仲，在敵人的進攻下棄城而逃，被廢為侯。⓯濟北王興居　劉興居，文帝之姪，因不滿朝廷的封賞而造反，被消滅。⓰儆戒　教訓。告誡他即使是至親，犯了罪也要受懲罰。⓱說　通「悅」。⓲大夫但　淮南王手下的大夫名但，史失其姓。⓳士伍開章　淮南王手下的士兵名開章，其姓不詳。士伍，沒有爵位職務的士兵。⓴棘蒲侯柴武太子奇　棘蒲侯柴武的嫡長子名奇。柴武，也稱「陳武」，劉邦的開國功臣，以功封棘蒲侯。太子奇，柴奇。漢初時各王、侯的嫡長子都稱作「太子」。㉑輂車　馬拉的大車。㉒四十乘　即四十輛。一車四馬曰「乘」。㉓谷口　漢縣名，縣治在今陝西禮泉東北。陳子龍曰：「七十人何能反，或遣刺漢陰事及焚積聚，驚動眾也，如李師道、王承宗所為耳。」㉔閩越　當時東南沿海的小國名，都城東冶（今福建武夷山市之城村遺址）。㉕匈奴　戰國後期以來活動在今內蒙古與蒙古國一帶的游牧民族名，漢朝初期成為北部的嚴重邊患。㉖治　辦；查辦。㉗典客　也叫「大行令」，主管少數民族事務。㉘行御史大夫事　代理御史大夫。行，代理。御史大夫，三公之一，主管監察，位同副丞相。㉙宗正　九卿之一，主管皇族事務。㉚廷尉　全國最高的司法長官，九卿之一。㉛制曰　文帝下令說。㉜其　表示命令的發語詞。㉝廢勿王　廢其爵位，不令其再為王，意即不置之死地。㉞徙處　勒令搬遷；流放；發配。㉟蜀郡嚴道邛郵　蜀郡嚴道縣的邛郵。嚴道即今四川滎經。當時凡有少數民族雜居之縣則稱「道」。邛郵，地名，在今滎經城西南。㊱輜車　有廂篷的大車。㊲縣以次傳　沿途各縣依次傳遞著向下押送。㊳驕　寵；慣。㊴弗為置嚴傅相　不給他配備嚴厲的太傅與丞相。㊵今暴摧折之　如果突然對他打擊得過於厲害。今，如果。暴，突然。摧折，打擊、折辱。㊶卒逢霧露　婉指遇有各種突然事故。卒，通「猝」。突然。㊷柰何　那時將如何是好。㊸特苦之　只不過是暫時讓他嘗點苦頭。特，只；只不過。㊹今復之　很快就會讓他回來。今，將；即。㊺憤恚　氣憤；惱怒。㊻縣傳至雍　路上各縣依次向下押解到雍縣。雍縣的縣治在今陝西鳳翔城南。㊼雍令發封　雍縣縣令打開了輜車上的封條。㊽以死聞　向上報告，說發現淮南王已死。㊾卒亡淮南王　卒，終於；果然。亡，失去。㊿今為柰何　今天將如何是好。(51)獨斬丞相御史以謝天下　獨，只有；只好。御史，實即御史大夫。淩約言曰：「丞相、御史執法，而盎欲斬之，幸而文帝不用。盎之刻惡險邪大抵如此，不獨私仇一鼂錯也。」(52)逮考　逮捕、拷問。(53)發封餽侍　打開封條，進獻飲食，侍候起居。餽，以食物送人。(54)皆棄市　史珥曰：「斬丞相、御史者，盎或欲藉以去所逼耳，已非情理；至諸縣不敢發封，只是不能法外行事，烏得以守法棄市？」(55)以列侯　以列侯之禮。(56)守冢三十戶　這些人家的職守即看護並祭祀陵墓，而不再向政府交納賦稅。(57)前時皇帝言和親事　劉邦、呂后皆行和親，文帝即位後，亦行和親。(58)稱書意二句　行動與所遺書意相副，雙方都很高興。(59)漢邊吏侵侮右賢王　邊境糾紛，歷來都是強詞奪理，推過於對方，古今皆然。(60)不請　未向單于請示。(61)後義盧侯難支　「後義盧侯」應是匈奴官爵名，「難支」應是人名。(62)相距　相對抗。(63)月氏　當時居住在今甘肅走廊的少數民族名。(64)以夷滅　已經消滅、平定。以，通「已」。按，實際情況是一部分月氏人向西遷移到了今新疆以西，一部分躲到甘肅南境的祁連山中。按，此文帝三年（冒頓三十三年、西元前一七七年）事。(65)樓蘭　西域小國名，國都在今新疆羅布泊西北岸。(66)烏孫　西域小國名，國都赤谷城，在今新疆西部境外的吉爾吉斯斯坦境內。(67)呼揭　西北地區民族名，當時活動在今新疆北部與其鄰近的俄羅斯境內。(68)皆已為匈奴　全都併入了匈奴國。《史記評林》引羅洪先曰：「匈奴述西伐之威，是欲以畏漢，若曰『北州悉下，惟容漢耳』。」(69)北州以定　北部地區都已平定。以，通「已」。(70)寢兵　放倒武器不用。(71)除前事　猶言「釋前嫌」。前事指以前的雙方對抗、相互攻殺之事。(72)即　倘若。(73)近塞　靠近漢朝邊境。(74)遠舍　意即離開邊境遠點。(75)已在赦前　新近發布的大赦令之前。按，文帝三年濟北王謀反後，文帝為孤立謀反者曾下過地區性的赦令。(76)勿深誅　不必過於嚴厲地懲罰。誅，罰。按，文帝先提出「倍約、離兄弟之親者，常在匈奴」，此駁斥來信中所謂「漢邊吏侵侮右賢王」語；接著說「右賢王事已在赦前，單于勿深誅」，為對方留地步，辭令絕妙。(77)若稱書意　如果心裡真如信上寫的那樣想。稱，合；一致。78有信　要讓他們謹守信義。79敬如單于書　我們也會很好的按你信上寫的那樣辦。80後頃之　後來不久。81冒頓死　冒頓為單于共三十六年，死於文帝六年。82稽粥立　稽粥繼位後，稱老上單于，西元前一七四—前一六二年在位。83翁主　諸侯王之女。由其父為之主婚，故曰「翁主」。翁，對父親的稱呼。84閼氏　匈奴貴族的姬妾。85中行說　姓中行，名說。86傅翁主　為翁主的師傅官，以照顧公主的生活。87必我也二句　意謂如果你們一定要逼著我去，那我就將成為漢朝的禍患。88無仰於漢　不仰仗漢朝的供應。89變俗　改變匈奴固有的習俗。90漢物不過什二　漢人用不著拿出他們十分之二的財物。什二，十分之二。91匈奴盡歸於漢　匈奴人也就都成了漢人。「歸」字在這裡應理解為被漢所同化。按，當時賈誼給文帝上書，講對待匈奴應實行「五餌」之法，即以「車服以壞其目，飲食以壞其口，音聲以壞其耳，宮室以壞其腹，榮寵以壞其心。」意思也是「同化」、「柔化」。中行說蓋早已看到這種「同化」對削弱匈奴的危險。92以馳草棘中　意即穿著漢人所贈的綢緞衣服在草樹荊棘中奔馳。93裂敝　指被扯破、掛爛。94旃裘　毛氈製作的袍子。旃，通「氈」。95皆去之　都把它扔掉。96湩酪　動物的奶製品。湩，乳汁。97疏記　以文字記事。98計課　計算、統計。99遺漢書牘及印封　寫給漢朝皇帝的書信與所加蓋的印章。遺，給；致。印封，印章與封泥。秦漢時期的印章不是加蓋在文件上，而是蓋在裝盒或者打包之後的封泥上。100倨傲其辭　故意使用一些傲慢的詞語。101訾笑　譏笑；恥笑。102輒窮　總是揭漢人之短，使其難堪。窮，使人困窘。103約束徑　規矩少，法令簡明。徑，直捷；簡單。104君臣簡　君臣之間的禮數簡便易行。105一國之政二句　《史記・秦本紀》戎人由余即有所謂「一國之治，猶一身之治」，蓋與此相同。106必立宗種　所立者必然是其同一家族的人。宗種，猶言宗族、家族。107益疏　漸漸疏遠之後。108易姓　指王位被異姓人所篡奪。109皆從此類　都是由上述原因造成的。按，《史記・秦本紀》由余說中國「上下交爭怨，而相篡弒，至於滅宗，皆以此類」，二者亦語同。110土室之人　蓋房子居住的人們，以稱漢人。111顧無多辭　沒必要再多費口舌。顧，通「固」。本來。112喋喋佔佔　伶牙俐齒，說個不休的樣子。113顧漢所輸匈奴繒絮米糵二句　你們就只管把給匈奴進貢的繒絮、米糵準備得分量足的、質量好的就行了。糵，指麴糵，供釀酒之用。量中，量足；分量夠數。114何以言為乎　還費這麼多口舌做什麼。按，中行說為虎作倀，肆虐甚烈，故賈誼〈治安策〉中有所謂「伏中行說以笞其背」云云。115備善　即上句所說的「量中、善美」。116不備苦惡　如果品種數量不夠、質量不好。苦，粗也。117秋熟　秋天的莊稼成熟。118以騎馳蹂而稼穡　騎，騎兵。馳蹂，踐踏。而，你；你的。119梁太傅賈誼　賈誼先被放出朝廷為長沙王太傅，後被調回朝任梁懷王太傅。梁懷王是漢文帝的小兒子。120疏　文體名，也叫「章」、「表」，是群臣上與帝王的奏文，因其要逐條陳述，故曰「疏」。以下所載的奏文即有名的〈陳政事疏〉，也叫〈治安策〉。(121)竊惟　猶言「暗想」，這裡是謙詞，意即我想、我認為。(122)事埶　當前國家的形勢。(123)難徧以疏舉　不能一一述說，極言問題之多。(124)已安已治　已經太平、已經治理得很好。(125)非愚則諛　如果不是傻瓜，那就是故意向您討好。諛，以好聽的話取悅於人。(126)治亂之體　意即什麼是真正的「亂」與「治」。(127)厝　通「措」。放置。(128)積薪　柴禾垛。(129)寢其上　躺在上面睡大覺。(130)火未及然　火還沒有燒起來。然，通「燃」。(131)壹令　就讓我。壹，加強語氣的修飾詞。令，讓；允許。(132)孰數　詳細地說說。孰，通「熟」。(133)治安之策　有關國家長治久安的奏章。(134)使為治　假如一個帝王要把天下治理好，就得……。按，此句開頭似有脫訛。有本此上有「夫射獵之娛，與安危之機孰急」十二字，但即使加上，整段仍是欠通順。今只好就原文勉強疏通。(135)勞智慮　意即費心思。(136)樂與今同　其樂趣與您現在所進行的遊獵完全相同。按，說「治天下」與「遊獵」的樂趣相同，似乎不合常理。(137)而加之諸侯軌道　在享有如同射獵的樂趣外，還能外加上讓諸侯們有秩序地服從中央。軌道，上軌道，意即有秩序，服從中央。(138)賓服　意即臣服，對漢朝皇帝行賓客、臣子之禮。(139)生為明帝　活著的時候就能被人稱為英明的皇帝。(140)沒為明神　死了之後能被人頌為聖明的神靈。(141)顧成之廟　文帝為自己所修的廟宇。(142)稱為太宗　歷朝歷代只有創業開國的帝王，死後才能被稱為「高祖」或「太祖」；只有道德功業達到輝煌成就的帝王，死後才能被尊為「太宗」。(143)上配太祖　與開國帝王一道。(144)與漢亡極　與開國帝王一樣永遠享受後代子孫的祭祀。亡極，沒頭兒；永遠。(145)立經陳紀　意指所創立的各項規章制度。經、紀，都是綱領、準繩的意思。(146)為萬世法　成為後代永遠遵循的法則。(147)雖有愚幼不肖之嗣　即使您日後有個呆傻、幼弱的子孫接班做了皇帝。(148)猶得蒙業而安　仍可以靠著您的威望、影響而得以太平無事。蒙業，靠著您偉大功業的影響。(149)明達　英明、達理。(150)少知治體　稍微明白一點治理國家的方法。少，通「稍」。(151)佐下風　在下面幫著您做點事。(152)致此　實現上述太平盛世。(153)樹國固必相疑之埶　固字欠順，疑有訛誤。全句的意思是，所封諸侯國的勢力太大，就必然造成上下彼此猜疑的形勢。(154)被其殃　指屢屢被消滅，如韓信、彭越、劉長、劉興居等。(155)爽其憂　為其事所憂慮。爽，這裡是「蒙受」的意思。(156)安上而全下　使皇帝心安，讓諸侯得安全。(157)親弟　淮南王劉長，為文帝之弟。(158)親兄之子　指濟北王劉興居。劉興居是文帝兄齊王劉肥之子。(159)西鄉而擊　引兵向西方殺來。鄉，通「向」。(160)吳　指吳王劉濞，劉邦次兄之子，文帝的堂兄弟。(161)見告　被告發圖謀造反。(162)春秋鼎盛　猶言風華正茂，正當盛年。(163)行義未過　辦事沒有錯誤。行義，辦事。(164)德澤有加　經常給諸侯們施加恩惠。有加，有所施加。(165)猶尚如是　尚且如此地屢屢造反。(166)況莫大諸侯　更何況那些最強大的諸侯。莫大，最強大。(167)權力　權勢兵力。(168)十此　十倍於此。(169)然而天下少安　但今天國家還顯得勉強安定。少，通「稍」。(170)大國　如齊國、楚國、趙國。(171)漢之所置傅相　朝廷為各諸侯國所派遣的太傅與丞相，這些人都在各王國掌權，對朝廷負責。172皆冠　都到了成年。古代男子到二十歲（或二十二歲）舉行加冠儀式。173賜罷　允許其退休免職。174彼自丞尉以上偏置私人　「丞尉以上」似應作「丞尉以下」。如謂「丞尉以上」則自然包括「太傅、丞相」，但漢王朝從無允許諸侯國自任「太傅、丞相」之例。實則若果「丞尉以下偏置私人」，則其朝廷所置之「傅、相」也將難行使其職權。丞、尉，應指諸侯國內的縣丞、縣尉、郡丞、郡尉等中級官員。175如此　到那時。176有異淮南濟北之為邪　他們的行為還會與淮南王、濟北王有區別嗎。177為治安　想使國家安定。178不治　辦不了；做不到。179黃帝　傳說中的遠古帝王，相傳中國古代的許多章程、技術都是黃帝所制定、所發明。180日中必熭二句　二語見《六韜》，以比喻時機到了就要迅速採取行動。熭，曬。181令此道順而全安　現在就引導諸侯王順從朝廷，以保證他們日後的安全。道，通「導」。182已乃　日後。183墮骨肉之屬　意即六親不認，不再顧及骨肉之親，發兵造反。墮，毀。184抗剄　割脖子，這裡指出兵鎮壓。185異姓負彊而動　指韓信、黥布、彭越等人。186幸而勝之　指韓信、彭越、黥布爾等被消滅。187不易其所以然　不改變他們那種國大勢強的樣子。188襲是跡　按照異姓諸侯的老樣子。189有徵　有徵兆、有跡象。如淮南王、濟北王等。190復然　和過去的異姓王一樣。191未知所移　不設法改變它。192明帝　英明的皇帝，指文帝本人。193後世　後世遇有比較無能的帝王。194竊跡前事　暗中盤算過去的規律。195長沙　長沙王吳芮的封國，地處荒僻，人煙稀少。196功少而最完　與韓信、彭越等人相比，功勞少而封國小，但也正因此而至今完好存在。197埶疏而最忠　他的勢力最小但對漢王朝忠心耿耿。198性異人　性情與別人不同。199形埶然　客觀形勢造成如此局面。200曩　當初。201樊酈絳灌　樊噲、酈商、周勃、灌嬰。202殘亡　指被滅。203信越之倫　韓信、彭越那些人。倫，輩；類。204列為徹侯而居　將之置於列侯的地位。徹侯，也稱「列侯」。劉邦最初分封功臣時，功大者為王，其次者為侯，就是兩級。205至今存　至今仍存在稱列侯。206諸王　此主要指現今存在劉姓諸王。207忠附　忠實地靠攏中央。208臣子　此主要指當初的異姓功臣韓信、彭越等人。209勿菹醢　意即不被消滅。菹醢，將人剁成肉醬，當初彭越就是被剁成肉醬。210如樊酈等　和樊噲、酈商封爵勢力差不多。211眾建諸侯　多封建一些諸侯國。212少其力　都不讓他們的勢力太大，意即化整為零。213易使以義　容易使之遵守禮義。214亡邪心　無造反之心。亡，通「無」。215制從　服從。216輻湊並進　如同車輪上的輻條之歸向軸心。217歸命　聽命。218割地定制　將一個大國分成若干個，並形成制度。219悼惠王　劉肥，劉邦之子，現時齊國的首封之君。220幽王　劉友，劉邦之子，現時趙國的首封之君。221元王　劉交，劉邦之弟，現時楚國的首封之君。222畢　完全；全部。223以次各受祖之分地　各個兒子都有資格分得其父之封地，其孫子又依次分得其父之封地。越分越碎，越分越小。224分地眾　意即封國大。225建以為國　也要預先分出若干國家。226須　等待。227舉使君之　將其立為君主。

(228)天子亡所利　朝廷一點也不要，都分給那個國家的老國王的諸子諸孫。(229)誠以定治　就是為了要建立這樣一種制度。(230)臥赤子天下之上而安　意即讓一個小孩子躺在皇帝的寶座上，這個國家也是太平的。(231)植遺腹　孩子尚未生出，父親就死了，於是就指著皇后的肚子稱皇帝。(232)朝委裘　皇帝死子，又無兒子可立，就把老皇帝的一件袍子放在御座上，假稱皇帝臨朝。(233)當時大治　皇帝在世時，被稱作是盛世。大治，太平盛世。(234)後世誦聖　被後代臣民稱為聖人。(235)誰憚　怕什麼。(236)久不為此　這麼長時間了還不著手辦這件事。(237)大瘇　腿腳腫大。(238)脛　小腿。(239)幾如要　幾乎有腰那麼粗。要，通「腰」。(240)指腳趾。(241)股　大腿。(242)平居　平時。(243)一二指搐　當有一兩個腳趾抽搐起來。(244)身慮無聊　全身都無法忍受。無聊，無法解決。(245)錮疾　無法醫治之病。(246)扁鵲　戰國時代的神醫，姓秦名越人，「扁鵲」是其綽號。事跡詳見《史記・扁鵲倉公列傳》。(247)跋盭　腳掌扭傷。跋，通「蹠」。腳掌。盭，通「戾」。這裡用以比喻諸侯分封得不合情理。(248)元王之子　劉郢客，前已死。(249)從弟　堂兄弟。(250)今之王者　現任的楚國之王。(251)從弟之子　現任的楚王劉戊是劉郢客之子。(252)惠王之子　劉肥之子齊哀王劉襄。(253)兄子之子　現任的齊王劉則乃劉襄之子。(254)親者或亡分地　血緣關係近的沒有得到分封，如楚元王的次子、三子，齊悼惠王的次子、三子、四子，都與文帝的血緣關係近，但他們都未得到分封。因為劉邦當時規定只有嫡長子才有繼承權。(255)疏者或制大權　等到各諸侯王向下傳到四輩、五輩時，他們與朝廷皇帝的血緣已經很遠了，但他們卻握有管理一個國家的大權。(256)偪　對……構成威脅。(257)可痛哭者二句　以上所講的漢初諸侯王割據，賈誼認為是國家所面臨的最嚴重的問題。(258)方倒縣　正處於倒掛之勢。縣，通「懸」。(259)嫚侮　傲慢、欺侮。(260)歲致　每年都要送上。(261)奉之　送給他。奉，送。(262)顧反。(263)莫之能解　沒人能夠解開它。解，放下來。(264)猶為國有人乎　這樣的國家還能算是有人嗎。(265)田彘　野豬。(266)畜菟家養的兔子。菟，同「兔」。(267)翫細娛　尋找小的樂子。(268)不圖大患　不想解決大危機。圖，謀；設法解決。(269)德可遠加皇帝的威德本來可以遠布四裔。(270)直數百里外二句　而現在鬧得竟然幾百里外詔令就行不通。從首都長安到內蒙古河套前線，路程大約只有六七百里。直，只。不伸，不能施行。(271)可為流涕者此也　以上所說漢人與匈奴人的關係，賈誼認為是第二個須要認真對付的大問題。(272)庶人　平民。(273)屋壁　屋裡牆上懸掛的絲料裝飾。(274)得為帝服　可以用來給皇帝做衣服，極言當時平民有錢人的奢華。(275)倡優　歌女優伶。(276)得為后飾　可以梳妝穿戴得像皇后。(277)自衣皁綈　自己穿的是黑色的粗繒。皁綈，黑色的粗絲織品。(278)被文繡　蒙掛的是繡著花紋的錦緞。被，通「披」。(279)天子之后　皇后。(280)以緣其領　用來裝飾衣領的東西。緣，鑲邊。(281)庶人孽妾　平民之家的婢妾。(282)以緣其履　用來裝飾她們的鞋子。(283)舛　錯亂；亂套。(284)百人作之上百人紡織做成的衣物。(285)不能衣一人　不夠用來裝扮一個人。(286)亡寒　沒有穿不上衣服的人。(287)胡可得也　怎麼能做到呢。

(288)一人耕之　一個農民種田。(289)十人聚而食之　十個人搶著來吃這點糧食。(290)亡飢　沒有人挨餓。(291)切於民之肌膚　意即輪到某個人的頭上。(292)亡為姦邪　不為非作歹。(293)可為長太息者此也　以上說當時的社會風氣多棄農經商，而有錢人奢侈豪華，潛藏社會危機，也是賈誼關切重要問題。太息，歎氣。(294)商君　商鞅，戰國時秦國的大改革家，協助秦孝公變法強國。事跡詳見《史記・商君列傳》。(295)遺禮義　不講儒家倡導的禮義治國。(296)棄仁恩　拋棄儒家倡導的仁愛恩情。(297)并心　一心；集中力量。(298)進取　指追求殺敵立功與種田獲獎。(299)秦俗日敗　秦國的風俗越來越壞。按，說秦國的風俗壞，這是觀點、立場問題，表現了司馬光的尊儒。(300)出分　分家另立門戶。(301)出贅　到富人家去做上門女婿。秦漢時代的贅婿社會地位很低，有如二等罪犯。(302)借父耰鉏　借給父親一件農具用。耰鉏，這裡即指鋤，耰是鋤柄。(303)慮有德色　心裡就有一種有恩於人的想法。(304)母取箕帚　做母親的拿了他一個簸箕，一把條帚。(305)立而誶語　立刻就罵起來。誶，罵詈。(306)抱哺其子　媳婦抱著小孩餵奶。(307)與公併倨　與其公公並列而坐。併倨，並列而坐。倨，通「踞」。坐。(308)婦姑　媳婦與婆婆。(309)不相說　彼此鬧矛盾。說，通「悅」。(310)反脣　頂嘴。(311)相稽　相互責問，計較是非。稽，拷問。(312)慈子　只知道心疼兒子。(313)耆利　貪圖利益。耆，通「嗜」。(314)亡幾　沒有多少。亡，通「無」。(315)月異而歲不同　意即一天比一天更壞。(316)逐利不耳　所關注的就在於有利還是無利。逐，追求；關注。不，通「否」。(317)慮非顧行　大都是不考慮行為的好壞。慮，大體；大概。(318)特以簿書不報期會之間以為大故　只是把文書未能及時批覆、徵收東西未能按時收齊作為首要大事。特，只。簿書，泛指公文。不報，未批覆。期會，按規定時間徵收錢物。大故，大事。(319)俗流失　好的風俗逐漸失去。(320)世壞敗　社會道德越來越壞。(321)恬而不知怪　習以為常，見怪不怪。恬，安；習慣。(322)慮不動於耳目　大都是視而不見、充耳不聞。(323)適然　理所當然。(324)鄉道　向著講道德的局面發展。鄉，通「向」。(325)類　大概。(326)在於刀筆筐篋　意即只管些上行下達的公文案牘。刀筆，古代的書寫工具。筐篋，盛文書或財幣的器具。(327)自憂　自己考慮這些事。(328)惜　惋惜；遺憾。(329)定經制　制定可以傳之久遠的規章制度。(330)君君臣臣　君要像君，臣要像臣，嚴守等級界限。(331)父子六親　指家庭內部的各種關係。六親，指父、子、兄、弟、夫、婦。(332)此業　這項章程、制度。(333)持循　意即遵循。(334)亡維楫　沒有繩索與船槳。亡，通「無」。維，大繩。(335)可為長太息者此也　以上講漢朝建國以來，沒有改變秦朝重法輕儒的弊病，賈誼認為這也是一個嚴重問題。(336)數十世　傳承了幾十代。(337)二世而亡　秦二世元年即爆發陳勝起義，至秦二世三年，趙高殺秦二世，劉邦旋即率起義軍入關，秦王子嬰投降，秦朝滅亡。(338)有道之長　治國有道，國運綿長。夏朝歷四百餘年，商朝歷六百餘年，周朝歷八百餘年。(339)暴　突然；短暫。(340)乃生　初生；剛剛降世。(341)固舉以禮　就要對之進行洗沐之禮。舉，新生兒的洗沐禮。(342)有司　主管該項事務的官員。(343)齊肅

端冕　神情嚴肅衣帽整齊。有釋「齊」為「齋」者，疑非。「齊」字訓為「疾」、「嚴肅」，見《史記・五帝本紀》。端，禮服。冕，禮帽。(344)見之南郊　抱此小太子拜見天地神靈。南郊，古代帝王的祭天之處。(345)過闕則下　經過皇宮正門時要抱著小太子下車。闕，古代宮殿前門兩旁的建築物，通常即以闕代指宮殿的前門。(346)過廟則趨　路過太廟時就要改為小步疾行。廟，指太廟，供奉皇室列祖列宗的廟。趨，俯身小步疾行，這是古人在尊者長者跟前行走的一種特殊姿態。(347)教固已行　教育已經開始進行。(348)孩提有識　當太子長到有認識能力。(349)三公三少　指太師、太傅、太保；少師、少傅、少保。(350)明孝仁禮義　開始給小皇子講解孝仁禮義。(351)道習　引導他學習。道，通「導」。(352)端士　行為端正的人。(353)衛翼　衛護、輔佐。(354)居處　猶言日常生活。(355)齊言　說齊國的方言。(356)少成若天性二句　二語見《大戴禮・保傅》。貫，通「慣」。(357)習與智長　習慣與智慧同時發展。(358)切而不媿　貼近正直而無過錯。切，貼近。(359)化與心成　道德與心靈同時成長。(360)中道若性　其合乎正道的行為如同與生俱來。(361)此具　這樣一套做法。(362)傅　輔導。(363)教之獄　教給他如何斷案。(364)斬劓　斬指斬首、腰斬，皆將人處死。劓是削去人的鼻子，也是古代刑法的一種。(365)夷　平；殺光。(366)三族　指父族、母族、妻族。也有說指父親一輩、自己一輩、兒子一輩。(367)深計　為國家考慮長遠。(368)艾草菅　意即割草。艾，通「刈」。割。菅，草的一種。(369)性惡　生來就險惡。(370)所以道之者　那些輔導他的人。(371)非其理　不合正理。(372)鄙諺　俗話。(373)前車覆二句　前面的車子一翻，後面的車子就要提高警惕。(374)亟絕　快速滅亡。(375)其轍跡可見　意即其失敗教訓是很清楚的。(376)然而不避　看清楚了而又不想改變。(377)縣於太子　掌握在太子手裡。縣，通「懸」。掌握在；取決於。(378)諭教　教導。諭，開導。(379)未濫　未放縱、未變壞之前。濫，放縱。(380)化　這裡指道德習慣。(381)開於道術智誼之指　能讓人明白道德仁義的要領。開，領悟；明白。誼，通「義」。指，要領。(382)服習積貫　逐漸適應，形成習慣。貫，通「慣」。(383)左右而已　全在於身邊之人的影響。(384)胡粵　胡指北方的少數民族。粵指南方的少數民族。(385)嗜欲不異　興趣愛好也沒有不同。(386)累數譯而不能相通　經過幾道翻譯還不能相互溝通。數譯，幾道翻譯。不能相通，不明白對方說話的意思。(387)雖死而不相為　寧死也不肯做對方所做的事情。(388)教習　後天所受的教育與形成的習慣。(389)教得　教育進行得好。(390)左右正　身邊陪侍的又都是正人君子。(391)一人有慶二句　二語見《尚書・呂刑》。一人，指天子。慶，幸福。(392)時務　當前必須解決的問題。(393)已然　已經形成的事物。(394)將然　將要出現的事物。(395)禮者禁於將然之前　禮的作用是能夠讓非禮的、不正當的事情不發生。(396)法者禁於已然之後　法律只能是對已發生的不正當行為進行懲罰。(397)所為用　所起的作用。(398)所為生　所以要成為一種必需。(399)慶賞　賜福行賞。慶，福。(400)勸善　鼓勵人們行善。(401)堅如金石　堅信這些手段的必要，毫不懷疑。(402)信如四時　意即該賞該罰一定兌現，像春夏秋冬的四時替代絕對無疑。

(403)據此之公　這樣賞罰分明的公平性。(404)無私如天地　的確如天覆地載一樣沒有任何偏私。(405)豈顧不用哉　難道我們反而不用嗎。豈，難道。顧，反。(406)然而曰禮云禮云者　我們之所以總是禮呀禮地說個不停。(407)貴　所看中的是。(408)絕惡於未萌　在罪惡尚未萌芽時就把它消除掉。(409)起教於微眇　從人很小的時候就開始對他進行教育。(410)日遷善遠罪　一天天地遠離罪惡、趨向良善。(411)不自知　自己還不知不覺。(412)聽訟三句　三句見《論語・顏淵》。意思是，審理案件，我同別人差不多，我所做的是讓一個國家沒有案件。(413)為人主計　作為一個帝王考慮問題。(414)莫如先審取舍　最重要的是先考慮好該做什麼與不該做什麼。審，弄清楚。(415)取舍之極　取捨的結果好不好。極，終極；結果，對還是錯。(416)安危之萌　國家太平還是危險的苗頭。(417)應於外　從國家政治、社會風俗上反映出來。(418)弗失　國家政權沒有丟掉。(419)十餘歲　秦始皇於西元前二二一年統一全國，秦王朝於西元前二〇七年被劉邦所滅，首尾共存在十五年。(420)審　精確；仔細。(421)大器　也稱「神器」，指國家政權。(422)置器　把一件器物放在什麼地方。(423)天下之情二句　治理一個國家的情形，就和安放一件物體的道理沒什麼不同。(424)禍幾及身　秦始皇去世的第二年就爆發了全國大起義。幾，差點兒。(425)是非其明效大驗邪　這豈不是最明顯的證據嗎。是，這。非，豈不是。效、驗，都是證明、證據的意思。(426)聽言之道　聽取別人進言的竅門。(427)必以其事觀之　一定要用相關的事實來檢驗它。(428)禮誼　同「禮義」。儒家的治國學說。(429)教化　教育；教導。(430)胡不　何不。(431)堂　殿堂；正房之中屋。(432)陛　臺階。(433)陛九級上　臺階在九磴以上。(434)廉遠地　堂基平臺的邊緣離著平地遠。廉，堂基平臺的邊緣。(435)卑　低矮。(436)易陵　易遭踐踏。(437)制為等列　劃分出許多等級。(438)內　指朝廷內。(439)公卿大夫士　春秋以前的古官名。(440)外　古代天子的王畿以外。(441)公侯伯子男　古代諸侯的封爵名。(442)官師　低級官吏名，地位相當於中士、下士。(443)天子加焉　天子在諸侯百官之上。(444)故其尊不可及也　言天子之位至高無上。按，以上強調禮治的作用，強調封建等級制。(445)里諺　猶言「俗話」。(446)欲投鼠而忌器　想打死老鼠又怕因此損壞了別的東西，通常比喻想除惡人而怕連帶傷及好人。(447)憚　怕。(448)近主　挨近皇帝。(449)廉恥節禮以治君子　在懲治有身分的人的時候，要保護他們的人格尊嚴。廉恥節禮，這裡即指人格尊嚴。治，懲辦。君子，有身分的人，這裡指朝廷大臣。(450)有賜死而無戮辱　寧可將他們賜死，而不能侮辱他們。有，寧可。無，不能。戮辱，「戮」在這裡也是「辱」的意思。(451)黥劓　在臉上刺字與削鼻子的兩種刑法。(452)不及大夫　對中級官吏也不使用。(453)禮　古禮規定。(454)不敢齒君之路馬　不能隨便議論路馬的年齡。路馬，給皇帝拉車的馬。(455)蹴其芻　踩了餵路馬的草。蹴，這裡即指踩。芻，餵馬的草。(456)豫遠不敬　預防群臣對君主的不禮貌行為。豫遠，豫先令其遠離，意即「豫防」。豫，同「預」。不敬，指不敬天子之罪。(457)三公　指丞相、太尉、御史大夫。(458)改容而禮之　換一副鄭重恭敬的態度以禮相待。(459)伯父伯舅　古代天子稱呼同姓諸侯曰「伯父」，稱呼異姓諸侯曰「伯舅」、「舅氏」。見《左傳》。❹⓿髡刖笞　皆古代刑法名。髡指剃去犯人頭髮。刖指剁掉犯人的小腿。笞指用棍棒打。461然則堂不無陛虖　這一來豈不是蓋殿堂沒有臺階，不同身分的人都在一個平地上了嗎。462被戮辱者　指受責罰的大臣。463泰迫　太挨近皇帝。泰，同「太」。迫，挨近。464廉恥不行二句　二句的文字不順，大意是如果不講廉恥，不給受責罰的大臣留面子，那麼那些握有重權的大臣、大官，豈不是和那些奴隸囚徒一樣沒有廉恥之心了嗎？465望夷之事　指秦二世在望夷宮被趙高所指使的閻樂殺害事。詳情見《史記・秦始皇本紀》。466見當以重法　被處以極刑，即被殺。見，被。當，判罪。467習　慣；屢屢如此，形成自然。平常二世肆意殺戮大臣，今也反過來被人所殺。468不加於枕　不放在枕頭上。469苴履　墊鞋，這裡即踩在腳下。470廢之　罷他的官。471退之　降他的級。472係緤　與「束縛」意思相近，以繩捆綁。473輸之司寇　送交管理犯人的機關。有人以為「司寇」應是「司空」之誤，漢有都司空令、左右司空令，都是管理犯人的官。474編之徒官　編入苦役犯的行列。徒官，管理苦役犯人的官。475司寇小吏　司寇衙門的小吏。按，「司寇」仍應作「司空」。476詈罵　「詈」也是罵的意思。477榜笞　古代刑法名，用棍子或竹板打。榜，通「搒」。478殆非所以令眾庶見　這些都是不該讓平民看到的。479一旦　有朝一日忽然犯罪。480吾亦乃可以加此　我也可以居他之上。481非所以尊尊貴貴之化也　這不利於「對尊者應尊，對貴者應貴」的風俗的形成。482坐不廉　因貪汙而犯罪。坐，因……犯罪。483簠簋　古代盛東西的兩種竹器。484帷薄　臥房裡的帳幔。485罷軟　軟弱無能。罷，通「疲」。486下官不職　下屬吏員辦事不力。487定有其罪　意即定罪判刑。488猶未斥然正以呼之　還不公然正面地宣布他的罪行。489遷就　為之留有地步。490大譴大何　嚴厲的譴責、怒斥，指犯有小罪的人。何，通「呵」。怒斥。491聞譴何　聽到帝王的譴責、怒斥後。492白冠氂纓　頭戴白色帽子，上插犛牛尾的纓飾。493盤水加劍　與上文「白冠氂纓」都是古代大臣請罪的一種姿態。494造請室　自己主動到請室去。造，到。請室，請罪之室，即指監獄。495執縛係引　指對犯人的拘捕捆綁押解而言。496自弛　自毀儀容，如蓬頭垢面跣足等，表示認罪。497頸盭而加　把刑具戴到罪臣的脖子上。498自裁　自殺。499捽抑　按著腦袋將其處死。捽，揪住。500子大夫　古時對官僚的敬稱。501遇　對待。502自憙　自重；自愛。503嬰以廉恥　鼓勵他的廉恥之心。嬰，提高；加重。504人矜節行　每個人都看重自己的氣節操行。矜，以……為榮。505化成俗定　這些做法一旦成了習慣風俗。506顧行　重視自己的品德修養。507伏義　謹守大義；為謹守大義而死。508託不御之權　把難以駕馭的大權託付給他。509寄六尺之孤　把未成年的小君主託付給他輔佐。寄，委託。六尺之孤，未成年的孤兒。漢時的六尺不到今天的一・四公尺。510厲廉恥　鼓勵人們講究廉恥。厲，通「勵」。鼓勵。511主上何喪　這樣做對於皇帝您又有什麼不好呢。喪，損失。512此　指以禮義廉恥對待大臣。513彼　指隨意戮辱大臣。514故曰可為長太息者此

也　以上講應倡導廉恥，維護大臣的人格尊嚴，賈誼認為這也是當前應該重視的大問題。515逮繫獄　被逮捕下獄。516卒無事　最後又沒有查出任何問題。517養臣下有節　意即待臣下有禮。

【校　記】1至　原作「致」。據章鈺校，甲十五行本、乙十一行本、孔天胤本皆作「至」。今從諸本及《史記・淮南衡山列傳》、《通鑑紀事本末》改。2智　原作「志」。據章鈺校，甲十五行本、乙十一行本、孔天胤本皆作「智」。今從諸本及《漢書・賈誼傳》、《通鑑紀事本末》改。3伸　原作「勝」。據章鈺校，甲十五行本、乙十一行本、孔天胤本皆作「伸」，張敦仁《通鑑刊本識誤》、張瑛《通鑑校勘記》同。今從諸本及《通鑑紀事本末》改。按，《漢書・賈誼傳》、《新書》並作「信」，顏師古注：「『信』讀曰『伸』。」4體　原作「禮」。據章鈺校，甲十五行本、乙十一行本、孔天胤本皆作「體」。今從諸本及《漢書・賈誼傳》、《新書》改。5榜　原作「搒」。據章鈺校，甲十五行本、乙十一行本皆作「榜」。今從甲十五行本、乙十一行本及《漢書・賈誼傳》、《新書》改。

【語　譯】六年（丁卯　西元前一七四年）

冬季，十月，桃樹、李樹開花。

淮南厲王劉長擅自在封國頒布法令，驅逐朝廷所派的官吏，還向朝廷請求賦予設置相，以及俸祿在二千石官吏的權力，漢文帝雖然很不情願，但還是違心地答應了他。淮南厲王劉長在自己的封國之內濫殺無辜，又擅自封賞爵位，最高的封至關內侯，並屢次給文帝上書，書中言詞多有不敬。漢文帝不好親自責備他，於是請舅父薄昭出面給劉長寫信，信中對他婉言相勸，並引用西周的管叔、蔡叔因犯上被殺的故事以及本朝代頃王、濟北王劉興居的故事作為警告。

厲王劉長接到信後很不高興，命令大夫但、士兵開章等七十人與棘蒲侯柴武的太子柴奇暗中謀劃，準備動用四十輛用馬拉的大車運送軍隊到谷口發動叛亂，同時派人到閩越、匈奴等處進行聯絡。事情被發覺，漢文帝一面下令有司嚴加查辦，一面派使者召見淮南厲王。淮南厲王劉長來到長安，丞相張蒼、典客馮敬行使御史大夫之權對他進行審訊，然後與宗正、廷尉一起向漢文帝奏報說：「根據劉長所犯之罪應當判處死刑。」文帝下詔說：「赦免劉長的死罪，撤除他的封國，取消他的王位，將他流放到蜀郡嚴道縣的邛郵。」將那些參與謀亂的一律誅殺。然後把劉長囚在有廂篷的大車裡由人押送著前往蜀郡嚴道縣的邛郵，並命令沿途各縣依次傳遞著往下押送。

袁盎提醒漢文帝說：「陛下平常一向嬌慣淮南王，又沒有給他配備嚴明的輔佐之臣，以至於此。淮南王為人剛烈，今天突然遭到這樣的嚴厲處罰，我擔心他最終會因氣候惡劣而病死途中。陛下將背上殺弟的惡名，那時將如何是好？」漢文帝說：「我只不過是想讓他吃些苦頭，既然如此，就趕緊派人把他追回來吧。」

淮南王果然因為憤怒，路上絕食而死。當裝載劉長的囚車依次被傳送到雍縣，雍縣令揭開囚車上的封條時，發現劉長已經死在囚車裡，所以立即派人報告漢文帝。漢文帝悲痛欲絕，對袁盎說：「我沒有及時聽從你的建議，終於導致淮南王的死亡。現在該怎麼處理善後呢？」袁盎說：「只有殺掉丞相、御史向天下人謝罪。」漢文帝沒有採納袁盎的意見，而是命令丞相、御史逮捕、審訊沿途各縣負責傳送淮南王而又不打開囚車封條饋送食物的人員，將他們全部殺掉。又以列侯之禮把淮南王劉長葬在雍縣，安置三十戶人家為他守護墳墓。

匈奴冒頓單于派使者給漢朝送來書信說：「以前皇帝曾談到過雙方約定結親的事情，我寫信表示願意約定結親，雙方永結歡好。前時漢朝邊官侵侮右賢王，右賢王沒經過請示，聽從了後義盧侯難支等人的計策與漢朝的官兵相對抗，因而不僅中斷了兩國君主間約定和親的大事，又離間了我們的兄弟情義，所以我處罰了右賢王，派他到西邊去下戰書和月氏決戰。靠了上天的保佑，加上匈奴兵士的勇敢，戰馬的強壯，我們終於滅掉了月氏國，月氏的將士不是被我們匈奴消滅，就是向我們匈奴投降，月氏被徹底平定。樓蘭、烏孫、呼揭以及周圍的二十六國，也已經全部併入匈奴。目前各游牧狩獵民族合併為一家，北方地區已經全部平定。現在我們希望和漢朝停止戰爭，讓士兵得到休息，馬匹得到繁衍，以此消除兩國以往的矛盾，履行兩國原來的結親約定，使靠近漢朝邊境地區的人民安居樂業。皇帝如果不希望匈奴人靠近漢朝的邊境，也應下令讓漢朝的官兵和百姓遠離邊境一些。」

漢文帝在給匈奴單于的回信中說：「單于願意不再重提以前不愉快的事，恢復原來的結親約定，我對此很是讚賞！這是古代賢王的理想。漢王希望與匈奴單于結為兄弟，所以漢王總是贈給單于很豐厚的禮品。而背叛盟約、造成兄弟反目常常是由於匈奴挑起。然而關於右賢王的事情是在大赦之前，單于就不要再深加苛責！如果單于心裡真像信中所寫的那樣想，就請你明確告訴你的官員，使他們謹守信義，不要再背棄盟約，我們也會很好地按照你信中所寫的那樣辦。」

過後不久，匈奴冒頓單于去世，冒頓單于的兒子稽粥即位，稱號為老上單于。老上單于稽粥剛執政，漢朝就派遣宗室的女兒並由她的父親主婚嫁給老上單于稽粥做閼氏，同時指派宦官燕地人中行說前去照顧公主的生活。中行說不願意前往匈奴，漢朝卻非要強迫他去。中行說臨行時說：「如果一定要讓我去匈奴，我到了那裡就要給漢朝製造禍患！」中行說到了匈奴以後，馬上投靠了老上單于稽粥，老上單于非常寵信他。

本來匈奴人是非常喜歡漢朝的絲棉、食物的。中行說對稽粥單于說：「匈奴全國的民眾加起來也抵不上漢朝一個郡的人口多，然而匈奴依然很強大的原因，是因為匈奴在吃、穿、用方面與漢朝風俗不同，不必仰仗漢朝的供應。現在匈奴人改變風俗，喜歡上了漢朝的物品。漢人用不著拿出他們十分之二的物品就可以使匈奴人同化於漢人了。」中行說得到漢朝絲棉做的衣裳之後，就馬上穿上在亂草荊棘叢中騎馬飛奔，用絲棉做的衣褲馬上就全被撕破掛爛了，他就用這樣的辦法顯示漢朝的絲棉衣服不如匈奴的氈靴皮衣完善。他得到漢朝的食物、用品以後也立即扔掉，說那些食物用品不如匈奴的馬奶、乳酪易得而且飲用方便甜美。中行說還教單于左右的人學習用文字記事，並用這種方法稽查、考核各部落的人口及牲畜數目。他讓老上單于稽粥寫給漢朝的書信以及所鈐的印章故意很大，在書信中故意使用一些傲慢的言辭，自稱「天地所生日月所置匈奴大單于」。

漢朝派去的使者中有人恥笑匈奴的風俗不講禮儀，中行說總是揭漢人的短處，他對漢朝的使者說：「匈奴的規矩少，法令簡明，容易實行；君臣之間的禮數也沒有那麼煩瑣，所以情誼長久。全國上下，猶如一體。所以匈奴內部即使發生戰亂，但所擁立的必然是其同一家族的人。現在中國雖然自稱講究禮儀，但是等到血緣關係逐漸疏遠之後，就會為了權力而互相殘殺，以至於王位被異姓人所篡奪，這都是由於上述原因所造成的。哼！你們這些住在房屋中的漢人沒有必要在此多嘴多舌，喋喋不休，私下議論！只要你們送給匈奴的絲棉、美酒、米糵數量充足、品質優良就可以了，哪裡用得著多費口舌？再者，送給匈奴的物品數量充足，品質優良便罷；若所給物品數量不夠，品質粗劣，那麼等到秋天莊稼成熟的時候，匈奴就要率領騎兵去踐踏、搶奪你們的糧食去了！」

梁太傅賈誼向皇帝提議說：「我私下裡認為當前國家的形勢，讓我痛哭流涕的有一件事，令我傷心落淚的有兩件事，使我長吁短歎的有六件事。至於其他那些違背道理有傷風化的事情，是很難把它們一條一條的列舉出來。可那些向陛下進言的人卻說『天下已經安定下來、已經治理得很好了』，只有我不這樣認為。說國家安定而且治理得很好的人，不是生性愚笨就是阿諛奉承，故意向您討好，都不是實事求是、真正懂得怎樣治理國家的人。這就如同把火放在柴草堆的下面，而人睡在柴草堆的上面，在柴草還沒有燃燒起來的時候，就認為很安全。現在天下的形勢，跟這有什麼不同呢！陛下為什麼不給我一個機會，使我能夠在陛下面前詳細陳述我的看法，並把我的治國安邦之策貢獻給陛下，陛下再加以斟酌而仔細選擇呢！

「要使國家長治久安，如果必須要勤勞陛下的智慧和思慮，勞苦身體，使陛下缺乏聲、色的享受，恐怕是不可以的。享樂還和現在一樣，卻能夠使諸侯遵紀守法服從中央，國家不用動用軍隊，而能使匈奴臣服，百姓生活安定，民風淳樸。活著的時候被人稱頌是英明的皇帝，死後能被頌為是聖明的神靈，美名將永垂不朽，您的顧成廟將因為陛下的道德功業達到輝煌的成就而被尊稱為太宗廟，與開國的太祖廟一道，永遠享受後代子孫的祭祀。所制定的治國綱紀，將成為後代永遠遵循的法則。即使將來遇到愚笨、年幼的子孫繼承皇位，也仍然可以靠著您的威望、影響而能保持國家的長治久安。憑藉陛下的英明賢達，如果有稍微懂點治理國家方法的人在下面輔佐，就不難做到這些。

「所封諸侯國的勢力太大，必定造成與朝廷之間相互猜忌的形勢，下面已經屢次的遭受到災禍，而皇帝也為此而多次地傷透了腦筋，這實在不是使上下相安的好辦法。如今，有同胞弟弟淮南王劉長陰謀要當東帝，有親哥哥的兒子率領軍隊向西進攻都城長安。現在又有人告發吳王劉濞圖謀造反。天子正當年富力強，行為道義都沒有過錯，對諸侯王的恩惠比以往更是有增無減，尚且是如此，更何況那些權勢和力量是這些諸侯國十倍的強大諸侯呢！

「然而，當今天下還顯得比較安定，沒有什麼大的叛亂，原因是什麼呢？是因為較大諸侯國的國王，都還年紀幼小，未到成年、壯年；朝廷為他們派遣的太傅、宰相，都在各國掌握政權。幾年之後，這些諸侯王逐漸長大成人，血氣方剛；朝廷為他們設置的太傅和宰相或被迫稱病退休、或被諸侯王所罷免，而他們在丞、尉這樣的中層官吏中到處安插自己的親信。如此的話，他們的所作所為與淮南王、濟北王還會有什麼不同嗎？到了那時再想要使國家安定，即使是堯、舜在世恐怕也無能為力了。

「黃帝說：『太陽當頭的時候趕快曬，拿刀在手的時候趕快割。』如今要按照這個道理引導諸侯順從朝廷，以保證他們日後的安全很容易，如果陛下不能早點下定決心，等到以後諸侯王不再顧及骨肉之親發兵造反而朝廷不得不出兵鎮壓致使其身首異處的時候，與秦朝末年又有什麼兩樣呢？過去那些異姓諸侯依仗強大的勢力背叛朝廷，總算是幸運，已經被朝廷戰勝了。但卻沒有改變造成這種局面的分封制度，同姓諸侯重蹈異姓諸侯的軌跡，已經得到了驗證，目前的形勢和過去的異姓王時一樣。不知道什麼時候，就有變亂發生。賢明的皇帝在位時，還不能解決這個問題而使國家安定，後代的君主又能怎麼辦呢？

「我私下裡對前代的事情進行了分析研究，大體上是勢力強大的先反。長沙王吳芮只有二萬五千戶的人口，與韓信、彭越等人比起來他的功勞最少、封地最小，而最終卻只有他得到保全，他的勢力最小，而對朝廷卻始終忠心耿耿。這不僅是長沙王個人的品行與其他人不同，也是由於客觀形勢決定了他只能是這個樣子。假使當初樊噲、酈商、周勃、灌嬰等人都佔據著數十座城邑而稱王，現在這些人早已被誅滅也是很可能的；假使韓信、彭越這類人只封一個侯爵，那麼到現在還存在也是可能的。通過這些例證，如何制定使國家長治久安的大計就非常清楚了：要想使諸侯都對朝廷保持忠誠不二，就不如讓他們像長沙王那樣；如果想使臣下不遭受被剁成肉醬的慘禍，就不如使他們像樊噲、酈商那樣封爵；要想使國家長治久安，就不如多分封一些諸侯王，而不讓他們的勢力太大。勢力小，就容易使他們遵守禮儀，國家小就不會產生邪念。讓天下各個諸侯國與朝廷的關係，就像是身體驅使胳膊，胳膊驅使手指一樣，沒有不聽從指令的。諸侯王不敢對朝廷有二心，就會像車輪上的輻條全都歸向於軸心那樣，聽命於天子。分割土地訂立制度，像齊、趙、楚這樣的大國都要分成若干個小國，使悼惠王、幽王、元王的子孫按照次序都能分到祖先的土地，一直分到不能再分為止。那些土地多子孫少的，就預先劃分出若干個國家，閒置在那裡，等到生了子孫再封這些子孫為諸侯王，派到封國去。這些諸侯國中的一寸土地、一個人民，朝廷都不佔有，目的就是一個——要建立這樣一種制度。這樣的話，就是把一個剛出生的嬰兒放到皇帝的寶座上國家也會是太平的，就是皇帝的遺腹子尚未出生，只要把皇帝生前的皮衣掛在金鑾殿上，天下也不會混亂。不但皇帝在世時被稱作太平盛世，就是後世也會稱頌他為聖人。陛下擔心什麼而不肯這樣去做呢？

「天下的形勢就像是一個人得了浮腫病，一條小腿腫得比腰還要粗，一個腳趾粗得像大腿，平時既不能屈又不能伸，一旦有一兩個指頭抽搐，全身都會痛苦不堪。失去現在的機會不趕緊治療，必定發展成為無法治癒的頑症，以後就是神醫扁鵲出現，也無能為力。而且還不止是浮腫，又加上腳掌扭傷。楚元王的兒子，是陛下的堂弟；現在的楚王又是陛下堂弟的兒子。齊悼惠王的兒子是陛下同胞哥哥的兒子；現在的齊王是陛下哥哥兒子的兒子。關係親近的人得不到封地以安定天下，而關係逐漸疏遠的人卻掌握著大權對天子形成威脅。所以我說不僅是得了浮腫病，而且還被腳掌扭傷的痛苦所折磨。使人痛哭的就是這種病啊。

「當今天下的局勢就如同把人倒掛起來一樣。而天子，就是人的腦袋。為什麼這樣說呢？因為天子高高在上。蠻夷之人，就如同是人的雙腳。為什麼呢？因為蠻夷一向地位低下。但如今，卻是匈奴屢次的對漢朝進行欺辱、侵擾、掠奪，對漢朝的輕慢、不尊重達到了極點，反過來看，漢朝卻每年將大量的金銀財寶、棉絮絲綢奉送給匈奴。腳反而在上面，腦袋反而在下面，顛倒懸掛如此，卻沒有人能解救他，還能說是國家有賢能之人嗎？這是可以讓人流涕的原因之一。

「如今，國家的軍隊不是用來攻擊強大兇猛的敵人，而是用來去獵殺野豬，不是去搏殺叛逆之臣而是去撲殺飼養的家兔，國家的大小臣僚都在追求精緻細膩的娛樂享受而沒有人去考慮隨時可能發生的災禍，皇帝的德澤本來可以遠布四裔，而現在僅數百里之外，威令就行不通。這是可以讓人流涕的另一個原因。

「如今平民百姓居室牆壁上掛著的，只有皇帝才能穿的衣服；供人消遣娛樂的戲子以及操下賤職業的娼妓，打扮得就像後宮的嬪妃。皇帝陛下提倡節儉，自己身上只穿著黑色粗糙的絲綢衣服，而那些富人就連牆壁上都裝飾著繡有花紋的綢緞；天子的皇后只是在領口上鑲上一圈花邊做裝飾，而平民的婢妾卻用花邊鑲鞋口。這就是我所說的荒謬。用一百個人的勞動，不能滿足一個人的穿戴，想要讓天下沒有人遭受寒冷，有可能嗎？一個人耕作，卻有十個人來搶食這點糧食，想要讓天下沒有人挨餓是不可能的。窮苦之人飢寒交迫，痛徹肌膚，想讓他們不作奸犯法，同樣是不可能的。這就是使人長歎的原因啊。

「戰國時期，秦國的商鞅遺棄了儒家以禮儀治國，廢除了儒家以仁愛道德治理天下的主張，只是倡導人們殺敵立功。執行了兩年，秦國的風俗就日漸敗壞。所以秦國富人家的子弟，一旦長大成人，就分出一部分家產另立門戶；窮人家的子弟，長大以後就到富人家去當上門女婿。兒子將農具借給父親使用，臉上就會流露出有恩於人的神色；母親動用一下簸箕，立刻會招來一頓責罵；兒媳婦抱著孩子餵奶，竟然與公公並列而坐；婆婆兒媳合不來，兒媳婦就敢於向婆婆口出惡言。人人只知道疼愛自己的兒女、追求功利，這與禽獸比起來還相差多少呢。如今秦時的遺風餘俗仍然存在，拋棄禮儀，丟掉廉恥日甚一日，正可謂是一月一個變化，歲歲不相同啊。只顧計較是不是獲利，而不顧及行為好壞，現在最為嚴重的，已經有殺父殺兄的事情發生。而當朝大臣只把公文能不能及時批覆、按規定徵收的錢糧能不能按時徵收當做頭等大事，至於好的風俗逐漸失去，社會道德越來越壞卻安然處之，見怪不怪，大都是視而不見、充耳不聞，認為這是理所當然。至於移風易俗，使天下人能夠回心轉意向著講道德的方向發展，這絕不是一般庸碌無為的官吏所能做到的。庸碌的官吏只適合做那些上傳下達、整理整理文件案牘等事務，而不懂得關係全局的道理。陛下對這些事一點也不感到憂慮，我真為陛下感到惋惜！陛下何不趁現在制定出可以傳之久遠的規章制度，使君像君、臣像臣，上下尊卑要有法定的等級，使父、子、兄、弟、夫、婦在家庭之中各有各的位置？這項制度一旦建立起來，就會世世代代安享太平，而後世也可以把它作為行為準則加以遵循。如果沒有這項規章制度，就如同乘船渡河而沒有繩索和船槳，到了河心一遇到風浪，必定會翻船。可以讓人歎息的就是這個原因啊。

「夏朝、商朝、周朝的王位，都傳承了幾十代；而秦朝的皇帝，只傳到二世就滅亡了。人的本性相差並不是很大，為什麼夏、商、周三代的君主治國有道，國運長久，而秦朝的皇帝荒淫無道而國運短促？原因是明擺著的。古代夏、商、周的君王，當嫡長子一出生，就按照禮儀來教養，主管部門的官員神情嚴肅衣冠整齊，抱著小太子到南郊祭拜天地神靈，嫡長子即使是襁褓之中，在經過殿門的時候也要下車，經過祖先祭廟的時候也得低頭小快步的趕緊通過，所以從嬰孩時期，就開始接受教育了。等到稍微有些見識，就為他設置三公、三少，負責他的教育，為他講解孝敬、仁愛、禮儀等道理來引導他學習。驅逐他身邊行為不端的侍從，使他看不到邪惡的行為，認真為他挑選那些品行端莊、孝敬尊長、友愛兄弟、學識淵博的人士護衛他輔佐他，時時刻刻陪伴在他的左右。所以太子從一出生，所見的是公正的事情，聽到的是正直的言論，走的是正道，在他的前後左右都是正人君子。平時接觸的都是正人君子，他自己就不可能不正，這就如同是生長在齊國，說的必然是齊國話；平時所接觸的都是奸邪之人，他的品行肯定不會端正，就如同生長在楚國，不能不講楚國話。孔子說：『少年成長是一種天性，習慣養成之後，就如同自然。』習慣與智慧同時增長，所以言論和行為就會切合正道而無過錯；所接受的教育已經融入內心，所以符合正道的言行就像是出於天性。夏、商、周三代所以國運長久，就是因為從太子出生以後就運用這樣的方法進行教育和輔佐。到了秦朝的時候就不是這樣了，秦始皇派趙高做皇子胡亥的老師，讓胡亥向趙高學習律令、斷獄等知識，學習的內容不是斬首、割鼻子，就是誅滅三族。胡亥今天即位做了皇帝，明天就開始殺人，忠言勸諫的被認為是誹謗，為國家利益而深謀遠慮的話被認為是妖言惑眾，他把殺人看做像割野草一樣輕易。難道是胡亥天生就是本性邪惡嗎？當然不是，而是由於為他選擇的那些輔導他的人不合適造成的。俗話說：『前面的車翻覆了，後面的車就應該引為借鑑。』秦朝很快滅亡的教訓，其軌跡是清晰可見的，然而如果不引以為戒，跟在後面的車子也會像秦朝那樣翻覆，使國家很快滅亡。國家的命運取決於太子，而太子的好壞，在於及早進行教育和精心挑選師傅以及他身邊的侍從。在太子年幼沒有養成不良習慣的時候就提前進行教育，就容易被接受，教育就能成功；使太子明白道德仁義的要領，是師傅的職責；至於其他好習慣的養成，應該是左右親隨的責任。像北方的胡人、南方的粵人，剛出生的時候，第一聲啼哭的聲音沒有什麼不同，興趣與愛好也沒有什麼差別；等到長大以後，胡人說胡語，粵人說粵語，胡語與粵語之間，有時經過幾道翻譯，仍然無法溝通，有的人一直到死都不肯做對方所做的事情，這是由於後天所受的教育和養成的習慣所造成的。所以我認為為太子選擇師傅和左右的侍從、及早進行教育，是當前最緊要的事情。選擇的師傅得人，太子左右的侍從行為端正，太子必然品行端正，太子品行端正，天下也就安定了。《書經》上說：『慶幸有個好天子，億萬民眾仰賴他。』這就是當務之急。

「一般人的智慧，大多能知道已經發生的事情，而不能預見到還沒有發生的事情。禮的作用是使非禮的事情不發生，而法律的作用是在事情發生以後進行懲罰，所以法律的作用顯而易見而禮的預防作用就難於察覺。運用慶賀獎賞的方式可以鼓勵好的行為，運用刑罰是為了懲處邪惡，古代的君主對於運用獎善懲惡的手段治理國家，堅信不移；按照這種原則對該賞的賞該罰的罰，就像是四季的更替一樣準確無誤；按照這種原則公平處理各種事物，就像天覆地載一樣公正無私，難道我們反而不能用這些辦法來治理國家嗎？然而總是一再稱道禮教，所看重的正在因為禮能在人們沒有產生罪惡的念頭以前，就把它消滅掉，從人在很小的時候就開始對他進行教育，使人在潛移默化中，一天一天地趨向良善、遠離罪惡而不自知。孔子說：『審理訴訟，我同別人差不多，我所做的是使國家沒有訴訟。』作為一個帝王考慮問題，最重要的是先考慮好該做什麼與不該做什麼，取捨的標準首先要在思想上確定下來，實行的結果是成功還是失敗，從國家的政治上、社會的風俗上很快就會反映出來。秦始皇想要社稷永存，子孫萬世永遠做皇帝，在這點上，他和商湯王、周武王是一樣的；然而商湯王、周武王發揚光大他們的道德行為，六七百年而不喪失他們的國家，秦王治理天下才十餘年國家就滅亡了。這沒有其他的原因，商湯王、周武王做出決策時已深思熟慮，比較再三，而秦王做出決策時沒有審時度勢而是恣意妄行。國家，好比是一個大的器物。現在人們安置它，把它安放在安全的地方它就安全，把它安放在危險的地方它就危險。治理一個國家的情形與安置一個器物沒什麼兩樣，在於皇帝把它安置在什麼地方。商湯王、周武王把它安置在仁、義、禮、樂之上，以仁義道德治理天下，所以子孫相襲幾十代，這是天下人所共知的；秦始皇把天下放置在嚴格的法令、刑罰的基礎上，所以在秦始皇本身就差一點遭到災禍而其子孫全被殺戮，這是天下人有目共睹的，這難道不是最明顯的證據嗎！人們這樣說：『聽別人講道理，一定要結合具體事實進行考察，說話的人才不敢信口開河、不負責任。』現在有人說用禮儀治理國家不如用法律治理國家，實行教化不如重視刑罰，國君為什麼不結合殷商、周朝所以興盛而秦朝所以滅亡來進行比較研究呢？君主地位之尊貴就像是殿堂，群臣就像是殿堂的臺階，平民百姓就像是大地。所以臺階必須有九級以上，堂基才能遠離地面，整個殿堂才顯得高大；如果臺階沒有層次，堂基就接近地面，整個殿堂就會顯得卑矮。殿堂高大所以很難攀附，殿堂卑矮就容易遭到踐踏，沒有別的原因，是地勢高矮不同造成的。所以古代聖明的君主制定出嚴格的等級制度，在朝廷之內，官階分為公、卿、大夫、士，朝廷之外的爵位分為公、侯、伯、子、男；最後才是官師、小吏，一直到平民百姓，等級分明，而天子高高在上，所以天子的尊貴是沒有人能比得上的。

「鄉里有句俗語說『想要打死老鼠，卻又擔心碰壞器皿』，這是一個很好的比喻。老鼠挨近器皿，人們尚且畏懼而不敢投擲老鼠，恐怕傷壞器皿，更何況是地位尊貴而又靠近皇帝的大臣呢！禮儀廉恥是用來維護君子的尊嚴的，所以可以命令他自殺，卻不可以用刑戮來使他受辱。所以用墨在臉上刺字的『黥刑』、將鼻子割掉的『劓刑』，都不用在大夫的身上，因為他們距離君主很近的緣故；古禮規定不能隨便談論君主御馬的年齡，踐踏了餵養御馬的草料要受到懲罰，目的是為了預防臣對君主的不敬行為。現在從王侯到三公，天子對他們都恭敬地以禮相待，在古代，天子稱呼諸侯中年長的同姓為伯父，異姓的為伯舅，而使這些王侯也跟平民百姓一樣接受『黥刑』、『劓刑』、剃光頭髮的『髡刑』、砍去雙腳的『刖刑』、用鞭子、荊條等抽打的『笞刑』、辱罵的『傌刑』以及在街頭斬首的『棄市』等刑罰，這樣一來豈不是等於殿堂沒有臺階嗎？難道被殺戮侮辱的不挨近皇帝嗎？絲毫不顧及大臣的尊嚴，豈不是認為握有重權的大臣、高級官員也與低級差役一樣毫無廉恥之心嗎？秦朝趙高派閻樂殺秦二世於望夷宮之事，足以說明秦二世時對待皇族大臣全部判處重刑，已經養成投鼠而不知道忌器的習俗。我聽說：『鞋子雖然很新，但絕不能放在枕頭上；帽子再破舊，也不能用來做鞋墊。」因為那些大臣曾經處在尊貴的地位之上，天子曾經對他們恭敬相待，下級官吏以及平民百姓也曾經俯伏在地，對他們敬畏有加，如今犯了罪，皇帝將他們罷免也行，辭退也行，讓他們自殺也行，滅其三族也行。如果把他們捆綁起來，用繩子拴起來送到法官那裡，然後把他們編入苦役犯的行列去服各種苦役，被司寇衙門裡的小吏辱罵抽打，這似乎都是不應該讓百姓看到的。地位低賤的人如果知道曾經尊貴的大臣一旦犯罪，我也可以居他之上，這不利於尊敬尊者、禮敬貴者的風俗的形成。古代大臣有不廉潔而被撤職的，不說他們『不廉潔』，而說『簠簋不飾』；犯有汙穢淫亂、男女無別之罪的，不說他們『行為汙穢』，而說是『帷薄不脩』；因為軟弱無能而不能勝任的，不說是『軟弱無能』，而說他們是『下屬官員辦事不力』。所以對尊貴的大臣即使已經定罪判刑，尚且不公然宣布他的罪行，還要留有地步而為他進行遮蓋掩飾。所以一旦犯有小罪過而處於被上級譴責、怒斥的境地，只要聽到一聲譴責、怒斥，就立即戴上白色的帽子，上面插上犛牛尾做的毛纓，自己端著一盆水，盆上平放一把劍，主動到監獄去請求處罰，不需要皇帝派人將他拘捕捆綁起來進行押送。其中罪行中等的，一聽到裁決，就自毀儀容前往服刑之所，而不需皇帝派人將刑具套在他的脖子上。那些罪大惡極的，聽到裁決之後，就面向北遙拜皇帝，然後跪在地上自殺，也不需皇帝派人抓住頭髮按住腦袋將其處死。只是告訴他說：『是你自己犯了罪，我對你依然是很尊重的。』你以禮貌對待大臣，所以大臣也因此而自重自愛；用廉恥之心來約束他們，所以每個人才會注重自己的品行節操。君主用禮儀對待大臣、鼓勵他們的廉恥之心，而大臣不能用節操品行來報答他的君主的，就不屬於人類了。所以教化成、風俗定，為人臣的，都會重視自己的品德修養而輕視個人私利，堅守節操而謹守大義，所以可以把難以駕馭的大權託付給他，可以將不能自立而又失去父親的小皇帝託付給他輔佐，這就是砥礪廉恥、實施禮儀教化的結果，這樣做對皇帝您又有什麼損失呢？不以禮義廉恥來對待大臣反而對大臣隨意戮辱，所以說值得歎息的就是因為這個原因啊。」

這是賈誼因為先前絳侯周勃被逮捕下獄，終於因為無罪釋放，所以說了上面這些話來奉勸漢文帝。漢文帝採納了他的意見，注重以禮對待大臣和培養臣下的節操，從此以後，大臣犯罪都自殺，而不接受審訊和刑罰。

七年（戊辰　西元前一七三年）

冬，十月，令列侯太夫人❶、夫人❷、諸侯王子❸及吏二千石❹無得擅徵捕❺。

夏，四月，赦天下。

六月癸酉❻，未央宮❼東闕罘罳災❽。

民有歌淮南王❾者曰：「一尺布，尚可縫；一斗粟，尚可舂。兄弟二人不相容！」帝聞而病❿之。

八年（己巳　西元前一七二年）

夏，封淮南厲王子安等四人為列侯⓫。賈誼知上必將復王⓬之也，上疏⓭諫曰：「淮南王之悖逆無道，天下孰⓮不知其罪？陛下幸而赦遷⓯之，自疾而死⓰，天下孰以王死之不當⓱？今奉尊罪人之子⓲，適足以負謗於天下⓳耳。此人少壯⓴，豈能忘其父哉㉑！白公勝㉒所為父報仇者，大父與叔父也㉓。白公為亂，非欲取國代主㉔，發忿快志㉕，剡手以衝仇人之匈㉖，固為俱靡㉗而已。淮南㉘雖小，黥布嘗用之㉙矣。漢存，特幸耳㉚。夫擅仇人足以危漢之資㉛，於策不便。予之眾㉜，積之財㉝，此非有㉞子胥㉟、白公報於廣都之中㊱，即疑有剸諸㊲、荊軻㊳起於兩柱之間㊴：所謂假賊兵㊵、為虎翼㊶者也。願陛下少留計㊷！」上弗聽。

九年（庚午　西元前一七一年）

春，大旱。

有長星㊸出于東方。

十年（辛未　西元前一七〇年）

冬，上行幸甘泉㊹。

將軍薄昭㊺殺漢使者。帝不忍加誅，使公卿從之㊻飲酒，欲令自引分㊼，昭不肯。使羣臣喪服往哭之，乃自殺。

臣光曰：「李德裕㊽以為：『漢文帝誅薄昭，斷則明矣，於義則未安也。秦康送晉文㊾，興如存之感㊿；況太后(51)尚存，唯一弟薄昭，斷之不疑(52)，非所以慰母氏之心也。』臣愚以為法者天下之公器。惟善持法者，親疏如一，無所不行(53)，則人莫敢有所恃(54)而犯之也。夫薄昭雖素稱長者(55)，文帝不為置賢師傅(56)，而用之典兵(57)，驕而犯上，至於殺漢使者，非有恃而然乎！若又從而赦之，則與成、哀之世(58)何異哉？魏文帝(59)嘗稱漢文帝之美，而不取(60)其殺薄昭，曰：『舅后之家(61)，但當養育以恩㊷，而不當假借以權㊸。既觸罪法，又不得不害。』譏文帝之始不防閑㊹昭也。斯言得之矣。然則欲慰母心者，將慎之於始㊺乎！」

【章旨】以上為第四段，寫文帝七年（西元前一七三年）到十年間的全國大事，主要寫了文帝為平息社會輿論而封淮南王劉長之四子為侯，並為下一步封四子為王作準備，賈誼上疏諫阻；與薄昭仗勢殺漢使者，文帝執法令其自裁等事。

【注釋】❶列侯太夫人　列侯之母。❷夫人　列侯之妻。❸諸侯王子　諸侯王的兒子。❹吏二千石　二千石一級的官吏。諸郡郡守、諸侯國的太傅、丞相皆為二千石。❺無得擅徵捕　不准擅自徵稅、捕人，意即必須向朝廷請示。❻六月癸酉　六月初二。❼未央宮　皇帝居住與處理政務的宮殿，在當時長安城內的西南部。❽東闕罘罳災　未央宮東門上的罘罳失火。罘罳，屏風。也有說是樓閣。災，失火。❾歌淮南王　為淮南王劉長被文帝發配致死作歌諷刺。❿病　為之感到難辨、傷腦筋。⓫封淮南厲王子安等四人為列侯　封淮南厲王劉長的四個兒子劉安為阜陵侯，劉勃為安陽侯，劉賜為陽周侯，劉良為東城侯。⓬復王　還要接著封他們為王，以平復社會對淮南王被發配致死的不滿。⓭疏　即《賈長沙集》中的〈諫立淮南諸子疏〉。⓮孰　誰。⓯赦遷　寬大處理，予以發配。遷，勒令搬遷，意即發配。⓰自疾而死　此為文帝諱，也是當面討好。淮南王劉長是因為無法忍受沿途官吏的虐待自殺而死。⓱天下孰以王死之不當　此亦當面撒謊，民歌的意思本來就是為淮南王鳴不平。⓲奉尊罪人之子　指封劉安兄弟四人為侯。⓳適足以負謗於天下　反而更會招來社會對您的埋怨，意思是說明您理虧。負謗，遭受埋怨。⓴此人少壯　這些人都正年輕。此人，這些人，指劉安四兄弟。㉑豈能忘其父哉　他們怎麼會忘掉其父是怎麼死的呢。㉒白公勝　春秋時楚平王之孫，其父太子建被廢後被鄭國人殺害，白公勝發誓要為其父報仇。㉓大父與叔父也　白公勝是把報仇的矛頭指向他的祖父楚平王和繼平王之後的楚昭王。大父，祖父。叔父，即楚昭王，是白公勝之父太子建的小弟。㉔非欲取國代主　並非想奪取政權為楚王。㉕發忿快志　意即報仇雪恨，圖個痛快。㉖剡手以衝仇人之匈　字句不順，大意是要把利劍刺入仇人的胸膛。剡，鋒利。衝，刺向。匈，通「胸」。㉗俱靡　與仇人同歸於盡。靡，爛。按，白公勝作亂時，楚昭王在位。白公勝要殺的是楚國令尹子西，因為他答應為白公勝報仇伐鄭，而未實踐。過程詳見《史記・楚世家》。㉘淮南淮南王劉長當年的封國，文帝準備封淮南王四子為王的地盤，即舊時淮南國的全部領地。故賈誼指「淮南」為說。㉙黥布嘗用之　黥布是劉邦的開國功臣，最先被封為淮南王，國都六縣。後來見韓信、彭越相繼被劉邦所殺，於是起兵造反，被劉邦討平。此後才改封劉長為淮南王，國都壽春，即今安徽壽縣。㉚漢存二句　極言黥布造反的危險之大。㉛擅仇人足以危漢之資　將足以對漢王朝構成威脅的淮南一帶交給仇人掌管。擅，專，這裡即指掌管。㉜予之眾　讓他們掌管了民眾。㉝積之財　讓他們積聚了錢財。㉞此非有　他們如果不是像……。㉟子胥　伍子胥，原楚人，因其父伍奢與其兄伍尚被楚平王所殺，於是伍子胥逃到吳國，引吳兵攻破楚國郢都，掘楚平王之墓而鞭其屍。事見《史記・伍子胥列傳》。㊱報於廣都之中　意即起兵進攻國家的都城。㊲剸諸　春秋末期的刺客，奉吳國公子光之命刺殺了吳王僚。事跡詳見《史記・刺客列傳》。㊳荊軻　戰國末期的刺客，受燕太子丹之託，行刺秦王政未成而被殺。事跡詳見《史記・刺客列傳》。㊴兩柱之間　指宮廷、廟堂的正殿。㊵假賊兵　給強盜提供武器。㊶為虎翼　為虎添翼。㊷少留計　稍加考慮。少，通「稍」。這裡是委婉的說法。㊸長星　流星。㊹甘泉　山名，也是秦漢時代的離宮名，在今陝西淳化西北。㊺將軍薄昭　文帝之舅，時為車騎將軍。㊻從之　跟他一道。㊼自引分　自裁；自殺。㊽李德裕　字文饒，中唐時期的宰相，力主削弱藩鎮，遭牛僧孺等打擊，被貶而死。是唐代的名臣。㊾秦康送晉文　秦康公送別晉文公。秦康公是秦穆公之子，晉文公的姐姐所生，故晉文公是秦康公之舅。㊿興如存之感　秦康公送別晉文公於渭水之陽，想起了自己的生母，他感到今日見到舅舅便有一種生母猶存的感覺。(51)太后　指薄太后，文帝之母，薄昭之姐。(52)斷之不疑　斷然將其處死。(53)無所不行　意即對任何人都不能枉法。(54)有所恃　有所仗恃；有後臺。(55)長者　厚道人。(56)不為置賢師傅　不在他身邊配備幾個賢良的老人作為師友。因為薄昭當時被封為軹侯，故其身邊也有類似太師、太傅一樣的人員。(57)典兵　掌管軍隊。當時薄昭為車騎將軍，在軍中地位甚高。(58)成哀之世　西漢末年的成帝（西元前三二—前七年）、哀帝（西元前六—前一年）時代，當時王姓外戚專權，皇帝等同傀儡。(59)魏文帝　曹丕，曹操之子，西元二二〇—二二六年在位。(60)不取　不贊成。(61)舅后之家　對於國舅、皇后家裡的人。(62)但當養育以恩　意即可以賞賜他們以錢財，讓他們生活過得好。(63)不當假借以權　不能讓他們為官治民。假借，意思即「給」。(64)防閑　意即管教、約束，使其不致淪為罪犯。(65)將慎之於始　應從開頭就提起注意。

【語　譯】七年（戊辰　西元前一七三年）

冬季，十月，下令對列侯的母親、列侯的妻子、諸侯王的兒子以及俸祿在二千石的官員不得擅自徵稅捕人。

夏季，四月，大赦天下。

六月初二日癸酉，未央宮東門上的罘罳失火。

民間有歌謠講說淮南王劉長的事情，歌詞是：「一尺布，尚可縫；一斗粟，尚可舂。兄弟二人不相容！」漢文帝聽了心裡感到很不安。

八年（己巳　西元前一七二年）

夏季，封淮南厲王劉長的四個兒子劉安為阜陵侯，劉勃為安陽侯，劉賜為陽周侯，劉良為東城侯。賈誼知道文帝必定會將淮南王的兒子封為諸侯王，就上書給文帝說：「淮南王劉長大逆不道，天下有誰不知他罪有應得？陛下已經赦免了他的死罪，將他放逐，是他自己害病而死，天下有哪一個認為他不應該死？現在卻分封罪人的兒子為侯，這反而會招來天下對您的埋怨和指責。劉長的這些兒子正在少壯之年，他們怎麼能夠忘記他們的父親是怎麼死亡的呢！春秋時期，楚國的白公羋勝替父報仇，他報復的對象是他的祖父楚平王和親叔叔楚昭王。楚國的白公羋勝作亂，並不是想要奪取王位，而是為了報仇雪恨，圖個痛快，他親手將利劍刺入仇人的胸膛，想的就是與仇人同歸於盡。淮南國雖然很小，黥布曾經據此叛亂。漢朝能夠存在，不過是一種僥倖。將足以對朝廷構成威脅的淮南一帶交給仇人掌管，從決策方面看並不是很合適。讓他們掌管人眾，讓他們積聚財富，其後果不是發生像伍子胥、白公羋勝那樣公開地起兵進攻國家的都城，恐怕也會有像剸諸、荊軻那樣的刺客突然出現在殿堂之上：這就是所說的借給盜賊兵器、為老虎添上翅膀的行為。希望陛下稍加考慮！」漢文帝沒有聽從賈誼的勸告。

有流星在東方天際出現。

九年（庚午　西元前一七一年）

春季，大旱。

十年（辛未　西元前一七〇年）

冬季，漢文帝前往甘泉宮。

漢文帝的舅父車騎將軍薄昭擅自殺死了漢朝的使者，犯了死罪。漢文帝不忍明令處死自己的舅舅，便派遣大臣陪他一起飲酒，希望他能認罪自裁，薄昭不肯自裁。於是，漢文帝就派群臣穿著喪服到薄昭家去哭喪，薄昭迫不得已而自殺。

司馬光說：「唐朝宰相李德裕認為：『漢文帝誅殺舅舅薄昭，處罰公正廉明，但從道義上講卻未必妥當。秦康公送別舅父晉文公時，引起了生母猶存的感傷；況且漢文帝的母親薄太后當時還健在，她唯一的弟弟就是薄昭，漢文帝斷然處置而毫不猶豫，這不是能夠安慰母親的行為。』我以為法律應該是天下最公平的尺度。只有善於運用法律的人才能夠做到不論關係親疏，執法如一，不論在什麼情況下都能夠一樣處置，這樣才能使人不敢因為有恃無恐而犯罪。薄昭雖然一向被認為是忠厚長者，漢文帝不知道為他選擇賢明的師傅輔佐他，反而任用他掌管軍隊，致使他因寵生驕，冒犯皇帝，以至於殺死朝廷使者，這難道不是因為有恃無恐才敢於這樣的嗎！如果又順從太后而赦免了他，那麼與漢朝末年的漢成帝、漢哀帝時代又有什麼區別呢？魏文帝曾經稱讚漢文帝的美德，但對他誅殺薄昭之事卻不認同，魏文帝說：『對於舅父之家，只應該用奉養的方法報答養育之恩，而不應當授予權柄。有了權力就容易觸犯法律，既然觸犯法律，就不得不進行處治。』這是在譏諷漢文帝不能預先對薄昭防患於未然，以致其犯法被誅。魏文帝的話算是說中要害了。這樣看來，要安慰母親之心，在開始的時候就應該行為謹慎吧！」

【研　析】本卷寫了文帝三年（西元前一七七年）至文帝十年共八年間的全國大事，其中有爭議與值得認真思考的有以下幾點：

一、周勃是剷除諸呂、扶助劉恆登上皇帝寶座的頭號功臣，按理說劉恆理應對周勃感恩才對，但事實上周勃的命運是很「悲慘」的。劉恆從代國急如星火地趕到長安，與周勃等一見面，就讓周勃碰了兩個大釘子。當周勃向劉恆提出「願請間言」時，宋昌代替劉恆說：「所言公，公言之；所言私，王者不受私。」當周勃向劉恆跪上符璽時，劉恆說：「至代邸而議。」待至劉恆做了皇帝，周勃被任為右丞相時，文帝又故意用一些問題來考問他，讓他當眾難堪。沒過多久，就乾脆讓他起帶頭作用離開朝廷，回到山西絳縣的封地上去了。還不算完，隨即又憑著一個莫須有的罪名將周勃逮入京城下了大獄，而在獄中令獄卒千方百計地整治他。最後因為實在找不到罪名只好讓周勃放出時，周勃感慨地說：「吾嘗將百萬軍，然安知獄卒之貴乎？」這裡一方面寫出了作為一國「大臣」的處境之難，同時也寫出了司馬遷、司馬光個人的無限身世之感。清代郭嵩燾說：「史公於此，蓋有深痛。」吳汝綸說：「語絕沉痛，與條侯下獄事相影響，亦藉以自寓感歎。」今人錢鍾書說：「馬遷嘗下於理（獄），阱檻捶楚，目驗身經，〈報任少卿書〉痛乎言之，所謂『見獄吏則頭搶地，視徒隸則心惕息』者。於此篇記周勃繫獄事，僅曰『史稍侵辱』；記周亞夫下吏事，僅曰『侵之益急』；〈韓長孺列傳〉亦只曰『蒙獄吏田甲辱安國』，均未嘗本己遭受稍事渲染，真節制之師也。將創巨痛深，欲言而有餘怖耶？抑以獄吏之深刻殘賊路人皆知，故不須敷說圓牆（監獄）況味乎？」

二、本卷寫張釋之與漢文帝的對話分外詳盡，幾乎把《史記‧張釋之馮唐列傳》中有關張釋之的材料全部引進來了。看來張釋之是司馬遷筆下的理想人物，也是司馬光筆下的理想人物。早在宋代的黃震就說：「張釋之論長者及其守法不阿、馮唐之論將，皆質直有古大臣之風焉。」（《黃氏日鈔》）明代王鏊說：「二傳皆一時之言，見文帝君臣如家人父子。」（《史記評林》引）湯諧說：「一邊寫二君質直不阿，一邊寫孝文從諫若流，君明臣良意象，洋溢楮上。」（《史記半解》）近代李景星說：「張釋之、馮唐俱以犯顏諫諍著名漢代，故以之合傳。因二人生平以諫爭勝，故篇中載其言論獨詳，而敘次處卻又極有變化。〈張釋之傳〉以歷官敘行實：補謁者，敘其論秦漢事；為謁者僕射，敘其論嗇夫事；為公車令，敘其劾太子梁王事；為中郎將，敘其論石槨事；為廷尉，敘其論犯蹕盜環事。節次明晰，章法一片。〈馮唐傳〉只敘其論將一事，其餘不一及。然記事雖少，層折卻多，用筆純以頓宕見長，一路點次處，與〈釋之傳〉遙遙相應。張、馮皆一代名臣，文帝又千載明主，讀此一傳，令人不復作後世之想。固是時會好，亦因摹繪入妙耳。」（《史記評議》）都說得相當精彩。

三、關於張釋之諫阻文帝超升虎圈嗇夫的一段話，人們歷來是有爭議的。明代何孟春說：「孟子云：『有官守者修其職。』文帝問上林禽獸簿，尉不能對，而嗇夫代對甚悉，是盡職也。釋之不能啟文帝黜上林尉，而反不拜嗇夫官，謂廷尉為『天下之平』，得無愧乎？」凌約言說：「所謂『利口』者，便佞捷給，顛倒是非，故放遠之耳。若夫諳曉故事，敷奏詳明，國之美才也。且言及之而言，又何有於從風而靡者？釋之此言，恐塞人主使能之路，不可以為訓。」而鍾惺則說：「由嗇夫說到吏治，由吏治說到不聞其過，則不用嗇夫一事其失小矣，此大臣洞見本末、深識遠慮之言，不當在一人一事看之也。」清代姚苧田說：「『利口』者變亂是非之謂，虎圈嗇夫以禽獸簿為職掌，奏對詳明，洵為才吏，豈得以『利口』斥之哉！周勃不能對刑名錢穀，猶謂別有主者，上林尉豈得藉口於彼輩耶？按：張釋之始進，即言『秦所以失漢所以興』者；以此當上意後，參乘徐行又問秦之敝，具以質言。蓋其胸中獨有一腔革薄從忠、矯枉過正之旨，故於不肯拜嗇夫處借事發揮。痛言秦之敝，尚文無實，惻隱消亡，誠救時之篤論，而不惜以一夫之進退繫天下之盛衰也。須深觀其立意，不當泥其言詞。」按：姚氏之說誠是，《史記・陳丞相世家》中陳平對文帝語亦大體如此，幾乎是為不忠職守者作辯護，似亦應做深一步思考。

四、本卷引入了賈誼的〈諫鑄錢疏〉、〈諫立淮南諸子疏〉，尤其重要的是引入了長篇的〈陳政事疏〉。對於賈誼的這些政論，歷來都是評價很高的。漢代班固說：「劉向稱賈誼『言三代與秦治亂之意，其論甚美，通達國體，雖古伊、管未能過也。使時見用，功化必盛，為庸臣所害，甚可悼惜。』追觀孝文玄默躬行，以移風俗，誼之所陳，略施行矣。」（《漢書・賈誼傳》）明代茅坤說：「〈治安〉諸疏，所區畫漢得失，三代以下罕見者，於今千載之間，種種若几上事也。」（《史記鈔》）何良俊說：「誼所上政事書，先儒稱其通達國體，以為終漢之世，其言皆見施用；又其所論積貯與鑄錢諸事，皆大有關於政理，是何可以不傳？」（《四友齋叢說》）魯迅說賈誼、鼂錯：「為文皆疏直激切，盡所欲言。司馬遷亦云『賈生、鼂錯明申商』。惟誼尤有文采，而沉實則稍遜，如其〈治安策〉、〈過秦論〉，與鼂錯之〈賢良對策〉、〈言兵事疏〉、〈守邊勸農疏〉，皆為西漢鴻文，沾溉後世，其澤甚遠。」（《漢文學史綱要》）

卷第十五

漢紀七

起玄黓涒灘（壬申 西元前一六九年），盡柔兆閹茂（丙戌 西元前一五五年），凡十五年。

【題解】本卷寫了文帝前十一年（西元前一六九年）至景帝前二年（西元前一五五年）共十五年間的全國大事，而重點所寫的是賈誼、鼂錯的繼續上疏議論政事；寫了文帝因受孝女緹縈的感動而下令廢除肉刑，以及景帝對「廢除肉刑」所產生的弊病所進行的糾正；寫了文帝、景帝兩朝在大力減輕農民負擔方面所做的貢獻，這是後人稱頌「文景盛世」的主要原因；寫了文帝接受賈誼建議將兩個大諸侯國化整為零的具體過程；寫了匈奴進擾漢朝邊境，漢王朝委曲求和，實行和親政策，以及漢將守邊、馮唐論將、周亞夫軍細柳、文帝親自勞軍的生動情景；寫了文帝之死，與其臨終遺詔薄葬的一些細節；最後還寫了申屠嘉為丞相的褊狹使氣與梁孝王的怙寵驕奢等等。

太宗孝文皇帝下

前十一年（壬申 西元前一六九年）

冬，十一月，上行幸代[1]。春，正月，自代還。

夏，六月，梁懷王揖[2]薨，無子。賈誼復上疏曰：「陛下即不定制[3]，如今之勢，不過一傳再傳[4]，諸侯猶且人恣而不制[5]，豪植而大強[6]，漢法不得行[7]矣。陛下所以為藩扞[8]，及皇太子之所恃[9]者，唯淮陽、代二國[10]耳。代北邊[11]匈奴，與強敵為鄰，能自完則足矣[12]。而淮陽之比大諸侯，廑如黑子之著面[13]，適足以餌大國[14]，而不足以有所禁御[15]。方今制[16]在陛下，制國而令子適足以為餌，豈可謂工[17]哉！臣之愚計，願舉淮南地[18]以益淮陽[19]，而為梁王立後[20]；割淮陽北邊二三列城與東郡[21]以益梁[22]。不可者，可徙代王而都睢陽。梁起於新郪[23]以〔1〕北著之河[24]，淮陽包陳[25]以南揵之江[26]，則大諸侯之有異心者，破膽而不敢謀。梁足以扞齊、趙[27]，淮陽足以禁吳、楚[28]。陛下高枕，終無山東[29]之憂矣，此二世之利[30]也。當今恬然[31]，適[32]遇諸侯之皆少[33]；數歲之後，陛下且[34]見之矣。夫秦日夜苦心勞力以除六國之禍；今陛下力制天下，頤指如意[35]，高拱以成六國之禍[36]，難以言智。苟身無事[37]，畜亂宿禍[38]，孰視而不定[39]，萬年之後[40]，傳之老母弱子，將使不寧[41]，不可謂仁。」帝於是從誼計，徙淮陽王武為梁王，北界泰山[42]，西至高陽[43]，得大縣四十餘城。後歲餘，賈誼亦死，死時年三十三矣。

徙城陽王喜[44]為淮南王。

匈奴寇狄道[45]。

時匈奴數為邊患，太子家令[46]潁川[47]鼂錯[48]上言兵事[49]曰：「兵法曰：『有必勝之將，無必勝之民。』繇此觀之，安邊境，立功名，在於良將，不可不擇也。

「臣又聞：『用兵臨戰，合刃[50]之急者三：一曰得地形，二曰卒服習[51]，三曰器用利[52]。』兵法，步兵、車騎、弓弩、長戟、矛鋋[53]、劍楯[54]之地，各有所宜[55]；不得其宜者，或十不當一。士不選練[56]，卒不服習，起居不精[57]，動靜不集[58]，趨利弗及[59]，避難不畢[60]，前擊後解[61]，與金鼓之指相失[62]，此不習勒卒[63]之過也，百不當十。兵不完利[64]，與空手同；甲不堅密[65]，與袒裼[66]同；弩不可以及遠，與短兵同；射不能中，與無矢同；中不能入[67]，與無鏃[68]同：此將不省兵[69]之禍也，五不當一。故兵法曰：『器械不利，以其卒予敵[70]也；卒不可用[71]，以其將予敵也；將不知兵[72]，以其主予敵也；君不擇將，以其國予敵也。』四者，兵之至要[73]也。

「臣又聞：『小大異形，彊弱異埶，險易異備[74]。』夫卑身以事彊，小國之形[75]也；合小[76]以攻大，敵國[77]之形也；以蠻夷攻蠻夷，中國之形[78]也。今匈奴地形、技藝與中國異。上下山阪(79)，出入溪澗，中國之馬弗與(80)也；險道傾仄(81)，且馳且射，中國之騎(82)弗與也；風雨罷勞(83)，飢渴不困，中國之人弗與也：此匈奴之長技也。若夫平原易地(84)，輕車(85)突騎(86)，則匈奴之眾易橈亂(87)也；勁弩長戟，射疏(88)及遠(89)，則匈奴之弓弗能格(90)也；堅甲利刃，長短相雜(91)，遊弩往來(92)，什伍俱前(93)，則匈奴之兵弗能當也；材官(94)騶發(95)，矢道同的(96)，則匈奴之革笥(97)、木薦(98)弗能支也；下馬地鬭，劍戟相接，去就相薄(99)，則匈奴之足弗能給(100)也：此中國之長技也。以此觀之，匈奴之長技三，中國之長技五。陛下又興數十萬之眾，以誅數萬之匈奴，眾寡之計，以一擊十之術也。

「雖然，兵凶器，戰危事也，故以大為小，以彊為弱(101)，在俛仰之間(102)耳。夫以人之死爭勝，跌而不振(103)，則悔之無及也。帝王之道，出於萬全。今降胡(104)、義渠(105)、蠻夷(106)之屬來歸誼者(107)，其眾數千，飲食、長技與匈奴同。可[2]賜之堅甲、絮衣、勁弓、利矢，益以邊郡之良騎(108)，令明將能知其習俗、和輯其心(109)者，以陛下之明約將之(110)。即有險阻(111)，以此當之；平地通道，則以輕車、材官制之。兩軍相為表裏，各用其長技，衡加之以眾(112)，此萬全之術也(113)。」

帝嘉之，賜錯書，寵答焉。

錯又上言曰[114]：「臣聞秦起兵而攻胡、粵者，非以衛邊地而救民死也，貪戾[115]而欲廣大[116]也，故功未立而天下亂。且夫起兵而不知其埶[117]，戰則為人禽[118]，屯[119]則卒積死[120]。夫胡、貉[121]之人，其性耐寒；楊粵[122]之人，其性耐暑。秦之戍卒不耐其水土，戍者死於邊，輸者僨[123]於道。秦民見行[124]，如往棄市[125]，因以謫發之[126]，名曰『謫戍』。先發吏有謫[127]及贅壻[128]、賈人[129]，後以嘗有市籍[130]者，又後以大父母[131]、父母嘗有市籍者，後入閭取其左[132]。發之不順，行者憤怨，有萬死之害，而亡銖兩之報[133]。死事之後，不得一筭之復[134]，天下明知禍烈及己[135]也。陳勝[136]行戍[137]，至於大澤[138]，為天下先倡[139]，天下從之如流水者，秦以威劫而行之[140]之敝也。

「胡人衣食之業，不著於地[141]，其埶易以擾亂邊境，往來轉徙，時至時去[142]。此胡人之生業[143]，而中國之所以離南晦也[144]。今胡人數轉牧[145]、行獵於塞下[146]，以候[147]備塞之卒，卒少則入[148]。陛下不救，則邊民絕望，而有降敵之心。救之，少發則不足；多發，遠縣纔至，則胡又已去。聚而不罷[149]，為費甚大；罷之，則胡復入。如此連年，則中國貧苦，而民不安矣。陛下幸憂邊境，遣將吏發卒以治塞[150]，甚大惠也。然今[3]遠方之卒守塞，一歲而更[151]，不知胡人之能[152]。不如選常居者[153]家室田作，且以備之[154]，以便為之高城深塹[155]。要害之處，通川之道[156]，調立城邑[157]，毋下千家。先為室屋，具田器，乃募民。免罪，拜爵[158]，復其家[159]，予冬夏衣、稟食[160]，能自給而止[161]。塞下之民，祿利[162]不厚，不可使久居危難之地。胡人入驅[163]而能止其所驅[164]者，以其半予之，縣官為贖[165]。其民如是，則邑里相救助[166]，赴胡[167]不避死。非以德上[168]也，欲全親戚[169]而利其財也。此與東方之戍卒[170]不習地埶而心畏胡者功[171]相萬也。以陛下之時，徙民實邊[172]，使遠方無屯戍之事[173]。塞下之民，父子相保[174]，無係虜[175]之患。利施後世[176]，名稱聖明[177]，其與秦之行怨民[178]相去遠矣[179]。」

上從其言，募民徙[180]塞下。

錯復言：「陛下幸募民徙以實塞下，使屯戍之事益省，輸將之費[181]益寡，甚大惠也。下吏[182]誠能稱厚惠[183]，奉明法[184]，存卹[185]所徙之老弱，善遇[186]其壯士，和輯[187]其心，而勿侵刻[188]，使先至者安樂而不思故鄉，則貧民相慕[189] [4] 而勸往[190]矣。臣聞古之徙民者，相其陰陽之和[191]，嘗其水泉之味，然後營邑[192]立城[193]，製里[194]割宅[195]，先為築室家[196]，置器物焉。民至有所居，作[197]有所用。此民所以輕去故鄉[198]，而勸之新邑[199]也。為置醫巫[200]以救疾病，以脩祭祀。男女有昏[201]，生死相卹[202]，墳墓相從[203]，種樹畜長[204]，室屋完安。此所以使民樂其處，而有長居之心也。

「臣又聞古之制邊縣以備敵也，使五家為伍，伍有長；十長一里，里有假士(205)；四里一連，連有假五百(206)；十連一邑，邑有假候(207)。皆擇其邑之賢材有護(208)、習地形、知民心者，居(209)則習民於射法，出(210)則教民於應敵。故卒伍(211)成於內(212)，則軍政(213)定於外(214)。服習以成(215)，勿令遷徙(216)。幼則同遊，長則共事。夜戰聲相知(217)，則足以相救；晝戰目相見，則足以相識。驩愛之心(218)，足以相死(219)。如此而勸以厚賞(220)，威以重罰(221)，則前死不還踵(222)矣。所徙之民，非壯有材(223)者，但費衣糧，不可用也。雖有材力，不得良吏(224)，猶亡功(225)也。

「陛下絕匈奴，不與和親，臣竊意(226)其冬來南(227)也。壹大治(228)，則終身創(229)矣。欲立威(230)者，始於折膠(231)；來而不能困(232)，使得氣去(233)，後未易服也(234)。」

錯為人陗直刻深(235)，以其辯(236)得幸太子(237)，太子家號曰「智囊」。

【章　旨】以上為第一段，寫文帝前十一年（西元前一六九年）一年中的全國大事，主要引入了賈誼的上〈請封建子弟疏〉與鼂錯的上〈言兵事疏〉、〈守邊勸農疏〉、〈募民實塞疏〉四篇文章，也附帶交代了賈誼的死與鼂錯的習性。

【注　釋】❶代　諸侯國名，此時的代王劉參，是文帝之子，都晉陽，在今山西太原西南。❷梁懷王揖　劉揖，懷字是謚，文帝之子，都睢陽，今河南商丘城南。❸即不定制　如不趕緊制定有關諸侯王國的制度。即，如；如果。❹不過一傳再傳　意即還都是第二代或第三代的諸侯王。如燕王劉嘉是劉澤之子，是第二代楚王；劉戊是劉交之孫，為第三代楚王。❺人恣而

不制　言人人放縱而不服管制。❻豪植而大強　等到這些人的親信越來越多，勢力越來越大。豪植，意即大量網羅親信。❼漢法不得行　漢朝的法令在這些諸侯行不通，意即不再服從朝廷的管轄。❽陛下所以為藩扞　您所能夠仰仗起拱衛作用的。藩扞，屏障；拱衛。❾所恃　所能夠倚賴。❿唯淮陽代二國　因為當前的淮陽王劉武、代王劉參都是文帝的兒子，日後太子繼位為帝則是他們的親兄弟。所以賈誼認為「可恃」。⓫邊　靠近；緊挨著。⓬能自完則足矣　能夠保住自己的地盤就不錯了，言其自顧不暇。自完，保持自己完好。⓭廑如黑子之著面　極言淮陽王的地盤之小，與齊、楚大國不成比例。黑子，黑痣。⓮餌大國　像是一塊引誘大國前來吞食的魚肉。餌，誘人的食物。⓯不足以有所禁禦　不能對其他諸侯國起到鎮懾作用，使之不敢圖謀不軌。⓰制　發號施令，統治萬邦。⓱工　巧妙；完善。⓲淮南地　指今河南東南部與安徽西北部的大片地區。⓳以益淮陽　以擴大淮陽王劉武的地盤。⓴為梁王立後　為已死的梁懷王劉揖立繼承人，繼續為梁王。㉑東郡　漢郡名，郡治濮陽，今河南濮陽西南。㉒以益梁　以擴大梁國的地盤。㉓新郪　漢縣名，縣治在今安徽太和北。㉔北著之河　向北一直到黃河邊，即今之河南的濮陽、南樂一帶。河，黃河。㉕包陳　圍繞陳郡，郡治即今河南淮陽。㉖南揵之江　向南一直到長江邊。揵，接。江，長江。㉗扞齊趙　抗擊齊、趙。扞，這裡即抵抗、抗擊。齊、趙，漢代諸侯國名，現任的齊王劉則，為高祖子劉肥之孫；現任的趙王劉遂，為高祖子劉恢之子。二國在梁國的北方與東北方。㉘禁吳楚　抵禦吳、楚。禁，鎮懾，使之不敢為非。吳、楚，漢代的諸侯國名，現任的吳王劉濞，是高祖兄劉仲之子；現任的楚王劉戊，是高祖弟劉交之孫。二國在淮陽國的東方與東南方。㉙山東　指崤山（在今河南靈寶東南）以東的廣大地區。㉚二世之利　指可保文帝與日後太子為帝兩代的太平。㉛恬然　安然；太平無事。㉜適　恰好；正巧。㉝皆少　全都年齡不大。㉞且　將。㉟頤指如意　指當前的皇帝英明而有權威，天下無人不聽從。頤指，以面部表情指揮人。頤，面頰。㊱高拱以成六國之禍　意思是如果您今天不預先採取措施，日後一旦形成像往日戰國時代的諸侯林立。高拱，兩手高拱，清閒無事的樣子，意即得過且過，無所作為。㊲苟身無事　即使在您這一輩子天下沒起動亂。㊳畜亂宿禍　很多亂子、很多災難都已經在潛伏、在醞釀。畜，同「蓄」。積累。宿，積壓。㊴孰視而不定　眼看著問題存在而不動手解決。孰，通「熟」。㊵萬年之後　「死」的委婉說法。㊶將使不寧　讓問題到那時再爆發。以上引文即通常所稱的〈請封建子弟疏〉。㊷北界泰山　梁國的北部邊界直到泰山腳下。㊸高陽　鄉邑名，在今河南杞縣西南，當時上屬於陳留郡的圉縣。㊹城陽王喜　劉喜，劉章之子、齊悼惠王劉肥之孫。㊺狄道　漢縣名，縣治即今甘肅臨洮。㊻太子家令　官名，為太子主管家庭諸事。㊼潁川　漢郡名，郡治陽翟，即今河南禹州。㊽鼂錯　西漢初期的名臣。事跡詳見《史記・袁盎鼂錯列傳》。㊾上言兵事　以下所引即通常所稱的〈言兵事疏〉。㊿合刃　交鋒；交戰。(51)卒服習　士兵服從指揮、訓練有素。服，服從。習，訓練有素。(52)器用利　武器精良順手。(53)鋋　短矛。(54)楯　通「盾」。(55)各有所宜　這句話的意思是說，什麼地方使用步兵，什麼地方使用車兵、騎兵，什麼地方使用弓弩、長戟，什麼地方使用短矛、劍盾，都是各有所宜的。(56)選練　選拔、操練。(57)起居不精　指生活散漫鬆懈。(58)動靜不集　該動作、該休息不能迅速進入狀態。(59)趨利弗及　遇到有利地形、有利時機不能及時佔領、及時把握。(60)避難不畢　應躲避的危險不能及時避開。(61)前擊後解　前鋒已與敵軍開戰，後面的軍隊還處於鬆懈狀態。解，通「懈」。(62)與金鼓之指相失　謂士兵的行動與將軍的金鼓號令不一致。古時作戰，擊鼓表示進攻，鳴金表示收兵。金，銅鉦，一種有長柄的鐘。(63)不習勒卒　沒有對士兵進行嚴格的操練。習勒，訓練；操練。(64)兵不完利　武器殘缺不全或者是不鋒利。兵，武器。(65)堅密　堅固而防護得嚴。(66)袒裼　光著背。(67)中不能入　射中了目標，但沒有穿透力。(68)無鏃　沒有箭頭。(69)不省兵　不懂得兵器的重要。(70)以其卒予敵　把自己的部隊送給敵人。(71)卒不可用　士兵沒有訓練，又不聽指揮。(72)不知兵　不懂兵法；不懂戰爭。(73)至要　最重要的問題。(74)險易異備　處於險要的地形與處於無險可守的平地，採取的對策是不同的。險，險阻。易，平坦。(75)小國之形　作為一個小國只好這麼辦。形，形式；辦法。(76)合小　許多小國聯合起來。(77)敵國　勢均力敵之國。(78)中國之形　中原地區統治者經常採用的辦法。形，辦法之意。(79)山阪　山崗與高坡。(80)弗與　不如。(81)傾仄　崎嶇難行。仄，古「側」字。(82)騎　騎兵。(83)罷勞　疲勞。罷，通「疲」。(84)易地　平坦的大地。(85)輕車　輕便快捷的戰車。(86)突騎　敢於衝破敵陣的精銳騎兵。(87)易橈亂　容易被衝得七零八落。橈，通「撓」。(88)射疏　可以射中左右兩側之敵。(89)及遠　可以射中遠距離之敵。(90)格　抵擋；攔阻。(91)相雜　相互配合。(92)遊弩往來　一些善射的弓箭手，隨時出現在不同的陣地上。(93)什伍俱前　士兵按編制、按隊形地大規模進攻。古代軍隊編制，五人為伍，二伍為什。(94)材官　力大善射的特種兵。(95)騶發　射出鋒利的箭。騶，師古曰：「矢之善者。」(96)矢道同的　眾箭射向同一個目標。的，目標。(97)革笥　皮製的鎧甲。(98)木薦　木製的盾牌。(99)去就相薄　調動作靈活地與敵搏鬥。薄，迫。這裡意同「博鬥」之「博」。(100)匈奴之足弗能給　匈奴人的腿腳跟不上。弗能給，達不到；跟不上。(101)以大為小二句　由大國變成小國，由強大變成衰弱。(102)俛仰之間　低頭抬頭的工夫，以喻時間之短暫。(103)跌而不振　猶言一蹶不振，以喻失敗後的危機局面。(104)降胡　投降漢朝的匈奴人。(105)義渠　秦時居住在今陝西西北部的一個少數民族，後來被秦國所滅。(106)蠻夷　指今福建、廣東、廣西、雲南、貴州以及四川南部、西部一帶地區的少數民族。(107)來歸誼者　來歸順漢朝的人。誼，同「義」。(108)益以邊郡之良騎　意即將那些歸順漢朝的少數民族武裝起來，再把一些北部沿邊的優秀騎兵與他們編在一起。(109)和輯其心　能使他們心平氣和地接受統領。輯，同「集」。(110)以陛下之明約將之　按照您的英明規定去統率他們。將，統領。(111)即有險阻　一旦敵人從險峻的山地進攻我們。(112)衡加之以眾　衡，同「橫」。眾，似應作「縱」。意思是兩種長處我們都有，橫的豎的都會。(113)此萬全之術也　以上所引即通常所稱的〈言兵事疏〉。(114)錯又上言曰　以下所引即通常所稱的〈守邊勸農疏〉。(115)貪戾　貪婪橫暴。戾，暴。(116)欲廣大　想要擴大地盤。(117)埶　此指敵方的形勢，如生活習性、戰鬥特長等等。(118)為人禽　被敵人所俘獲。禽，通「擒」。(119)屯　駐紮。(120)積死　屍骨堆積，極言死者之多。因不服水土，以及瘟疫所致。(121)胡貉　泛指北方的少數民族。胡即匈奴，在今內蒙古與蒙古人民共和國一帶。貉是生活在東北以及朝鮮地區的少數民族。(122)楊粵　泛指今福建、廣東等地的少數民族，因其地屬古之楊州（字或作「揚」），故稱「楊粵」。(123)僨　跌倒，這裡即指死。(124)見行　被徵調出行。(125)如往棄市　就像前去被殺。棄市，古稱罪人被處死於市場，意即與市人共棄之也。(126)以讁發之　以政府命令徵調罪犯入伍的方式進行派遣。讁，這裡即指有罪、罪犯。(127)吏有讁　有罪的官吏，理應受到懲罰的人。(128)贅壻　倒上門的女婿，秦漢時代這種人的地位甚低。(129)賈人　商人。秦漢時代打擊私人工商業者，視之如罪犯。(130)嘗有市籍　現在已經不是工商業者，但過去有過當工商業者的經歷。市籍，工商業的登記簿。(131)大父母　祖父祖母。(132)入閭取其左　兵員日益枯竭，難以再立名目，於是下令凡是住在里巷左側的一律應徵。(133)亡銖兩之報　得不到一絲一毫的酬勞。亡，通「無」。銖兩，古代重量單位，二十四銖為一兩。此極喻其沒有酬勞。(134)不得一筭之復　死者的家庭連免除一個人頭稅的優待也得不到。漢律規定，每個成年人每年交納人頭稅一百二十錢，這叫「一筭」。筭，同「算」。(135)禍烈及己　這種送死邊疆、僨於道路的災難終會輪到自己，誰也逃不過。(136)陳勝　秦末農民起義的領袖。事跡詳見《史記·陳涉世家》。(137)行戍　被押往漁陽戍守邊疆。(138)大澤　大澤鄉，在今安徽宿州之東南部。(139)為天下先倡　為普天下的反秦起義做倡導、起帶頭。按，陳涉與吳廣暗中策劃並發動起義的過程，在秦二世元年（西元前二〇九年）七月，已見於本書〈秦紀二〉。詳見《史記·陳涉世家》。(140)以威劫而行之　憑著權勢逼著人們去當兵服役。(141)不著於地　不紮根在土地上，意即他們是逐水草而居的游牧民族。(142)時至時去　時而來攻，時而撤走。(143)胡人之生業　胡人的生性、職業就是如此。(144)中國之所以離南畮也　對於中原人來說，這就鬧得我們不能生產、背井離鄉了。離南畮，即指離開農田。(145)轉牧　輾轉游牧。(146)塞下　指長城一線，亦即中國之北部邊境。(147)候　窺測；探視。(148)入　入境搶劫殺戮。(149)聚而不罷　把軍隊駐紮在那裡。(150)治塞　整治邊塞，意即加強邊境防衛。(151)一歲而更　依漢制，守邊士卒每年輪換一次。(152)不知胡人之能　沒待搞清敵人的生性習慣、能力特長就該輪換了。(153)常居者　邊境上的常住居民。(154)家室田作二句　意即一方面在這裡生產居住，一方面防備匈奴。(155)以便為之高城深塹　按著山川地形的便利條件為他們築起高城，挖下深溝。(156)通川之道　意即有橋樑、有碼頭的咽喉之地。(157)調立城邑　規劃並建立城鎮。調，計劃；規劃。(158)免罪二句　有罪者可因搬遷到邊境而免其罪，無罪者可因搬遷到邊境而提高其爵級。(159)復其家　免除搬遷者全家的勞役與賦稅。(160)稟食　開始階段由政府供應他們糧食。稟，通「廩」。以官倉之糧相供給。(161)能自給而止　一直到他們在邊境能夠自給自足為止。(162)祿利　福利。祿，福。(163)入驅　入境後所掠奪並準備驅趕而走的人丁、牲畜、財物等。(164)止其所驅　阻止或奪回被敵人所掠奪的人丁、牲畜、財物。(165)縣官為贖　意思是這些被劫掠的人丁、牲畜、財富的一半值多少錢，由國家出錢把他們從立功者的手中贖出來，歸還給原主。縣官，國家；公家。(166)邑里相救助　同邑同里的人彼此相互救援。(167)赴胡　衝上去與匈奴人拼命。(168)非以德上　並不是出於他們的道德水準有多高。(169)全親戚　保全自己的親人。(170)東方之戍卒　由東方各郡國徵調來的戍守邊境的人。(171)功　功效；效果。(172)徙民實邊　搬遷內地的居民以充實邊境地區。(173)遠方無屯戍之事　內地的居民用不著再到遙遠的邊疆當兵服役。(174)相保　相互得到保全。(175)無係虜　不再被入侵者所捆綁、所俘虜。(176)利施後世　好處一直流傳後代。(177)名稱聖明　您將由此獲得「聖明」的美名。(178)行怨民　將滿懷怨恨的人們押去戍守邊關。(179)相去遠矣　兩者的優劣差別可就太大啦。以上所引即通常所稱的〈守邊勸農疏〉。(180)募民徙　以招募的辦法獎勵人們自動向邊境搬遷。(181)輸將之費　即運輸之費。將，送。(182)下吏　主管該項事務的官吏。(183)稱厚惠　也能像您一樣體現出國家對黎民的恩情。稱，相副。(184)奉明法　認真施行您制定的這些法令。(185)存卹　體貼；關心。(186)善遇　善待；優待。(187)和輯　使其心平氣和、心悅誠服。(188)侵刻　侵削、剋扣。指國家對搬遷百姓的種種優待而言。(189)相慕　羨慕從邊者所得的好處。(190)勸往　踴躍前往。(191)相其陰陽之和　觀測那裡的陰陽二氣是否調和。相，觀察。(192)營邑　規劃城鎮建設。(193)立城　修築城池。(194)製里　規劃里巷。(195)割宅　劃分居民的住宅。(196)先為築室家　首先為他們蓋好房子。(197)作　勞作；從事各項生產活動。(198)輕去故鄉　把離開故鄉不當一回事。輕，不難於。(199)勸之新邑　鼓勵他們去邊塞新城。之，往。(200)醫巫　醫生、巫師。醫生為人治病，巫師為人占卜祈禱以及主持祭祀等事。(201)昏　通「婚」。謂婚姻、匹配。(202)生死相卹　誰家生了小孩，誰家死了老人，彼此都能關心照顧。(203)相從　按順序排列，有條不紊。(204)種樹畜長　種樹，指種植農作物。畜長，猶言畜養，即豢養牲畜。(205)假士　里中的軍事長官，主管該里五十家軍事活動。(206)假五百　連里的軍事長官，主管二百家的軍事活動。(207)假候　邑中的軍事長官，主管兩千家的軍事活動。(208)有護　有自衛能力，能保衛自身、救助別人的人。(209)居　平常無事的時候。(210)出　外出從事軍事活動的時候。(211)卒伍　軍事編制。(212)內　指平常在家的時候。(213)軍政　軍中的法律規章。(214)定於外　到出征作戰的時候自然而成。定，成。(215)服習以成　習慣一旦形成。(216)勿令遷徙　不要讓他們隨意搬家。(217)聲相知　一聽就知道是誰。(218)驩愛之心　指彼此之間的友好情誼。(219)相死　互相之間可以為之而死。(220)勸以厚賞　以重賞相鼓勵。勸，鼓勵。(221)威以重

罰　以重罰相威脅。威，威脅。㉒前死不還踵　一直冒死進攻，永不回頭。還踵，掉轉腳後跟，意即向回跑。㉓壯有材　強壯而有身材。有材，指身形魁梧。㉔不得良吏　沒有好的軍官來領導。㉕亡功　不會取得功效。亡，通「無」。㉖竊意　私下猜測。竊，謙詞。意，猜測。㉗其冬來南　明年冬天可能要南來進犯。㉘壹大治　指狠狠地給它來個迎頭痛擊。治，對付；懲治。㉙終身創　讓他們把失敗的痛苦牢記一輩子。創，傷痛。㉚立威　要給匈奴人點顏色看看，讓匈奴人懼怕我們的兵威。㉛始於折膠　就看我們秋天的這一回。折膠，指秋天，因秋天始採取樹膠，以製弓弩。匈奴人也常於此時出兵南犯。㉜困　使之陷入困境，讓其吃夠苦頭。㉝使得氣去　如果讓他們的計畫得逞，滿意而去。得氣，得意。㉞後未易服也　以上引文即通常所稱的〈募民實塞疏〉。㉟陗直刻深　嚴峻剛直，行事酷刻。陗，同「峭」。㊱辯　善說；善於分析事理。㊲太子　劉啓，即日後的漢景帝。

【校　記】①以　原作「而」。據章鈺校，甲十五行本、乙十一行本、孔天胤本皆作「以」。今從諸本及《漢書・賈誼傳》、《通鑑紀事本末》改。下句同。②可　原無此字。據章鈺校，甲十五行本、乙十一行本、孔天胤本皆有此字，張敦仁《通鑑刊本識誤》同。今從諸本及《漢書・爰盎鼂錯傳》、《通鑑紀事本末》補。③今　據章鈺校，甲十五行本、孔天胤本皆作「令」。④慕　原作「募」。據章鈺校，甲十五行本、乙十一行本、孔天胤本皆作「慕」。今從諸本及《通鑑紀事本末》改。

【語　譯】太宗孝文皇帝下

前十一年（壬申　西元前一六九年）

冬季，十一月，漢文帝前往代國巡視。春天，正月，從代國回到長安。

夏季，六月，梁懷王劉揖去世，沒有兒子。賈誼再次上書給漢文帝說：「陛下如果不趕緊訂立有關封國的制度，如今的形勢，諸侯國只承襲到第二代，多的也只到第三代，即使如此，諸侯王尚且是人人驕橫跋扈而不復管制，等到這些人的親信越來越多，勢力越來越大，漢朝的法令在這些諸侯國就行不通了。在眾多的諸侯王中，陛下能夠仰仗起拱衛作用的，和太子所能倚賴的，恐怕只有淮陽國和代國兩個國家了。而代國靠近北邊的匈奴，與強大的敵對國家為鄰居，能夠保全自己的地盤就不錯了。淮陽國如果與齊、楚這樣大的諸侯國相比，就如同是臉上長的一顆黑痣，恰好適合充當引誘大國前來吞食的誘餌，而對大國絲毫不能起到威懾作用，使之不敢圖謀不軌。現在治理國家的大權掌握在陛下的手中，而使自己的兒子處在只能充當誘餌的角色，這怎麼能認為是高明呢！我的想法是：希望把淮南地區全部劃歸淮陽王劉武管轄，而為已經去世的梁王劉揖確立一個繼承人，繼續為梁王；把淮陽北邊的二、三個城和東郡劃歸梁國。如果認為不合適，還可以把代王調整到梁國的都城睢陽做梁王。梁國的邊界南部從新鄭開始北到黃河，淮陽圍繞陳縣而南接長江，這樣一來，那些大的諸侯中如果有人心存異志，也會被這種形勢嚇破膽而不敢再有謀反的念頭。如此的話，梁國就完全可以起到抗擊齊國、趙國的作用，淮陽則完全可以震懾住吳國、楚國。陛下可以高枕無憂，再也沒必要擔心崤山以東廣大地區的安全了，這可保證兩代帝王的太平。現在國家太平無事，正好遇到諸侯王都年紀幼小；數年之後，諸侯王都長大了，陛下再看看天下形勢會是什麼樣子呢。秦國日夜勞心費力，才剷除六國統一天下；現在陛下統制著天下，只要給出個暗示，意願就可以得到滿足，如果現在無所作為，必定會釀成新的六國之亂，很難說這是明智之舉。即使陛下本人看不到災禍的發生，但卻為子孫後代埋藏下了禍根，陛下已經看到了問題的存在卻不動手解決，陛下辭世之後，將會把禍亂留給老母弱子，使他們不得安寧，很難說這是仁慈的行為。」於是漢文帝採納了賈誼的建議，改封淮陽王劉武為梁王，其邊界北到泰山，西至高陽縣，所管轄的區域內有大縣城四十餘座。過了一年多，賈誼也死了，死時年僅三十三歲。

改封城陽王劉喜為淮南王。

匈奴侵略狄道縣。

當時匈奴屢次侵略邊境，擔任太子家令的潁川人鼂錯給漢文帝上書，就當時的軍事問題闡述了自己的主張，他說：「《兵法》說：『有打仗必勝的將軍，沒有打仗必勝的百姓。』由此看來，要想使邊境平安，建功立業，取決於將領是否優良，所以對將領不能不做認真的選擇。

「我還聽說：『在戰場上與敵人交鋒有三件最重要的事情：一是佔領有利地形，二是士兵訓練有素、服從指揮，三是武器精良順手。』按照戰法，步兵、騎兵、戰車、弓弩、長戟、矛鋋、箭及盾牌必須安排、運用得法，才能發揮它們各自的長處；運用得不適當，就可能十個不抵一個。士卒沒有經過嚴格的訓練，沒有養成服從命令的習慣，行動不神速，動作不整齊，該乘勝進攻的時候部隊跟不上去，應該避開危險時卻又不能及時隱蔽好，前方的將士正在與敵人激戰，後面的軍隊卻鬆散懈怠，士兵不能根據將領的指揮號令進攻或退卻：這是將領沒有對士兵進行嚴格訓練的結果，這樣的士兵打起仗來百不當十。士兵的武器殘缺不全、不鋒利，這與赤手空拳與全副武裝的敵人進行搏鬥效果是一樣的；士兵穿的鎧甲不堅固，跟袒胸露體是一樣的；弓弩射程不遠，與使用短兵器是一樣的；射擊而不能射中目標，與沒有弓箭是一樣的；雖然射中了目標，但射入得不夠深入，沒有什麼殺傷力，這與沒有箭頭是一樣的：這是將領不懂得兵器的重要性所造成的災禍，這樣的軍隊打起仗來五個不當一個。所以，《兵法》說：『武器裝備不精良、不齊備，就等於把自己的士兵送給了敵人；士兵沒有經過訓練、不聽指揮，就等於把自己的將領送給了敵人；將領不懂得兵法、不能指揮打仗，就等於把自己的統帥送給了敵人；國君選錯了將領，就等於把自己的國家送給了敵人。』這四條，是軍事上最重要的問題。

「我還聽說：『小國與大國在表現形式上是不同的，強國與弱國在力量的對比上是不同的，處於險要的地形與處於無險可守的平地所採取的對策是不同的。』委屈自己去侍奉強國，作為小國只好這麼辦；小國聯合起來對抗大國，就會出現敵對雙方勢均力敵的局面；用蠻夷攻打蠻夷，是中原地區統治者經常採用的辦法。現在匈奴的地形、技術與漢朝不同。上山下山，過河躍澗，漢朝的戰馬不如匈奴；險道崎嶇難行，一邊騎馬奔馳一邊射箭，漢朝的騎兵不如匈奴的騎兵；敢冒風雨不怕疲勞，飢餓口渴而不困乏，漢朝人不如匈奴人：這是匈奴的長處。假如是在平原，或是在平坦的大地，運用輕便快捷的戰車、敢於衝鋒陷陣的精銳的騎兵，那麼匈奴的兵眾很容易被衝亂打散；如果運用強弩、長戟，射擊的範圍既寬又遠，那麼匈奴的弓箭就抵擋不住；讓士兵穿上堅固的鎧甲、手執利刃，長兵器和短兵器互相配合，一些善射的弓弩手隨時出現在不同的陣地上，士兵按編制、按隊形在將軍的統一指揮下向敵人展開大規模進攻，那麼匈奴的士兵就抵擋不住；派力大善射的特種兵對準敵人射出鋒利的箭，萬箭齊發射向同一個目標，那麼身穿皮甲、手執木製盾牌的匈奴士兵就招架不住；下馬步戰，劍戟相碰，動作靈活地與敵人近身搏鬥，那麼匈奴士兵的腿腳就跟不上：這些都是我們漢朝所擅長的。以此看來，匈奴的優勢有三項，漢朝的優勢有五項。陛下如果派遣數十萬大軍，去討伐僅有數萬軍隊的匈奴，從兵力的多少來比較，是以十個擊一個的戰術。

「雖然如此，但兵器畢竟是兇器，戰爭畢竟是危險的事，所以由大國變成小國，由強國變成弱國，勝敗之事往往決定於瞬息之間。用犧牲士兵的生命去爭取勝利，一旦失敗就會使國家一蹶不振，到那時後悔也來不及了。帝王治國，一定要有萬全之策。現在投降漢朝的匈奴人以及義渠、蠻夷來歸順漢朝的，總計有數千人之多，他們的生活習慣、所擅長的技能與匈奴一樣。可以發給這些人堅固的鎧甲、棉衣、強弓、利箭，將他們武裝起來，再把北部沿邊的優秀騎兵與他們編在一起，派遣一位有能力、熟悉他們生活習慣又能取得他們信任的將領，按照陛下的旨意統率這支部隊。一旦遇到敵人從險峻的山地進攻我們，就派他們去出擊敵人；如果是從平原地區，或是道路通暢的地方進攻我們，我們就用輕便快捷的戰車、派出力大善使強弩的特種部隊去制服敵人。兩種部隊互相配合，發揮他們各自的長處，再加上大規模的正面部隊，這是百戰百勝、萬無一失的策略。」

漢文帝為了嘉獎鼂錯，親自給他寫了回信，表示非常欣賞他的建議。

鼂錯又給漢文帝上書說：「我聽說秦國發兵攻打胡人、粵人，並不是為了保衛邊境、拯救人民，而是貪得無厭、想要擴大自己的地盤，所以功業還沒有建立而天下已經大亂。出兵攻打對方卻對敵方的形勢一無所知，那麼作戰的則被敵人所俘虜，駐紮的則屍骨堆積。匈奴人、貉人天生不怕寒冷；而楊粵人不懼酷暑。秦朝戍守的士兵因為不服水土，戍守邊塞的就死在邊塞，負責運輸的就死在了運輸途中。秦民認為送士兵去戍守邊境，就如同是送往刑場，所以秦朝政府只得將那些罪犯或者是被降職流放的送到邊塞去戍守，所以稱之為『謫戍』。最先派去的是因罪降職的官吏以及倒插門女婿、商人，後來又將曾經有過從商經歷的人送往邊塞守邊，再後來就以祖父母、父母曾經有過從商經歷的送去戍邊，最後是徵調住在里巷左邊的人去守邊。選派人的過程本來就不順利，被派去的人怨聲載道，因為對他們來說，有的只是必死的命運，卻得不到絲毫補償。戍邊的人死了之後，家屬連免除一個人頭稅的優待也得不到，天下人都預感到這種送死邊疆、仆於道路的災禍最終要降臨到自己頭上。陳勝前去戍邊，走到大澤鄉的時候，便揭竿而起，率眾起義，天下響應和追隨他的人就像流水一樣，這就是秦朝憑藉威權逼迫人們當兵服役的弊端啊。

「胡人謀生的手段是畜牧，他們是逐水草而居的游牧民族，沒有固定的住所，這種形式使他們很容易侵擾漢朝邊境，他們往來遷移，忽來忽去，飄忽不定。這是胡人謀生的特點，而對於我們中原人來說，就鬧得我們不能生產、背井離鄉了。現在胡人輾轉游牧、經常到漢朝的北部邊境打獵，以窺伺守邊的士卒，發現士卒少、有隙可乘，就侵入邊境大肆掠奪。陛下若是不發兵救援，那麼邊民絕望，而萌發投降敵人的念頭。如果派兵前去救援，派去的軍隊少了不夠用；派去的多了，遠處的軍隊經過一路奔波剛剛趕到，則胡人已經離去。如果將軍隊駐紮在邊境，費用又很大；如果將救援的軍隊撤回，則胡人就會捲土重來。如果年年如此，那麼國家將要因此而貧窮，人民也得不到安寧。皇帝擔憂邊境，派遣將吏率領士卒加強邊境防守，這對邊境的人民是很大的恩惠。然而現在從遠方派去守衛邊塞的士兵，因為實行一年一輪換的制度，所以根本無法搞清胡人的生性習慣、能力及特長。所以不如選擇一些人讓他們在邊塞定居，平時在田中耕種，有情況時用以防守，根據邊塞的地理地形，為他們修築起高大的城牆和挖下深溝。在險要之處、交通要道規劃並建立城鎮，安置不少於一千戶的居民。首先為他們修建起房舍，準備好農具，再招募人們前來定居。有罪的可以因其搬遷到邊境而免其罪，無罪的可以因其搬遷到邊境而提高其爵位級別，並免除全家人的賦稅和勞役，開始階段由政府發給他們一年四季的衣服和口糧，一直到他們自己能夠解決衣食為止。住在邊塞的人，由於福利微薄，不能使他們長久地居住在這危險的環境裡。胡人入境掠奪，不論是誰，只要是把胡人所掠奪的人丁、牲畜、財物等奪回來，就將其中的一半獎勵給誰，由政府出資把這些被劫掠的人丁、牲畜、財物從立功者的手中贖出來交還給原主。如果能夠如此，那麼鄰里之間就會相互救助，共同反擊胡人而不畏懼生死。他們並不完全是為了感激皇帝的恩德，而是為了在保全親戚的同時自己也得到了財物。利用這些人戍邊與從遙遠的東方徵調來的既不熟習胡人的地理形勢又懼怕胡人的戍卒相比，功效要強過一萬倍。趁著陛下健在，遷移百姓去充實邊塞，使遠離邊塞之人不再受徵調之苦。邊塞的人民也能父子之間互相得到保全，從此不再有被掠去當俘虜的憂患。這項政策如果能夠實行，那麼子孫後代都會享受它的好處，人民必定會稱讚陛下是英明的皇帝，這種做法與秦國強行徵調滿含怨恨之民去戍守邊塞相比，兩者的優劣差別簡直是太大了。」

漢文帝採納了鼂錯的意見，以招募的辦法獎勵人們自動向邊塞地區遷徙。

鼂錯又向漢文帝建議說：「陛下招募人民向邊塞地區遷徙以充實邊塞，使屯兵守邊的軍事行動減少，同時也減少了運輸的費用，這對國家來說好處實在是太大了。主管該項事務的官吏如果也能像陛下一樣體察出這項措施帶給國家和人民的巨大好處，認真執行法律規定的各項政策，體貼照顧好遷徙到邊境的那些老弱人員，善待其中的青壯年，使那裡的人民心平氣和、心悅誠服，而不是侵削和剋扣他們，使先期遷徙的人能夠安居樂業而不再思念故鄉，那麼故鄉的貧窮人家就會羨慕徙邊者所得到的好處，就會踴躍前往邊塞居住。我聽說古時為了移民，政府先派人去查看、觀測那裡的陰陽二氣是否調和，品嘗那裡的水是否適合飲用，然後設計規劃城鎮建設，建造城池，規劃里巷，劃分住宅區，預先為他們建造好房舍，安排好生產生活用品。使移民到了就有住處，想從事生產就有用具。這樣人民才不把離開故鄉當做一回事而踴躍前往邊塞新城居住。政府還應該為他們聘請醫生、巫師治療疾病，主持祭祀鬼神祖先。男婚女嫁、嬰兒出生、年老死亡，彼此都能互相關心照顧，墳墓按照順序排列，人們能夠從事農業生產、蓄養牲畜，居住的房屋堅固完好。這樣才能使移民喜歡新居，而安心長久地在那裡定居。

「我還聽說，古代在邊境修建城鎮，目的是用來防備敵人的入侵，所以將居民都按軍事單位進行編制：五家編為一伍，伍有伍長；十伍編為一里，里的長官叫做假士；四里為一連，連的長官叫做假五百；十連為一邑，邑的長官叫假候。各級官吏都選擇邑中那些有才能有勇力保護村民、熟悉當地地形、瞭解民心的人擔任，平常無事的時候教習人們射箭練武，外出從事軍事活動的時候則指揮人民怎樣應敵。因為平時在家的時候就按照軍事進行編制，戰時就能收到正規軍一樣的功效。由於他們已經養成堅持軍事訓練的習慣，就不要讓他們隨便遷徙。這些人從小時候起就一起玩耍，長大後又共同做事。所以即使是在黑夜打仗也能互相熟悉聲音，因此能夠及時相互救助；白天作戰眼睛看得見，互相認識。長期相處建立起來的感情，使他們寧可為對方去犧牲。有了這樣的基礎，再加上豐厚的賞賜、嚴厲的懲罰，那麼作起戰來一定會前仆後繼、勇往直前。但在招募移民的時候，如果不是身體強壯、有能力有才幹的人，只會白白地耗費衣服糧食，一定不要用。另一方面，即使移民都很強壯很有能力，如果缺乏得力的官員去領導他們，也仍然不會取得成功。

「陛下拒絕匈奴，不同意與匈奴和親，我估計冬季恐怕匈奴就會南來進犯。如果能夠狠狠的重創他們一次，就會使他們把失敗的痛苦牢記一輩子。要給匈奴人點顏色看看以樹立漢朝的威嚴，就要抓住秋天匈奴來犯的這次機會；如果匈奴來犯，我們不能給他一個致命的打擊，使他陷入困境、吃盡苦頭，讓他們的計畫得逞，滿意而去，以後再想把他們降服就困難了。」

鼂錯為人嚴峻剛直，行事酷刻，因為口才便捷善於分析事理而得到太子劉啓的寵幸，太子的家人都把鼂錯稱做「智囊」。

十二年（癸酉　西元前一六八年）

冬，十二月❶，河決酸棗❷，東潰金隄、東郡❸，大興卒❹塞之。

春，三月，除關❺，無用傳❻。

鼂錯言於上曰：「聖王在上，而民不凍飢者，非能耕而食之❼，織而衣之❽也，為開其資財之道❾也。故堯有九年之水❿，湯有七年之旱⓫，而國亡捐瘠⓬者，以畜積⓭多而備先具⓮也。今海內為一，土地、人民之眾不減湯、禹⓯，加以無天災數年之水旱，而畜積未及⓰者，何也？地有遺利⓱，民有餘力，生穀之土未盡墾[18]，山澤之利[19]未盡出，游食之民[20]未盡歸農也。

「夫寒之於衣[21]，不待輕暖[22]；飢之於食，不待甘旨[23]。飢寒至身，不顧廉恥。人情，一日不再食[24]則飢，終歲不製衣[25]則寒。夫腹飢不得食，膚寒不得衣，雖慈母[1]不能保[26]其子，君安能以有[27]其民哉？明主知其然[28]也，故務民於農桑[29]，薄賦斂[30]，廣畜積[31]，以實倉廩[32]、備水旱，故民可得而有也。民者，在上所以牧之[33]。民之趨利[34]，如水走下，四方無擇[35]也。

「夫珠玉金銀，飢不可食，寒不可衣；然則眾貴之者，以上用[36]之故也。其為物輕微易藏，在於把握[37]，可以周海內[38]而無飢寒之患。此令臣輕背其主[39]，而民易去其鄉[40]，盜賊有所勸[41]，亡逃者得輕資[42]也。粟米布帛，生於地，長於時[43]，聚於力[44]，非可一日成也。數石之重[45]，中人弗勝[46]，不為姦邪所利[47]，一日弗得而飢寒至，是故明君貴五穀而賤金玉[48]。

「今農夫五口之家，其服役[49]者，不下二人[50]；其能耕者，不過百畮。百畮之收，不過百石。春耕，夏耘[51]，秋穫，冬藏，伐薪樵[52]，治官府[53]，給繇役[54]。春不得避風塵，夏不得避暑熱，秋不得避陰雨，冬不得避寒凍：四時[55]之間無日休息。又私自[56]送往迎來[57]、弔死問疾、養孤長幼[58]在其中。勤苦如此，尚復被水旱之災，急政暴賦，賦斂不時[59]，朝令而暮改[60]。有者半賈而賣[61]，無者取倍稱之息[62]，於是有賣田宅，鬻[63]子孫[2]以償責[64]者矣。而商賈大者積貯倍息[65]，小者坐列[66]販賣，操其奇贏[67]，日游都市，乘上之急[68]，所賣必倍[69]。故其男不耕耘，女不蠶織，衣必文采[70]，食必粱[71]肉。無農夫之苦，有仟伯之得[72]。因其富厚，交通王侯，力過吏埶[73]，以利相傾[74]。千里游敖[75]，冠蓋相望[76]，乘堅策肥[77]，履絲曳縞[78]。此商人所以兼并農人，農人所以流亡者也。

「方今之務，莫若使民務農而已矣。欲民務農，在於貴粟[79]；貴粟之道，在於使民[80]以粟為賞罰[81]。今募天下入粟縣官[82]，得以拜爵[83]，得以除罪[84]。如此，富人有爵[85]，農民有錢[86]，粟有所渫[87]。夫能入粟以受爵，皆有餘者也。取於有餘以供上用，則貧民之賦可損[88]，所謂『損有餘[89]，補不足[90]』，令出而民利者也。今令[91]民有車騎馬[92]一匹者，復卒三人[93]。車騎者，天下武備也，故為復卒[94]。神農之教[95]曰：『有石城十仞[96]，湯池百步[97]，帶甲百萬[98]，而無粟，弗能守也。』以是觀之，粟者，王者大用[99]，政之本務[100]。今[3]民入粟受爵至五大夫[101]以上，乃復一人[102]耳，此其與騎馬之功[103]相去遠矣[104]。爵者，上之所擅[105]，出於口而無窮[106]；粟者，民之所種，生於地而不乏[107]。夫得高爵與免罪，人之所甚欲也；使天下人入粟於邊[108]以受爵、免罪，不過三歲，塞下之粟必多矣[109]。」

帝從之，令民入粟於邊，拜爵各以多少級數為差[110]。

錯復奏言：「陛下幸使天下入粟塞下以拜爵，甚大惠也。竊恐塞卒之食不足用，大渫[111]天下粟。邊食足以支五歲[112]，可令入粟郡縣[113]矣。郡縣足支一歲以上[114]，可時赦，勿收農民租[115]。如此，德澤加於萬民，民愈勤農[116]，大富樂矣。」

上復從其言，詔曰：「道[117]民之路，在於務本[118]。朕親率天下農[119]，十年于今，而野不加辟[120]。歲一不登[121]，民有飢色，是從事焉尚寡[122]，而吏未加務[123]。吾詔書數下，歲勸民種樹[124]，而功未興[125]，是吏奉吾詔不勤[126]，而勸民不明[127]也。且吾農民甚苦，而吏莫之省[128]，將何以勸焉！其賜農民今年租稅之半[129]。」

十三年（甲戌　西元前一六七年）

春，二月甲寅[130]，詔曰：「朕親率天下農耕，以供粢盛[131]；皇后親桑[132]，以供祭服[133]。其具禮儀[134]！」

初，秦時祝官[135]有祕祝[136]，即[137]有災祥[138]，輒移過於下[139]。夏，詔曰：「蓋聞天道[140]，禍自怨起[141]，而福繇德興[142]。百官之非[143]，宜由朕躬[144]。今祕祝之官移過於下，以彰吾之不德[145]，朕甚弗取。其除之[146]！」

齊太倉令[147]淳于意[148]有罪當刑[149]，詔獄[150]逮繫長安[151]。其少女緹縈[152]上書曰：「妾父為吏，齊中[153]皆稱其廉平[154]。今坐法當刑[155]。妾傷夫[156]死者不可復生，刑者不可復屬[157]；雖後欲改過自新，其道無繇[158]也。妾願沒入為官婢，以贖父刑罪[159]，使得自新[160]。」

天子憐悲其意，五月，詔曰：「詩曰：『愷弟君子，民之父母[161]。』今人有過，教未施而刑已加焉，或欲改行為善，而道無繇至，朕甚憐之！夫刑至斷支體[162]、刻肌膚[163]，終身不息[164]，何其刑之痛而不德[165]也！豈為民父母之意哉！其除肉刑，有以易之[166]；及今罪人各以輕重[167]，不亡逃，有年而免[168]。具為令[169]！」

丞相張蒼[170]、御史大夫馮敬[171]奏請定律[172]，曰：「諸當髡[173]者，為城旦、舂[174]；當黥[175]者，髡[4]鉗為城旦、舂[176]；當劓[177]者，笞三百[178]；當斬左止[179]者，笞五百；當斬右止[180]，及殺人先自告[181]，及吏坐受賕[182]、枉法[183]、守縣官財物而即盜之[184]、已論而復有笞罪[185]者，皆棄市[186]。罪人獄已決[187]為城旦、舂者，各有歲數以免[188]。」制曰：「可。」

是時，上既躬修玄默[189]，而將相皆舊功臣，少文多質[190]。懲惡[191]亡秦之政，論議務在寬厚，恥言人之過失。化行天下[192]，告訐之俗易[193]。吏安其官，民樂其業，畜積(194)歲增，戶口寖息(195)。風流篤厚(196)，禁罔疏闊(197)，罪疑者予民(198)，是以刑罰大省(199)，至於斷獄四百(200)，有刑錯(201)之風焉。

六月，詔曰：「農，天下之本，務莫大焉(202)。今勤身(203)從事，而有租稅之賦，是為本末者無以異(204)也，其於勸農之道未備(205)。其除田之租稅(206)！」

【章旨】以上為第二段，寫了文帝十二（西元前一六八年）、十三兩年間的全國大事，主要寫了黃河決口、鼂錯上〈論貴粟疏〉，漢文帝下詔免除全部農業稅；以及孝女緹縈願以自身贖父之罪，感動漢文帝廢除肉刑的情節，並總體稱道了文帝時代的社會面貌。

【注釋】❶冬二句　開頭就說「冬，十二月」，因為漢代初年使用秦朝曆法，以十月為歲首，而十月、十一月又無事可記故也。❷河決酸棗　黃河在酸棗縣決口。酸棗，漢縣名，縣治在今河南延津西南，處於當時黃河的東南側。❸東潰金隄東郡　向東沖垮了金隄，淹了東郡。金隄，一名千里隄，西漢時指稱今河南延津東北行經滑縣、濮陽，直至山東德州一線的黃河大堤。此堤用石築成，取名「金隄」，以言其固。東郡，漢郡名，郡治濮陽（今濮陽城西南），當時的酸棗縣即屬東郡。❹大興卒　大規模地調動士兵。❺除關　撤除各郡、國之間的關卡。❻無用傳　意即在漢朝國內往來不必再用通行證。傳，也叫「繻」、「過所」，即今所謂通行證。❼耕而食之　種了糧食給他們吃。❽織而衣之　織布做衣給他們穿。❾資財之道　生財之道；謀生手段。資，生。❿堯有九年之水　相傳堯時洪水氾濫，堯用鯀治水，九年未成云云。事見《史記・夏本紀》。⓫湯有七年之旱　出自百家傳說，《史記・殷本紀》不載。⓬亡捐瘠　沒有人凍餓而死。亡，通「無」。捐，遺棄。瘠，瘦弱。⓭畜積　儲存的物資。畜，通「蓄」。⓮備先具　事先早有準備。⓯不減湯禹　不比湯、禹時少。⓰畜積未及　儲存的物資趕不上湯、禹的時代多。⓱地有遺利　土地還有潛力沒能充分發掘。⓲未盡墾　未能全部開墾。⓳山澤之利　山林湖海中的各種出產。⓴游食之民　遊手好閒，不務農業的人。法家有所謂「五蠹」，將縱橫家、儒生、劍客、工商業者、逃避兵役者等等都列為遊民。鼂錯的概念也大體如此。㉑寒之於衣　寒者對於衣服的需求。㉒不待輕暖　不一定非要輕而且暖的狐裘。㉓不待甘旨不一定非要多麼甜美的食物。甘旨，甜美；香甜。㉔不再食　不吃兩頓飯。㉕終歲不製衣　時至一年還不添件衣服。㉖保保持；擁有。㉗有　佔有；擁有。㉘知其然　明白這個道理。㉙務民於農桑　把全國百姓都引導到發展農桑的道路上來。務，致力於。㉚薄賦斂　減少對農民的各種稅收。㉛廣畜積　加大各種物資的儲存量。㉜實倉廩　把各種倉庫都裝得滿滿的。實，裝滿。倉、廩，不同樣式的倉庫。㉝在上所以牧之　就在於統治者怎麼管理了。牧，放牧，以放牧牛羊比喻統治管理黎民百姓。㉞趨利　求取利益。趨，奔向。㉟四方無擇　不管東西南北，哪兒低就往哪兒流。㊱上用　統治者使用。㊲在於把握一隻手就能把它攥起來，極言其體積之小。㊳周海內　走遍全國。㊴輕背其主　很容易地叛國投敵，因為只要帶著些錢就能走脫。輕，不難；不費勁。㊵易去其鄉　很容易地離開故鄉，也是因為只要有錢就能做到。㊶有所勸　由此受到鼓勵。㊷輕資　便於攜帶而走遍天下。資，意思同「齎」，攜帶。㊸長於時　都得經過幾個季節才能成熟。時，季節。㊹聚於力　都得花費很多力氣才能把它們收割起來。㊺數石之重　有個幾百斤的重量。石，重量單位，一百二十斤為一石。按，漢時的一斤約當今之半市斤。㊻中人弗勝　一個中等氣力的人就扛不起來。㊼不為姦邪所利　一般的小偷、土匪都不在這上頭打主意。㊽貴五穀而賤金玉　意即分外重視發展農業。㊾服役　到邊疆服兵役、勞役。㊿不下二人　不少於兩個人。(51)耘　除草。(52)伐薪樵　割柴草。(53)治官府　給當地的官衙蓋房子。(54)給繇役　為當地的官府出民工。繇，同「徭」。(55)四時　指春、夏、秋、冬四季。(56)私自　指自己家裡。(57)送往迎來　指親友之間的相互往來作客。(58)養孤長幼　撫養孤兒，培育幼童。(59)不時　不按時；說不定什麼時候就要。(60)朝令而暮改　王念孫以為「改」字應作「得」。意思是早晨通知晚上就要交齊。(61)有者半賈而賣　家裡有糧食的，為了交錢只好半價拿糧食換錢。賈，通「價」。(62)取倍稱之息　只好借加倍的高利貸。倍稱之息，日後需加倍還錢的利息。(63)鬻　賣。(64)償責　償還債務。責，通「債」。(65)積貯倍息　儲存貨物，得翻倍的利潤。(66)坐列　看守攤位。列，市場上的行列次序，這裡即指攤位、門臉。(67)操其奇贏　意即賺取利潤。奇贏，多出來的部分，即利潤。(68)乘上之急　趁著國家有急用。(69)所賣必倍　出賣時把價錢提高一倍。(70)衣必文采　穿的都是有紋彩的高檔衣服。(71)粱　黃小米，在當時屬於好糧食。(72)有仟伯之得　有千倍、百倍於農夫的獲得。(73)力過吏埶　其勢力比官吏還要牛氣。(74)以利相傾　靠著有錢，與官吏相傾軋。(75)游敖　意即遨遊。敖，通「遨」。(76)冠蓋相望　後一夥跟著前一夥。冠蓋，指帽子和車蓋。(77)乘堅策肥　乘著堅車，趕著好馬。(78)履絲曳縞　足穿絲襪，身披縞衣。曳，披；拖著。縞，白色絲織品。(79)貴粟　提高糧食的地位。(80)使民　二字衍文，應削。(81)以粟為賞罰　按上交國家的糧食多少，以定賞罰額度。(82)入粟縣官　向國家交納糧食。(83)得以拜爵　可以通過交糧食而提高爵位。(84)得以除罪　也可以通過交糧食而減免罪過。(85)富人有爵　糧食多的富人可以交糧食而獲得高爵位。[86]農民有錢　農民交糧得爵後，也可以賣爵換錢花。[87]粟有所渫　這一來就使糧食流通起來了。渫，流通。[88]可損　可以減少。[89]損有餘　指收富人的糧食以供國用。[90]補不足　指減少對窮人的稅收。[91]今令　當今實行的法令。[92]車騎馬　讓百姓為公家餵養供戰車或騎兵用的馬。[93]復卒三人　兩句意謂，凡是給公家餵養一匹戰馬，就免除三個人的徭役。[94]故為復卒　為那些替國防做了貢獻的人免除徭役。[95]神農之教　神農氏教導我們說。神農是傳說中教民種植的遠古帝王。[96]十仞　八丈高。一仞等於八尺。[97]湯池百步　以沸水做的護城河其寬百步。[98]帶甲百萬　裝備精良的守兵百萬。三句極言此城之易守難攻。[99]大用　最有用的東西。[100]政之本務　國家政務最根本的一條。[101]人粟受爵至五大夫　交糧食換爵位要想換到五大夫一級。五大夫是二十級爵位中的第九級。[102]乃復一人　根據當時規定，凡是在戰場立功或是交糧食換爵位，能達到五大夫一級的，就享有免除一人徭役的特權。[103]騎馬之功　指國家為百姓餵養車騎馬所付出的代價。[104]相去遠矣　相差太大啦。指百姓養一匹車騎馬，國家就得免三個徭役；而收糧食收到五大夫一級，才只需付出一個徭役。[105]上之所擅　皇帝所專管，說給誰幾級就是幾級。[106]出於口而無窮　意即可以無限制地封下去。[107]生於地而不乏　意即也是可以沒盡頭地多下去。[108]使天下人入粟於邊　假如能讓普天下的人都能踴躍地向國家交糧食以換爵位與免罪。使，假如。[109]塞下之粟必多矣　以上引文即通常所稱的〈論貴粟疏〉。[110]拜爵各以多少級數為差　意即根據交納糧食的多少，分別授以不同級別的爵位。差，等級。[111]渫調動；流通。[112]邊食足以支五歲　意謂如今邊境上的糧食已經多得夠吃五年了。[113]可令入粟郡縣　可以讓百姓們把糧食交納給所屬的各郡各縣。[114]郡縣足支一歲以上　如果各郡縣所收繳的糧食足夠本郡本縣的人再吃一年以上。[115]可時赦二句　可即時發布赦令，全部免收本年農夫的稅收。[116]勸農　勤奮地從事農業活動。[117]道　通「導」。引導。[118]務本　指從事農業。[119]親率天下農　親自帶頭率領天下百姓從事農業。[120]野不加辟　荒地並沒有更開墾多少。辟，開墾。[121]歲一不登　一旦有個荒年。登，豐收。[122]從事焉尚寡　指務農的人數還少。[123]吏未加務　有關官員沒有更認真地做好此事。[124]歲勸民種樹　每年都在鼓勵百姓們搞好種植。種樹，種植。[125]功未興　看不到太好的效果。[126]不勤　不努力；不積極。[127]勸民不明　勸民從事農業的道理、辦法說得不明確。[128]莫之省　對農民的困苦沒有體察。省，察；明白。[129]其賜農民今年租稅之半　意即免除農民今年租稅的一半。其，表示命令的發語詞。[130]二月甲寅　二月十六。[131]粢盛　祭品，指盛在祭器內的穀物。[132]親桑　親自採桑養蠶。[133]以供祭服　用皇后親自養蠶織成的絲綢製作祭祀禮服。[134]其具禮儀　命令祠官制定有關的禮節儀式。其，表示命令的發語詞。具，備辦；制定。[135]祝官　也稱「太祝」，祭祀時主管向鬼神祈禱的官。[136]祕祝　不使他人聽到的祕密祈禱。[137]即如果。[138]災祥　預示將有凶險降臨的徵兆。[139]輒移過於下　總是把罪過推給下屬的人員。輒，隨即；總是。[140]天道　皇天行事的原則。(141)禍自怨起　一個人所以遇禍，是由於他被眾人所怨恨。(142)福繇德興　一個人所以享福，是由於他的德澤深厚。興，生。(143)百官之非　百官群臣的過錯。(144)宜由朕躬　應該由我負責。(145)以彰吾之不德　越發顯示了我的德行差勁。彰，顯。(146)其除之　應將這種「祕祝」的事情去掉。(147)齊太倉令　齊國掌管國家糧倉的長官。(148)淳于意　姓淳于，名意。事跡詳見《史記・扁鵲倉公列傳》。(149)當刑　被判刑。當，判罪。(150)詔獄　奉詔令而審判的案件，也指奉詔令關押犯人的監獄。(151)逮繫長安　要把犯人逮捕、關押到長安去。(152)少女緹縈　小女兒名叫緹縈。(153)齊中　整個齊國內。(154)廉平　廉潔公平。(155)坐法當刑　如今因犯法要被判受刑。(156)夫　表示指示的發語詞，猶言「那」。(157)刑者不可復屬　被斬斷的肢體不能再接上。按，因漢代有斷足、斬趾等刑，故有此說。(158)其道無繇　無路可走；無法可想。(159)願沒入為官婢二句　漢代有將犯罪者或犯罪者的家屬沒入官府為奴婢的章程，今淳于意犯罪，其女欲贖其父，故自請入官為奴。沒入，猶言「淪為」。(160)使得自新　使（我父親）能夠改過自新。(161)愷弟君子二句　二句見《詩經・泂酌》，意思是，一位寬宏和樂、有同情心的君子，就可以做百姓的父母了。愷弟，寬仁和善的樣子。弟，通「悌」。君子，指當權者。(162)斷支體　指當時的「宮刑」、「臏刑」、「斬左右趾」等。支，同「肢」。(163)刻肌膚　指在臉上刺字的黥刑。(164)終身不息　永遠不能再長好。息，生。(165)痛而不德　殘酷而不仁慈。(166)其除肉刑二句　廢掉肉刑（指「宮刑」、「刖刑」、「斬左右趾」、「黥刑」），而用其他辦法來代替。按，漢代刑法原分大辟（殺頭）、宮刑、臏刑、黥刑、髡刑五類，大辟原封不改，髡刑未傷肢體，而對人身有殘害的是宮刑、臏刑、黥刑，文帝詔書將此三種罪人一律改為鞭笞。對於此事，司馬遷在《史記》中是作為文帝的「德政」之一來歌頌的，但事實卻未必如此，班固在《漢書・刑法志》中就說：「外有『輕刑』之名，內實殺人」。因為不該死的人改成鞭笞，幾百棍子反而被打死了。(167)各以輕重　各按其罪行大小定出服刑的年限。(168)不亡逃二句　只要認真服刑，不逃跑，那就等年滿之後釋放回家。免，謂免其罪過，還為庶人。(169)具為令　把這個意思定為法令條文。(170)張蒼　劉邦的開國功臣，被封為北平侯，繼灌嬰為丞相。事跡詳見《史記・張丞相列傳》。(171)馮敬　西漢初期大臣，由典客遷任御史大夫。(172)定律　制定律法，實即規定不同的肉刑改用其他辦法的處理方式。(173)髡　古代刑罰之一，即剃去頭髮。(174)為城旦舂　改為城旦或者舂米。城旦指送到邊境白天修長城，晚上打更放哨，通常為四年。舂，主要用於女性，為公家從事舂米勞動，也是四年為期。(175)黥　古代肉刑之一，即在臉上刺字。(176)髡鉗為城旦舂　意即剃去頭髮、戴著刑具從事修城或舂米的勞動。鉗，是古代的一種刑具，即套在犯人脖子上的鐵箍。(177)劓　古代肉刑之一，即割掉人的鼻子。(178)笞三百　抽三百鞭子或打三百棍子。笞，用皮鞭、木杖或竹板打人。(179)斬左止　古代肉刑之一，即斬去左腳的腳趾。止，同「趾」。(180)斬右止　古代肉刑之一，即斬去右腳的腳趾。(181)殺人先自告　殺人後投案自首。(182)及吏坐受賕為官吏而接受賄賂。(183)枉法　為官吏而不秉公執法。枉，曲；不正直。(184)守縣官財物而即盜之　為公家看管財物而乘便偷盜，即今所謂「監守自盜」。縣官，公家；國家。(185)已論而復有笞罪　已經被判過別的刑，現在又犯了該鞭笞的罪。(186)棄市　在鬧市處決，陳屍示眾。(187)決　判決；判定。(188)各有歲數以免　各自按著所判勞役的年數，期滿即行釋放。(189)躬修玄默　信奉黃帝、老子學說，追求「清靜無為」。(190)少文多質　缺少文化修養，大多粗野質樸。(191)懲惡　討厭；厭惡；以……為教訓。(192)化行天下　一種寬厚祥和風氣遍及全國。(193)告訐之俗易　秦朝以來那種彼此監視、相互檢舉揭發的風氣全改了。告訐，寫匿名信告黑狀。易，改變。(194)畜積　國家與私人的儲存物資。(195)寖息　越來越多。息，生，此指人口增長。(196)風流篤厚　風俗淳樸厚道。(197)禁罔疏闊　法律條文寬鬆。禁罔，指各種法令。罔，通「網」。(198)罪疑者予民　意即可判可不判者一律不判，可輕判可重判者一律從輕。(199)刑罰大省　指社會上犯罪的人少。(200)斷獄四百　一年內全國只判了四百個案件。(201)刑錯　刑法擱置不用。錯，通「措」。放置。(202)務莫大焉　在社會所從事的活動中沒有比農業更重要的了。務，從事。(203)勤身　努力；盡力。(204)為本末者無以異　從事農業與從事工商業的人就沒有區別了。意指都得交稅。(205)於勸農之道未備　對於鼓勵農業來說這樣是不好的。未備，有疏漏。(206)除田之租稅　意即免除全部的農業稅。

【校　記】[1]母　原作「父」。據章鈺校，乙十一行本、孔天胤本皆作「母」。今從乙十一行本及《漢書・食貨志》改。[2]子孫　原作「妻子」。據章鈺校，甲十五行本、乙十一行本皆作「子孫」，張瑛《通鑑校勘記》同。今從甲十五行本、乙十一行本及《漢書・食貨志》改。[3]令　原作「今」。據章鈺校，乙十一行本作「令」。今從乙十一行本及《漢書・食貨志》改。[4]者髡　原作「髡者」。據章鈺校，乙十一行本二字互乙。今從乙十一行本及《漢書・刑法志》改。

【語　譯】十二年（癸酉　西元前一六八年）

冬季，十二月，黃河在酸棗縣一帶發生了決口，洪水向東沖垮了金隄、淹了東郡，朝廷派了大批士兵去堵塞決口。

春季，三月，撤銷各郡、國之間的關卡，廢除出入關卡的通行證。

鼂錯對漢文帝說：「英明的君王統治國家，使人民不挨餓不受凍，並不是要國君親自耕種出糧食給他們吃，親自織布做衣服給他們穿，而是為他們開闢出生財之道。所以堯時雖然遭遇了九年的洪澇災害，商湯時遇到了七年大旱，而國內沒有人因凍餓而死，是因為國家儲備的物資充足，事先早有準備。現在國家統一，土地、人民的數量不比商湯、夏禹時少，又沒有發生連年的水旱災害，而國家的物資儲備卻趕不上商湯、夏禹的時候，是什麼原因呢？這是因為土地還有潛力沒有被全部開發出來，人民還有餘力沒有充分發揮出來，能生長農作物的土地沒有全部開墾出來，山林湖泊中的物產沒有全部利用起來，無業遊民還沒有全部從事農業生產造成的。

「天氣非常寒冷的時候，就不一定非要輕而且暖的狐裘才穿。飢餓難忍的時候，就不會挑剔食物是否美味可口；飢寒交迫的時候，就顧不上講究廉恥。對於人來說，一天如果吃不上兩頓飯就會感到飢餓，一年到頭不添置衣裳就會受凍。肚子飢餓而沒有食物可吃，身上感到寒冷而沒有衣服可穿，即使是慈愛的母親也不能保有她的兒子，國君又怎麼能保有他的民眾呢？英明的君主懂得這個道理，所以鼓勵人們努力從事農業生產，耕種五穀、種桑養蠶，減輕人民的賦稅，加大對各種物資的儲備，使國庫充實、防備水旱災害，如此的話皇帝才能保有他的人民。對於百姓，關鍵在於統治者如何去治理。人民求取利益，就像是水永遠向低處流一樣，哪裡有利益就到哪裡去，從來不管什麼方向。

「珍珠、寶玉、金、銀，飢餓時不能當食物吃，寒冷時不能當衣服穿；然而人們卻認為它很貴重，是因為皇帝喜好的緣故。這些東西體積小容易收藏，握在手中就可以帶走，有了它可以周遊四海而沒有飢寒之憂。這就使得臣屬們很容易為得到它而叛國投敵，平民百姓為得到它而把背井離鄉不當一回事，盜賊見了它而心動，犯罪的人攜帶它而走遍天下。穀子、稻米、布匹、綢緞，都是從土地中生產出來的，要經過幾個季節才能夠成熟，要進行辛勤的耕種勞作才能把它們收穫起來，而不可能在一天之內就可以得到。數石重的糧食、布匹，中等力氣的人就挪不動它，所以奸邪之人不會輕易打它的主意，但是，如果一天沒有糧食吃、沒有衣服穿，人們馬上就會遭受到飢餓寒冷的痛苦，所以英明的君主全都重視發展農業生產而不看重那些金銀寶玉。

「現在農民當中的一個五口之家，至少要有兩個人給官府服傜役；他們能夠用於耕種的土地，不超過一百畝。一百畝土地收穫的糧食，不過一百石。春天播種，夏天耕耘，秋天收割晾曬，冬天造囤收藏，還要砍柴割草，給官府修治房子，為官府當差服勞役。他們春天不得躲避風塵，夏天不得躲避暑熱，秋天不得躲避陰雨，冬天不得躲避嚴寒：一年四季沒有休息的日子。再加上個人的送往迎來，弔唁死者、慰問病人，贍養老人、撫育子女。這樣辛勤勞苦，還要遭受水旱之災和官府的橫徵暴斂，官府不定時地向人民徵收賦稅，早晨發布的命令往往到了晚上就已經改變。有些積蓄的家庭被迫半價將糧食賣掉用來交納賦稅，沒有積蓄的人家只好以加倍的利息向有錢人借貸來交納賦稅，最後因為無力還貸，只有出賣田地房屋、子孫後代來償還債務。而那些商人財力雄厚的利用放高利貸謀取雙倍的利潤，小的商賈就地販賣，利用囤積的緊缺物資大發橫財，這些商人每天遊蕩於都市之中，趁著皇帝急需的時候，以加倍的價錢賣出去，獲取高額利潤。所以，他們男的不用耕田種地，女的不用養蠶織布，而所穿的必須是華麗的綾羅綢緞，吃的必須是精米精肉。他們沒有農民的艱辛勞苦，卻有千倍、百倍於農夫的收穫。因為他們富有，所以就以財物賄賂王侯、勾結官府，勢力比官吏還要牛氣，靠著有錢，與官吏相傾軋。他們千里遨遊，一夥跟著一夥，乘坐著堅固的車子、趕著肥壯的駿馬，腳上穿著絲製的鞋襪，身上穿著綾羅綢緞。這就是商人剝削農民，農民所以流離失所的原因。

「當今最重要的事，莫過於鼓勵人們從事農業生產了。要使人們願意從事農業生產，關鍵在於提高糧食的地位；提高糧食地位的方法，在於將糧食作為賞罰的工具。現在號召天下人把糧食交給官府，將糧食交給官府的就提高他們的爵位，犯罪的也可以通過向國家交納糧食而減免他們的罪過。這樣，富人有了爵位，農民口袋裡有了錢，糧食才能夠流通起來而不會被囤積。能夠向國家交納糧食而獲得爵位的，都是糧食有富裕的人家。從有富裕的人家裡取得多餘的糧食供國家使用，那麼窮人的賦稅就可以減輕，這就是所謂的『損有餘而補不足』，法令一旦實行，農民就會獲得好處。現在實行的法令是讓百姓為公家餵養供戰車或騎兵所用的馬，餵養一匹馬就可以免除三個人的賦役。車輛馬匹是戰爭工具，所以才免除賦役。神農氏教導過：『即使有十仞高的石頭城牆，有百步寬的流淌著沸水的護城河，擁有百萬全副武裝的軍隊，然而沒有糧食吃，也不能守住城池。』從這裡來看，糧食是國家最有用的東西，是治理國家最根本的一條。讓人民交納糧食授給五大夫以上爵位的，才免除一人的徭役，這與為國家餵養馬匹而免除賦役的待遇相差甚遠。爵位，由皇帝掌握，皇帝願意封多少就封多少，沒有限額；而糧食，是農民種植出來的，生長在田地裡而不會缺乏。獲得高的爵位與免除罪過，是人民所最希望的；使人民交納糧食給國家用於國防建設而獲得爵位、免除罪過，這樣用不了三年，邊塞的糧食就會很多。」

漢文帝聽從了鼂錯的建議，於是下令讓人民將糧食運送到邊境，按照交納糧食數量的多少授予不同級別的爵位。

鼂錯又向漢文帝建議說：「陛下下詔讓天下人運送糧食到邊境而授給爵位，這對國家來說有很大的好處。我私下裡擔心邊防軍的糧食供給不足，才建議將糧食源源不斷地輸送到邊境。現在邊境的糧食足夠食用五年了，可以讓人們把糧食交到所屬的郡縣貯存起來。郡、縣儲存的糧食足夠本地食用一年以上時，可臨時發布赦令，免除農夫一年的賦稅。這樣，全國人民都感受到皇帝的恩德，人民就會更加勤勞耕種，國家富裕而人民也能安居樂業了。」

漢文帝又聽從了鼂錯的建議，下令說：「引導人民，目的是促使人們從事農業生產。我親自率領天下人民從事耕種，至今已經十年了，但荒地並沒有開墾多少。一旦年成不好，就有人要挨餓，這是從事農業生產的人數還很少，而有關官員對此事沒有足夠重視造成的。我已經屢次下詔，每年都在鼓勵人民種植，而至今不見成效，這是官吏沒有很好地執行我的命令，勸民從事農業的道理、辦法說得不明確。而且我們的農民生活很困苦而官吏又不體察，怎麼能夠使他們樂於務農呢！作為對從事農業生產的農民的獎勵，特別免除農民今年租稅的一半。」

十三年（甲戌　西元前一六七年）

春季，二月十六日甲寅，漢文帝頒布詔書說：「我親自在御田耕種，為天下人作出表率，並用御田所收穫的黍稷作為祭祀的祭品；皇后親自種桑養蠶，用皇后親自養的蠶、織出來的絲綢製祭祀時所穿的禮服。有關大臣應制定出相關的禮儀！」

當初，秦朝專門設有祭祀時主管向鬼神祈禱的官員，一旦國家遇到大的災難，祕祝總是把罪過推給下屬，讓下屬代替皇帝接受上天的懲罰。夏天，漢文帝下詔說：「我聽上天行事的原則，災禍總是因為怨恨太多而引起，福分大多由廣施恩澤而產生。百官的過錯，理應由我負責。現在祕祝之官總是將罪過推給臣民，這其實是在彰顯我的德行有虧，我非常不贊成這種做法。取消祕祝這種祭祀活動！」

齊國太倉令淳于意犯了罪，被判刑，有關部門奉皇帝詔令將其逮捕、押送到長安去。淳于意的小女兒緹縈給漢文帝上書說：「我父親在齊國擔任太倉令，齊國人都稱讚他廉潔公平。如今犯法被判刑。我很悲痛，人死就不能復生，肢體被砍下來就不可能再接上；以後他就是想要改過自新，也不可能了。我願意去官府充當奴隸，替我父親贖罪，使我父親能夠得到一個改過自新的機會。」

漢文帝對緹縈非常同情，五月，頒布詔令說：「《詩經》上說：『寬宏和樂、有同情心的君子，可以做人民的父母。』現在人有了過失，事先沒有對他進行教化而刑法就已經加到了他的身上，假如他想改過自新，卻永遠的沒有了機會，我非常憐憫他們！刑法有砍斷肢體、在臉上刺字，終其一生也不能再復原，刑法是多麼的殘酷而不仁慈啊！難道這是父母官的本意嗎！以後廢除肉刑，用其他刑罰代替；今後按照罪行的輕重程度制定出服刑的年限，只要不畏罪逃跑，服刑期滿即行釋放。要把這個意思訂為法律條文！」

丞相張倉、御史大夫馮敬向漢文帝奏報新修訂的律法，說：「按照新修訂的法律：按照舊法應該判處剃光頭髮的，改判為男的服四年築城勞役，女的服四年舂米勞役；按照舊法應當判處臉上刺字的改判為剃光頭髮、戴著刑具從事築城或舂米勞役；按照舊法應該判處割掉鼻子的，改判為用鞭子抽打三百下；按照舊法應該判處砍掉左腳趾的改判為鞭打五百下；按照舊法應判處砍掉右腳趾的，以及殺人之後主動投案自首的、官吏收受賄賂貪贓枉法的、監守自盜的、已經被判過刑而又犯了該鞭打的罪的一律在鬧市斬首，陳屍示眾。凡是被判處服築城和舂米苦役的犯人，服刑期滿一律釋放。」漢文帝下令說：「可行。」

在當時，漢文帝信奉黃老之學，追求清靜無為，而所任用的將軍、丞相都是過去跟隨漢高帝劉邦打天下的舊勳功臣，這些人缺乏文化修養，文質彬彬的少，粗豪質樸的多。鑑於導致秦朝滅亡的種種教訓，所以朝廷在執行法律、制定政策方面都務求寬厚，以揭露別人的過失、隱私為恥辱。這種作風對全國產生了很大的影響，使過去那種喜好揭發別人隱私、對人惡語中傷的習氣有了很大改變。各級官吏安於職守，人民安居樂業，國家與私人的物資儲備一年比一年增加，人口越來越多。民風純樸厚道，法禁寬鬆，對於罪有可疑可判可不判的一律不判，可重判可輕判的一律從輕，所以刑事案件大為減少，以至於一年之中全國犯罪判刑的不過四百個案件，有刑法被擱置不用的趨勢。

六月，漢文帝下詔說：「農業是國家的根本，再沒有比農業更重要的事情了。如今，既引導人們從事農業生產，卻又向農民徵收賦稅，如此的話，務農和經商還有什麼區別呢，這不符合鼓勵農耕的精神。免除全部的農業稅！」

十四年（乙亥　西元前一六六年）

冬，匈奴老上單于❶十四萬騎入朝那❷、蕭關❸，殺北地都尉卬❹，虜人民畜產甚多。遂至彭陽❺，使奇兵❻入燒回中宮❼，候騎❽至雍❾、甘泉❿。帝以中尉⓫周舍、郎中令⓬張武為將軍，發車千乘、騎卒十萬軍長安旁⓭，以備胡寇。而拜昌侯盧卿⓮為上郡將軍⓯，甯侯魏遬⓰為北地將軍，隆慮侯周竈⓱為隴西將軍，屯三郡⓲。上親勞軍⓳，勒兵⓴，申教令㉑，賜吏卒，自欲征匈奴㉒。羣臣諫，不聽。皇太后固要㉓，上乃止㉔。於是以東陽侯張相如㉕為大將軍㉖，成侯董赤㉗、內史欒布㉘皆為將軍，擊匈奴。單于留塞內月餘，乃去。漢逐㉙出塞即還，不能有所殺。

上輦[30]過郎署[31]，問郎署長[32]馮唐曰：「父[33]家安〔1〕在？」對曰：「臣大父趙人，父徙代[34]。」上曰：「吾居代時[35]，吾尚食監[36]高祛數為我言趙將李齊[37]之賢，戰於鉅鹿下[38]。今吾每飯，意未嘗不在鉅鹿也[39]。父知之乎？」唐對曰：「尚不如廉頗、李牧[40]之為將也。」上搏髀[41]曰：「嗟乎，吾獨[42]不得廉頗、李牧為將！吾豈憂匈奴哉[43]！」唐曰：「陛下雖得廉頗、李牧，弗能用也[44]。」

上怒，起，入禁中[45]，良久，召唐讓[46]曰：「公柰何眾辱我[47]，獨無間處[48]乎？」唐謝[49]曰：「鄙人不知忌諱。」上方以胡寇為意[50]，乃卒復問唐曰：「公何以知吾不能用廉頗、李牧也？」唐對曰：「臣聞上古王者之遣將[51]也，跪而推轂[52]，曰：『閫以內者，寡人制之；閫以外者，將軍制之[53]。』軍功爵賞皆決於外[54]，歸而奏之[55]，此非虛言也。臣大父言李牧為趙將居邊，軍市之租[56]，皆自用饗士[57]，賞賜決於外，不從中覆[58]也。委任而責成功[59]，故李牧乃得盡其智能；選車[60]千三百乘[61]，彀騎[62]萬三千，百金之士[63]十萬，是以北逐單于[64]，破東胡[65]，滅澹林[66]，西抑彊秦[67]，南支韓、魏[68]。當是之時，趙幾霸[69]。其後會趙王遷[70]立，用郭開讒，卒誅李牧，令顏聚代之[71]。是以兵破士北，為秦所禽滅[72]。今臣竊聞魏尚[73]為雲中守[74]，其軍市租盡以饗士卒，私養錢[75]五日一椎牛[76]，自饗[77]賓客、軍吏、舍人[78]，是以匈奴遠避，不近雲中之塞。虜曾一入[79]，尚率車騎擊之，所殺甚眾。夫士卒盡家人子[80]，起田中從軍，安知尺籍伍符[81]？終日力戰，斬首捕虜，上功幕府[82]，一言不相應[83]，文吏[84]以法繩之。其賞不行，而吏奉法必用[85]。臣愚以為陛下賞太輕，罰太重。且雲中守魏尚坐上功首虜差六級[86]，陛下下之吏[87]，削其爵，罰作之[88]。由此言之，陛下雖得廉頗、李牧，弗能用也！」上說。是日，令唐持節[89]赦魏尚，復以為雲中守，而拜唐為車騎都尉[90]。

春，詔廣增諸祀壇場珪幣[91]，且曰：「吾聞祠官祝釐[92]，皆歸福於朕躬[93]，不為百姓，朕甚愧之。夫以朕之不德，而專饗獨美其福[94]，百姓不與[95]焉，是重吾不德[96]也。其令祠官致敬，無有所祈[97]！」

是歲，河間文王辟彊[98]薨。

初，丞相張蒼以為漢得水德[99]，魯人公孫臣[100]以為漢當土德[101]，其應黃龍見[102]。蒼以為非是[2]，罷之[103]。

十五年（丙子　西元前一六五年）

春，黃龍見成紀[104]。帝召公孫臣，拜為博士[105]，與諸生申明土德[106]，草改曆、服色事[107]。張蒼由此自絀[108]。

夏，四月，上始幸雍，郊見五帝(109)，赦天下。

九月，詔諸侯王、公卿、郡守舉(110)賢良、能直言極諫(111)者，上親策之(112)。太子家令鼂錯對策高第(113)，擢(114)為中大夫(115)。錯又上言宜削諸侯(116)及法令可更定(117)者，書凡三十篇。上雖不盡聽，然奇其材。

是歲，齊文王則(118)、河間哀王福(119)皆薨，無子，國除(120)。

趙人新垣平(121)以望氣(122)見上，言長安東北有神氣，成五采。於是作渭陽五帝廟(123)。

十六年（丁丑　西元前一六四年）

夏，四月，上郊祀(124)五帝于渭陽五帝廟。於是貴新垣平(125)至上大夫(126)，賜累千金(127)。而使博士、諸生刺六經中作王制(128)，謀議巡狩(129)、封禪(130)事。又於長門(131)道北立五帝壇(132)。

徙淮南王喜復為城陽王(133)。又分齊為六國(134)。丙寅(135)，立齊悼惠王(136)子在者六人：楊虛侯將閭為齊王(137)，安都侯志為濟北王(138)，武城侯[3]賢為菑川王(139)，白石侯雄渠為膠東王(140)，平昌侯卬為膠西王(141)，扐侯辟光為濟南王(142)。淮南厲王(143)子在者三人：阜陵侯安(144)為淮南王(145)，安陽侯勃(146)為衡山王(147)，陽周侯賜(148)為廬江王(149)。

秋，九月，新垣平使人持玉杯上書闕下[150]獻之。平言上曰：「闕下有寶玉氣來者。」已，視之[151]，果有獻玉杯者，刻曰「人主延壽」。平又言：「臣候日再中[152]。」居頃之，日卻，復中[153]。於是始更以十七年為元年[154]，令天下大酺[155]。平言曰：「周鼎亡在泗水中[156]。今河決，通於泗[157]，臣望東北汾陰直[158]有金寶氣，意周鼎其出乎[159]！兆見，不迎則不至[160]。」於是上使使治廟汾陰[161]，南臨河[162]，欲祠出周鼎[163]。

後元年（戊寅　西元前一六三年）

冬，十月，人有上書告新垣平所言皆詐也，下吏治[164]，誅夷[165]平。是後，上亦怠於改正、服、鬼神之事[166]，而渭陽、長門五帝[167]，使祠官領[168]，以時致禮，不往焉[169]。

春，三月，孝惠皇后張氏薨[170]。

詔曰：「間者[171]數年不登[172]，又有水旱、疾疫之災，朕甚憂之。愚而不明，未達其咎[173]，意者[174]朕之政有所失而行有過與[175]？乃天道有不順，地利或不得[176]，人事多失和[177]，鬼神廢不享[178]與？何以致此[179]？將[180]百官之奉養或廢[181]，無用之事或多[182]與？何其民食之寡乏也？夫度田非益寡[183]，而計民未加益[184]，以口量地[185]，其於古猶有餘186，而食之甚不足者，其咎安在？無乃187百姓之從事於末188以害農者蕃189，為酒醪190以靡穀191者多，六畜之食192焉者眾與？細大之義193，吾未得其中194，其與丞相、列侯、吏二千石、博士議之195，有可以佐百姓者196，率意遠思197，無有所隱！」

【章旨】以上為第三段，寫文帝十四年（西元前一六六年）至後元年（西元前一六三年）共四年間的全國大事，首先是寫了匈奴入侵西北邊地，漢王朝窮於應付，由此引出馮唐向文帝暢論國家如何用將的問題；其次是寫了文帝迷信鬼神，與其被公孫臣、新垣平等騙子所愚弄的事情；其三是寫了文帝接受賈誼建議所採取的分齊國為七、分淮南為三的名為施恩德、實為削弱諸侯勢力的措施。

【注釋】❶老上單于　冒頓之子，繼冒頓於西元前一七四—前一六一年為單于。❷朝那　漢縣名，縣治在今寧夏固原東南。❸蕭關　關塞名，在今寧夏固原東南。❹北地都尉卬　北地郡的都尉孫卬。北地，漢郡名，郡治馬領，在今甘肅慶陽西北。都尉，掌管該郡武事的長官。❺彭陽　漢縣名，縣治在今甘肅鎮原東南。❻奇兵　輕裝奔襲敵人的快速部隊。❼回中宮　秦漢時期的離宮名，在今陝西隴縣西北。❽候騎　騎兵偵探。❾雍　漢縣名，縣治在今陝西鳳翔城南。此地是秦朝的故都，秦漢時代的帝王常到這裡祭天。❿甘泉　秦漢時期的離宮名，在今陝西淳化西北之甘泉山上。⓫中尉　掌管首都治安的軍事長官，後改稱「執金吾」。⓬郎中令　掌管宮廷門戶及統領帝王侍從的官員，「九卿」之一。按，張武乃隨文帝自代國進京的官員，原在代為郎中令；入朝後，又任朝廷之郎中令。⓭軍長安旁　駐紮在長安周圍。⓮昌侯盧卿　劉邦的開國功臣，曾為韓信的部將，以軍功封昌侯。昌是漢縣名，上屬琅邪郡（郡治即今山東諸城）。⓯上郡將軍　以駐紮之地稱之。下文「北地將軍」、「隴西將軍」同。而「上郡」、「北地」、「隴西」都是漢郡名。⓰甯侯魏遬　劉邦的開國功臣，以軍功封甯遠侯。⓱隆慮侯周竈　劉邦的開國功臣，封地為隆慮縣。⓲屯三郡　分別駐紮在三個郡。⓳親勞軍　親自到三個郡慰勞軍隊。⓴勒兵　檢閱部隊。勒，控制；統領。這裡即指檢閱。㉑申教令　講清紀律、條例。㉒自欲征匈奴　想自己統兵往討匈奴。㉓固要　此處意為堅決阻止。要，要求。㉔上乃止　史珥《四史剿說》曰：「守文之君，此一段奮發亦不可少，雖不果行，已足作三軍之氣矣。」㉕東陽侯張相如　劉邦的開國功臣，以「長者」見稱，又見於《史記・張釋之馮唐列傳》、〈萬石張叔列傳〉。㉖大將軍　漢初時僅為榮譽稱號，非正式官名，加此稱號則可以統率其他諸將。㉗成侯董赤　劉邦功臣董渫之子，繼其父爵為侯，封地在成。㉘內史欒布　欒布原是劉邦功臣彭越的部下，此時任內史之職。內史是首都長安城的行政長官，後來改稱京兆尹。㉙逐　尾隨；跟進。㉚上輦　文帝的車子。輦是帝王乘坐的輕便小車，或用人挽，或使人抬。㉛郎署　郎官的辦事機構。郎官包括郎中、中郎、侍郎、議郎、騎郎等等，都是帝王的侍從官員，上屬郎中令統轄。㉜郎署長　官名，掌管郎署的事務。㉝父　對年長者的敬稱。㉞徙代　由趙國遷到代郡。趙國的都城邯鄲，代郡的首府即今河北蔚縣東北的代王城。㉟吾居代時　文帝即位前，於西元前一九六—前一八〇年為代王，國都中都（今山西平遙西南）。代郡隸屬於代國。㊱尚食監　為皇帝主管膳食的官吏，亦稱「太官」，屬少府。㊲趙將李齊　事跡不見於史。視前後文意，知其為秦末時人，所謂「趙將」即河北起義軍趙王歇的部下。㊳戰於鉅鹿下　胡三省曰：「當是秦將王離圍鉅鹿時。」按，秦將王離圍鉅鹿，項羽率兵救鉅鹿事，在秦二世三年（西元前二〇七年）冬，見《史記・項羽本紀》。㊴今吾每飯二句　吳見思曰：「因尚食監之言，故見飯而念監，因監而念鉅鹿也。遇事生心，真有如此。」㊵廉頗李牧　戰國後期、末期的趙國名將，廉頗事趙惠文王、趙孝成王；李牧事趙悼襄王、趙王遷。事跡詳見《史記・廉頗藺相如列傳》。㊶搏髀　拍大腿。聽人說話而內心激動的樣子。㊷獨　猶今所謂「偏偏」。㊸吾豈憂匈奴哉　意思是（如果我手下有廉頗、李牧那樣的將領，）我難道還怕匈奴嗎。這種應當重複出現而沒有重複出現的句子形式，《史記》中多有。詳見韓兆琦《史記箋證》。㊹陛下雖得廉頗李牧二句　凌稚隆引揚雄曰：「彼將有激也，親屈帝尊以信亞夫之軍，至頗、牧曷不用哉？」㊺禁中　猶言「宮中」，因宮廷乃設有禁防之地。㊻讓　責備。㊼柰何眾辱我　為什麼要當眾侮辱我，讓我下不了臺。㊽間處　無人之處；合適的空隙。指私下個別地交談。鍾惺曰：「君臣間對語如朋友。」㊾謝　道歉。㊿方以胡寇為意　正在籌劃對付匈奴的問題。(51)遣將　派將出征。(52)跪而推轂　王者親自為大將推動車輪，以示尊寵。轂，車輪中孔以承車軸的部位。(53)閫以內者四句　閫，門檻，這裡即指城門。四句是說，出兵以後，軍中一切都交由大將作主，王者不從後面干預。凌稚隆引茅坤曰：「古以來論將者無逾此言。」邵晉涵曰：「古今任將之略，盡此數言。」(54)皆決於外　都由將軍說了算。(55)歸而奏之　回來向君主稟明就行了。(56)軍市之租　駐軍所在地的交易市場的稅務收入。(57)饗士　犒賞士兵。按，《史記・廉頗藺相如列傳》寫李牧「以便宜置吏，市租皆輸入莫府，為士卒費。」可以參見。(58)不從中覆　不必等候朝廷的答覆。意即不必請示。(59)委任而責成功　意即只要求其最後完成任務，中間過程一概不問。責，求。(60)選車經過挑選的精良的戰車，當時中原地區尚多用車戰。按，「選車」一詞又見於《史記・廉頗藺相如列傳》，而〈魏公子列傳〉中有「選兵」。61千三百乘　一千三百輛。一車四馬曰一乘。62彀騎　使用弓箭的騎兵。胡三省曰：「弓弩引滿為『彀』，謂騎兵能射者。」師古曰：「彀，張弩也。」63百金之士　蓋謂臨戰勇武，曾獲百金之賞的猛士。64北逐單于　即指北逐匈奴，匈奴之君主曰單于，戰國末時匈奴族活動在今內蒙古與蒙古人民共和國一帶地區。65東胡　當時活動於今遼寧西部、內蒙古東部一帶的少數民族，大約與後來的烏桓、鮮卑同一族姓。66澹林　也作「襜襤」，當時活動於代北一帶的少數民族。按，李牧逐匈奴、破林胡、滅澹林等事，參見《史記・廉頗藺相如列傳》。67西抑彊秦　向西扼制了秦國的東出。當時的秦國都於咸陽（今陝西咸陽東北）。68南支韓魏　向南頂住了韓、魏兩國的北進。當時韓國的國都即今河南新鄭，魏國的國都即今開封。69趙幾霸　趙國幾乎可以稱霸天下。有關李牧為趙國支撐殘局，作戰獲勝的情形，詳見《史記・廉頗藺相如列傳》，但此語亦誇張過甚，當時韓、趙、魏諸國已僅未亡而已，尚何言「霸」？70趙王遷　趙國的臨亡國君，西元前二三五—前二二八年在位。71用郭開讒三句　趙王遷聽用郭開讒言捕殺李牧，改用顏聚，終致身俘國滅事，見《史記・廉頗藺相如列傳》。郭開，趙王的寵臣，受秦國收買，前曾讒害廉頗，致使廉頗被廢；此又讒害李牧，致使李牧被殺，趙國覆滅。馮唐這段話的用語，多與《史記・廉頗藺相如列傳》寫李牧事的用語相同，蓋史公於此感慨殊深。72兵破士北二句　秦王嬴政十九年（西元前二二八年）破邯鄲，虜趙王遷；趙遷之兄趙嘉逃至代，又支撐六年，至西元前二二二年遂被秦國徹底消滅。北，意思即「敗」，或合稱「敗北」。北，通「背」。兩軍對戰而示之以背，意即敗逃。73魏尚　其人僅此一見，其他事跡不詳。74雲中守　雲中郡的太守。雲中郡治在今內蒙古托克托東北。75私養錢　猶今所謂「工資」，個人的官俸。中井曰：「郡守自應得家口私養之錢，如後日月俸錢。」76椎牛　殺牛，謂殺牛以饗士。椎，擊殺。77自饗　用自己私人的錢招待軍中諸將士。78舍人　一種半僕役半賓客性質的親信人員。79虜曾一入　敵人有一次進入了雲中郡的邊境。80家人子　平民百姓家的孩子。81安知尺籍伍符　哪裡懂軍法中的那些清規戒律。《索隱》曰：「尺籍者，謂書其斬首之功於一尺之板。伍符者，命軍人伍伍相保，不容奸詐。」82上功幕府　向統帥部報告功績。幕府，軍隊出征無常處，以帳幕為府舍，故曰「幕府」。這裡指大將的辦公機構。83一言不相應　指上報的數目與實際斬獲稍微有點不一致。84文吏　死守條文的執法人員，也指那些深文巧詆、舞文弄法的刀筆吏。85其賞不行二句　意謂有斬獲之功的將士不一定就能獲得獎賞，而那些舞文弄法的小吏們所查出來的「問題」則一定要受到嚴辦。按，此先言將士之委屈，為魏尚做地步。瀧川引劉伯莊云：「家人子，不知軍法，上其功與尺籍不相應，魏尚連署，故坐罪也。」86坐上功首虜差六級　就因為上報的斬獲敵人的首級數目與實際相差六個。上功，上報功績。首虜，斬虜之首，即首級。(87)下之吏　將其交由法吏查辦。(88)罰作之　罰做苦役。胡三省曰：「一歲刑為罰作。」(89)持節　手執旌節。旌節是帝王使者出行所持的信物。胡三省曰：「漢之所謂節，蓋古之旌節也。李賢曰：『節者，所以為信，以竹為之，柄長八尺，以旄牛尾為之旄，三重。』此漢制也。」(90)車騎都尉　《史記‧李將軍列傳》有驍騎都尉、騎都尉諸名目，車騎都尉的官級應與之相近，騎都尉秩比二千石。(91)廣增諸祀壇場珪幣　讓各個祭祀場所都廣為增加祭品中的珪幣的數量。壇，供祭祀用的高臺。場，供祭祀用的清理整潔的地面。珪幣，祭神的供品之一。珪，玉器。幣，祭神之帛。(92)祠官祝釐　祭祀的官員在向天地鬼神祈福祝禱的時候。祠官，此指太祝。祝釐，祝告求福。釐，通「僖」。福。(93)皆歸福於朕躬　都是祈禱降福於我一個人。(94)專饗獨美其福　意即有美好的福分都讓我一個人獨享。(95)不與　得不到。(96)重吾不德　更加重我的壞品行。(97)無有所祈　不要再為我祈求什麼。(98)河間文王辟彊　劉辟彊，趙幽王劉恢之子，趙王劉遂之弟，西元前一七八－前一六六年在位。(99)以為漢得水德　這些人不承認秦朝是一個朝代，認為漢朝是上接周朝的，周朝是火德，以五行相剋說，能滅火的是水，所以漢朝是水德。(100)魯人公孫臣　魯郡（郡治曲阜）的陰陽五行家，姓公孫，名臣。(101)以為漢當土德　這些人承認秦朝是一個朝代，周朝是「火德」，而秦朝能夠取代它，則秦朝必是「水德」；漢朝又能取代秦朝，能勝水的是土，所以漢朝應是「土德」。(102)應黃龍見　土德的徵兆，就是將有黃龍出現。應，效應；徵兆。(103)罷之　黜退了這種說法。罷，廢去不用。(104)黃龍見成紀　黃龍果然在成紀出現了，自然是公孫臣之流所製造的玩藝。見，通「現」。成紀，漢縣名，縣治在今甘肅靜寧西南。(105)博士　官名，上屬太常，在帝王身邊掌議論。(106)申明土德　大造漢王朝是土德的輿論。(107)草改曆服色事　著手起草「改正朔、易服色」等各種事情。改曆，改變曆法，也叫「改正朔」，即不同的王朝要用不同的月分作為一年的開頭。如夏朝是以「正月」作為一年之始，秦朝是以「十月」為一年之始等等。服色，指「易服色」，不同的王朝都選定一種顏色作為本朝最高貴、最隆重的顏色。這種顏色特別體現在舉行典禮時的服飾、車馬等的顏色上。如秦朝尚黑，漢朝尚黃等等。(108)自絀　自己後退。絀，通「黜」。(109)郊見五帝　在雍縣南郊，祭祀五帝。五帝，指白帝、赤帝、黃帝、青帝、黑帝。(110)舉　向朝廷推薦。(111)賢良能直言極諫　都是漢代選拔官吏的科目之一。「賢良」又稱「賢良文學」。(112)上親策之　文帝親自出題目考問他們。策，帝王出的考題。這裡用如動詞。(113)對策高第　在回答文帝考題的時候，名列高等。第，等級。(114)擢　提拔；提升。(115)中大夫　官名，帝王的侍從，掌議論。(116)削諸侯　削減大國諸侯的封地。表現這種思想的作品見〈論削藩疏〉。(117)更定　改革。(118)齊文王則　劉則，齊悼惠王劉肥之孫，齊哀王劉襄之子，在位共十四年。文字是諡。(119)河間哀王福　劉福，河間文王劉辟彊之子。在位只一年。(120)無子二句　因為沒有繼承人，故取消其王國的建制，改稱為郡。(121)新垣平　姓新垣，名平，漢初方士。(122)望氣古代的迷信職業之一，通過觀察雲氣以占測其下面的人事吉凶。(123)渭陽五帝廟　建立在渭水以北的供奉「五帝」的神廟。渭陽，渭水北岸。據《史記・封禪書》，此五帝廟為在同一個大屋下設有五個神殿，每一個神殿的前面都開有一個門口。五帝，東、西、南、北、中五個方位的天帝，即青帝、白帝、赤帝、黑帝、黃帝。(124)郊祀　原指帝王在都城的南郊祭天，這裡即指祭祀。(125)貴新垣平　尊寵新垣平。(126)上大夫　低於列卿，相當今之地、司級。(127)賜累千金　賞賜的金錢之多，達數千金。漢代稱黃金一斤曰「一金」，「一金」約當銅錢一萬。(128)刺六經中作王制　意即搜羅、摘取《六經》中的句子，拼成一篇文獻，名叫〈王制〉。王鳴盛曰：「劉向《七錄》云：『文帝所造書有〈本制〉、〈兵制〉、〈服制〉篇』，即〈封禪書〉所謂〈王制〉也，非今《禮記》所有〈王制〉。」並謂文帝此〈王制〉「原為封禪作之，武帝亦以議封禪採之也。」(129)巡狩　指帝王到全國各地視察，以檢查各地的「諸侯」為國守土的情形。(130)封禪　在泰山極頂築臺以祭天叫封，在泰山腳下的某地拓場以祭地叫禪。(131)長門　亭名，在滻水西岸，距滻水與霸水的匯口不遠。《正義》引《括地志》謂「後館陶公主『長門園』，武帝以『長門』名宮，即此。」(132)五帝壇　祭祀五帝的神壇。(133)徙淮南王喜復為城陽王　為了騰出原淮南國的領土以封老淮南王的諸子。淮南王喜，劉喜，城陽景王劉章之子，原繼其父為城陽王。劉長謀反自殺後，被移封為淮南王，現讓其回到原地重做城陽王。(134)分齊為六國　當時齊文王劉則死，因「無子國除」，齊地曾設為郡，今則又將該地分割為六個小王國，以封齊悼惠王的幾個兒子。(135)丙寅　四月十六。(136)齊悼惠王　劉肥。劉邦的私生長子。(137)楊虛侯將閭為齊王　楊虛侯名將閭，劉肥之子，劉襄、劉章之弟。兩年前被封為楊虛侯，此次乃封之為齊王，國土僅領齊郡，其他舊屬齊國之郡盡以分封他人。楊虛侯，封地楊虛縣，縣治在今山東茌平東北。(138)安都侯志為濟北王　濟北原是劉興居的封國，因其造反被消滅，今以其地改封劉志，國都盧縣（今山東長清西南）。劉志在此以前為安都侯，封地為安都縣。(139)武城侯賢為菑川王　劉賢原為武城侯，今封為菑川王，國都劇縣，在今山東昌樂西北。(140)白石侯雄渠為膠東王　劉雄渠原為白石侯，今封為膠東王，國都即墨，在今之山東即墨西北，平度東南。(141)平昌侯卬為膠西王　劉卬原為平昌侯，今封為膠西王，國都高密，今山東高密西南。(142)扐侯辟光為濟南王　劉辟光原為扐侯，今被封為濟南王，領土為濟南郡。濟南郡曾被呂后割出以封呂台，並稱之為「呂國」。諸呂被滅後，劉襄將其收回齊國。今文帝以之封劉辟光，國都東平陵，在今山東章丘東北。按，到此時為止，劉肥的兒子，劉襄的弟弟們總共還有六個人，都被封王，而現時的城陽王是劉章的兒子劉喜。當初齊悼惠王的齊國至此分成了七個小國。(143)淮南厲王　劉長，劉邦之子，前因謀反被流放，自殺於途中。(144)阜陵侯安　劉安，前被封為阜陵侯。(145)淮南王　都壽春，即今安徽壽縣。(146)安陽侯勃　劉勃，劉長之子，劉安之弟。(147)衡山王　國都邾縣，今湖北黃岡西北。(148)陽周侯賜　劉賜，前此被封為陽周侯。(149)廬江

王　國都舒縣(今安徽廬江縣西南)。按,當初劉長的封國至此一分為三。文帝對齊國、楚國所實行的這種辦法即採取賈誼「眾建諸侯而少其力」的建議。[150]闕下　宮廷的大門之下。因宮廷的大門兩側築有雙闕,故稱。[151]已二句　稍過片刻,進前仔細一看。已,已而;過後不久。[152]候日再中　占測太陽的運行,將連續出現兩次居於中天。即中午過後,太陽又一次回到中午。[153]日卻二句　果然出現了過午之後太陽又退回到正午的現象。按,從科學上講這是不可能的,不知騙子們在觀測方法上玩弄了什麼鬼把戲。《史記索隱》引晉灼曰:「《淮南子》云:『魯陽公與韓構戰酣,日暮,援戈揮之,日為卻三舍。』豈其然乎!」[154]更以十七年為元年　改稱「十七年」為「後元元年」。[155]令天下大酺　讓全國的人都可以相聚暢飲。秦漢時期有酒禁,非有命令,不得聚眾飲酒。酺,聚飲。[156]周鼎亡在泗水中　周國滅亡時其九鼎忽然不知去向,有人說飛到泗水中去了。泗水,河水名,源於今山東泗水縣東,西流經曲阜城西,南流入淮水。[157]今河決二句　如今黃河決口,河水與泗水通連。[158]汾陰直　即汾陰的上空。汾陰,漢縣名,在今山西萬榮西南,汾水之入黃河口南側。直,正對著。[159]意周鼎其出乎　黃河已通泗水,汾水又是黃河支流,故新垣平可造說周鼎上至汾陰。中井曰:「無端言有金氣,可知平既做鼎而埋焉。」[160]兆見二句　徵兆雖已出現,但若無人往迎,周鼎還是不會自來的。[161]治廟汾陰　在汾陰縣城南建廟。[162]南臨河　廟門向著南方,下臨黃河。[163]欲祠出周鼎　想通過祭祀,祈求周鼎出現。[164]下吏治　將新垣平交法官審問。治,整治;推問。[165]誅夷　誅其本人,並滅其三族。夷,平;滅。[166]上亦怠於改正服鬼神之事　從此文帝對於改正朔、易服色、祭祀鬼神這些玩藝也就越來越不感興趣了。[167]渭陽長門五帝　指渭水南側、長門道北的兩座五帝廟。[168]使祠官領　讓朝廷主管祭祀的官員管理起來。[169]不往焉　謂文帝本人便不再親往祭祀了。徐孚遠曰:「新垣平,即文成、五利屬也,然文帝本不求方,故平敗而禱祀衰矣。」[170]孝惠皇后張氏薨　惠帝的皇后是張耳之子張敖與呂后之女魯元公主的女兒。大臣誅滅諸呂後,徙居北宮。皇后之死例應稱「崩」,今乃言「薨」,似有貶意。[171]間者　前些時候。[172]不登　農業歉收。登,豐收。[173]未達其咎　不明白問題出在哪裡。達,明白。咎,罪過。[174]意者　莫非是,表示推測的語氣。[175]與　同「歟」。與現代漢語的「嗎」字意思相同。[176]地利或不得　土地的出產也許是沒有得到應有的開發。[177]人事多失和　人際關係該理順的沒有理順。[178]鬼神廢不享　有該享受祭祀的鬼神而沒有享受到祭祀。[179]何以致此　為什麼會造成這種情況。指農業歉收,又有水旱、疫病之災。[180]將　還是,再提出一種假設。[181]百官之奉養或廢　百官群臣的薪俸該領到的沒有領到。奉,通「俸」。[182]或多　也許過多。[183]度田非益寡　考慮我們的耕地並沒有比以前更少。度,估計;考慮。[184]計民未加益　計算我國的人口也並未增加。[185]以口量地　按人口均攤我國的土地。[186]於古猶有餘　比起古代還要更多一些。[187]無乃　莫非。[188]從事於末　從事手工業、商業活動。末,末業,指手工業、商業。[189]蕃多。[190]為酒醪　這裡即泛指造酒。醪，濃酒。[191]靡穀　浪費糧食。[192]六畜之食　飼養動物的飼料。六畜，馬、牛、羊、雞、犬、豕。[193]細大之義　各種大大小小的原因。細，小。[194]未得其中　沒有找準究竟是哪一條。[195]其與丞相列侯吏二千石博士議之　現在和你們丞相、列侯、二千石的高官以及博士們一起討論討論。列侯，也稱「徹侯」、「通侯」，封地多數為一個縣，有的更大一些，也有的更小一些。吏二千石，二千石一級的官吏。如郡守、諸侯相都屬這一級。博士，帝王的侍從官員，以學識淵博者為之，以備隨時參謀顧問。[196]有可以佐百姓者　只要對解決百姓疾苦有好處的意見。佐，助。[197]率意遠思　都盡量地好好想一想。率意，按著自己的思路。遠思，深思。

【校　記】[1]安　原作「何」。據章鈺校，甲十五行本、乙十一行本、孔天胤本皆作「安」。今從諸本及《史記・張釋之馮唐列傳》改。[2]是　原無此字。據章鈺校，甲十五行本、乙十一行本、孔天胤本皆有此字。今從諸本及《史記・張丞相列傳》補。[3]武城侯　原作「武成侯」。據章鈺校，孔天胤本作「武城侯」，張敦仁《通鑑刊本識誤》同。今從孔天胤本及《史記・惠景間侯者年表》改。

【語　譯】十四年（乙亥　西元前一六六年）

冬季，匈奴老上單于親自率領十四萬軍隊入侵朝那、蕭關，殺死了北地郡的都尉孫卬，並搶掠了當地的許多居民、牲畜、財產。進而進犯彭陽，又派遣奇兵進入陝西鳳翔，燒毀了回中宮，匈奴的騎兵偵探一直深入到雍縣的甘泉。漢文帝任命中尉周舍、郎中令張武為將軍，調集了千輛戰車、十萬名騎兵駐紮在長安周圍，防備匈奴軍隊的侵犯。任命昌侯盧卿為上郡將軍，甯侯魏遬為北地將軍，隆慮侯周竈為隴西將軍，分別率軍駐紮在上郡、北地郡、隴西郡。漢文帝親自到三個郡慰勞將士，檢閱部隊，申述軍紀，賞賜官吏和士卒，還要親率大軍討伐匈奴。群臣勸說不要親征，文帝不聽。皇太后也堅決阻止，文帝才同意不去親征。於是以東陽侯張相如為大將軍，成侯董赤、內史欒布都被任命為將軍，率軍迎擊匈奴。老上單于在漢朝邊塞之內騷擾了一個多月才退去。漢軍把匈奴逐出塞外便撤軍而回，所以沒能殺傷多少敵人。

漢文帝乘輦路過郎官的府署，他向郎署長馮唐詢問說：「你是什麼地方人？」馮唐回答說：「我爺爺是趙國人，我父親時將家搬遷到了代郡。」文帝又問：「我居住在代國時，為我負責膳食的尚食監高袪屢次跟我說起趙將李齊很賢能，參加了反抗秦將王離的鉅鹿之戰。現在我每次吃飯的時候，都會想起鉅鹿打仗之事。你知道嗎？」馮唐回答說：「李齊為趙將比不上廉頗、李牧。」漢文帝拍著大腿說：「唉，我就是缺少廉頗、李牧這樣的將領！要是有廉頗、李牧這樣的人率兵打仗，我難道還懼怕匈奴啊！」馮唐說：「陛下即使得到廉頗、李牧那樣的將領，恐怕也不會重用他們。」

漢文帝很生氣，起身進入宮中，過了好長時間，又召見馮唐責備說：「你怎麼敢當著眾人的面侮辱我，難道沒有背人之處可以說話嗎？」馮唐謝罪說：「我這個鄉下人不懂得忌諱。」漢文帝當時正在籌劃對付匈奴進犯之事，所以才又向馮唐詢問說：「你怎麼知道我不會重用廉頗、李牧那樣的人？」馮唐回答說：「我聽說上古的君主在派遣將領的時候，都要親自彎著腰為將軍推動車輪，邊推邊說：『城門以內的事情歸寡人管理；城門以外，軍中一切都交由將軍作主。』戰鬥有功人員的升遷獎賞都由將軍說了算，回到朝廷之後再奏報給國君，這並非傳言，而是事實。我爺爺說李牧為趙將的時候，率軍駐守在邊境之上，駐軍所在地交易市場的稅收，李牧全部用來犒賞將士，賞賜都由李牧將軍自己決定，不必等候朝廷批覆。委任將領只要求他的最後成功，所以李牧才得以發揮出他的全部智慧才能；他挑選了精良的戰車一千三百輛，善於使用弓箭的騎兵一萬三千人，臨戰勇武，曾經獲得百金重賞的猛士十萬人，憑藉這些，所以才取得了向北驅逐了匈奴，向東打敗東胡、消滅澹林，向西抑制了強大秦國的東進，向南頂住了韓國、魏國的進攻。在那個時候，趙國幾乎可以稱霸天下。後來遇上趙王遷繼承王位，聽信郭開的讒言，誅殺了李牧，任命顏聚接替李牧為將。所以趙國才被秦國打敗，士兵潰散，趙王遷被迫投降了秦國，趙國也就滅亡了。現在我聽說雲中太守魏尚，他把駐軍所在地交易市場的稅收全部用來獎勵士卒，並且用自己的私錢每五天買一頭牛招待，軍中諸將士、門客等軍隊都樂意為他拼命殺敵，所以匈奴都遠遠地避開他，不敢靠近雲中邊塞。匈奴也曾進犯過一次，魏尚親自率領騎兵迎戰匈奴，一戰就消滅了很多敵人。那些士兵都是平民百姓家的子弟，農家出身，哪裡懂得軍法中的那些規定戒律？他們整天英勇作戰，斬殺敵人抓獲俘虜，等到向幕府呈報功績時，上報的數目與實際斬獲的稍微有點不一致，那些死守條文的刀筆吏就依法制裁。有斬獲之功的將士也等不到獎賞，而那些舞文弄墨的小吏們所查出來的『問題』則一定要受到嚴辦。我認為陛下對有功人員的獎賞太輕，而對有過失的懲罰又太重。況且雲中郡守魏尚只因為呈報戰功時相差六個首級，陛下就將他交付司法官處理，削去他的爵位，罰做一年苦役。從陛下對魏尚的處理上，我認為陛下即使得到廉頗、李牧那樣的將領，也不會使用他們！」文帝聽了很高興。當天，文帝就派遣馮唐手捧符節去赦免了魏尚，仍然讓魏尚擔任雲中郡守，並任命馮唐為車騎都尉。

春天，漢文帝下詔命各祭祀壇場大量增加祭品中的珪幣數量，並且說：「我聽說祭祀官每年向天地鬼神祈禱祝福時，都希望降福於我一人身上，而不為百姓祈福，我感到很慚愧。以我的品德修養不夠，而獨享上蒼賜給的幸福，沒有百姓的分，這不是更加重我的壞品行了嗎。今後祭祀官再向上天致敬時，不要再為我祈禱什麼！」

這一年，河間文王劉辟彊去世。

當初，丞相張蒼認為漢朝受命於五行中的水德而昌盛，而魯人公孫臣認為漢朝應當是受命於五行中的土德，土德尚黃，他預言應該有黃龍出現。張蒼認為公孫臣說得不對，於是就暫時將此事擱置起來。

十五年（丙子　西元前一六五年）

春天，成紀縣果然有黃龍出現。公孫臣的預言得到驗證，於是漢文帝召見公孫臣，拜他為博士，讓他與眾儒生一起大造漢朝受命於土德的輿論，著手起草「改正朔、易服色」等各項事宜。張蒼由此覺得自己學識能力不如公孫臣。

夏季，四月，漢文帝首次臨幸雍縣，在雍縣南郊祭祀白帝、赤帝、黃帝、青帝、黑帝，並大赦天下。

九月，漢文帝下詔命各諸侯王、公卿、郡守為朝廷推薦賢良、能言直諫之人，文帝親自出題目考問他們有關治理國家的策略。太子劉啟的家令鼂錯在應對策問中被評為高等，被文帝提拔為中大夫。鼂錯又給漢文帝上書，建議應該削減大國諸侯的封地以及其他應該更改的法令，先後共上書三十多篇。漢文帝雖然沒有完全採納他的建議，但卻非常賞識他的才能。

本年度，齊文王劉則、河間哀王劉福相繼去世，因為他們都沒有子嗣，所以文帝取消了他們王國的建制，改稱為郡。

趙人新垣平以善於觀察雲氣、並根據雲氣變化占卜吉凶之術求見漢文帝，新垣平說長安東北有神人的雲氣，呈現五種色彩。於是在渭水以北建立供奉五帝的神廟。

十六年（丁丑　西元前一六四年）

夏季，四月，漢文帝在渭陽五帝廟祭祀五帝。於是提升新垣平為上大夫，前後賞賜給他的黃金累計有千斤之多。又命令博士、諸生搜集、摘取《六經》中的句子，拼成一篇文獻，取名〈王制〉；這些博士、諸生經過謀劃，建議文帝到全國各地去視察，到泰山去祭祀天地。又在長門道北建立五帝壇。

免去劉喜淮南王的封號，再次封他為城陽王。又把齊國分成六個小國。四月十六日丙寅，文帝分封齊悼惠王的六個兒子為王：楊虛侯劉將閭為齊王，安都侯劉志為濟北王，武城侯劉賢為菑川王，白石侯劉雄渠為膠東王，平昌侯劉卬為膠西王，扐侯劉辟光為濟南王。淮南厲王活在世上的三個兒子也被封為王：阜陵侯劉安為淮南王，安陽侯劉勃為衡山王，陽周侯劉賜為廬江王。

秋季，九月，新垣平派人捧著玉杯到皇宮門口上書給漢文帝。新垣平對漢文帝說：「皇宮門外有一種寶玉之氣。」稍過片刻，皇帝派人到宮門口一看，果然有人來獻玉杯，玉杯上刻著「人主延壽」字樣。新垣平又對漢文帝說：「我預測出今天的太陽將連續兩次出現在正午。」過了一會兒，太陽果然出現了過午之後又退回至正午的現象。文帝於是下詔改元：將「前元十七年」改稱「後元元年」，准許全國的人歡聚暢飲。新垣平對文帝說：「周鼎有一個沉落在泗水中。現在黃河決口，洪水注入泗水，我觀察到東北方向正當汾陰的上空有金寶之氣，我預測周鼎將在那裡出現！徵兆雖然已經出現，但沒有人去迎，恐怕周鼎不會自來。」於是漢文帝派使者到汾陰修建廟宇，廟宇南臨汾河，想通過祭祀，祈求周鼎出現。

後元年（戊寅　西元前一六三年）

冬季，十月分，有人上書給漢文帝揭發新垣平所言全是欺詐，文帝把新垣平交給司法官吏查辦，最後將新垣平及其族人全部殺死。自此之後，漢文帝對改正朔、易服色以及祭祀鬼神之事興趣索然，而渭陽的五帝廟、長門的五帝壇，文帝只是派祭祀官負責管理，按時祭祀，不再親自前往祭祀了。

春季，三月分，孝惠帝劉盈的皇后張嫣去世。

漢文帝下詔說：「近幾年來莊稼連年歉收，水旱災害相繼出現、瘟疫疾病流行，我憂心忡忡。我愚而不明，不知道錯誤出在哪裡，我想，莫非是我的為政措施有失誤而行為有過失？還是天道有所不順，地力沒有充分利用，人際關係沒有理順，祭祀鬼神不周到？否則為什麼出現這種情況呢？或者是官員的俸祿太少，沒有用處的事情做得太多了？不然怎麼會造成百姓的食物如此匱乏呢？考慮我們的農田並沒有減少，而全國的人口並沒有增加，按人均耕地面積計算，現在每人所佔有的耕地比古代還多，而百姓的衣食卻嚴重不足，問題究竟出在哪裡呢？恐怕是百姓棄農經商的太多，釀酒靡費的糧食太多，飼養六畜過多地消耗了糧食？各種大大小小的原因，我把握不準究竟是哪一條，現在就與丞相、列侯、俸祿二千石的官吏以及博士們討論討論，只要對解決百姓疾苦有幫助的建議，就請放開思想，暢所欲言，不要有什麼隱瞞！」

二年（己卯　西元前一六二年）

夏，上行幸雍棫陽宮❶。

六月，代孝王參❷薨。

匈奴連歲入邊，殺略❸人民、畜產甚多，雲中❹、遼東❺最甚，郡萬餘人❻。

上患之，乃使使遺❼匈奴書。單于亦使當戶❽報謝❾，復與匈奴和親。

八月戊戌❿，丞相張蒼免。帝以皇后弟竇廣國⓫賢、有行，欲相之⓬，曰⓭：

「恐天下以吾私⑭廣國，久念不可。」而高帝時大臣，餘見無可者⑮。御史大夫梁國申屠嘉⑯，故以材官蹶張⑰從高帝，封關內侯⑱。庚午，以嘉為丞相，封故安侯⑲。嘉為人廉直，門不受私謁⑳。

是時，太中大夫㉑鄧通㉒方愛幸，賞賜累鉅萬㉓。帝嘗燕飲㉔通家，其寵幸無比。嘉嘗入朝，而通居上旁㉕，有怠慢之禮。嘉奏事畢，因言曰：「陛下幸愛羣臣，則富貴之㉖，至於朝廷之禮，不可以不肅。」上曰：「君勿言，吾私之㉗。」罷朝，坐府中，嘉為檄召通詣丞相府㉘，不來，且斬通。通恐，入言上。上曰：「汝第往㉙，吾今使人召若㉚。」通詣丞相府，免冠、徒跣㉛，頓首謝嘉㉜。嘉坐自如㉝，弗為禮㉞，責曰：「夫朝廷者，高帝之朝廷也。通小臣，戲㉟殿上，大不敬，當斬。吏今行斬之㊱！」通頓首，首盡出血，不解㊲。上度丞相已困通㊳，使使持節㊴召通而謝㊵丞相：「此吾弄臣㊶，君釋之。」鄧通既至，為上泣曰：「丞相幾殺臣㊷！」

三年（庚辰 西元前一六一年）

春，二月，上行幸代㊸。

是歲，匈奴老上單于死，子軍臣單于㊹立。

四年（辛巳　西元前一六〇年）

夏，四月丙寅晦[45]，日有食之。

五月，赦天下。

上行幸雍。

五年（壬午　西元前一五九年）

春，正月，上行幸隴西[46]。三月，行幸雍。秋，七月，行幸代。

六年（癸未　西元前一五八年）

冬，匈奴三萬騎入上郡[47]，三萬騎入雲中，所殺略甚眾，烽火通於甘泉[48]、長安。以中大夫令免[49]為車騎將軍[50]，屯飛狐[51]；故楚相[52]蘇意為將軍，屯句注[53]；將軍張武屯北地[54]；河內[55]太守周亞夫[56]為將軍，次細柳[57]；宗正劉禮[58]為將軍，次霸上[59]；祝茲侯徐厲[60]為將軍，次棘門[61]，以備胡。上自勞軍，至霸上及棘門軍，直馳入，將以下騎送迎[62]。已而之[63]細柳軍，軍士吏被甲，銳兵刃[64]，彀弓弩[65]，持滿[66]。天子先驅[67]至，不得入。先驅曰：「天子且至！」軍門都尉[68]曰：「將軍令曰：『軍中聞將軍令，不聞天子之詔[69]。』」居無何[70]，上至，又不得入。於是上乃使使持節詔將軍[71]：「吾欲入營勞軍。」亞夫乃傳言：「開壁門[72]。」壁門士[73]

請車騎[74]曰：「將軍約：軍中不得驅馳[75]〔1〕。」於是天子乃按轡[76]徐行。至營，將軍亞夫持兵[77]揖曰：「介冑之士不拜[78]，請以軍禮見。」天子為動，改容，式車[79]，使人稱謝[80]：「皇帝敬勞將軍。」成禮而去。既出軍門，羣臣皆驚。上曰：「嗟乎，此真將軍矣！曩者[81]霸上、棘門軍若兒戲耳，其將固可襲而虜[82]也。至於亞夫，可得而犯耶！」稱善者久之。月餘，漢兵至邊，匈奴亦遠塞，漢兵亦罷。乃拜周亞夫為中尉[83]。

夏，四月，大旱，蝗。令諸侯無入貢[84]。弛山澤[85]，減諸服御[86]，損郎吏員[87]，發倉庾[88]以振[89]民，民得賣爵[90]。

七年（甲申　西元前一五七年）

夏，六月己亥[91]，帝崩于未央宮[92]。遺詔曰：「朕聞之：蓋天下萬物之萌生，靡不有死[93]。死者天地之理，萬物之自然[94]，奚可[95]甚哀！當今之世，咸嘉生[96]而惡死，厚葬以破業，重服[97]以傷生[98]，吾甚不取。且朕既不德，無以佐百姓。今崩，又使重服久臨[99]，以罹寒暑之數[100]，哀人父子，傷長老之志[101]，損其飲食[102]，絕鬼神之祭祀[103]，以重吾不德，謂天下何？朕獲保宗廟[104]，以眇眇[105]之身，託于天下君王[106]之上，二十有餘年[107]矣。賴天之靈，社稷之福，方內[108]安寧，靡有兵革[109]。

朕既不敏110，常畏[2]過行111以羞先帝之遺德。惟年之久長112，懼于不終113。今乃幸以天年114，得復供養於高廟115，其奚哀念之有？其今天下吏民：令到，出臨三日，皆釋服116。毋禁取婦117、嫁女、祠祀、飲酒、食肉。自當給喪事服臨者118，皆無跣119。絰帶120毋過三寸，毋布車及兵器121，毋發民哭臨宮殿中122。殿中當臨者，皆以旦夕各十五舉音123，禮畢罷。非旦夕臨時，禁毋得擅哭臨。已下棺124，服大功十五日125，小功十四日126，纖七日127，釋服。它不在令中者，皆以此令比類128從事。布告天下，使明知朕意。霸陵山川因其故129，毋有所改。歸夫人以下至少使130。」乙巳131，葬霸陵132。

帝即位二十三年，宮室、苑囿133、車騎、服御134，無所增益。有不便135，輒弛以利民136。嘗欲作露臺137，召匠計之，直百金138。上曰：「百金，中人139十家之產也。吾奉先帝宮室140，常恐羞之141，何以臺為142！」身衣弋綈143。所幸慎夫人144，衣不曳地145。帷帳無文繡，以示敦朴，為天下先146。治霸陵147，皆瓦器，不得以金銀銅錫為飾148，因其山，不起墳149。吳王150詐病不朝151，賜以几杖152。羣臣袁盎等諫說雖切153，常假借納用154焉。張武155等受賂金錢，覺156，更加賞賜，以媿其心。專務以德化民157。是以海內安寧，家給人足，後世鮮能及之158。

丁未[159]，太子[160]即皇帝位。尊皇太后薄氏[161]曰太皇太后，皇后[162]曰皇太后。

九月，有星孛[163]于西方。

是歲，長沙王吳著[164]薨，無子，國除[165]。

初，高祖賢文王芮[166]，制詔御史[167]：「長沙王忠[168]，其定著令[169]。」至孝惠、高后時，封芮庶子二人為列侯，傳國數世絕。

【章　旨】以上為第四段，寫文帝後二年（西元前一六二年）至其後七年共六年間的全國大事，主要寫了匈奴入侵漢邊，漢又重與匈奴和親；而匈奴仍然入侵，漢王朝緊急調兵備戰的情景；寫了周亞夫軍細柳，文帝到細柳勞軍的動人故事；寫了申屠嘉為丞相，整治文帝寵幸鄧通的情節；寫了文帝逝世，死前遺詔實行薄葬的種種細情，以及史官對文帝政治的高度評價。

【注　釋】❶棫陽宮　秦漢時代的行宮名，在今陝西扶風東北。❷代孝王參　劉參，文帝子。文帝前二年被封為太原王，三年改封代王，都城晉陽，在今山西太原西南。❸殺略　殺戮掠奪。略，在這裡意思同「掠」。❹雲中　漢郡名，郡治在今內蒙古托克托東北。❺遼東　漢郡名，郡治襄平，在今遼寧遼陽。❻郡萬餘人　每個郡都被殺、被掠萬餘人。❼遺　給；致。❽當戶　匈奴的下級軍官名。❾報謝　回書致意。❿八月戊戌　此疑有誤，本年的八月無「戊戌」日，或是「戊辰」之誤，因本月的「庚午」（初四）申屠嘉已經繼任丞相。本月的「戊辰」是八月初二。⓫竇廣國　文帝竇皇后之弟，貧苦出身。事跡詳見《史記·外戚世家》。⓬欲相之　欲任以為相。⓭曰　自己暗中思忖。⓮私　偏愛；偏向。⓯餘見無可者　其他現存的舊功臣中又沒有合適的人選。見，同「現」。⓰梁國申屠嘉　梁國人姓申屠名嘉。梁國，文帝子梁王劉武的封國，約當今之河南東北部和與之相臨的山東西部地區。都城睢陽（今河南商丘城南）。⓱材官蹶張　指體大力強的特種兵。蹶張，能用腳蹬開硬弓。⓲關內侯　有封號而無封地的侯爵，因其食邑在關中，故稱關內侯，比列侯低一級。⓳封故安侯　在其原有的「關內侯」的基礎上再提高一點遂封為故安侯，封地故安縣，縣治在今河北易縣東南。王先謙引齊召南曰：「漢初丞相，俱以功臣已封列侯者為之，嘉本功臣，而由關內侯為相，則破格之事也。後因丞相封侯，遂起於此。」⑳不受私謁　不接待任何私下求見，意即拒絕一切人情、行賄等。謁，求見；拜會。㉑太中大夫　郎中令的屬官，在帝王身邊掌議論。㉒鄧通　因被文帝夢見後遂訪得，成為文帝的男寵，文帝賜其銅山使其可自鑄錢，因豪富一時，已見於前文。㉓累鉅萬　其錢多達數億。鉅萬，萬萬。㉔燕飲　沒有禮法約束的安閒暢飲。燕，安。㉕通居上旁　鄧通坐在皇帝身邊。居，坐。㉖則富貴之　意思是可以賞賜給他們錢財。㉗吾私之　師古曰：「言欲私戒教之。」意即我到下面去教育他。也有說，私，即「寵愛」。㉘為檄召通詣丞相府　下通知叫鄧通到丞相府來。檄，二尺長的木版，書事於其上，令人持以宣告之。詣，到；前來。㉙汝第往　你儘管前去。第，但；儘管。㉚吾今使人召若　我會讓人喚你回來。若，你。㉛免冠徒跣　摘下帽子、光著腳，這是古人認罪、請罪的樣子。㉜謝嘉　向申屠嘉請罪求情。謝，道歉。㉝自如　依然如故，旁若無人的樣子。㉞弗為禮　不為之還禮。㉟戲　戲耍，這裡指沒有規矩。㊱吏今行斬之　意謂你們立刻就拉出去殺了他。《集解》引如淳曰：「嘉語其吏曰：『今便行斬之。』」按，「吏」者，呼吏之語。㊲不解　意即申屠嘉的怒氣不消，亦即不饒他。㊳度丞相已困通　估計著丞相已經把鄧通折騰得差不多了。度，忖度；估計。困，整治；使之吃苦頭。㊴持節　秉持著皇帝的符節。節，以竹為之，上有旄飾，使者持以為信。㊵謝　道歉；說情。㊶弄臣　供帝王戲弄取樂的人。㊷丞相幾殺臣　丞相差點就把我殺了。楊維楨曰：「嘉蹶張武卒耳，非有夙望著名也，而坐抑鄧通之事凜然有大臣風節。本其為人廉直，不受私謁，故所立如此，否則馭近習人亦難哉，孔光、張禹輩視此可以愧矣。」吳見思曰：「一邊極其迂執，一邊極其窘急，而文帝從中玩弄。弄鄧通，即弄申屠嘉也。入情入事，如觀扮劇，妙甚。」㊸代　此時在位代王是文帝之孫劉登，劉參之子。㊹軍臣單于　老上單于之子，西元前一六一—前一二六年在位。㊺四月丙寅晦　四月的最後一天是丙寅日。按，此語似有誤。本年的四月無「丙寅」。或者應是「丙辰」。晦，每月的最後一天。㊻隴西　漢郡名，郡治狄道，即今甘肅臨洮。㊼上郡　漢郡名，郡治膚施，在今陝西橫山縣東北。㊽甘泉　山名，在今陝西淳化西北，其地有秦漢時代的離宮。㊾中大夫令免　中大夫令，其名曰「免」，史失其姓。中大夫令也稱「衛尉」，九卿之一，統領護衛宮廷的軍隊，秩中二千石。㊿車騎將軍　此時尚非固定官名，即統率車兵、騎兵的將軍。(51)飛狐　飛狐口，關塞名，在今河北蔚縣東南。(52)故楚相　曾為楚元王劉交之相。(53)句注　句注山，在今山西代縣西北。(54)北地　漢郡名，郡治馬領，在今甘肅慶陽西北。(55)河內　漢郡名，郡治懷縣，在今河南武陟西南。(56)周亞夫　絳侯周勃之子，被封為條侯。事跡詳見《史記·絳侯周勃世家》。(57)次細柳　次，駐紮。細柳，地名，在當時的長安城西，今西安西北。(58)宗正劉禮　楚元王劉交之子，原任宗正之職。宗正，官名，九卿之一，掌管劉氏皇族的事務。59霸上　軍事要地名，在當時的長安城東南，今西安東。60祝茲侯徐厲　梁玉繩以為「祝茲侯」應作「松茲侯」，此與《史記》之〈漢興以來將相名臣年表〉、〈絳侯周勃世家〉皆誤作「祝茲」，《漢書》亦誤。61棘門　軍事要地名，在當時長安城北的渭水之北。62將以下騎送迎　此處「下」字疑當重出，作「將以下下騎送迎」，始可與下文「其將固可襲而虜也」相應。若果「騎送迎」，此對皇帝尚成何禮？亦何可「襲而虜」耶？63之　往；到。64銳兵刃　即指刀出鞘。65彀弓弩　即所謂弓上弦。彀，張；拉開。66持滿　把弓拉圓。67先驅　師古曰：「導駕者也，若今之『武侯隊』矣。」即今所謂「先遣隊」。68軍門都尉　把守營門的都尉。都尉的級別相當於校尉。69軍中聞將軍令二句　王先謙引沈欽韓曰：「《六韜・立將篇》：『軍中之事，不聞君命，皆由將出。』《白虎通》曰：『大夫將兵，但聞將軍令，不聞君命也。』」按，《史記・司馬穰苴列傳》有所謂「將在軍，君令有所不受」，其意亦與此相同。70居無何　沒有過多久。71詔將軍　意思是請守門軍士傳話給將軍。72壁門　即營門。壁，壁壘；營壘。73壁門士　把守營門的軍士。74車騎　此指文帝率領的車馬。75馳驅　騎兵或馬車奔跑。76按轡　勒著轡繩，使車馬徐行。77持兵　手持兵器。78介冑之士不拜　《集解》引應劭曰：「禮，介者不拜。」介，甲；鎧甲。冑，頭盔。79式車　把頭伏在車前的橫木（軾）上，這是古人在車上為向某人某事表示敬意而做出的一種姿態。式，通「軾」。80稱謝　向周亞夫表示敬意。81曩者　昔；前者。82其將固可襲而虜　意思是說，如果有人假扮皇帝前來，他們那裡的將軍完全可以被突然逮捕。83中尉　主管京城治安的武官，後來改稱「執金吾」。楊樹達曰：「時亞夫見張釋之為廷尉持議平，結為親友，見〈釋之傳〉。」84無入貢　不要向朝廷貢獻方物。85弛山澤　開放山林湖海，讓百姓自由進行採伐捕撈。當時朝廷規定，山林湖海屬國家所有，私人不得開發。86服御　指帝王與后妃所用的衣服、車馬等。87損郎吏員　減少皇帝身邊侍應與警衛人員的人數。員，數額。88倉庾　即指倉庫。凡倉無屋稱庾。89振　同「賑」。救濟。90賣爵　出賣爵位。秦漢時代的官吏與平民都有爵，這種爵可以在戰場立功獲得，也可以通過向國家交納糧食而換得。有了爵，就可以用以贖罪，也可以賣錢花。91六月己亥　六月初一。92崩于未央宮　是年文帝四十六歲。未央宮，當時皇帝所居之宮，在長安城的西南部，今西安的未央區。93靡不有死　沒有長生不死的。94死者天地之理二句　觀此數語，文帝果從理論上宗於道家。95奚可　豈可。96嘉生　喜歡活著。97重服　服重孝，指守喪的時間長，且又禮數多。98傷生　有害及活著的人。99久臨　長時間地哭喪。臨，哭喪。100罹寒暑之數　意即經過漫長的寒暑。寒暑，這裡即指暑，當時正當夏天。101傷長老之志　讓全國的老人都跟著傷心。102損其飲食　吏民為皇帝守喪，飲食皆不得奢華，不許飲酒吃肉。103絕鬼神之祭祀　由於給皇帝辦喪事，致使其他祭祀活動均告停止。104獲保宗廟　指得以繼承皇帝之位。

保宗廟，即得祭祀宗廟。(105)眇眇　謙言自己之微末。(106)天下君王　指各諸侯國的國王。(107)二十有餘年　文帝在位共二十三年。(108)方內　國內；四境之內。(109)兵革　兵器和盔甲的總稱，引申為戰爭。(110)不敏　不才。自謙之辭。(111)過行　做錯事。(112)惟年之久長　自念即位以來已多有年數。惟，思慮。(113)懼于不終　害怕不得善終。(114)幸以天年　指病死，以區別於其他不得好死。(115)供養於高廟　指自己的神主將被人們與高祖供奉在一起。(116)出臨三日二句　意即哭三天喪就算完事。釋服，脫去孝服。黃震曰：「文帝遺詔短喪，議禮者譏焉。然觀文帝惻隱，為民惟恐妨之，至死彌篤，在帝不失其為厚。」(117)取婦　即娶婦。取，通「娶」。(118)自當給喪事服臨者　指皇室家屬與經辦喪事的人們。給，從事。(119)無跣　不要光腳，以表示哀戚。古代哭喪、請罪常有光腳的做法。(120)經帶　守喪者頭上所纏和腰裡所繫的白布帶子。(121)毋布車及兵器　不必把車駕與兵器都用白布包起來。(122)毋發民哭臨宮殿中　不要徵調其他百姓來進宮助哭。(123)以旦夕各十五舉音　早晨、晚上每個人只哭十五聲。王先謙引王先慎曰：「後漢悉沿此制，詳見續志。」(124)已下棺　棺木下葬以後。(125)服大功十五日　應服九個月喪服的親屬，現在從簡，改服十五日。大功，也作「大紅」。九個月的喪服。(126)小功十四日　該服五個月喪服的親屬，現在改服十四日。(127)纖七日　應服三十六日喪服的親屬，現在只服七日。(128)比類　比照；依照這裡的尺度。(129)霸陵山川因其故　文帝陵墓所在的霸陵一帶，山丘河流一切都保持原來的樣子。(130)歸夫人以下至少使　除皇后以外，其他宮裡的女人都遣送回家。《集解》引應劭曰：「夫人以下有美人、良人、八子、七子、長使、少使，凡七輩，皆遣歸家，重絕人類也。」(131)乙巳　六月初七。(132)葬霸陵　霸陵在今西安灞橋區之毛窯院村，位於灞河西岸白鹿原北坡形似方錐的鳳凰嘴。因其山，斬原為冢，鑿洞為玄宮，就其水名為陵號。(133)苑囿　有花木禽獸的園林風景區，這裡指帝王貴族的獵場。(134)服御　穿戴的服飾與使用的器具。(135)不便　指當遇到天災人禍時。(136)輒弛以利民　總是打開皇家的園囿與山林湖海，讓百姓耕種、開發。輒，就；總是。弛，放開；打開。(137)露臺　沒有屋頂的平臺。(138)直百金　大約要花費百斤金。漢稱黃金一斤曰「一金」，「一金」可抵銅錢一萬。(139)中人　中等水平的家庭。(140)奉先帝宮室　指繼承皇位。奉，稟承；繼續享用。(141)嘗恐羞之　總是害怕自己幹得不好，為祖先帶來恥辱。(142)何以臺為　何必非得修個臺子。凌稚隆引王懋曰：「漢金一斤萬錢，露臺之資才千緡耳，於恭儉之德未有損也，帝直以中人十家之產而未敢妄費，其愛惜天下之財如此！」(143)身衣弋綈　自己身穿絲棉混織的粗劣織品。綈，絲棉混織的粗劣織品。(144)慎夫人　文帝的寵妃。其事又見於《史記·張釋之馮唐列傳》。(145)曳地　在地上拖著。陳仁錫曰：「載諸瑣屑，以著文帝細行純備，寫出一玄默恭儉之圖。」(146)為天下先　為天下百姓起帶頭作用。(147)治霸陵　指文帝為自己預造陵墓。漢代皇帝的慣例是從即位開始便給自己預修陵墓。(148)不得以金銀銅錫為飾　此語恐多誇飾，梁玉繩曰：「《晉書·愍帝紀》：『建興三年，盜發霸、杜二陵，金玉采帛不可勝計。赦收其餘，以實內府。』又〈索琳傳〉：『盜發霸、杜陵，多獲珍寶。帝問漢陵中物何多耶？琳對以漢天子即位一年而為陵，天下貢賦三分之一充山陵，武帝享年久長，比崩，而茂陵不復容物。赤眉取陵中物不能減半，於今猶有朽帛委積，金玉未盡。此二陵是儉者耳。』然則文帝之葬特差少於諸陵，而非真薄也。豈景帝不從遺詔之故乎？」(149)因其山二句　就著原有的山坡挖洞，不在平地另起丘陵。(150)吳王　劉濞，劉邦之兄劉仲之子，在劉邦生前被封為吳王，都城廣陵，今江蘇揚州。(151)詐病不朝　文帝時，劉濞之子入朝，與皇太子因下棋發生爭執，被皇太子打死，劉濞因此惱怒不朝。(152)賜以几杖　派人將几杖送至吳國，表示對其年長的尊敬與慰問。劉濞與朝廷的矛盾事，詳見《史記・吳王濞列傳》。(153)袁盎等諫說雖切　文帝時對時政「稱說甚切」的人有賈誼、鼂錯、張釋之、袁盎等，所針對的主要有匈奴進擾問題、國內諸侯王割據問題以及一些體制、禮法上的問題等。袁盎所涉及的主要是後者，有的且不免於諂。袁盎，字絲，一個比較陰險的官僚。事跡詳見《史記・袁盎鼂錯列傳》。切，懇切；激烈。(154)假借納用　猶言參照用之，意即可用則用，不可用也不正面駁回。王先謙引《風俗通・正失》曰：「文帝禮言事者，不傷其意，群臣無大小，至便從容言，上止輦聽之。其言可者稱善，不可者喜笑而已。」(155)張武　文帝為代王時期的舊臣，在文帝入朝繼位為帝時也起有一定作用。(156)覺　文帝發現後。(157)以德化民　以道德恩情感化人。(158)鮮能及之　很少有哪個皇帝趕得上。鮮，少有。吳見思曰：「撮其大略總敘一段在編年之後、遺詔之前，如一小紀，雖略寫大意，而精神氣度無不逼露，是大手筆。」梁玉繩曰：「此段總敘文帝諸善政，後世作史皆效此總敘法。」(159)丁未　六月初九。(160)太子　指劉啟，即日後的漢景帝。(161)薄氏　劉邦之妃，文帝之生母。(162)皇后　此皇后指文帝之皇后竇氏，景帝與梁孝王劉武之生母。(163)星孛　古代指彗星出現。孛，光芒四射的樣子。古人常以彗星出現預示將有災難發生，故例皆書之於史。(164)長沙王吳著　吳芮的第四代孫。吳著，《漢書》作「吳差」。(165)無子二句　由於沒有繼承人，長沙國的建制被取消，改為長沙郡。(166)文王芮　吳芮，劉邦的開國功臣，原為秦朝的番陽縣令，因隨諸侯反秦被項羽封為衡山王；後又幫著劉邦反項羽，被劉邦封為長沙王，都城臨湘，即今湖南長沙。死後諡曰文。(167)制詔御史　皇帝下命令給御史大夫。按，漢代發布命令的程序是，先由皇帝把要說的意思告訴御史大夫，由御史大夫形成文件，轉發給丞相。由丞相組織討論後再形成文件上報皇帝，經皇帝批准後，由丞相頒發到全國。(168)忠　指忠於劉氏皇室。(169)其定著令　把劉邦肯定、讚揚吳芮的這個意思寫入漢朝的文告。著令，寫入文告、法令。按，劉邦稱帝之前與稱帝之初，非劉氏而封王者有韓信、彭越、黥布、盧綰、韓王信、吳芮等數人，但很快劉邦就把吳芮以外的韓信等人全部除掉了，使異姓人被封王的就只剩下了吳芮一個。由於吳芮的勢力很小，對劉邦沒有反心，故而劉邦獨獨地誇獎他，讓長沙國一直傳了四代。

【校 記】①馳驅 據章鈺校，乙十一行本、孔天胤本二字皆互乙。②畏 原作「懼」。據章鈺校，甲十五行本、乙十一行本、孔天胤本皆作「畏」。今從諸本及《史記·孝文本紀》改。

【語 譯】二年（己卯 西元前一六二年）

夏天，漢文帝駕臨雍縣的棫陽宮。

六月，代孝王劉參逝世。

匈奴連年侵擾漢朝邊境，殺戮掠奪了很多的邊民和牲畜，雲中郡、遼東郡損失最為慘重，每郡被殺被掠的都在一萬人以上。文帝很是憂慮，於是派遣使者送國書給匈奴單于。匈奴單于也派遣當戶到漢朝回書致意，於是又開始與匈奴和親。

八月戊戌日，張蒼被免去丞相職務。文帝認為皇后的弟弟竇廣國很有才能，又品行端正，很想任命他為丞相，文帝暗中思忖：「如果任命竇廣國為丞相，恐怕天下人會說我對竇廣國有私心，考慮了很久還是認為任竇廣國為丞相不妥當。」漢文帝最終沒有任命竇廣國為丞相，而高帝時的大臣中又沒有可以為相的合適人選。擔任御史大夫的梁國人申屠嘉，早先因其體壯力強作戰勇武能腳踏強弩，跟隨高祖劉邦征戰有功，被封為關內侯。初四日庚午，文帝任命申屠嘉為丞相，封他為故安侯。申屠嘉為人廉潔正直，在家中從不接待因私事而求見之人。

當時，太中大夫鄧通正受到文帝的寵愛，賞賜給他的錢財累計有數萬之多。漢文帝曾經到鄧通家中宴飲，由此可見鄧通受到的寵幸是無人可比的。有一次申屠嘉入朝，看見鄧通居然坐在皇帝旁邊，態度傲慢。申屠嘉向文帝奏報完畢，趁機說：「陛下寵愛群臣，可以賞給他們財物使他們富貴，至於朝廷的禮儀，不能不嚴加整肅。」文帝說：「你不要再說了，我私下裡再告誡他吧。」申屠嘉退朝後回到丞相府中，立即派人下通知叫鄧通到丞相府，並警告鄧通，如若不來，就要將其斬首。鄧通非常恐懼，趕緊入宮向文帝求救。文帝說：「你只管去，我會派人去叫你回來。」鄧通來到丞相府，他摘掉帽子，光著腳，趴在地上向申屠嘉磕頭請罪。

申屠嘉端坐自如，也不還禮，責備鄧通說：「朝廷，是高皇帝建立起來的朝廷。你鄧通只是個小臣，竟敢在宮殿之上沒有規矩，犯了大不敬之罪，應當斬首。你們立即把他拉出去斬了！」鄧通磕頭不止，頭上都磕出了血，申屠嘉仍然不肯饒恕他。文帝估計此時丞相已經給了鄧通足夠的教訓，便派使者秉持皇帝符節到丞相府召喚鄧通並向丞相道歉說：「鄧通只不過是一個供皇帝戲弄取樂的人，請丞相放了他吧。」鄧通被放回宮，他向文帝哭訴說：「丞相幾乎殺了我！」

三年（庚辰　西元前一六一年）

春季，二月，漢文帝到代地巡視。

這一年，匈奴老上單于去世，他的兒子軍臣單于繼位。

四年（辛巳　西元前一六〇年）

夏季，四月丙寅晦，發生日蝕。

五月，大赦天下。

漢文帝到雍地巡視。

五年（壬午　西元前一五九年）

春季，正月，漢文帝到隴西巡視。三月，到雍地巡視。秋季，七月，到代地巡視。

六年（癸未　西元前一五八年）

冬季，匈奴三萬騎兵侵擾上郡，三萬騎兵侵擾雲中郡，所殺傷擄掠甚多，戰爭的消息通過烽火臺一直傳到甘泉、長安。文帝任命中大夫令免為車騎將軍，駐紮在飛狐口；任命曾經擔任楚元王劉交之相的蘇意為將軍，屯紮在句注山；將軍張武屯紮在北地郡；河內太守周亞夫為將軍，駐紮在細柳；宗正劉禮為將軍，駐紮在霸上；祝茲侯徐厲為將軍，駐紮在棘門，以防備匈奴的入侵。文帝親自到各地軍營慰勞將士，文帝到達霸上以及棘門的時候，都是騎著馬直接駛入軍營，將軍以下全都下馬迎來送往。後來又來到細柳周亞夫的駐地，只見軍士全都身穿鎧甲手執兵器，刀出鞘、箭上弦，一副整裝待發的景象。文帝的先頭騎兵部隊到了營門口，守衛營門的武官不許他們進入軍營。先頭部隊說：「皇帝馬上就到！」守衛營門的武官說：「將軍有令：『軍中只執行將軍的命令，不接受皇帝的詔令。』」過了不久，文帝來到軍營門口，仍然不被允許進入軍營。文帝只得派使者手持符節請守門軍士傳話給將軍：「我要到軍營之內慰勞將士。」周亞夫於是傳令：「打開營門。」守衛營門的官員對皇帝的衛隊說：「周將軍有令：軍中不得騎馬疾馳。」於是文帝只好勒著韁繩緩緩而行。到了軍營，將軍周亞夫攜帶兵器拱手向文帝行禮，說：「甲冑在身不行跪拜之禮，請允許我行軍禮。」文帝深受感動，表情也馬上嚴肅起來，他俯下身將頭伏在車前的橫木上，派人向周亞夫表示敬意，說：「皇帝慰勞將軍。」慰問儀式結束後，漢文帝離開了周亞夫的軍營。出了軍營之後，隨從的群臣都對周亞夫接待皇帝的方式感到震驚。漢文帝深有感觸地說：「唉，這才是真正的將軍啊！先前在霸上、棘門所看到的軍隊，簡直就像是在玩遊戲，如有人假扮皇帝前來，他們的將軍肯定會被突然擄掠。至於周亞夫，可能遭到侵犯嗎！」文帝對周亞夫稱讚了很久。一個多月之後，漢朝大軍到達邊境，匈奴也遠遠的離開了漢朝的邊塞，漢軍也隨之撤兵。漢文帝任命周亞夫為中尉，主管京城的治安。

夏季，四月，天大旱，鬧蝗災。文帝下令諸侯不要向朝廷貢獻地方特產。開放山林湖澤，允許百姓自由進行採伐捕撈，減少皇帝后妃所用的衣服、車馬數量，減少皇帝身邊的侍御與警衛人員數量，開倉救濟災民，允許富裕百姓將糧食賣給國家換取爵位。

七年（甲申　西元前一五七年）

夏季，六月初一日己亥，漢文帝在未央宮駕崩。留下的遺囑說：「我聽說：天下萬物之萌生，卻沒有長生不死的。死亡，是天地間的自然現象，是萬物的規律，何必太悲哀！當今世界，全都喜歡生存而厭惡死亡，死了以後還要進行厚葬，以至於破敗家業，注重居喪守孝而傷害了身體，對此我很不贊同。況且我在世的時候道德修養就很不夠，沒有給百姓帶來什麼好處。如果死了之後，又讓人穿重孝居喪很長時間，長久地進行哭弔，還要經歷漫長的寒暑，使別人的父子陷於悲哀，全國的老人陷於痛苦之中，還要讓他們減損飲食，使其他鬼神得不到祭祀，這等於加重了我的不道德，怎麼對得起天下的百姓呢？我既被擁戴繼位做了皇帝，以微末之身居於天下諸侯王之上，已經二十多年了。賴有上天的保佑，國家的福祉，使國家政局穩定，沒有大的戰爭。我既不才，常常害怕因我的錯誤行為而使先帝蒙受恥辱。又懼怕在位時間太久，不能做到善始善終。現在有幸得以盡享天年，死後自己的神主又能與高祖供奉在一起，還有什麼可值得哀念的呢？命令天下的全體官民：遺詔頒布之後，官民哭弔、祭祀三日，三日以後全部除去喪服。不要禁止民間娶妻、嫁女、祭祀、飲酒、食肉。對於哭臨的要發給喪服，不要讓弔喪者光著腳前來弔喪。服喪時繫於頭上和腰間的麻孝帶不要超過三寸寬，不要給車輛和兵器套上服喪的標誌，不要動員人民到宮殿來助哭。應當到宮殿中哭弔的，按早晚各哭十五聲，哭夠數就停止。不是早晚應該哭弔的時間，禁止擅自前來哭弔。下葬完畢，按照以前的制度，應該穿九個月喪服的改為只穿十五日，應該穿五個月喪服的改為穿十四日，應該穿三個月喪服的改為穿七日，服滿，就除去喪服。其他沒有說到的，皆參照此令執行。張貼布告，使天下百姓明白我的意思。霸陵墓地一帶的山川河流一切都要保持原來的樣子，不要做任何改動。後宮妃嬪之中，凡是品級在夫人以下至於少使，都要遣送回家。」初七日乙巳，文帝被埋葬在霸陵。

文帝在位共二十三年，住的宮室、供遊獵的園林、出行的車馬以及服飾器物，全都沒有任何增加。如果遇到天災人禍時，總是開放皇家的苑囿山林湖海，讓百姓耕種開發。文帝曾經想建造一個露臺，找來工匠作了一下預算，需要花費百金才能建造起來。文帝說：「百金，相當於中等生活水平的十戶人家的財產。我繼承先帝的宮室，還常常覺得自己不夠資格而有辱於先帝，何必再修這個露臺！」文帝只穿黑色粗絲的衣服。就連最寵愛的慎夫人，衣服長度也不拖到地上。所用的帷帳沒有任何刺繡花紋，為崇尚淳樸，文帝親自為天下作出榜樣。為自己修建的霸陵墓，全都使用瓦器，不允許使用金、銀、銅、錫作為裝飾，藉著山勢，不再另外封土起墳。吳王劉濞謊稱有病不來朝見，文帝就賜給他木几手杖，同意他不必來朝。群臣袁盎等進諫言辭懇切激烈，文帝常常參照用之。張武等受賄金錢，文帝發覺後，不僅不加責罰，反而多加賞賜，以使他產生羞愧之心。總是以恩德感化人。所以四海安寧，家家自給人人富足，後世很少有哪個皇帝能比得上他。

六月初九日丁未，太子劉啓即皇帝位。尊稱皇太后薄氏為太皇太后，文帝皇后竇氏為皇太后。

九月，光芒四射的彗星出現在西方的夜空。

這一年，長沙王吳著逝世，因為他沒有兒子繼承王位，所以封國被撤銷。

當初，漢高帝劉邦認為長沙文王吳芮賢能，特下令給御史大夫，說：「長沙王吳芮忠心於劉氏，所以特別將其寫入文告。」在孝惠帝、高皇后執政期間，又封吳芮姬妾所生的兩個兒子為列侯。長沙王國一直傳了數代，因無子而國除。

孝景皇帝上

元年（乙酉　西元前一五六年）

冬，十月，丞相嘉❶等奏：「功莫大於高皇帝，德莫盛於孝文皇帝。高皇帝廟，宜為帝者太祖❷之廟；孝文皇帝廟，宜為帝者太宗❸之廟。天子宜世世獻祖、宗之廟❹，郡國諸侯❺宜各為孝文皇帝立太宗之廟。」制曰：「可。」❻

夏，四月乙卯❼，赦天下❽。

遣御史大夫青❾至代下❿，與匈奴和親。

五月，復收民田半租⓫，三十而稅一⓬。

初，文帝除肉刑⓭，外有輕刑之名，內實殺人。斬右止者又當死⓮；斬左止者笞五百，當劓者笞三百，率多死⓯。是歲，下詔曰：「加笞與重罪無異⓰，幸而不死，不可為人[17]。其定律[18]：笞五百曰三百[19]，笞三百曰二百。」

以太中大夫周仁[20]為郎中令[21]，張歐[22]為廷尉[23]，楚元王子平陸侯禮[24]為宗正[25]，中大夫[26]鼂錯為左內史[27]。仁始為太子舍人[28]，以廉謹得幸。張歐亦事帝於太子宮[29]，雖治刑名家[30]，為人長者[31]，帝由是重之，用為九卿[32]。歐為吏[33]，未嘗言按人[34]，專以誠長者處官[35]。官屬以為長者，亦不敢大欺[36]。

二年（丙戌　西元前一五五年）

冬，十二月，有星孛[37]于西南。

令天下男子年二十始傅[38]。

春，三月甲寅[39]，立皇子德[40]為河間王[41]，閼[42]為臨江王[43]，餘[44]為淮陽王[45]，非[46]為汝南王[47]，彭祖[48]為廣川王[49]，發[50]為長沙王[51]。

夏，四月壬午[52]，太皇太后薄氏[53]崩。

六月，丞相申屠嘉薨。時內史鼂錯數請間言事[54]，輒聽[55]，寵幸傾[56]九卿，法令多所更定[57]。丞相嘉自絀所言不用[58]，疾錯[59]。錯為內史，東出不便[60]，更穿一門南出[61]。南出者，太上皇廟堧垣也[62]。嘉聞錯穿宗廟垣，為奏，請誅錯。客有語錯[63]，錯恐，夜入宮上謁[64]，自歸上[65]。至朝[66]，嘉請誅內史錯。上曰：「錯所穿非真廟垣，乃外堧垣，故冗官居其中[67]。且又我使為之，錯無罪。」丞相嘉謝[68]。罷朝，嘉謂長史[69]曰：「吾悔不先斬錯，乃請之[70]，為錯所賣[71]。」至舍，因歐血而死[72]。錯以此愈貴。

秋，與匈奴和親。

八月丁未[73]，以御史大夫開封侯陶青為丞相。丁巳[74]，以內史鼂錯為御史大夫。

彗星出東北。

秋，衡山[75]雨雹，大者五寸，深者二尺。

熒惑逆行[76]守北辰[77]，月出北辰間。歲星[78]逆行天廷[79]中。

梁孝王[80]以竇太后少子故，有寵，王四十餘城，居天下膏腴地[81]。賞賜不可勝道[82]，府庫金錢且百巨[1]萬[83]，珠玉寶器多於京師[84]。築東苑[85]，方三百餘里[86]。廣睢陽城七十里[87]，大治宮室，為複道[88]，自宮連屬於平臺[89]三十餘里。招延[90]四方豪俊之士，如吳人枚乘、嚴忌[91]，齊人羊勝、公孫詭、鄒陽[92]，蜀人司馬相如[93]之屬，皆從之遊。每入朝，上使使持節[94]，以乘輿駟馬[95]迎梁王於關下[96]。既至，寵幸無比。入[97]則侍上同輦[98]，出則同車射獵上林[99]中。因上疏請留[100]，且半歲[101]。

梁侍中、郎、謁者❶⓪②著籍引❶⓪③出入天子殿門，與漢宦官無異❶⓪④。

【章　旨】以上為第五段，寫景帝元年（西元前一五六年）、二年兩年間的全國大事，主要寫了景帝對文帝廢除肉刑所產生的一些偏頗的糾正；寫了景帝任用周仁、張歐等一批平庸官僚；寫了丞相申屠嘉的褊狹使氣，以及梁孝王的怙寵驕奢等等。

【注　釋】❶丞相嘉　即申屠嘉，於文帝後二年開始為丞相，至景帝二年死。❷太祖　最偉大的祖先。❸太宗　永為後世帝王之所宗仰者。❹天子宜世世獻祖宗之廟　意即後世的皇帝既要親自祭祀「太祖」，也要親自祭祀「太宗」。獻，進獻祭品。❺郡國諸侯　各郡郡治、各王國都城、各列侯的封邑。❻制曰二句　這是皇帝在大臣呈報的文件上所作的批語。制，皇帝的命令。❼四月乙卯　四月二十二。❽赦天下　每逢老帝王去世、新帝王接替登基之際，往往頒布這種大赦令以收買民心，穩定社會秩序。❾御史大夫青　陶青，劉邦開國功臣陶舍之子，繼父爵為開封侯。此時任御史大夫之職。❿代下　代郡城下。代郡的郡治即今河北蔚縣東北的代王城。⓫復收民田半租　文帝十二年賜民田租之半，次年盡除田租；今又改為收半租。⓬三十而稅一　稅率是實際收成的三十分之一。⓭文帝除肉刑　指將劓刑、斬趾等改為用棍棒打，事在文帝十三年。⓮斬右止者又當死　犯人斷去右趾後身亡，等於判了死刑。按，自此以下三句，是文帝十三年改肉刑為用棍棒打時的規定。右止，右腳趾。止，通「趾」。當死，等於判死刑。⓯率多死　大概都是打不滿數目就被打死了。率，大致；一般。⓰加笞與重罪無異　把不該死的輕罪犯人改用棍棒打死了，那就和犯死罪的人沒了區別。重罪，指死罪。⓱不可為人　指嚴重殘廢，不再是正常人。⓲其定律　現在重新做出規定。⓳笞五百曰三百　原來該打五百棍子的現在改為打三百棍。曰，這裡的意思是改為、減為。⓴太中大夫周仁　一個以「謹厚少言」著稱的平庸官僚，文帝時為太中大夫。事跡見《史記・萬石張叔列傳》。太中大夫，帝王的侍從官員，掌議論。㉑郎中令　九卿之一，守衛宮殿門戶，統領帝王的文武侍從。㉒張歐　一個以「醇厚長者」著稱的平庸官僚。事跡見《史記・萬石張叔列傳》。㉓廷尉　九卿之一，掌全國刑獄。㉔平陸侯禮　劉禮，楚元王劉交之子，被封為平陸侯。事跡見《史記・楚元王世家》。㉕宗正　九卿之一，掌管皇族事務。㉖中大夫　帝王的侍從官員，掌議論，地位在太中大夫之下。㉗左內史　內史是首都與其郊區的行政長官，後來改稱京兆尹。景帝時分設左、右內史，分別執掌首都地區的行政。㉘太子舍人　太子屬下的侍從官員。㉙事帝於太子宮　意謂早在景帝為太子時，就在太子宮中侍候劉啓了。㉚雖治

刑名家　雖然研究的是一套法家學問。刑名，也寫作「形名」，即通常所說的「名家」。講究名實相副，循名責實，與法家的學說相通，故也通稱「法家」叫刑名家。[31]長者　寬和厚道的人。這裡指謹厚者。[32]九卿　朝官名，指奉常（太常）、郎中令（光祿勳）、衛尉、太僕、廷尉、典客（大鴻臚）、宗正、治粟內史（大司農）、少府等九種官職，都是中二千石。[33]為吏　此指為主管刑獄的法官。[34]未嘗言按人　沒有說過要「懲辦」、「查處」哪個人。按，查辦；懲治。[35]處官　居官；任職。[36]官屬以為長者二句　其下屬也因為他的善良而不好意思太過分地瞞著他幹壞事。[37]星孛　意即流星。孛，火光四射的樣子。[38]年二十始傅　年齡二十歲開始登入給國家服役的名冊。傅，傅籍；登錄在冊。古代「傅籍」的年齡各代不一，有的在十八歲，有的在二十二歲。[39]三月甲寅　三月二十六。[40]皇子德　劉德，景帝之子，栗姬所生。事跡見《史記・五宗世家》。[41]河間王　都城樂成，在今河北獻縣東南。[42]閼　《史記・五宗世家》作「閼于」，景帝之子，栗姬所生。[43]臨江王　都城江陵，在今湖北江陵西北之紀南城。[44]餘　劉餘，景帝之子，程姬所生。事跡詳見《史記・五宗世家》。[45]淮陽王　都城即今河南淮陽。[46]非　劉非，景帝之子，程姬所生。事跡詳見《史記・五宗世家》。[47]汝南王　都城平輿，在今河南平輿北。[48]彭祖　劉彭祖，景帝之子，賈夫人所生。事跡詳見《史記・五宗世家》。[49]廣川王　都城信都，即今河北冀州。[50]發　劉發，景帝之子，唐姬所生。事跡詳見《史記・五宗世家》。[51]長沙王　都城臨湘，即今湖南長沙。[52]四月壬午　四月二十五。[53]太皇太后薄氏　劉邦之妃嬪，文帝之母，景帝之祖母。事跡詳見《史記・外戚世家》。[54]請間言事　請求皇帝單獨接見，聽取進言。[55]輒聽　一聽就採納。[56]傾　壓倒；超過。[57]更定　改變；重新制定。[58]自絀所言不用　為自己的意見不被採納而感到失落。絀，通「黜」。[59]疾錯　嫉恨鼂錯。[60]錯為內史二句　鼂錯感到內史府的大門向東開，出入不方便。按，《史記・張丞相列傳》敘此事作「錯為內史門東出不便」，是也，《通鑑》刪去「門」字於理不當。[61]更穿一門南出　於是便另開了一個門向南走。[62]南出者二句　意思是為開這個向南走的門，而動了太上皇廟的堧垣。太上皇廟，劉邦父親劉太公的廟。堧垣，帝王陵廟正式圍牆外面的圈著閒散棄地的小矮牆。小牆裡邊的這些閒棄地就叫做「堧」。[63]客有語錯　申屠嘉的賓客中有人將申屠嘉的這種思想、活動告訴了鼂錯。[64]上謁　遞進名片求見。[65]自歸上　自己向景帝投案請罪。[66]至朝　到了上朝的時候。[67]故冗官居其中　所以有一些閒散的官員住在裡面。[68]丞相嘉謝　申屠嘉只好向景帝道歉，承認自己無理。[69]長史　丞相屬下的諸史之長，猶如今之祕書長。當時的丞相、大將軍屬下均有長史。[70]乃請之　竟然先去向皇帝請示。[71]為錯所賣　結果栽在了鼂錯手裡。賣，哄騙；捉弄。[72]歐血而死　歐血，同「嘔血」。吐血。[73]八月丁未　八月丙辰朔，無丁未日，此處記事疑有誤。[74]丁巳　八月初二。[75]衡山　諸侯國名，此時在位的衡山王為劉長之子劉勃。[76]熒惑逆行　火星向後倒退。熒惑，即今之所稱火星。

77守北辰　退到了北極星的附近。北辰，即今之北極星。78歲星　即今之所稱木星。79天廷　也稱「太微」，中有五帝座。80梁孝王　劉武，文帝之子，景帝的胞弟，孝字是其死後的諡。事跡詳見《史記・梁孝王世家》。梁國的都城睢陽，在今河南商丘城南。81膏腴地　極言其土地之肥沃，如脂如膏。82不可勝道　極言所受賞賜之多，多得沒法說。83且百巨萬　幾乎多達上百億。巨萬，萬萬，即今所謂億。84多於京師　比國家倉庫裡的珠寶還要多。85東苑　也稱「兔園」，因其位置在梁國都城睢陽以東，故以「東園」稱之，「兔」在十二生肖中也是代表東方。86方三百餘里　《史記索隱》曰：「蓋言其奢，非實詞。」按，杜牧說秦之阿房宮亦「覆壓三百餘里」。《正義》引《西京雜記》云：「梁孝王苑中有落猿岩、棲龍岫、雁池、鶴洲、鳧島。諸宮觀相連，奇果佳樹，瑰禽異獸，靡不畢備。」岑參詩有所謂「梁園日暮亂飛鴉，極目蕭條三兩家。庭樹不知人去盡，春來還發舊時花。」蓋即謂此，似唐時已所存無幾。87廣睢陽城七十里　擴大睢陽城的城圈至方圓七十里。《索隱》引《太康地理記》曰：「城方十三里，梁孝王築之。」88複道　空中通道。89自宮連屬於平臺　從城裡的宮廷直通城東的平臺。師古曰：「今其城東二十里所，有故臺基，其處寬博，土俗云『平臺』也。」《索隱》引如淳曰：「今城東二十里臨新河，有故臺址，不甚高，俗云『平臺』，又一名『修竹苑』。」王先謙引任昉《述異記》云：「梁孝王平臺，至今存有蒹葭洲、鳧藻洲、梳洗潭。」又引《商丘縣志》云：「縣東北十七里有平臺集，接虞城界。」90招延　招納、延攬。91枚乘嚴忌　都是當時著名的辭賦家，枚乘作有〈七發〉；嚴忌也寫作「莊忌」。92羊勝公孫詭鄒陽　前二人為煽動梁王圖謀不軌的奸邪之徒；後者為文章之士，作有〈獄中上梁王書〉。93司馬相如　當時最傑出的辭賦家，著有〈子虛賦〉、〈上林賦〉等多篇。94使使持節　派使者手執旄節。旄節是帝王使者外出所持的信物。95乘輿駟馬　皇帝乘坐的車馬。96關下　函谷關的關前。函谷關在今河南靈寶東北，是東方人進入關中地區的第一大門。97入　指進入宮廷。98侍上同輦　陪著皇帝同乘一輛車。輦，帝王乘坐的小車，或用馬拉，或由人挽，或讓人抬。99上林　即上林苑，秦漢時代的皇家獵場，在當時咸陽、長安的西南方，方圓有數縣之廣。100上疏請留　給皇帝上書請求繼續留住在京城。疏，奏章，因內容為條列疏陳理由，故稱作「疏」。101且半歲　一住就住個快半年。且，將。按，據漢法規定，當時諸侯王入朝，在京城不能超過二十天。見《史記・梁孝王世家》之褚少孫所增補。102梁侍中郎謁者　泛指梁孝王身邊的侍從官員。侍中，在宮廷侍奉帝王的官員。郎，又有「侍郎」、「郎中」與「中郎」的不同級別的稱呼，負責陪侍與警衛王者。謁者，掌管收發、傳達以及贊禮等事。103著籍引　《史記・外戚世家》作「著引籍」，意思相同，即將某個人的姓名登入門衛室的出入名簿，允許其自由出入。104與漢宦官無異　意即與漢王朝內廷的宦官沒有區別。

【校記】①巨 原作「鉅」。據章鈺校，甲十五行本、乙十一行本、孔天胤本皆作「巨」。今從諸本及《史記・梁孝王世家》、《通鑑紀事本末》改。

【語譯】孝景皇帝上

元年（乙酉 西元前一五六年）

冬季，十月，丞相申屠嘉等上奏：「功勞沒有大過高皇帝的，道德修養沒有超過孝文皇帝的。建議將高皇帝廟尊奉為太祖廟；孝文皇帝廟尊奉為太宗廟。後世的皇帝既要親自祭祀太祖、進獻祭品，也要親自祭祀太宗、進獻祭品，郡國、諸侯應該在自己的封國內為孝文皇帝建立太宗廟。」漢景帝批示說：「可以。」

夏季，四月二十二日乙卯，大赦天下。

派遣御史大夫陶青到代郡城下，與匈奴謀求和親。

五月，恢復徵收賦稅制度，但只是收取賦稅的一半，稅率是實際收成的三十分之一。

當初，漢文帝執政期間曾經廢除肉刑，表面上看刑罰是減輕了，但實際上還是在殺人。犯人被砍了右腳趾而身亡，等於還是判了死刑；應該判處砍掉左腳趾的被用藤條抽打五百下，應當被削去鼻子的被判處用藤條鞭打三百下，許多人承受不了鞭打的重刑而死亡。這一年，漢景帝頒布詔令說：「增加鞭打的數量與判處死刑沒有什麼本質的區別，即使僥倖不被打死，也已經成了殘廢而無法獨立生存。現在重新作出規定：將應該鞭打五百的改做鞭打三百，應該鞭打三百的改為鞭打二百。」

任命太中大夫周仁為郎中令，任命張歐為廷尉，任命楚元王的兒子平陸侯劉禮為宗正，任命中大夫鼂錯為左內史。在景帝還是太子的時候，周仁曾經擔任太子舍人，因為辦事廉潔謹慎而得到漢景帝的重用。張歐也是在景帝做太子的時候在太子宮中侍奉景帝，雖然研究的是法家的學問，卻是一個為人寬和厚道的長者，景帝因此很敬重他，所以提升他做了九卿之一的廷尉。張歐雖然擔任的是主管刑獄的廷尉，卻從來沒有說過要懲處哪個人，任職期間一向以誠摯寬大為原則。他的屬下也因為他是一個忠厚的長者，而不敢對他有太大的欺瞞。

二年（丙戌　西元前一五五年）

冬季，十二月，有彗星出現在西南方的夜空。

朝廷頒布政令：天下所有的男子，凡是年滿二十歲的就要將姓名登記在為國家服役的名冊上。

春天，三月二十六日甲寅，景帝封皇子劉德為河間王，劉閼為臨江王，劉餘為淮陽王，劉非為汝南王，劉彭祖為廣川王，劉發為長沙王。

夏季，四月二十五日壬午，太皇太后薄氏去世。

六月，丞相申屠嘉去世。當時擔任左內史的鼂錯曾經多次請求漢景帝單獨召見，而每次都能得到漢景帝的應允，景帝對鼂錯的寵幸超過了九卿中的任何人，鼂錯對法令做了許多修改。而擔任丞相的申屠嘉很為自己的意見不被採用而感到失落，因此申屠嘉非常嫉恨鼂錯。鼂錯擔任左內史，感到內史府的大門向東開出入很不方便，於是就另外開闢了一個門向南走。為開闢這個南門而動了太上皇祭廟外面的小矮牆。申屠嘉聽到鼂錯打穿太上皇祭廟圍牆的消息後，趕緊上奏漢景帝，請求將鼂錯斬首。而他的一個賓客將此消息透露給了鼂錯，鼂錯非常害怕，就連夜入宮求見漢景帝，向景帝投案請罪。第二天上早朝的時候，申屠嘉奏請景帝誅殺鼂錯。景帝說：「鼂錯所打穿的並不是祭廟的真正圍牆，而是廟外空地的圍牆，所以才使一些沒有實際職務的小官吏住在那裡。而且是我允許他這樣做的，鼂錯沒有什麼過錯。」丞相申屠嘉只好承認自己無理，向皇帝謝罪。散朝以後，申屠嘉對長史說：「我真後悔當初沒有先將鼂錯斬首，然後再向皇帝請示，結果反而中了鼂錯的圈套。」回到自己的家中，由於氣惱傷身，吐血而死。鼂錯從此越加顯貴。

秋季，與匈奴和親。

八月丁未日，漢景帝任命御史大夫開封侯陶青為丞相。初二日丁巳，任命內史鼂錯為御史大夫。

彗星出現在東北天際。

秋天，衡山下了冰雹，大的冰雹直徑有五寸，堆積了有二尺深。

熒惑星朝相反的方向運行到北極星附近，月亮出現在北極星周圍。歲星也朝相反的方向運行，進入天廷星座。

梁孝王劉武因為是竇太后最小的兒子，所以最受寵幸，他的封國之內有四十多個縣城，而且是全國最富庶的地方。他所得到的賞賜多得簡直數不清，府庫中的金錢多達上百億，珠玉寶器比國家府庫中的還多。他所修建的東苑方圓三百里。擴大首府睢陽城的城圈至方圓七十里，大建宮室，所修築的上下兩層通道，從王宮一直連接到平臺，全長三十多里。他大肆延攬四方的英雄豪傑，如吳地的枚乘、嚴忌，齊國的羊勝、公孫詭、鄒陽，蜀國人司馬相如之類的，都成為他的座上賓。每次梁孝王入朝，漢景帝都要派使者手持符節，帶著皇帝御用的車馬到函谷關去迎接。到了都城以後，受到的寵幸更是無人能比。入宮的時候，陪同景帝乘坐同一輛輦車，出宮到上林苑中打獵，又與皇帝乘坐同一輛車子。他上疏給漢景帝，請求繼續留在京城，一住就達半年之久。梁國的侍中、郎官、謁者等都登記在門衛室的出入名冊上，可以隨意進出皇宮，與內廷宦官沒有什麼兩樣。

【研析】本卷記載了文帝前十一年（西元前一六九年）至景帝前二年（西元前一五五年）共十五年間的全國大事，其中值得討論的有以下幾點：

其一是關於賈誼、鼂錯的上疏議論時事。賈誼的上疏主要載於上一卷，我們已經進行了評論，本卷則又載入了他的〈請封建子弟疏〉。賈誼在其〈陳政事疏〉中曾尖銳地提出國內眾多諸侯王割據的危害，已見於上卷，這是正確的。在本卷他又針對舊有的諸侯王割據而請文帝趕緊再分封自己的幾個兒子為王，而且要把他們的勢力培植得大大的，以此來對抗其他血緣疏遠的諸侯王，這就顯然荒謬了。即使這些新封的諸侯能「拱衛」漢文帝，等幾十年後他們不也就變成與朝廷血緣疏遠的割據諸侯？倒是鼂錯的〈論貴粟疏〉、〈言兵事疏〉、〈守邊勸農疏〉、〈募民實塞疏〉等文章說理透徹、切實可行。明代李贄在其《藏書》中曾說：「人皆以賈生通達國體，今觀賈生之策，其迂遠不通者猶十而一二，豈如鼂之鑿鑿可行者哉？」魯迅在其《漢文學史綱要》

中也說賈誼的文章「尤有文采，而沉實則少遜」。又說「以二人之論匈奴者相較，則可見賈生之言乃較疏略，不能與鼂錯之深識為倫比矣」。當然，鼂錯作為一個法家人物，常表現出一種視黎民百姓為「群盲」的觀點，也是顯而易見的。

其二是關於漢文帝的「德政」究竟應該如何分析。司馬遷寫《史記》評價漢王朝的幾個皇帝，只有對漢文帝的評價較高。司馬遷認為漢文帝的「德政」大概包括對匈奴忍讓和親，不採取大張撻伐；對國內割據勢力採取以柔克剛，不動用過激措施；對農民減輕租稅，對世人加強教育、減輕刑法，以至於牢獄空虛，「幾致刑措」；文帝個人生活儉樸，臨終又遺令薄葬等等。對此我們只能理解為是相對而言，司馬遷這樣寫在很大程度上是為了藉以對比、批判漢武帝；如果認真檢驗漢文帝的許多實際問題，還是大有可以商量的。例如，文帝在其居位的二十多年裡，多次與匈奴「和親」，但始終未能換得匈奴不再犯邊，最緊急的時候甚至連長安周圍都得調集多路重兵防守，這「和親」政策又成功在哪裡呢？又如，文帝自己生活儉樸，要求他的妃嬪也較嚴格，這都是好的；但為了寵愛鄧通，怕鄧通受窮，竟賜給他一座銅山，讓他自己鑄造錢幣，使得「鄧通錢，遍天下」，這樣的行為還能算是有節制麼？司馬遷歌頌漢文帝的廢除肉刑，「肉刑」是沒有了，但「肉刑」中的重罪犯人原本不該死的還是死了；「肉刑」中的輕罪犯人改成了「笞五百」、「笞三百」，結果沒等笞滿數目也都給打死了。班固早就說文帝的「廢肉刑」是「名曰寬大，實多殺人」。這還能算作「德政」？文帝臨終遺詔薄葬，聽起來是好事，但究竟實行得如何呢？清代梁玉繩說：「《晉書・愍帝紀》：『建興三年，盜發霸、杜二陵，金玉采帛不可勝計。敕收其餘，以實內府。』又〈索琳傳〉：『盜發霸、杜陵，多獲珍寶。帝問漢陵中物何多耶？琳對以漢天子即位一年而為陵，天下貢賦三分之一充山陵，武帝享年久長，比崩，而茂陵不復容物。赤眉取陵中物不能減半，於今猶有朽帛委積，金玉未盡。此二陵是儉者耳。』然則文帝之葬特差少於諸陵，而非真薄也。豈景帝不從遺詔之故乎？」此外，文帝迷信鬼神，聽信新垣平、公孫臣等騙子的妖言，大建廟壇、大搞祭祀活動，這在漢代前期的幾個皇帝中只能算是比武帝好，別的皇帝都沒有這麼愚蠢；更應該指出的是，文帝是靠著大臣誅滅呂氏趁機撈得帝位的，而在誅滅呂氏的過程中功勞最大的是朱虛侯劉章與齊王劉襄。由於周勃與陳平別有圖謀地暗中立了文帝後，文帝不但不感激劉章、劉襄，反而一再地打擊、壓制劉章三兄弟，以致使劉襄、劉章都很快地氣憤、抑鬱而死；劉興居更鋌而走險地走上了叛亂的道路，這都是由於文帝氣量狹窄，處理問題不公之所致。

其三是作品詳細地描寫了文帝虛心聽取張釋之、馮唐兩人的意見，能及時糾正自己缺點錯誤的情景，《史記》中整篇〈張釋之馮唐列傳〉的內容幾乎全部被移植了過來。宋代黃震在《黃氏日鈔》中曾稱道這幾段文字說：「張釋之論長者及其守法不阿；馮唐之論將，皆質直有古大臣之風焉。」明代茅坤在《史記鈔》中評論這幾段文字說：「張釋之學問作用，大略從黃老中來。」「馮唐無他卓顯處，特以其論將帥一段為絕古今，遂為立傳。」凌稚隆在《史記評林》中引王鏊的話說這幾段文字：「二傳皆一時之言，見文帝君臣如家人父子。」湯諧在《史記半解》中說這幾段文字：「一邊寫二君質直不阿，一邊寫孝文從諫若流，君明臣良意象，洋溢楮上。蓋〈張馮傳〉之兼寫孝文，猶〈酷吏〉諸傳之兼寫孝武也。敘張語凡數節，皆簡直；馮語止一節，頗詳。然皆蒼勁不作態，所謂言各如人。且二君獨有古名臣風度，故史公文格亦進周秦而上之耳。雖對面旁面間出風神以動盪其文境，然終以質勁勝矣。」《資治通鑑》引用這些文字來表現封建社會中一位難得的「明君」，的確是很生動、很感染人的。

《史記》裡描寫文帝的動人故事還有周亞夫軍細柳，文帝到細柳營勞軍一節，《資治通鑑》在本卷裡也詳細地移植了過來。這段文字的精神是很好的，但民間傳說的色彩太強，司馬遷的描寫過於誇張，以至於有的地方都已經不合情理。如作品說：「上自勞軍，至霸上及棘門軍，直馳入，將以下騎送迎。已而之細柳軍，軍士吏被甲，銳兵刃，彀弓弩持滿，天子先驅至，不得入。」清代姚苧田在《史記菁華錄》指責周亞夫說：「作臨陣之態，豈非著意裝點，現才於人主乎？」王先謙在《漢書補注》中引劉奉世批評這段文字說：「言『彀弓弩』是也；敵未至，何遽『持滿』？何時已乎？此二字疑衍。」都是因司馬遷好奇，文章誇飾過甚，司馬光移錄亦未加處理而起。

卷第十六

漢紀八

起強圉大淵獻（丁亥　西元前一五四年），盡上章困敦（庚子　西元前一四一年），凡十四年。

【題　解】本卷寫了景帝前三年（西元前一五四年）至景帝後三年（西元前一四一年）共十四年間的全國大事，主要寫了吳、楚七國發動叛亂，朝廷派周亞夫等率兵平叛，在周亞夫與梁孝王的共同抗擊下，吳、楚七國被打敗的大體過程，展現了漢王朝與吳楚七國、與梁孝王以及朝廷內部的種種矛盾，很有認識價值；寫了王皇后與長公主相互勾結，讒害栗姬、栗太子至死而奪得皇后與太子位的後宮政變；寫了梁孝王因恃母寵而驕縱無法、謀奪皇位繼承權、刺殺朝廷命官，被黜抑後鬱悶而死的情景；寫了周亞夫因反對廢栗太子、反對封外戚王信與匈奴降王為侯，而被景帝免官並被折磨而死的悲慘情景；寫了李廣為邊郡太守臨敵不驚的名將風範；寫了漢景帝為發展農業、節省開支所採取的若干措施；寫了漢景帝死，與漢代史官司馬遷、班固對「文景之治」的一些讚美評價。

孝景皇帝下

前三年（丁亥 西元前一五四年）

冬，十月，梁王來朝。時上未置太子，與梁王宴飲❶，從容❷言曰：「千秋萬歲後❸，傳於王❹。」王辭謝，雖知非至言❺，然心內喜；太后❻亦然。詹事竇嬰❼引卮酒進上❽曰：「天下者，高祖之天下，父子相傳，漢之約也，上何以得傳梁王❾！」太后由此憎嬰。嬰因病免❿，太后除嬰門籍⓫，不得朝請⓬。梁王以此益驕。

春，正月乙巳⓭，赦。

長星⓮出西方。

洛陽東宮災⓯。

初，孝文時，吳太子⓰入見⓱，得侍⓲皇太子⓳飲博⓴。吳太子博爭道㉑，不恭㉒，皇太子引博局㉓提㉔吳太子，殺之㉕。遣其喪歸葬㉖。至吳㉗，吳王慍㉘曰：「天下同宗㉙，死長安即葬長安，何必來葬為㉚！」復遣喪之長安葬。吳王由此稍㉛失藩臣之禮㉜，稱疾不朝。京師知其以子故，繫治驗問㉝吳使者。吳王恐，始有反謀。後使人為秋請㉞，文帝復問之㉟，使者對曰：「王實不病，漢繫治使者數輩㊱，吳王恐，以故遂稱病。夫『察見淵中魚，不祥㊲』，唯上棄前過㊳，與之更始㊴。」

於是文帝乃赦吳使者，歸之，而賜吳王几杖[40]，老，不朝[41]。吳得釋其罪，謀亦益解[42]。然其居國以銅鹽，故百姓無賦[43]，卒踐更輒予平賈[44]，歲時[45]存問茂材[46]，賞賜閭里[47]。他郡國吏[48]欲來捕亡人[49]者，公共禁弗予[50]。如此者四十餘年[51]。

鼂錯數上書言吳過可削[52]，文帝寬不忍罰，以此吳日益橫。及帝即位[53]，錯說上曰：「昔高帝初定天下，昆弟[54]少，諸子弱，大封同姓[55]。齊七十餘城[56]，楚[57]四十餘城，吳[58]五十餘城，封三庶孽，分天下半[59]。今吳王前有太子之郤[60]，詐稱病不朝，於古法當誅。文帝弗忍，因賜几杖，德至厚，當改過自新，反益驕溢，即山鑄錢[61]，煑海水為鹽，誘天下亡人謀作亂。今削之亦反，不削亦反。削之，其反亟[62]，禍小；不削，反遲，禍大[63]。」上令公卿、列侯、宗室雜議[64]，莫敢難[65]。獨竇嬰爭[66]之，由此與錯有郤。

及楚王戊[67]來朝，錯因言：「戊往年為薄太后服，私姦服舍[68]，請誅之。」詔赦，削東海郡[69]。及前年趙王有罪[70]，削其常山郡[71]；膠西王卬[72]以賣爵事有姦[73]，削其六縣[74]。

廷臣方議削吳[75]，吳王恐削地無已，因發謀舉事[76]。念諸侯無足與計者，聞膠西王勇，好兵[77]，諸侯皆畏憚之，於是使中大夫應高[78]口說[79]膠西王曰：「今者，主上任用邪臣，聽信讒賊，侵削諸侯，誅罰良重[80]，日以益甚。語[81]有之曰：『狧糠及米[82]。』吳與膠西，知名諸侯[83]也，一時見察[84]，不得安肆[85]矣。吳王身有內疾，不能朝請二十餘年，常患見疑[86]，無以自白，脅肩累足[87]，猶懼不見釋[88]。竊聞大王以爵事有過[89]。所聞諸侯削地，罪不至此[90]，此恐不止削地而已[91]！」王曰：「有之。子將柰何？」高曰：「吳王自以為與大王同憂[92]，願因時循理[93]，棄軀以除患於天下[94]，意亦可乎[95]？」膠西王瞿然[96]駭曰：「寡人何敢如是！主上雖急[97]，固有死耳[98]，安得不事[99]！」高曰：「御史大夫鼂錯，營惑[100]天子，侵奪諸侯，朝廷疾怨[1]，諸侯皆有背叛之意，人事極矣[101]。彗星出，蝗蟲起[102]，此萬世一時[103]。而愁勞，聖人所以起也[104]。吳王內以鼂錯為誅[105]，外從大王後車[106]，方洋天下[107]，所向者降，所指者下，莫敢不服。大王誠幸而許之一言[108]，則吳王率楚王略函谷關[109]，守滎陽、敖倉之粟[110]，距[111]漢兵，治次舍[112]，須大王[113]。大王幸而臨之，則天下可併，兩主分割[114]，不亦可乎！」王曰：「善。」[115]

歸報吳王，吳王猶恐其不果[116]，乃身自為使者，至膠西面約之。膠西群臣或聞王謀，諫曰：「諸侯地不能當漢十二[117]，為叛逆以憂太后[118]，非計也。今承一帝[119]，尚云不易；假令事成，兩主分爭，患乃益生[120]。」王不聽，遂發使約齊、菑川、膠東、濟南[121]，皆許諾。

初，楚元王好書，與魯申公、穆生、白生[122]俱受詩[123]於浮丘伯[124]。及王楚[125]，以三人為中大夫[126]。穆生不耆酒[127]，元王每置酒，常為穆生設醴[128]。及子夷王[129]、孫王戊[130]即位，常設，後乃忘設焉。穆生退曰：「可以逝[131]矣！醴酒不設，王之意怠。不去，楚人[132]將鉗我於市[133]。」遂稱疾臥。申公、白生強起之[134]，曰：「獨[135]不念先王之德[136]與？今王一旦失小禮，何足至此！」穆生曰：「易稱：『知幾其神乎[137]！幾者，動之微[138]，吉凶之先見[139]者也。君子見幾而作[140]，不俟終日[141]。』先王之所以禮吾三人[142]者，為道存[143]也。今而忽之，是忘道也。忘道之人，胡可與久處[144]？豈為區區之禮哉！」遂謝病[145]去。申公、白生獨留。

王戊稍[146]淫暴，太傅[147]韋孟作詩諷諫[148]，不聽，亦去，居於鄒[149]。戊因坐削地事，遂與吳通謀。申公、白生諫戊，戊胥靡[150]之，衣之赭衣[151]，使雅舂[152]於市。休侯富[153]使人諫王，王曰：「季父[154]不吾與[155]，我起[156]，先取季父矣！」休侯懼，乃與母太夫人[157]奔京師。

及削吳會稽、豫章郡書至[158]，吳王遂先起兵，誅漢吏二千石以下[159]。膠西、膠東、菑川、濟南、楚、趙亦皆反。楚相張尚、太傅趙夷吾[160]諫王戊，戊殺尚、夷吾。趙相建德、內史王悍[161]諫王遂[162]，遂燒殺建德、悍。齊王後悔，背約城守[163]。濟北王城壞未完[164]，其郎中令[165]劫守，王不得發兵[166]。膠西王、膠東王為渠率[167]，與菑川、濟南共攻齊，圍臨菑。趙王遂發兵住其西界[168]，欲待吳、楚俱進。北使匈奴，與連兵[169]。

吳王悉其士卒[170]，下令國中曰：「寡人年六十二，身自將[171]。少子年十四，亦為士卒先[172]。諸年上與寡人同，下與少子等[173]，皆發[174]。」凡二十餘萬人。南使閩、東越[175]，閩、東越亦發兵從[176]。吳王起兵於廣陵[177]，西涉淮[178]，因并楚兵[179]，發使遺諸侯書[180]，罪狀鼂錯[181]，欲合兵誅之。吳、楚共攻梁[182]，破棘壁[183]，殺數萬人，乘勝而前，銳甚[184]。梁孝王遣將軍擊之，又敗梁兩軍，士卒皆還走。梁王城守睢陽[185]。

初，文帝且崩，戒[186]太子曰：「即有緩急[187]，周亞夫[188]真可任將兵[189]。」及七國反書聞[190]，上乃拜中尉周亞夫為太尉[191]，將三十六將軍，往擊吳、楚，遣曲周侯酈寄[192]擊趙，將軍欒布[193]擊齊。復召竇嬰[194]，拜為大將軍[195]，使屯滎陽監齊、趙兵[196]。

初，鼂錯所更令三十章[197]，諸侯讙譁[198]。錯父聞之，從潁川[199]來，謂錯曰：「上初即位，公為政用事[200]，侵削諸侯，疏人骨肉[201]，口語多怨公[202]，何為也？」錯曰：「固也[203]，不如此，天子不尊，宗廟不安。」父曰：「劉氏安矣而鼂氏危，吾去公[204]歸矣！」遂飲藥死，曰：「吾不忍見禍逮身[205]！」後十餘日，吳、楚七國俱反，以誅錯為名[206]。

上與錯議出軍事，錯欲令上自將兵，而身居守[207]，又言：「徐、僮[208]之旁[209]，吳所未下者[210]，可以予吳[211]。」錯素與吳相袁盎[212]不善，錯所居坐，盎輒避[213]；盎所居坐，錯亦避，兩人未嘗同堂語[214]。及錯為御史大夫[215]，使吏按[216]盎受吳王財物[217]，抵罪[218]。詔赦以為庶人[219]。吳、楚反，錯謂丞、史[220]曰：「袁盎多受吳王金錢，專為蔽匿[221]，言不反[222]。今果反，欲請治盎，宜知其計謀[223]。」丞、史曰：「事未發，治之有絕[224]；今兵西向，治之何益？且盎不宜有謀[225]。」錯猶與[226]未決。人有告盎，盎恐，夜見竇嬰，為言吳所以反[227]，願至前口對狀[228]。嬰入言，上乃召盎。

盎入見，上方與錯調兵食[229]。上問盎：「今吳、楚反，於公意何如[230]？」對曰：「不足憂也！」上曰：「吳王即山鑄錢，煑海為鹽，誘天下豪傑。白頭舉事[231]，此其計不百全，豈發乎！何以言其無能為[232]也？」對曰：「吳銅鹽之利則有之，安得豪傑而誘之[233]！誠令吳得豪傑，亦且輔而為誼[234]，不反矣。吳所誘，皆無賴子弟、亡命、鑄錢姦人，故相誘(235)以亂。」錯曰：「盎策(236)之善。」上曰：「計安出(237)？」盎對曰：「願屏左右(238)。」上屏人，獨錯在。盎曰：「臣所言，人臣不得知。」乃屏錯。錯趨避東廂(239)，甚恨。上卒問盎，對曰：「吳、楚相遺書言(240)：『高皇帝王子弟各有分地，今賊臣鼂錯擅適諸侯(241)，削奪之地(242)，以故反，欲西共誅錯，復故地而罷(243)。』方今計獨有斬錯，發使赦吳、楚七國(244)，復其故地，則兵可毋血刃而俱罷。」於是上默然良久，曰：「顧誠何如(245)？吾不愛一人(246)以謝天下。」盎曰：「愚計出此，唯上孰計之(247)。」乃拜盎為太常(248)，密裝治行(249)。後十餘日，上令丞相青、中尉嘉、廷尉歐(250)劾奏錯(251)：「不稱主上德信(252)，欲疏羣臣百姓(253)，又欲以城邑予吳，無臣子禮，大逆無道。錯當要(254)斬，父母妻子同產(255)無少長皆棄市(256)。」制曰：「可。」(257)錯殊不知。壬子(258)，上使中尉召錯，紿載行市(259)，錯衣朝衣斬東市。上乃使袁盎與吳王弟子宗正德侯通(260)使吳。

謁者僕射鄧公為校尉(261)，上書言軍事，見上，上問曰：「道軍所來(262)，聞鼂錯死，吳、楚罷不(263)？」鄧公曰：「吳為反(264)數十歲矣，發怒削地，以誅錯為名，其意不在錯(265)也。且臣恐天下之士拑口(266)不敢復言矣。」上曰：「何哉？」鄧公曰：「夫鼂錯患諸侯彊大不可制，故請削之以尊京師(267)，萬世之利也。計畫始行，卒(268)受大戮。內杜(269)忠臣之口，外為諸侯報仇。臣竊為陛下不取也。」於是帝喟然長息(270)曰：「公言善，吾亦恨之(271)。」

袁盎、劉通至吳，吳、楚兵已攻梁壁(272)矣。宗正以親故(273)，先入見，諭吳王，令拜受詔(274)。吳王聞袁盎來，知其欲說(275)，笑而應曰：「我已為東帝，尚誰拜(276)？」不肯見盎，而留軍中，欲劫使將(277)，盎不肯。使人圍守，且(278)殺之。盎得間(279)，脫亡歸報(280)。

太尉亞夫言於上曰：「楚兵剽輕(281)，難與爭鋒(282)，願以梁委之(283)，絕其食道(284)，乃可制也。」上許之(285)。亞夫乘六乘傳(286)，將會兵滎陽(287)。發至霸上(288)，趙涉(289)遮說(290)亞夫曰：「吳王素富，懷輯(291)死士(292)久矣。此知將軍且行(293)，必置間人(294)於殽澠阸陿(295)之間。且兵事尚[2]神密(296)，將軍何不從此右去(297)，走藍田(298)，出武關(299)，抵洛陽！間不過差一二日(300)。直入武庫，擊鳴鼓(301)，諸侯聞之，以為將軍從天而下也。」太尉如其計，至洛陽，喜曰：「七國反，吾乘傳至此，不自意全(302)。今吾據滎陽，滎陽以東(303)無足憂者。」使吏搜殽澠間，果得(304)吳伏兵(305)。乃請趙涉為護軍(306)。

太尉引兵東北走昌邑(307)。吳攻梁急，梁數使使條侯(308)求救，條侯不許。又使使愬條侯於上[309]，上使告條侯救梁，亞夫不奉詔，堅壁不出[310]。而使弓高侯[311]等將輕騎兵出淮泗口[312]，絕吳、楚兵後[313]，塞其饟道[314]。梁使中大夫韓安國[315]及楚相張尚弟羽[316]為將軍。羽力戰[317]，安國持重[318]，乃得頗敗吳兵[319]。吳兵欲西[320]，梁城守，不敢西[321]。即走[322]條侯軍，會下邑[323]。欲戰，條侯堅壁不肯戰。吳糧絕卒飢，數挑戰，終不出[324]。條侯軍中夜驚，內相攻擊，擾亂至帳下[325]，亞夫堅臥不起[326]。頃之，復定。吳奔壁東南陬[327]，亞夫使備西北。已而其精兵果奔西北，不得入。吳、楚士卒多飢死叛散，乃引[328]而去。二月，亞夫出精兵追擊，大破之[329]。吳王濞棄其軍，與壯士數千人夜亡走，楚王戊自殺[330]。

吳王之初發也，吳臣田祿伯為大將軍。田祿伯曰：「兵屯聚而西[331]，無它奇道[332]，難以立功。臣願得五萬人，別循江、淮而上[333]，收淮南、長沙[334]，入武關，與大王會[335]，此亦一奇也。」吳王太子諫曰：「王以反為名，此兵難以借人[336]，人亦且反王[337]，柰何？且擅兵而別，多它利害[338]，徒自損[339]耳！」吳王即不許田祿伯。

吳少將桓將軍[340]說王曰：「吳多步兵，步兵利險[341]。漢多車騎[342]，車騎利平地[343]。願大王所過城不下[344]，直去[345]，疾西據洛陽武庫[346]，食敖倉粟[347]，阻山河之險[348]，以令諸侯。雖無入關[349]，天下固已定矣。大王徐行留下城邑[350]，漢軍車騎至，馳入梁、楚之郊[351]，事敗矣。」吳王問諸老將，老將曰：「此年少椎鋒[352]可耳，安知大慮[353]！」於是王不用桓將軍計。

王專并將兵[354]。兵未度淮[355]，諸賓客[356]皆得為將、校尉、候、司馬[357]，獨周丘不用。周丘者，下邳[358]人，亡命吳[359]，酤酒[360]無行，王薄之，不任[361]。周丘乃上謁[362]，說王曰：「臣以無能，不得待罪行間[363]。臣非敢求有所將[364]也，願請王一漢節[365]，必有以報。」王乃予之。周丘得節，夜馳入下邳。下邳時聞吳反，皆城守。至傳舍[366]，召令入戶[367]，使從者以罪斬令，遂召昆弟所善豪吏[368]告曰：「吳反，兵且至，屠下邳不過食頃[369]。今先下[370]，家室必完[371]，能者封侯[372]矣！」出，乃相告，下邳皆下[373]。周丘一夜得三萬人，使人報吳王，遂將其兵北略城邑[374]。比至陽城[375]，兵十餘萬，破陽城中尉[376]軍。聞吳王敗走，自度無與共成功[377]，即引兵歸下邳，未至[378]，疽發背死[379]。

壬午晦[380]，日有食之[381]。

吳王之棄軍亡也，軍遂潰，往往稍降[382]太尉條侯及梁軍。吳王度淮[383]，走丹徒[384]，保東越[385]，兵可萬餘人，收聚亡卒[386]。漢使人以利啗東越[387]，東越即紿[388]吳王出勞軍，使人鏦殺[389]吳王，盛其頭，馳傳以聞[390]。吳太子駒[391]亡走閩越[392]。吳、楚反凡三月，皆破滅[393]。於是諸將乃以太尉謀為是，然梁王由此與太尉有隙[394]。

三王之圍臨菑[395]也，齊王使路中大夫[396]告於天子。天子復令路中大夫還報，告齊王堅守：「漢兵今破吳楚矣[397]。」路中大夫至，三國兵圍臨菑數重，無從入[398]。三國將與路中大夫盟[399]曰：「若反言[400]：『漢已破矣，齊趣下三國[401]，不且見屠[402]。』」路中大夫既許，至城下，望見齊王曰：「漢已發兵百萬，使太尉亞夫擊破吳、楚，方[403]引兵救齊，齊必堅守無下[404]！」三國將[405]誅路中大夫。齊初圍急[406]，陰與三國通謀[407]。約未定，會路中大夫從漢來，其大臣乃復勸王無下三國。會漢將欒布[408]、平陽侯[409]等兵至齊，擊破三國兵。解圍已[410]，後聞齊初與三國有謀，將欲移兵伐齊。齊孝王懼，飲藥自殺[411]。

膠西、膠東、菑川王各引兵歸國[412]。膠西王徒跣、席藁、飲水[413]謝太后[414]。王太子德[415]曰：「漢兵還[416]，臣觀之已罷[417]，可襲，願收王餘兵擊之[418]。不勝而逃入海，未晚也。」王曰：「吾士卒皆已壞，不可用。」弓高侯韓頹當遺膠西王書曰：「奉詔誅不義，降者赦除其罪，復故[419]；不降者滅之。王何處[420]？須以從事[421]。」王肉袒[422]叩頭，詣漢軍壁，謁[423]曰：「臣卬奉法不謹[424]，驚駭百姓，乃苦將軍遠道至于窮國，敢請菹醢[425]之罪。」弓高侯執金鼓見之[426]曰：「王苦軍事[427]，願聞王發兵狀[428]。」王頓首膝行，對曰：「今者鼂錯，天子用事[429]臣，變更高皇帝法令，侵奪諸侯地。卬等以為不義，恐其敗亂天下，七國發兵且誅錯[430]。今聞錯已誅，卬等謹已罷兵歸。」將軍[431]曰：「王苟[432]以錯為不善，何不以聞[433]？及未有詔、虎符[434]，擅發兵擊義國[435]？以此觀之，意非徒欲誅錯[436]也！」乃出詔書為王讀之[437]，曰：「王其自圖[438]！」王曰：「如卬等死有餘罪！」遂自殺。太后、太子皆死。膠東王、菑川王、濟南王皆伏誅。

酈將軍[439]兵至趙，趙王引兵還邯鄲城守。酈寄攻之，七月不能下。匈奴聞吳、楚敗，亦不肯入邊。欒布破齊還，并兵[440]引水灌趙城，城壞，王遂[441]自殺。

帝以齊首善[442]，以迫劫有謀[443]，非其罪也。召立齊孝王太子壽[444]，是為懿王。

濟北王亦欲自殺[445]，幸全其妻子[446]。齊人公孫玃[447]謂濟北王曰：「臣請試為大王明說梁王，通意天子[448]；說而不用，死未晚也。」公孫玃遂見梁王曰：「夫濟北之地，東接彊齊，南牽吳、越[449]，北脅燕、趙[450]。此四分五裂之國[451]，權[452]不足以自守，勁[453]不足以捍[3]寇[454]，又非有奇怪，云以待難[455]也。雖墜言於吳[456]，非其正計[457]也。鄉使[458]濟北見情實[459]，示不從之端[460]，則吳必先歷齊，畢濟北[461]，招燕、趙而總之[462]，如此，則山東之從結而無隙[463]矣。今吳王連諸侯之兵，敺白徒之眾[464]，西與天子爭衡[465]。濟北獨底節不下[466]，使吳失與[467]而無助，跬步獨進[468]，瓦解土崩，破敗而不救者，未必非濟北之力也。夫以區區[469]之濟北，而與諸侯[470]爭彊，是以羔犢之弱而扞[471]虎狼之敵也。守職不橈[472]，可謂誠一[473]矣。功義如此，尚見疑於上，脅肩低首，累足撫衿[474]，使有自悔不前[475]之心，非社稷之利也。臣恐藩臣守職者[476]疑之。臣竊料[477]之，能歷西山[478]，徑長樂[479]，抵未央[480]，攘袂而正議[481]者，獨大王耳。上有全亡[482]之功，下有安百姓[483]之名，德淪於骨髓[484]，恩加於無窮[485]，願大王留意詳惟[486]之！」孝王大說，使人馳以聞[487]。濟北王得不坐[488]，徙封於菑川[489]。

河間王太傅衛綰[490]擊吳、楚有功，拜為中尉[491]。綰以中郎將事文帝[492]，醇謹無他[493]。上[494]為太子時，召文帝左右飲[495]，而綰稱病不行。文帝且崩，屬上曰[496]：「綰長者[497]，善遇之[498]！」故上亦寵任焉。

夏，六月乙亥[499]，詔：「吏民[500]為吳王濞等所詿誤[501]當坐[502]及逋逃亡軍[503]者，皆赦之。」

帝欲以吳王弟德哀侯廣之子[504]續吳[505]，以楚元王子禮[506]續楚[507]。竇太后[508]曰：「吳王，老人也[509]，宜為宗室順善[510]。今乃首率七國紛亂天下，柰何續其後[511]！」

不許吳512，許立楚後513。乙亥514，徙淮陽王餘515為魯王516；汝南王非517為江都王，王故吳地518；立宗正禮519為楚王；立皇子端520為膠西王521，勝522為中山王523。

【章　旨】以上為第一段，寫景帝三年（西元前一五四年）一年間的全國大事，主要寫了吳、楚七國發動叛亂，漢景帝在袁盎、竇嬰等人的挑動下，殺鼂錯，向吳、楚等國求和，結果七國照反不已，發兵西進，景帝只好派周亞夫等率兵平叛，在周亞夫與梁孝王的共同抗擊下，吳、楚七國被打敗的大體過程；同時也展現了漢王朝朝廷與吳、楚叛軍兩方面內部的種種矛盾，很有認識價值。

【注　釋】❶宴飲　也寫作「燕飲」，安閒而不拘禮節的歡飲。宴，安；安閒。❷從容　不經心；不在意。❸千秋萬歲後　婉言死後。千秋萬歲，這裡代指死。❹傳於王　傳帝位於梁王你。❺至言　發自內心的話。至，到家；到位。❻太后　竇氏，文帝的皇后，景帝與梁王的生母。❼詹事竇嬰　竇嬰字王孫，竇太后之姪，景帝與梁王的表兄弟，時任詹事之職。詹事是朝官名，為皇后與太子掌管家庭事務。❽引卮酒進上　意即提醒景帝說了不應說的話，應該受罰。胡三省《通鑑注》曰：「引酒進上，蓋罰爵（酒杯）也。」❾上何以得傳梁王　倪思《班馬異同》曰：「嬰不顧竇太后，引誼別微，真忠臣也。」❿因病免　推託有病，辭官不幹了。《史記・魏其武安侯列傳》作「竇嬰亦薄其官，因病免」。⓫除嬰門籍　除，註銷。門籍，胡三省曰：「出入宮殿門之籍也。」即宮門守衛處所持有的允許出入宮門的花名冊。⓬不得朝請　不能隨時進宮拜見皇帝。古時諸侯春朝天子曰「朝」，秋朝天子曰「請」，此處即指朝見。⓭正月乙巳　正月二十二。⓮長星　流星。⓯災　失火。⓰吳太子　吳王劉濞的嫡長子。漢初時，皇帝的嫡長子與諸侯王的嫡長子，都稱「太子」。《索隱》引《楚漢春秋》稱此吳太子名賢，字德明。⓱入見　入朝拜見皇帝。⓲侍　侍奉，這裡意即陪同。⓳皇太子　名啓，即日後的漢景帝。⓴飲博　飲酒、下棋。博，也稱「六博」，古代的一種棋戲。㉑爭道　為下棋子於何方，引起爭執。㉒不恭　對皇太子不禮貌。㉓引博局　扯起棋盤。引，扯起；拉過。㉔提　投擊；掄打。㉕殺之　史官如此直書，皆透出對景帝之憎惡，應合《史記》之〈袁盎鼂錯列傳〉、〈絳侯周勃世家〉、〈五宗世家〉等合觀之。㉖遣其喪歸葬　將吳太子的屍體送回吳國安葬。㉗至吳　吳國的都城即今江蘇揚州。㉘慍　惱怒。㉙天下同宗　猶言「大家都是一家子」，此引用當初劉邦所說的話，來對文帝撒氣。當初劉邦封劉濞為吳王時曾說：「天下同姓為一家也，慎無反。」㉚何必來葬為　何必非得送回吳國安葬。㉛稍　漸；漸漸地。㉜失藩臣之禮　不像諸侯對待天子的禮節。封建時代稱諸侯為中央天子的屏障藩籬，諸侯有按規定向朝廷進貢，並按時入朝天子的義務。楊樹達曰：「時鄒陽、枚乘皆諫王，王不納，見《漢書》陽、乘傳。」㉝繫治驗問　將吳國來的使臣關押起來進行拷問。繫，指關押。驗，審查；追問。㉞使人為秋請　派人代表自己進京朝見皇帝。秋請，《集解》引孟康曰：「律，春曰朝，秋曰請，如古諸侯朝聘也。」㉟復問之　又向吳國使臣追問吳王的真實情況。㊱數輩　多批。㊲察見淵中魚二句　古代俗語，《列子・說符》中有所謂「察見淵中魚者不祥，智料隱匿者有殃」；《韓非子・說林上》有所謂「知淵中之魚者不祥」。《集解》引張晏曰：「喻人君不當見盡下之私。」意即不要把下面的什麼事情都查得一清二楚，有些可以留著讓他自己去覺悟、改正。陳沂曰：「吳使者之言雖為吳王曲解，而所謂『察見淵中魚不祥』者，實乃人君至戒也。」㊳棄前過　寬恕他以前的那些過失。㊴與之更始　和他重新開始一種新的關係。陳子龍曰：「使者言，黃老術也，與文帝所見略同，故其說得行。」㊵几杖　都是對老者的特定恩賜。几，坐時可憑之以休息。杖，行時可拄。㊶老二句　體諒他年高，可以不必像其他諸侯一樣按時進京朝見皇帝。按，以上皇太子提殺吳太子，與文帝賜吳王几杖事，究竟在何年，《史記》、《漢書》皆無明載。文帝去世時，吳王濞已年近六十。㊷謀亦益解　造反的念頭也就漸漸打消了。益，逐漸。㊸然其居國以銅鹽二句　由於吳國可以自己鑄錢、曬鹽，所以不必向百姓徵收賦稅。㊹卒踐更輒予平賈　漢朝的兵役叫做「更」，凡親自前去服役的叫「踐更」；有些自己不願去的可以花錢找人代替；於是家裡窮而願意出去服役的就可以獲得一份錢。現在吳王規定，誰要是前去服役，這筆錢由吳王按照市價發給。這就使想去的人可以得到錢，不想去的人也不用花錢，於是大大地收買了人心。平賈，按照當時市場雇工的價錢。中井曰：「猶時價也。」賈，通「價」。㊺歲時　按年關按季節，意即每逢過年過節。㊻存問茂材　慰問有學問、有操守的人。存，慰問。茂材，有美材之人。㊼賞賜閭里　意即連普通的平民百姓也能得到吳王的賞賜。閭里，猶言里巷，這裡即指平民。㊽他郡國吏　其他各郡、各諸侯國的官吏。㊾亡人　這裡指其他郡國逃到吳國來避難的犯罪者。㊿公共禁弗予　都公開地加以保護，不予交出。(51)四十餘年　《正義》曰：「言『四十餘年』者，太史公盡言吳王一代行事也；《漢書》作『三十餘年』，由班固見其語在孝文之代，乃減十年。」梁玉繩曰：「當依《漢書》『三十餘年』為是，下文濞亦自言『三十餘年』也。」(52)吳過可削　吳王有罪，可削減其領地。按，賈誼勸文帝削諸侯之言，見於〈治安策〉，鼂錯勸文帝削諸侯語今已不存。(53)及帝即位　景帝即位在文帝後元七年（西元前一五七年）。孝景元年為西元前一五六年。(54)昆弟　兄弟。昆，兄也。劉邦稱帝時，其親兄弟只有劉仲、劉交二人。(55)大封同姓　劉邦稱帝時，同姓受封為王者只有劉賈一人，至呂后時才又封了劉澤，此云「大封同姓」與事實不合。其下面提出的齊、楚、吳三國，都是劉邦的至親，並非一般「同姓」。56齊七十餘城　齊是劉邦的私生子劉肥的封國，轄有七十餘城，都城臨淄，是各封國中的最大者。57楚　劉邦之同父異母弟劉交的封國，轄有三個郡，國都彭城。58吳　劉邦之姪、劉仲之子劉濞的封國，轄有四個郡。59封三庶孽二句　光是封劉肥、劉交、劉濞三人就用了劉邦國土的一半。三庶孽，指劉肥、劉交、劉濞，因為他們都不是劉邦的嫡子或同胞兄弟。按，說三國之地佔劉邦國土之半，過於誇大，當時所有諸侯國的領土之和，略超過整個漢帝國領土的一半。60太子之郤　即前文所寫的殺子之仇。郤，隔閡；仇怨。61即山鑄錢　就著境內的銅山，採銅鑄錢。即，就。62亟　意思同「急」，即來得早、來得快。63不削三句　以上議論即通常所說的〈論削藩疏〉，然《史記》、《漢書》之〈吳王濞傳〉與本文皆作鼂錯說景帝語。64雜議　一起討論。65莫敢難　無人敢對鼂錯的意見提出反駁。66爭　反對；與之意見不同。67楚王戊　楚元王劉交之孫劉戊，繼其父劉郢客為第三任楚王。68為薄太后服二句　景帝二年（西元前一五五年）四月，文帝的母親薄太后死，各地諸侯進京參加喪事，劉戊在守喪的廬棚（服舍）裡姦淫了宮廷裡的女子。服舍，古時守喪者所住的在院子裡搭成的小棚子。69削東海郡　將楚國所轄的東海郡削歸朝廷所有。東海郡的郡治郯縣，在今山東郯城西北。70趙王有罪　具體罪過史無明載。趙王名遂，劉邦的兒子劉友之子，趙都即今河北邯鄲。71削其常山郡　將趙國所屬的常山郡削歸朝廷所有。常山郡的郡治元氏，在今河北元氏西北。72膠西王卬　齊悼惠王劉肥之子劉卬，於文帝十六年（西元前一六四年）被立為膠西王，國都高密，今山東高密西南。73賣爵事有姦　在賣爵問題上有非法行為，具體情節不詳。漢代的爵位可以買賣，見鼂錯〈論貴粟疏〉。74削其六縣　馮班曰：「當時處心積慮而反者，只一吳耳，諸侯王無與也。宜先施恩慰安之，使人人自保，則吳人無黨，欲反不能獨舉，吳乃可滅。吳亡，則七國在掌握矣。先削楚、趙、膠西何也？是動天下之兵也。」按，此即俗之所謂「為之不以漸」。75方議削吳　正研究削減吳國之地。方，將；正準備。76發謀舉事　興心造反。77好兵　好軍事；好戰。78中大夫應高　吳國的中大夫姓應名高。中大夫，帝王身邊的侍從官員，上屬郎中令。79口說　當面勸說。80良重　甚重。良，甚。81語　俚語；俗話。82狧糠及米　對表皮舔來舔去，慢慢也就舔到實心了，以比喻受侵削得越來越厲害。狧，舔。糠，穀物的外皮。《索隱》曰：「言狧糠盡則及米，謂削土盡則滅國也。」83知名諸侯　有名望的諸侯王。84一時見察　一旦被朝廷所查辦。一時，一旦。85安肆　安然；隨意。86常患見疑　常怕被朝廷所懷疑。87脅肩累足　縮緊雙肩，收攏兩足，極言其小心謹慎之狀。師古曰：「脅，翕也，謂斂之也。累足，重足也。」88不見釋　不被放過。89以爵事有過　在賣爵的事情上有過失。90所聞諸侯削地二句　意謂聽說其他遭到削地的諸侯，罪過都沒有你這麼大。91此恐不止削地而已　您的罪過恐怕不是光削些地就能過去的。按，此處真可謂善於挑撥。92 同憂　擔心、憂慮同樣的問題。93 因時循理　趁著有利時機，順著天理。94 棄軀以除患於天下　豁出命去為天下除害，意即推翻朝廷。95 意亦可乎　想來該是可以的吧。意，推度之詞，猶言想來、大概。96 瞿然　吃驚張目的樣子。97 雖急　即使逼得我無路可走。雖，即使。急，逼迫。98 固有死耳　頂多不過一死而已。99 安得不事　我們怎麼能不擁戴他呢。事，侍奉；擁戴。《史記・吳王濞列傳》作「安得不戴」。按，此處劉卬的表現，恰似胡亥之對答趙高，蓋本非欲謀反者。100 熒惑　迷惑。《史記・孔子世家》有所謂「匹夫而熒惑諸侯者，罪當誅」，即此語。101 人事極矣　人心向背的表現已經到了極點。102 彗星出二句　這些都被陰陽五行家說成是「災異」，是上帝討厭這個世道、討厭現時在位的這個統治者的表現。103 萬世一時　萬年不遇的好時機。古稱三十年為「一世」。104 愁勞二句　黎民有苦難，正是聖人起事奪天下的大好時機。《史記索隱》曰：「所謂『殷憂以啟明聖』也。」105 內以鼂錯為誅　以討伐鼂錯為對朝廷用兵的藉口。誅，討伐。106 從大王後車　跟在大王您的車後。謙詞，意即和您一起行動。107 方洋天下　橫行天下。師古曰：「彷徉，猶翱翔也。」即今之所謂橫行。108 幸而許之一言　意即答應吳王一道造反。109 略函谷關　發兵直取函谷關。略，奪取。函谷關，在今河南靈寶東北，是古時東方進入關中的門戶。110 守滎陽敖倉之粟　意即佔領滎陽，奪得敖倉的糧食。當時的滎陽即今河南滎陽東北的古滎鎮。敖倉是秦漢時代國家的大糧倉，在當時滎陽北面的黃河邊上。因黃河長期沖刷南岸，今其地已落在河道中流。111 距　通「拒」。抵抗。112 治次舍　給您收拾好住處。治，收拾；整頓。次，止；住宿。113 須大王　等待大王您的西來。須，等待。114 兩主分割　謂劉濞與劉卬兩人分割天下。按，說客之當面蠱惑，兒童且不可欺，別人不說，但問應高欲置劉戊於何地？劉卬的實力能與劉戊相比？115 王曰二句　以上應高之勸說膠西王卬造反，路數、過程確與趙高勸胡亥為亂，見《史記・李斯列傳》。116 不果　不堅定；不能說話算話。117 不能當漢十二　不能相當漢王朝直屬郡縣的十分之二。按，為了勸膠西王勿反，這裡又把當時諸侯國的地盤說得過小了。118 以憂太后　《史記集解》引文穎曰：「王之太后也。」意即讓您母親為您的行為擔心。當時膠西王的母親尚在，與其子同住在膠西都城。119 承一帝　接受一個皇帝的統治。承，奉；接受。120 患乃益生　新的麻煩將會更多。121 約齊菑川膠東濟南　即約齊孝王劉將閭（齊國的都城臨淄）、菑川王劉賢（菑川國的都城劇縣，今山東昌樂西北）、膠東王劉雄渠（膠東國的都城即墨，今山東平度東南）、濟南王劉辟光（濟南國的都城東平陵，今山東章丘西北）。按，齊國此時雖答應同反，然旋即反悔，不與合流，故史之所謂「吳楚七國之亂」者不包括齊國。122 魯申公穆生白生　魯國的申培、穆先生、白先生。申培，以學《詩》聞名的儒生，事跡見《史記・儒林列傳》。穆生、白生，其名不詳。生，即今所謂「先生」，對學者的敬稱。123 受詩　學習《詩經》。124 浮丘伯　姓浮丘，名伯，漢初以講授《詩經》聞名的儒生。(125)王楚　被劉邦封為楚王，事在高祖六年（西元前二〇一年）。(126)中大夫　帝王的侍從官員，在帝王身邊備參謀顧問之用。此指為楚元王的中大夫。(127)不耆酒　不喜歡喝酒。耆，通「嗜」。愛好。(128)醴　甜酒。(129)夷王　劉郢客，元王劉交之子。夷字是諡。(130)王戊　元王劉交之孫，夷王劉郢客之子，名戊。因其參與吳楚之亂失敗自殺，沒有諡號，故稱「王戊」。(131)逝　去；辭職引退。(132)楚人　即指楚王戊。(133)鉗我於市　給我戴上刑具在市場示眾。鉗，古刑具名，套在犯人脖子上的鐵箍。(134)彊起之　一定要拉著他起來前往到任。起，起來任職。(135)獨　難道。(136)先王之德　老王爺當年對我們的好處。(137)知幾其神乎　如果能從先兆預見即將發生的事變，那就算是神明了吧。幾，事變發生之前的先兆。(138)動之微　大變動的苗頭。(139)先見　事變發生之前的表現。見，通「現」。(140)見幾而作　一旦發現大事將變的苗頭就要立即採取預防措施。作，行動。(141)不俟終日　意即一刻也不能停留。俟，等待。按，以上引文見《易・繫辭下》。(142)禮吾三人　對我等三人以禮相待。(143)為道存　因為在我們三個人的身上體現著一種仁義之道。(144)胡可與久處　還怎能與之長期共處。胡，何；怎。(145)謝病　推說有病。(146)稍　逐漸；日益。(147)太傅　帝王或太子的輔導官，負責管理帝王或太子的生活、學習以及品德修養等等。這裡是指楚王戊的太傅。(148)韋孟作詩諷諫　韋孟是西漢初期的魯國儒生，所作即通常之所謂「諷諫詩」。詩中批評王戊有所謂「邦事是廢，逸遊是娛，犬馬繇繇，是放是驅」；「所弘非德，所親非俊，唯囿是恢，唯諛是信」云云。詳見《漢書・韋賢傳》。(149)騶　漢縣名，縣治即今山東鄒縣。(150)胥靡　身披刑具地從事苦役勞動。(151)赭衣　土黃色的衣服，當時囚犯之所穿。(152)雅春　手捧木杵舂米，當時苦役犯從事的勞動之一。(153)休侯富　劉富，楚元王劉交之子，楚王戊之叔，被封為休侯。(154)季父　小叔父。(155)不吾與　不和我一條心。與，相合；相助。(156)我起　我起兵之後。(157)母太夫人　休侯之母，元王劉交之妻，楚王戊的祖母。(158)及削吳會稽豫章郡書至　「豫章郡」應作「鄣郡」，郡治故鄣；會稽郡的郡治吳縣，即今之蘇州。所謂「書至」，即朝廷削吳二郡的通知到達。(159)誅漢吏二千石以下　謂吳王起兵後遂誅殺朝廷派到吳國任職的主要官吏，如丞相、太傅、內史、中尉等，以上諸官皆為二千石一級。(160)楚相張尚太傅趙夷吾　皆朝廷派到楚國任職，而對朝廷負責的主要官員。(161)趙相建德內史王悍　皆朝廷派到趙國任職，而對朝廷負責的主要官員。趙相建德，史失其姓。內史王悍，《史記・惠景間侯者年表》作「王慎」。內史是諸侯國掌管民政的官。(162)王遂　趙王劉遂，故趙王劉友之子。(163)齊王後悔二句　齊王劉將閭開始也參加了吳、楚的造反聯盟，但很快後悔不肯造反了。膠西、膠東、菑川三國發兵圍攻齊國都城臨淄，齊王堅守不下。後朝廷派欒布率軍救齊，齊圍始解。(164)未完　尚未修好。(165)其郎中令　濟北國的郎中令，負責守衛宮廷門戶，兼統王者身邊侍從，也是由朝廷派到諸侯國，對朝廷負責的官員。(166)劫守二句　劫持、看守濟北王，令其不得參加吳、楚諸國之反。按，據此文，可知濟北王劉志自始即參與叛亂，其所以未能行動，乃被其郎中令所制止了。而《史記・齊悼惠王世家》則竟說「吳楚反時，志堅守，不與諸侯合謀」，與事實相差甚遠。[167]渠率　頭領，此謂膠西、膠東二王是齊地諸叛國的頭領，是他倆率領菑川、濟南共圍齊國的臨淄。[168]住其西界　調屯兵於趙國的西部邊界。[169]北使匈奴二句　派人勾結匈奴，招匈奴人一道進兵攻長安。[170]悉其士卒　將其國內可徵調的兵員通通徵調起來，與前文之「以故能使其眾」相呼應。[171]身自將　親自統領軍隊。將，統領。[172]為士卒先　意即編於行伍之中，作戰時身先士卒。[173]諸年上與寡人同二句　意即凡是六十二歲以下、十四歲以上的吳國男人。[174]皆發　全部徵調入伍。[175]閩東越　閩越、東越，都是當時東南沿海的少數民族小國名，閩越的都城東冶，舊說即今福州，近年在武夷山市發現古城遺址，考古學家認為這才是真正的東冶。參見韓兆琦《史記箋證・東越列傳》注。東越的都城東甌，即今浙江溫州。有關閩越、東越的事情詳見《史記・東越列傳》。[176]閩東越亦發兵從　為後文東越受漢購誘殺吳王濞張本。[177]廣陵　即今揚州，當時吳國的都城。[178]西涉淮　向西渡過淮水。[179]并楚兵　將楚王劉戊的軍隊併歸自己統領。[180]遺諸侯書　給各諸侯王發出檄文。遺，給；致。按，吳王劉濞發給各諸侯國的檄文，開頭聲討鼂錯的罪過，號召大家造反；中間敘述吳、楚諸反國人多勢大的兵威；末段開出破敵受賞與號召朝廷官兵投誠的優待條例。全文見《史記・吳王濞列傳》。[181]罪狀鼂錯　聲討鼂錯的罪狀。「罪狀」二字這裡用如動詞。[182]吳楚共攻梁　梁國地處今之河南東部，吳、楚聯軍從南方的揚州、東方的徐州殺向長安，梁國是必經之地；而當時的梁孝王劉武，是漢景帝的同胞兄弟，與朝廷的血緣關係最近；而且又是在為保衛自己的領土而戰，所以梁孝王抵抗吳楚特別堅決。事情詳見《史記・梁孝王世家》。[183]棘壁　梁邑名，在今河南永城西北。[184]銳甚　猶今所謂「銳不可當」。[185]城守睢陽　在睢陽據城堅守。睢陽是梁國的都城，在今河南商丘城南。[186]戒　通「誡」。囑咐。[187]即有緩急　倘有緊急情況發生。即，若。緩急，偏義複詞，此處即指急，緊急。[188]周亞夫　劉邦的開國功臣絳侯周勃之子，此前任中尉之職。事跡詳見於《史記・絳侯周勃世家》。其長於統兵的事跡已見於本書卷十五的文帝勞軍一節。[189]可任將兵　可任為大將，統領士兵。[190]聞　消息上傳到朝廷。[191]拜中尉周亞夫為太尉　中尉是維持首都治安的軍事長官，秩二千石，位在九卿之下；太尉是掌管全國軍事的長官，為三公之一。由中尉升為太尉，中間跳過好幾級。[192]曲周侯酈寄　劉邦的開國功臣酈商之子，繼其父爵為曲周侯。[193]欒布　西漢初期的將領，曾受知於彭越，以氣節聞名。事見《史記・季布欒布列傳》。[194]竇嬰　字王孫，文帝竇皇后的堂姪。事跡詳見《史記・魏其武安侯列傳》。[195]大將軍　此時尚非固定官名，只是加此稱讓其統領諸將之意。[196]監齊趙兵　監督、節制討伐齊、趙兩個方向的軍隊。[197]鼂錯所更令三十章　鼂錯所更改、修定的法令共有三十種。[198]讙譁　眾聲反對的樣子。讙，通「喧」。《漢書評林》引劉貢曰：「錯為漢畫削諸侯之策，非不知禍之將至矣，忠臣之心，壯夫之節，苟利社稷，死無悔焉。」(199)穎川　漢郡名，郡治陽翟，即今河南禹州。穎川郡是鼂錯的故鄉。(200)公為政用事「公」原是用以尊稱對方，這裡父親對兒子稱「公」，是故意挖苦的口吻。為政，執政。用事，主事。當時陶青為丞相，鼂錯只是個御史大夫，但由於鼂錯特別受皇帝寵信，所以他才是不折不扣的「執政」人物。(201)疏人骨肉　離間人家的親緣關係。因為當時的諸侯王，清一色都是劉姓的子孫，鼂錯要打擊他們，所以錯父說他「疏人骨肉」。疏，使之疏遠。(202)口語多怨公　現在人家都恨你、罵你。(203)固也　本來就是如此嘛。(204)去公　離開你。(205)逮身　及身，猶今所謂「臨頭」。(206)以誅錯為名　據《史記・吳王濞列傳》，吳王告諸侯書云：「漢有賊臣，無功天下，侵奪諸侯地，使吏劾繫訊治，以戮辱之為故，不以諸侯人君禮遇劉氏骨肉。絕先帝功臣，進任奸宄，詿亂天下，欲危社稷。陛下多病志失，不能省察，欲起兵誅之。」(207)欲令上自將兵二句　鼂錯想讓皇帝親自率兵出討，而他自己在朝留守後方。(208)徐僮　朝廷所屬臨淮郡的二縣名，徐縣在今江蘇泗洪南，僮縣在泗洪西北。二縣臨近吳國。(209)旁　同「傍」。靠近。(210)所未下者　還沒有被吳國軍隊所佔領的地區。(211)可以予吳　可以拋給吳國不要。(212)吳相袁盎　袁盎字絲，文帝、景帝時代的一個邪佞官僚，曾在吳國為相。事跡詳見《史記・袁盎鼂錯列傳》。(213)輒避　總是躲開他。(214)同堂語　在同一間屋子裡說話。(215)御史大夫　當時的「三公」之一，職同副丞相，主管監察。(216)按　查辦；審理。(217)受吳王財物　在此以前袁盎一直為吳王相，是否受吳王財物，史無明文。《漢書評林》引茅坤曰：「此一著恐錯不免挾私而誣之。」(218)抵罪　判罪；治之以罪。(219)詔赦以為庶人　景帝從寬發落，只是將其削職為民。(220)丞史　丞和御史，都是鼂錯手下的屬官。師古引如淳曰：「〈百官表〉御史大夫有兩丞。丞史，丞及史也。」《史記正義佚存》曰：「按〈百官表〉，御史大夫有兩丞及御史員十五人，兩丞無史，蓋史是御史。」(221)專為蔽匿　專門掩護吳王。(222)言不反　說吳王不會造反。(223)欲請治盎二句　二句似應顛倒讀之，意思蓋謂「鼂錯謂丞史曰：『夫袁盎多受吳王金錢，專為蔽匿，言不反，今果反，宜知計謀。』欲請治盎。」宜知計謀，謂袁盎知道吳王造反的陰謀。治，查辦。(224)事未發二句　師古引如淳曰：「事未發之時治之，乃有所絕。」《索隱》曰：「謂有絕吳反心也。」王叔岷曰：「『有』猶『可』也。此謂事未發時治之，可絕吳反心也。〈魯世家〉『夫政不簡不易，民不有近』；〈孟子荀卿列傳〉『淳于髡久與處，時有得善言』，兩『有』字並與『可』同義。」(225)且盎不宜有謀　連鼂錯的下屬也不支持鼂錯的思想、行為。(226)猶與　同「猶豫」。何焯曰：「是時不直錯者必已多矣，及反聞既至，錯不亟籌兵食、進賢者，乃先事私仇，此固舉國所切齒也。太史公曰：『諸侯發難，不急匡救，欲報私仇，反以亡軀。』可謂切而中矣。」陳子龍曰：「盎有內援，又故大臣也，吳楚事急，錯恐其建議相危，欲治之，不幸為盎所先。」(227)為言吳所以反　向竇嬰講了吳國之所以造反的原因。(228)願至前口對狀　希望能面見皇上把情況當面說說。(229)上方與錯調兵

食　景帝正在與鼂錯籌調軍糧的問題。(230)於公意何如　你的想法是怎樣的。(231)白頭舉事　老年造反，言其定是胸有成竹，老謀深算。據上文劉濞自言，其年已六十二歲。(232)無能為　成不了什麼氣候；沒有什麼了不起。(233)安得豪傑而誘之　哪裡會有真正的豪傑能被他們誘騙去。(234)亦且輔而為誼　也必然會幫著他做符合仁義的好事。誼，通「義」。(235)相誘　相互鼓勵、相互煽動。(236)策　分析；推測。(237)計安出　對此應該怎麼辦呢。(238)屏左右　讓左右的人離開。屏，通「摒」。令其離開。(239)趨避東廂　趨，小步疾行，這是臣子在君父跟前走路的一種特定姿勢。東廂，東側室。(240)相遺書言　彼此往來的書信上說。(241)擅適諸侯　隨隨便便地懲罰諸侯王。適，通「謫」。即打擊、懲罰。(242)削奪之地　侵削他們的領地。之，其。(243)復故地而罷　收回了原有的領地就罷兵。(244)赦吳楚七國　赦免他們「造反」的罪名。(245)顧誠何如　關鍵是效果究竟會怎麼樣。(246)不愛一人　不吝惜殺掉一個人。愛，吝惜；捨不得。(247)唯上孰計之　請您認真思考。唯，表示祈請。孰計，仔細思量。孰，通「熟」。(248)太常　也叫「奉常」，九卿之一，掌管宗廟祭祀。(249)密裝治行　暗暗收拾行裝準備去吳楚軍中談判。(250)丞相青中尉嘉廷尉歐　丞相陶青、廷尉張歐，中尉嘉史失其姓。中尉是掌管首都治安的長官，廷尉是國家的最高司法長官。(251)劾奏錯　上書彈劾鼂錯。(252)不稱主上德信　辜負了皇帝的恩德信任。不稱，不相副，意即辜負。(253)百姓　這裡即指百官。(254)要　通「腰」。(255)同產　同胞的兄弟姐妹。(256)棄市　處決犯人於市場，以示與世人共棄之。(257)制曰可　皇帝在大臣的請示文件上批覆曰「照辦」。(258)壬子　正月二十九。(259)紿載行市　欺騙鼂錯，把鼂錯拉到了長安城的東市場。當時的長安城有東西二市，都在長安城的北部。(260)吳王弟子宗正德侯通　劉通，其人是吳王劉濞之弟的兒子，被封為德侯，任宗正之職。宗正是朝官名，九卿之一，掌管劉姓皇族的事務。(261)謁者僕射鄧公為校尉　鄧公以謁者僕射的身分出任校尉。鄧公，史失其名。謁者僕射，皇帝的侍從官名，主管賓贊受事，秩比千石，統領諸謁者，上屬郎中令。校尉，中級軍官名，蓋隨周亞夫出征者。(262)道軍所來　你是從前線回來。道，由；從。軍所，大軍所處之地，這裡即指前線。(263)吳楚罷不　吳、楚軍聽到朝廷殺鼂錯的消息，自動罷兵了嗎。不，通「否」。(264)為反　企圖造反，準備造反。(265)不在錯　根本不是為了鼂錯。(266)拑口　閉口。(267)尊京師　提高中央政權的權威。(268)卒　通「猝」，突然。或曰此處「卒」意為「結果」，二者皆通。(269)杜　堵塞。(270)喟然長息　傷心地長歎。(271)吾亦恨之　我也很後悔。恨，憾；後悔。茅坤曰：「景帝聞鄧公言，固已恨袁盎輩所為讒殺鼂錯矣，而不聞其下誅盎，豈帝忌過而特匿之耶？」(272)已攻梁壁　已經開始攻擊梁國的防線。壁，壁壘；防禦工事。(273)宗正以親故　宗正劉通是吳王劉濞的親姪子。(274)令拜受詔　讓吳王拜接皇帝的詔書。(275)欲說　想說服自己退兵。(276)尚誰拜　尚拜誰，向誰行禮。(277)欲劫使將　欲劫持之，使其為吳、楚統兵。(278)且　將；準備。(279)間　空隙；機會。(280)脫亡歸報　袁盎在其舊部屬的幫助下，醉倒看守人員，步行逃出吳軍，經由梁軍返回朝廷的過程，詳見《史記・袁盎鼂錯列傳》。(281)楚兵剽輕　剽輕，勇猛迅捷。按，《史記・留侯世家》云：「上自將兵而東（征黥布），留侯見上曰：『楚人剽疾，願上無與楚人爭鋒。』」蓋當時對楚人的看法一般如此。王先謙曰：「楚兵，總謂吳、楚之兵。」(282)難與爭鋒　不能和他們正面硬拼。(283)以梁委之　先把梁國扔給吳、楚，讓他們打。梁是景帝之胞弟劉武的封國，吳、楚叛軍殺向長安，梁國首當其衝。乘破吳、楚之機以削弱梁國，乃景帝與亞夫之所預定。(284)絕其食道　派兵繞到吳楚軍的後方，切斷其糧食供應。據《史記・吳王濞列傳》，亞夫受命後，東至淮陽，向其父絳侯故客鄧都尉問策。鄧曰：「吳兵銳甚，難與爭鋒。楚兵輕，不能久。方今為將軍計，莫若引兵東北壁昌邑，以梁委吳，吳必盡銳攻之。將軍深溝高壘，使輕兵絕淮泗口，塞吳餉道。彼吳、梁相敝而糧食竭，乃以全強制其罷極，破吳必矣。」梁玉繩曰：「〈吳王傳〉『剽輕』數語出鄧都尉，此云亞夫自請於上。《漢書》兩傳亦仍《史》異，師古以為未知孰是。」(285)上許之　其實此乃漢景帝與周亞夫所商定的一石擊二鳥之策。(286)六乘傳　六匹馬拉的驛車。傳，驛車。漢代的驛車有二乘傳、四乘傳、六乘傳等等，用馬的多少，既表示乘車人的品級，也表示事情緊急的程度。(287)會兵滎陽　與各路討叛大軍在滎陽相會。滎陽，當時的軍事要地名，即今河南滎陽東北的古滎鎮。(288)發至霸上　出發時經過霸上。霸上，古地名，在今陝西西安東北。(289)趙涉　當時的謀略之士，事跡不詳。《史記》不載，《漢書》亦僅此一見。(290)遮說　攔著馬頭進言。(291)懷輯　籠絡收買，使其歸心於己。(292)死士　為其效力，不計生死。(293)此知將軍且行　他們知道您就要到滎陽去了。(294)間人　間諜；刺客。(295)殽澠阸陿　崤山、澠池這些崎嶇狹窄的地方。崤山在今河南靈寶東南；澠池在今河南澠池縣西，都是出關中到滎陽要經由的險難之地。(296)尚神密　講究行動詭祕，出人意料。(297)右去　從右側繞道而去。(298)藍田　漢縣名，縣治在今陝西藍田西。(299)武關　關塞名，在今陝西丹鳳東南，是由陝西東南部進入河南西南部的交通要道。(300)間不過差一二日　從整個的時間上說頂多也差不了一兩天。(301)直入武庫二句　您可以逕直地進入洛陽武庫，突然擊鼓集合部眾。武庫，洛陽城裡的漢朝國家的武器倉庫。(302)不自意全　沒有想到會如此安全。(303)滎陽以東　指包括各諸侯國在內的大片東方國土。(304)得　發現。(305)吳伏兵　其實指吳國的狙擊手，不可能是正規軍隊。(306)護軍　在軍中主管監察、糾察，維持秩序的長官。(307)昌邑　漢縣名，縣治在今山東金鄉西北，當時為山陽郡的郡治所在地，處於睢陽東北方的二百里之外。(308)條侯　即太尉周亞夫，在文帝時已被封為條侯。(309)愬條侯於上　向景帝告狀，說太尉對梁國見死不救。愬，告狀。(310)亞夫不奉詔二句　堅壁，深溝高壘地據以固守，而不出擊敵人。按，周亞夫與漢景帝這裡是在演雙簧，在貫徹他們一石擊二鳥預定方針。王夫之曰：「周亞夫請以梁委吳、楚，斷其糧道，景帝許之。梁求救而亞夫不聽；上詔亞夫救梁，而亞夫不奉詔，於是亞夫之情可見，景帝之情亦可見矣。委梁於吳以敝吳，而即亦敝梁，以今日之梁即他日之吳楚也。亞夫以是獲景帝之心，不奉詔而不疑；景帝之使救也，亦聊以謝梁而緩太后之責也。」[311]弓高侯　韓頹當，劉邦功臣韓王信之子。韓王信於高祖七年（西元前二〇〇年）反漢失敗後，死於匈奴。其子韓頹當於文帝十四年（西元前一六六年）又率眾歸降於漢，被封為弓高侯。事見《史記・韓信盧綰列傳》。[312]出淮泗口　意即到達吳楚後方的淮河與泗水的匯口。西漢時的淮泗口在今江蘇淮陰北。[313]絕吳楚兵後　斷絕了吳楚軍的退路。[314]塞其饟道　斷絕了吳楚軍的糧餉供應線。塞，截斷。茅坤曰：「專以絕糧道困吳楚，此一著亞夫大略處。」[315]中大夫韓安國　韓安國字長孺，在梁國為中大夫。中大夫是帝王的侍從官員，在帝王身邊備參謀顧問之用，上屬郎中令。事跡詳見《史記・韓長孺列傳》。[316]楚相張尚弟羽　楚相，楚王戊之相。張羽，楚相張尚之弟。[317]力戰　能打硬仗，敢打敢拼。[318]持重　謹慎；穩重。[319]頗敗吳兵　稍稍給了吳兵一些打擊。頗，略，表示不多。[320]欲西　想要過境西下進攻長安。[321]不敢西　不敢繞過梁國西下。[322]走　趨，意即轉攻。[323]會下邑　與周亞夫軍對峙於下邑。下邑，梁縣名，縣治在今安徽碭山縣東。[324]終不出　謂周亞夫始終不出兵應戰。[325]帳下　大將周亞夫的軍帳之外。[326]亞夫堅臥不起　此寫周亞夫之鎮靜老練，能持重。凌稚隆引何孟春曰：「亞夫軍中夜驚，其與吳漢平原夜驚何異哉？二子堅臥不起，以安眾心，即秦兵壓境而謝安圍棋，虜臨澶淵而寇準歌謔同一謀也。」按，《三國演義》有「張遼威震逍遙津」事，蓋即效此者。[327]奔壁東南陬　意即奔襲周亞夫軍營的東南角。奔，奔襲；攻擊。陬，隅；角落。[328]引　撤退。[329]出精兵追擊二句　據本文，吳楚軍與周亞夫軍「會下邑」，吳之初攻東南，周亞夫使備西北者，皆下邑事也，與《史記・吳王濞列傳》所述相同。而《史記・絳侯周勃世家》則但曰「太尉引兵東北走昌邑，深壁而守」，接著便說「吳奔壁東南陬，太尉使備西北」云云，《史記》之兩篇殊失連絡。[330]楚王戊自殺　今徐州市區之東南部有獅子山楚王陵，發掘者開始認為即楚王劉戊之墓，後來又改認為是劉戊之父劉郢客之墓。疑仍以前說為是。這是一座最後未完成的地下宮殿，是近些年發掘的最重要的漢代諸侯墓之一，比河北滿城漢墓、長沙馬王堆漢墓、廣州象崗山漢墓規模都要大得多。[331]屯聚而西　彙聚一起，向西推進。[332]無它奇道　沒有別的出人意料的謀略。[333]別循江淮而上　另分一路沿著長江、淮河逆流西上。[334]收淮南長沙　攻取淮南、長沙二國。淮南國的國王劉安，都城壽春，即今安徽壽縣。長沙國的國王劉發，為景帝之子，都城即今長沙。[335]與大王會　意謂吳王濞經洛陽入函谷關，田祿伯經河南、湖北交界入武關，兩路會師於長安。凌稚隆引王維楨曰：「田祿伯雖逆謀，然計卻為上策。」[336]此兵難以借人　意即不能交給別人統領。借，交給。[337]人亦且反王　意思是您如把兵權交給別人，則別人也將用此兵來反您。[338]擅兵而別二句　握有兵權的統帥一旦分兵而出，其危險甚多。擅兵，專兵；掌握兵權。別，謂分兵，派將率兵別出。多它利害，意即害處很多。「利害」這裡是偏義複詞，即指害。[339]徒自損　白白地削弱自己。[340]吳少將桓將軍　吳國的一員少將姓桓，史失其名。按，《史記·樊酈滕灌列傳》中又有「小將」，大約「少將」略高於「小將」，「小將」又高於「裨將」耳。[341]利險　有利於在崎嶇險要之地作戰。[342]車騎　車兵與騎兵。[343]利平地　有利於在廣闊的平原上周回馳騁。[344]不下　指一時攻不下來。[345]直去　指放棄不管，逕直率兵西進。[346]西據洛陽武庫　意思是一旦佔據這個兵器倉庫，我們的裝備將立刻精良起來，而朝廷一方則將聞風喪氣。[347]食敖倉粟　一旦佔據敖倉，則從此將糧草不乏。敖倉，秦漢時代的國家大糧倉，在當時滎陽城北黃河南側的敖山上。[348]阻山河之險　憑藉著有利的山川形勢。阻，憑藉；依托。[349]雖無入關　即使還沒有打進函谷關。[350]留下城邑　停下來攻打城池。[351]馳入梁楚之郊　佔據梁楚之間，即今河南東部、安徽北部、江蘇西北部與山東西部一帶的軍事要地。郊，要衝。劉辰翁曰：「少將名言，天下大計也。一傳三奇，田祿伯奇，周丘奇，然皆不能及此。」[352]年少椎鋒　猶今之所謂「憑血氣之勇，敢打敢衝」。[353]大慮　深遠的謀略。[354]王專并將兵　語意不順，意即所有將士全歸吳王一人直接統領，與前田祿伯的建議完全相反。[355]兵未度淮　在未渡淮水攻入梁國之前。[356]諸賓客　依附於吳王濞身邊的幕僚、清客、食客等。[357]將校尉候司馬　皆古代軍官名，當時一個將軍麾下設五個部，各部的長官曰校尉；校尉屬下又分若干曲，曲的長官曰軍候。各部又有司馬，主管軍中司法。[358]下邳　漢縣名，縣治在今江蘇邳州西南，當時屬於東海郡。[359]亡命吳　因在本縣犯罪而逃亡到吳國。[360]酤酒　賣酒。[361]不任　不任用；不分配官職。[362]上謁　遞進名帖請求接見。謁，作動詞用，即拜見、求見；作名詞用，即類似今之名片。[363]不得待罪行間　意即沒有被您任以軍職。待罪，任職的客氣說法。行間，行伍之間。[364]非敢求有所將　不敢說讓您撥給我多少人馬。[365]願請王一漢節　只求把朝廷當年發給您的旌節給我一件。漢節，朝廷發給使者外出辦事的憑證，使者憑此可以對有關部門下令，甚至可以調兵。[366]傳舍　猶如今之賓館、招待所。[367]召令入戶　傳下邳縣令來見。[368]昆弟所善豪吏　其在家弟兄所友好的縣中的大吏。昆弟，兄弟。[369]屠下邳不過食頃　殺光下邳縣人用不了吃一頓飯的工夫。[370]先下　帶頭投降吳國。[371]家室必完　家族必能完好無傷。[372]能者封侯　有本事的還能封侯。[373]皆下　全部投降吳楚軍。[374]北略城邑　向北攻城略地。略，開拓，帶兵巡行而招之使降。[375]比至陽城　等曹丘到達陽城國都城。比，及；當。陽城，原是齊國的一個郡，文帝二年（西元前一七八年）割陽城郡以封齊王劉襄之弟朱虛侯劉章為陽城王，國都即今山東莒縣。現時在位的陽城王為劉章之子劉喜。陽城國的都城在下邳東北，距下邳不遠。[376]陽城中尉　陽城國的中尉，主管該國軍事。[377]無與共成功　沒有人可以呼應合作，共成大事。[378]未至　還沒有到達下邳。[379]疽發背死　疽也稱「癰」，一種惡瘡，生於頸部、背部者有生命危險。按，以上三段故事，全文移錄《史記》。史公寫吳王濞，未見其能；寫田祿伯、桓將軍，漸入佳境；至寫曹丘，乃全副感情。惟所事非人，故僅如曇花之一現，「疽發背死」，誠可惜也。(380)王午晦　二月的最後一天是壬午日。晦，每個月的最後一天。(381)日有食之　這一天日蝕。食，通「蝕」。(382)稍降　漸漸投降。(383)度淮　向東渡回淮水。(384)丹徒　漢縣名，縣治在今江蘇鎮江市東南，當時跟從吳王反漢的東越王駐兵於此。(385)保東越　投靠東越人。保，往依；投靠。(386)收聚亡卒　招集逃散的吳國軍隊。此句的主語為吳王濞。(387)以利啗東越　以利益引誘東越王。啗，餵，這裡是使動用法，意即引誘、收買。(388)紿　欺騙。(389)鏦殺　以矛投刺死。鏦，短矛。(390)馳傳以聞　乘傳車飛快地上報皇帝。(391)吳太子駒　劉駒，吳王濞的太子。(392)閩越　西漢初期東南沿海的越族小國名，都城東治，即今福建武夷山市的城村古城。按，此子為報東越殺其父之仇，後曾鼓動閩越伐東越，事見《史記・東越列傳》。(393)凡三月二句　吳楚七國於景帝三年一月開始造反，至三月全部平定，首尾共三個月。(394)與太尉有隙　因其坐視梁國被攻而不救故也。(395)三王之圍臨菑　「三王」應作「四王」，即參加吳、楚叛亂處於原齊地的膠東、膠西、濟南、菑川四王。下文諸「三」字皆誤。王叔岷曰：「疑『三國』本作『四國』，『四』誤為『三』，後人遂或略濟南、或略膠西、或略膠東，以實『三國』之數矣。古書作『三』、『四』，或皆積畫，字相似，由此誤也。」臨菑，齊國都城。因齊王退出造反盟約，故四反國聯兵伐齊。(396)路中大夫　齊國的中大夫，姓路，史失其名。《史記索隱》引《路氏譜》謂此路中大夫名「卬」，可備一說。中大夫，是帝王者身邊的侍從官員，掌議論。(397)漢兵今破吳楚矣　漢兵很快就將打敗吳楚軍隊。今，將；很快。(398)無從入　無法入城報告。(399)盟　逼著路中大夫盟誓改口。(400)若反言　你要改說。若，你。(401)齊趣下三國　齊國要趕快向圍城的四國投降。趣下，趕緊投降。趣，通「促」。疾速。(402)不且見屠　否則將被四國屠城。屠，殺光。(403)方　將；正要。(404)齊必堅守無下　茅坤曰：「路中大夫有古烈士風。」按，路中大夫的行為可歌可泣，與春秋時期代表晉國向正被楚軍包圍的鄭國傳達命令的解揚完全相同。事見《左傳》宣公十五年與《史記・鄭世家》。(405)三國將　幾個叛國的圍城將領。(406)齊初圍急　齊國當初被圍形勢危急的時候。(407)陰與三國通謀　蓋謂其迫於壓力曾一度有所動搖。(408)欒布　漢初名將，曾為燕國之相，因此次以將軍參與平定七國之亂有功，被封為俞侯。事跡詳見《史記・季布欒布列傳》。(409)平陽侯　此指曹奇，劉邦的開國功臣曹參之孫，文帝後元四年（西元前一六〇年）襲其祖父爵為平陽侯。事跡見《史記・曹相國世家》。(410)解圍已　臨淄解圍之後。已，終；完成。(411)齊孝王懼二句　齊孝王名將閭，齊悼惠王劉肥之子，孝字是諡。梁玉繩曰：「《史記・吳濞傳》云：『齊王悔約自殺』，在吳舉兵未敗之先，與《漢書・枚乘傳》言『齊王殺身以滅其跡』正合。枚叔當時人，且諫書不應虛說，則此敘孝王自殺事在亂平之後，誤也。」王叔岷曰：「〈吳王濞列傳〉『齊王後悔，飲藥自殺畔約』；《漢書・吳濞傳》改作『齊王後悔，背約城守』，《通鑑》從之，蓋不信齊王自殺在吳舉兵未敗之先也。世家敘齊王自殺在亂平之後，《漢書・高五王傳》所記與此同。」按，今人講文學史，多以枚乘諫書為後人偽造。(412)各引兵歸國　梁玉繩曰：「齊圍之解，漢擊破之，非自引兵歸也。」(413)徒跣席藁飲水　都是古人認罪、請罪的情態。徒跣，光著膀子光著腳。席藁，臥在草席上。藁，植物的秸稈，這裡指用秸稈所編的席。(414)謝太后　向其母請罪，因其自身的行為帶累了母親一同犯罪。(415)王太子德　膠西王劉卬的太子劉德。(416)漢兵還　「還」字不合情理，《史記》作「漢兵遠」，較此語意明暢。(417)已罷　已經疲憊。罷，通「疲」。(418)願收王餘兵擊之　請讓我收合您的殘部予以痛擊之。(419)復故　恢復其故位、故職。(420)王何處　您究竟打算怎麼辦。何處，何以自處。(421)須以從事　我要等著您的回答來確定我的行動。須，待；等候。鄧以瓚曰：「敘戰陣中問答，絕似左氏。」(422)肉袒　脫掉衣袖，光著膀子，古人請罪的情態。(423)詣漢軍壁二句　到漢軍的軍營求見。詣，到。壁，軍營。謁，求見。(424)奉法不謹　「犯法」的婉轉說法。(425)菹醢　剁成肉醬，代指最大的罪過。陳子龍曰：「王不用太子策，冀得謝罪不誅也。」(426)執金鼓見之　對戰敗求和者作出的姿態，意即不允許討價還價，隨時可擂鼓進兵。《國語・越語下》寫吳國向越國求和，「范蠡乃左提鼓，右援枹以應使者曰：『君王已委制於執事之人矣，子往矣，無使執事之人得罪於子！』」(427)王苦軍事　您這一陣子忙於軍事，辛苦了。諷刺語。(428)願聞王發兵狀　想聽聽您的造反過程。(429)用事　主事；掌權。(430)且誅錯　就是為了討伐鼂錯。誅，討；討伐。(431)將軍　指弓高侯韓頹當。(432)苟　果；如果真是。(433)何不以聞　為何不上書對皇帝講。(434)及未有詔虎符　「及」應作「乃」。意謂你們竟然在沒有皇帝的詔書，也沒有調兵虎符的情況下。楊樹達曰：「〈文帝紀〉『與郡守為銅虎符』，然有銅虎符者實不止郡守，此文頹當責卬未有虎符而擅發兵，知諸侯王明有虎符也。吳大澂《恆軒吉金錄》載『泗水王虎符』尤足為證。」(435)擊義國　指圍攻齊國。王先謙曰：「謂齊國，言守義不從反也。」(436)非徒欲誅錯　不光是為了討伐鼂錯。(437)乃出詔書為王讀之　景帝所下討伐叛亂的詔書全文載於《史記・吳王濞列傳》。其文有「擊反虜者，深入多殺為功，斬首捕虜比三百石以上者皆殺之，無有所置；敢有議詔及不如詔者皆腰斬」云云，蓋十分嚴厲。(438)王其自圖　大王您自己看著辦吧。暗示吳王自裁。(439)酈將軍　酈寄，劉邦的開國功臣酈商之子。(440)并兵　調欒布與酈寄合兵。(441)王遂　趙王劉遂。(442)首善　最初的用心是好的。(443)以迫劫有謀　被逼迫無奈才有些別的考慮。(444)齊孝王太子壽　劉壽，齊孝王劉將閭的太子。(445)濟北王亦欲自殺　因其開始也想造反，只因手下的大臣將其拘禁，故未反成。濟北王，劉志，齊悼惠王劉肥之子，文帝十六年被封為濟北王。(446)幸全其妻子　希望能保全其妻子兒女的性命。幸，希望。全，保全。(447)公孫獲　姓公孫，名獲。(448)通意天子　請梁王代為向皇帝進說。(449)南牽吳越　南受吳、越的牽制。(450)北脅燕趙　北受燕、趙的威脅。(451)四分五裂之國　言其四面受敵，誰都可以進攻它。(452)權　權威；勢力。(453)勁　力；兵力。(454)捍寇　抵禦強盜入侵。(455)非有奇怪二句　沒有神靈鬼怪一類的力量可以抗擊災難的降臨。奇怪云，神靈鬼怪一類的力量。待難，抗拒災難。456墜言於吳　指答應吳國參加叛亂。墜言，失言。457非其正計　不是我們的真心。458鄉使　假如當初。鄉，通「向」。459見情實　表現出我們的真實傾向。見，通「現」。表現。460示不從之端　顯露出對它們不順從的苗頭。示，顯露。端，苗頭。461先歷齊二句　先跨越齊國而將濟北滅掉。歷，跨越。畢，滅亡；佔據。462招燕趙而總之　並進一步將燕國、趙國招納起來連成一片。總，統一；連成一片。463山東之從結而無隙　東方各國的反漢聯盟就將成為鐵板一塊、天衣無縫了。從，聯盟。結而無隙，組合得不留縫隙。464敺白徒之眾　驅趕著一群烏合之眾。白徒，不習軍事的百姓。465爭衡　爭勝；爭高低。466底節不下　堅守操節，不順從吳國。底，通「砥」。磨練，這裡即堅守。467失與　失掉同盟者。與，交好；聯合。468跬步獨進　意即既孤立無援，又進展緩慢。跬，半步，這裡即指進展緩慢。469區區　極言其小弱的樣子。470諸侯　此指舉行叛亂的大國。471扞　抵抗。472守職不橈　堅守漢臣的職分，臨強敵而不屈。橈，彎曲。473誠一　真誠；專一。474脅肩低首二句　因害怕而手足無措的樣子。脅肩，縮著肩膀。累足，並足。撫衿，撫弄衣襟。475自悔不前　自悔還不如當初從吳而反，以至於今天遭漢懷疑不敢歸漢。476藩臣守職者　指忠於朝廷的諸侯王。藩臣，諸侯王，諸侯為朝廷的藩屏。守職，謹守臣職，忠於朝廷。477竊料　私下猜想。竊，謙詞。478歷西山　跨越西山到達京城。西山，指崤山與華山，東方諸侯進京的必經之地。479徑長樂　進入長樂宮。徑，直；直入。長樂，長樂宮，也稱「東宮」，在長安城內的東部，是景帝與梁孝王母所居住的地方。480抵未央　到達未央宮。未央宮在長安城內的西部，是皇帝居住與辦公的地方。481攘袂而正議　激昂慷慨地仗義執言。攘袂，捋起袖子，情緒激昂的表現。正議，按義理而直言。482全亡　保全將死者使之免於死亡，指濟北王。483安百姓　使濟北國的百姓免於驚恐。484德淪於骨髓　使濟北王深深地銘記您的厚恩。德，恩情。淪，深入；刻入。485無窮　以言濟北王家族的感恩將永世不忘。486詳惟　細緻思考。惟，思考。487馳以聞　飛馬或飛車上報皇帝。488不坐　未被治罪。坐，因牽連被治罪。按，濟北王志初欲自殺，公孫獲為說於梁孝王，孝王聞之於朝，濟北王故得不誅事，《史記》諸篇皆不載，詳見《漢書・鄒陽傳》。489徙封於菑川　時菑川王劉賢因謀反兵敗自殺，故改封劉志為菑川王。菑川國的都城劇縣，在今山東昌樂西北。490河間王太傅衛綰　衛綰是一個以「老好人」著稱的庸俗官僚，時為河間王劉德的太傅。事跡詳見《史記・萬石張叔列傳》。河間王劉德是景帝之子，景帝二年被封為河間王，都城即今河北獻縣。491中尉　此指為漢王朝朝廷的中尉。中尉是掌管京城治安的長官。492以中郎將事文帝　意即在漢文帝手下為中郎將。中郎將是帝王屬下的侍從武官，統率諸郎，上屬郎中令。493醇謹無他　除醇謹外沒有任何別的長處。醇謹，小心謹慎。494上　稱本朝皇帝，即漢景帝。495召文帝左右飲　宴請其父身邊的工作人員。496屬上曰　囑咐其子景帝說。屬，通「囑」。囑咐。497長者　厚道人。498善遇之　好好地對待他。499六

月乙亥　六月二十四。500吏民　指吳、楚等國的吏民。501詿誤　被裹脅犯罪。詿，矇騙；裹脅。502當坐　因犯法當治罪。503逋逃亡軍　在吳、楚等反叛國家因犯罪而逃到了別國別郡，與在吳、楚等叛亂國家當兵而開了小差的人。504德哀侯廣之子　即劉通。劉通是德哀侯劉廣之子，吳王劉濞之姪，襲其父劉廣之爵為德侯。哀字是劉廣死後的諡號。德哀侯劉廣是劉邦兄劉仲之子，吳王劉濞的親兄弟。505續吳　接續劉濞在吳國稱王，意思是還保留吳國的建制不取消。506楚元王子禮　劉禮，楚元王劉交之子，劉郢客之弟，楚王戊之叔，當時被封為平陸侯。劉禮從文帝時起即在朝任宗正，又統兵與周亞夫等共衛長安。事見《史記・絳侯周勃世家》。507續楚　接替楚王戊為楚王，仍保留楚國的建制。508竇太后　文帝之皇后，景帝與梁孝王之母，其戲劇性的身世經歷見《史記・外戚世家》。509吳王二句　劉氏家族裡的老人。按輩分說，漢景帝要向劉濞稱叔，且其年齡在六十以上，故竇太后如此說。510順善　做榜樣；帶頭做好事。511柰何續其後　為什麼還要讓吳國世系向下流傳。因為既為吳國續後，那就是仍承認劉濞是吳國的開國之王。512不許吳　不為吳國立後，從此吳國的建制被撤銷。513許立楚後　為楚國立後，以繼承楚元王劉交的傳統。514乙亥　六月二十四。按，上文已出現「乙亥」，此處重複，應削。515淮陽王餘　劉餘，景帝之子，景帝二年（西元前一五五年）被封為淮陽王，都城即今河南淮陽。516魯王　都城即今山東曲阜。517汝南王非　劉非，景帝之子，景帝二年被封為汝南王，都城平輿，在今河南汝南縣東北。518為江都王二句　廢去吳國之名，改建江都國，國都仍為廣陵（今揚州）。江都，漢縣名，縣治在廣陵城之西南方。519宗正禮　劉禮，劉交之子，劉戊之叔。按，劉禮早在文帝時為宗正，至吳楚起兵作亂時，景帝為向吳國討好，向吳國談判，已改任吳王濞之姪劉通為宗正，前文未言更換，今又稱劉禮為宗正，文筆似有疏漏。520皇子端　劉端，景帝之子，程姬所生。事跡詳見《史記・五宗世家》。521膠西王　都城高密，今山東高密西。522勝　劉勝，景帝之子，賈夫人所生。事跡詳見《史記・五宗世家》。523中山王　都城盧奴，即今河北定州。

【校　記】1朝廷疾怨　原無此四字。據章鈺校，甲十五行本、乙十一行本皆有此四字，張敦仁《通鑑刊本識誤》、張瑛《通鑑校勘記》同。今從諸本及《通鑑紀事本末》、《史記・吳王濞列傳》補。2尚　據章鈺校，甲十五行本、乙十一行本皆作「上」。3捍　據章鈺校，甲十五行本、乙十一行本、孔天胤本皆作「扞」。

【語　譯】孝景皇帝下

前三年（丁亥　西元前一五四年）

冬季，十月，梁孝王劉武到京師來朝見漢景帝。當時漢景帝劉啓還沒有確立太子，景帝在與梁王飲酒時，很不經意地說：「等將來我死了之後，就將皇位傳給你。」梁王趕緊婉言謝絕，他雖然知道這並不是景帝經過深思熟慮後發自內心的話，但心裡仍然感到很高興；竇太后也很高興。負責掌管皇后與太子家務事的詹事官竇嬰卻舉著酒杯向景帝一邊敬酒一邊勸阻說：「漢朝的天下，是高皇帝開創的，皇位父子相傳，這是漢朝的國法所規定的，陛下怎麼能違背國法隨意傳給梁王呢！」竇太后因此事而憎恨竇嬰。竇嬰藉口身體有病而辭去了他的職務，竇太后就將出入宮門登記簿上竇嬰的名字取消，從此不准竇嬰隨時入宮拜見皇帝。梁王劉武因為景帝說把皇位傳給自己而更加驕橫。

春季，正月二十二日乙巳，漢景帝下詔大赦天下。

流星出現在西方天際。

洛陽東宮發生火災。

當初，孝文帝在世的時候，吳王劉濞的太子劉賢入京拜見文帝，並到宮中侍奉當時的皇太子劉啓，陪劉啓飲酒、下棋。當時劉賢因為和劉啓下棋時發生爭執，被指責對太子不恭敬，當時皇太子劉啓隨手拿起棋盤就向劉賢打去，劉賢當場被打死。朝廷派人將劉賢的屍體送回吳國安葬。當劉賢的屍體運抵吳國的時候，吳王劉濞憤怒地說：「天下姓劉的都是一個祖宗，死在長安就應該埋葬在長安，何必送回吳國安葬呢！」就又派人將劉賢的屍體運回長安。吳王劉濞由此對朝廷不再遵守藩臣的禮節，常常稱病不肯入京朝見漢文帝。朝廷也知道吳王是因為他兒子劉賢被殺的原因不來朝拜，於是就逮捕了吳王的使者，並對使者進行按驗審訊。吳王對此也感到很害怕，於是開始萌發反叛的念頭。秋季，吳王劉濞又派使臣入朝拜見漢文帝，文帝問起吳王的病情，使者說：「吳王確實無病，只是因為朝廷逮捕法辦了吳王的幾批使者，吳王害怕，所以才稱病不敢來朝見。俗話說『用法太苛細，不吉祥』，希望陛下赦免吳王已往的過失，和他開始一種新的關係。」於是文帝赦免了吳國的使者，在使者回去的時候，順便讓他帶去賞賜給吳王的几杖，表示體諒叔父年高，可以不必像其他諸侯王那樣按時來京師朝見皇帝。吳王因為沒有遭受譴責，於是也就漸漸地打消了謀反的念頭。然而，吳國因為出產銅、鹽，有鑄錢、煮鹽的便利，國家很富有，百姓不僅不用向國家繳納賦稅，而且每當輪到吳國的百姓該為國家服役時，吳國政府就拿出錢來替百姓免除徭役；還每年拿出大量錢物慰問封國內那些有學問、有操守的人，就連普通的平民百姓也能得到吳王的賞賜。其他郡國的官吏要是來逮捕逃亡到吳國的罪犯時，吳國的有關人員按照吳王劉濞的旨意總是公開地加以保護，始終不肯交出逃犯。這種情形持續了有四十年之久。

鼂錯屢次向漢文帝檢舉吳王的過錯，並建議削減吳王的封地，漢文帝為人寬厚，不忍心對吳王加以處罰，而吳王卻一天比一天驕橫。等到漢景帝劉啓即位以後，鼂錯就向景帝進言說：「當初高祖剛剛平定天下的時候，因為兄弟少，皇子們都還年紀幼小，所以才把大量的土地分封給同姓諸侯為王。齊國佔有七十餘城，楚國有四十餘城，吳國有五十餘城，還封了三個庶子，總共分去了全國一半的土地。吳王因為當初他的太子劉賢和陛下博弈被殺而心存不滿，就謊稱有病不肯入朝拜見皇帝，這種事情如果按照古代的法律就應該被誅殺。文帝不忍心加罪，反而賞賜給他几杖，文帝對吳王的恩德真是太深太厚了，吳王按理應當感恩並且改過自新，然而恰恰相反，文帝的寬容反而使他更加驕橫，他利用封國內的有利條件，開礦山煉銅鑄錢，煮海水製鹽以營利，引誘、窩藏天下逃亡的罪犯陰謀作亂。現在削減他的封地他要謀反，不削減他的封地他也要謀反。削減他的封地，會促使他盡快謀反，對國家的危害小；不削減他的封地，他反叛的時間也就越遲緩，準備也就越充分，對國家的禍害也就越大。」漢景帝讓公卿、列侯、皇室人員共同討論鼂錯的建議，沒有人敢反駁鼂錯的意見。唯獨竇嬰與鼂錯進行了爭辯，從此竇嬰與鼂錯產生了矛盾。

等到楚王劉戊入朝拜見皇帝時，鼂錯又趁機向景帝進讒言說：「往年劉戊在為薄太后服喪期間，曾經在服喪居所裡姦淫了宮廷裡的女子，犯下了大不敬之罪，這次應該趁他來朝的機會殺掉他。」漢景帝雖然下令赦免了楚王劉戊的死罪，卻趁機削掉了楚國的東海郡。又下令追查趙王劉遂前年所犯的過失，順勢削去了趙國的常山郡；膠西王劉卬因為出賣官爵時有營私舞弊行為，也被削減了六個縣的領土。

就在朝中大臣們紛紛議論削減吳國勢力的時候，吳王劉濞也擔心朝廷從此對諸侯會削減個沒完沒了，因此興心發兵謀反。只是憂慮諸侯當中沒有人可以共同商議此事的，所以當聽說膠西王劉卬不僅勇敢而且很有謀略，又喜歡軍事，諸侯都因此而懼怕他時，就立即派遣中大夫應高前去遊說膠西王，應高對膠西王劉卬說：「現在皇帝所重用的都是奸佞之臣，他聽信奸佞的讒言，已經開始尋找各種藉口侵奪削減諸侯的土地，處罰得實在太重，而且一日重似一日。俗話說：『舔完糠就要吃米。』吳國和膠西國，都是有名望的諸侯，一旦遭到朝廷的查辦，就再也沒有安然自由的日子了。吳王因為自己身體有病，不能親自到京師拜見皇帝已經二十多年了，常常擔心自己被皇帝所猜疑，又沒有辦法向皇帝表明自己的心跡，平時行事總是小心翼翼，就連走路都是縮斂著肩膀，不僅不敢挺胸抬頭，就連腳步也不敢邁得很大，即使這樣恐怕也不被放過。我聽說大王因為賣官爵時的一點過錯就被削減了六個縣的土地。這麼小的過錯，按說還不至於受到削減土地的處罰，從這件事來看恐怕還不只是削減土地就能完得了吧！」膠西王劉卬說：「事情確實如此。你說我們現在該怎麼辦呢？」應高說：「吳王與大王有同樣的憂慮，所以準備順應天理，捨身冒死為天下除去禍害，大王您敢參與嗎？」膠西王聽了以後惶恐萬狀地說：「我怎麼敢這樣做！皇帝雖然逼迫我很厲害，也只有一死而已，我怎麼敢背叛皇帝！」應高說：「御史大夫鼂錯，蠱惑天子，侵奪諸侯的封地，朝廷大臣怨恨，諸侯都有背叛之意，現在諸侯與朝廷的矛盾已發展到了一觸即發的程度。目前彗星出現，蝗蟲成災，這是上天在告警，是萬世難逢的機會。怨愁勞苦的情勢，正是聖賢振奮興起的機遇。吳王對內以誅殺鼂錯為號召，在外率軍跟隨在大王的戰車之後，縱橫馳騁於天下，大軍所向無不投降，大軍所指攻無不克，到那時誰敢不服從！大王您如果答應的話，就請給一個承諾，吳王將會率領吳國的軍隊和楚王一同攻打函谷關，佔領滎陽、奪取敖倉的糧食，抵抗朝廷的軍隊，給您收拾好住處，等待大王您的到來。大王有幸光臨，那麼天下很快就可以平定，吳王將和大王平分天下，豈不是很好的事情嗎！」膠西王劉卬答應說：「好。」

應高回到吳國，把遊說膠西王劉卬的結果彙報給吳王劉濞，吳王劉濞還是有些放心不下，恐怕膠西王劉卬下不了決心，於是親自出馬，來到膠西和膠西王劉卬當面訂立盟約。膠西王手下的臣僚聽說吳王與膠西王密謀起兵的風聲，就勸阻膠西王說：「諸侯的地盤，加起來也不如朝廷地盤的十分之二，如果做叛逆之事，將會使您的母親為您而提心吊膽，這不是高明的計策。現在接受一個皇帝的統治還覺得不容易；假設謀反的事情成功了，再發生兩主爭奪天下的事情，新的麻煩將會更多。」膠西王不僅不聽，還派出使者去約齊王劉將閭、菑川王劉賢、膠東王劉雄渠、濟南王劉辟光，四國都答應起兵謀反。

當初，楚元王劉交愛好讀書，與魯國人申公、穆生、白生一起跟隨浮丘伯學習《詩經》。等到劉交被封為楚王，就任用申公、穆生、白生三人為中大夫。穆生不喜好飲酒，楚元王每次置酒設宴時，都要為穆生準備甜酒。楚元王劉交死後，他的兒子楚夷王劉郢客時仍是如此；後來他的孫子劉戊繼承王位以後，最初也還是如此，後來的一次宴會，劉戊忘記為穆生設置甜酒。穆生從宴會上退出來對人說：「我該走了！不設甜酒，說明國王對我已經怠慢。再不走的話，恐怕楚國人就要給我戴上刑具在市場上示眾了。」從此稱病臥床不起。申公、白生執意要他起來，並且說：「你難道不憶念先王對我們的恩德嗎？現在國王一旦小禮有失，你哪裡就至於這樣呢！」穆生說：「《易經》上說：『能夠從先兆中預見到即將發生的事變，確實是很聰明的人啊！所謂徵兆，就是大變故發生之前的一種跡象，通過這種跡象能夠使人預測到事情的吉凶。君子一旦發現大事將變的跡象，就要趕緊採取措施，一天也不能拖延。』先王之所以敬重我們三人，是因為在我們三個人的身上體現著一種仁義之道。今天楚王突然怠慢我，是因為他忘記了仁義之道。忘記了仁義之道的人，怎麼能再與他長久相處？我難道只是因為一點小小的失禮嗎！」於是稱病離去。申公、白生仍然留下來輔佐楚王劉戊。

楚王劉戊日益淫亂殘暴起來，擔任太傅的韋孟作詩對楚王劉戊進行勸諫，楚王不聽，韋孟也離開了，他到鄒縣定居下來。劉戊因為自己違法被削減土地一事而對朝廷心懷不滿，於是就與吳王劉濞共同商議謀反。申公、白生極力勸阻他不要謀反，劉戊就把他們抓起來，在他們的脖子上套上枷鎖，給他們穿上赭色的囚衣，派人牽到街市上，強迫他們執杵舂米。休侯劉富派人規勸楚王劉戊，楚王劉戊說：「叔父現在不幫助我，我起兵以後就先取叔父的腦袋！」休侯劉富一聽這話，擔心大禍臨頭，於是連夜帶著母親逃奔京師去了。

等到漢景帝削減吳國的會稽、豫鄣郡的詔書送達吳國之後，吳王劉濞於是最早起兵謀反，他將朝廷所委派的俸祿在二千石以下的官員全部殺死。膠西王劉卬、膠東王劉雄渠、菑川王劉賢、濟南王劉辟光、楚王劉戊、趙王劉遂也都起兵謀反。楚國國相張尚、太傅趙夷吾勸諫楚王劉戊不要謀反，劉戊就將張尚、趙夷吾殺死。趙國丞相建德、內史王悍勸諫趙王劉遂不要謀反，劉遂竟然將建德、王悍殘忍地燒死。只有齊王劉將閭後悔自己開始時參與了吳楚的造反聯盟，於是他違背盟約，堅守城池。濟北王因為當時城牆毀壞還沒有修繕完畢，他的郎中令趁機劫持、看守住濟北王，使濟北王無法發兵參與吳楚諸國之亂。膠西王劉卬、膠東王劉雄渠是齊地諸叛國的首領，他們率領菑川王劉賢、濟南王劉辟光共同攻打齊國，圍困了齊國的都城臨淄。趙王劉遂派兵駐紮在趙國的西部邊界，想等待吳國、楚國的軍隊到來後一同進發。同時還向北方的匈奴派出使者，聯絡匈奴舉兵攻打長安。

吳王劉濞把國內凡可徵調的軍隊通通徵調起來，他向吳國發布動員令說：「我今年雖然已經六十二歲，但我要親自帶兵出征。我最小的兒子只有十四歲，也要身先士卒。所以，凡是六十二歲以下、十四歲以上的吳國男人全部徵調入伍。」總計徵調了二十多萬人。同時派出使者去聯絡南方的閩越國和東越國，閩越國、東越國也發兵跟隨吳國謀反。吳王劉濞從廣陵起兵，向西渡過淮河，將楚國的軍隊合在一處歸自己指揮，然後派使者分頭給各諸侯王送信，列舉鼂錯的罪狀，號召各諸侯聯合起兵誅殺鼂錯。吳、楚兩國合兵之後就開始合力攻打梁國，他們攻破了梁國的棘壁縣，殺死了數萬人，然後乘勝前進，其勢銳不可當。梁孝王劉武派遣將領率軍迎擊叛軍，結果連續打了兩次敗仗之後，士兵全部逃散。梁王劉武只得死死守住都城睢陽等待援兵。

當初，漢文帝臨死時，告誡太子劉啓說：「如果國家有了危難，可以任命周亞夫為大將。」當七國叛亂的消息傳到長安後，漢景帝劉啓立即任命中尉周亞夫為太尉，率領三十六位將領，前去迎擊吳、楚叛軍，派遣曲周侯酈寄率軍反擊趙國叛軍，將軍欒布率軍反擊齊國叛軍。又召回竇嬰，任命他為大將軍，派他去駐守滎陽，負責監督、節制討伐齊國、趙國兩個方向的軍隊。

當初，鼂錯更定、修改了三十章法令的時候，就立即在諸侯間引起軒然大波。鼂錯的父親聽到消息後，急忙從潁川趕到長安，他對鼂錯說：「皇帝剛剛即位，你執掌大權主持政務，卻主張削減諸侯的國土，離間人家骨肉之間的關係，現在眾人都在怨你、罵你，你為什麼要這樣做呢？」鼂錯說：「必須得這樣做，不然的話，皇帝就沒有尊嚴，劉氏政權就不能穩固。」鼂錯父親說：「劉氏政權穩固了，而我們鼂氏家族可就危險了，我還是離開你趕緊回家去吧！」他回到家中就喝毒藥自殺了，臨死的時候他說：「我不忍心看到大禍臨頭！」過了十多天，吳、楚七國就發動叛亂，都以誅殺鼂錯為藉口。

漢景帝與鼂錯商議出兵平定七國叛亂的事情，鼂錯建議漢景帝親自率兵，前去討伐叛軍而自己留下來守衛京師，他還建議說：「徐、僮兩縣靠近吳國，目前吳國還沒有將這兩縣攻下來，可以把這兩縣送給吳國。」鼂錯一向與吳國丞相袁盎不和，不論鼂錯走到哪裡，袁盎總是躲開他；而袁盎走到哪裡，鼂錯也避開，兩人從來沒有在同一場所講過話。等到鼂錯當了御史大夫，立即派人去調查袁盎收受吳王賄賂的罪證，並判他有罪。漢景帝對袁盎從輕發落，只是下詔將袁盎削職為民。吳、楚反叛後，鼂錯對手下的屬官丞、御史說：「袁盎接受了吳王劉濞的很多錢財，所以一直為吳王劉濞隱瞞罪行，還說吳王不會謀反。現在吳王真的謀反了，我要請求皇上治袁盎的罪，袁盎應該知道吳王劉濞的陰謀。」丞和御史說：「事情沒有發生之前，懲治袁盎可以斷絕吳王謀反的念頭；現在吳王已經發兵西進，懲治袁盎還有什麼用呢？再說袁盎也不會參與他們的陰謀。」鼂錯因此而猶豫未決。有人把此事告訴了袁盎，袁盎很恐懼，就連夜去見竇嬰，將吳王劉濞所以要叛亂的原因告訴竇嬰，並希望親自到皇帝面前說明原委。竇嬰於是入宮將袁盎的意思奏報給漢景帝，漢景帝於是召見袁盎。

袁盎進見漢景帝時，漢景帝正在與鼂錯商量為出征的軍隊調撥糧餉的事情。漢景帝問袁盎說：「現在吳、楚造反，你怎麼看待這件事情？」袁盎回答說：「陛下不值得為此事擔憂！」景帝說：「吳王開礦冶銅鑄錢，煮海水製鹽牟利，利用雄厚的財力招引天下的豪傑。等到頭髮花白的時候發兵造反，他如果沒有百分之百的把握，敢造反嗎！你怎麼還說他們不會成什麼氣候呢？」袁盎回答說：「吳國利用開礦冶銅鑄錢、煮鹽謀利之事確實是有的，哪裡會有真正的豪傑能被他們引誘去呢！即使吳國真的引誘到了豪傑，那些豪傑也一定會輔佐吳王做符合仁義的好事，那樣的話吳國就不會謀反了。其實吳國所引誘的，都是些無賴子弟、亡命之徒和那些私自鑄錢牟利的奸詐之人，所以他們才互相煽動作亂。」鼂錯說：「袁盎的分析很正確。」景帝問：

「如今該怎麼辦才好？」袁盎說：「請屏退您的近侍之人。」景帝於是讓身邊的人都離開，只留下鼂錯在旁。袁盎說：「我要對陛下說的，臣子不應該知道。」於是景帝也讓鼂錯退下。鼂錯躲到東邊的廂房裡，對袁盎特別怨恨。景帝追問袁盎，袁盎回答說：「吳、楚相互傳遞書信，說：『高皇帝分封子弟為王時各王都分得了土地，現在賊臣鼂錯隨便地處罰諸侯，削奪諸侯的土地，所以諸侯才起兵造反，目的就是要來京師誅殺鼂錯，只要收回他們原有的土地他們就罷兵。』現在只有殺了鼂錯，派使者赦免吳、楚七國造反的罪名，恢復他們原有的土地，軍隊就可以不用流血而使七國全部罷兵。」漢景帝沉思了好一會兒，說：「但不知他們是不是果真如此？如果是的話，我不會吝惜殺掉一個鼂錯而得罪天下所有的人。」袁盎說：「我只能獻此計策，希望陛下認真思考一下。」於是漢景帝任命袁盎為太常，讓他暗中整治行裝準備去與吳、楚談判。過了十多天，景帝暗示丞相陶青、中尉嘉、廷尉張歐上書彈劾鼂錯說：「鼂錯辜負了皇帝對他的厚愛和信任，想要皇帝疏遠群臣、百官，又要皇帝把城邑拱手送給吳國，他的所作所為不符合做臣子的禮節，屬於大逆不道。按罪應當將鼂錯腰斬，他的父母、妻子、同胞兄弟姐妹，無論大小一律斬首、陳屍示眾。」景帝批覆說：「照此執行。」此時，鼂錯還毫不知情。正月二十九日壬子，漢景帝派中尉召見鼂錯，騙鼂錯上了車，然後拉到鬧市中的刑場，鼂錯竟然穿著上朝的衣服被斬於東市。景帝殺了鼂錯之後，立即派袁盎與吳王劉濞弟弟的兒子、擔任宗正的德侯劉通前往吳國。

兼任謁者僕射的鄧公此時正擔任校尉，他向漢景帝奏報軍情的時候，景帝問他說：「你從前線回來，聽到鼂錯被處死的消息後，吳、楚自動罷兵了沒有？」鄧公說：「吳王蓄謀造反已經幾十年了，他藉朝廷削減諸侯的土地而發作，以誅殺鼂錯為藉口，他的目的根本不在鼂錯。鼂錯落得如此下場，我真擔心天下的謀士從此以後會閉上他們的嘴不敢再向陛下提任何建議了。」景帝問：「這是為什麼呢？」鄧公說：「鼂錯擔心諸侯過於強大而使皇帝無法控制他們，所以才建議削弱諸侯，使權力歸於京師，這是對千秋萬代都有利的事。不料計畫才開始實行，就突然遭受殺戮。這等於是對內堵塞了忠臣良將的嘴，對外替諸侯報了仇。我認為陛下的做法實在是不可取。」景帝傷心地歎息了一聲說：「你說得很對，我也悔恨殺了鼂錯。」

袁盎、劉通來到吳王那裡，此時吳、楚的軍隊已經開始向梁國軍隊的營壘發起進攻。劉通因為是吳王劉濞親屬的緣故，所以得以進見吳王，劉通勸說吳王劉濞，讓他拜受皇帝的詔書。吳王劉濞聽說袁盎也來了，知道他是來為皇帝遊說自己，就笑著回答說：「我已經做了東部的皇帝，還向誰下拜？」因此不肯接見袁盎，而是把他扣留在軍中，想脅迫他為自己統兵，袁盎不肯答應，吳王劉濞就派人把袁盎軟禁起來，派人嚴加看管，並準備殺死他。袁盎抓住機會逃回了京師，將吳王劉濞的情況報告給漢景帝。

太尉周亞夫對漢景帝說：「楚兵兇悍矯健，現在不能和他們進行正面硬拼，希望把梁國先扔給他們攻打，然後派兵繞到他們的後方切斷他們的運輸補給線，那時才能控制他們。」景帝同意了周亞夫的建議。周亞夫乘坐著駕有六匹馬的傳車，準備到滎陽去與各路討伐叛軍的大軍相會。當他來到霸上的時候，趙涉攔住他說：「吳王劉濞一向就很富足，他籠絡、收買那些敢死之徒已經很久了。如果他們知道將軍就要到滎陽去，必然會在崤山、澠池的峽谷中埋伏下刺客。再說，軍事行動講求行動詭祕、出人意料，將軍為何不從此地向右繞道而去，穿過藍田，經過武關，然後抵達洛陽！先後只不過相差一兩天的時間。到了那裡以後可以逕直進入洛陽的武器庫，突然敲起戰鼓集合部隊，諸侯聽到消息，必定以為將軍是從天而降。」太尉周亞夫聽從了他的計策，當他順利抵達洛陽的時候，高興地說：「七國造反，我竟然能夠乘坐傳車順利到達此地，這連我自己也沒有料到會如此的安全。現在我據守滎陽這個軍事要地，滎陽以東的大片國土可以高枕無憂了。」周亞夫派人搜索崤山、澠池一帶，果然抓住了吳國埋伏在那裡準備刺殺他的狙擊手。於是周亞夫聘請趙涉為自己擔任主管監察、糾察、維護秩序的護軍。

太尉周亞夫率軍向東北的昌邑進發。吳軍攻打梁國甚急，梁王劉武數次派使者向條侯周亞夫求救，周亞夫始終不肯出兵。梁王劉武又派使者向景帝告狀，說周亞夫對梁國見死不救。景帝派使者命令周亞夫發兵援救梁國，周亞夫不肯接受景帝的詔書，仍然堅持既定方針，深溝高壘據以堅守不肯出擊敵人。他派遣弓高侯韓穨當等將領率領輕騎兵繞道吳、楚後方，佔了淮河與泗水的匯口，既阻斷了吳、楚軍隊的退路，又阻斷了吳、楚軍隊運送糧食的通道。梁王劉武派中大夫韓安國和楚國丞相張尚的弟弟張羽為將。張羽奮力作戰，韓安國做事謹慎穩重，這才稍稍給了吳軍一些打擊。吳軍想要西下攻打長安，因為有梁軍堅守城池，吳軍不敢繞過梁國西進。於是轉而攻打周亞夫，兩軍在下邑相遇。吳軍想要盡快展開決戰，而條侯周亞夫卻依然深溝高壘不肯出兵決戰。吳軍糧草斷絕，士兵飢餓，屢次向周亞夫的軍隊挑戰，周亞夫始終不出兵應戰。一次，周亞夫軍中夜驚，軍士自相攻擊，一直鬧到周亞夫的中軍帳下，周亞夫安睡不起。過了一會兒，軍中就又安靜下來。吳軍攻打周亞夫軍營的東南角，周亞夫馬上派人去防守西北角。一會兒，吳軍果然組織精銳部隊來攻打軍營的西北角，由於防守嚴密，無法攻入。吳、楚士兵大多因為飢餓，或死亡、或反叛、或逃逸，吳王劉濞只得引兵退去。二月，周亞夫組織精兵追擊，大敗吳軍。吳王劉濞扔下軍隊，與數千名精壯士兵連夜逃跑，楚王劉戊兵敗自殺。

吳王劉濞開始謀反時，吳國的大臣田祿伯擔任大將軍。田祿伯對吳王劉濞說：「軍隊集結向西進兵，沒有特別出奇制勝的謀略，難以獲得成功。我願意率領五萬人，從另外一條路沿著長江、淮河逆流而上，收取淮南、長沙，然後進入武關，與大王在長安會師，這也是一支奇兵啊。」吳王太子劉駒勸阻吳王說：「父王以造反為名，這兵權是不能交給別人的，如果把兵權交給別人，別人也會用此兵來背叛父王，那時怎麼辦？況且握有兵權的統帥一旦分兵而出，其危險也是很大的，白白地削弱了自己！」吳王於是沒有答應田祿伯的請求。

吳國的少將桓將軍勸說吳王說：「吳國大多是步兵，步兵有利於在崎嶇險要的地方作戰。朝廷的軍隊大多是戰車，戰車適宜在平地作戰。希望大王所經過的城邑，若一時攻打不下，就直接繞過去，長驅西進迅速佔領洛陽的武器庫，再佔據敖倉，則從此糧食不會匱乏，再憑藉著有利的山川形勢，以號令天下諸侯。即使還沒有進入函谷關、佔領京師，但天下大勢已成定局。如果大王行進緩慢，不時地停留下來攻取城邑，那麼朝廷的戰車騎兵趕到，飛快地佔領梁、楚之間，失敗就不可避免了。」吳王徵求各位老將的意見，老將們都說：「此人年少，憑血氣之勇，衝鋒陷陣還可以，哪裡會有深謀遠慮呢！」於是，吳王劉濞沒有採用桓將軍的計策。

吳王劉濞親自擔任統一指揮。軍隊還沒有渡過淮河，他的那些賓客就都被任命為將軍、校尉、候、司馬，卻唯獨不用周丘。周丘是下邳人，因逃亡來到吳國，靠賣酒為生，品行不端，吳王一向看不起他，所以不肯任用他。周丘於是進見吳王劉濞，他對吳王劉濞說：「我因為沒有才能，所以不能侍奉在大王的左右。我不敢請求您撥給我多少人馬，只希望您把朝廷當年賜給您的旌節給我一個，我一定對您有所回報。」吳王便將一個漢節給了他。周丘得到漢節，連夜進入下邳。下邳人當時聽說吳王劉濞造反，都在堅守城池。周丘進入驛站的客房，就以吳王特使的身分傳下邳縣令前來進見，然後命令自己的隨從宣布縣令的罪行殺死了縣令，隨後將自己的在家弟兄及所友好的縣中大吏召集起來，告訴他們說：「吳王造反，大軍隨後就到，屠殺下邳不過一頓飯的功夫。現在先投降，還可以保全家室，有能力的還可以封侯呢！」這些人出去之後，便相互轉告，於是下邳全部向吳王劉濞投降。周丘一夜之間就得到三萬人，他一面派人報告吳王，自己則率領著這支三萬人的軍隊向北攻城略地。當他到達陽城的時候，手下的兵士已達十萬多人，很快便攻破守衛陽城的中尉軍。後來他聽說吳王軍敗的消息，自料沒有人能與自己共成大事，於是就準備率軍回到下邳，走到途中，因為背上長瘡，病發而死。

二月最後一天壬午日，發生日蝕。

由於吳王劉濞棄軍而逃，吳國的軍隊於是潰不成軍，漸漸地有人投降了太尉周亞夫，有人投降了梁國。吳王劉濞渡過淮河，向丹徒方向逃走，準備投奔東越國，當時他身邊還有一萬多人，一路之上，邊走邊招集逃散的吳國士兵。朝廷派人用重金收買了東越王，東越王於是誘騙吳王劉濞親自出來慰勞軍隊，就在劉濞勞軍時，東越王派刺客用矛戟將劉濞刺死，並將他的首級割下來盛在匣子裡，用驛站的傳車飛快地上報漢景帝。吳太子劉駒逃亡到了閩越。吳、楚造反，前後不過三個月就徹底失敗了。於是諸將都認為周亞夫決策正確，然而梁王劉武卻因為太尉周亞夫坐視梁國被圍攻而不派兵救援，對周亞夫產生了深深的怨恨。

在膠西王劉卬、膠東王劉雄渠與菑川王劉賢等的軍隊共同圍攻齊國首都臨淄的時候，齊王派路中大夫赴京師向景帝報告被圍困的情況。漢景帝讓路中大夫轉告齊王，要齊國堅守城池，說：「朝廷的軍隊即將打敗吳、楚的軍隊。」當路中大夫返回齊國來到臨淄城郊外的時候，膠西、膠東、菑川三國的軍隊早已把臨淄城圍得裡三層外三層，路中大夫根本無法進入城內。三國的將領捉住了路中大夫，強行與他訂立盟約說：「你改向城內喊話說：『漢軍已經被吳、楚的軍隊打敗，齊國趕快向圍城的三國投降，不投降，就要被屠城了。』」路中大夫假裝答應了三國將領的要求，來到臨淄城下，路中大夫遠遠的望見齊王，他向齊王大聲喊話說：「朝廷已經調動一百萬軍隊，派太尉周亞夫率軍，已經打敗了吳、楚聯軍，現在正在率領大軍前來解救齊國，齊國一定要堅守城邑，等待援兵，堅決不要投降！」三國將領立即殺死了路中大夫。齊國當初被圍形勢緊急的時候，曾經暗地裡派人與三國講和，只是盟約還沒有最終簽訂，此時恰逢路中大夫從京師返回，齊國的大臣聽到路中大夫所傳達的信息，就又都勸齊王不要向三國投降。正在此時，漢將欒布、平陽侯曹奇等人率領大軍到達齊國，於是與齊國裡外夾攻，打敗了三國聯軍。臨淄解圍之後，朝廷聽到齊國最初曾經與三國有過造反的密謀消息，就準備發兵討伐齊國。齊孝王劉將閭聽說後驚恐不安，便服毒自殺了。

膠西王劉卬、膠東王劉雄渠、菑川王劉賢各自帶領著本國的殘兵敗將回到自己的封國。膠西王劉卬赤著腳，坐在草席上，一邊喝冷水懲罰自己，一邊向王太后謝罪。膠西王太子劉德對膠西王劉卬說：「朝廷的軍隊已經退去，依我看來漢軍將士已經疲憊不堪，可以趁此機會去襲擊他們，我願意召集大王殘餘的將士親自率領著去襲擊漢軍。如果不能取勝就逃入海中，也不算晚。」膠西王劉卬說：「我的士兵都已經被打敗，現在已經毫無鬥志，沒辦法再打仗了。」弓高侯韓穨當送信給膠西王說：「我奉皇帝之命來誅殺不義之人：凡投降的就赦免他的罪過，恢復他原來的爵位；不投降的就要被消滅。大王何去何從？我現在就等您做出回答以確定我的行動。」膠西王劉卬脫掉衣袖露出臂膀磕著頭，到漢軍軍營來謁見弓高侯，說：「我劉卬違犯了國家的法律，驚擾了國內的百姓，又勞動將軍遠道來到我這窮鄉僻壤，就請將軍把我剁成肉醬吧。」弓高侯在金鼓敲擊的軍樂聲中接見了膠西王劉卬，對膠西王劉卬說：「大王發兵以來一路勞苦了，我希望聽聽您發兵的緣故。」膠西王劉卬一邊磕頭一邊用膝蓋向前行走著回答說：「現在，鼂錯是皇帝的執政大臣，他慫恿皇帝變更高皇帝時期制定的法令，侵奪諸侯的封地。我等認為他的做法實屬不忠不義，恐怕他敗壞擾亂了天下，七國發兵的目的就是要誅殺鼂錯。現在聽說鼂錯已被皇帝誅殺，所以我等立即撤兵回國。」弓高侯說：「大王如果認為鼂錯行為不端，為什麼不把情況報告給皇帝？您既沒有皇帝給您的詔書，又沒有皇帝給您調動軍隊的憑證，為什麼擅自發兵攻打效忠朝廷的齊國？由此看來，您的本意不僅僅是要誅殺鼂錯，恐怕另有所圖吧！」於是弓高侯拿出皇帝的詔書，當面宣讀，說：「該怎麼辦，大王您自己決定吧！」劉卬說：「像我劉卬這樣的人真是死有餘辜！」於是自殺。劉卬的母親、太子都死了。膠東王劉雄渠、菑川王劉賢、濟南王劉辟光按照刑法全都被處以死刑。

酈寄率軍到達趙國，趙王劉遂領兵回到國都邯鄲堅守城池。酈寄下令攻打，連續攻打七個月都沒能攻下邯鄲。匈奴聽到吳國、楚國兵敗的消息，也沒敢進入漢朝的邊境。欒布率兵平定了齊國之後回師路過邯鄲，便與酈寄合兵一處，引漳河水灌入邯鄲城內，城牆被水浸泡塌毀，趙王劉遂自殺。

景帝因為齊國最初的用心是好的，是因為受了脅迫才參與了謀反，這並非是齊國的罪過，於是下詔冊立齊孝王劉將閭的太子劉壽為齊懿王。

濟北王劉志也要自殺，但又希望能保全自己妻子兒女的性命。齊國人公孫玃對濟北王劉志說：「請允許我嘗試著去說服梁王劉武，請他在皇帝面前為大王求情；梁王若不同意為大王說情，大王再死也不晚。」公孫玃於是去見梁王劉武，他誠懇地對梁王說：「濟北國所處的地理位置，東邊與強大的齊國接壤，南邊受到吳國、越國的牽制，北邊受到燕國、趙國的威脅，這是一個隨時都有可能被四分五裂的國家，權謀、威勢不足以自守，兵力不足以抵禦強寇的入侵，又沒有神靈鬼怪一類的力量，可以抗擊災難的降臨。雖然答應吳國參加叛亂，也是受吳國的威脅而並非出自他的真心實意。假使濟北王當時表露出他反對謀反的真實傾向，顯露出對吳國不順從的苗頭，那麼吳國肯定會先越過齊國，將濟北滅掉，然後再進一步將燕國、趙國連成一片，這樣的話，山東各國的反漢聯盟必將像一塊鐵板，堅固而無有縫隙了。現在吳王連絡各諸侯國，驅趕著一群烏合之眾，向西進兵，想與皇帝一爭高下。濟北國雖然勢孤力單卻始終堅守臣節，不向吳國屈服，使吳國失去同盟者而得不到幫助，獨自緩慢西進，終於土崩瓦解，失敗而得不到救援，這未必不是濟北國的作用啊。

以小小的濟北國，而與幾個參加叛亂的諸侯大國一爭高下，無異於用弱小的羊羔牛犢去抵抗虎狼一樣的強敵。濟北國恪盡職守，不肯屈服，可以說對皇帝的忠誠是始終如一的。這樣的功勞和誠意，如果還要被皇帝所懷疑，使他今後縮肩低頭，誠惶誠恐，連走路都得小心翼翼，恐怕他會後悔不如當初跟從吳國造反了，這對國家來沒有什麼好處。我擔心從今以後那些恪盡職守的藩臣將會心生疑慮。我自己私下裡思量，能夠穿越崤山與華山，直接進入太后居住的長樂宮，直達皇帝起居的未央宮，慷慨激昂地仗義執言的，只有大王您一個人可以做到。這對濟北國王來說，您有保全他免遭滅亡的功勞，對濟北國的百姓來說，您有使百姓免受驚恐的名聲，您的美德濟北王將刻骨銘心，您的恩惠濟北國的百姓將永世不忘，希望大王認真思考！」梁孝王劉武聽後非常高興，立即派人飛馬前去把濟北王的情況報告給漢景帝。濟北王劉志因此而未被定罪，漢景帝把濟北王劉志改封為菑川王。

河間王太傅衛綰在平定吳、楚叛亂時立有戰功，被提升為中尉。衛綰曾經以中郎將的身分侍奉過漢文帝，他除了為人敦厚謹慎之外，沒有其他長處。景帝為太子的時候，曾經宴請文帝身邊的侍臣，而衛綰稱病沒有赴宴。文帝臨死的時候，囑咐景帝說：「衛綰是一位忠厚的長者，你要好好對待他！」景帝因此而很寵信、重用衛綰。

夏季，六月二十四日乙亥，景帝下詔說：「不論官吏百姓，凡是因吳王劉濞等作亂而受到牽連應該判罪以及在吳、楚等叛亂國家當兵而逃亡後被捕的人，全部赦其無罪。」

漢景帝想封吳王劉濞的弟弟哀侯劉廣的兒子為吳王，封楚元王劉交的兒子劉禮為楚王。竇太后對景帝說：「吳王，是劉氏家族裡的老人，本應該為宗室做出好的榜樣。但卻率先倡導七國背叛朝廷、擾亂天下，為什麼還要讓吳國的世系向下流傳！」於是沒有為吳國立後，而為楚國立後，以繼承楚元王劉交的傳統。六月二十四日乙亥，改封淮陽王劉餘為魯王；汝南王劉非為江都王，管轄原來吳國的土地；封宗正劉禮為楚王；封皇子劉端為膠西王，劉勝為中山王。

四年（戊子　西元前一五三年）

春，復置關❶，用傳出入❷。

夏，四月己巳❸，立子榮❹為皇太子，徹❺為膠東王❻。

六月，赦天下。

秋，七月，臨江王閼❼薨。

冬，十月戊戌晦❽，日有食之。

初，吳、楚七國反，吳使者至淮南❾，淮南王欲發兵應之。其相曰：「王必欲應吳，臣願為將。」王乃屬之❿。相已將兵，因城守⓫，不聽王而為漢⓬，漢亦使曲城侯⓭將兵救淮南，以故得完⓮。

吳使者至廬江⓯，廬江王不應，而往來使越⓰。至衡山⓱，衡山王堅守無二心。及吳、楚已破，衡山王入朝，上以為貞信，勞苦⓲之曰：「南方卑濕。」徙王王於濟北⓳以褒之。廬江王以邊越⓴，數使使相交，徙為衡山王，王江北㉑。

五年（己丑　西元前一五二年）

春，正月，作陽陵邑㉒。夏，募民徙陽陵㉓，賜錢二十萬㉔。

遣公主嫁匈奴單于㉕。

徙廣川王彭祖[26]為趙王[27]。

濟北貞王勃[28]薨。

六年（庚寅　西元前一五一年）

冬，十二月，雷[29]，霖雨[30]。

初，上為太子，薄太后[31]以薄氏女為妃[32]。及即位，為皇后，無寵。秋，九月，皇后薄氏廢[33]。

楚文王禮[34]薨。

初，燕王臧荼[35]有孫女曰臧兒，嫁為槐里[36]王仲妻，生男信[37]與兩女[38]而仲死。更嫁長陵田氏[39]，生男蚡、勝[40]。文帝時，臧兒長女[41]為金王孫[42]婦，生女俗[43]。臧兒卜筮之[44]，曰：「兩女皆當貴。」臧兒乃奪金氏婦[45]，金氏怒，不肯予決[46]。內之太子宮[47]，生男徹[48]。徹方在身[49]時，王夫人夢日入其懷[50]。

及帝即位，長男榮為太子。其母栗姬，齊人[51]也。長公主嫖[52]欲以女嫁太子[53]，栗姬以後宮諸美人[54]皆因長公主見帝[55]，故怒而不許[56]。長公主欲與王夫人男徹，王夫人許之。由是長公主日讒栗姬[57]而譽王夫人男[1]之美，帝亦自賢之，又有曩者[58]所夢日符[59]，計未有所定。王夫人知帝嗛[60]栗姬，因怒未解，陰[61]使人趣大行[62]

請立栗姬為皇后[63]。帝怒曰：「是而所宜言邪[64]！」遂按誅[65]大行。

七年（辛卯　西元前一五〇年）

冬，十一月己酉[66]，廢太子榮為臨江王[67]。太子太傅[68]竇嬰[69]力爭[70]不能得，乃謝病免。栗姬恚恨[71]而死。

庚寅晦[72]，日有食之。

二月，丞相陶青[73]免。乙巳[74]，太尉周亞夫為丞相。罷太尉官[75]。

夏，四月乙巳[76]，立皇后王氏[77]。

丁巳[78]，立膠東王徹為皇太子。

是歲，以太僕劉舍[79]為御史大夫[80]，濟南太守[81]郅都[82]為中尉[83]。

始，都為中郎將[84]，敢直諫。嘗從入上林[85]，賈姬[86]如廁，野彘[87]卒[88]來入廁。上目都[89]，都不行。上欲自持兵救賈姬，都伏上前曰：「亡一姬[90]，復一姬進，天下所少，寧賈姬等乎[91]！陛下縱自輕[92]，柰宗廟、太后何[93]？」上乃還，彘亦去。太后聞之，賜都金百斤，由此重都。都為人勇悍[94]公廉[95]，不發私書[96]，問遺[97]無所受，請謁[98]無所聽。及為中尉，先嚴酷[99]，行法不避貴戚。列侯[100]、宗室見都，側目而視[101]，號曰「蒼鷹」。

中元年（壬辰　西元前一四九年）

夏，四月乙巳[102]，赦天下。

地震。衡山原都[103]雨雹，大者尺八寸。

二年（癸巳　西元前一四八年）

春，二月，匈奴入燕[104]。

三月，臨江王榮坐侵太宗廟壖垣[105]為宮，徵詣[106]中尉府[107]對簿[108]。臨江王欲得刀筆[109]為書謝上[110]，而中尉郅都禁吏不予[111]。魏其侯使人間與[112]臨江王。臨江王既為書謝上，因[113]自殺。竇太后聞之，怒，後竟以危法[114]中都[115]而殺之。

夏，四月，有星孛[116]于西北。

立皇子越[117]為廣川王，寄[118]為膠東王。

秋，九月甲戌晦[119]，日有食之。

初，梁孝王以至親有功[120]，得賜[121]天子旌旗，從千乘萬騎[122]，出蹕入警[123]。王寵信羊勝、公孫詭[124]，以詭為中尉[125]。勝、詭多奇邪計，欲使王求為漢嗣[126]。栗太子之廢[127]也，太后[128]意欲以梁王為嗣[129]，嘗因置酒謂帝曰：「安車大駕[130]，用梁王為寄[131]。」帝跪席舉身[132]曰：「諾。」罷酒，帝以訪諸大臣[133]。大臣袁盎等曰：「不可。昔宋宣公[134]不立子而立弟，以生禍亂，五世不絕[135]。小不忍[136]，害大義[137]，故春秋[138]大居正[139]。」由是太后議格[140]，遂不復言。王又嘗上書：「願賜容車之地[141]，徑至長樂宮[142]，自使梁國士眾築作甬道[143]，朝太后。」袁盎等皆建以為不可[144]。

梁王由此怨袁盎及議臣，乃與羊勝、公孫詭謀，陰使人刺殺袁盎及他議臣十餘人[145]。賊未得也，於是天子意梁[146]。逐賊[147]，果梁所為[148]。上遣田叔[149]、呂季主[150]往按[151]梁事，捕公孫詭、羊勝。詭、勝匿王後宮。使者十餘輩[152]至梁，責二千石急[153]。梁相軒丘豹[154]及內史韓安國[155]以下舉國大索[156]，月餘弗得。

安國聞詭、勝匿王所，乃入見王而泣曰：「主辱者臣死[157]。大王無良臣，故紛紛[158]至此。今勝、詭不得，請辭賜死[159]。」王曰：「何至此[160]！」安國泣數行下，曰：「大王自度於皇帝[161]，孰與臨江王親[162]？」王曰：「弗如也。」安國曰：「臨江王適長太子[163]，以一言過，廢王臨江[164]。用宮垣事[165]，卒自殺中尉府。何者？治天下終不用私亂公[166]。今大王列在諸侯，訹邪臣浮說[167]，犯上禁，橈明法[168]。天子以太后故，不忍致法[169]於大王。太后日夜涕泣，幸大王自改[170]。大王終不覺寤，有如太后宮車即晏駕[171]，大王尚誰攀[172]乎？」語未卒，王泣數行而下，謝安國曰：「吾今出勝、詭[173]。」王乃令勝、詭皆自殺，出之[174]。上由此怨望[175]梁王。

梁王恐，使鄒陽[176]入長安，見皇后兄王信[177]說[178]曰：「長君弟[179]得幸於上，後宮莫及，而長君行迹[180]多不循道理[181]者。今袁盎事[182]即窮竟[183]，梁王伏誅，太后無所發怒[184]，切齒側目於貴臣[185]，竊為足下憂之[186]。」長君曰：「為之柰何？」陽曰：「長君誠能精為上言之[187]，得毋竟梁事[188]，長君必固自結於太后[189]。太后厚德[190]長君入於骨髓[191]，而長君之弟幸於兩宮[192]，金城之固[193]也。昔者舜之弟象，日以殺舜為事[194]，及舜立為天子，封之於有卑[195]。夫仁人之於兄弟[196]，無藏怒[197]，無宿怨[198]，厚親愛而已，是以後世稱之。以是說天子[199]，徼幸梁事不奏[200]。」長君曰：「諾。」乘間[201]入言之，帝怒稍解。

是時，太后憂梁事[202]不食，日夜泣不止，帝亦患[203]之。會田叔等按梁事來還，至霸昌廄[204]，取火悉燒梁之獄辭[205]，空手來見帝。帝曰：「梁有之乎[206]？」叔對曰：「死罪[207]！有之[208]。」上曰：「其事[209]安在？」田叔曰：「上毋以梁事為問[210]也！」上曰：「何也？」曰：「今梁王不伏誅，是漢法不行也；伏法而太后食不甘味[211]，臥不安席[212]，此憂在陛下也。」上大然之，使叔等謁[213]太后，且曰[214]：「梁王不知也。造為之者，獨在幸臣羊勝、公孫詭之屬為之耳[215]，謹已伏誅死[216]，梁王無恙也[217]。」太后聞之，立起坐餐[218]，氣平復[219]。

梁王因上書請朝(220)。既至關(221)，茅蘭(222)說王，使乘布車，從兩騎(223)入，匿於長公主園(224)。漢使使迎王，王已入關，車騎盡居外(225)，不知王處。太后泣曰：「帝果殺吾子！」帝憂恐。於是(226)梁王伏斧質於闕下謝罪(227)。太后、帝大喜，相泣，復如故(228)，悉召王從官入關。然帝益疏(229)王，不與同車輦(230)矣。帝以田叔為賢，擢為魯相(231)。

【章旨】以上為第二段，寫景帝前四年（西元前一五三年）至中二年（西元前一四八年）共六年間的全國大事，主要寫了王皇后之母臧兒所生二女三子在景帝時期的炙手權勢；寫了王皇后與長公主相互勾結，讒害栗姬、栗太子至死而奪得皇后與太子位的後宮政變；寫了梁孝王因恃母寵而驕縱無法、謀奪皇位繼承權，在陰謀不能實現時竟刺殺朝廷命官，大逆不道，以及韓安國、鄒陽、田叔等人為之百般彌縫，使其幸免於難的過程；寫了淮南王、廬江王在吳、楚七國謀反時的不軌跡象，為其日後又陰謀叛亂做了伏筆；寫了酷吏郅都雖酷烈但尚公正，只因捲入後宮矛盾而無端遭到慘殺的結局等事，文中表現了最高統治集團內部矛盾的尖銳性與複雜性。

【注釋】❶復置關　在全國各地的交通要道重新設置關卡，以盤查過往行人。按，文帝十三年，因國家太平曾宣布廢除國內各地的關卡，今因七國造反，形勢緊張，故又重新設置起來。❷用傳出入　傳也稱「繻」、「過所」，即今之所謂「通行證」。按，景帝時以「十月」為歲首，今乃開頭先書「春」，乃隨《漢書·景帝紀》之錯誤。《史記》書此事於此年之「後九月」，應改從《史記》。❸四月己巳　四月二十三。❹子榮　劉榮，景帝之子，栗姬所生。事跡詳見《史記》之〈外戚世家〉與〈五宗世家〉。❺徹　劉徹，景帝之子，王夫人所生，即日後的漢武帝。❻膠東王　膠東國的都城即墨，在今山東平度東南。❼臨江王閼　劉閼，《史記·五宗世家》作「劉閼于」，景帝之子，程姬所生，於景帝二年被封為臨江王。臨江國的都城郢，即今湖北江陵西北之紀南城。❽十月戊戌晦　十月的最末一天是戊戌日。晦，每個月的最末一天。按，景帝時以「十月」為歲首。此「十月」應書於五年的開頭。但景帝五年十月的最末一天是「壬寅」，不是「戊戌」。❾淮南　當時的諸侯國名，都城壽春，即今安徽的壽縣。此時的淮南王為劉邦之孫，老淮南王劉長之子劉安。❿屬之　將兵權交給了他。屬，委任；交給。⓫城守　據城而守，指不從吳國作亂，且做好抵抗吳國來攻的準備。⓬為漢　忠於漢王朝朝廷。⓭曲城侯　劉邦功臣蟲達之子蟲捷。蟲達其人見《史記・高祖功臣侯者年表》。⓮完　保全。⓯廬江　諸侯國名，都城舒縣，在今安徽廬江縣西南。此時的廬江王為劉安之弟劉賜。⓰往來使越　而與東越、閩越、南越等國相互往來。⓱衡山　諸侯國名，都城邾縣，今湖北黃岡北。此時衡山王為劉安之弟劉勃。⓲勞苦　慰勞。⓳濟北　原是劉志的封國，前劉志已改封菑川，今移劉勃到濟北。濟北國的都城盧縣，在今山東長清西南。⓴邊越　靠近越國。㉑王江北　衡山國的都城邾縣，地處長江以北。㉒作陽陵邑　在景帝為自己預作陵墓的地區設縣。因景帝的陵墓叫陽陵，故而此縣稱作「陽陵邑」。在今陝西咸陽東北。㉓徙陽陵　向陽陵邑搬遷，因統治者希望讓他陵墓所在的地方迅速繁華起來。㉔賜錢二十萬　每個向陽陵搬遷的人家國家賜錢二十萬。㉕匈奴單于　此時匈奴在位的叫軍臣單于，西元前一六一—前一二七年在位。㉖廣川王彭祖　劉彭祖，景帝之子，賈夫人所生。事跡詳見《史記・五宗世家》。廣川國的都城在今河北棗強東北。㉗為趙王　原趙王劉遂因參加吳楚造反失敗自殺，故移劉彭祖為趙王。㉘濟北貞王勃　劉勃，貞字是諡，因其始終未參與七國之亂，故諡曰貞。㉙雷　十二月打雷是反常現象，古人以為不祥，故書之於史。㉚霖雨　小雨連綿不斷。㉛薄太后　文帝之母，景帝的祖母。㉜為妃　為太子之妃。㉝皇后薄氏廢　因薄太后已於景帝二年死，故景帝廢薄皇后。㉞楚文王禮　劉禮，楚元王的少子，楚王戊因造反失敗自殺，朝廷立劉禮繼為楚王，死後諡曰文。㉟燕王臧荼　陳涉時代的燕國將領，因隨項羽入關，被項羽封為燕王。楚漢戰爭時迫於韓信大軍的威逼投降劉邦，劉邦稱帝後因謀反被劉邦討平。㊱槐里　漢縣名，縣治在今陝西興平東南，即秦時之所謂廢丘，章邯為雍王之都城。㊲男信　王信，武安侯田蚡的同母異父兄，被封為蓋侯。㊳兩女　即日後的王皇后與王兒姁。㊴長陵田氏　長陵邑的田氏某人，史失其名。長陵，這裡指劉邦陵墓所在的邑名，在今陝西咸陽東北。㊵蚡勝　田蚡、田勝，有關田蚡、田勝的事情，參見《史記・魏其武安侯列傳》。㊶臧兒長女　即日後之王皇后。㊷金王孫　姓金，名王孫，漢景帝王皇后的前夫。㊸生女俗　姓金名俗，即日後的修成君。㊹卜筮之　為兩個女兒算卦，占卜未來的命運。用龜甲占卜曰「占」，用蓍草占卜曰「筮」。㊺乃奪金氏婦　因為臧兒聽說自己的女兒都日後當貴，故而想把她們都及早地獻給貴人，故而把已經嫁了人的大女兒也從其婆家奪了回來。㊻不肯予決　不肯與之離婚。㊼內之太子宮　此句的主語為「臧兒」。意謂臧兒遂將日後的王皇后，奪回來送給了當時還在當太子的漢景帝。內，通「納」。送進。(48)男徹　兒子劉徹，即日後的漢武帝。(49)在身　指懷孕。(50)夢日入其懷　當時迷信的說法，稱夢日入懷則生子為皇帝；夢月入懷則生女為皇后。按，都是日後編造的欺人之談。宮裡的女人編造這類話向統治者邀寵，可謂用心良苦。(51)齊人　齊國人。齊國的國都臨淄（今山東淄博之臨淄西北），現時在位的齊王為劉肥的後代齊懿王。(52)長公主嫖　文帝之女，竇太后所生，景帝與梁孝王的胞姐。皇帝之女稱公主，皇帝之姐妹稱長公主，皇帝之姑稱大長公主。(53)欲以女嫁太子　此女名阿嬌，姓陳，即日後嫁給武帝的陳皇后。(54)諸美人　指景帝的各個嬪妃。美人，漢宮嬪妃的位號名，皇后以下有「美人」、「良人」、「八子」、「七子」、「長使」、「少使」等，見《漢書・外戚傳》。(55)因長公主見帝　通過長公主的介紹得以受皇帝親幸。(56)不許　不答應長公主的為其女求婚。(57)讒栗姬　在景帝跟前說栗姬的壞話。(58)曩者　昔日；前者。曩，昔；前。(59)所夢日符　即上文所說的王夫人「夢日入懷」事。符，驗；徵兆。(60)嗛　不滿；心中忌恨。(61)陰　暗中。(62)趣大行　催促大行向皇帝進言。趣，意思同「促」，催促。大行，朝官名，原稱典客，「九卿」之一，主管少數民族事務及接待賓客等。此「大行」史失其名。(63)請立栗姬為皇后　王夫人可謂陰險之極。茅坤曰：「即驪姬請晉獻公之無易太子中生意，語所謂『倒跌』也。」陳仁錫曰：「武帝母也，極其醜詆，直筆，亦謗書。」(64)是而所宜言邪　這話是你所應該說的嗎。而，爾；汝。(65)按誅　治罪處死。(66)十一月己酉　十一月是辛酉，此月無「己酉」日，當是記載有誤。(67)臨江王　臨江原是景帝子劉閼于的封國，都城即今湖北江陵西北之紀南城。不久前劉閼于死，故劉榮被廢後貶為臨江王。(68)太子太傅　太子的輔導官，輔導太子的生活與學習。(69)竇嬰　景帝母竇太后之姪，景帝的表兄弟，被封為魏其侯。(70)力爭　盡力勸阻。(71)恚恨　惱怒；怨恨。(72)庚寅晦　十一月的三十日是庚寅。晦，每個月的最後一天。(73)陶青　劉邦的開國功臣陶舍之子，繼其父爵為開封侯，自景帝二年為丞相。(74)乙巳　二月十六。(75)罷太尉官　害怕太尉的權力太大，故戰時一過隨即撤銷此職。太尉與丞相並列，執掌全國軍事。(76)四月乙巳　四月十七。(77)王氏　名娡，武帝劉徹之母，原嫁與金氏，後被其母臧兒從金家奪回嫁與時為太子的漢景帝。(78)丁巳　四月二十九。(79)太僕劉舍　劉邦的開國功臣劉襄之子，時任太僕之職。太僕是九卿之一，職務是為帝王趕車，並兼管宮內的車馬事務。按，劉襄原本姓項，因在楚漢戰爭時背叛項羽暗中幫著劉邦，故被劉邦賜姓劉，並封之為桃侯。(80)御史大夫　三公之一，主管監察，位同副丞相。丞相有缺，通常即由御史大夫增補。(81)濟南太守　濟南郡的行政長官。濟南地區有時為郡，有時為諸侯國，其郡治為東平陵，在今山東章丘西北。(82)郅都　一個嚴酷但卻正直的官吏，號稱「蒼鷹」。事跡詳見《史記・酷吏列傳》。(83)中尉　維持首都治安的長官，秩二千石。(84)中郎將　帝王的侍從武官，上屬郎中令。《漢書・百官公卿表》云：「中郎有五官、左、右三將，秩皆比二千石。」(85)從入上林　跟著皇帝到上林苑遊獵。上林苑是秦、漢時期的皇家獵場，舊址在今西安西南及周至、戶縣一帶，範圍廣達數縣。(86)賈姬　景帝的寵妃，趙王劉彭祖與中山王劉勝之母。參見《史記・五宗世家》。(87)野彘　野豬。(88)卒　同「猝」。突然。(89)目都　給郅都使眼色，令其入救。(90)亡一姬　失去一個女人。亡，失。(91)天下所少二句　以天下之大，難道還缺少賈姬這種人嗎。寧，豈；難道。(92)自輕　不貴重自己；不顧個人安危。(93)柰宗廟太后何　意謂您本人倘有什麼閃失，那將如何向列祖列宗以及宮裡的竇太后交代呢。(94)勇悍意即不畏權貴。(95)公廉　公正廉潔。(96)不發私書　不拆看私人請託的來信。發，啟；拆開。(97)問遺　這裡即指送禮、行賄。問，問候；慰勞。遺，給人東西。(98)請謁　請託，指有人找郅都走後門。(99)先嚴酷　從一上任就嚴格執法。(100)列侯　也稱「徹侯」、「通侯」，異姓功臣所能獲得的最高勳階，如「留侯」、「絳侯」等。(101)側目而視　不敢正眼相看。(102)四月乙巳　四月二十三。(103)衡山原都　衡山國的原都縣。原都縣的方位今不詳。(104)入燕　入侵燕國。燕是西漢的諸侯國名，都城薊縣，即今北京市。此時在位的燕王為劉定國，劉邦功臣劉澤之孫。(105)侵太宗廟壖垣　侵佔了臨江國都城所建的文帝廟外小牆之內的閒置地。太宗廟，祭祀文帝劉恆的廟宇。壖垣，小矮牆。這裡指廟宇四周大牆之外、小牆之內的閒散地。(106)徵詣　被叫到。徵，召；詣，到；往。(107)中尉府　首都治安長官的公署。當時的中尉常與廷尉協同審理全國性的大案、要案。(108)對簿　接受審訊，回答質詢。(109)刀筆　當時書寫用的工具，用筆蘸漆寫在竹簡或木片上，出現錯誤則用刀刮掉重寫。(110)謝上　有話要對皇帝講。謝，告。(111)禁吏不予　不准獄吏給臨江王提供刀筆。(112)間與　偷偷給予。(113)因　隨後；隨即。(114)危法　險惡而聳人聽聞的法律名目。(115)中都　陷害郅都。(116)孛　火光四射，這裡即指彗星。(117)皇子越　劉越，景帝之子，王夫人所生。按，王夫人名兒姁，是武帝之母王皇后的胞妹。(118)寄　劉寄，景帝之子，劉越的胞弟。(119)九月甲戌晦　九月是大月，這個月的三十是甲戌。(120)以至親有功　因為是皇帝最近的親屬，而且又在削平吳、楚叛亂中有大功。(121)得賜　被賞賜。(122)從千乘萬騎　可以跟從大批的車輛騎兵。千乘，千輛兵車。萬騎，上萬的騎兵。(123)出蹕入警　每次外出以及回家的時候都要清道戒嚴。蹕，清道。警，警戒。這裡是互文見義。(124)羊勝公孫詭　梁孝王身邊的兩個奸邪小人。(125)中尉　諸侯國的中尉是主管該國的軍事。(126)求為漢嗣　希求當漢朝皇帝的繼承人，想來個「兄終弟繼」。(127)栗太子之廢　太子劉榮與其母栗姬被武帝之母王夫人與長公主勾結進讒搞垮事，見本書前文之景帝六年、七年。(128)太后　指竇太后，景帝與梁孝王之生母。(129)為嗣　為景帝的接班人，即「兄終弟繼」。(130)安車大駕　平平安安的車駕一旦起行。駕，起駕遠行，隱指日後自己之死。按，「安車大駕」四字稍嫌生澀，有人以為應作「大車晏駕」。可供參考。(131)用梁王為寄　我把梁王託付給你。用，以。寄，託付，意即讓梁王作為你的繼承人。(132)跪席舉身　在坐墊上跪起來，挺直身子，這是一種表示恭敬的姿態。(133)帝以訪諸大臣　景帝把竇太后想讓梁王做接班人的主張向大臣們徵求意見。(134)宋宣公　春秋初期的宋國國君，西元前七四七—前七二九年在位。(135)五世不絕　據《史記·宋微子世家》，宣公在位十九年，死後傳於其弟穆公。穆公在位九年，臨死又回傳與宣公之子殤公。殤公在位十年，國內政變，弒殤公，另立穆公之子莊公。莊公十九年卒，傳於其子湣公。湣公立十一年，被其權臣所殺，權臣改立湣公之弟公子游。不久又有人將公子游殺死，改立了湣公的另一個弟弟禦說，是為桓公。此後宋國的政局始定。(136)小不忍　指對竇太后的主張不忍拒絕。(137)害大義　有害於國家的長治久安。義，宜；正。(138)春秋　儒家的經典之一，據說是孔子所作。這裡實際是指《春秋公羊傳》。(139)大居正　重視確立接班人。大，看重；重視。《春秋公羊傳》隱公三年有所謂「君子大居正，宋之禍，宣公為之也」。(140)太后議格　太后的主張遂被擱置。格，擱置；不再提起。(141)容車之地　有一輛車子之寬的小路。(142)徑至長樂宮　意謂從梁國經此「容車之地」一直通到長樂宮。長樂宮，也稱「東宮」，是皇太后居住的地方，以利於梁孝王隨時經由此道入長安省母。(143)甬道　兩側築有夾牆的通道，即前所謂「容車之地」。(144)皆建以為不可　建，建言；提出意見。按，梁孝王以隨時省母為名，要修築一條自梁國經由許多郡縣以達長安的通道，涉及領土主權，當然為朝廷諸臣所不允。(145)刺殺袁盎及他議臣十餘人　據《史記·袁盎鼂錯列傳》，梁王派的第一批刺客至關中後，聽人多稱讚袁盎，故未忍下手，且告其為備；後來梁王又派第二批刺客，遂狙殺袁盎於安陵門外。(146)意梁　猜想是梁王所為。意，疑；猜想。(147)逐賊　追查刺客的蹤跡。逐，追查。(148)果梁所為　據《史記·袁盎鼂錯列傳》，刺客手殺袁盎後，將兇器留在了袁盎身上。漢人追查兇器的來源，遂發現是梁人所為。(149)田叔　漢初名臣，先曾在趙王張敖處為吏，後入漢為漢中守，處理梁事後，又曾為魯相。事見《史記·田叔列傳》。(150)呂季主　事跡不詳，僅此一見。(151)按　審查；查辦。(152)十餘輩　十多批；十多起。(153)責二千石急　嚴厲地逼著梁國的大臣們交出兇手。當時諸侯國的執政大臣如丞相、內史、中尉等都是二千石或比二千石一級，這些人都是朝廷所派，對朝廷負責。(154)軒丘豹　姓軒丘，名豹。(155)內史韓安國　諸侯國的內史是管理民政的長官。韓安國，原是梁國官吏，後被朝廷信任，任命其為梁國內史。(156)舉國大索　上起丞相下至平民的全國徹底搜查。(157)主辱者臣死　當君主受到恥辱時，做臣子的就該被殺了，這裡是韓安國向梁王表示歉意，說自己過去沒有盡到做臣子的責任。《國語·越語》有所謂「為人臣者，君憂臣勞，君辱臣死」；《史記·越王句踐世家》范蠡有所謂「主辱臣死」；〈范雎蔡澤列傳〉有所謂「主辱臣死」，蓋古語。(158)紛紛　惶恐、慌亂的樣子。(159)今勝詭不得二句　其意為，如果一定捉不到羊勝、公孫詭，那就請允許我向您辭行，乾脆把我殺了。今，如果。「辭」字似衍文，應削。(160)何至此　怎麼會到這一步。(161)自度於皇帝　您自己估量您與皇帝的關係。(162)孰與臨江王親　意思是您和皇帝的關係，與舊太子劉榮與皇帝的關係比起來哪個更親密。(163)適長太子　已經定為了接班人的嫡系大兒子。適，通「嫡」。(164)以一言過二

句　就因為說錯了一句話，就被廢掉接班資格，貶為臨江王。按，太子無任何過失，有過者乃其母栗姬。景帝嘗屬諸姬子於栗姬，栗姬出言不遜，由是太子被廢，栗姬憂死。事情已見於前文，過程詳見《史記・外戚世家》。(165)用宮垣事　即前文所謂「侵太宗廟壖垣」。用，因。(166)終不用私亂公　絕不會因為親情而改變他的政治態度。(167)訹邪臣浮說　被奸邪之徒的花言巧語所迷惑。訹，誘惑。(168)橈明法　意即破壞了朝廷的法律。橈，通「撓」。曲，這裡即指破壞。(169)致法　施法；加罪。(170)幸大王自改　希望您能自覺悔改。(171)有如太后宮車即晏駕　意思是如果有一天太后不在了。宮車晏駕，宮車不能按時出宮，婉言帝王之死。即，若。(172)尚誰攀　還指望誰來搭救。鍾惺曰：「前段之彌縫，此段之匡正，缺一不可。兩『泣曰』，非唯至誠，抑亦當機。」凌稚隆引康海曰：「此與左師觸龍說質長安君相類。」(173)吾今出勝詭　我現在就把羊勝、公孫詭交出去。(174)出之　將他們的屍體交了出來。(175)怨望　怨恨。望，也是「怨」的意思。(176)鄒陽　原齊人，梁孝王的賓客，當時的遊說之士。事跡見《史記・魯仲連鄒陽列傳》。(177)王信　景帝王皇后之兄，因親屬關係被封為蓋侯。(178)說　遊說；勸說。(179)長君弟　猶言「您的妹妹」。長君，王信之字。弟，女弟，指王皇后。(180)長君行迹　猶言「您的行為表現」。(181)不循道理　不守規矩。(182)袁盎事　袁盎被刺身死事。(183)即窮竟　倘若徹底查辦。即，若。窮竟，追查到底。(184)無所發怒　無處撒氣。(185)切齒側目於貴臣　意即必然會遷怒於身邊的貴戚大臣。切齒側目，發怒尋洩的樣子。(186)竊為足下憂之　意思是我擔心要向您找碴兒，把這股氣撒在您身上。(187)精為上言之　好好地對皇上講一講。精，仔細。(188)毋竟梁事　不要窮追猛打地查辦梁國的事情。毋竟，不要徹底追查。(189)長君必固自結於太后　那麼您就必然討得了太后的喜歡，加深了與竇太后的關係。(190)厚德　感恩。(191)入於骨髓　極言其感恩之深，即今所謂「刻骨銘心」。(192)幸於兩宮　謂同時討得太后與皇帝兩方面的喜歡。兩宮，長樂宮與未央宮，這裡即指太后與皇帝。因太后居於長樂宮，皇帝居於未央宮。(193)金城之固　以比喻皇后的受寵將無比牢固持久。(194)舜之弟象二句　舜的同父異母弟名象，在舜受堯禪之前，曾多次設謀欲殺舜。事情詳見《史記・五帝本紀》。(195)封之於有卑　謂舜不計前愆，仍封象於有卑之地為君。有卑，傳說中的地名。(196)之於兄弟　對於兄弟之間的一些磕磕碰碰。(197)無藏怒　不會暗恨於心。(198)無宿怨　不會怨恨不忘。(199)以是說天子　您就本著這種精神勸說皇帝。是，此，指舜待象的故事。(200)徼幸梁事不奏　希望梁國刺殺袁盎的事情不被公開彈劾。徼幸，同「僥倖」。這裡意即希望、但願。奏，指大臣上書彈劾，那就得動用國法。(201)乘間　找機會。間，隙。(202)憂梁事　擔心景帝不會饒過梁王。(203)患　撓頭；傷腦筋。(204)霸昌廄　驛站名，在今陝西臨潼東北，離長安已經很近。(205)悉燒梁之獄辭　把梁國謀殺朝廷命官的一切口供通通燒掉。(206)梁有之乎　梁國有沒有刺殺袁盎的事情。(207)死罪　意謂「我們實在該死」，猶今所謂「對不起」，即果有其事的前置語。(208)有之　梁國果有其事。(209)其事　指有關查辦此事的口供、案卷。(210)毋以梁事為問　不要過問梁國的事情。(211)食不甘味　吃東西不香，以言其心有憂傷，對一切都麻木不覺。(212)臥不安席　意即翻來覆去地睡不著覺。(213)謁　進見；拜見。(214)且曰　並且故意地說。(215)造為之者二句　詞語繁複，應削去開頭的「造為之者」四字，或削去後面的「為之」二字，兩者不能同時保留。造為之者，製造這場罪案的人。(216)謹已伏誅死　意謂這兩個首惡已經伏誅。(217)梁王無恙也　梁王沒有任何問題，還是好好的。(218)立起坐餐　立刻坐起來，開始吃飯了，言外之意是在此之前竇太后一直躺著不吃飯。(219)氣平復　心氣順了過來，不像以前那麼憋悶了。(220)請朝　請求進京朝見太后、皇帝。(221)關　指函谷關，在今河南靈寶東北，是東方人進入關中的必經之路。(222)茅蘭　梁孝王的賓客，事跡不詳。(223)乘布車二句　化裝成一個低級官吏的姿態。從兩騎，跟隨著兩個騎士做警衛。(224)長公主園　長公主劉嫖的私家園林。長公主劉嫖是景帝與梁孝王胞姐，都是竇太后所生。(225)盡居外　都留在了函谷關外。(226)於是　在這時。(227)伏斧質於闕下謝罪　背著斧子案板跪在宮門外請罪。斧質，古時殺人用的斧頭與案板。闕下，宮門之外。古時的宮門之外有雙闕，故稱宮門曰闕下。謝罪，請罪。(228)復如故　親密的兄弟之情還和過去一樣。(229)益疏　漸漸疏遠。益，漸。(230)不與同車輦　不再與梁王同乘一輛車子。輦，帝王乘坐的一種輕便小車，或用馬拉，或用人挽，或讓人抬。(231)魯相　魯國之相。現時的魯王為景帝子魯共王劉餘。魯國的都城即今山東曲阜。

【校記】①男　原無此字。據章鈺校，甲十五行本、乙十一行本、孔天胤本皆有此字。今從諸本及《史記・外戚世家》補。

【語譯】四年（戊子　西元前一五三年）

春季，在全國各地的交通要道重新設置關卡，以盤查過往行人。

夏季，四月二十三日己巳，冊立皇子劉榮為皇太子，封皇子劉徹為膠東王。

六月，大赦天下。

秋季，七月，臨江王劉閼去世。

冬季，十月戊戌晦，發生了日蝕。

當初，吳、楚七國謀反時，吳國派使者出使淮南，淮南王劉安也想發兵響應吳王。他的丞相說：「大王如果一定要響應吳王起兵，我願意為將領。」淮南王於是委任他為將，負責統領淮南國的軍隊。丞相掌握了軍權之後，卻下令軍隊堅守城池，不再聽從淮南王謀反的命令而效忠於漢朝廷，漢景帝也派出曲城侯蟲捷率兵援救淮南，因此淮南國才得以保全。

吳國所派的使者來到廬江，廬江王劉賜拒絕起兵，卻與東越、閩越、南越等國互相往來。吳國的使者到達衡山，衡山王劉勃也堅守城池對朝廷毫無二心。等到吳、楚兵敗，衡山王入朝拜見漢景帝，漢景帝認為衡山王堅貞有信，對他大加慰勞說：「南方地勢低窪，氣候潮溼。」於是改封衡山王劉勃為濟北王以示褒獎。廬江王因為自己的封國和越國接壤，屢次互派使者往來，於是改封廬江王劉賜為衡山王，轄區在長江以北。

五年（己丑　西元前一五二年）

春季，正月，設置陽陵邑。夏季，招募百姓遷居陽陵，對願意遷居的每戶賞賜二十萬錢。

派遣公主到匈奴嫁給匈奴的軍臣單于。

改封廣川王劉彭祖為趙王。

濟北貞王劉勃去世。

六年（庚寅　西元前一五一年）

冬季，十二月，打雷，並下起了連綿的陰雨。

當初，景帝劉啓為太子的時候，薄太后挑選薄家的女子為太子妃。等到太子劉啓即位以後，太子妃雖然順理成章的成了皇后，但卻得不到景帝的寵愛。這年的秋季，九月，漢景帝廢掉了薄皇后。

楚文王劉禮去世。

當初，燕王臧荼有一個孫女叫臧兒，嫁給槐里的王仲為妻，臧兒為王仲生了一個男孩和兩個女孩，男孩叫王信。後來王仲去世，臧兒改嫁到長陵的田家，又生了田蚡、田勝兩個男孩。漢文帝的時候，臧兒的長女王娡嫁給金王孫，生了一個女兒名叫金俗。臧兒為兩個女兒算命，算命先生說：「你的兩個女兒都將富貴。」臧兒於是便把已經嫁人的長女王娡從婆家金氏的手中奪了回來，金氏大怒，不肯斷絕這門親事。臧兒便將長女王娡送入太子劉啓的宮中，王娡進宮後為景帝生了男孩劉徹。王夫人在懷劉徹時，夢見紅日入懷。

等到劉啓做了皇帝，立長子劉榮為太子。劉榮的母親栗姬，是齊國人。長公主劉嫖想將自己的女兒阿嬌嫁給太子劉榮為妻，栗姬因為後宮的諸多美人都是通過長公主才能被景帝召幸，因此對長公主劉嫖早就心懷不滿，所以堅決不同意這門親事。長公主於是提出把女兒嫁給劉徹，劉徹的母親王夫人欣然同意。從此，長公主便每天在景帝面前說栗姬的壞話而讚譽王夫人的兒子有美德，景帝本來就認為王夫人賢惠，又有先前王夫人懷孕時夢日入懷的瑞兆，所以心中也早有廢掉劉榮而立劉徹為太子的想法，只是還沒有拿定主意。王夫人窺測到景帝正在銜恨栗姬，便趁著景帝餘怒未消的時候，暗地裡派人催促負責接待賓客的大行出面請求景帝冊立栗姬為皇后，以此來激怒景帝。景帝果然大怒，對大行說：「這是你應該管的事情嗎！」於是便派人審理、誅殺了大行令。

七年（辛卯　西元前一五〇年）

冬季，十一月己酉日，廢太子劉榮，將劉榮改封為臨江王。太子的師傅竇嬰雖然極力勸阻，但也無力回天，於是稱病辭職。栗姬也因惱怒、怨恨，鬱鬱而死。

十一月最後一天三十日庚寅，發生日蝕。

二月，免去陶青的丞相職務。十六日乙巳，任命太尉周亞夫為丞相。撤銷太尉一職。

夏季，四月十七日乙巳，冊封王夫人王娡為皇后。

四月二十九日丁巳，立膠東王劉徹為皇太子。

這一年，任命太僕劉舍為御史大夫，任命濟南太守郅都為中尉。

早先，郅都在擔任中郎將的時候，就以敢於直言面諫皇帝而聞名。他曾經跟隨景帝進入上林苑遊獵，景帝的寵妃賈姬去廁所時，野豬突然進入廁所。景帝以目示意郅都前去救助，郅都不動。景帝於是拿起兵器準備親自去救賈姬，郅都跪在景帝面前阻攔說：「失去一個女人，還會得到一個女人，天下所缺少的，難道是賈姬這樣的女人嗎！陛下縱然把自己看得很輕，但萬一有什麼閃失，那將如何向列祖列宗以及太后交代呢？」景帝只得回來，野豬也離開了。太后聽說了這事以後，賞賜給郅都黃金一百斤，從此對郅都另眼相看。郅都為人不畏權貴、公正廉潔，從不拆閱私人請託的來信，對於送禮行賄一概不接受，找他走後門的也一律拒絕。等他做了中尉，從一上任就嚴厲執法，執行法律不躲避皇親貴戚。列侯、宗室看見郅都，連看都不敢正眼相看，給他起的外號叫「蒼鷹」。

中元年（壬辰　西元前一四九年）

夏季，四月二十三日乙巳，赦免天下罪犯。

發生地震，衡山國的原都地區下了冰雹，冰雹大的直徑約有一尺八寸大小。

二年（癸巳　西元前一四八年）

春季，二月，匈奴侵擾燕國邊境。

三月，臨江王劉榮因為修建宮室而侵佔了在臨江國都城所建的太宗廟外小牆之內的空地而觸犯了刑律，被傳訊到中尉府接受審訊，回答質詢。臨江王請求給一些書寫工具，想親自寫信向父皇認罪，中尉郅都不准獄吏給他書寫工具。魏其侯竇嬰派人悄悄的給臨江王送去了紙筆。臨江王向景帝寫信請罪後，就自殺了。竇太后得知後非常惱怒，後來就用險惡而聳人聽聞的罪名強加到郅都頭上而將他處死。

夏季，四月，彗星在西北方向出現。

封皇子劉越為廣川王，劉寄為膠東王。

秋季，九月最後一天三十日甲戌，發生日蝕。

當初，梁孝王劉武因為是景帝的親弟弟，又在平定吳、楚之亂時立了大功，所以，景帝特別准許他出行時可以使用皇帝的旌旗，侍從的數量可以千乘萬騎，出行時清道戒嚴。梁孝王劉武一向寵信羊勝、公孫詭，他任命公孫詭為中尉。羊勝、公孫詭二人詭計多端，淨是些歪門邪道，他們妄圖使梁孝王成為皇位的繼承人。太子劉榮被廢後，竇太后也想要讓梁王成為皇位繼承人，她曾經在酒宴上對景帝說：「等我百年之後，我把梁王託付給你。」景帝便在坐墊上跪起來，挺直身子說：「行。」酒宴過後，景帝就此事詢問諸位大臣。大臣袁盎等人勸阻說：「不可以那樣做。過去宋宣公不立自己的兒子為繼承人而立自己的弟弟，所以留下禍根，你爭我奪，一連紛亂了五世，使國家不得安寧。小事情上不肯忍耐，就會有害於國家的長治久安，所以《春秋》非常重視王位傳承之事。」於是，竇太后的建議被擱置起來，不再被提起。梁孝王劉武又給景帝寫信：「希望景帝賜給自己一條僅能容納一輛車子的小道，使自己能從梁國經此小路直達太后居住的長樂宮，由自己派梁國的人員負責修築這條兩側有夾牆的通道，以便於拜見母后。」袁盎等都建議皇帝，認為不可以答應梁王的非分要求。

梁孝王由此怨恨袁盎以及參與議論的大臣，於是便與羊勝、公孫詭陰謀策劃，暗中派人刺殺了袁盎以及其他參與議論的大臣十多人。而刺客卻一個也沒有被抓住，景帝猜測是梁王所為。於是追查刺客的蹤跡，果然是梁國人幹的。景帝派遣田叔、呂季主負責查究梁國派人刺殺袁盎等人之事，並逮捕公孫詭、羊勝。公孫詭、羊勝藏匿到梁孝王的後宮中。景帝先後派到梁國去的使者有十多起，嚴厲地逼迫梁國的大臣盡快將殺人兇手追捕歸案。於是，梁國的丞相軒丘豹、內史韓安國及以下官吏在全梁國範圍內展開大搜捕，但追查了一個多月都沒有搜捕到公孫詭、羊勝。

韓安國聽說公孫詭、羊勝藏匿在梁王的後宮，於是進宮拜見梁王，他哭著對梁王說：「國主蒙受羞辱，臣下就應該去死。大王因為沒有賢能的大臣輔佐，所以才慌亂成這個樣子。如果仍然找不到羊勝、公孫詭，就請大王允許我辭去官職，將我處死吧。」梁王說：「何至於如此！」韓安國淚流滿面地說：「大王您掂量一下，您與皇帝的關係，跟臨江王劉榮與皇帝的關係比起來，誰更親密？」梁王說：「我們是兄弟關係，當然不如他們父子關係親密。」韓安國說：「臨江王是嫡親長子為太子，就因為一句話的過錯，便被廢為臨江王。後來又因為建築宮室侵佔太宗陵寢牆外的空地，而落得在中尉府裡畏罪自殺的下場。這是什麼原因呢？治理天下終究不能因為私情而損害了國家的利益。現在大王位列諸侯，被奸邪之臣的胡言亂語所誘惑，違犯了皇帝的禁令，破壞了朝廷的法令。皇帝因為太后的緣故，不忍心對大王進行懲罰。太后正在為大王的事情而日夜啼哭，希望大王能夠自覺悔改。而大王始終執迷不悟，假如太后去世，大王還有誰可以依靠呢？」話未說完，梁王劉武已是泣不成聲，淚流滿面，他向韓安國道歉說：「我現在就把羊勝、公孫詭交出來。」梁王命令羊勝、公孫詭自殺後，將二人的屍體交出來。景帝由此對梁王產生怨恨的情緒。

梁孝王內心恐懼，於是派遣鄒陽到長安去見王皇后的兄長王信，鄒陽對王信說：「您的妹妹王皇后很受皇帝的寵愛，後宮的美人沒有人能趕得上她的，而長君您的行為表現卻有許多不遵守規矩的地方。現在行刺袁盎的事件已經是一查到底，一旦梁王被誅殺，那麼太后的怨氣無處發洩，就會咬牙切齒的怨恨你們這些權貴，我私下裡真為您感到憂慮啊。」長君說：「那我該怎麼辦呢？」鄒陽說：「長君若能夠竭盡全力的勸說皇帝，使皇帝不再追究梁王派人行刺袁盎的事件，那麼您就必然會討得太后的歡心。從而加深您與太后的關係，太后必然會對您感恩戴德，刻骨銘心，而您的妹妹王皇后將會受到皇帝、太后兩宮的雙重寵愛，皇后的地位必將像用黃金修建的城牆一樣不可動搖。過去舜的弟弟象，日夜琢磨著要殺死舜，等到舜成為天子以後，舜不僅沒有報復象，還把有卑封給象。有仁愛之心的人對於親兄弟的憤怒是不會藏在心裡的，也沒有隔夜的怨恨，心中只有親愛和友情，所以後代稱頌不絕。您就用這件事去說服皇帝，或許能夠使皇帝對梁國行刺之事不再窮究。」長君說：「好吧。」長君於是尋找機會入宮勸說景帝，景帝對梁王的惱恨也因此而稍有化解。

當時，竇太后為梁王的事情憂愁得吃不下飯，睡不著覺，日夜哭泣不止，景帝也很為母親擔心。碰巧田叔等也辦理完梁國刺殺袁盎的事情，他們在回京城的路上，到了霸昌廄就停下來，把梁國謀殺朝廷大臣的一切口供全部燒毀後，這才空著兩手來見景帝。景帝問：「梁國有沒有密謀刺殺袁盎等人的事啊？」田叔答道：「我們實在該死！梁國確有此事。」景帝問：「查辦此事的案卷在哪裡？」田叔答：「請陛下不要再過問梁國的事情了！」景帝說：「為什麼呢？」田叔說：「現在如果不誅殺梁王，是漢朝的法律得不到貫徹執行；誅殺梁王就會使太后食不甘味，臥不安席，而這正是陛下所擔憂的啊。」景帝很同意他的看法，於是派田叔等去拜見太后，對太后說：「梁王不知道行刺這件事。製造這場罪案的人，是梁王的寵臣羊勝、公孫詭這兩個人，現在這兩個首惡已經伏法，梁王現在平安無事了。」竇太后聽後，立即坐起身來開始吃飯，心氣也恢復了正常。

梁王向景帝寫信要求進京朝見，景帝表示同意。當梁王劉武到達函谷關時，茅蘭勸說梁王，讓他改乘布車，只帶兩名騎士，進京後先悄悄的躲藏到長公主劉嫖的花園內。景帝像往常一樣派使者到函谷關迎接梁王，梁王當時已經進入函谷關，他的車騎大多數都留在了函谷關外，使者找不到梁王在哪裡。太后得知消息後哭著說：「皇帝果然殺死了我的兒子！」景帝也為此而感到憂愁恐懼。在這時，梁王卻背著斧子、案板來到宮門之下請罪。竇太后、漢景帝全都喜出望外，相對哭泣，親密的兄弟之情又像當初一樣了，景帝又派人將跟隨梁王前來的官員全部迎入關內。然而景帝心裡卻逐漸疏遠了梁王，不再與梁王同乘一輛車輦。景帝認為田叔很賢能，就提拔田叔做了魯國的丞相。

三年（甲午　西元前一四七年）

冬，十一月，罷諸侯御史大夫官❶。

夏，四月，地震。

旱，禁酤酒❷。

三月丁巳❸，立皇子乘❹為清河王❺。

秋，九月，蝗。

有星孛于西北。

戊戌晦，日有食之。

初，上廢栗太子，周亞夫固爭之❻，不得❼，上由此疏之。而梁孝王每朝，常與太后言條侯之短[8]。竇太后曰：「皇后兄王信[9]可侯[10]也。」帝讓[11]曰：「始南皮、章武[12]，先帝不侯，及臣即位乃侯之[13]，信未得封也[14]。」竇太后曰：「人生各以時行[15]耳。自竇長君在時，竟不得侯死，後其子彭祖顧[16]得侯，吾甚恨之[17]。帝趣侯信也[18]。」帝曰：「請得與丞相議之。」上與丞相議，亞夫曰：「高皇帝約：『非劉氏不得王，非有功不得侯[19]。』今信雖皇后兄，無功侯之，非約也[20]。」帝默然而止。其後匈奴王徐盧等六人降[21]，帝欲侯之以勸後[22]。丞相亞夫曰：「彼背主降陛下，陛下侯之，則何以責[23]人臣不守節[24]者乎？」帝曰：「丞相議不可用。」乃悉封徐盧等為列侯[25]。亞夫因謝病[26]。九月戊戌[27]，亞夫免[28]，以御史大夫桃侯劉舍為丞相。

四年（乙未　西元前一四六年）

夏，蝗[29]。

冬，十月戊午[30]，日有食之。

五年（丙申　西元前一四五年）

夏，立皇子舜[31]為常山王[32]。

六月丁巳[33]，赦天下。

大水。

秋，八月己酉㉞，未央宮東闕災㉟。

九月，詔：「諸獄疑㊱，若雖文致於法㊲，而於人心不厭㊳者，輒讞之㊴。」

地震。

六年（丁酉　西元前一四四年）

冬，十月，梁王來朝，上疏欲留㊵，上弗許。王歸國，意忽忽㊶不樂。

十一月[1]，改諸廷尉、將作等官名㊷。

春，二月乙卯㊸，上行幸雍㊹，郊五畤㊺。

三月，雨雪㊻。

夏，四月，梁孝王薨㊼。竇太后聞之，哭極哀，不食，曰：「帝果殺吾子！」帝哀懼，不知所為㊽。與長公主計之㊾，乃分梁為五國，盡立孝王男五人為王：買為梁王㊿，明為濟川王(51)，彭離為濟東王(52)，定為山陽王(53)，不識為濟陰王(54)。女五人皆食湯沐邑(55)。奏之太后，太后乃說，為帝加一餐(56)。孝王未死時，財以巨萬計(57)，及死，藏府(58)餘黃金尚四十餘萬斤(59)，他物稱是(60)。

上既減笞法(61)，笞者猶不全(62)。乃更減笞三百曰二百，笞二百曰一百。又定箠令(63)：箠長五尺，其本大一寸(64)竹也。末薄半寸(65)，皆平其節(66)。當笞者笞臀(67)，畢一罪，乃更人(68)。自是笞者得全(69)。然死刑既重(70)，而生刑又輕(71)，民易犯之(72)。

六月，匈奴入鴈門(73)，至武泉(74)，入上郡(75)，取苑(76)馬，吏卒戰死者二千人。隴西李廣(77)為上郡太守，嘗從(78)百騎出，卒[2]遇匈奴數千騎。見廣，以為誘騎(79)，皆驚，上山陳(80)。廣之百騎皆大恐，欲馳還走。廣曰：「吾去(81)大軍數十里，今如此以百騎走(82)，匈奴追射我立盡。今我留，匈奴必以我為大軍之誘(83)，必不敢擊我。」廣令諸騎曰：「前！」未到匈奴陳二里所(84)，止，令曰：「皆下馬解鞍！」其騎曰：「虜多且近，即有急，柰何(85)？」廣曰：「彼虜以我為走(86)，今皆解鞍以示不走，用堅其意(87)。」於是胡騎遂不敢擊。有白馬將出，護其兵(88)，李廣上馬，與十餘騎奔，射殺白馬將，而復還至其騎中解鞍，令士皆縱馬臥(89)。是時會暮，胡兵終怪之，不敢擊。夜半時，胡兵亦以為漢有伏軍於旁，欲夜取之，胡皆引兵而去。平旦(90)，李廣乃歸其大軍。

秋，七月辛亥晦(91)，日有食之。

自郅都之死，長安左右宗室(92)多暴(93)犯法，上乃召濟南都尉(94)南陽甯成(95)為中尉(96)。其治(97)效郅都(98)，其廉(99)弗如。然宗室、豪傑皆人人惴恐(100)。

城陽共王喜[101]薨。

後元年（戊戌　西元前一四三年）

春，正月，詔曰：「獄[102]，重事也。人有智愚，官有上下。獄疑者讞有司[103]；有司所不能決[104]，移廷尉[105]。讞而後不當[106]，讞者不為失[107]。欲令治獄者務先寬[108]。」

三月，赦天下。

夏，大酺[109]五日，民得酤酒[110]。

五月丙戌[111]，地震。上庸[112]地震二十二日，壞城垣。

秋，七月丙午[113]，丞相舍免[114]。

乙巳晦[115]，日有食之。

八月壬辰[116]，以御史大夫衛綰[117]為丞相，衛尉南陽直不疑[118]為御史大夫。初，不疑為郎[119]，同舍有告歸[120]，悞持其同舍郎金去。已而同舍郎覺亡[121]，意不疑[122]。不疑謝有之[123]，買金償[124]。後告歸者至而歸金[125]，亡金郎大慚，以此稱為長者[126]。稍遷[127]至中大夫[128]。人或廷毀[129]不疑，以為盜嫂[130]。不疑聞，曰：「我乃無兄[131]。」然終不自明也。

帝居禁中[132]，召周亞夫賜食，獨置大胾[133]，無切肉，又不置箸[134]。亞夫心不平，顧謂尚席取箸[135]。上視而笑曰：「此非不足君所乎[136]？」亞夫免冠謝[137]上，上曰：「起。」亞夫因趨出[138]。上目送之曰：「此鞅鞅，非少主臣也[139]。」

居無何[140]，亞夫子[141]為父買工官尚方甲楯[142]五百被[143]可以葬者[144]，取庸苦之[145]，不與錢[146]。庸知其盜買縣官器[147]，怨而上變告子[148]，事連汙[149]亞夫。書既聞，上下吏[150]。吏簿責[151]亞夫，亞夫不對[152]。上罵之曰：「吾不用也[153]！」召詣廷尉[154]。廷尉責問曰：「君侯欲反何[155]？」亞夫曰：「臣所買器，乃葬器也，何謂反乎？」吏曰：「君縱不欲反地上，即欲反地下耳[156]！」吏侵之益急[157]。初，吏捕亞夫，亞夫欲自殺，其夫人止之，以故不得死，遂入廷尉。因不食五日，歐血而死[158]。

是歲，濟陰哀王不識[159]薨。

二年（己亥　西元前一四二年）

春，正月，地一日三動。

三月，匈奴入鴈門，太守馮敬與戰，死。發車騎、材官[160]屯鴈門。

春，以歲不登[161]，禁內郡[162]食馬粟[163]，沒入之[164]。

夏，四月，詔曰：「雕文刻鏤[165]，傷農事者也；錦繡纂組[166]，害女工[167]者也。農事傷，則飢之本[168]；女工害，則寒之原[169]也。夫飢寒並至，而能亡為非[170]者，寡矣。朕親耕[171]，后親桑[172]，以奉宗廟粢盛祭服[173]，為天下先[174]。不受獻[175]，減太官[176]，省繇賦[177]，欲天下務農蠶[178]，素有蓄積，以備災害。彊毋攘弱[179]，眾毋暴寡[180]。老者[181]以壽終，幼孤得遂長[182]。今歲或不登，民食頗寡[183]，其咎安在[184]？或詐偽為吏[185]，以貨賂為市[186]，漁奪[187]百姓，侵牟[188]萬民。縣丞，長吏也[189]，姦法[190]與盜盜[191]，甚無謂[192]也！其令二千石[193]各脩其職[194]。不事官職[195]、耗亂[196]者，丞相以聞[197]，請其罪[198]。布告天下，使明知朕意。」

五月，詔貲筭[3]四得官[199]。

秋，大旱。

三年（庚子　西元前一四一年）

冬，十月，日月皆食[200]，赤五日[201]。

十二月晦[202]，雷，日如紫，五星[203]逆行守太微[204]，月貫天廷中[205]。

春，正月，詔曰：「農，天下之本也。黃金珠玉，飢不可食，寒不可衣，以為幣用[206]，不識其終始[207]。間歲[208]或不登，意為[209]末者眾[210]，農民寡也。其令郡國[211]務勸農桑，益種樹[212]，可得衣食物[213]。吏發民[214]若取庸[215]采黃金、珠、玉者，坐贓為盜[216]。二千石聽者[217]，與同罪。」

甲寅(218)，皇太子冠(219)。

甲子(220)，帝崩于未央宮(221)。太子即皇帝位，年十六。尊皇太后為太皇太后(222)，皇后(223)為皇太后。

二月癸酉(224)，葬孝景皇帝于陽陵(225)。

三月，封皇太后同母弟(226)田蚡為武安侯(227)，勝(228)為周陽侯(229)。

班固贊(230)曰：「孔子稱：『斯民(231)也，三代之所以直道而行也(232)。』信哉(233)！周、秦之敝(234)，罔密文峻，而姦軌不勝(235)。漢興，掃除煩苛(236)，與民休息(237)。至于孝文，加之以恭儉(238)。孝景遵業(239)，五六十載之間(240)，至於移風易俗(241)，黎民醇厚(242)。周云成、康(243)，漢言文、景(244)，美矣！」

漢興，接秦之弊(245)，作業劇而財匱(246)。自天子不能具鈞駟(247)，而將相或乘牛車，齊民(248)無藏蓋(249)。天下已平(250)，高祖乃令賈人不得衣絲、乘車(251)，重租稅以困辱之。孝惠(252)、高后(253)時，為天下初定，復弛商賈之律(254)，然市井之子孫(255)亦不得仕宦為吏。量吏祿(256)、度官用(257)，以賦(258)於民。而山川、園池、市井租稅(259)之入，自天子以至於封君湯沐邑(260)，皆各為私奉養(261)焉，不領於天下[4]之經費(262)。漕轉山東粟以給中都官(263)，歲不過數十萬石(264)。繼以孝文、孝景，清淨(265)恭儉，安養天下。七十餘年[266]之間，國家無事，非遇水旱之災，民則人給家足[267]。都鄙廩庾[268]皆滿，而府庫[269]餘貨財[270]。京師之錢累鉅萬[271]，貫朽而不可校[272]。太倉[273]之粟陳陳相因[274]，充溢露積[275]於外，至腐敗不可食。眾庶[276]街巷有馬，而阡陌[277]之間成羣，乘字牝[278]者擯而不得聚會[279]。守閭閻者[280]食粱肉[281]，為吏者長子孫[282]，居官者以為姓號[283]。故人人自愛而重犯法[284]，先行義而後詘辱[285]焉。當此之時，罔疏[286]而民富，役財驕溢[287]，或至[288]兼并豪黨之徒以武斷於鄉曲[289]。宗室有土[290]，公、卿、大夫[291]以下，爭于奢侈，室廬、輿服[292]僭于上[293]，無限度[294]。物盛而衰，固其變也[295]。自是之後，孝武內窮侈靡[296]，外攘夷狄[297]，天下蕭然[298]，財力耗[299]矣！

【章　旨】以上為第三段，寫景帝中三年（西元前一四七年）至後三年（西元前一四一年）共七年間的全國大事，主要寫了梁孝王因驕橫犯法被黜抑後的鬱悶而死；寫了周亞夫因反對廢栗太子、反對封外戚王信為侯、反對封匈奴降王為侯，而被景帝免官並被折磨而死的悲慘情景；寫了李廣為邊郡太守臨敵不驚的名將風度；寫了漢景帝為發展農業、節省開支所採取的若干措施；寫了漢景帝死，與漢代史官司馬遷、班固對「文景之治」的一些讚美評價。

【注　釋】❶罷諸侯御史大夫官　撤銷諸侯王國「御史大夫」這個官職的建制。按，劉邦建國以來各諸侯王國的政府官員建制與漢王朝朝廷完全一樣，文帝以來，特別是吳、楚七國之亂以後，朝廷為削減諸侯國的勢力而相繼採取了許多措施，此撤銷諸侯國的「御史大夫」建制，也是拉大諸侯國與朝廷距離，以達到尊天子、卑諸侯的措施之一。御史大夫是負責監察的長官，職同副丞相，國家的「三公」之一。❷禁酤酒　禁止私人賣酒。按，秦漢時代國家為禁止鋪張奢華、節約糧食，常有禁止聚會飲酒的法令，今更禁止賣酒。❸三月丁巳　景帝之中三年（西元前一四七年）三月無丁巳日，此處記載有誤。❹皇子乘　劉乘，景帝之子，王皇后之妹王夫人所生。❺清河王　清河國的都城在今河北清河縣東南。❻固爭之　堅決反對景帝的做法。❼不得　不為景帝所採納。❽言條侯之短　因吳楚叛軍攻梁時條侯周亞夫不積極救助。❾王信　漢景帝王皇后之兄，武安侯田蚡的異父同母兄。❿可侯　可以封侯；應該封侯。⓫讓　推辭。老太太提出要封兒媳婦的哥哥，做兒子的理應「推辭」一番。⓬南皮章武　南皮侯為竇彭祖，竇太后兄竇長君之子，因其父早死，故封其子為南皮侯。章武侯為竇廣國，竇太后之弟。事跡見《史記・外戚世家》。按，劉邦最初曾規定「非有軍功者不得封侯」，自呂后大封諸呂為侯、為王始，後之諸帝遂依例封外戚為侯；至武帝時又封丞相為侯。⓭先帝不侯二句　先帝，指文帝，文帝在世時並未封其妻之兄弟為侯，乃景帝於文帝去世後的第十七天遂封竇彭祖為南皮侯，封竇廣國為章武侯。⓮信未得封也　王信這時侯還不能封侯。⓯各以時行　做帝王的應根據自己的情況行事，不必一一相同。⓰顧　反而；反倒。⓱吾甚恨之　我很為這件事情後悔。恨，遺憾；後悔。⓲帝趣侯信也　您還是要趕緊封王信為侯。趣，通「促」。急。⓳非劉氏不得王二句　劉邦此約又見於《史記・呂太后本紀》中王陵語。⓴非約也　不符合高皇帝的規定。郭嵩燾曰：「是時薄氏、竇氏皆已前侯，亞夫猶以高帝之約為詞，亦稍犯當時之忌諱矣。」㉑匈奴王徐盧等六人降　徐盧，《史記》作「唯徐盧」。六人，應作「七人」。㉒勸後　鼓勵其餘的匈奴人（繼續來降）。勸，鼓勵。㉓責　責備；要求。㉔不守節　不守臣子之節，此指背主叛降他國。㉕悉封徐盧等為列侯　據《漢書・景武昭宣元成功臣表》，此次受封者徐盧為容城侯，僕陽為易侯，范代為范陽侯，邯鄲為翕侯，盧他之為亞谷侯，于軍為安陵侯，某賜為桓侯，共七人。㉖因謝病　推說有病而提出辭職。凌稚隆引董份曰：「細柳營，亞夫為真將軍；不侯外戚，亞夫為真宰相。」王維楨曰：「不封王信，不封降奴，見條侯伉直不回，而景帝發怒所自。」姚苧田曰：「在亞夫固為守正，然不得謂非文帝時一番剛倨之用有以馴致之。故吾謂細柳一節，亞夫以此見長，亦以此貽禍。」㉗九月戊戌　九月三十。㉘亞夫免　周亞夫被免去丞相職務。㉙夏二句　景帝時仍行秦曆，以「十月」為歲首，「夏，蝗」二字不應出在「冬，十月戊午」之前。㉚十月戊午　十月二十。㉛皇子舜　劉舜，景帝之子，王皇后之妹王夫人所生。㉜常山王　常山國的都城元氏，在今河北元氏西北。㉝六月丁巳　六月二十九。㉞八月己酉　八月二十一。㉟未央宮東闕災　未央宮門外的東側高臺被大火燒掉。闕，也叫「象魏」，今故宮午門兩側的五鳳樓即古時雙闕的遺制。㊱諸獄疑　凡是有疑問的案件。㊲雖文致於法　雖然也都按照法律條文給人家勉強定案。㊳於人心不厭　但仍讓人家心裡不服。厭，滿意；心服。㊴輒讞之　都一律重新審理。讞，重新審理。㊵欲留　請求在京城多停留一段時間。㊶忽忽　鬱悶恍惚的樣子。㊷改諸廷尉將作等官名　當時改廷尉稱大理，改將作少府稱將作大匠，改奉常稱太常，改典客稱大行令，改長信詹事稱長信少府，改將行稱大長秋，改主爵中尉稱主爵都尉。(43)二月乙卯　二月初一。(44)上行幸雍　景帝出行到達雍縣。雍縣在今陝西鳳翔南，是春秋、戰國時代的秦國都城，其地有秦、漢統治者祭祀天地鬼神的壇臺，故秦、漢時代的統治者常到雍縣祭祀。(45)郊五時　祭祀五座供奉天神的壇臺。郊，在都城的郊外祭天。五時，指雍縣的五座供奉天神的壇臺，即密時、鄜時、吳陽上時、吳陽下時、北時。(46)雨雪　下雪。雨，用為動詞。(47)梁孝王薨　梁孝王墓在今河南永城。據《芒碭山西漢梁王墓地》云：「芒碭山是西漢梁國王陵的集中分布區，西漢梁國歷經八代九王皆擇葬於芒碭山群的各個山頭，王和王后並列而葬，排列有序。保安山一號墓即梁孝王墓，位於保安山南山頭。墓的頂端有高大的封土堆，呈上平下圓的圓臺狀。現存封土約高十米，圓臺面上有建築基址及散存的唐宋時期的石碑、柱石、碎磚瓦塊、綠色琉璃瓦、漢代板瓦、筒瓦。推測墓頂可能原建有祠，唐代以後改為寺廟，為佛教所用。」(48)不知所為　不知該如何是好。(49)與長公主計之　與其胞姐長公主劉嫖一起商量。(50)買為梁王　長子劉買繼其父位，為梁國之正統，都城睢陽，今河南商丘城南。(51)明為濟川王　劉明為濟川王，都城濟陽，在今河南蘭考東北。(52)彭離為濟東王　劉彭離為濟東王，都城無鹽，在今山東東平東。(53)定為山陽王　劉定為山陽王，都城昌邑，在今山東金鄉西北。(54)不識為濟陰王　劉不識為濟陰王，都城定陶，在今山東定陶西北。陳子龍曰：「既以悅太后，又以分梁國也。」按，此即賈誼早已建議的「眾建諸侯而少其力」。(55)皆食湯沐邑　意即都有自己的一份領地。湯沐邑，原指諸侯朝見天子，天子在京城附近劃給諸侯一小塊領地，以其出產作為諸侯在京期間生活日用的開銷。後來遂引申為劃給皇后、公主等人的一份領地。(56)為帝加一餐　意即勉強吃了一點東西。(57)財以巨萬計　家財多得用「億」計算。巨萬，即今所謂「億」，單位是銅錢。(58)藏府　倉庫。(59)黃金尚四十餘萬斤　也可稱「四十餘萬金」，漢時稱黃金一斤曰「一金」，「一金」可抵銅錢一萬枚。(60)他物稱是　其他東西、物品的價值與此相稱。稱是，與此相稱。(61)減笞法　即本書卷七景帝元年下詔所定的「笞五百曰三百，笞三百曰二百」。當初文帝有所謂廢除「肉刑」，即將一些劓刑、斬趾的罪犯改為鞭笞，結果死人更多，故景帝規定減刑。(62)笞者猶不全　受鞭笞的人仍不能獲得保全，或者被打死，或被打成殘廢。(63)箠令　用竹片打的法令。箠，竹片。(64)本大一寸　竹片的手握部位寬一寸。(65)末薄半寸　其尖端為半寸寬。(66)平其節　將竹節突出的部分刮平。(67)笞臀　打屁股，改變以往笞背的辦法。(68)畢一罪二句　每個掌刑者只打一個人，打第二個犯人時便另換一個掌刑者。(69)笞者得全　受笞刑的人得以保全生命且不致殘廢。(70)死刑既重　被判死刑的還是很多，因為宮刑等不該死的犯人也都被判了死刑。(71)生刑又輕　沒判死刑的則因連續減笞而受刑變輕。(72)民易犯之　對於犯小罪人們不太在乎。易，輕視；不在乎。(73)鴈門　漢郡名，郡治善無，在今山西右玉南。(74)武泉　漢縣名，縣治在今內蒙古呼和浩特東北，當時屬於雲中郡。(75)上郡　漢郡名，郡治膚施，在今陝西榆林東南。(76)苑　漢王朝國家所辦的養馬場，大都設在西北邊地。此指上郡境內的養馬場。(77)隴西李廣　李廣是隴西郡成紀縣（今甘肅秦安北）人，西漢名將。事跡詳見《史記・李將軍列傳》。(78)從　使之跟從，率領。(79)誘騎　引誘敵兵追趕，從而使之上當的騎兵。(80)上山陳　躲到山上，列好陣式。陳，通「陣」。(81)去　距離。(82)以百騎走　憑著這百來人向回逃。走，逃跑。(83)必以我為大軍之誘　即上文之所謂「誘騎」，以小股部隊引誘敵人入我大軍之埋伏。(84)未到匈奴陣二里所　離著匈奴人的陣地差不多還有二里。二里所，猶言「二里許」，二里來地。(85)即有急二句　倘若敵人突然向我們殺過來，我們怎麼辦。即，倘若。(86)以我為走　認為我們必然會逃跑。(87)用堅其意　以此強化他們的（錯誤）判斷。王先謙曰：「堅彼以我為『誘騎』之意，使之不疑也。」凌稚隆引徐中行曰：「趙雲遇曹瞞而開壁，李廣值匈奴則反前，皆不足而虛示之有餘者也。卒以疑敵人之心，一因以破虜，一因以全師，蓋膽略過人哉！」(88)護其兵　到前面來整理其士兵的部伍陣式。護，這裡指安排、整頓。(89)縱馬臥　戰士下得馬來，放開馬，自己躺在地上休息。(90)平旦　天亮時。(91)七月辛亥晦　七月的最末一天是二十九，為辛亥日。(92)宗室　劉氏貴族與他姓外戚。(93)暴　橫暴。(94)濟南都尉　濟南地區的都尉，相當於郡裡的郡衛，主管這一地區的軍事。都尉是一種單設的軍事建制。(95)南陽甯成　南陽郡人姓甯名成，原任濟南都尉。甯成是景帝、武帝時期的著名酷吏。事跡詳見《史記・酷吏列傳》。(96)中尉　首都地區的治安長官，經常會同廷尉辦理全國性的大案、要案。(97)治　治理社會的辦法。(98)效郅都　學習郅都的手段嚴厲。效，模仿；學習。(99)廉　兼指不貪錢財與品格方正。廉，為人有稜角。(100)惴恐　恐懼。惴，恐。(101)城陽共王喜　劉喜。劉章之子，共（同「恭」）字是諡。城陽國的都城即今山東莒縣。(102)獄　審理案件。(103)獄疑者讞有司　凡是疑難的案件一定要經過主管人員的覆審。有司，主管該項事務的官吏。(104)有司所不能決　各地主管人員沒有把握的案件。不能決，沒有把握決定。(105)移廷尉　上交到主管全國司法的廷尉審理。廷尉，九卿之一，國家的最高司法官。(106)讞而後不當　覆審時做的結論不恰當。(107)讞者不為失　不算是覆審者的失誤。(108)務先寬　意即寧可失之過寬，不可失之過嚴。(109)大酺　歡聚痛飲。秦、漢時期禁止酗酒，非有國家特准，民間不許聚會暢飲。(110)民得酤酒　景帝中三年有令禁止民間賣酒，今則取消此禁。酤酒，賣酒。(111)五月丙戌　五月初九。(112)上庸　漢縣名，縣治在今湖北竹山縣西南。(113)七月丙午　七月三十。(114)丞相舍免　丞相劉舍被免官。(115)乙巳晦　七月二十九是這個月的最後一天，為乙巳日。按，這個月的最末一天是「丙午」，不是「乙巳」。此「乙巳」應與上文「丙午」互倒。(116)八月壬辰　八月無「壬辰」日，此記事有誤。(117)衛綰　一個以「老好人」著稱的庸俗官僚。事跡見《史記・萬石張叔列傳》。(118)衛尉南陽直不疑　南陽人姓直，名不疑，原任衛尉之職。衛尉是九卿之一，職務是率兵守衛宮廷，當時有未央宮衛尉、長樂宮衛尉二人。(119)郎 帝王身邊的侍從人員，有中郎、議郎、郎中諸名目，上屬郎中令。(120)告歸 請假回家。(121)覺亡 發覺丟了東西。(122)意不疑 懷疑是直不疑偷了。意，猜疑；懷疑。(123)謝有之 道歉說確有其事。(124)買金償 花銅錢買來金錠給了他。漢時黃金一斤曰「一金」，「一金」值銅錢一萬枚。(125)歸金 將錯拿的金子歸還失主。(126)以此稱為長者 主語為直不疑。長者，忠厚人。淩約言曰：「不疑買金償亡，固不失為厚德，然幸而見獲，吾誣遂明，苟或不獲，安可置而不辨哉？事唯其實而已。」(127)稍遷 逐步升遷。稍，漸。(128)中大夫 皇帝身邊的侍從官員，掌議論。上屬郎中令，秩比千石。(129)廷毀 當眾誹謗。(130)盜嫂 與其嫂私通。盜，師古曰：「謂私之。」(131)我乃無兄 我根本沒有哥哥。此歸家後自語，非當場辯駁，故下文云「終不自明」。(132)禁中 即宮中，以其門閤有禁，非侍御之臣不得入內，故云。(133)大胾 大塊的肉。(134)箸 筷子。(135)顧謂尚席取箸 回頭讓主管筵席的人員拿筷子來。顧，回頭。尚席，為皇帝主管酒席的官員。尚，主管。陳直曰：「省中有五尚，即尚省、尚冠、尚衣、尚帳、尚席，疑屬於大長秋。」(136)此非不足君所乎 意即「這難道還不能使你滿意嗎」。楊樹達曰：「『所』猶『意』也。」(137)免冠謝 摘下帽子賠禮請罪。(138)趨出 小步疾行而出。趨，小步疾行，這是臣子在君父面前行走的一種特殊步態。(139)此鞅鞅二句 這個心懷不滿的傢伙，不是日後侍奉幼主的材料。意即絕不能再留著他。鞅鞅，猶言「悻悻」，內心不平、不滿的樣子。(140)居無何 沒過多久。(141)亞夫子 諸史皆未云亞夫子究竟為誰。(142)工官尚方甲楯 尚方工官所製造的鎧甲盾牌。工官尚方，主管為皇家製造器物的部門，其長官曰上方令。楯，同「盾」。(143)五百被 猶言「五百套」。被，套，計數單位。(144)可以葬者 可做殉葬之用的東西。(145)取庸苦之 在雇人搬運這些器物的過程中對被雇者有所虐待。庸，通「傭」。雇工。(146)不與錢 不付給人家工錢。(147)庸知其盜買縣官器 這些被欺壓的雇工知道周家非法購買了皇家御用的器物。縣官，指皇帝，亦用為「國家」之意。(148)上變告子 上書告發周亞夫的兒子。變，也叫「變事」，告發謀反事件的文書。(149)連汙 連帶殃及。(150)上下吏 景帝將告發周亞夫的「變事」批給有關部門查處。(151)簿責 師古曰：「書之於簿，一一責問之也。」按，此時尚未逮治，乃派吏持簿至其家驗問之。(152)不對 不回答；不理睬。(153)吾不用也 郭嵩燾曰：「不更責其對簿也。」茅坤曰：「言不須用對簿，自可令廷尉治耳。」中井積德曰：「下吏簿責，不直付廷尉，是帝猶有優意，而欲有所宥赦也。然而亞夫恚不對，帝乃怒其不承當優意也。」(154)召詣廷尉 命令周亞夫到廷尉衙門受審。(155)君侯欲反何 意即您為何要造反。君侯，周亞夫既當過丞相，又是列侯，故以此連稱。當時眾官員稱丞相曰「相君」，也單稱「君」。(156)君縱不欲反地上二句 李贄《藏書》曰：「甚矣，居功之難也。使時無條侯，七國之兵豈易當哉？不三月而吳、楚破滅，雖十世宥之可也。景帝非人主矣。」何孟春曰：「吏之謂『反地下』之言，是以人命悅上意，而置無罪有功之臣於死地。廷尉不足道矣，景帝之朝豈無人能為解之者？亦由帝之不復可與言故也。」(157)侵之益急　侵，折辱；使之受苦。按，司馬遷每言及此種事，感慨萬分，試參看〈報任安書〉、《史記・韓長孺列傳》以及〈絳侯周勃世家〉之寫周勃下獄事。(158)歐血而死　周亞夫嘔血死的時間，史公未明載，《通鑑》繫之於景帝後元年八月。然據下文「絕一歲，景帝乃更封絳侯勃他子堅為平曲侯」，而〈高祖功臣侯者年表〉謂勃子堅續封平曲侯在景帝後元元年，則亞夫之死似當在景帝中元六年（西元前一四四年）。按，西元一九六五年冬在長陵陪葬墓中出土了馳名中外的三千個彩繪兵馬俑。在陪葬墓區發現東西兩排、兩兩相對的十一個土坑，土坑內是排列有序的一千八百個步兵俑、五百多個騎兵俑，還有許多陶盾牌、兵器和車馬飾。兵俑中不是原真人原大，但個個威武十足。他們身披各式用絢麗的紅、白色描繪出甲片的黑色鎧甲，右手執戈或盾，左手握拳下垂。騎兵俑葬於六個坑內，他們身著紅、白、綠、紫等顏色的服裝，上面還彩繪圖案，大多也披著黑色的鎧甲。所騎的陶馬形象逼真，有的俯首貼耳，似安然待命；有的昂首嘶鳴，似急欲出征。這批兵馬俑顯然是殉葬用的。墓內還發現玉片銀絲，死者當穿銀縷玉衣。考古學者參照《水經注》的記載，認為這是周勃與其子周亞夫的兩座墓。(159)濟陰哀王不識　劉不識，梁孝王之子，哀字是其死後的諡。濟陰國的都城定陶，在今山東定陶西北。(160)材官　力大而善射的特種兵。(161)不登　沒有收成。登，成熟；豐收。(162)內郡　內地之郡，與邊郡相對而言。(163)食馬粟　用糧食餵馬。(164)沒入之　上句「食馬粟」三字當重出，意思是凡有「食馬粟者，沒收其馬入官」。此行文字乃用《史記・孝景本紀》原文，《史記》中多有這種詞語當重出而未重出的句式，讀書者應為之補出理解。詳見韓兆琦《史記箋證》所附之〈「史記」中的特殊修辭與畸形句例〉。(165)雕文刻鏤　指用於建築、裝飾等方面的工藝製作，這裡指男人從事該種勞動。文，通「紋」。花紋。(166)錦繡纂組　指在絲織、衣料等方面的工藝刺繡與用絲線、絲繩所製的工藝品，這裡指女人從事該種勞動。(167)害女工　妨礙正常的紡紗織布。工，通「功」。(168)飢之本　造成飢餓的根本原因。(169)寒之原　造成挨凍的根源。原，通「源」。(170)亡為非　不做壞事。為非，指偷盜、搶劫、造反等等。(171)朕親耕　帝王親耕即所謂耕種「藉田」，通過這種表演以顯示其重農之意。(172)后親桑　皇后親自採桑養蠶。(173)以奉宗廟粢盛祭服　將皇帝耕作收穫的糧食用於祭祀祖先的供品，將皇后養蠶所得的衣料製作祭祀所穿的禮服。粢盛，盛在祭器裡的穀物。祭服，祭祀所穿的禮服。(174)為天下先　為全國百姓起帶頭作用。(175)不受獻　不接受臣民進貢的財物。獻，進貢。(176)減太官　降低皇帝的伙食標準。太官，掌管皇帝膳食的官員。(177)省繇賦　減少百姓的徭役賦稅。繇，通「徭」。(178)務農蠶　即所謂「男耕女織」。(179)彊毋攘弱　強者不得掠奪弱者。攘，搶奪。(180)眾毋暴寡　人多的不能欺侮人少的。暴，殘害；欺陵。(181)老耆　也稱「耆老」，年老的人。(182)遂長　順利成長。遂，自然；順利。(183)今歲或不登二句　如今的情況是年景一有不好，百姓們就有人吃不上飯。歲，年景。不登，歉收。登，穀物成熟。頗，略有。(184)其咎安在　其毛病出在哪裡。咎，毛病；罪過。(185)或詐偽為吏　有些奸詐壞人混入官場。(186)以貨賂為市　拿著錢財做買賣，即行賄受賄，權錢交易。(187)漁奪　掠奪。(188)侵牟　掠取。(189)縣丞二句　縣丞，縣令的助手。長吏，大吏，職位高的吏。(190)姦法　褻瀆王法，即指貪贓枉法。姦，犯。(191)與盜盜　與強盜共同為盜。(192)甚無謂　沒法說；壞透了。(193)二千石　指各郡、各諸侯國的最高地方長官。(194)各脩其職　都要盡職盡責。(195)不事官職　做官不辦事，不盡職。(196)耗亂　昏瞶不明。耗，同「眊」。糊塗。(197)丞相以聞　丞相要把他們的資料報上來。(198)請其罪　要提出應給那些人以什麼懲罰。(199)貲筭四得官　漢初規定，家資「十算」以上才能進入官場。景帝降低門檻，詔令家資四算即可徵聘為官。貲筭，同「資算」。家財總共之所值。當時統治者認為只有富人為官才不會貪汙，所以訂出這種奇怪的章程。計算家資數目是每一萬銅錢為一算，十算即銅錢十萬。景帝現降為四萬。(200)日月皆食　月初鬧了日蝕，月中又鬧月蝕。(201)赤五日　日蝕時天空紅了五天。(202)十二月晦　十二月的最後一天。(203)五星　指水星、金星、火星、木星、土星。(204)逆行守太微　意謂五星都倒著走，退到了太微垣的位置。太微，星座名。位於北斗七星之南，在紫微垣的東北角，古人認為它是象徵天子之所居。按，此處的說法失真，五星不可能「逆行」。(205)月貫天廷中　月亮橫穿過天廷星垣的區域。天廷，也寫作「天庭」，天子的庭院。按，漢朝人講究「天人感應」，認為天上星宿的變化都與人間的禍福相關。景帝三年自十月開始就發生一連串的重大自然變故，如「日月皆食」、「赤五日」、冬天打雷、五星倒退、月貫天廷等，這意味著人間將有重大災難降臨。這些都是為下個月的景帝死做鋪墊。(206)以為幣用　作為貨幣使用。(207)不識其終始　不知道是從什麼時候開始的，也不知道到什麼時候就不再使用。(208)間歲　近幾年來。(209)意為　莫非是。(210)末者眾　從事手工業、商業的人太多。末，指手工業、商業。(211)郡國　指各郡、各諸侯國的行政官員。(212)益種樹　多多地種植各種作物。種樹，樹也是種的意思。(213)衣食物　穿的和吃的東西。(214)發民　調用黎民百姓。(215)若取庸　或者是雇人。若，或。庸，雇工。(216)坐贓為盜　判以貪贓或為盜的罪名。(217)二千石聽者　各郡、各諸侯國的行政長官如有聽任其下屬為此事者。(218)甲寅　正月十七。(219)皇太子冠　皇太子劉徹行加冠禮。古時給青年人加冠，表示他已是成年人。古人行加冠禮通常是在二十歲，也有的是在二十二歲，今劉徹的加冠乃在十六歲，因其父將死，提前加冠便於繼位行政。(220)甲子　正月二十七。(221)帝崩于未央宮　時景帝四十八歲。(222)太皇太后　指竇太后，景帝之母，武帝之祖母。(223)皇后　指景帝之妻、武帝之母王娡。(224)二月癸酉　二月初六。(225)陽陵　陽陵在今咸陽渭城區之張家灣村，由陵園、陵邑、陪葬區三部分合成。劉啓墓在陵園中央，王皇后墓在劉啓墓東北四百五十公尺，封土都呈覆斗形。陵邑在陵園之東，陪葬墓也大都在陵東，今其地建有陽陵博物館。(226)同母弟　同母異父之弟，乃其母臧兒改嫁田氏後所生。(227)武安侯　封地武安縣，在今河北武安西南。田蚡的事跡見《史記・魏其武安侯列傳》。(228)勝　田蚡之弟，事跡也參見於《史記・魏其武安侯列傳》。(229)周陽侯　封地周陽鄉，在今山西絳縣西南，當時的絳縣東南。(230)班固贊　班固《漢書・景帝紀》的「贊語」。所謂「贊」是作者在傳記文章篇末對所寫人物所發的議論。(231)斯民　這些黎民百姓。(232)三代之所以直道而行也　如果在夏、商、周三代的鼎盛時期他們都是可以按直道而行事的。三代，夏代、商代、周代。以上孔子的兩句話見《論語・衛靈公》。意思是同樣的黎民百姓，在三代就能正道直行，在今天就不行了，這都是由於現時的政治不好所致。(233)信哉　的確如此啊。(234)周秦之敝　周末與秦王朝的政治衰敗。這段時間通常指從春秋末期歷戰國直至漢代建國。(235)罔密文峻二句　法律嚴厲殘酷，但卻制不了壞人的為非作歹。罔，法網。文，法令條文。峻，酷刻。姦軌，也寫作「姦宄」，為非作歹的人。不勝，不能制服。(236)掃除煩苛　廢除秦朝的嚴刑酷法，如劉邦有所謂「約法三章」云云。(237)與民休息　指實行一種「清靜無為」，休養生息的政策。(238)恭儉　謹慎謙虛，生活儉樸。(239)遵業　遵行先輩治國的路線。(240)五六十載之間　自劉邦建漢（西元前二〇六年）至景帝死（西元前一四一年），其間共歷六十五年。(241)移風易俗　言社會風氣為之一變。(242)醇厚　淳樸、厚道。(243)周云成康　周朝八百年間受人稱道的是成王、康王時期，即通常所說的「成康之治」。(244)漢言文景　漢朝四百年間受人稱道的是文帝、景帝時期，即通常所說的「文景之治」。(245)漢興二句　漢王朝是接續著秦王朝的政治衰敗而建立起國家的。(246)作業劇而財匱　國家要做的事情很多、很繁雜，但又偏偏沒有錢。劇，繁多；難辦。匱，空乏。(247)具鈞駟　湊夠同一種顏色的四匹馬。鈞，同「均」。相同。駟，一車四馬。(248)齊民　平民。(249)藏蓋　須在「藏蓋」的東西，即今所謂「積蓄」。(250)天下已平　高祖五年（西元前二〇二年）十二月，劉邦破殺項羽；二月，劉邦即皇帝位（當時以十月為歲首）。(251)賈人不得衣絲乘車　歧視、打擊工商業者，以保障「重農抑商」政策的推行。(252)孝惠　名盈，劉邦之子，呂后所生，西元前一九四—前一八八年在位。(253)高后　即呂后，名雉。其子劉盈死後，雖然劉盈之子被立在位，但政權實由呂后把持，故史公即據實書此為「呂后在位」，其年為西元前一八七—前一八〇年。(254)弛商賈之律　放鬆了對商賈的種種限制。(255)市井之子孫　指工商業者的子弟。市井，即市場。《正義》曰：「古人無有市，若朝聚井汲水，便將貨物於井邊貨賣，故言市井也。」瀧川引《留青札記》云：「蓋市井之道，四達如『井』，故曰『市井』。」亦可備一說。(256)量吏祿　根據政府發放給官吏的俸祿。(257)度官用　根據國家興辦各種事業的開銷。(258)賦　向百姓徵收捐稅。(259)山川園池市井租稅　指從山川、園林的開發者與市井工商業者所徵收來的錢財。漢代對於山林川澤的開發，或由官營，或承包於私商。(260)湯沐邑　古代諸侯往朝天子，天子在其畿內劃出一小塊土地給諸侯，以供給其「齋戒洗沐」的費用，這塊土地稱作「湯沐邑」。後來遂用為皇后、公主以及其他有土封君的作為補助生活費用的領地。(261)私奉養　私人生活的費用，猶如後世之所謂「俸祿」、「薪金」。(262)天下之經費　國家興辦各項事業的正常開銷。經，常。按，以上四句的文意不顯豁，大意是說，天子用全國山川、池澤和市場的收入為生活費用，各有土封君用他們自己封地內的賦稅收入為生活費用，都不向主管國家經費的大司農要錢。(263)漕轉山東粟以給中都官　調運東方郡、國的糧食以供應首都長安政府部門的需要。漕轉，意即運輸。船運曰漕，車運曰轉。山東，崤山以東，泛指東方各郡、國。以給中都官，以供應首都長安各官府的需要。(264)歲不過數十萬石　一年用不了幾十萬石。極言漢初國家的各種機構之簡，首都吃公糧的人員之少。董份曰：「湯沐奉養不領於天下之經費，而轉漕又少，可見漢興寡事而富饒，以為後廣漕興利之應。」(265)清淨　意即「清靜」，指休養生息，不搞勞民傷財的活動。(266)七十餘年　前文已說自劉邦於西元前二〇六年建國，至景帝去世（西元前一四一年），其間六十五年。(267)人給家足　每個人、每個家庭都吃穿不愁。(268)都鄙廩庾　每個都城、每個邊鎮的大小倉庫。鄙，邊邑。有屋之倉曰廩，露積之倉曰庾，這裡即泛指倉庫。(269)府庫　倉庫。府，這裡也是「庫」的意思。(270)餘貨財　貨財多得無處放。(271)累鉅萬　多達好多個億。累，重；多個。鉅萬，也稱「大萬」，萬萬，即今所謂「億」。(272)貫朽而不可校　極言其多，又長年不動，故至於貫朽不可數。貫，穿銅錢的繩子。校，點數。(273)太倉　京城裡的國家倉庫。(274)陳陳相因　一批陳的接著一批陳的。因，連續。(275)露積　堆放在露天裡。(276)眾庶　黎民百姓。(277)阡陌　原指田間小道，這裡即指農村的道路。(278)字牝　同「牸牝」。雌畜，這裡指母馬。牸，乳；母畜之乳子者。(279)擯而不得聚會　受排斥不能參加集會。擯，排斥。(280)守閭閻者　看守里巷大門的人，指最低級的吏役。閭，里門。閻，里中之門。(281)粱肉　主食為黃粱（小米），菜中有肉，這在當時算是很好的飯食。(282)為吏者長子孫　意謂由於太平無事，為官吏的人孩子都很大了，自己的官位還得不到升遷。陳直曰：「高惠時任職最久者有滕公，官太僕三十五年；武帝時有郭廣意，官光祿大夫至六十一年之久。」(283)居官者以為姓號　居官年久，遂以其官職為其姓氏，如倉氏、庾氏、司馬氏等等。(284)重犯法　不敢輕於犯法。重，看重；不輕於。(285)先行義而後絀辱　意謂人人講禮義，而不屑幹那些不光采的事。先，看重；講究。後，放棄不取。絀辱，遭受折辱。(286)罔疏　法律寬鬆。(287)役財驕溢　佔有財富的人驕奢放縱。役，支配；佔有。(288)或至　有的；甚至。(289)以武斷於鄉曲　靠著勢力橫行於鄉里。武斷，靠著勢力專斷專行。鄉曲，猶言「鄉里」。古代居民的編制單位，二十五家為一里，十里為一鄉。(290)宗室有土　皇帝的宗親外戚，與佔有領地的封君。有土，有封地的人，大者曰王，中者曰侯，小者曰君。(291)公卿大夫　泛指政府的各種高級官僚。公，三公。卿，九卿。大夫，猶如今之司、局級以下官吏。(292)室廬輿服　居住的房子與乘坐的車子、身穿的衣服。(293)僭于上　奢侈排場的程度都超過了規定，和他的上級差不多。僭，越分。(294)無限度　沒有約束；沒有止境。(295)物盛而衰二句　事物發展到頂點就要腐敗衰落，變化的規律本來就是如此。

❷❾❻內窮侈靡　在國內的奢侈豪華無所不用其極。窮，極；到頂。侈靡，鋪張；豪華。❷❾❼外攘夷狄　在國外對四方的少數民族用兵。❷❾❽蕭然　紛紜、騷亂的樣子。❷❾❾耗　枯竭；耗盡。按，以上大段議論文字節自《史記・平準書》。

【校　記】①十一月　據章鈺校，乙十一行本、孔天胤本皆作「十二月」。②卒　原無此字。據章鈺校，甲十五行本、乙十一行本皆有此字，張敦仁《通鑑刊本識誤》同。今從諸本及《通鑑紀事本末》補。③貰箅　原作「箅貰」。據章鈺校，甲十五行本、乙十一行本二字皆互乙。今從諸本及《漢書・景帝紀》改。④天下　原作「天子」。據章鈺校，甲十五行本、乙十一行本皆作「天下」。今從諸本及《史記・平準書》改。

【語　譯】三年（甲午　西元前一四七年）

冬季，十一月，撤銷了諸侯王國中「御史大夫」這個官職的建制。

夏季，四月，發生地震。

天氣大旱，禁止私人賣酒。

三月丁巳日，封皇子劉乘為清河王。

秋季，九月，發生蝗災。

彗星出現在西北方向的夜空中。

九月最後一天三十日戊戌，發生日蝕。

當初，景帝廢掉劉榮太子時，周亞夫極力反對，但沒有成功，景帝因此而疏遠了周亞夫。而梁孝王每次入朝，又常常在竇太后面前說周亞夫的壞話。竇太后說：「皇后的哥哥王信應該封侯。」景帝推辭說：「當初，南皮侯竇彭祖、章武侯竇廣國，先帝在世時都沒有封他們為侯，等到我即位之後，才封他們為侯，現在王信也不能封侯。」竇太后說：「人生在世要根據自己的情況行事。竇長君活著的時候，到死也沒有封侯，後來他的兒子竇彭祖反而被封為侯，我對此一直感到很遺憾。希望皇帝趕快封王信為侯吧。」景帝說：「讓我與丞相周亞夫商量一下。」景帝於是與擔任丞相的周亞夫商議，周亞夫說：「高皇帝曾經立下約定：『非劉氏不得封王，非有功勞不得封侯。』現在王信雖然是皇后的哥哥，卻沒有立功，若封他為侯，不符合高皇帝的規定。」景帝沒有說什麼卻採納了周亞夫的意見沒有封王信為侯。此後匈奴王徐盧等六人來投降漢朝，景帝想封他們為侯以鼓勵其他的匈奴人前來歸附。丞相周亞夫又說：「他們背叛自己的君主來投降陛下，陛下封他們為侯，那麼還用什麼來譴責那些不守節操的臣子呢？」景帝說：「丞相的建議我不能接受。」於是景帝把徐盧等六人全都封為列侯。周亞夫因此稱病不再入朝。九月三十日戊戌，景帝免去了周亞夫的丞相職務，任用御史大夫桃侯劉舍為丞相。

四年（乙未　西元前一四六年）

夏季，鬧蝗災。

冬季，十月二十日戊午，發生日蝕。

五年（丙申　西元前一四五年）

夏季，封皇子劉舜為常山王。

六月二十九日丁巳，赦免天下罪犯。

鬧水災。

秋季，八月二十一日己酉，未央宮門外的東側高臺被大火燒毀。

九月，景帝下詔說：「對於各種證據不足的案件，如果強行按法律條文給以定罪，但卻不能使人家心服的，要一律重新會審定案。」

發生地震。

六年（丁酉　西元前一四四年）

冬季，十月，梁王劉武來京師朝見皇帝，並給皇帝上疏請求在京師多停留一段時間，景帝沒有答應他的要求。梁王只得按時返回封國，從此以後便精神恍惚、鬱悶不樂。

十一月，修改各廷尉、將作等官職的名稱。

春季，二月初一日乙卯，漢景帝到雍地巡視，在郊外五帝畤祭祀。

三月，下雪。

夏季，四月，梁孝王劉武去世。竇太后聽說後，哭得極其悲痛，飲食不進，說：「皇帝最終還是殺死了我的兒子！」景帝既悲哀又恐懼，不知如何是好。便與姐姐長公主劉嫖商議此事，於是把梁國分為五國，把梁孝王的五個兒子全部封王：劉買為梁王，劉明為濟川王，劉彭離為濟東王，劉定為山陽王，劉不識為濟陰王。梁王的五個女兒，景帝也都賜予她們封邑。景帝把這個決定奏報給竇太后，竇太后這才高興起來，當著景帝的面勉強吃了一點東西。梁孝王劉武未死時，聚斂的錢財多達數十萬，死後，倉庫內還有剩餘的黃金四十多萬斤，其他財物估計價值大體與此相當。

漢景帝雖然已經減輕了笞法，但受鞭笞的人仍然無法保全性命。於是又將本該鞭笞三百的改為鞭笞二百，該鞭笞二百的改為鞭笞一百。又重新規定箠打的法令：箠棍長五尺，手握著的部分直徑為一寸，用竹片製成。末端接觸人體的部位，直徑減小為半寸，竹節必須削刮平滑。鞭笞的部位也由鞭笞背部改為鞭笞臀部，行刑的人必須打完一個罪人，才能更換。從此以後，受笞刑的人才得以保全性命。然而，由於被判死刑的還是很多，而沒有判死刑的則因為受刑變得很輕，人們還是很容易觸犯刑法。

六月，匈奴侵入雁門關，到達武泉，進入上郡，掠走了國家養馬苑內飼養的戰馬，官兵戰死的多達兩千多人。隴西李廣擔任上郡太守，一次，他率領一百多名騎兵出巡，突然遇到匈奴的數千名騎兵。匈奴騎兵看見李廣兵少，以為是漢軍故意前來引誘他們深入，所以也很害怕，趕緊上山布陣以待。跟隨李廣的一百名騎兵此時已經嚇得戰戰兢兢，都想趕緊策馬跑回自己的營壘。李廣制止他們說：「我們距離大軍數十里，如今就憑我們這一百名騎兵想要跑回去是不可能的，匈奴追射我們，我們很快就會被他們一個一個地射死。如果我們留下來，匈奴必然認為我們是誘敵的騎兵，肯定不敢貿然攻擊我們。」於是李廣對這一百名騎兵下令說：「前進！」於是前進到距離匈奴陣地僅有二里遠的地方停下來，李廣又下令說：「全都下馬，解下馬鞍！」他的騎兵說：「敵人人數又多，離我們又這麼近，一旦有了緊急情況，該怎麼辦呢？」李廣說：「敵人原以為我們會逃走，如今我們卻下了馬並解下馬鞍，這是向他們表示我們不走，目的是要穩住敵人，使他們確信我們是前來誘敵的部隊。」果然，匈奴的騎兵不敢向他們發起攻擊。匈奴隊伍中有一個騎白馬的將軍跑出陣前組織他的士兵，李廣上馬，率領十餘個騎兵飛馬跑出陣前，射死了那個騎白馬的將軍，然後返回到自己的隊伍中下馬、解鞍，並命令士兵放開馬匹躺下休息。這時適值黃昏時分，敵人始終琢磨不出李廣這支部隊的意圖，所以不敢貿然攻擊。到半夜的時候，敵人更加認定漢軍有大部隊在附近埋伏，準備趁黑夜襲擊他們，於是便連夜遁走了。天明時分，李廣率領著這一百名騎兵平安地返回大本營。

秋季，七月最後一天二十九日辛亥，發生日蝕。

自從中尉郅都被殺之後，長安附近的皇親國戚中有越來越多的人橫暴不法，景帝於是任命濟南都尉南陽人甯成為中尉。甯成治理長安的辦法仿效郅都，但他不如郅都廉潔。然而那些宗室、豪強卻因此而心懷畏懼，不敢再像先前那樣為所欲為。

城陽共王劉喜去世。

後元年（戊戌　西元前一四三年）

春季，正月，景帝下詔說：「審理案件是非常重要的事情。人有聰明愚笨的差別，官職有大小的不同。遇有疑難的案件而不能定案的，應該交給主管部門進行覆審；各地主管部門不能裁決的，就應該移送到主管全國司法的廷尉那裡去審理；經過覆審，被指出原來的結論不妥當，不算是原審者的失職。目的就是要執法人員處理訴訟案件務必本著從寬的原則。」

三月，大赦天下。

夏季，允許民間聚會暢飲五天，允許民間私人賣酒。

五月初九日丙戌，發生地震。上庸地震持續了二十二天，城牆全部崩塌損毀。

秋季，七月三十日丙午，罷免劉舍的丞相之職。

七月最後一天乙巳日，發生日蝕。

八月壬辰日，任命御史大夫衛綰為丞相，擔任衛尉的南陽人直不疑為御史大夫。當初，直不疑為郎官的時候，同舍居住的一個郎官請假回家，臨走時誤拿了同舍另一個郎官的金子。他走了之後，那個同舍郎官發覺自己的金錢丟失了，便猜疑是直不疑拿走了。直不疑承認有這事，並向他賠禮道歉，還花銅錢買來金子如數給了他。後來，告假回家的郎官回來之後將錯拿的金子歸還給那個郎官，丟失金錢的郎官非常慚愧，由此人們稱讚直不疑是個忠厚的人。後來直不疑逐漸升遷為中大夫。有人在朝廷上詆毀直不疑，說他與自己的嫂子有私情。直不疑聽到後說：「我根本就沒有哥哥。」然而，卻始終不為自己進行辯解。

景帝居住在宮中，召周亞夫進宮，賞賜食物給他吃，賞賜的食物是一大塊肉，既沒有切開，又沒有放置筷子。周亞夫心中不平，便回頭向主管筵席的人索要筷子。景帝看著他笑著說：「難道你對此不滿意嗎？」周亞夫趕緊摘下官帽向景帝磕頭謝罪，景帝說：「起來吧。」周亞夫站起身來邁著碎步退出。景帝目送著周亞夫退出皇宮，說：「看他這副心懷不滿的樣子，肯定不會是將來幼主的順臣。」

過了不久，周亞夫的兒子為父親從主管製造皇家兵器的尚方工那裡購買了鎧甲和盾牌共五百件，準備將來父親去世後為父親做陪葬之用，在雇人搬運這些器物的時候對傭工進行虐待，又不給工錢。傭工知道周亞夫的兒子是非法購買皇家御用的器物，因為怨恨而上書告發，雖然告發的是周亞夫之子，事情連帶殃及到周亞夫。景帝看到告發的書信後，就下令將案件交付有關部門進行審理，有關部門便派官吏持簿到周亞夫家中驗問，周亞夫不予回答。景帝責罵周亞夫說：「用不著讓他對簿，可以直接把他交付廷尉審理！」於是命令周亞夫到廷尉衙門接受審理。廷尉責問周亞夫說：「您為什麼要謀反？」周亞夫說：「我所買的器物，是準備將來用來隨葬的，怎麼能說是企圖謀反呢？」旁邊的一個官吏說：「您縱然活著的時候不謀反，卻想在死後到地下去謀反！」那些官吏對他嚴刑逼供。當初，官吏逮捕周亞夫的時候，周亞夫就要自殺，是他的夫人阻止了他，所以沒有死成，這才來到廷尉衙門接受審訊。周亞夫連續絕食五天，最後吐血而死。

這一年，濟陰哀王劉不識去世。

二年（己亥　西元前一四二年）

春季，正月，一天之中連續發生了三次地震。

三月，匈奴侵入雁門關，太守馮敬與匈奴人作戰而死。朝廷又選派戰車、騎兵以及勇猛而善射的特種兵去駐守雁門關。

春季，因為糧食歉收，下令內地的郡縣禁止用糧食餵馬；凡是敢於用糧食餵馬的，就將其馬匹沒收入官。

夏季，四月，景帝下詔說：「雕刻彩飾，費時耗工而損害了農業生產；織錦刺繡、編織彩色綬帶等工藝品妨礙正常的紡紗織布。損害了農業生產，是造成飢餓的根本原因；妨礙女人紡紗織布，是造成挨凍的根源。飢寒交迫，卻不為非作歹的人，恐怕就很少了。我親自到田裡耕種，皇后親手採桑養蠶，用所收穫的黍稷用於祭祀宗廟的祭品，用所收穫的蠶絲織成絲綢製成祭祀時所穿的禮服，為天下作出表率。不接受臣民貢獻的財物，降低飲食費用，減輕人民的徭役負擔，目的是為了讓天下人都重視男耕女織，平常有了足夠的積蓄，才能防備災荒。強大的不能欺陵弱小的，人多的不能欺陵人少的。使年老之人能夠壽終正寢，幼者孤者能夠順利長大。現在偶爾有一年糧食歉收，人民吃的東西就很缺乏，錯誤在哪裡呢？是因為有些奸詐之人混入官場，他們拿著錢財做買賣，進行錢權交易，掠奪百姓，侵暴萬民。縣丞是縣令的助手，違法亂紀與盜賊共同為盜，簡直是壞得沒法說！命令俸祿在兩千石以上的地方最高官員，都要克盡職守。凡是不盡職、昏聵不明的官員，丞相要將他們的資料盡快向我奏報，要提出應該給那些人以什麼樣的懲罰。要布告天下，讓百姓全都明白我的意思。」

五月，景帝詔令：家財滿四算就有資格當官。

秋季，大旱。

三年（庚子　西元前一四一年）

冬季，十月，發生日蝕和月蝕，一連五天天空都呈現出赤紅色。

十二月的最後一天，打雷，太陽呈現出紫色，水星、金星、火星、木星、土星逆向運行到了太微垣的位置，月亮從天庭星垣正中穿過。

春季，正月，景帝下詔說：「農業，是天下的根本。黃金、珠玉，餓了不能當飯吃，冷了不能當衣穿，卻被作為貨幣使用，不知道是從什麼時候開始的，也不知道什麼時候結束。近幾年來經常糧食歉收，我想可能是從事商業的人太多，而從事農業的人太少的緣故。命令各郡各國的行政官員務必勸說人們大力從事農業生產、種植各種作物，這樣才能夠得到足夠的衣服和食物。官吏如果調用黎民百姓或雇人從事開採黃金、珠玉的，就是犯了貪贓為盜之罪。俸祿兩千石的官吏聽之任之而不加管束，與他們同罪。」

正月十七日甲寅，為皇太子劉徹行加冠禮。

正月二十七日甲子，漢景帝在未央宮駕崩。太子劉徹即皇帝位，當時劉徹年僅十六歲。尊竇太后為太皇太后，尊王皇后為皇太后。

二月初六日癸酉，將孝景皇帝安葬於陽陵。

三月，漢武帝封皇太后的同母異父兄弟田蚡為武安侯，封田勝為周陽侯。

班固在《漢書・景帝紀》的贊語中說：「孔子說過：『這些黎民百姓，如果是在夏、商、周三代的鼎盛時期都是可以直道而行的。』確實是這樣的啊！周末與秦王朝的政治衰敗，在於法網嚴密，刑法殘酷，而為非作歹的人卻數不勝數。漢朝建立以來，廢除了秦朝的嚴刑苛法，使百姓得到休養生息。到孝文帝時，加上皇帝謹慎謙虛，生活節儉。孝景帝繼承了文帝的優良傳統。所以在這五六十年的時間裡，就使社會風氣和習俗得到了很大改變，百姓淳樸敦厚。周朝八百年間受人稱道的是『成康之治』，漢朝四百年間受人稱道的是『文景之治』。這是多麼美好的時代啊！」

漢朝是在秦王朝政治衰敗的基礎上建立起來的國家，要做的事情很多、很繁雜而物資又極度匱乏。即使是貴為天子，在當時也很難湊夠同一種顏色的四匹馬，而將相們有人只能乘坐牛車，平民百姓的家中就更是毫無積蓄可言。天下平定以後，漢高祖就下令商人不得穿絲綢衣服、不得乘坐車子，並加重徵收商人的賦稅，使他們感到經商是件很困難、恥辱的事情。到了孝惠帝、呂后統治時期，因為國家剛剛安定下來，對商賈進行限制的各種法律逐漸放寬，但工商業者的子孫仍然不許做官。朝廷根據政府發給官吏的俸祿，根據國家興辦各種事業的費用，來確定向人民徵收賦稅的數額。而從山川、園林的開發者與市場工商業者所徵收來的各種賦稅全部納入國庫，從天子到諸侯、公主都有自己的湯沐邑作為自己的固定收入，不再依靠國家撥發經費。通過水陸運輸將山東各郡、各封國生產的糧食調運到京師以供給京師各政府部門的需要，每年所需不過數十萬石。漢文帝、漢景帝相繼即位，他們提倡清淨無為、謙恭節儉，使人民得到休養生息。經過七十多年的時間，國家太平無事，如果不是遇到水旱等自然災害，每個人、每個家庭都能自給自足。不論是京都還是邊遠地區的大小倉庫，全都裝滿了糧食，府庫裡也堆積著用不完的錢財貨物。在京師的國庫中的錢更是積累了千千萬萬，因為穿銅錢的繩索都已腐朽，以至於無法統計數目。京都的大糧倉裡儲存的糧食陳糧加陳糧，層層堆積，倉內盛不下，只能露天堆放，以至於糧食都腐爛得不能再食用。平民百姓居住的街巷裡有馬，而田間小路上更是牛馬成群，如果有人乘坐母馬或小馬，就會被人看不起而受到排斥不得參與聚會。就連守衛里巷的小人物都吃著精美的食物；因為國家太平無事，官吏不輕易調動，在任職期間就連子孫都長大了，那些當官的有人乾脆就把官名作為了姓氏。所以當時人人自愛而不輕易觸犯法律，以行義為先而避免遭受屈辱。在那個時期，法網寬鬆而人民富足，於是有人開始憑藉充足的財富驕橫恣肆，有的甚至兼併土地，那些豪強惡霸相互勾結，橫行於鄉里。宗室有自己的封地，其富有自不必說，就是那些公、卿、大夫等大小官員，也都比賽著奢侈，他們居住的房屋、乘坐的車輛、穿的衣服，奢侈排場的程度都超過了規定，和他們的上級差不多，而不受任何限制。事物興盛到極致以後必然走向衰落，這是自然的變化規律。從此以後，到了漢武帝時期，對內窮奢極欲、鋪張浪費，在國外對四周的少數民族用兵，終於導致國家經濟蕭條，財力枯竭！

【研　析】本卷寫了景帝前三年（西元前一五四年）至景帝後三年（西元前一四一年）共十四年間的全國大事，其中可議論的主要有以下幾點：

其一，景帝時代的大事，最嚴重的莫過於吳楚七國之亂，本卷則寫了吳楚七國之亂的起因與景帝平定七國之亂的過程。

說到諸侯叛亂，一定會追究到分封制度，諸侯眾多，勢力又大，造反叛亂、不服中央是必然會有的事，這些不必討論；吳王濞桀驁不馴，且又國大富極，文帝在世他不會動作，但文帝死後，大概也就沒有別的人讓他心服了，造反恐怕也是勢在必然，這也不用討論。應該提出的一點是，景帝為太子時，驕縱蠻橫，因為下棋發生爭執時，居然可以扯起棋盤打死吳王濞的太子，而事後又不見文帝對此有任何補救的說法，這不僅讓吳王濞火冒三丈，從此與漢景帝結下不共戴天之仇，即使讓兩千多年以來的讀者說，大概也沒有什麼人會原諒漢景帝的行為，同時還會討厭漢文帝的護犢。因為即使你是皇帝、是太子，可你也得講理呀。

當吳楚七國發起叛亂時，漢景帝先是發生動搖，出賣原則，聽從袁盎的煽動，把對之忠心耿耿的鼂錯推出去當了替罪羊。後來發現上當了，卻又不對煽動他殺鼂錯的袁盎進行任何處置，這是一個皇帝應有的態度嗎？當妥協無效只好派兵討伐時，他又與周亞夫首先制定了拋出梁國讓吳楚軍打，以期趁機削弱梁國的一石二鳥之策。這些行為都讓人感到漢景帝極端自私。

吳楚七國的頭子除劉濞是漢景帝的叔叔外，其他幾個都是漢景帝的堂兄弟。劉家貴族窩裡內訌，大動刀兵，為此付出犧牲的絕大多數都是一些平民百姓和一些下層官吏與無辜士兵。但漢景帝對他派出的軍隊是怎麼要求的呢？他說：「擊反虜者，深入多殺為功，斬首捕虜比三百石以上者皆殺之，無有所置。敢有議詔及不如詔者，皆要斬。」（《史記‧吳王濞列傳》）攻入敵國，窮追猛打，殺人越多功勞就越大。結果被殺的都是些什麼人呢？好端端的一座揚州城（當時叫廣陵）就這樣被夷為了平地。幾百年後，劉宋的孝武帝攻打他的同父異母兄弟劉誕，揚州又被第二次夷為平地；又過了一千年，清兵入關，於是揚州又第三次全城被殺光。可憐的揚州啊！

吳王濞是驕橫而又昏聵無能的，其他六個反叛頭子也不見有任何的聰明才智。但在叛軍中有三個普通人物卻閃現了相當的光彩。一個是田祿伯，自告奮勇願率軍沿長江西進，溯漢水，入武關，與吳王會師於關中。另有一位桓將軍，建議吳王不要在沿路攻城上花費時間，要快速突進，佔領滎陽、洛陽，以號令天下。凌稚隆《史記評林》引王維楨曰：「田祿伯雖逆謀，然計卻為上策。」劉辰翁〈班馬異同〉評桓將軍之策曰：「少將名言，天下大計也。」第三位是周丘。他單身一人只向吳王濞討了一支漢節，持此節馳入下邳，說服下邳降吳。「周丘一夜得三萬人，使人報吳王，遂將其兵北略城邑。比至陽城，兵十餘萬，破陽城中尉軍。聞吳王敗走，自度無與共成功，即引兵歸下邳，未至，疽發背死。」如此的奇才，可惜生錯了時代，若生在陳勝起義時，稱王稱侯何足道哉！司馬遷在《史記》中首先描寫了這三個人；而後班固寫《漢書》時又將這三段文字全文移錄；司馬光寫《通鑑》又將這三段文字全文錄入。他們到底想表現什麼呢？我看至少表現了一種英雄生不逢時的深深遺憾。

其二，本卷寫了名將周亞夫之死。周亞夫是平定吳楚七國之亂的元勳，後來只因為反對漢景帝廢栗太子、反對漢景帝封國舅王信為侯、反對漢景帝封匈奴的降王為侯，於是就被漢景帝罷去丞相，並進一步刁難，將其下獄，而後誣衊他造反，並說「君縱不欲反地上，即欲反地下耳」，氣得周亞夫絕食自殺。李贄《藏書》對此評論說：「甚矣，居功之難也。使時無條侯，七國之兵豈易當哉？不三月而吳、楚破滅，雖十世宥之可也。景帝非人主矣。」何孟春曰：「吏之謂『反地下』之言，是以人命悅上意，而置無罪有功之臣於死地，廷尉不足道矣，景帝之朝豈無人能為解之者？亦由帝之不復可與言故也。」都對漢景帝提出了尖銳的批評。其實周亞夫的招人忌恨是由來已久的。當文帝在世，他到別的地方勞軍，都是「直馳入，將以下騎送迎」。偏偏到細柳營時，這裡的景象卻是「軍士吏被甲，銳兵刃，彀弓弩持滿。天子先驅至，不得入。先驅曰：『天子且至！』軍門都尉曰：『將軍令曰：「軍中聞將軍令，不聞天子之詔。」』居無何，上至，又不得入。於是上乃使使持節詔將軍：『吾欲入營勞軍。』亞夫乃傳言『開壁門。』壁門士請車騎曰：『將軍約：軍中不得驅馳。』於是天子乃按轡徐行。至營，將軍亞夫持兵揖曰：『介胄之士不拜，請以軍禮見。』」這一套過於做作的表演，誰能接受得了？當然，這段描寫本身就是民間傳說，不可深信，但其基本事實應該還是有的。其最主要的問題大約是表現了一種「在軍營內一切都應該聽我的」這樣一種思想，換成《孫子兵法》的語言就是「將在外，君命有所不受」。這句話說起來容易，真正做起來是哪個最高統治者也不會允許的。漢文帝謙恭謹慎，而且周亞夫當時的權位還很低，忍讓一點，還能博得一個流傳千古的美名，文帝何樂而不為？但到景帝就不同了，漢景帝為人忌刻，平白無故的時候還會找碴兒，更何況這個周亞夫到這時已經是功蓋天下，又先為太尉、後為丞相之職，別說周亞夫生性直正，說話不計後果；即使他能像張良那樣善於裝病裝傻，他也難逃一死。「將在外，君命有所不受」，可以在書本上講，小軍官講講也無妨，越是身為大將越是不能講。明代于謙算是做得很好了，到頭來還是死路一條。

其三是栗太子的問題。栗太子沒有任何過錯，有過錯的是他的母親栗姬。栗姬好妒忌，得罪了周圍的許多嬪妃，尤其嚴重的是她又得罪了漢景帝的姐姐長公主。於是長公主轉身與漢武帝的母親王夫人聯合起來，發起了一場倒栗的後宮政變。結果是栗姬被氣死，栗太子先被廢為臨江王，接著又進一步強加罪名被迫自殺。司馬遷滿含深情地在《史記・五宗世家》中對此補充寫道：當漢景帝喚劉榮進京時，「榮行，祖於江陵北門。既已上車，軸折車廢。江陵父老流涕竊言曰：『吾王不反矣！』榮至，詣中尉府簿。中尉郅都責訊王，王恐，自殺。葬藍田，燕數萬銜土置冢上，百姓憐之。」清代徐克範〈讀漢興以來諸侯年表補〉說：「太子榮不聞失德，(景帝)徒以嗛栗姬故，聽長公主之譖，輕易國本。夫壖垣，廟境外之虛邊也，罪亦細矣，何遽使中尉簿責蹙令自殺耶？方太子之被徵也，祖江陵北門，江陵父老俱流涕，是必有以感人者。帝奈何立之而廢之、而殺之？史稱帝『苛薄』，信哉！」朱翌《猗覺寮雜記》說：「景帝殺臨江閔王，燕數萬銜土置冢上；王莽掘丁姬冢，燕數千銜土投穿中。史書如此，非志怪也，以言禽獸哀憐之，人不如也。」人同此心，事有公論。

卷第十七

漢紀九

起重光赤奮若（辛丑　西元前一四〇年），盡強圉協洽（丁未　西元前一三四年），凡七年。

【題　解】本卷寫了武帝建元元年（西元前一四〇年）至元光元年（西元前一三四年）共七年間的全國大事，主要寫了漢武帝上臺後以尊儒名義向竇太后奪權，結果失敗；至竇太后死，武帝重新奪回權力，終於「尊儒」成功的反覆較量過程；寫了董仲舒上書對策，建言「罷黜百家，獨尊儒術」，實則是熔儒、法、陰陽之學為一爐，為漢王朝的「雜霸而治」提供理論的情況；寫了東甌部落為躲避閩越侵擾而遷入內地，寫了閩越部落為反漢而被漢王朝討平，以及淮南王劉安上書〈諫伐閩越〉的情景；寫了漢武帝招納文學之士與司馬相如上書邀寵、東方朔勇批逆鱗的不同境界；寫了萬石君石奮其人、汲黯其人的一些活動，以見漢武帝日益專制獨裁，朝臣日趨諂媚巧佞，而敢言敢爭之臣絕無僅有的可憐處境；寫了李廣出世，為下卷的大舉討伐匈奴做了伏筆。總之，這是武帝「多欲政治」，或者說是「大有作為」政治蓬勃展開前的序幕。

世宗孝武皇帝❶上之上

建元[2]元年（辛丑　西元前一四〇年）

冬，十月，詔舉[3]賢良方正直言極諫[4]之士，上親策問[5]以古今治道[6]，對者[7]百餘人。廣川董仲舒[8]對曰：「道者，所繇適於治之路[9]也，仁義禮樂皆其具[10]也。故聖王[11]已沒，而子孫長久安寧數百歲，此皆禮樂教化[12]之功也。夫人君莫不欲安存，而政亂國危者甚眾，所任者非其人，而所繇者非其道，是以政日以仆滅[13]也。夫周道[14]衰於幽、厲[15]，非道亡也[16]，幽、厲不繇[17]也。至於宣王[18]，思昔先王之德，興滯補敝[19]，明[20]文、武之功業[21]，周道粲然復興，此夙夜不懈[22]行善之所致也。

「孔子曰：『人能弘道，非道弘人[23]。』故治亂廢興在於己[24]，非天降命不可得反[25]，其所操持誖謬[26]，失其統[27]也。為人君者，正心以正朝廷[28]，正朝廷以正百官[29]，正百官以正萬民，正萬民以正四方[30]。四方正，遠近莫敢不壹於正[31]，而亡有[32]邪氣奸其間[33]者。是以陰陽調而風雨時[34]，羣生和[35]而萬民殖[36]。諸福之物[37]，可致之祥[38]，莫不畢至[39]，而王道終[40]矣。

「孔子曰：『鳳鳥不至[41]，河不出圖[42]，吾已矣夫[43]！』自悲可致此物[44]，而身卑賤不得致也[45]。今陛下貴為天子，富有四海，居得致之位[46]，操可致之勢[47]，又有能致之資(48)。行高而恩厚(49)，知明而意美(50)，愛民而好士，可謂誼主(51)矣。然而天地未應(52)，而美祥莫至者，何也？凡以(53)教化不立，而萬民不正(54)也。夫萬民之從利(55)也，如水之走下，不以教化隄防(56)之，不能止也。古之王者明於此，故南面而治天下，莫不以教化為大務。立太學以教於國(57)，設庠序(58)以化於邑(59)，漸民以仁，摩民以誼(60)，節民以禮(61)，故其刑罰甚輕，而禁不犯(62)者，教化行(63)而習俗美也。

「聖王之繼亂世(64)也，掃除其迹而悉去之(65)，復脩教化而崇起之(66)。教化已明，習俗已成，子孫循之(67)，行五六百歲尚未敗(68)也。秦滅先聖之道(69)，為苟且之治(70)，故立十四年而亡(71)。其遺毒餘烈(72)，至今未滅，使習俗薄惡，人民嚚頑(73)，抵冒殊扞(74)，孰爛(75)如此之甚者也。竊譬之(76)：琴瑟不調(77)，甚者必解而更張之(78)，乃可鼓也；為政而不行(79)，甚者必變而更化之(80)，乃可理(81)也。故漢得天下以來，常欲治而至今不可善治(82)者，失之於當更化而不更化也。

「臣聞聖王之治天下也，少則習之學(83)，長則材諸位(84)，爵祿以養其德(85)，刑罰以威其惡(86)，故民曉於禮誼而恥犯(87)其上。武王(88)行大誼，平殘賊(89)，周公(90)作禮樂以文之(91)，至於成、康之隆(92)，囹圄空虛(93)四十餘年。此亦教化之漸(94)，而仁誼之流[95]，非獨傷肌膚[96]之效也。至秦則不然。師[97]申、商[98]之法，行韓非之說[99]，憎帝王之道[100]，以貪狼為俗。誅名而不察實[101]，為善者不必免[102]，而犯惡者未必刑[103]也。是以百官皆飾虛辭[104]而不顧實，外[105]有事君之禮，內有背上[106]之心，造偽飾詐[107]，趨利無恥。是以刑者[108]甚眾，死者相望[109]，而姦不息[110]，俗化使然[111]也。

「今陛下并有天下，莫不率服[112]，而功不加於百姓[113]者，殆王心未加[114]焉。曾子[115]曰：『尊其所聞[116]，則高明[117]矣；行其所知[118]，則光大[119]矣。高明光大，不在於他，在乎加之意[120]而已。』願陛下因用所聞[121]，設誠於內而致行之[122]，則三王何異[123]哉！

「夫不素[124]養士而欲求賢，譬猶不琢玉[125]而求文采[126]也。故養士之大者，莫大虖太學[127]。太學者，賢士之所關[128]也，教化之本原[129]也。今以一郡一國之眾，對亡應書者[130]，是王道往往而絕[131]也。臣願陛下興太學，置明師，以養天下之士，數考問[132]以盡其材[133]，則英俊宜可得矣。今之郡守、縣令，民之師帥[134]，所使[135]承流而宣化[136]也。故師帥不賢，則主德[137]不宣，恩澤不流[138]。今吏既亡教訓於下[139]，或不承用主上之法[140]，暴虐百姓，與姦為市[141]。貧窮孤弱，冤苦失職[142]，甚不稱[143]陛下之意。是以陰陽錯繆[144]，氛氣充塞[145]，羣生寡遂[146]，黎民未濟[147]，皆長吏不明，使至於此也。

「夫長吏多出於郎中、中郎[148]、吏二千石子弟[149]，選郎吏又以富訾[150]，未必賢也。且古所謂功[151]者，以任官稱職為差[152]，非謂積日累久[153]也。故小材雖累日，不離於小官；賢材雖未久，不害為輔佐[154]，是以有司[155]竭力盡知[156]，務治其業而以赴功[157]。今則不然。累日以取貴[158]，積久以致官[159]，是以廉恥貿亂[160]，賢不肖渾殽[161]，未得其真[162]。臣愚以為使諸列侯[163]、郡守、二千石各擇其吏民之賢者，歲貢各二人以給宿衛[164]，且以觀大臣之能[165]。所貢賢者，有賞；所貢不肖者，有罰。夫如是，諸吏二千石皆盡心於求賢，天下之士可得而官使[166]也。偏得天下之賢人，則三王[167]之盛易為[168]，而堯、舜之名可及[169]也。毋以日月為功[170]，實試賢能[171]為上，量材而授官[172]，錄德而定位[173]，則廉恥殊路[174]，賢不肖異處[175]矣。

「臣聞眾少成多[176]，積小致鉅[177]，故聖人莫不以晻致明[178]，以微致顯[179]。是以堯發於諸侯[180]，舜興虖深山[181]，非一日而顯也，蓋有漸以致之[182]矣。言出於己，不可塞[183]也；行發於身，不可掩[184]也，言行，治之大者[185]，君子之所以動天地也[186]。故盡小者大[187]，慎微者著[188]。積善在身[189]，猶長日加益[190]，而人不知[191]也；積惡在身，猶火銷膏[192]，而人不見[193]也。此唐、虞之所以得令名[194]，而桀、紂之可為悼懼[195]

者也。

「夫樂而不亂[196]，復而不厭[197]者，謂之道[198]。道者萬世亡敝[199]，敝者道之失也[200]。先王之道，必有[201]偏而不起[202]之處，故政有眊而不行[203]，舉其偏者以補其敝[204]而已矣。三王之道，所祖不同[205]，非其相反[206]，將以救溢扶衰[207]，所遭之變然也[208]。故孔子曰：『無為而治者，其舜乎[209]！』改正朔[210]，易服色[211]，以順天命而已，其餘盡循堯道[212]，何更為[213]哉？故王者有改制之名，亡變道之實。然夏上忠[214]，殷上敬[215]，周上文[216]〔1〕者，所繼之救[217]，當用此也。孔子曰：『殷因於夏禮[218]，所損益可知也[219]。周因於殷禮，所損益可知也。其或繼周者[220]，雖百世可知也[221]。』此言百王之用，以此三者[222]矣。夏因於虞，而獨不言所損益者，其道一而所上同[223]也。道之大，原出于天，天不變，道亦不變。是以禹繼舜，舜繼堯，三聖相受[224]而守一道[225]，亡救敝之政[226]也，故不言其所損益[227]也。繇是觀之，繼治世[228]者其道同[229]，繼亂世者其道變。今漢繼大亂之後，若宜少損周之文致[230]，用夏之忠[231]者。

「夫古之天下，亦今之天下。共是天下[232]，以古準今[233]，壹何不相逮之遠也[234]？安所繆盭而陵夷若是[235]？意者[236]有所失於古之道與！有所詭[237]於天之理與！

「夫[238]天亦有所分予[239]，予之齒者去其角[240]，傅其翼者兩其足[241]，是所受大者不得取小(242)也。古之所予祿者(243)，不食於力(244)，不動於末(245)，是亦受大者不得取小，與天同意(246)者也。夫已受大，又取小，天不能足(247)，而況人虖！此民之所以囂囂(248)苦不足也。身寵而載高位(249)，家溫而食厚祿，因乘富貴之資力，以與民爭利(250)於下，民安能如之哉(251)？民日削月朘(252)，寖以大窮(253)。富者奢侈羨溢(254)，貧者窮急愁苦，民不樂生，安能避罪(255)！此刑罰之所以蕃(256)而姦邪不可勝(257)者也。

「天子、大夫(258)者，下民之所視效(259)，遠方之所四面而內望(260)也。近者視而放(261)之，遠者望而效之，豈可以居賢人之位，而為庶人行(262)哉！夫皇皇(263)求財利，常恐乏匱(264)者，庶人之意也；皇皇求仁義，常恐不能化民(265)者，大夫之意也。易曰：『負且乘，致寇至(266)。』乘車者，君子之位也；負擔者，小人之事也，此言居君子之位而為庶人之行者，患禍必至也。若居君子之位，當君子之行，則舍(267)公儀休之相魯(268)，無可為者矣。

「春秋大一統(269)者，天地之常經(270)，古今之通誼(271)也。今師異道(272)，人異論(273)，百家殊方(274)，指意不同(275)，是以上(276)無以持一統(277)，法制數變，下(278)不知所守(279)。臣愚以為諸不在六藝之科(280)、孔子之術(281)者，皆絕其道(282)，勿使並進(283)。邪辟之說(284)滅息(285)，然後統紀(286)可一而法度可明，民知所從矣(287)！」

天子善其對，以仲舒為江都相(288)。會稽莊助(289)亦以賢良對策，天子擢(290)為中大夫(291)。丞相衛綰(292)奏：「所舉賢良(293)，或治申、韓、蘇、張之言(294)、亂國政者，請皆罷(295)。」奏可(296)。董仲舒少治春秋(297)，孝景時為博士(298)，進退容止(299)，非禮不行，學者皆師尊之(300)。及為江都相，事易王(301)。易王，帝兄，素驕，好勇(302)。仲舒以禮匡正(303)，王敬重焉。

春，二月，赦。

行三銖錢(304)。

夏，六月，丞相衛綰免。丙寅(305)，以魏其侯竇嬰(306)為丞相，武安侯田蚡(307)為太尉(308)。上雅嚮(309)儒術，嬰、蚡俱好儒，推轂(310)代趙綰(311)為御史大夫(312)，蘭陵王臧(313)為郎中令(314)。綰請立明堂(315)，以朝諸侯(316)，且薦其師申公(317)。秋，天子使使束帛加璧(318)、安車(319)駟馬(320)以迎申公。

既至，見天子。天子問治亂之事，申公年八十餘，對曰：「為治者(321)不至多言(322)，顧力行何如耳(323)！」是時，天子方好文詞(324)，見申公對，默然(325)。然已招致，則以為太中大夫(326)，舍魯邸(327)，議明堂(328)、巡狩(329)、改曆(330)、服色(331)事。

是歲，內史甯成(332)抵罪髡鉗(333)。

【章　旨】以上為第一段，寫武帝建元元年（西元前一四〇年）的全國大事，主要寫了漢武帝下詔書讓各郡、各諸侯國推舉「賢良方正」之士進京應對，和董仲舒上書應對「天人三策」的詳情。董仲舒的原文共三篇，見《漢魏六朝百三名家集》之《董膠西集》，篇前附有漢武帝所試問的原題。司馬光在這裡是按次序摘取了三篇文章中的一些段落，串聯成為一篇。這篇文字代表了董仲舒的主要思想主張與其散文風格。也寫了漢武帝為在全國範圍內推行尊儒活動所做的一些組織方面的準備，如撤換國家的主要執政官員，調集有影響力的儒生進京等等。

【注　釋】❶世宗孝武皇帝　名徹，景帝之子，王皇后所生，西元前一四〇—前八七年在位。謚曰武，廟號「世宗」。事跡詳見《漢書・武帝紀》。❷建元　武帝的第一個年號，西元前一四〇—前一三五年。❸舉　向朝廷推薦。❹賢良方正直言極諫　既有較好的人品，又能大膽提出意見的人，後來遂成為漢代選拔官吏的科目之一。「賢良方正」也可以簡稱「賢良」。❺親策問　親自出題目讓應詔前來的人們回答。策問，因為所問的題目是寫在竹簡上，故稱「策」，後來就成了文體名稱，專指帝王用以考試應試者的題目。❻古今治道　古往今來治國平天下的道理。❼對者　對策者，即各郡國應詔推薦前來參加對問的「賢良方正直言極諫」之士。❽廣川董仲舒　董仲舒是廣川縣（縣治即今河北景縣西南之廣川鎮）人，以研究《公羊春秋》聞名。事跡詳見《史記・儒林列傳》與《漢書・董仲舒傳》。❾所繇適於治之路　使國家得到治理的必經之路。繇，經。適於治，達到治理。❿具　辦法；內容。⓫聖王　能以「仁、義、禮、樂」治國的帝王。⓬教化　教導、化育。⓭仆滅　顛仆、滅亡。⓮周道　周王朝的政治。⓯衰於幽厲　從周幽王、周厲王開始衰敗。周厲王名胡，西元前八七七—前八四一年在位，因殘暴無道，被國人驅逐，流亡而死。周幽王名宮涅，周厲王之孫，周宣王之子，西元前七八一—前七七一年在位，因荒淫無道，被故太子一黨勾結犬戎所殺。幽王、厲王被後人稱作荒淫殘暴之君的代表。⓰非道亡也　當時並不是沒有好的道路可走。亡，無；沒有。⓱幽厲不繇　是周幽王、周厲王不走正道。⓲宣王　周宣王，厲王之子，西元前八二七—前七八二年在位，被稱為西周中興之主。⓳興滯補敝　猶今所謂改革弊政，「破舊立新」。⓴明　猶今所謂「光大」、「宏揚」。㉑文武之功業　周文王、周武王所開創的基業。㉒夙夜不懈　猶今所謂晝夜不停。夙，早，這裡即指白天。㉓人能弘道二句　道要靠著人去弘揚，而不是道能使人自然變好。以上兩句見《論語・衛靈公》。㉔己　指統治國家的帝王。㉕非天降命句　並不是老天爺降下聖旨，一切都不能改變了。㉖操持詩謬　所採取的辦法措施荒謬。㉗失其統　丟掉了傳統；離開了正道。㉘正心以正朝廷　先端正自己的思想，而後端正朝廷。正心，端正自己的思想。㉙正朝廷以正百官　朝廷端正了再端正下面各級官吏。㉚正萬民以正四方　國內的萬民都端正了，再去端正周邊的少數民族。㉛壹於正　一切都歸於正道。㉜亡有　無有。亡，同「無」。㉝奸其間　摻雜於其中。奸，犯；摻入。㉞陰陽調而風雨時　陰陽二氣調和，風雨應時而至。㉟羣生和　自然萬物都長得好，和諧共處。㊱萬民殖　人口增加。殖，繁衍。㊲諸福之物　各種象徵幸福的事物，如甘露、祥雲等等。㊳可致之祥　受美好政治感動而出現的吉祥之物，如鳳凰、麒麟等等。㊴莫不畢至　沒有一樣不出現。畢，盡；完全。㊵王道終　王道達到了頂點。按，漢朝人迷信天人感應，以為人間的政治好，天地自然的反應也就好，如文中所述；人間的政治不好，天地自然就要發生災變，如日蝕、彗星、地震、冰雹、乾旱、蝗災等等。㊶鳳鳥不至　時代政治良好，可以感動鳳凰降臨；現在鳳凰不至，表明社會政治有問題。㊷河不出圖　相傳伏羲時代政治良好，感動得黃河中有龍馬馱著圖畫出現，於是伏羲參照此圖畫了八卦。現在沒有河圖出現，說明社會政治不好。㊸吾已矣夫　看來我這輩子算是完啦。以上三句見《論語・子罕》。是孔子感歎自己生不逢時。㊹可致此物　如果自己的主張能夠實現，本來也是可以招致這種事物出現的。㊺而身卑賤不得致也　但由於自己不在其位，不能行道，所以那種異物也就沒法招來了。㊻居得致之位　言身為皇帝，具備招引這些異物出現的條件。㊼操可致之勢　掌握著招致這種祥瑞出現的辦法與權勢。㊽能致之資　能夠招致祥瑞出現的基礎。資，基礎；條件。㊾行高而恩厚　品行既崇高，對百姓施恩又深厚。㊿知明而意美　才智既英明，用意又善良。知，通「智」。(51)誼主　仁德之君。誼，通「義」。(52)未應　未做出反應。(53)凡以　主要是因為。凡，總。(54)萬民不正　委婉之言，意思實指現今的由上而下都不正。(55)從利　追求財利。(56)隄防　堤岸，這裡用如動詞，意即約束、限制。(57)國　都城。(58)庠序　古代學校名。(59)邑鄉　邑；鄉鎮。(60)漸民以仁二句　意即用仁、義慢慢地教育感化民眾。漸，像水一樣慢慢滲透。摩，像鐵杵磨針一樣逐漸形成。(61)節民以禮　用禮來節制人們的行為舉止。(62)禁不犯　意即不犯禁，不違背法律規章。(63)教化行　教育工作普遍推行，人們都受到了足夠的教育。(64)繼亂世　接過亂世進行治理。(65)掃除其迹而悉去之　意即將舊有的一切壞風氣、壞規章、壞制度通通廢除。(66)復脩教化而崇起之　重新建立一套教育制度來提高他們。崇起，提高。(67)子孫循之　後輩都按著先輩的樣子做。循，遵照。(68)行五六百歲尚未敗　指周朝的政治影響自西周建國直到春秋中期尚未消解。(69)先聖之道　文王、武王、周公、孔子所倡導的治國之道。(70)苟且之治　指商鞅、韓非所倡導的殘暴統治。苟且，湊和；臨時對付。儒家以為法家的理論是一種治標不治本的辦法，只能打擊犯罪，而不能消除犯罪的根源。(71)十四年而亡　指從秦始皇統一六國（西元前二二一年）到秦二世被殺秦國滅亡（西元前二〇七年），共十四年。(72)餘烈　餘業；殘留的章程辦法。(73)嚚頑　《左傳》僖公二十四年云：「口不道忠信之言為嚚，心不則德義之經為頑。」這裡即指奸詐、惡劣。(74)抵冒殊扞　謂觸犯法律，頑強抗拒。抵，抵觸。冒，冒犯。殊，絕。扞，拒。(75)熟爛　腐朽敗壞。(76)竊譬之　我曾對這種狀況打過比喻。竊，謙詞。(77)琴瑟不調　琴瑟彈出的聲音不和諧。(78)必解而更張之　要把琴絃卸下來另換上一根。(79)不行　行不通；不能解決問題。(80)必變而更化之　一定要改變政治重新建立一套新的辦法。更化，改用新的治理辦法。(81)可理　可用以治理國家。理，治。(82)不可善治　未能治理成功。(83)少則習之學　少年人要讓他們學習知識、增長學問。(84)長則材諸位　到了成年就要量材而授之以職位。長，成年。(85)爵祿以養其德　給他們以一定的爵位俸祿，以激勵、提高他們的品德。(86)刑罰以威其惡　要讓他們知道刑罰的厲害，以警告他們不能作惡。(87)恥犯　不好意思侵犯，認為侵犯別人是可恥的。(88)武王　周武王。(89)行大誼二句　指討伐並滅掉殷紂。殘賊，殘忍兇暴的意思，這裡用如名詞。(90)周公　姬旦，文王之子，武王之弟。(91)文之　美化他，美化、歌頌文王、武王的政治、功業。(92)成康之隆　到周成王、周康王時，功業、政治興盛到了頂點，即歷史上所說的「成康之治」。(93)囹圄空虛　由於沒有犯罪而監獄裡沒有犯人。囹圄，牢獄。(94)教化之漸　道德教育的逐步深入人心。(95)仁誼之流　仁義思想的廣泛流布。(96)傷肌膚　指用刑法殘害人的形體，如宮刑、劓刑、刖刑等等。(97)師　以……為師，意即崇尚。(98)申商　申不害、商鞅，都是戰國時代法家的代表人物，商鞅協助秦孝公實行變法，使秦國得以富強。事見《史記．商君列傳》。申不害協助韓昭侯實行法制，使韓國得到穩定。(99)韓非之說　韓非是戰國末期韓國人，法家學派的集大成者，著有《韓非子》。事跡詳見《史記．老子韓非列傳》。韓非為秦始皇的統一六國、建立秦王朝提供了理論基礎。(100)帝王之道　五帝、三王治理天下的辦法，即儒家所鼓吹的仁義學說。(101)誅名而不察實　只圖虛名而不察實際。誅，貪求。(102)不必免　不一定能幸免於災難。(103)未必刑　不一定受到懲罰。(104)飾虛辭　用花言巧語打扮自己。(105)外　表面上。(106)背上　背叛主子；背叛皇帝。(107)造偽飾詐　弄虛作假。(108)刑者　受過刑的人。(109)相望　從這一個就能望到另一個，極言其多其密。(110)不息　一起接一起。(111)俗化使然　是秦朝的風俗教化造成了這種局面。(112)率服　相率歸服。(113)功不加於百姓　意即百姓們沒有獲得實際好處。(114)殆王心未加　看來是您的心思沒有用在他們身上。殆，恐怕；看來是。未加，沒有注意。(115)曾子　名參，字子輿，春秋末期魯國人，孔子的弟子。事跡見《史記．仲尼弟子列傳》。(116)尊其所聞　對於自己聽到的情況，要充分注意。尊，重視。(117)高明　偉大英明。(118)行其所知　凡是自己已經知道該做的事情就要努力去做。(119)光大　自己的功業就會越來越光輝偉大。(120)加之意　即今所謂注意，全神貫注。按，以上數句見《大戴禮．曾子疾病》。(121)因用所聞　把您聽到的情況都運用起來。(122)設誠於內而致行之　要誠心誠意地把它們付之於實際行動。123三王何異　那麼您就和夏禹、商湯、周文王、周武王沒有什麼不同了。124素　平素；平常。125不琢玉　不雕琢玉石。126文采　這裡指玉製的工藝品、裝飾品。127太學　國家在京城舉辦的最高學府。128賢士之所關　意謂許多賢士都是太學培養出來的。129教化之本原　意即太學是國家的教育工作首先發起、首先開始的地方。本原，根基。130今以一郡一國之眾二句　現在一個郡、一個諸侯國有那麼多人口，居然沒有一個人能響應皇上的詔書前來應對。亡，通「無」。書，指讓各郡國派遣賢良文學進京應對的詔書。131王道往往而絕　意即有些郡、國看來是根本沒人懂得儒家學說。往往，有的；有些。132數考問　時常提出些問題讓他們回答。數，時常；屢屢。133以盡其材　讓他們充分展現他們的才學。134師帥　即師表。帥，通「率」。表率。135所使　是被皇帝派出。136承流而宣化　是秉承皇帝的意旨去對天下萬民進行宣傳教育的。承流，接受上頭的意旨。宣化，宣傳皇帝的思想主張。137主德　皇上的隆恩、德音。138不流　不能廣泛流布。139亡教訓於下　對黎民百姓不進行教育、感化。140不承用主上之法　不貫徹、不執行朝廷的法律章程。141與姦為市　與壞人相勾結，權錢交易。142冤苦失職　含冤受苦，流離失所。失職，失所；失業。143不稱　不相稱；不符合。144陰陽錯繆　猶言「陰陽失調」，如該熱不熱，該冷不冷；冬天開花，夏天降雪等等。145氛氣充塞　烏煙瘴氣充滿天空。氛氣，妖邪之氣。146羣生寡遂　各種有生命的動物、植物都不能得到順利生長。147未濟　不能得到救助。濟，救。148郎中中郎　都是帝王身邊的侍從人員，郎中的官秩為三百石，中郎的官秩為六百石，上屬郎中令統轄。郎中、中郎的地位雖不高，但因在帝王身邊，職位榮耀，且又容易被派出任較高的官職。149吏二千石子弟　漢代二千石高官有保任其子弟為郎、為吏的特權。二千石指地方官的郡守、諸侯相與朝官的中尉、主爵都尉等等。150選郎吏又以富訾　漢朝規定，家資達到「十算」，也就是有十萬銅錢的富貴家庭，可以進入官場為吏，或到帝王身邊為郎，如張釋之、司馬相如等人就是這樣進入官場的。漢代所以制定這種政策，是他們認為家庭富有的人做官後就不會貪汙受賄。訾，通「資」。151功　居官任職的情況。152以任官稱職為差　是根據任職完成任務的程度定出高下。差，等級。153非謂積日累久　不是靠在官場混的日子長。154不害為輔佐　不妨礙超任大官。不害，不妨礙。輔佐，帝王的左膀右臂，指丞相之職。155有司　負責某種任務的官吏。156竭力盡知　花出全部的力量與才智，猶今所謂「盡心竭力」。知，通「智」。157務治其業而以赴功　追求的是做好自己的工作以迎接上級的考核。赴功，迎接考核。158累日以取貴　靠著日子長就能得到富貴。159積久以致官　幹的時間長了就能高升。160廉恥貿亂　清廉的與無恥的混雜在一起。貿亂，混雜。161賢不肖渾殽　有才幹的與沒出息的混淆在一起。不肖，沒出息；不成材。162未得其真　看不出誰是賢才、誰是濫竽充數。163諸列侯　此處「列」似應削，「諸侯」即指各諸侯王。「列侯」只食一個縣，似不能與「郡守」並列而稱。164歲貢各二人以給宿衛　意謂各諸侯國、各郡守、各個二千石以上的其他高官，每年都向朝廷推薦兩個人為郎官。歲貢，每年選送。給，充當。宿衛，在宮中值宿警衛，即充任郎官之職。(165)觀大臣之能　由這種向朝廷選送人才來觀察他們的辦事能力。(166)官使　意即「任使」、「任用」。(167)三王　夏、商、周三代的開國之王，夏禹、商湯、周文王與周武王。(168)易為　容易做到。(169)可及　可以與之並美。(170)毋以日月為功　不要看他做官的時間長短，關鍵在於看他的水平、能力。(171)實試賢能　要認真考核他們的實際才能。(172)量材而授官　根據才能大小而授予不同的官職。量，衡量。(173)錄德而定位　根據品行高低而確定不同的爵位。錄，收；採。這裡也是根據的意思。(174)廉恥殊路　廉潔者與無恥者就有了區別。(175)異處　不再混雜在一起。(176)眾少成多　把很多的「少」匯聚起來，就會成「多」。眾，這裡用如動詞，意即「匯聚」。(177)積小致鉅　把很多的「小」積合起來，就會成「大」。(178)以晻致明　由不英明變為英明。(179)以微致顯　由低微變為顯貴。(180)堯發於諸侯　堯從一個唐國諸侯上升為天子。(181)舜興虖深山　舜由一個在歷山耕種的平民上升為帝王。(182)有漸以致之　是逐漸取得的結果。漸，逐漸，如水之浸潤。(183)不可塞　不能堵住眾人的耳朵。意即錯話一旦說出，便不能追回。(184)不可掩　無法掩蓋。意即錯事一旦做了，就沒法讓人不知道。(185)言行二句　君主的一言一行，對於治理國家都有重要影響。(186)君子之所以動天地也　君主的一言一行都會引起天地神靈的關注，而為之做出反應。按，這就是董仲舒所說「天人感應」。(187)盡小者大　能把一切小事都做好，這就成了偉大功業。(188)慎微者著　能把一切不顯眼的問題都解決好，那就解決了大問題。(189)積善在身　指每天不停地做好事。(190)長日加益　自己的身體一天天地長高。(191)人不知　自己感覺不到。(192)猶火銷膏　如同燈火不斷消耗燈油。(193)人不見　人一時看不出燈油的減少。(194)令名　美名。(195)可為悼懼　其結局可悲可怕。(196)樂而不亂　能讓人感到快樂而不致放縱。(197)復而不厭　能讓人反覆學習而不致厭倦。(198)謂之道　這就是通常所說的「道」。按，「道」是儒家、道家所慣用的名詞，大體即「原則」、「規律」的意思。(199)萬世亡敝　意即萬古不變、永世常存。亡，通「無」。敝，敗壞。(200)敝者道之失也　如果一個國家的政治敗壞，那就是因為它沒有依道而行。(201)必有執政者在推行先王之道時難免產生。(202)偏而不起　只取用了其中的某個方面，而對其他方面有所忽略。(203)眊而不行　所以政治才出現昏亂，社會出現問題。眊，不明；昏亂。(204)舉其偏者以補其敝　只要對那些偏頗的地方加以糾正，對產生的弊病加以補救就行了。(205)所祖不同　剛建國時所面對的社會問題不同。祖，出發點。(206)非其相反　並不是在大道的總體上有什麼不一樣。(207)捄溢扶衰　他們的工作只是把過頭的地方改一改、把不夠的地方予以加強就是了。溢，過分。衰，做得不夠。(208)所遭之變然也　所遇到的問題就是這樣的。(209)無為而治者二句　能一切都謹遵先王之道，不做任何變動的，大概也就是舜了吧。孔子此語見《論語・衛靈公》。(210)改正朔　指改用一套新曆法。正朔，每年正月的第一天。古代每個新王朝開始，總要改用另一個月作為新年開始的第一個月。如夏朝是用一月為開始，商朝是用十二月為開始，周朝是用十一月為開始，秦朝是用十月為開始等等。211易服色　改用一種新的車駕與禮服的顏色。如秦朝用黑、漢朝用黃等等。212循堯道　一切都遵循堯的章程制度而行。213何更為　何必更改一套新的呢。214夏上忠　夏朝崇尚「樸直」以治天下。上，通「尚」。崇尚。忠，指樸實正直。215殷上敬　殷朝崇尚「虔敬」以治天下。敬，指虔敬鬼神。216周上文　周朝崇尚「文采」以治天下。文，指規章制度。217所繼之捄　針對前一個王朝遺留的既定問題而採取的救治辦法。218殷因於夏禮　殷朝的禮是繼承夏朝的禮制發展而來。219所損益可知也　它所增加的是什麼，削減的是什麼，這些我都可以考證清楚。220其或繼周者　繼周之後的新王朝又將會怎麼變化。221雖百世可知也　即使再過幾百個朝代，我也能大概估計到，反正是萬變不離其宗。世，古指三十年為一世，但這裡即指朝代。以上數句見《論語・為政》。222三者　即指「忠」、「敬」、「文」三種治國方略。《史記・高祖本紀》有所謂「夏之政忠。忠之敝，小人以野，故殷人承之以敬。敬之敝，小人以鬼，故周人承之以文。文之敝，小人以僿，故救僿莫若以忠。三王之道若循環，終而復始。」董仲舒此語即依司馬遷說。223所上同　意謂夏朝所崇尚的治國方略與舜相同，故可絲毫不改。上，意思同「尚」。224相受　相互傳授，指堯傳位於舜、舜傳位於禹。225守一道　堅守同樣的治國原則。226亡捄敝之政　因為前一個朝代沒有弊政，所以後一個朝代也沒有糾正弊病的措施。227故不言其所損益　孔子所說的「損益」云云是指「禮」，董仲舒引來說治國方略，有些偷換概念。228治世　太平時代；太平國家。229其道同　治國的方略相同。230宜少損周之文致　應把周朝以「文采」治國的方略稍微做些變化。按，漢乃滅秦而建國，董仲舒不說應如何改變秦朝的弊病，而說宜「損周之文致」，此乃因漢朝建國以來有些人不把秦朝看成一個朝代，大唱漢朝乃是上繼周朝的緣故。少，意思同「稍」。231用夏之忠　採取夏朝以「樸實正直」治國的方略。232共是天下　都是狀況相同的天下。233以古準今　以古代的聖世來比較今世。準，衡量；比較。234壹何不相逮之遠也　為什麼今世與古代聖世差得那麼遠呢。壹何，多麼。不相逮，比不上。也，同「耶」。反問語氣詞。235安所繆盭而陵夷若是　究竟是什麼地方出了毛病而跌落到了今天這種樣子。繆盭，這裡即指毛病、差錯。陵夷，衰落。若是，如此。236意者　莫非是，表示推測的語氣詞。237詭　違背。238夫　句首發語詞。239天亦有所分予　天對萬物的給予是有區別的。分予，分別給予。240予之齒者去其角　凡是長了好牙的就不讓牠再長犄角。241傅其翼者兩其足　凡是長了翅膀的就讓牠只長兩隻腳。傅，給。242所受大者不得取小　享受了大好處的就不能再佔小便宜。243所予祿者　享受了國家俸祿的官吏。祿，薪俸。244不食於力　不能再去從事體力勞動掙錢。245不動於末　不能從事工業、商業活動賺錢。末，指工商業活動。古人稱農業為本業，稱工商為末業。246與天同意　謂國家對官吏的這些限制與天對萬物的限制意思是相同的。247天不能足　連老天爺也無法再讓貧困者得到滿足。(248)囂囂　眾聲怨怒的樣子。(249)載高位　居於高級官位。載，登；居。(250)爭利　指官吏同時從事商業與工農業活動。(251)民安能如之哉　百姓怎能競爭過他們呢。(252)日削月朘　意即長年累月地受剝削。朘，剝削。(253)寖以大窮　漸漸成為赤貧。(254)羨溢　富得流油、富得冒尖。羨，多餘。(255)民不樂生二句　如果百姓們都不想活啦，那他們還怕犯罪嗎。(256)蕃　多。(257)不可勝　無法制止。(258)天子大夫　指國家的各級官吏。(259)視效　觀瞻、效法，視為榜樣。(260)四面而內望　被四面八方舉國所圍著看的人。(261)放　同「仿」。效法。(262)庶人行　做起事來完全是一個平民的樣子。(263)皇皇　同「遑遑」。匆忙奔走的樣子。(264)常恐乏匱　只怕賺不到；只嫌賺得少。(265)化民　以仁義教化、感化黎民。(266)負且乘二句　意思是身上背的、車上拉的都是貨物，這樣的人就要招致土匪強盜來劫奪。負，背。乘，車載。以上兩句見《易經・解卦・文辭》。(267)舍　除；除……之外。(268)公儀休之相魯　公儀休為春秋時魯國之相。他的妻子善於織布，他認為這是與織布女工爭利，於是將其妻子休棄；他家園子裡的蔬菜長得好，他認為這又成了與農民爭利，於是將園子裡的蔬菜拔起來扔掉了。事見《史記・循吏列傳》。(269)春秋大一統　《春秋》相傳是孔子編寫的一部史書，為儒家教學用的六種經典之一。董仲舒認為這部書特別強調天下一統這件事。大，推崇；強調。一統，即天下只服從一個皇帝，一切規章制度、思想學說都出自一種聲音。(270)天地之常經　意謂天下一統是開天闢地以來永無改變的原則。(271)古今之通誼　是古往今來永不變化的道理。誼，同「義」。道理。(272)師異道　每個教師講他自己的一種主張。(273)人異論　每個學者講他自己的一種理論。(274)百家殊方　各家各派都講自己的一套治國辦法。(275)指意不同　各家學說的中心、要點互不相同。指，同「旨」。(276)上　指國家的執政者。(277)無以持一統　無法維持國家各方面的統一。(278)下　指全國的臣民百姓。(279)不知所守　不知該聽從哪一條。(280)六藝之科　《六藝》也稱《六經》，即《詩》、《書》、《易》、《禮》、《樂》、《春秋》六種儒家經典。科，條；範圍。(281)孔子之術　孔子的思想、學術。(282)皆絕其道　都把它們禁錮，不准流傳。(283)勿使並進　不能讓它們與儒家學說並行發展。(284)邪辟之說　儒家以外的各種異端邪說。辟，也是「邪」的意思。(285)滅息　熄滅。息，同「熄」。(286)統紀　指有關國家大政方針的規章制度等等。(287)民知所從矣　以上最後四行是整篇文章的總結，即建議漢武帝「罷黜百家，獨尊儒術」。(288)江都相　江都國之相。當時的江都王為景帝之子劉非，武帝的同父異母兄。相在諸侯國掌管該國行政，級別如同郡守，是該國的實際掌權者。(289)會稽莊助　會稽郡的莊助。會稽是漢郡名，郡治吳縣，即今江蘇蘇州。莊助到東漢時為避明帝諱，被人改稱「嚴助」。(290)擢　選拔。(291)中大夫　皇帝的侍從官名，掌議論，上屬郎中令。(292)衛綰　武帝時代的平庸官僚，景帝後期開始任丞相之職。(293)所舉賢良　指各郡、各諸侯國應詔向朝廷推薦的學者。賢良，當時向朝廷推薦人才的科目名。(294)或治申韓蘇張之言　有的人所學習、研究的是申不害、韓非、蘇秦、張儀等人的學問。申不害、韓非是戰國時代法家學派的學者，蘇秦、張儀是戰國時代最有名的縱橫家。事跡詳見《史記》的〈老子韓非列傳〉、〈蘇秦列傳〉、〈張儀列傳〉。[295]罷　黜免；不錄用。[296]奏可　衛綰給武帝的上書，被武帝認可，批准施行。亦即開始「罷黜百家，獨尊儒術」。[297]少治春秋　從小學習研究《春秋公羊傳》。[298]博士　此指帝王的侍從官名，以博學多聞在帝王身邊以備顧問之用。[299]容止　儀容舉止。[300]師尊之　尊之若師。[301]事易王　在江都易王劉非駕前任職為相。易字是劉非的諡。[302]好勇　好戰；以從軍作戰為樂事。吳楚七國謀反時，劉非曾從軍作戰；武帝時又上書要求擊匈奴。事見《史記・五宗世家》。[303]以禮匡正　用禮來暗示、糾正江都王不合禮法的活動。匡，扶之使正。[304]行三銖錢　漢帝國使用每文重三銖的銅錢。銖，一兩的二十分之一。[305]丙寅　六月初七。[306]魏其侯竇嬰　景帝母竇太后之姪，景帝的表兄弟，武帝的舅輩，被封為魏其侯。事跡詳見《史記・魏其武安侯列傳》。[307]武安侯田蚡　武帝母王太后的同母異父弟，武帝之舅，被封為武安侯。事跡詳見《史記・魏其武安侯列傳》。[308]太尉　國家的三公之一，主管全國軍事的最高長官。[309]雅嚮　素來喜歡。嚮，喜愛。[310]推轂　推動車輪，這裡即「推舉」、「推薦」的意思。轂，車輪中央承穿車軸的部位，這裡即指車輪。[311]代趙綰　代郡的趙綰。代，漢郡名，郡治即今河北蔚縣東北的代王城。[312]御史大夫　國家的三公之一，主管監察糾彈，職同副丞相。[313]蘭陵王臧　蘭陵是漢縣名，縣治在今山東棗莊東南。[314]郎中令　國家的九卿之一，掌守宮殿門戶，統領皇帝的侍衛官員。[315]明堂　儒生相傳的古代天子宣明政教、接受諸侯朝見的場所。但其樣子是什麼樣，漢代人已經一無所知。建立明堂是大搞尊儒的典型活動之一。[316]朝諸侯　接受諸侯朝拜。[317]申公　名培，漢初著名的儒生。事跡詳見《史記・儒林列傳》。[318]束帛加璧　一捆絲帛再加一塊玉璧，是古代聘請人或求見人所用的比較貴重的禮品。[319]安車　為便於老人乘坐，將車輪用蒲棉纏裹，使其不太顛簸的車子。[320]駟馬　四匹馬共拉一輛車，是古代比較華貴的車輛。[321]為治者　治理天下的人，這裡即指皇帝。[322]不至多言　用不著多說話。[323]顧力行何如耳　關鍵是你的實際行動如何。顧，看，猶今所謂「關鍵」、「重要的是」。力行，實踐；實際行動。[324]好文詞　喜愛文詞華麗的文章。也包括「喜愛夸夸其談」。[325]默然　心裡不高興，但未公然發作。[326]太中大夫　皇帝的侍從官名，掌議論，上屬郎中令。[327]舍魯邸　讓他在魯國諸侯的駐京辦事處裡住下來。舍，住宿。魯邸，魯國諸侯的駐京公館。[328]議明堂　這裡指討論如何建造明堂。[329]巡狩　有關皇帝到全國各地巡迴視察的事情。儒家有古代天子五年一巡狩之說。巡狩，義同「巡守」。意即視察各地諸侯與相應的封疆大吏為天子守土治民的情況。[330]改曆　改用新曆法，即前文所說的「改正朔」。[331]服色　即前文所說的「易服色」。[332]內史甯成　國家首都地區的行政長官姓甯名成，是當時有名的酷吏之一。事跡詳見《史記・酷吏列傳》。內史，行政區域名，指國家京城與其四周郊區，編制相當於其他地方的郡；也是該地區行政長官的官名，級別相當於郡守，但比郡守顯要。333抵罪髡鉗　因犯罪而受髡刑。髡，剃去男犯的頭髮。鉗，以鐵箍套著犯人的脖子。

【校　記】1夏上忠殷上敬周上文　原作「夏尚忠殷尚敬周尚文」。據章鈺校，乙十一行本作「夏上忠殷上敬周上文」，傅增湘校北宋本同。今從乙十一行本及《漢書・董仲舒傳》改。

【語　譯】世宗孝武皇帝上之上

建元元年（辛丑　西元前一四〇年）

冬季，十月，漢武帝下詔全國各地向朝廷舉薦「賢良方正」、「極言敢諫」的人才，漢武帝親自以「古今治道」為題測試對策者，參加對策的有一百多人。廣川人董仲舒在對策中說：「這裡所說的道，是指能使國家得到治理的必經之路，而仁、義、禮、樂是它的具體內容。所以古代能以仁、義、禮、樂治國的聖明君主即使已經去世，而他們的子孫後代仍然能夠長久地統治著國家，仍能使國家維持數百年的安寧與穩定，這都是實行禮、樂教化的功效。作為國君，沒有哪一個不希望自己的國家安定、國祚永存，但是國家政局混亂、政權不穩的卻很多；究其原因，就是所任用的官員不是合適的人選，所採用的治國方法不恰當，所以才使得國家一天天地走向滅亡。周朝的衰落是從周幽王、周厲王時期開始的，並不是當時沒有好的道路可走，而是周幽王、周厲王不走正道造成的。等到周宣王執政的時候，他思念先王的恩德，對前人該做而沒有做的就努力去做，對前人的失誤就努力的進行補救，終於使周文王、周武王建立起來的勳業發揚光大，使周朝的政治局面得以復興，這都是由於周宣王從早到晚毫不懈怠地推行善政的功效啊。

「孔子說：『人能夠把道發揚光大，而不是道能使人自然變好。』所以國家是穩定還是混亂、是興盛還是滅亡完全掌握在國君自己的手裡，並不是由上天做出安排，不能把它全都歸結為天命，如果採取的措施荒謬，就會丟掉了傳統、離開正確的道路。所以作為國君首先應該端正自己的思想，然後才能使朝廷端正，朝廷端正了再去使百官端正，百官端正了才能使萬民端正，國內的萬民都端正了才能使周邊的少數民族端正。

周邊的少數民族也端正了，那麼不論遠近就沒有人不端正，也就不會再有奸邪之氣攙雜在其中了。所以陰陽二氣調和、風雨應時而至，自然萬物欣欣向榮而人口得以繁衍。各種象徵幸福的事物、受美好政治感動而出現的各種吉祥之物，就都會一齊降臨，這就是王道政治達到了頂點。

「孔子說：『現在沒有鳳凰飛來，黃河中也沒有龍馬馱著圖畫出現，看來我的政治理想是無法實現了！』孔子認為自己的主張如果能夠實現，本來可以使這些祥瑞出現，但由於自己地位卑微、政治主張無法推行而祥瑞沒有出現，所以才發出如此的哀歎。如今陛下身為尊貴的天子，富有四海，具有招引這些祥瑞出現的條件，掌握著招致祥瑞出現的辦法和權勢，又有能夠招致祥瑞出現的基礎。品行既高尚而對百姓的恩德又厚重，才智既英明，用意又善良，既愛護百姓又敬重人才，可以稱得上是一位有道德的君主。雖然如此，天地神靈卻沒有做出相應的反應，而祥瑞也沒有出現，原因是什麼呢？主要是因為對人民的教化做得還不到位，萬民還沒有全部歸於端正。萬民追求財利的意識，就如同水往下流一樣，如果不能用教化去約束他們，就不能進行阻止。古代的聖明君主深明這個道理，所以凡是坐在國王寶座上治理國家的，沒有哪一個不把推行教化作為首要的任務。他們在都城設立太學用以教化全國的人民，在地方設立庠、序用來教化鄉鎮的人民，又用仁愛來感化人民，用道義來勉勵人民，用禮儀來約束人民，所以雖然運用的刑罰很輕，而人民卻很少觸犯刑法，這就是教化得到推行而使風俗純美的結果。

「聖明的君主即使繼承的是一個政治混亂的國家，他也會把亂世遺留下來的一切壞風氣、壞規章、壞制度全部掃除乾淨，重新建立起一套教育制度來提高萬民。一旦教化收到明顯的成效，純美的風俗已經形成，後代子孫遵循先輩的辦法去做而不改變，就是再經過五、六百年，這種政治影響也不會消亡。秦王朝拋棄了古代聖王的治國之道，而採用不正當的、只顧眼前利益的嚴刑酷法來治理國家，所以建國僅十四年就滅亡了。然而秦朝遺留下來的餘毒和影響，到現在還沒有被徹底清除，以至於天下的民風澆薄險惡，人民頑劣狡詐，輕易的觸犯刑法、抗拒制裁，腐朽敗壞到了如此嚴重的程度。我私下裡打個比喻：如果琴瑟彈出的音調不和諧，就要把舊琴絃卸下來更換一根新琴絃，然後才能彈奏出美好的音樂；治理國家也是如此，如果治理國家的方法不能收到預期的效果，甚至給國家造成一定程度的破壞，就應該考慮革新政治，重新建立一套新的辦法，國家才能夠治理好。所以從漢朝建立以來，雖然一直都想把國家治理好，卻一直沒能治理好，其原因就在於應當改革的沒有進行改革造成的。

「我聽說聖明的君主治理國家，在人的年紀還很小的時候就讓他學習知識以增長他們的才智，到了成年之後，就要根據他們的不同才能而授予不同的職位，給他們一定的爵位和俸祿來培養他們的品德，用刑罰來制止他們的惡劣行為，所以人民全都通曉禮儀而把冒犯尊長看作是恥辱。周武王姬發奉行大義，消滅了殘害人民的殘忍兇暴的商紂王，周公姬旦制定禮樂來美化時政，對人民進行教化，到了周成王、周康王之世，由於沒有人犯罪，監獄一直空置了四十多年。這就是教育感化的逐漸深入，人心和仁義思想逐漸浸潤的結果，而不是靠殘害人體的酷刑所能奏效的。到了秦朝就不是這樣了。秦朝尊崇申不害、商鞅的理論，奉行韓非的學說，憎惡五帝三王的治國之道，認為貪婪狠毒像豺狼一樣的習俗是正常現象。一味的追求虛名而不注重實際，做善事的不一定能幸免於災難，而作惡多端的人也不一定受到懲處。所以上下大小官吏全是空話連篇，只管做表面文章而不管內容是否符合實際，外表對君主恭敬有禮，而內心卻懷著背叛君主的想法，弄虛作假，奸詐欺騙，追逐利益不擇手段，寡廉鮮恥。所以儘管被嚴厲懲處的人很多，被處死的人一個接著一個，而姦淫邪惡並沒有因此而止息，這是當時的風俗教化造成的這種局面。

「如今陛下擁有天下，天下之人無不相率歸服，而陛下的恩德卻沒有施加到百姓的身上，恐怕是陛下還沒有把心思放在百姓身上。曾子說：『對於自己的所見所聞能夠引起高度的重視，就會變得很高明了；對於已經知道什麼是應該做的就馬上去做，自己的功業就會越來越光輝偉大。要達到高明偉大，沒有別的辦法，只在於特別留意罷了。』希望陛下將自己的所見所聞都運用起來，把應該做的事情誠心誠意地去做好，那麼，陛下跟夏禹、商湯、周文王、周武王比起來還有什麼區別呢！

「平時不注重培養知識分子，卻又想要得到賢能的人才，這就如同是對玉石不加琢磨就想要它呈現出美麗的文采一樣，是根本不可能的。所以說，培養知識型人才的關鍵，是要辦好太學。太學，是培養賢能人才的場所，是推行教化的基地。而現在每一個郡、每一個封國，都有那麼多的人口，但對於皇帝舉薦賢良文學的詔命，卻遴選不出一個人才，這說明古代聖賢明君治理國家的方法已經面臨著失傳的危險。所以我希望陛下興辦太學，聘請有真才實學的老師，為國家培養有用的人才，經常提些問題讓他們回答，使他們有機會充分展示他們的才華，這樣的話就可以從中物色到真正的英才了。現在的郡守、縣令，應該是人民的表率，他們的職責是秉承皇帝的旨意對萬民進行宣傳教育的。所以，起表率作用的郡守、縣令如果品格低下，那麼國君的德音就得不到廣泛的宣傳，國君的恩澤就不能廣泛地流布。如今的官吏不僅不能教化百姓，有的甚至不貫徹執行朝廷的法律章程，他們殘酷地虐待百姓，與壞人相互勾結、進行權錢交易。人民貧苦孤弱，受盡冤屈痛苦，失業流離，這完全違背了陛下愛民的本意。所以才會出現陰陽失調，烏煙瘴氣充滿天空，自然萬物都不能正常生長，百姓得不到救濟，都是由於郡守、縣令等地方官吏昏庸、腐敗所造成的慘象。

「那些長吏大多出身於郎中、中郎以及俸祿在二千石以上官員的子弟，再加上選拔郎吏又必須以擁有相當數量的家產做基礎，所以這些人未必是才德兼備。再說，古人所說的『功勞』，是根據他能不能勝任職務以及能力的大小來區分高低，而不是靠他的任職年限長。所以如果才能低下，即使是幹了很長時間，也依然當他的小官；而有能力的人雖然任職時間很短，也不妨礙他擔任皇帝的輔弼大臣，所以負責某項任務的官吏全都竭盡自己的能力和才智，以求做好工作迎接上級的考核。而現在卻不是這樣。當官的靠著積累時日就能得到富貴，靠幹的時間久就能得到提升，所以清廉的與無恥的混淆在一起，賢能的和庸碌的沒有區別，看不出誰是真正的賢才、誰在濫竽充數。我以為應該讓那些諸侯、郡守以及俸祿在二千石以上的官員每年從他們屬下的吏民中推薦兩個人送到皇宮充當警衛，以此來考察大臣的能力。如果選送的人確實賢能，就給以獎賞；如果選送的人沒有才德，就要給以處罰。這樣的話，那些俸祿在兩千石以上的官員就會竭盡全力地去尋求賢才，那些真正有才能的人就會聚集到陛下這裡來了，陛下任用他們，授予他們官職。天下所有的人才都能為陛下所用，那麼要建立像古代三王那樣的太平盛世就很容易，而獲得像堯、舜那樣美好的名聲也不是可望而不可即的了。不要把做官時間的長短作為選拔的標準，而要認真地考核他們的實際才能，根據才能的大小而授予不同的官職，根據品行的高低來確定他的爵位，那麼廉潔的與無恥的自然分道揚鑣，賢能的與不賢的自然不會混在一起。

「我聽說集少能夠成多，積小可以成大，所以聖人中沒有哪一個不是從開始時的不英明變成後來的英明，從最初的低微變成後來的顯貴。堯是從一個諸侯升為天子，舜從一個在深山耕作的平民上升為帝王，他們都不是在一天之內突然顯貴起來的，都是逐漸積德累行取得的結果。話從口裡說出去，就無法再把它追回來；只要把事情做出來，就沒法使人不知道，君主的一言一行，對於治理國家都會產生重要的影響，君主的一言一行都會引起天地神靈的關注。所以能夠積眾小之功就可以成就偉大的事業，能夠在細小的事情上保持謹慎，他的德行就能顯耀於世界。一個人如果能不斷的積累善行，就像是身體的生長發育，每天都在長高長大，而自己卻毫無察覺；一個人如果經常做壞事，就像是燈火在不斷地消耗燈油，卻一時看不出燈油的減少。這就是唐堯和虞舜得到了美名，而夏桀、商紂卻落個可悲可怕的下場的原因啊。

「能夠使人感到快樂而不致放縱，能夠讓人反覆學習而不感到厭倦，這就是通常所說的道。遵循了這個道，就會永世長存而不敗壞，如果國家的政治敗壞，那一定是沒有依道而行。對於先王所採用的治國之道，執政者在推行的時候一定有被忽略的地方，所以政治上才會出現昏亂而政令得不到執行，只要將忽略的地方加以補救，就能將弊端糾正過來。古代的夏禹、商湯、周文王、周武王所運用的治國之道雖然不盡相同，但相互之間並不矛盾，他們的工作只是把過頭的地方糾正過來、把不夠的地方予以加強就是了，這是因為他們所處的時代不同，遭遇的形勢不同所決定的。所以孔子說：『能夠一切遵循先王之道、運用無為的方式治理國家的大概只有舜吧！』舜時雖然也改用了一套新曆法，改換了一種新的車駕與禮服的顏色，但也只是為了順從天命而已，其餘的全都遵循堯的方法治理國家，何需再改變什麼呢？所以說，聖明的君主雖然有改朝換代的名義，而實際上卻沒有什麼實質的改變。然而，夏朝提倡樸實正直，殷朝崇尚虔敬鬼神，周朝崇尚規章制度，這是針對前朝的缺失而採取的補救辦法。孔子說：『殷朝的禮是在夏朝禮制的基礎上發展起來的，它所增加的是什麼，消減的是什麼，我都可以考證清楚。周朝的禮儀也是在殷朝禮儀制度的基礎上發展起來的，它所做的更改也是可以考證清楚的。後世如何繼承周朝的制度，即使再經歷幾百個朝代，我也可以預測出個大概。』這就是說，後世的百代帝王治理國家的方法，都離不開忠、敬、文這三個方面。夏朝繼承了虞舜，而孔子卻惟獨沒有指出是否有所增減，是因為夏朝的治國方略與虞舜完全相同的緣故。治理國家的方法，是從效仿自然的規律得來的，自然規律不改變，治理國家的方略也不會改變。所以夏禹繼承虞舜，虞舜繼承唐堯，三位聖明的君主遞相繼承，遵循的是同一的治國之道，由於沒有需要糾正的弊政，所以孔子不講他們在制度上有什麼增加和減少。從這裡可以看出，如果繼承的是太平國家，那麼治國的方法就不會有什麼變化，如果繼承的是一個政治混亂的國家，那就應該改變亂世時的治國方法。現在漢朝是在天下大亂之後建立起來的，似乎應該稍微改變一下周朝過分強調禮儀的做法，而應該採取夏朝的以樸實正直來治理國家的方略。

「古代的天下，也就是今世的天下。狀況相同的一個天下，以古代的盛世來衡量今世，為何相差會這麼的遙遠呢？是什麼地方出現了毛病而使得今世衰落成這個樣子？我想恐怕是現在的人丟失了古人治理國家的方法吧！或者是違背了大自然的規律吧！

「上天對待自然界的萬物是有一定原則的，賜予牠銳利的牙齒，就不再賜予牠銳利的犄角，長有翅膀的鳥類就只給予牠兩隻腳，所以接受了大的就不能再要小的。古代那些享受國家俸祿的人，就不能同時再去從事體力勞動掙錢，不能再去從事工商業賺錢，也是只准許接受大的好處而不能再佔小的便宜，國家對官吏的這些限制與上天對待自然萬物的限制是同一個道理。如果已經接受了大的好處，又去要求小的好處，就是上天都不能滿足他，更何況是人呢！這正是百姓怨聲載道，抗議生活困苦難熬的原因。身受朝廷寵幸而登上很高的官位，家庭溫飽，又享受著優厚的俸祿，如果再憑藉雄厚的財力，與民爭利，百姓怎麼能競爭得過他們呢？百姓因為時時受到剝削，漸漸地陷於極端的貧困。而有錢的人越加有錢，過著窮奢極欲的生活，貧窮的更加貧窮，過著悲慘的生活，人民已經感受不到生的樂趣而寧願去死，還怕什麼犯罪！這就是刑法雖然越定越多，而違法亂紀的人卻仍然多得不可勝數的原因。

「皇帝與各級官吏應該是人民所效法的榜樣，是被四面八方舉國之人所圍著看的人。近處的看見了就要效仿他，遠處的看到了也要效仿他，所以那些身居高位的人怎麼可以像一個平民那樣去做事情呢！每天匆匆忙忙地去追逐財利，還擔心賺得少、賺得不夠，這是平民的心理；每天誠惶誠恐地追求仁義，常擔心不能教化黎民，這是士大夫的心理。《易經》上說：『身上背著的，車上拉著的都是貨物，就會招致盜賊的搶劫。』乘車的，指的是君子的官位；挑擔的，是小民所從事的事業。這句話的意思是說，身居官位卻又從事小民百姓所從事的事情，就必然要災難臨頭了。處在君子的位置，就應該有君子的行為，就像前代魯國的宰相公儀休，他除去宰相的工作以外，什麼事情也不去幹。

「《春秋》非常推崇天下大一統的思想，天下一統是天地間永無改變的原則，是古往今來永不變化的道理。而如今卻是：每個教師都講一套自己的主張，每個學者都有他自己的一套理論，諸子百家都有自己的一套治國辦法，各家學說的中心、要點又不相同，所以執政者無法維持國家各方面的統一，從而導致了法令的屢次變更，使全國的臣民無所適從。我認為，凡是不包括在《六藝》科目之內、不符合孔子學術思想範疇的，都要加以禁止，不准許它們與儒家學說同時並存、並行發展。那些異端邪說被杜絕以後，道德綱紀才會統一，法令才能夠確立，人民才能夠有所遵從！」

漢武帝認為董仲舒的對策答得很好，就任命他為江都易王劉非的丞相。會稽人莊助也因為賢良對策考試優秀，被漢武帝提升為中大夫。丞相衛綰向武帝奏報說：「這些被舉薦上來的賢良、敢諫之士，有人專門研究申不害的學說，有人專門研究韓非的學說，有人專門研究蘇秦、張儀的學說，擾亂國政的，請將這些人全部罷免。」漢武帝表示同意。董仲舒從小就學習研究《春秋》，在漢景帝時期擔任博士，他的儀容舉止，都循規蹈矩、嚴守禮法，學者們就像尊敬老師一樣尊敬他。他被任命為江都國之相，輔佐的是易王劉非。易王劉非，是漢武帝的兄長，一向驕橫，好戰。董仲舒就用禮法來暗示、糾正他不合禮法的行為，易王劉非對董仲舒很敬重。

春天，二月，大赦天下。

開始使用每文重三銖的銅錢。

夏季，六月，丞相衛綰被免去丞相職務。初七日丙寅，任命魏其侯竇嬰為丞相，武安侯田蚡為太尉。武帝一向喜歡儒家學派的理論，而竇嬰、田蚡也同樣喜好儒家學說，於是共同推舉代郡的趙綰為御史大夫，任命蘭陵人王臧為郎中令。御史大夫趙綰請求興建明堂，作為皇帝接受各國諸侯朝拜的場所，又向漢武帝舉薦了自己的老師申公培。當年秋季，漢武帝派遣使臣攜帶著絲綢玉璧、帶著四匹馬拉著的安穩舒適的車子去迎接申公培。

申生被接到京師以後，拜見了漢武帝。漢武帝向他詢問如何治理國家的事情，申生當時已經八十多歲了，他回答說：「治理國家天下的人，不在於您說了多少話，關鍵是看您的實際行動如何！」當時，漢武帝正對文學辭賦感興趣，聽見申公這樣回答，便沉默不語。然而已經將他請到京師，就任命他為太中大夫，讓他住在魯國在京師的辦事處，參與討論如何修建明堂、有關皇帝到全國各地巡迴視察的事情、修改曆法以及變更車駕禮服顏色等事情。

這一年，擔任內史的甯成因為觸犯刑律而被判處受髡、鉗之刑。

二年（壬寅　西元前一三九年）

冬，十月，淮南王安❶來朝。上以安屬為諸父❷而材高❸，甚尊重之，每宴見談語，昏暮然後罷❹。

安雅善❺武安侯田蚡，其入朝，武安侯迎之霸上❻，與語曰：「上❼無太子，王親高皇帝孫，行仁義，天下莫不聞。宮車一日晏駕❽，非王尚誰立❾者！」安大喜，厚遺❿蚡金錢財物。

太皇竇太后⑪好黃、老言⑫，不悅儒術⑬。趙綰請毋奏事東宮⑭。竇太后大怒曰：「此欲復為新垣平邪⑮！」陰求得趙綰、王臧姦利事⑯，以讓⑰上。上因廢明堂事⑱，諸所興為⑲皆廢。下綰、臧吏⑳，皆自殺。丞相嬰、太尉蚡免㉑，申公亦以疾免歸㉒。

初，景帝以太子太傅石奮㉓及四子皆二千石㉔，乃集其門㉕，號奮為「萬石君」。萬石君無文學㉖，而恭謹無與比。子孫為小吏，來歸謁㉗，萬石君必朝服見之，不名㉘。子孫有過失，不責讓㉙，為便坐㉚，對案不食㉛。然後諸子相責㉜，因長老㉝肉袒謝罪㉞，改之，乃許。子孫勝冠㉟者在側，雖燕居必冠㊱。其執喪㊲，哀戚甚悼㊳。子孫遵教，皆以孝謹聞乎郡國㊴。及趙綰、王臧以文學獲罪㊵，竇太后以為儒者文多質少㊶，今萬石君家不言而躬行㊷，乃以其長子建為郎中令㊸、少子慶為內史㊹。建在上側，事有可言㊺，屏人㊻恣言極切㊼；至廷見㊽，如不能言者㊾。上以是親之。慶嘗為太僕㊿御出(51)，上問車中幾馬，慶以策(52)數馬畢，舉手曰(53)：「六馬。」慶於諸子中最為簡易(54)矣。

竇嬰、田蚡既免，以侯家居(55)。蚡雖不任職，以王太后故(56)親幸，數言事多效(57)。士吏趨勢利者，皆去嬰而歸蚡(58)，蚡日益橫(59)。

春，二月丙戌朔[60]，日有食之[61]。

三月乙未[62]，以太常[63]柏至侯許昌[64]為丞相。

初，堂邑侯陳午[65]尚帝姑館陶公主嫖[66]。帝之為太子，公主有力焉[67]，以其女為太子妃，及即位，妃為皇后。竇太主[68]恃功，求請無厭[69]，上患[70]之。皇后驕妬擅寵[71]而無子，與醫錢凡[72]九千萬，欲以求子，然卒無之。后寵浸衰[73]。皇太后謂上曰：「汝新即位，大臣未服，先為明堂，太皇太后已怒。今又忤[74]長主[75]，必重得罪[76]。婦人性易悅[77]耳，宜深慎[78]之。」上乃於長主、皇后復稍加恩禮[79]。

上祓霸上[80]，還過上姊平陽公主[81]，悅謳者衛子夫[82]。子夫母衛媼[83]，平陽公主家僮[84]也。主[85]因奉送子夫入宮[86]，恩寵日隆。陳皇后聞之恚[87]，幾死者數矣[88]。上愈怒。

子夫同母弟衛青[89]，其父鄭季，本平陽縣吏[90]，給事侯家[91]，與衛媼私通而生青，冒姓衛氏。青長，為侯家騎奴[92]。大長公主執囚青[93]，欲殺之。其友騎郎公孫敖[94]與壯士篡取[95]之。上聞，乃召青為建章監[96]、侍中[97]，賞賜數日間累千金[98]。既而以子夫為夫人[99]，青為太中大夫[100]。

夏，四月，有星如日，夜出[101]。

初置茂陵邑[102]。

時大臣議者多冤鼂錯之策[103]，務摧抑諸侯王[104]，數奏暴其過惡[105]，吹毛求疵[106]，笞服其臣，使證其君[107]，諸侯王莫不悲怨。

三年（癸卯 西元前一三八年）

冬，十月，代王登[108]、長沙王發[109]、中山王勝[110]、濟川王明[111]來朝。上置酒，勝聞樂聲而泣。上問其故，對曰：「悲者不可為累欷[112]，思[113]者不可為嘆息。今臣心結[114]日久，每聞幼眇之聲[115]，不知[116]涕泣之橫集[117]也。臣得蒙肺附為東藩[118]，屬又稱兄[119]。今羣臣非有葭莩[120]之親、鴻毛之重，羣居黨議，朋友相為[121]，使夫宗室擯卻[122]，骨肉冰釋[123]，臣竊傷之！」具以吏所侵聞[124]。於是上乃厚諸侯之禮[125]，省[126]有司所奏諸侯事[127]，加親親之恩[128]焉。

河水[129]溢于平原[130]。

大饑，人相食。

秋，七月，有星孛[131]于西北。

濟川王明坐殺中傅[132]，廢遷房陵[133]。

七國之敗[134]也，吳王子駒[135]亡走閩越[136]。怨東甌殺其父[137]，常勸閩越擊東甌。

閩越從之，發兵圍東甌，東甌使人告急天子。天子問田蚡[138]，蚡對曰：「越人相攻擊，固其常[139]。又數反覆[140]，自秦時棄不屬[141]，不足以煩中國[142]往救也。」莊助[143]曰：「特患[144]力不能救，德不能覆[145]；誠能[146]，何故棄之！且秦舉咸陽而棄之[147]，何但越也[148]？今小國以窮困來告急，天子不救，尚安所愬[149]，又何以子萬國[150]乎！」上曰：「太尉不足與計[151]。吾新即位，不欲出虎符發兵郡國[152]。」乃遣助以節發兵會稽[153]。會稽守欲距法不為發[154]，助乃斬一司馬[155]，諭意指[156]，遂發兵，浮海[157]救東甌。未至，閩越引兵罷。東甌請舉國內徙[158]，乃悉舉其眾來[159]，處於江、淮之間[160]。

九月丙子晦[161]，日有食之。

上自初即位，招選天下文學材智之士，待以不次之位[162]。四方士多上書言得失[163]，自衒鬻[164]者以千數，上簡拔[165]其俊異者寵用之。莊助最先進，後又得吳人朱買臣[166]、趙人吾丘壽王[167]、蜀人司馬相如[168]、平原東方朔[169]、吳人枚皋[170]、濟南終軍[171]等，並在左右[172]。每令與大臣辨論，中外相應[173]以義理之文，大臣數屈[174]焉。然相如特以辭賦得幸。朔、皋不根持論[175]，好詼諧，上以俳優畜之[176]，雖數賞賜，終不任以事[177]也。朔亦觀上顏色，時時直諫，有所補益。

是歲，上始為微行[178]，北至池陽[179]，西至黃山[180]，南獵長楊[181]，東游宜春[182]。與左右能騎射者期諸殿門[183]，常以夜出，自稱平陽侯[184]。旦明[185]，入南山[186]下，射鹿豕狐兔，馳騖[187]禾稼之地，民皆號呼罵詈[188]。鄠、杜令[189]欲執[190]之，示以乘輿物[191]，乃得免。又嘗夜至柏谷[192]，投逆旅宿[193]，就逆旅主人求漿[194]，主人翁[195]曰：「無漿，正有溺耳[196]！」且疑上為姦盜，聚少年欲攻之。主人嫗[197]睹上狀貌而異之，止其翁曰：「客非常人[198]也，且又有備，不可圖[199]也。」翁不聽，嫗飲翁以酒，醉而縛之。少年皆散走，嫗乃殺雞為食以謝客[200]。明日，上歸，召嫗，賜金千斤，拜其夫為羽林郎[201]。後乃私置更衣[202]，從宣曲[203]以南十二所，夜投宿長楊、五柞[204]等諸宮。

上以道遠勞苦[205]，又為百姓所患，乃使太中大夫[206]吾丘壽王舉籍[207]阿城[208]以南，盩厔[209]以東，宜春以西，提封頃畝[210]，及其賈直[211]，欲除以為上林苑[212]，屬之南山[213]。又詔中尉[214]、左右內史[215]表屬縣草田[216]，欲以償鄠、杜之民[217]。壽王奏事[218]，上大說[219]稱善。

時東方朔在傍[220]，進諫曰：「夫南山，天下之阻[221]也。漢興，去三河之地[222]，止霸、滻以西[223]，都涇、渭之南[224]，此所謂天下陸海之地[225]，秦之所以虜西戎[226]、兼山東[227]者也。其山[228]出玉、石、金、銀、銅、鐵、良材[229]。百工所取給[230]，萬民所卬足[231]也。又有秔、稻、梨、栗、桑、麻、竹箭之饒，土宜薑、芋，水多鼃、魚。貧者得以人給家足，無飢寒之憂。故酆、鎬[232]之間，號為土膏[233]，其賈畮一金[234]。今規以為苑[235]，絕[236]陂池水澤之利[237]，而取民膏腴之地，上乏國家之用，下奪農桑之業，是其不可一也。盛[238]荊棘之林，廣狐兔之苑，大虎狼之虛[239]，壞人冢墓，發[240]人室廬。今幼弱懷土[241]而思，耆老[242]泣涕而悲，是其不可二也。斥而營之[243]，垣而囿之[244]，騎[245]馳東西，車騖[246]南北，有深溝大渠。夫一日之樂[247]，不[1]足[248]以危無隄之輿[249]，是其不可三也。夫殷[250]作九市之宮[251]而諸侯畔[252]，靈王[253]起章華之臺[254]而楚民散，秦興阿房之殿[255]而天下亂。糞土愚臣，逆盛意[256]，罪當萬死！」

上乃拜朔為太中大夫、給事中[257]，賜黃金百斤。然遂起[258]上林苑，如壽王所奏。

上又好自擊熊豕[259]，馳逐野獸。司馬相如上疏諫曰：「臣聞物有同類而殊能[260]者，故力稱烏獲[261]，捷言慶忌[262]，勇期賁、育[263]。臣之愚，竊以為人誠有之[264]，獸亦宜然[265]。今陛下好陵阻險[266]，射猛獸，卒然[267]遇逸材之獸[268]，駭不存之地[269]，犯屬車之清塵[270]。輿不及還轅[271]，人不暇施巧[272]，雖有烏獲、逢蒙之技[273]不得用，枯木朽株盡為難矣[274]。是胡、越起於轂下[275]，而羌、夷接軫[276]也，豈不殆[277]哉！雖[278]

萬全而無患，然本非天子之所宜近[279]也。

「且夫清道[280]而後行，中路而馳[281]，猶時有銜橛之變[282]。況乎涉豐草[283]，騁丘虛[284]②，前有利獸[285]之樂，而內無存變[286]之意，其為害也不難矣。夫輕萬乘之重[287]，不以為安[288]，樂出萬有一危之塗以為娛，臣竊為陛下不取[289]。蓋明者遠見於未萌[290]，而知者避危於無形[291]，禍固多藏於隱微而發於人之所忽[292]者也。故鄙諺[293]曰：『家累千金[294]，坐不垂堂[295]。』此言雖小，可以諭大。」上善之。

【章 旨】以上為第二段，寫武帝建元二年（西元前一三九年）、三年兩年間的全國大事，主要寫了竇太后罷丞相、太尉，殺御史大夫、郎中令，撲滅了漢武帝的第一次尊儒活動，以及漢武帝疏斥陳皇后、寵幸衛子夫；微服遊獵擾民，圈地佔田、擴大上林苑；招納莊助、朱買臣、東方朔、司馬相如等文學之士，和東方朔、司馬相如上書諫獵的情景。

【注 釋】❶淮南王安　劉安，劉邦之孫，淮南厲王劉長之子。文帝時劉長因謀反被發配自殺於途中，淮南國曾一度被撤除。後文帝又續封劉長之子劉安為淮南王，國都壽春，即今安徽壽縣。詳情見《史記・淮南衡山列傳》。❷屬為諸父　按親緣輩分說劉安是武帝的叔父一輩。❸材高　指讀書、寫文章的能力強。當時劉安曾在淮南國招納了許多文章與學術之士，編撰《淮南子》與創作詩賦等等。劉安自己也善於寫文章，詳見後文。❹昏暮然後罷　謂從白天一直敘談至夜晚，極言雙方的興致之高與談論的時間之長。❺雅善　素來關係好。善，友好；親密。❻霸上　古地名，在今陝西西安城東，當時長安城東南的霸水西岸，是東方人進京必須經過的地方。❼上　當今皇帝，指漢武帝。❽宮車一日晏駕　如果當今皇帝有一天死了。皇帝死婉稱「宮車晏駕」，晏是「晚」的意思，該臨朝的時候而宮車出不來。❾非王尚誰立　不是您出來做皇帝還能有誰。按，田蚡此話可疑。清代何焯曰：「蚡為太尉，多受諸侯王金，私與交通，其罪大矣。然安之入朝在建元二年，武帝即位之初，雖未有太子，尚春秋鼎盛（年僅十八歲），康強無疾；身又外戚（田蚡為武帝之舅），『非王誰立』之言，狂惑所不應有，疑惡蚡者從而加之。」⑩遺　贈送。⑪太皇竇太后　即景帝之母、武帝之祖母竇氏。凡皇帝之正妻稱皇后，皇帝之母稱太后，皇帝之祖母稱太皇太后。⑫好黃老言　愛好黃帝、老子的學說。「黃老學說」是戰國中期興起的道家學派的一個分支，其特徵是將老子學說推衍成一種赤裸裸的權術學問，它們高唱「清靜無為」，而要達到的是「無所不為」；它們講究的是「欲取之，先與之；欲歙之，先張之；欲弱之，先強之」云云一套權謀手段。其標本人物就是《國語．越語》所寫的范蠡與《史記》所寫的張良。漢代建國以來一直遵用這種思想治理國家。⑬不悅儒術　不喜歡武帝與田蚡等人所搞的這一套尊儒活動，實際是不願新貴們撼動竇太后本人的既定權勢。⑭請毋奏事東宮　竇氏早在景帝臨朝時就干預朝政，寵愛梁孝王。武帝即位時年僅十六歲，許多大事必須請示竇太后才能施行。這些不僅武帝感到不快，武帝之母王太后更加不快。因為「垂簾聽政」歷來是由母親來做，而輪不到老奶奶。這裡邊的權力之爭是很尖銳的。現在御史大夫趙綰公開提出「毋奏事東宮」，即有事不要再向住在東宮的竇太皇太后去請示了，意思就是向竇太后奪權，要結束竇太后干政的局面。⑮此欲復為新垣平邪　這不是又出了一個禍亂朝廷的新垣平嗎。新垣平，文帝時代的妖人，蠱惑文帝做了不少愚蠢的事情，後被文帝所殺。事見本書文帝十六年。⑯姦利事　非法的事情；犯罪的事情。⑰讓　譴責。⑱因廢明堂事　因而停止了討論、建造明堂的事情。⑲諸所興為　各種新開辦的事業、新制定的措施。⑳下綰臧吏　將趙綰、王臧交給法官審訊。㉑免　指竇嬰、田蚡被罷免丞相與太尉的職務。㉒申公亦以疾免歸　以上趙綰、王臧被逼自殺，竇嬰、田蚡被罷職，一切尊儒活動被廢止，這是武帝剛上臺的一項重大舉措被竇太后撲滅，也是王太后、漢武帝向竇太后奪權的一場政變被鎮壓。㉓太子太傅石奮　任太子太傅的官僚名叫石奮。太子太傅是朝官名，官階為二千石，職務是輔導太子，幫著太子修德進業。石奮，當時一個以「謹慎」聞名的庸俗官僚。事跡詳見《史記．萬石張叔列傳》。㉔二千石　漢代的官階名，比九卿略低，朝官中的太子太傅、詹事、大長秋、典屬國以及地方官的郡守、諸侯相都屬於這一級。「二千石」只表示級別，不是指實際俸祿。㉕集其門　將他們家五個人的級別加起來。㉖無文學　沒有多少文化修養。文學，漢代通常用以指學術，這裡即指書本知識、文化修養。㉗來歸謁　回家後拜見父親。謁，進見。㉘不名　不直呼兒子的名字，因為兒子在皇帝駕前稱臣，石奮要尊敬皇帝的緣故。㉙不責讓　不申斥；不責備。讓，也是責備的意思。㉚為便坐　離開自己原來的座位，找個地方坐下來。㉛對案不食　對著飯桌不吃飯。案，端飯用的托盤，這裡即指飯桌。㉜諸子相責　兒子們見惹得父親如此生氣，於是自己先相互批評，自己認錯。㉝因長老　請來上年紀的人，讓老人代為說情。㉞肉袒謝罪　光著膀子向父親表示認錯、服罪。肉袒，古代向人認錯、認罪經常做出的姿態。㉟勝冠　夠戴帽子的年齡，古人年二十而行加冠禮。㊱雖燕居必冠　即使是閒暇無事的時候，自己也要一本正經地戴著帽子，以表示嚴肅。㊲執喪　守喪；服喪。㊳哀戚甚悼　悲哀痛苦得過度。《論語・學而》有所謂「喪與其易也，寧戚」，意思是對於喪事寧可哀悼得過分一些，不能做得不夠，此即石奮表演之所本。鍾惺曰：「史稱石奮『無文學，恭謹無與比』，然其『過宮門闕必下車，見路馬必式焉；子孫為小吏歸謁，必朝服見之』，動止步趨，又是學問知禮人所為，似熟讀《曲禮・鄉黨篇》中許多曲折周旋。」㊴聞乎郡國　不僅傳遍朝廷的直轄區，也傳遍全國的各郡各諸侯國。㊵以文學獲罪　即以推行尊儒被竇太后所殺。文學，這裡指儒家經典。㊶文多質少　光會耍嘴，而沒有什麼實際的本事。質，實。㊷不言而躬行　光做不說。躬行，身體力行。㊸郎中令　九卿之一，主管宮廷門戶，並統領皇帝的侍衛。㊹內史　如同後來的京兆尹，首都及其郊區的行政長官。㊺事有可言　估計能夠說動皇上的事。㊻屏人　支開別人，和皇帝私下交談。屏，通「摒」。支開。㊼恣言極切　無所顧忌地懇切勸說。按，估計有可能說動時才說，而且還要找皇帝私下交談，為皇帝保全體面，這就是石氏一門的所謂「謹慎」。張邦奇曰：「帝時遊宴，奢欲神仙，聚斂征伐之事，紛紛交舉，使嘗有言以及此耶，宜乎帝之『多欲』亦少損矣；此而無言，其所『屏人而恣言』者，抑何事耶？」王先謙曰：「灌夫傳『分別言田竇事』，蓋其一端。」按，灌夫、竇嬰即死於石建的為帝「分別言之」，事見《史記・魏其武安侯列傳》。㊽廷見　在朝廷見皇上。㊾如不能言者　就像不會說話似的。按，這是佞幸者慣用的伎倆之一，大庭廣眾充好人，背後再盡情地敞著口說。㊿太僕　九卿之一，為皇帝管理車馬，皇帝出門時為皇帝趕車。(51)御出　為皇帝趕車而出。御，通「馭」。趕車。(52)策　趕馬的竹片，後世即指馬鞭。(53)舉手曰　極言其緊張、鄭重之狀。「舉手」一詞又見於《史記・魏公子列傳》、《後漢書・班超傳》、《史記・孔子世家》有「舉袂」，意思大體相同。(54)簡易　隨便，指不太拘泥禮法。(55)以侯家居　以列侯的身分在家賦閒。(56)以王太后故　由於田蚡是王太后的同母異父弟。(57)數言事多效　多次向皇帝提出建議都能生效。楊樹達曰：「〈嚴助傳〉，建元三年，東甌告急於漢，帝以問蚡，蚡欲不救，亦見〈兩粵傳〉，正蚡不任職而言事之證也。」(58)士吏趨勢利者二句　於此可見漢代上流社會之世態炎涼，司馬遷曾深有感於此，司馬光也深有感於此。(59)蚡日益橫　田蚡遂日益驕橫起來。為以後殺竇嬰等事張本。橫，專橫；為所欲為。(60)二月丙戌朔　二月初一是丙戌日。朔，陰曆每個月的初一。(61)日有食之　這一天發生日蝕。食，同「蝕」。古人認為日蝕是重大天變，是上帝要懲罰人類的先兆。(62)三月乙未　三月丙辰朔，無「乙未」，疑是「己未」之誤。己未是三月初四。(63)太常　九卿之一，也稱「奉常」，主管朝廷禮儀與考試選拔之事。(64)柏至侯許昌　高祖功臣許盎之孫，繼其父祖之爵為柏至侯。(65)堂邑侯陳午　高祖功臣陳嬰之孫，繼其父祖之爵為堂邑。有關陳嬰的事跡見《史記・項羽本紀》。(66)尚帝姑館陶公主嫖　娶武帝的姑姑館陶公主劉嫖為妻。尚，高攀。娶帝王之女的敬稱。劉嫖是文帝的長女，景帝的大姐，被封為館陶公主。67帝之為太子二句　景帝原來的太子是劉榮，館陶公主想把她的女兒阿嬌嫁與太子為妃，劉榮之母栗姬不同意；於是館陶公主遂轉身找劉徹之母王夫人，兩人合謀搞垮了栗姬，廢掉了太子劉榮，王夫人當了皇后，劉徹當了皇太子，劉徹遂娶館陶公主之女阿嬌為妃。事見《史記・外戚世家》與本書景帝前七年。68竇太主　館陶公主是文帝竇皇后所生，為區分其所自出故稱之「竇太主」。「太主」即「太長公主」的簡稱，凡皇帝之女稱「公主」，皇帝之姐妹稱「長公主」，皇帝之姑稱「大長公主」。「大」字同「太」。69求請無厭　要這要那沒個完。厭，滿足。70患　猶今所謂「傷腦筋」。71擅寵　專寵，把著男人不准他接近別的女人。72凡　總計。73浸衰　越來越受冷淡。74忤　得罪；冒犯。75長主　「長公主」的簡稱，即館陶公主劉嫖。76重得罪　倒大楣，指要被太皇太后竇氏所懲治。77性易悅　容易讓她高興起來。78深慎　多加謹慎。79稍加恩禮　稍加施恩並以禮相待。80祓霸上　到霸水邊上去祭祀。當時的霸水自藍田流來，經長安城東，北流入渭水。祓，即禊，三月上巳日的臨水而祭，以求去除不祥。《集解》引徐廣曰：「三月上巳臨水祓除謂之禊。蓋與『游』字相似。」《索隱》引蘇林曰：「游水自潔，故曰祓除。」81過上姊平陽公主　順路拐到了平陽公主家。平陽公主是武帝的親大姐。82謳者衛子夫　平陽公主家的歌女姓衛名子夫。83衛媼　衛家的一位老年婦女。衛是其夫家之姓。媼，年老的婦女。84僮　奴僕。85主　指平陽公主。86奉送子夫入宮　平陽公主家的歌女衛子夫在偶然的機會下受到武帝親幸，得以入宮事，詳見《史記・外戚世家》。87恚　惱怒。88幾死者數矣　好多次都差點兒因此而死。幾，幾乎。數，多次。89同母弟衛青　衛子夫的同母異父之弟衛青。衛青的事跡詳見《史記・衛將軍驃騎列傳》。90平陽縣吏　平陽是漢縣名，即平陽侯家的領地，縣治在今山西臨汾西南。根據漢王朝的規定，漢代諸侯王的領地多數為一個郡，列侯的領地多數為一個縣，該郡、該縣的行政、軍事、治安、經濟諸大權都由朝廷所派的官員管理，直接對朝廷負責，所謂諸侯王、列侯只是一名坐吃該地區賦稅的清閒地主。衛青的生父鄭季就是在平陽縣令的屬下供職。91給事侯家　為平陽侯家做事，從表面的關係看，整個平陽縣衙都是為平陽侯家服務。侯，指平陽侯，平陽公主的丈夫名叫曹時，是劉邦功臣曹參的後代。92騎奴　充當騎兵侍衛的家奴。93執囚青　大長公主因嫉恨衛子夫受寵，使其女阿嬌更受冷淡，故而遷怒於衛青，將其逮捕囚禁。94騎郎公孫敖　漢武帝的騎兵侍從姓公孫名敖。騎郎，帝王的騎兵侍從，上屬郎中令。95篡取　劫奪；奪取。96建章監　建章宮的警衛官員。建章是宮殿名。《索隱》引晉灼曰：「上林中宮名也。」按，上林苑是秦代以來的皇家獵場，在今西安西南，廣達數縣。如晉灼之言不錯，則此建章宮乃秦朝的宮殿名。漢代亦有建章宮，建於長安城的西牆外，與城裡的未央宮隔牆相對。漢代的建章宮乃建於武帝太初年間（西元前一〇四—前一〇一年）。而衛青此時之任「建章監」乃在建元年間（西元前一四〇—前一三五年），早於漢代建章宮的開建三十多年。故衛青所「監」之建章宮只能是秦朝的舊宮殿，不然便是「建章」二字有誤。(97)侍中　在宮中侍候皇帝，後來也用為官名。(98)累千金　多達數千金。漢代稱黃金一斤曰「一金」，一金相當銅錢一萬。(99)夫人　后妃的封號名，據《漢書・外戚傳》，西漢初期「嫡稱皇后，妾皆稱夫人。」(100)太中大夫　皇帝的侍從官員，秩千石，掌議論，上屬郎中令。(101)有星如日二句　因自然現象反常，古人以為不祥，故書於史。(102)初置茂陵邑　開始設置了茂陵邑。茂陵是武帝為自己預建的陵墓，秦漢以來歷代皇帝都是在即位不久就開始為自己修建陵墓，同時在該陵墓所在地設立一個縣，叫做「陵邑」，並下令向該地移民，以求使其迅速成為發達地區。茂陵在今陝西興平城東、咸陽西南。(103)多冤鼂錯之策　多認為當年鼂錯因建議削藩而被殺是冤枉的。(104)務摧抑諸侯王　極力打擊諸侯王。事見本書景帝前三年。摧抑，摧殘、打壓。(105)數奏暴其過惡　多次地彈劾、揭露諸侯王們的過失。奏，檢舉；彈劾。暴，揭發；暴露。過惡，過失、罪惡。(106)吹毛求疵　雞蛋裡頭挑骨頭，故意找毛病。(107)笞服其臣二句　將諸侯國的臣子屈打成招，再讓這些臣子來「證實」該國諸侯的過錯。笞，用竹板或鞭子打。證，作證；證實。(108)代王登　劉登，代王劉參之子，文帝之孫。當時代國的都城晉陽在今山西太原西南。(109)長沙王發　劉發，景帝之子，當時長沙國的都城臨湘，即今湖南長沙。(110)中山王勝　劉勝，景帝之子。中山國的都城即今河北定縣。(111)濟川王明　劉明，梁孝王劉武之子，濟川國的都城博縣，在今山東泰安東南。(112)累欷　屢屢嗚咽。欷，嗚咽；悲泣聲。(113)思　這裡指哀思、傷心。(114)心結　心中有苦說不出。(115)幼眇之聲　婉轉動聽的音樂。幼眇，同「窈眇」。形容婉轉的樂聲或柔曼的舞態。(116)不知　意即不知不覺。(117)涕泣之橫集　猶今所謂淚流滿面。橫集，橫流。(118)蒙肺附為東藩　由於是皇帝的至親，得被封為東方的諸侯王。肺附，猶今所謂骨肉至親。東藩，東方的諸侯國。古時諸侯自稱是天子的「藩屏」。(119)屬又稱兄　從親緣關係上說，劉勝是武帝劉徹之同父異母兄。(120)葭莩　蘆葦莖中的薄膜，以喻關係之疏遠。(121)羣居黨議二句　意謂皇帝把那些八桿子打不著的群臣視為朋友，整天在一起商量謀劃。(122)擯卻　斥退；扔在一邊。(123)冰釋　消融；渙散。(124)具以吏所侵聞　把平日被屬下群吏（即中山國的官員）所欺陵的事情，一一報告了皇帝。具，一一地；詳盡地。侵，欺陵。聞，報告；對上言講。(125)厚諸侯之禮　對諸侯王的待遇有所提高、加厚。(126)省　取消。(127)有司所奏諸侯事　指專門人員向朝廷所做的有關諸侯王們的祕密報告。(128)加親親之恩　對宗室施予其親屬應得的恩惠。(129)河水　黃河。(130)溢于平原　在平原郡溢出了堤岸。平原郡的郡治在今山東平原縣南。(131)孛　火光四射的樣子，這裡即指彗星。(132)坐殺中傅　因為殺了屬下的中傅官而獲罪。中傅，諸侯王的輔導官，其地位低於太傅。(133)廢遷房陵　王位被廢，並被發配到房陵。房陵是漢縣名，縣治即今湖北房縣，秦漢時代是犯人常被發配去的地方。(134)七國之敗　指景帝前三年（西元前一五四年）的吳楚七國叛亂被削平之後。(135)吳

王子駒　吳王劉濞的兒子劉駒。(136)亡走閩越　逃到了閩越小國。閩越是南方百越族的一支，當時居住在今福建沿海一帶，都城在今武夷山市的古城村。(137)怨東甌殺其父　東甌也是越族之一支，當時居住今浙江東部的沿海一帶，都城即今溫州。吳楚七國叛亂時，東甌曾跟隨吳王濞參加了叛亂，吳楚軍失敗後，吳王濞逃到了東甌軍中，東甌王接受漢朝的收買，將吳王濞騙殺，故劉駒怨恨東甌。事情詳見《史記・吳王濞列傳》。(138)田蚡　曾為太尉之職，因幫著武帝尊儒被竇太后撲滅，此時正在家賦閒。(139)常　常態；常情，生性如此。(140)數反覆　對中原地區的王朝總是叛服不定。(141)棄不屬　放棄不要。屬，聯繫；統治。按，秦時在今江蘇、浙江一帶設會稽郡，在今福建一帶設閩中郡，對其地域非「棄不屬」，只是對退居山區林海的少數民族未進行更嚴厲的清剿而已。(142)中國　此指中原地區的中央政權。(143)莊助　東漢人因避明帝（劉莊）諱，稱之為「嚴助」，以文章、辭令著名，此時在武帝身邊任中大夫之職。(144)特患　所怕的只是。特，唯；只。(145)德不能覆　漢王朝的仁德不能覆蓋它，此處即指不能管轄、不能統治。(146)誠能　如果真有這種仁德與武力。(147)舉咸陽而棄之　連其都城都保不住，指亡國降敵。咸陽，秦國的都城，在今陝西咸陽東北。(148)何但越也　何只遠在萬里的越族呢。(149)尚安所愬　他們還能去哭告誰呢。(150)子萬國　視萬國如子。子，在這裡即「統治」、「享有」的意思。淩稚隆引羅洪先曰：「莊助言詞剴切，天子竟遣助發兵，得御夷之體。」(151)太尉不足與計　太尉不配幫我們出主意。以故官相稱，表示客氣。(152)不欲出虎符發兵郡國　意謂不想向其他郡縣與諸侯國調集兵員。出虎符，動用虎符。虎符是古代天子派人調兵所持的信物。《漢書補注・嚴助傳》王先謙引沈欽韓曰：「以銅為符，鑄虎為飾，中分之，頒其右而藏其左，起軍旅時，則出以合中外之契。」(153)以節發兵會稽　只就近向會稽郡徵調一些兵力就行了。節，旌節，皇帝使者出行時所持的信物。陳直曰：「漢節分銅、竹兩種，見於袁盎、蘇武傳者則為竹節，出土者只有銅節，兩種性質現不易區別。」會稽，漢郡名，西漢時的郡治即今江蘇蘇州，東甌（今溫州）在其轄區內。(154)欲距法不為發　想依據常法不給他發兵。距，通「據」。根據。(155)司馬　指會稽軍中的執法官。(156)諭意指　向地方官講清了所以要這麼做的原因。(157)浮海　由海上乘船前往。(158)請舉國內徙　請求率其全族一道搬遷到內地。(159)乃悉舉其眾來　《史記集解》引徐廣曰：「年表云『東甌王廣武侯望，率其眾四萬餘人來降』。」(160)處於江淮之間　《史記集解》引徐廣曰：「家廬江郡。」按，廬江郡的郡治舒縣，在今安徽廬江縣西南。瀧川引丁謙曰：「江淮間，蓋揚州、淮安等地。」依丁謙說，則在今江蘇境內的長江以北，淮河以南。(161)九月丙子晦　九月的最末一天是丙子日。晦，陰曆每個月的最後一天。(162)不次之位　意即不拘常格、不按資歷地予以提拔。不次，不按次序。(163)言得失　評論國家大政之得失。(164)眩鬻　自我吹噓、賣弄。鬻，賣；賣弄。(165)簡拔　選拔；選。(166)朱買臣　會稽郡的吳縣（今江蘇蘇州）人。(167)吾丘壽王　姓吾丘名壽王。(168)司馬相如　字長卿，蜀郡成都人，漢代最有名的辭賦家。事見《史記・司馬相如列傳》。(169)東方朔　字曼倩，漢代著名的散文家。事見《漢書・東方朔傳》。(170)枚皋　漢代大辭賦家枚乘之庶子。(171)終軍　姓終名軍，字子雲，以少年有志聞名。(172)並在左右　都在皇帝身邊任侍從官。(173)中外相應　中指皇帝周圍的侍從官如嚴助、朱買臣等，外指朝廷大臣如三公九卿等。相應，指相互應對、相互問答。(174)大臣數屈　言執政大臣常被武帝身邊的這些文人多次說得無言以對。(175)不根持論　說話不根據事實，強詞奪理地詭辯。(176)以俳優畜之　將他們當做歌兒舞女一樣的玩物養著。此指司馬相如、東方朔、枚皋等人。(177)不任以事　不委任以重要政務。(178)微行　化裝便服出行。(179)池陽　漢縣名，縣治在今陝西涇陽西。(180)黃山　離宮名，在今陝西興平南。(181)長楊　離宮名，在今陝西周至境內，因宮中有長楊樹而得名。(182)宜春　即宜春苑，秦漢時代的皇家園林，在今長安東南的曲江池一帶。(183)期諸殿門　約定時間在殿門外集合。(184)平陽侯　指曹壽，也作「曹時」，劉邦功臣曹參的後代，武帝姐平陽公主的丈夫。(185)旦明　平明，也稱「平旦」，天剛矇矇亮。(186)南山　即終南山，在當時的長安城南，著名的遊覽區。(187)馳騖　放縱車馬奔跑。(188)罵詈　詈也是罵的意思。(189)鄠杜令　鄠、杜二縣的縣令。鄠縣的縣治即今陝西戶縣；杜縣的縣治所在今陝西長安西。(190)執　逮捕。(191)示以乘輿物　拿出皇帝的東西給他們看。示，出示。乘輿，原指皇帝的車駕，這裡即指皇帝。(192)柏谷　山谷名，在今河南靈寶西。(193)投逆旅宿　找旅店住宿。逆旅，客店。逆是「迎」的意思。(194)求漿　討水喝。(195)主人翁　店家的老漢。(196)正有溺耳　能讓你們喝的止有尿啦。正，止。溺，同「尿」。(197)主人嫗　店家的老太太。(198)非常人　不是普通的人。(199)圖　圖謀，意即威害。(200)以謝客　指以酒食招待這群不速之客。(201)羽林郎　皇家的禁衛軍。(202)私置更衣　祕密設置了一些可供白天休息的住所。更衣，這裡隱指休息的地方。(203)宣曲　離宮名，在當時的昆明池以西。陳直以為是地名，與牛首山相近。(204)五柞　離宮名，在長楊宮的東北方。(205)道遠勞苦　指由未央宮出行到南山打獵，道遠勞苦。(206)太中大夫　皇帝的侍從官名，上屬郎中令，在皇帝身邊備參謀顧問之用。(207)舉籍　全部登記入冊，這裡是「劃入」、「劃歸」的意思。(208)阿城　師古曰：「本秦阿房宮也，以其牆壁崇廣，故俗呼為阿城。」(209)盩厔　漢縣名，縣治所在今陝西周至東。(210)提封頃畝　總計其整個區域的耕地面積。師古曰：「提封，提舉四封之內，總計其數也。」(211)及其賈直　按市價給錢將其買過來。及，同「給」。花錢。賈直，同「價值」。(212)除以為上林苑　將其劃為上林苑的一部分。上林苑是秦漢時代的皇家獵場，在當時長安城的西南部，廣達數縣。(213)屬之南山　意即從京城到南山都是皇家獵場，再沒有平民的耕地。屬，連接。(214)中尉　維護首都治安的長官，秩中二千石。(215)左右內史　分掌首都及其郊區的兩個行政長官。左內史掌首都的東部地區，右內史掌首都的西部地區，皆秩二千石。後來左內史又改稱左馮翊，右內史改稱為右扶風。(216)表屬縣草田　將其所管縣內的荒地劃分出來。表，立標誌，劃分出。(217)欲以償鄠杜

之民　意即將首都郊區的荒地撥給那些因擴大上林苑而被佔去了耕地的農民使用。(218)奏事　稟奏其上述圈地、償地的事宜。(219)說　通「悅」。(220)傍　同「旁」。(221)天下之阻　整個國家社會的依靠，極言其關係重大，不能被某一個人所佔有。阻，依據；屏障。(222)去三河之地　指不在洛陽建都。去，離開。三河，指黃河、伊水、洛水，是洛陽附近的三條大河。(223)止霸滻以西　在霸、滻二水西側停下來。霸、滻是當時長安東南方的兩條河，皆源於南山向北流。滻水匯於霸水，霸水北流入渭水。止，意思即指建都。「霸」字也寫作「灞」。(224)都涇渭之南　建都於涇、渭二水的南側。涇、渭是當時長安北側的兩條大河，渭水自西方流來，東入黃河。涇水自西北流來，匯入渭水。(225)天下陸海之地　全國最富饒的高原沃土。師古曰：「高平曰陸，關中地高故稱耳。海者，萬物所出，言關中山川物產饒富，是以謂之陸海也。」(226)虜西戎　意即打敗西戎。秦國是與西戎相互爭奪中建立的國家，至秦襄公破西戎、受周封，始通於東方諸侯。西戎，西周後期活動於今陝西境內的少數民族，最強時曾滅掉了西周王朝，後來逐漸被秦國征服。(227)兼山東　指秦之吞併東方六國。山東，指崤山或華山以東的廣大地區。按，以上兩句的意思是，秦國就是靠著關中地區，向西滅了西戎，向東滅了六國，統一了天下。(228)其山　指南山。(229)良材　優良的木材。(230)百工所取給　各種工匠所用的原料都出在這裡。百工，各種工匠。(231)卬足　靠著它豐衣足食。(232)酆鎬　二水名，酆水源於南山，北流與鎬水合，入渭水。也可以說是二京名，周文王都於酆京，周武王都於鎬京，二邑皆在漢代長安西南側的酆水、鎬水流域。(233)土膏　像是油脂一般的肥沃土地。(234)其賈畮一金　一畝地價值一萬銅錢。賈，通「價」。漢代稱黃金一斤曰「一金」，一金抵銅錢一萬枚。(235)規以為苑　將其劃入上林苑範圍。規，劃分。苑，指上林苑。(236)絕　斷；荒廢。(237)陂池水澤之利　指蓄水灌田以及行駛舟船的種種方便。陂，堤堰。(238)盛　使之茂盛。(239)虛　通「墟」。場地。(240)發　揭；毀壞。(241)懷土　懷念故土。(242)耆老　老人。耆，也是老的意思。(243)斥而營之　指擴展土地建造園林。斥，開拓。營，建造。(244)垣而囿之　四周築起圍牆，中間成為園囿。垣，圍牆，這裡用為動詞。囿，養動物的園子，這裡用為動詞。(245)騎　這裡指馬。(246)鶩　師古曰：「亂馳曰鶩。」(247)一日之樂　指短暫的快樂。(248)不足　不值得。(249)危無隄之輿　指給皇帝造成危險傷害。師古引張晏曰：「一日之樂，謂田獵也。無堤之輿，謂天子富貴無限也。」以上兩句的意思是，不值得為了短暫的快樂，而讓皇帝的萬金之軀去冒失足翻車的危險。(250)殷　商代，這裡指殷紂王。(251)九市之宮　設有許多交易市場的宮殿，極言殷紂王的為所欲為，不務正業。(252)畔　通「叛」。(253)靈王　楚靈王，春秋後期楚國一位驕奢淫佚的君主。(254)章華之臺　即章華臺，楚靈王修章華臺，招降納叛，致使眾叛親離，死於乾谿。詳情見《史記・楚世家》。(255)阿房之殿　即阿房宮。(256)逆盛意　和您的想法唱了對臺戲。盛，此處的意思同「聖」。以上即東方朔之〈諫起上林苑疏〉，此節取其大意。(257)給事中　在宮廷侍候皇帝，後來也成了官名。[258]遂起　仍然擴建不誤。[259]自擊熊豕　意即獵取猛獸。豕，野豬。[260]同類而殊能　同是一種動物而本領不同。[261]力稱烏獲　力氣大的要說戰國時秦國的勇士烏獲。[262]捷言慶忌　動作敏捷的要說春秋末吳王僚的兒子慶忌。慶忌的事跡詳見《吳越春秋》。[263]勇期賁育　以勇敢聞名的要說戰國時期的孟賁、夏育。[264]人誠有之　人類中既然有人有這種特殊才能。[265]獸亦宜然　那麼野獸必然也是如此。[266]陵阻險　跨越險峻之地。[267]卒然　突然。[268]逸材之獸　本領超群的野獸。[269]駭不存之地　在意想不到的地方跳出來使您受到驚嚇。駭，驚嚇。不存，沒想到。[270]屬車之清塵　皇帝的副車所揚起的塵埃，這裡即隱指皇帝本人。[271]還轅　回車躲避。[272]不暇施巧　來不及施展技巧對其格鬥、擒拿。[273]烏獲逢蒙之技　像烏獲、逢蒙那樣的本領。烏獲、逢蒙都是古代的力大與善射者。[274]枯木朽株盡為難矣　即使是一些枯木朽株也能磕磕絆絆地給您造成災難。[275]胡越起於轂下　這就如同南越北胡的敵人從您的車下冒出。轂，車輪中間承接車軸穿入的圓木，此處指皇帝的車子。[276]羌夷接軫　這就如同西羌東夷的敵人靠近了您的車子。軫，車後橫木，此處指皇帝的車子。[277]殆　危險。[278]雖　即使。[279]所宜近　所應該接近、應該從事的活動。[280]清道　戒嚴；禁止行人往來。[281]中路而馳　天子行駛道之正中以保安全。[282]銜橛之變　指馬的轡繩嚼子出問題，造成突然災禍。銜、橛，都是嚼子，形狀不同。[283]涉豐草　穿過豐茂的草原。[284]騁丘虛　在丘陵坑谷中馳騁。[285]利獸　獲獸之利。[286]存變　提防意外之變。[287]輕萬乘之重　不顧及萬乘之尊的貴重。輕，不看重；不顧及。[288]不以為安　語略不順，意即不顧安危。[289]竊為陛下不取　意即我不贊成您這樣做。竊，謙詞。[290]遠見於未萌　在事物尚未萌芽就已經看清楚了。[291]避危於無形　在危難尚未出現時就已經預先避開了。[292]忽　忽略；輕視。[293]鄙諺　俗話。[294]家累千金　有數千金家產的富人。累，多個。[295]坐不垂堂　不坐在屋簷下，以防被簷瓦的偶然脫落打傷。垂堂，這裡指屋簷下。《史記・袁盎鼂錯列傳》中袁盎曰：「臣聞千金之子坐不垂堂，百金之子不騎衡，聖主不乘危而僥倖。」林雲銘《古文析義》曰：「此全為『陵阻險、射猛獸』而發，說得悚然可畏，絕不提出縱獸荒禽，廢事失德腐語。對英主言，自當如此。」

【校　記】[1]不　胡三省注云：「貢父曰：『不足以危』，『不』字當作『亦』。」據章鈺校，孔天胤本作「亦」。[2]虛　原作「墟」。胡三省注云：「『虛』讀作『墟』。」據章鈺校，乙十一行本作「虛」。今從乙十一行本及《漢書・司馬相如傳》改。

【語　譯】二年（壬寅　西元前一三九年）

冬季，十月，淮南王劉安到京師長安來朝見漢武帝。漢武帝因為淮南王劉安是自己的叔父輩，而且又很有才學，所以很敬重他，每當閒暇時就與淮南王一起談論，每次都是從白天一直談論到天黑以後才結束。

淮南王劉安平素與武安侯田蚡交好，這次他入朝的時候，武安侯田蚡親自到霸上迎接，並悄悄地告訴他說：「皇帝至今還沒有兒子，大王您是高皇帝劉邦的親孫子，又多行仁義，天下無人不知。一旦皇帝駕崩，不立大王為皇帝，還能立哪一個呢！」劉安聽了這番話，不禁大喜過望，於是送給田蚡許多金銀財物。

太皇太后竇氏喜好黃帝、老子的學說，不喜歡儒家學說。御史大夫趙綰請求漢武帝以後不要將國家大事向住在東宮的竇太后請示。竇太后知道後大發雷霆，她說：「這個人難道也想做新垣平來禍亂朝政嗎！」於是暗中派人搜集有關趙綰、王臧違法亂紀和以權謀私的事實，然後去責備漢武帝。漢武帝因此而停止討論、建造明堂的事情，就連各種新開辦的事業、新制定的各項措施也全部廢止。將趙綰、王臧交付司法部門審理，這兩人全在獄中自殺而死。丞相竇嬰、太尉田蚡也被免職，就連申公培也以年老多病為由被罷官、遣送回魯國。

當初，漢景帝因為太子太傅石奮和他的四個兒子都官至二千石，將他們家五個人的俸祿加起來等於一萬石，所以稱石奮為「萬石君」。萬石君沒有什麼文學修養，但在為人處世方面他的謙虛恭謹沒有人能比得上。他的子孫晚輩回來探望他，哪怕只是擔任一個小官吏，石奮也一定要穿著官服接待他，而且只稱呼他們的官名，而不稱呼他們的名字。子孫有了過錯，從來不申斥、不責備，只是自己一個人找個地方坐下來，對著桌子上擺放的飲食，不吃也不動。然後兒孫們就開始互相批評、自己認錯，再請來上年紀的人說情，子孫們光著膀子向他請罪，表示以後一定改過，石奮這才原諒他們。子孫們凡是已經成年可以加冠的，只要有人在他的旁邊，即使是平時閒居無事的時候，他也要一本正經地戴著帽子。在守喪期間，他的悲哀痛哭之情超過常人。子孫們遵從他的教誨，全都以孝順恭謹聞名於郡國。等到趙綰、王臧以推行儒術而獲罪之後，竇太后認為儒家學派的人雖然說的好聽，但能夠付諸實踐的很少，而萬石君的家人說的雖然很少，但卻身體力行，於是就任命石奮的長子石建為郎中令、小兒子石慶為內史。石建在武帝身邊侍奉的時候，如果有所建議，總是在沒有旁人在場的時候才無所顧忌、情辭懇切地勸說；而在朝廷上見到皇帝，就表現出一副不善言辭的樣子。漢武帝因此而十分親信他。石慶曾經擔任過為皇帝掌管乘輿車馬的太僕，一次為武帝駕車外出，武帝問他正在駕車的是幾匹馬，石慶就用鞭子指點著數了一遍，然後才舉著手回答說：「六匹馬。」石慶在石奮的幾個兒子當中，是最坦率和易、不拘泥於禮法的。

竇嬰、田蚡被罷官以後，各以侯爵的身分在家中閒居。田蚡雖然沒有官職，但因為是王太后的弟弟、漢武帝舅舅的緣故，依然受到武帝的親近和信任，幾次提出建議都被武帝採納。於是士人、官吏當中那些趨炎附勢之徒全都離開竇嬰而投靠了田蚡的門下，田蚡遂一天比一天驕橫起來。

春季，二月初一日丙戌，發生日蝕。

三月乙未日，任命太常柏至侯許昌為丞相。

當初，堂邑侯陳午娶了漢武帝的姑姑館陶公主劉嫖為妻。劉徹被立為太子，館陶公主出了很大的力。劉徹娶館陶公主之女陳阿嬌為妃，等到劉徹做了皇帝，阿嬌就成了皇后。竇太主仗著自己有功於武帝，所以要這要那沒個完，武帝對此感到很傷腦筋。皇后阿嬌又生性驕橫妒忌，雖然很受武帝的寵愛，卻沒有為武帝生個兒子，她先後賞賜給醫生的錢總計達九千萬，就是想治好病生個兒子，但始終沒能如願。後來武帝對她逐漸冷淡起來。王太后對武帝說：「您剛剛當上皇帝，大臣們還沒有完全服從您，先前為您興建明堂的事情，太皇太后就已經很生氣了。現在您又冒犯長公主，必定加重得罪太皇太后。對於女人來說是很容易哄她高興起來的，您應該多加謹慎才是。」自此以後，武帝對姑姑館陶公主和皇后阿嬌稍加施恩並以禮相待。

漢武帝劉徹親自到霸水邊上祭祀，返回途中，武帝順路拐到平陽公主家中看望姐姐，並喜歡上了姐姐家的歌女衛子夫。衛子夫的母親衛媼是平陽公主家的奴僕。平陽公主便趁機將衛子夫送入宮中，武帝劉徹對衛子夫的寵愛一天比一天增加。陳皇后阿嬌知道後非常惱怒，好幾次差點因此而死。武帝劉徹對皇后阿嬌更加惱恨。

衛子夫的同母異父弟弟叫衛青，衛青的父親叫鄭季，鄭季本來在平陽縣令手下供職，因為給平陽侯家做事，得以與衛子夫的母親私通而生下衛青；衛青本來應該姓鄭，卻冒充姓衛。衛青長大以後，在平陽侯家充當騎兵侍衛的家奴。館陶公主因為嫉恨衛子夫奪了阿嬌的寵，就派人把衛青抓住囚禁起來，想要殺死他。衛青的朋友、當時擔任騎郎的公孫敖聯絡了一批好漢把衛青救了出來。漢武帝知道消息後，立即召見衛青，並任命他為建章監、侍中，幾天之內賞賜給他的黃金累計起來有上千斤。不久，漢武帝封衛子夫為夫人，封衛青為太中大夫。

夏季，四月的夜晚，天際出現了一顆像太陽一樣亮的星星。

設置茂陵邑。

當時，朝中很多大臣議論起來，都認為鼂錯當年因為向漢景帝建議削藩而被殺是冤枉的，於是，他們極力打擊和壓制諸侯王，多次向武帝彈劾諸侯王們的過失和劣跡，簡直就像是雞蛋裡頭挑骨頭似地找他們的毛病，甚至拷打他們的臣子，讓他們證實他們君主的過惡；對此，各諸侯王無不感到悲憤和怨望。

三年（癸卯　西元前一三八年）

冬季，十月，代王劉登、長沙王劉發、中山王劉勝、濟川王劉明到長安來朝見漢武帝。漢武帝擺設酒宴招待他們，中山王劉勝聽到音樂聲就忍不住哭泣起來了。武帝問他為什麼哭泣，劉勝回答說：「悲傷的人不應該屢次地唏噓流涕，哀痛的人也不應該總是長吁短歎。但我實在是將悲哀積壓在胸中太久了，每當我聽到一點婉轉動聽的音樂，就忍不住涕淚橫流。我因為是皇帝的至親而被封為東方的諸侯王，按照輩分，我還是陛下的兄長。而現在朝中的大臣與陛下既沒有一點血緣關係，也沒有承擔什麼重任，但皇帝卻把他們視為朋友，整天聚集在一起議論謀劃，而把皇室宗親扔到一邊，骨肉之間的親情如同冰雪消融一樣逐漸消失了，我對此感到萬分的憂傷！」於是把平日被屬下群吏所欺陵的事情詳細的說給漢武帝聽。漢武帝於是對諸侯的待遇有所提高、加厚，取消了有關部門針對諸侯王所制定的種種限制，對宗室親屬施與了應得的恩惠。

黃河水暴漲，在平原郡溢出了堤壩。

全國大範圍發生饑荒，人民餓極了，竟然發生人吃人的事情。

秋季，七月，有彗星出現在西北天際。

濟川王劉明因為殺死了手下的中傅官而獲罪，被廢掉王位，流放到房陵縣。

七國叛亂被討平之後，吳王劉濞的兒子劉駒逃到了閩越。他怨恨東甌人殺死了他的父親劉濞，就經常鼓動閩越人攻打東甌。閩越王聽從了劉駒，發兵圍攻東甌，東甌派人向漢武帝求救。漢武帝就此事徵求田蚡的意見，田蚡回答說：「越人之間互相攻擊，這本來是一件很平常的事。他們與朝廷的關係也是屢次的反覆無常，在秦朝的時候就將那裡放棄不要了，不值得為他們之間的爭鬥而勞動朝廷興師動眾前去救援。」莊助說：「現在只是擔憂朝廷有沒有能力去救，朝廷的恩德能不能覆蓋它；如果有這個能力，為什麼要放棄不管呢！再說，秦朝最後連都城咸陽都保不住，又何只是丟棄越國呢？現在東甌這個小國因為走投無路才來向朝廷求救，如果連天子都不肯去救援，那麼小國還能到哪裡去訴求呢，皇帝又怎麼能以萬國為子民呢！」漢武帝說：「太尉這個人，不值得與他商量國家大事。但我剛剛繼位，不想在這個時候動用虎符來徵調郡國的軍隊。」於是派遣莊助手持符節前往會稽郡調動軍隊。會稽郡守想依照常法不給他調派軍隊，莊助立即斬殺了一名司馬，他向郡守傳達了皇帝的旨意，並解釋不用虎符徵調軍隊的原因，會稽郡守這才不敢違抗，立即調動軍隊，乘船渡海去救援東甌。軍隊還沒有到達，閩越國已經聽到漢朝出兵的消息，早已領兵撤退了。東甌王請求將整個東甌國的人都遷居到漢朝境內，得到允許後，東甌王就率領著全國之人內遷，被安置在長江、淮河流域定居。

九月最後一天丙子日，發生日蝕。

漢武帝從即位之初，就下詔從全國選拔那些擅長文學、有才智之士，並不拘常規地予以越級提拔。所以四方之士有許多人上疏給朝廷，闡述他們對國家大政得失的看法，藉此機會自我吹噓，賣弄才華的多達千人以上。武帝從中選拔了一些特別英俊的人才加以重用。莊助是最先受到重用的一個，後來又有吳國人朱買臣、趙國人吾丘壽王、蜀國人司馬相如、平原人東方朔、吳國人枚皋、濟南人終軍等，都被安置在武帝身邊任侍從官。武帝經常讓他們參與大臣們的辯論，這些人為中方，朝廷大臣為外方，雙方圍繞義理互相辯難，朝廷大臣屢次被這些人所駁倒。但司馬相如是以善於辭賦而特別得到武帝的寵愛。東方朔、枚皋的議論雖然往往不以事實為根據，但口才便捷，言語詼諧幽默，漢武帝就把他們當做藝人看待，雖然也多次地賞賜他們，但始終沒有把重要的政務交給他們去做。東方朔對漢武帝也會察言觀色，經常用詼諧幽默的言辭對武帝進行勸諫，對政治也有一些裨益。

這一年，漢武帝開始微服私訪，他向北到達池陽，向西到達黃山，向南打獵到過長楊，向東到過宜春。漢武帝與身邊那些善於騎馬射箭的侍從約定好時間在宮殿門口集合，曾經在夜間外出，對外自稱平陽侯。天明的時候，已經到達南山之下，開始射殺鹿、野豬、狐狸、野兔等，他們騎著馬在農田裡往來馳騁，踐踏了不少的莊稼，農民對著他們又喊又罵。鄠縣令和杜縣令不知道是皇帝在此打獵，就想派人將他們捉起來。武帝的侍從將武帝在此打獵的事情告訴了兩個縣令，可是他們不相信；侍從只好將武帝的御用之物拿給他們看，這才避免了一場被抓的尷尬。漢武帝還曾經在夜間闖入柏谷的旅店要求住宿，向旅店主人求取飲料，旅店老闆說：「我這裡沒有飲料，只有尿！」旅店主人懷疑武帝及其隨從是一夥盜賊，於是暗中招集了一批少年準備攻打他們。多虧老闆的妻子看出武帝長相與眾不同，就上前阻止她丈夫說：「這夥客人不像一般的人，再說他們也有所準備，你千萬不要動手。」老闆不肯聽。老闆妻子就千方百計地勸他飲酒，一直到把他灌醉，又叫人把他綁起來。那些少年見老闆喝醉了酒，也就各自散去。老闆的妻子親自殺雞做飯招待客人，並替她丈夫向客人賠禮道歉。第二天，漢武帝回到皇宮，便派人把老闆的妻子找來，賞賜給她一千斤黃金，並任命她的丈夫為羽林郎。後來，漢武帝又祕密地設置了一些可供白天休息的地方，從宣曲往南共建了十二處，有時夜間就到長楊宮、五柞宮等行宮中去住。

漢武帝因為出去打獵路途既遙遠又辛苦，還引起老百姓的不滿，於是就派遣太中大夫吾丘壽王將阿城以南、盩厔以東、宜春以西這片土地登記造冊，統計出這個區域的耕地面積，按照市價將它買下來，準備把這片土地劃入上林苑中，使其與南山相連。又讓中尉、左右內史將他們屬縣之內未經開墾的荒地數量奏報上來，想以此來償還鄠縣和杜縣的百姓。吾丘壽王將他調查的情況向武帝奏報，武帝聽了以後很高興，對吾丘壽王的辦事能力大加讚賞。

當時東方朔正好在武帝身旁，於是向漢武帝進諫說：「南山是天下最險要的地方。漢朝建國以來，不以河內、河南、河東之間的洛陽為都城，而是在霸水、滻水之西停下來，建都城於涇水、渭水以南。因為這裡是最富饒的高原沃土，秦王朝正是利用了這裡的有利地理形勢，向西吞併了西戎，向東兼併了崤山以東的所有國家啊。南山盛產的玉、石、金、銀、銅、鐵以及各種優質木材，為各種工匠提供了豐富的原料，百姓靠著它豐衣足食。這裡的粳米、稻穀、梨、栗、桑、麻、竹的產量豐富，這裡的土質還適宜種植薑、芋頭，水產品有蛙、魚等。在這裡，就連貧窮的人家也能溫飽，不用擔憂忍飢受寒。所以酆邑、鎬邑之間，是世人公認的膏腴之地，它的價格是每畝地值一萬錢。如果把這片土地劃歸上林苑，就等於斷絕了百姓從山坡、池沼之間獲取利益的權利，又奪走了百姓最肥沃的土地，如此的話，對上造成國家財用的匱乏，對下搶奪了百姓賴以生存的農桑之業，這是第一點不可取的。擴大了供荊棘生長的園林，拓展了供狐狸、野兔生活的區域，加大了老虎、野狼的巢穴，毀壞了百姓祖先的墳墓，拆毀了人民的房舍。讓幼小孤弱之人常常懷念故土，使耄耋老人因背井離鄉而痛哭流涕，這是第二個不可取。國家花費鉅資來修建它，還要在四周建起高大的圍牆，圍獵的人騎著馬在裡面往來馳騁，打獵的人乘著車子在裡面四處奔馳，而其中卻遍布深溝大壑。為了一天的歡樂，不值得讓皇帝的萬金之軀去冒失足翻車的危險，這是不可以的第三個理由。殷紂王建造了設有許多交易市場的宮殿而導致諸侯對他的背叛，楚靈王修築章華臺而使楚國人對他眾叛親離，秦始皇修建阿房宮從而引發天下大亂。我這個低賤得如同糞土一樣的小臣，違背了陛下意願，犯下了該死一萬次的罪過！」漢武帝為了表揚東方朔的直言敢諫，就任命東方朔為太中大夫、給事中，還賞賜他一百斤黃金。但仍然堅持擴建上林苑，按照吾丘壽王奏報的方案。

漢武帝又喜歡親自追擊、獵取熊、野豬等猛獸。司馬相如上疏勸諫說：「我聽說同一物種而本領卻各不相同，所以論起力氣大來要數戰國時期秦國的勇士烏獲，說起動作敏捷，應該首推春秋末年吳王僚的兒子慶忌，若論勇敢，當數戰國時期的孟賁和夏育。我雖然生性愚鈍，但我認為，人是如此，野獸也應當是如此。如今陛下喜歡翻越高山、闖入險阻去追殺猛獸，如果突然遭遇本領超群、性情兇猛的野獸，陛下猝不及防而又無處躲避的時候，野獸向著乘輿猛撲過來。車子來不及掉頭躲避，人也來不及考慮應變的辦法，即使有烏獲那樣的勇力、有逢蒙那樣高超的射箭技術，恐怕也用不上，到那個時候，就是一棵朽木、一個枯枝，也能磕磕絆絆地給陛下造成災難了。就像是與漢朝為敵的北方匈奴、南方的越人突然從陛下的車子底下冒了出來，西方的羌人、東方的夷人也突然地靠近了您的車子，這難道不是非常的危險嗎！即使是萬無一失，但這種境地也不是天子應該接近的。

「通常天子外出，都要事先清除道路、實行戒嚴，然後天子才出行，車子在大路中間奔馳，還常有馬匹受驚而無法駕馭的事故發生。何況是穿越茂密的荒草，在高低不平的丘陵上奔馳，向前有捕獲野獸的樂趣，而內心對突發事件又沒有防範，在這種情況下，野獸對陛下造成傷害是很容易的。將萬乘之尊看得很輕而不注意安全，樂於去冒哪怕是一萬次才可能有的危險，以此作為娛樂，我覺得陛下是不應該這樣去做的。聰明的人能夠預見到隱藏著的災禍苗頭，有智慧的人能夠躲避開尚未出現的危險，災禍往往是隱藏在微小隱祕的地方，而發生於人們對它有所忽略的時候。所以民間流傳著這樣的諺語：『家中積累了千金的財產，就不要坐在屋簷底下，以免被落下的屋瓦砸傷。』這雖然只是民間的一句諺語，但卻可以以小喻大。」漢武帝認為司馬相如說得對。

四年（甲辰　西元前一三七年）

夏，有風赤如血。

六月，旱。

秋，九月，有星孛❶于東北。

是歲，南越王佗❷死，其孫文王胡❸立。

五年（乙巳　西元前一三六年）

春，罷三銖錢❹，行半兩錢。

置五經博士❺。

夏，五月，大蝗❻。

秋，八月，廣川惠王越❼、清河哀王乘❽皆薨，無後，國除❾。

六年（丙午　西元前一三五年）

春，二月乙未❿，遼東高廟災⓫。

夏，四月壬子⓬，高園便殿火⓭，上素服五日⓮。

五月丁亥⓯，太皇太后⓰崩。

六月癸巳⓱，丞相昌免⓲，武安侯田蚡為丞相。蚡驕侈，治宅甲諸第⓳，田園極膏腴⓴。市買郡縣物㉑，相屬於道㉒。多受四方賂遺㉓。其家金玉、婦女、狗馬、聲樂、玩好，不可勝數。每入㉔奏事，坐語移日㉕，所言皆聽。薦人或起家至二千石㉖，權移主上㉗。上乃曰：「君除吏已盡未㉘？吾亦欲除吏㉙。」嘗請考工地益宅㉚，上怒曰：「君何不遂取武庫㉛！」是後乃稍退㉜。

秋，八月，有星孛于東方，長竟天㉝。

閩越王郢興兵擊南越邊邑，南越王(34)守天子約(35)，不敢擅興兵，使人上書告天子。於是天子多南越義(36)，大為發兵。遣大行王恢(37)出豫章(38)，大農令韓安國(39)出會稽(40)，擊閩越。

淮南王安(41)上書諫曰：「陛下臨天下，布德施惠，天下攝然(42)。人安其生(43)，自以(44)沒身不見兵革(45)，今聞有司(46)舉兵將以誅(47)越，臣安竊為陛下重(48)之。

「越，方外(49)之地，剪髮文身(50)之民也，不可以冠帶之國法度(51)理(52)也。自三代之盛(53)，胡、越不與受正朔(54)，非彊弗[1]能服(55)、威弗能制(56)也。以為不居之地(57)，不牧之民(58)，不足以煩中國(59)也。自漢初定以來七十二年(60)，越人相攻擊者，不可勝數，然天子未嘗舉兵而入其地也。臣聞越非有城郭邑里(61)也，處谿谷(62)之間、篁竹(63)之中，習於水鬭(64)，便於用舟，地深昧(65)而多水險。中國之人不知其埶阻(66)而入其地，雖百不當其一(67)。得其地，不可郡縣(68)也；攻之，不可暴取(69)也。以地圖察其山川要塞，相去(70)不過寸數(71)，而間獨(72)數百千里(73)，阻險[2]、林叢弗能盡著(74)。視之若易，行之甚難。天下賴宗廟之靈(75)，方內(76)大寧。戴白之老(77)，不見兵革，民得夫婦相守，父子相保(78)，陛下之德也。越人名為藩臣(79)，貢酎之奉(80)，不輸大內(81)；一卒之用[3]，不給上事(82)。自相攻擊，而陛下發兵救之，是反以中國而勞蠻夷(83)也。且越人愚戇輕薄(84)，負約反覆(85)，其不用天子之法度，非一日之積(86)也。壹不奉詔(87)，舉兵誅之，臣恐後兵革無時得息(88)也。

「間者(89)，數年歲比不登(90)，民待賣爵(91)、贅子(92)，以接衣食。賴陛下德澤振救(93)之，得毋轉死溝壑(94)。四年(95)不登，五年(96)復蝗，民生未復(97)。今發兵行數千里，資(98)衣糧，入越地。輿轎(99)而隃領(100)，拕舟(101)而入水。行數百千里，夾(102)以深林叢竹，水道上下擊石(103)，林中多蝮蛇猛獸。夏月暑時，歐泄(104)霍亂之病相隨屬(105)也。曾未施兵接刃(106)，死傷者必衆矣。前時南海王(107)反，陛下先臣(108)使將軍簡忌(109) [4] 將兵擊之，以其軍降(110)，處之上淦(111)。後復反，會(112)天暑多雨，樓船卒水居擊櫂(113)，未戰而疾死者過半。親老(114)涕泣，孤子啼號，破家散業，迎尸千里之外，裹骸骨而歸。悲哀之氣，數年不息，長老至今以為記。曾未入其地(115)，而禍已至此矣。陛下德配(116)天地，明象日月，恩至禽獸，澤及草木。一人有飢寒，不終其天年而死(117)者，為之悽愴(118)於心。今方內無狗吠之警(119)，而使陛下甲卒死亡，暴露中原(120)，霑漬(121)山谷。邊境之民為之早閉晏開(122)，朝不及夕(123)，臣安竊為陛下重之。

「不習南方地形者，多以越為人衆兵彊，能難邊城(124)。淮南全國之時(125)，多為邊吏(126)，臣竊聞之，與中國異(127)。限(128)以高山，人迹絕。車道不通，天地所以隔外內[129]也。其入中國，必下領水[130]，領水之山峭峻，漂石[131]破舟，不可以大船載食糧下也。越人欲為變，必先田餘干界中[132]，積食糧，乃入伐材治船[133]。邊城守候[134]誠謹，越人有入伐材[135]者，輒[136]收捕，焚其積聚[137]。雖百越[138]，奈邊城何！且越人緜力薄材[139]，不能陸戰，又無車騎、弓弩之用。然而不可入[140]者，以保地險[141]，而中國之人不耐[142]其水土也。臣聞越甲卒不下數十萬，所以入之[143]，五倍乃足[144]，輓車奉餉[145]者，不在其中。南方暑濕，近夏癉熱[146]，暴露水居，蝮蛇蠚[147]生，疾疢[148]多作。兵未血刃[149]，而病死者什二三[150]。雖舉越國而虜之[151]，不足以償所亡[152]。

「臣聞道路言[153]：閩越王弟甲[154]弒而殺之[155]，甲以誅死[156]，其民未有所屬[157]。陛下若欲來[158]，內處之中國[159]，使重臣臨存[160]，施德垂賞以招致[161]之，此必攜幼扶老以歸聖德[162]。若陛下無所用之，則繼其絕世，存其亡國[163]，建其王侯[164]，以為畜越[165]，此必委質[166]為藩臣[167]，世共貢職[168]。陛下以方寸之印[169]，丈二之組[170]，填撫方外[171]。不勞一卒，不頓[172]一戟，而威德並行。今以兵入其地，此[173]必震恐，以[174]有司[175]為欲屠滅之也，必雉兔[176]逃入山林險阻。背而去之[177]，則復相羣聚；留而守之[178]，歷歲經年，則士卒罷倦，食糧乏絕，民苦兵事，盜賊必起。臣聞長老言：秦之時，嘗使尉屠睢[179]擊越，又使監祿[180]鑿渠通道[181]，越人逃入深山林叢，不可得攻。留軍屯守空地，曠日引久，士卒勞勸，越出擊之，秦兵大破[5]，乃發適戍[182]以備之。當此之時，外內騷動，皆不聊生。亡逃相從，羣為盜賊，於是山東之難[183]始興。兵者凶事[184]，一方有急，四面皆聳[185]。臣恐變故之生，姦邪之作，由此始也。

「臣聞天子之兵有征而無戰，言莫敢校[186]也。如使越人蒙徼幸以逆執事之顏行[187]，廝輿之卒有一不備而歸[188]者，雖得越王之首，臣猶竊為大漢羞之。陛下以四海為境[189]。生民之屬[190]，皆為臣妾[191]。垂德惠以覆露之[192]，使安生樂業，則澤被萬世，傳之子孫，施之無窮。天下之安，猶泰山而四維之[193]也。夷狄之地，何足以為一日之閒[194]，而煩汗馬[195]之勞乎！詩云[196]：『王猶允塞，徐方既來[197]。』言王道甚大，而遠方懷[198]之也。臣安竊恐將吏之以十萬之師，為一使之任[199]也！」

是時，漢兵遂出，未踰領[200]，閩越王郢發兵距險。其弟餘善乃與相[201]、宗族謀曰：「王以擅發兵擊南越不請[202]，故天子兵來誅。漢兵眾彊，即幸勝之，後來益多，終滅國而止。今殺王以謝天子，天子聽罷兵[203]，固國完[204]；不聽，乃力戰[205]，不勝，即亡入海[206]。」皆曰：「善。」即鏦[207]殺[6]王，使使奉其頭致大行[208]。大行曰：「所為來者，誅王。今王頭至謝罪，不戰而殞[209]，利莫大焉。」乃以便宜案兵[210]，告大農軍[211]，而使使奉王頭馳報天子。詔罷兩將兵[212]，曰：「郢等首惡，獨無誅孫繇君丑[213]不與謀[214]焉。」乃使中郎將[215]立丑為越繇王[216]，奉閩越先祭祀[217]。餘善已殺郢，威行於國，國民多屬，竊自立為王，繇王不能制。上聞之，為餘善不足復興師，曰：「餘善數與郢謀亂，而後首誅郢[218]，師得不勞[219]。」因立餘善為東越王[220]，與繇王並處[221]。

上使莊助諭意南越[222]。南越王胡[223]頓首曰：「天子乃為臣興兵討閩越，死無以報德！」遣太子嬰齊入宿衛[224]，謂助曰：「國新被寇[225]，使者行矣[226]，胡方日夜裝，入見天子[227]。」助還，過淮南[228]，上又使助諭淮南王安以討越事，嘉答其意[229]。安謝不及[230]。助既去南越[231]，南越大臣皆諫其王曰：「漢興兵誅郢[232]，亦行以驚動南越[233]。且先王昔言：『事天子，期無失禮[234]。』要之[235]不可以說好語[236]。入見，則不得復歸，亡國之勢也。」於是胡稱病，竟[237]不入見。

是歲，韓安國為御史大夫[238]。

東海太守濮陽汲黯[239]為主爵都尉[240]。始，黯為謁者[241]，以嚴見憚[242]。東越相攻[243]，上使黯往視之。不至[244]，至吳[245]而還報曰：「越人相攻，固其俗然[246]，不足以辱天子之使[247]。」河內[248]失火，延燒[249]千餘家，上使黯往視之。還報曰：「家人[250]失火，屋比延燒[251]，不足憂也。臣過河南[252]，河南貧人傷水旱萬餘家，或父子相食，臣謹以便宜[253]，持節[254]發河南倉粟[255]以振[256]貧民。臣請歸節[257]，伏矯制之罪[258]。」上賢而釋之。其在東海，治官理民，好清靜[259]。擇丞史任之[260]，責大指[261]而已，不苛小[262]。黯多病，臥閨閤[263]內不出。歲餘，東海大治，稱之。上聞，召為主爵都尉，列於九卿[264]。其治務在無為[265]，引大體[266]，不拘文法[267]。

黯為人性倨[268]少禮，面折[269]不能容人之過。時天子方招文學儒者[270]，上曰「吾欲」云云[271]，黯對曰：「陛下內多欲[272]而外施仁義[273]，柰何[274]欲效唐、虞之治[275]乎！」上默然，怒，變色而罷朝，公卿[276]皆為黯懼。上退，謂左右曰：「甚矣汲黯之戇[277]也！」羣臣或數黯[278]，黯曰：「天子置公卿輔弼[279]之臣，寧令[280]從諛承意[281]，陷主於不義乎？且已在其位，縱愛身，柰辱朝廷何[282]？」黯多病，病且滿三月，上常賜告者數[283]，終不愈。最後病，莊助為請告[284]。上曰：「汲黯何如人哉？」助曰：「使黯任職居官[285]，無以踰人。然至其輔少主，守城深堅[286]，招之不來，麾之不去[287]。雖自謂賁、育[288]，亦不能奪[289]之矣！」上曰：「然。古有社稷之臣[290]，至如黯，近之矣！」

匈奴來請和親[291]，天子下其議[292]。大行王恢，燕[293]人也，習胡事[294]，議曰：「漢與匈奴和親，率不過數歲[295]，即復倍約[296]。不如勿許，興兵擊之。」韓安國曰：「匈奴遷徙鳥舉[297]，難得而制，自上古不屬為人[298]。今漢行數千里與之爭利，則人馬罷之[299]，虜以全制其敝[300]，此危道也。不如和親[301]。」羣臣議者多附安國，於是上許和親。

元光元年（丁未　西元前一三四年）

冬，十一月，初令郡國舉孝廉[302]各一人，從董仲舒之言[303]也。

衛尉李廣[304]為驍騎將軍[305]，屯雲中[306]。中尉程不識[307]為車騎將軍[308]，屯雁門[309]。六月，罷[310]。廣與不識〔7〕俱以邊太守將兵[311]，有名當時。廣行無部伍行陳[312]，就善水草舍止[313]。人人自便，不擊刁斗[314]以自衛。莫府[315]省約文書[316]，然亦遠斥候[317]，未嘗遇害。程不識正部曲行伍營陳[318]，擊刁斗，士吏治軍簿至明[319]，軍不得休息，然亦未嘗遇害。不識曰：「李廣軍極簡易[320]，然虜卒犯之[321]，無以禁也[322]。而其士卒亦佚樂[323]，咸樂為之死[324]。我軍雖煩擾，然虜亦不得犯我。」然匈奴畏李廣之略，士卒亦多樂從李廣而苦程不識[325]。

臣光曰[326]：「易曰[327]：『師出以律，否臧凶[328]。』言治眾而不用法[329]，無不凶也。李廣之將[330]，使人人自便。以廣之材，如此焉，可也；然不可以為法[331]。何則?其繼者難也[332],況與之並時[333]而為將乎!夫小人[334]之情,樂於安肆[335]而昧於近禍[336],彼既以程不識為煩擾,而樂於從廣,且將仇其上[337]而不服。然則簡易之害,非徒廣軍無以禁虜之倉卒而已也。故曰『兵事以嚴終[338]』,為將者,亦嚴而已[339]矣。然則傚程不識,雖無功,猶不敗;傚李廣,鮮不覆亡[340]哉!」

夏,四月,赦天下。

五月,詔舉賢良文學[341],上親策[342]之。

秋,七月癸未[343],日有食之。

【章旨】以上為第三段,寫武帝建元四年(西元前一三七年)至元光元年(西元前一三四年)四年間的全國大事,主要寫了竇太后死,漢武帝罷免竇派的丞相許昌,起用舅氏田蚡為相,重新發動尊儒;以及漢王朝派兵征討閩越,淮南王劉安上書諫阻,漢兵仍是重新安排了閩越國的秩序,並同時聳動南越,為日後的討伐南越埋下伏筆;此外還寫了汲黯、韓安國、李廣的一些事跡,為以後相繼展開描寫漢王朝的對外戰爭與描寫漢王朝的內部矛盾埋下了伏筆。

【注釋】❶孛 火光四射的樣子,這裡即彗星。❷南越王佗 趙佗,真定(今河北正定)人。秦時為南海郡龍川縣令,後行南海尉事。秦亡後,自立為南越王。劉邦建國後,歸順漢王朝。事見《史記・南越列傳》。❸文王胡 趙胡,文字是諡。據廣州象岡山漢墓出土南越王金印證明,南越文王名叫「趙眛」,不叫「趙胡」,此乃沿用《史記》之誤。❹罷三銖錢 停止使用三銖錢。三銖錢自建元元年開始使用,每文重三銖。一銖是一兩的二十分之一。❺置五經博士 在太學裡開設《詩》、《書》、《易》、《禮》、《春秋》五門課,分別由五個老師講授,此開課老師稱為博士。受學者稱博士弟子。❻大蝗 蝗蟲氾濫成災。

❼廣川惠王越　劉越，景帝之子，王皇后之妹王夫人所生，被封為廣川王，惠字是其死後的謚。廣川國的都城在今河北棗強東北。❽清河哀王乘　劉乘，景帝之子，王皇后之妹王夫人所生，被封為清河王，哀字是其死後的謚。清河國的都城清陽，在今河北清河縣東南。❾無後二句　「無後，國除」的是清河王劉乘；廣川王劉越並非無後，此時亦未國除。事見《史記・外戚世家》。❿二月乙未　二月初三。⓫遼東高廟災　遼東郡的高祖廟發生火災。遼東，漢郡名，郡治襄平，即今遼寧遼陽。當時各郡、各諸侯國都建有高祖廟。⓬四月壬子　四月二十一。⓭高園便殿火　高祖陵園的便殿被大火所燒。高祖陵園在今陝西咸陽東北，即所謂「長陵」。園是陵墓前面的廟宇，廟宇的前一部分叫廟，是安放神主，以供祭祀的地方；後面部分稱作寢，是安放生時衣冠之所在，其中的殿即所謂便殿。⓮素服五日　皇帝素服是表示思過請罪的意思，高祖的陵寢失火，古人認為這是上天對皇帝的譴責與警告，故皇帝素服思過。⓯五月丁亥　五月二十六。⓰太皇太后　文帝之皇后竇氏，武帝之祖母。⓱六月癸巳　六月初三。⓲丞相昌免　許昌，建元二年竇太后撲滅漢武帝的尊儒、罷免丞相竇嬰後，任許昌為丞相；今竇太后一死，五日後即被免職。⓳治宅甲諸第　在所有貴族的房子裡，他家的房子居甲，指自己家的房子蓋得比任何貴族之家都好。⓴極膏腴　是最肥沃的土地。㉑市買郡縣物　到各郡縣去採買。㉒相屬於道　在道路上絡繹不絕，極言其外出採買東西的人員之多。屬，連。㉓賂遺　賄賂、饋贈。㉔入　指入宮。㉕坐語移日　坐著對皇帝說話，一說就說到紅日西斜。移日，日影移位，以言其奏事的時間之長，以見田蚡權勢之專。㉖或起家至二千石　有的由家居無職一下子提拔為二千石的官吏。起家，由家居提拔起。二千石，相當於郡守和諸侯相一級。㉗權移主上　把皇帝的權力都傾奪了過來。㉘君除吏已盡未　你任命官吏任命完了沒有。除吏，任命官吏。師古曰：「凡言『除』者，除去故官，就新官。」㉙吾亦欲除吏　我也想任命幾個。㉚嘗請考工地益宅　曾經向皇帝討要考工署的地盤擴大自家的住宅。考工地，考工署所領有的地盤。考工是官署名，上屬少府，主管為國家製造器械，其長官曰考工令。益宅，擴大住宅。㉛君何不遂取武庫　你何不把國家的武器倉庫也要了過去。武庫，國家儲藏兵器的倉庫，其長官曰武庫令，上屬中尉（主管京師治安的長官）。漢代京城的武庫在當時長安城內的未央宮與長樂宮之間，其遺址在今西安北郊大劉寨村北。此段言田蚡憑藉著王太后，勢力日益驕橫，以致與皇帝的矛盾都尖銳起來。㉜是後乃稍退　這以後才稍稍收斂了點。退，收斂。王先謙曰：「謂後稍斂退也。」㉝長竟天　言彗星之長從天空的這頭到那頭。㉞南越王　即南越文王趙昧，趙佗之孫。按，《史記》原文作「趙胡」，據廣州象岡山漢墓出土金印，應作「趙昧」。㉟守天子約　遵守漢王朝的規定，不與鄰國相互進行戰爭。㊱多南越義　肯定南越王郢的守規矩。多，讚揚；肯定。㊲大行王恢　官居大行令的王恢。大行令是朝官名，秦時稱「典客」，後來又改稱「大鴻臚」，九卿之一，掌管少數民族事務。㊳出

豫章　由豫章郡出兵南下。豫章郡的郡治南昌即今江西南昌。㊴大農令韓安國　官居大農令的韓安國。大農令後來改稱「大司農」，九卿之一，掌管全國的稅收與國家財政收支。韓安國的詳情見《史記・韓長孺列傳》。㊵出會稽　由會稽郡出兵南下。會稽郡的郡治吳縣，即今江蘇蘇州。㊶淮南王安　劉安，劉邦之孫，淮南厲王劉長之子。淮南國的都城壽春，即今安徽壽縣。㊷攝然　寧靜、服貼的樣子。攝，收斂。㊸人安其生　每個人都對自己的生活很滿意。㊹自以　自己認為；原本估計。㊺沒身不見兵革　到死不會見到戰爭。沒身，終身；到死。兵革，戰備；戰爭。㊻有司　有關此事的官員，指王恢、韓安國等。㊼誅　討；討伐。㊽重　難；憂慮。㊾方外　境外；國家的管轄之外。㊿剪髮文身　南方少數民族的生活習俗，不留長髮，且在身上刺畫各種圖案、花紋。(51)冠帶之國法度　指中原地區的法度。冠帶，戴冠繫帶，中原人士的打扮。(52)理　治；治理。(53)三代之盛　夏、商、周三朝的鼎盛時期。(54)不與受正朔　不奉行中原地區的曆法，即不遵守中原王朝的管轄。正朔，正月初一，這裡代指曆法。(55)非彊弗能服　並不是中原王朝的強大不能將其征服。(56)威弗能制　也不是中原王朝的兵威不能將其挾制。(57)不居之地　不能讓中原人居住的地方。(58)不牧之民　不可教化、管理的民眾。牧，以放牧牛羊喻指治民。(59)不足以煩中國　不值得讓中原王朝派兵去征討。煩，勞煩；生事。指動用刀兵。(60)七十二年　自劉邦建國（西元前二〇六年）至武帝建元六年（西元前一三五年）共七十一年；從劉邦滅項羽統一天下（西元前二〇二年）至建元六年共六十七年。(61)城郭邑里　內城曰城，外城曰郭。大的村鎮叫邑，居民所住的巷子叫里。(62)谿谷　山谷。谿，山溝。(63)篁竹　竹叢；竹林。篁，竹田。(64)習於水鬬　擅長於打水仗。(65)深昧　幽深黑暗。(66)埶阻　形勢險要。埶，同「勢」。(67)雖百不當其一　即使一百個也抵不上他們一個。雖，即使。(68)不可郡縣　不能在那裡設立郡縣，實施管轄。(69)暴取　突然取勝，意即要曠日持久。暴，突然；短時間。(70)相去　相距；相隔。(71)寸數　一寸來的。(72)間獨　實際卻有。(73)數百千里　數百里，甚至上千里。《史記・項羽本紀》有所謂「數十百人」，即數十個，乃至上百個。與此用法相同。(74)弗能盡著　不能在地圖上一一地全標出來、全載於地圖。(75)賴宗廟之靈　意即靠祖宗、先帝的保佑。(76)方內　四境之內，即國內。(77)戴白之老　滿頭白髮的老人。戴，頂著。(78)相保　相互依存。(79)藩臣　為朝廷作藩屏的大臣，即諸侯。(80)貢酎之奉　指進貢方物與獻納酎金。據漢朝規定，各諸侯王要向朝廷進貢其地所出之物，並向朝廷進獻祭祀宗廟的份子錢。酎金，諸侯向朝廷獻納的購買祭祀用酒的份子錢。酎，祭祀用的濃酒。(81)大內　建立在京城的貯存財寶的國庫。(82)一卒之用二句　意思是沒有給國家出過一個民工的勞役。卒，役夫。給上事，為皇帝做事。(83)以中國而勞蠻夷　讓中原地區的人去為邊方的少數民族服務。(84)愚戇輕薄　指不懂禮貌、不守信用。(85)負約反覆　背叛條約，時反時降。(86)非一日之積　意即不是一天這樣，而是由來如此。積，久。(87)壹不奉詔　意即他們今天又不遵守條約了。(88)無時得息　永遠再沒有休止之時。(89)間者　前不久；近年來。(90)歲比不登　收成連年不好。歲，農業收成。比，連年。不登，歉收。(91)賣爵　秦漢時代的普通百姓亦有爵級，這些爵級的取得是靠戰場立功、交納糧食，也有時是皇帝下命賜給百姓的。有這種級別就可以享有不同程度的權力，可用以贖罪，還可以賣錢。(92)贅子　將自家的男孩送到別家去做上門女婿。當時這種做上門女婿的人等同奴隸。(93)振救　救濟。振，同「賑」。(94)轉死溝壑　以言窮困者之死，平時轉徙流離，死後拋於溝壑。(95)四年　指建元四年（西元前一三七年）。(96)五年　指建元五年。(97)民生未復　百姓的正常生活尚未恢復。(98)資　攜帶；運送。(99)輿轎　車拉、人抬。二字皆用為動詞。(100)隃領　翻越南嶺。領，通「嶺」。指南嶺。(101)拕舟　即指舟船。(102)夾　夾路；兩側。(103)擊石　撞上石頭。(104)歐泄　嘔吐腹瀉。歐，通「嘔」。(105)隨屬　隨之而來。屬，連帶。(106)施兵接刃　指進行戰鬥。(107)南海王　名職，南越國北部的一個少數民族頭領，未被南越國征服，而接受過劉邦的封號。(108)陛下先臣　您當年的臣子，謙指自己的父親淮南厲王劉長。(109)簡忌　淮南國的舊臣。(110)以其軍降　帶著他的軍隊投降了淮南國，主語是南海王。(111)處之上淦　將這個部落安置在上淦居住。上淦在今江西境內，應離新干縣不遠。(112)會　正逢。(113)水居擊棹　生活在船上，搖槳而行。(114)親老　年老的雙親。(115)曾未入其地　還沒有進入南越、閩越的地區。上淦還是在淮南國的豫章郡內。(116)配　相比；相對應。(117)不終其天年而死　沒有活到該死的年頭，指戰死。天年，應有的壽數。(118)悽愴　傷心、痛苦。(119)狗吠之警　指毛賊引起的動靜。(120)暴露中原　指屍體橫陳原野，任風吹日曬。(121)霑漬　浸溼、血染。(122)早閉晏開　因兵荒馬亂，人心惶惶而閉門早、開門晚。晏，晚。(123)朝不及夕　即通常所謂「朝不保夕」。(124)能難邊城　能給我們邊疆城鎮造成危害。(125)淮南全國之時　指先前淮南王劉長的時代，當時淮南國轄有三個郡，尚未分為淮南、衡山、廬江三個國。(126)多為邊吏　指當時有許多與越國相鄰的邊境上的地方官。(127)與中國異　與中原地區各郡縣之間的情況不同。(128)限　隔斷。(129)隔外內　分隔開中國與蠻夷。(130)下領水　沿著發源於南嶺的河流乘船而下。領水，即今江西境內的贛水，北流入鄱陽湖。(131)漂石　順水滾動的巨石。(132)田餘干界中　在餘干境內種田積糧。餘干，漢縣名，縣治即今江西餘干。(133)伐材治船　砍伐木材打造船隻。(134)邊城守候　南方邊城的守軍。(135)有入伐材　有人進山砍伐樹木。(136)輒　隨即。(137)積聚　貯存待用的物資，如糧食、木材等。(138)雖百越　即使有一百個閩越國。雖，即使。(139)緜力薄材　言其力氣不大，身軀矮小。緜力，力如綿。材，身軀。(140)不可入　指中原人不能進入越地。(141)以保地險　言越人所居的地區有險要的地形可供防守。保，依據；防守。(142)不耐　不能適應。(143)所以入之　如果我們要去進攻。(144)五倍乃足　意謂光戰鬥部隊就得五倍的人才能夠用。(145)奉餉　運送糧餉。(146)瘴熱　又有毒氣又悶熱。瘴，毒氣。(147)蠚　毒。(148)疾疢　疾病。疢，病。(149)兵未血刃　意即尚未交戰。(150)什二三　十分之二三。(151)舉越國而

虜之　把閩越人全部俘獲而來。舉，全部。(152)亡　損失。(153)道路言　來往的人們傳說。(154)弟甲　猶言「弟某」。淮南王劉安上書時不知其名，故謂之「甲」，實名餘善。(155)弑而殺之　已將閩越王郢殺死。按，餘善殺閩越王郢的詳情見《史記・東越列傳》。(156)甲以誅死　殺閩越王郢的其弟某人，已被其國人所殺。以，通「已」。按，此言非實。餘善並未被國人所殺，後來被漢王朝封為東越王。事見《史記・東越列傳》。(157)其民未有所屬　意即閩越國內眼下正沒有君主。(158)來　招納，使之前來。(159)內處之中國　也把他們安置在中原內地。(160)臨存　前去加以安撫。存，慰問；安撫。(161)招致　招募。(162)歸聖德　猶言「投明君」，歸順漢朝。(163)繼其絕世二句　意即保留這個小國的建制，讓其繼續留存下去。按，「興亡國，繼絕世」是孔子盛讚的美德，語見《論語・堯曰》。(164)建其王侯　再在那裡設立一個君主。(165)以為畜越　讓他管理越國。畜，養。(166)委質　委身，即今所謂「委身投靠」，死心塌地地歸順漢王朝。(167)為藩臣　為漢王朝起屏障藩籬作用的屬下之國。舊稱諸侯為天子之藩屏。(168)世共貢職　世世代代地向漢王朝進貢。共，通「供」。進貢。貢職，貢品。職，也是貢的意思。(169)方寸之印　賜給他一塊一寸見方的小印章。(170)丈二之組　一條長長的綬帶。組，絲條，這裡即指綬帶，繫印的帶子。(171)填撫方外　軟硬兩手兼施地對付境外民族。填，通「鎮」。(172)頓　同「鈍」。在戰爭中壞損。(173)此　這些人，指閩越之民。(174)以　以為。(175)有司　主管此事的人，指帶兵前往者。(176)必雉兔　像山雞、野兔一樣。(177)背而去之　等我們的軍隊離開那裡。(178)留而守之　如果讓我們的軍隊長期駐守在那裡。(179)尉屠睢　秦朝的都尉姓屠名睢，秦始皇派出進攻嶺南地區的帶兵將領。(180)監祿　秦朝某郡的監郡其名曰祿，史失其姓。監郡與郡守、郡尉同為該郡的主要長官，由朝廷派御史出任，直接對朝廷負責。(181)鑿渠通道　開鑿靈渠，修建由湖南通往廣西的通道。靈渠是秦朝開鑿溝通湘江與灕江二水源頭的重要渠道，在今廣西興安北，從此大大發展了南北的交通運輸。(182)適戍　抽調罪人從軍守邊。適，通「謫」。秦時發兵，首先是徵調罪犯，其次是徵調工商業者，再次是徵調贅婿。(183)山東之難　指陳涉、吳廣帶頭發動農民起義，事在秦二世元年（西元前二〇九年）。詳見《史記・陳涉世家》。(184)兵者凶事　因為戰爭要死人，要給國家民族、黎民百姓帶來災難，故自古有「兵者凶事」這種說法。(185)聳　惶恐。(186)莫敢校　沒有人敢抵抗，這是古禮的規定。校，較量；對抗。(187)蒙徼幸以逆執事之顏行　豁著冒險和您派去的軍隊打一仗。蒙徼幸，冒險以求僥倖。徼幸，即僥倖。逆，迎；迎戰。執事之顏行，您派出的將領所統率的軍隊。執事，主事人，指王恢、韓安國等。顏行，師古引文穎曰：「猶『雁行』；在前行，故曰『顏』也。」雁行，軍隊行進的樣子，這裡即指軍隊。(188)廝輿之卒有一不備而歸　婉指被越人打敗，被殺被俘。廝輿之卒，打柴、趕車的軍中奴隸。有一不備而歸，回來得不齊全，意即被俘被殺。(189)以四海為境　古人以為中國四周都有大海圍著。(190)生民之屬　意即所有生民、所有人類。屬，類。(191)臣妾　奴婢，男為奴、女為婢。192覆露之　像天一樣地覆蓋著他們，像雨露一樣地滋潤著他們。193猶泰山而四維之　猶如泰山之安而四周又有所加固。四維之，從四周用繩索捆綁加固。維，捆綁。194何足以為一日之閒　師古引如淳曰：「得其地不足為一日閒暇之娛也。」按，或可理解為「不值得花出一天的時間去經營它」。195汗馬　讓戰馬出汗。196詩云　下引二句見《詩經・常武》。197王猶允塞二句　意思是「天子的仁恩的確令人滿意，所以徐方的民族前來歸順了」。允塞，確實令人滿意。徐方，周初東部的少數民族名，活動在今江蘇泗洪南。198懷　仰慕；嚮往。199為一使之任　只完成了一個和平使者的作用，意思是派兵征討遠不如派和平使者前去招納。以上即劉安的〈上書諫伐閩越〉。200未踰領　此嶺應指今江西東部與福建西北部之間相隔的大山，即武夷山。201相　謂閩越王郢之相。202不請　未向漢王朝請示。203聽罷兵　接受我們的做法而撤兵回去。204固國完　我們的國家自然就得以保全。205不聽二句　如果他們不聽，我們就與他們以死相拼。206亡入海　逃到大海上去。亡，逃。207鏦　撞；以兵器投刺。208奉其頭致大行　將閩越王郢的人頭捧送到漢將王恢處。奉，捧。致，送交。209不戰而殞　尚未開戰而敵酋已死。隕，落，謂其王的人頭已落。210以便宜案兵　根據現有情況遂按兵不再前進。「以便宜」即按照具體情況而臨時改變朝廷成命。案，通「按」。211告大農軍　將此事通知給大農令韓安國的軍隊。212罷兩將兵　命令二將所率之軍停止前進。罷，停止。213無諸孫繇君丑　老閩越王無諸的孫子，現在繇地為封君者名丑。繇，閩越地名，方位不詳，自然是在今福建境內。按，此處但言繇君丑為無諸之孫，其父何人，史文無明確交代。214不與謀　未參與閩越王郢的叛亂陰謀。215中郎將　皇帝的侍衛官員，上屬郎中令，統領諸中郎。此人史未書名。216立丑為越繇王　徐孚遠曰：「是時不立餘善而更立丑者，欲其內相鬥，因亂而取之也。」217奉閩越先祭祀　意即承認他是閩越王的真正繼承人，因為只有繼承人才有資格主持對先祖、先王的祭祀。218首誅郢　帶頭殺掉了閩越王郢。首，首事；首發。219師得不勞　省去了漢兵征討的辛勞。220因立餘善為東越王　因，於是。東越王，其都城在何處，史文無明確交代。221並處　並立為王。222諭意南越　向南越說明了討平閩越的情況，實則是向他示意讓他對漢王朝採取更加親密的行動。223南越王胡　應作「南越王眛」，即南越文帝，名眛。224入宿衛　入朝為皇帝充當警衛，實則是令其太子入漢作為人質。225新被寇　指剛剛受過閩越的攻擊。226使者行矣　意即請使者先回去。227胡方日夜裝二句　我也將日夜不停地收拾行裝，準備入朝拜見皇帝。方，將。裝，用如動詞，即收拾行裝。228過淮南　路經淮南國的都城壽春。229嘉答其意　對劉安上書勸阻討伐閩越的事情，也肯定其好意。230安謝不及　淮南王安則表示自己沒有天子的遠見而致歉意。231既去南越　離開南越後。232誅郢　討伐閩越王郢。233亦行以驚動南越　也是順便向南越提出警告。234期無失禮　只求大致上過得去就行了。235要之　重要的是。236不可以說好語　不能聽信他們的幾句好話。說，通「悅」。237竟　到底。238御史大

夫 三公之一，掌管監察彈劾，位同副丞相。[239]東海太守濮陽汲黯 現任東海太守的濮陽人汲黯。東海是漢郡名，郡治郯縣，在今山東郯城西北。汲黯，字長孺，濮陽（今河南濮陽西南）人，好黃老之學，反對酷吏與尊儒。事跡詳見《史記・汲鄭列傳》。[240]主爵都尉 朝官名，秩二千石，管理列侯的封爵事務。[241]謁者 皇帝的侍從官員，掌管收發傳達以及贊禮等事，上屬郎中令。[242]以嚴見憚 由於態度過於嚴肅，被他人所敬畏。嚴，莊重；嚴肅。憚，畏；敬畏。[243]東越相攻 事在武帝建元三年（西元前一三八年）。建都在東甌（今浙江溫州）的東海王和建都在東冶（今福建武夷山市）的閩越王兩個部落相互攻擊。起因是吳楚七國造反時，東海王（名搖）曾舉兵跟從吳王劉濞；吳楚軍敗，東海王接受漢王朝的指令誘殺了吳王濞，使自己獲免。劉濞之子逃入閩越，恨東海王襲殺其父，於建元三年，勸閩越出兵圍東甌。詳情見《史記・東越列傳》。[244]不至 沒有到達東越地區。[245]吳 漢縣名，縣治即今江蘇蘇州，當時也是會稽郡的郡治所在地。[246]固其俗然 意謂「打打殺殺，本來就是這些生番化外者的常有之事」。[247]不足以辱天子之使 不值得讓天子的使臣去跑這一趟。辱，這裡指辛苦、煩勞。鍾惺曰：「『越人相攻，固其俗，不足以辱天子之使』，數語暗暗斬斷武帝開邊之根。」[248]河內 漢郡名，郡治懷縣（今河南武陟西南），因其地處黃河以北，故稱「河內」。當時人們稱今河南境內的黃河以南曰「河外」。[249]延燒 蔓延被燒。延，蔓延。[250]家人 指平民百姓。師古曰：「猶言庶人家也。」[251]屋比延燒 房屋挨近，蔓延被燒。比，並；挨近。[252]河南 漢郡名，郡治洛陽（今河南洛陽東北部）。[253]以便宜 指事先未經請示而及時採取措施。[254]持節 稟持著皇帝所授的旌節，即以皇帝欽差的名義。[255]發河南倉粟 調撥河南郡內國家糧庫的糧食。[256]振 通「賑」。救濟。[257]歸節 奉還此次出使所持之節。[258]伏矯制之罪 情願接受犯了假傳聖旨之罪的懲罰。矯制，假傳聖旨。制，皇帝的命令。王念孫曰：「蓋河內失火，武帝使黯往視，道經河南，見貧民傷水旱，因發倉粟振之。黯未至河內，先至河南，故曰『臣過河南』。」鍾惺曰：「河內失火，奉使往視，不問；而以便宜發倉粟振貧民。民維邦本，易動則危，老成長慮，人知黯之守正，而不知其能達權也。所謂『社稷臣』，『招之不來，麾之不去』，武帝看黯正於此處得之。」[259]好清靜 清心寡欲、清靜無為，是當時黃老之學的基本特徵。此學派形成於戰國中期，盛行於秦漢之際，其代表學說為《黃帝四經》與司馬談的〈六家要旨〉。[260]擇丞史任之 選好幾個下屬，把郡裡的事情都交給他們去辦。丞史，指郡丞和郡中的其他曹吏。郡丞是太守的助理，史指掌管文書的吏員，這裡即指除郡丞以外的其他屬吏。[261]大指 大體；大的方面。指，同「旨」。[262]不苛小 不管雞毛蒜皮的事情。[263]閨閤 指內室。閨，內室小門。閤，旁門。後世始用以專指青年女子的臥房。[264]列於九卿 胡三省《通鑑注》曰：「漢太常、郎中令、中大夫令（衛尉）、太僕、大理（廷尉）、大行（典客）、宗正、大司農、少府為正九卿；中尉、主爵都尉、內史列於九卿。」列於九卿，意即「準九卿」，享受「九卿待遇」。265無為　能不幹的事情一律不幹，能小幹的事情絕不大幹。266引大體　即上之所謂「責大指」，只抓大的方面。267不拘文法　不拘泥於規章條文。268倨　高傲，不屈禮於人。269面折　當面駁回人家的主張、見解，或當面指出人家的缺點、錯誤。折，斷；駁回。通常指用於平級或下對上。270方招文學儒者　即通常所說的「尊儒」。招，延納；進用。文學儒者，念儒學之書的書生。文學，當時指學術，這裡指儒家所講的那一套。271上曰吾欲云云　意謂武帝剛說「我想……」（想要興辦什麼儒家提倡的事業），下文尚未出口，就被汲黯迎頭打斷了。荀悅《漢紀》云：「帝問汲黯曰：『吾欲興治，法堯舜，如何？』」272內多欲　內心裡欲壑難平。273外施仁義　表面上高唱仁義的一套。274柰何　怎麼能夠。275唐虞之治　唐堯、虞舜治理下的盛世局面。276公卿　三公九卿，泛指朝廷大臣。277戇　愚直。278數黯　責備汲黯。數，責；責備。279輔弼　輔佐。弼，佐助。280寧令　難道是讓你們……。寧，難道；莫非。281從諛承意　阿諛、順承。從諛，順從阿諛。承意，順承皇帝的意旨。282縱愛身二句　意謂即使自己害怕犯罪，但如果由於自己未盡職責而給朝廷帶來恥辱（指壞事公行），那又怎麼辦呢。陳仁錫曰：「忠臣心事，與沽名者不同。」283病且滿三月二句　且，將。賜告，賜給假期；延長其假期。瀧川引中井曰：「告，休假也。漢法：病免三月當免官，賜告則不免官而養病。」數，一再；多次。284最後病二句　《漢書》無「病」字，二句作一句讀，疑《漢書》是。請告，請假。285任職居官　指一般情況下的居官任職、照章辦事。286守城深堅　李笠《史記訂補》曰：「城，當依《漢書》作『成』，此涉下文『深堅』而誤為『城』也。深堅，即『招之不來，麾之不去』之謂，非謂城之深堅也。」守成，指堅守老皇帝的既定方針。287招之不來二句　指一心擁護少主，任何力量也不能動搖。如肥義之護持趙惠文王、荀息之遵獻公命擁立卓子。見《史記》之〈趙世家〉、〈晉世家〉。288自謂賁育　像孟賁、夏育那樣勇猛的人。孟賁、夏育都是戰國時的著名勇士。據說孟賁能生拔牛角，夏育能力舉千鈞，生拔牛尾。289奪　奪志；使之改變主意。290社稷之臣　能與國家共存亡的大臣。《史記・袁盎鼂錯列傳》云：「社稷臣，主在與在，主亡與亡。」291匈奴來請和親　匈奴是戰國後期以來活動於今內蒙古與蒙古國一帶的少數民族，秦漢時期成為主要的北部邊患。劉邦建國初期對匈奴實行和親政策，其後歷呂后、文帝、景帝一直如此。但匈奴不守和約，時常進擾漢朝的北部邊境。事情詳見《史記・匈奴列傳》。292下其議　將此事交給群臣討論。293燕　漢初以來的諸侯國名，都城薊縣，即今北京市。此時的在位之君是劉邦功臣劉澤之孫劉定國。294習胡事　熟悉有關匈奴人內情。胡，當時用以稱匈奴人。295率不過數歲　一般都維持不了幾年。率，大概；大致。296倍約　背叛條約。297遷徙鳥舉　像飛鳥一樣的來去無常。298自上古不屬為人　《索隱》曰：「不內屬於漢為人。」李笠曰：「『人』字宜作『民』，疑小司馬避太宗諱改史文也。」按，《史記・平津侯主父列傳》主父偃亦有所謂「上及虞夏殷周，固弗程督，禽獸畜之，不屬為人」之語。瀧川曰：「『不屬為人』，不隸屬為民也。」(299)罷乏　同「疲乏」。罷，通「疲」。疲憊。(300)以全制其敝　以己之全，制敵之敝。敝，疲憊。(301)不如和親　錢鍾書曰：「《史記》於此記王、韓兩造各抒己見；明年元光元年王恢請攻匈奴，《史記》未載有持異議者，《漢書・竇田灌韓傳》則詳著恢又與安國廷辯之詞。恢以為擊之便，安國以為勿擊便，皆持之有故，迴環往復者三。前乎此者唯〈趙策三〉秦索六城，趙王與樓緩、虞卿計，一言予，一言勿予，亦往復者三。〈楚策一〉齊索東地，楚襄王諮之朝臣，子良曰『不可不予』；昭常曰『不可予』，而慎子勸王『合采二子之計』，正反相成，古書所載集思綜斷之佳例，此為朔矣。」(302)孝廉　漢代選拔人才的科目之一，主要取其道德品質方面的既孝且廉。(303)董仲舒之言　董仲舒的建言在其〈賢良對策〉中，見本書武帝建元元年。(304)李廣　隴西成紀（今甘肅秦安北）人，西漢名將。事跡詳見《史記・李將軍列傳》。(305)驍騎將軍　雜號將軍名，以勇敢善騎射命名。(306)雲中　漢郡名，郡治在今內蒙古托克托東北。(307)中尉程不識　現任中尉之職的將軍程不識。中尉，維持首都治安的長官，官秩二千石。事跡雜見於《史記・李將軍列傳》。(308)車騎將軍　統領車兵與騎兵，地位在驍騎將軍之上。(309)雁門　漢郡名，郡治善無，在今山西右玉南。(310)罷　駐軍撤掉。(311)以邊太守將兵　以邊郡太守的身分統領軍隊。將，統領；率領。(312)廣行無部伍行陳　李廣部隊的行軍，士卒皆任意而行，不按編制，不成行列。行，行軍。部伍，猶言「部曲」。《續漢書・百官志》：「大將軍營五部。部，校尉一人。部下有曲，曲有軍候一人。」師古曰：「廣尚於簡易，故行道之中不立部曲也。」行陳，行列次序。(313)就善水草舍止　挨著有好水好草的地方安營下寨。就，接近；靠近。(314)不擊刁斗　不安排打更巡邏。刁斗，銅製的軍用飯鍋，白天用以煮飯，夜間用以敲擊巡邏。(315)莫府　同「幕府」。指將軍的辦事機構，師古曰：「莫府者，以軍幕為義。軍旅無常居止，故以帳幕言之。」(316)省約文書　指各種公文案牘之類一律從簡。(317)遠斥候　將哨探人員放出去很遠，有敵情可以及早得知。斥候，偵察敵情的人員。(318)正部曲行伍營陳　部隊編制、行列次序一切都要求得很嚴格。正，整理；整頓。(319)治軍簿至明　按規章條文管理士兵極其嚴格。(320)簡易　寬鬆自由，不講煩瑣的規章制度。(321)卒犯之　敵人突然進犯。卒，通「猝」。突然。(322)無以禁也　沒法抵抗。(323)佚樂　指平時生活得安閒快樂。(324)咸樂為之死　到戰鬥時能人人奮勇，不怕犧牲。(325)匈奴畏李廣之略二句　略，才略；為人做事的風度才情。凌稚隆《史記評林》引董份曰：「載不識言，以見軍法之正；載『匈奴畏李廣之略』二句，以明廣之能。載事必如此，然後義備，而筆端鼓舞。」姚苧田曰：「廣惟有勇略，又能愛人，於兵法『仁』、『信』、『智』、『勇』、『嚴』者，實有其四，惟少一『嚴』耳。然其遠斥候以防患，法亦未嘗不密也。但說到『無部伍行陣』、『省文書籍事』，此大亂之道，恐不能一日聚處，疑亦言之過甚。愚謂要是文字生色耳，未必簡易至此極也。」按，姚氏可謂善讀《史記》。(326)臣光曰　如同《史記》中的「太史公曰」，是寫史者要對他所寫的歷史人物、歷史事件發表評論時的前置語。(327)易曰　《周易》上說。下引二句是《周易・師卦》的爻辭。(328)師出以律二句　意謂軍隊要有紀律，如果軍紀不好就會有危險。否臧，不善，指軍紀不好。(329)治眾而不用法　管理很多人而沒有法度。法，法度；法令；規章措施。(330)將　統兵；治眾。(331)不可以為法　不能用做常規。(332)其繼者難也　後來人再這麼做難以取得好的效果。(333)並時　同時。(334)小人　指一般士兵、一般民眾。(335)安肆　閒散自由。肆，放縱；隨心。(336)昧於近禍　看不到就在身邊的危險。昧，看不見。(337)仇其上　仇視其上級。(338)兵事以嚴終　治軍必須一嚴到底。(339)亦嚴而已　也是必須嚴格，沒有別的。(340)鮮不覆亡　很少不徹底失敗。鮮，稀少。(341)賢良文學　漢代選拔人才的科目名，其條件是品質優秀的儒生。文學，誦讀儒學經典的士子。(342)親策　親自出題考問。策，考試題目，因其寫在簡策上，故曰「策」。(343)七月癸未　七月二十九。

【校　記】[1]弗　原作「勿」。據章鈺校，乙十一行本作「弗」。今從乙十一行本及《通鑑紀事本末》、《漢書・嚴朱吾丘主父徐嚴終王賈傳》改。[2]阻險　原作「險阻」。據章鈺校，乙十一行本二字互乙。今從乙十一行本及《漢書・嚴朱吾丘主父徐嚴終王賈傳》改。[3]用　原作「奉」。據章鈺校，乙十一行本、孔天胤本皆作「用」。今從諸本及《通鑑紀事本末》、《漢書・嚴朱吾丘主父徐嚴終王賈傳》改。[4]簡忌　原作「間忌」。胡三省注云：「師古曰：『〈淮南王傳〉作「簡忌」。此本作「間」，傳寫字誤省耳。』」據章鈺校，孔天胤本作「簡忌」，張敦仁《通鑑刊本識誤》同，今從改。[5]破　原作「敗」。據章鈺校，乙十一行本作「破」，傅增湘校北宋本同。今從乙十一行本及《通鑑紀事本末》、《漢書・嚴朱吾丘主父徐嚴終王賈傳》改。[6]殺　「殺」下原空一格。據章鈺校，乙十一行本不空格，孔天胤本空格作「郢」字。今從乙十一行本及《通鑑紀事本末》、《史記・東越列傳》刪空格。[7]不識　原作「程不識」。據章鈺校，乙十一行本無「程」字，傅增湘校北宋本同，今據刪。

【語　譯】四年（甲辰　西元前一三七年）

夏天，有一次颱大風，揚起的沙塵顏色紅得像血一樣。

六月，大旱。

秋季，九月，有彗星出現在東北的夜空。

這一年，南越王趙佗去世，他的孫子趙胡即位，就是南越文王。

五年（乙巳　西元前一三六年）

春季，停止使用三銖錢，半兩重的銅錢開始進入流通領域。

設置《五經》博士。

夏季，五月，發生蝗災。

秋季，八月，廣川惠王劉越、清河哀王劉乘都去世了，兩個諸侯王都沒有子嗣，封國被撤銷。

六年（丙午　西元前一三五年）

春季，二月初三日乙未，遼東郡的漢高祖廟發生火災。

夏季，四月二十一日壬子，漢高祖陵園的便殿被大火焚毀，漢武帝穿了五天的素服。

五月二十六日丁亥，太皇太后竇氏去世。

六月初三日癸巳，丞相許昌被免職，武安侯田蚡被任命為丞相。田蚡驕橫奢侈，所修建的住宅比任何大臣的住宅都高級，所置辦的田園都是最肥沃的土地。他派到各郡縣採買物品的使者，絡繹不絕於道路。他大肆收受四方的賄賂和饋贈。他家中的金銀、珠寶、美女、狗馬、聲樂以及各種娛樂的東西，簡直多得數不過來。他每次入宮向漢武帝奏報事情，都是坐著和武帝說話，一說就說到紅日西斜，他提的建議都被漢武帝所採納。他向武帝舉薦的人有的一下就被提拔到俸祿在兩千石的高位，武帝手中的權力差不多全都轉移到了他的手裡。漢武帝終於有一天對田蚡說：「你任命官吏任命完了沒有？我也想任命幾個。」一次，田蚡又請求漢武帝將考工衙門的土地劃撥給自己做宅基地，武帝生氣地說：「你何不把國家的武器倉庫要去做你的宅基地！」從這以後，田蚡才稍微收斂了一些。

秋季，八月，有彗星出現在東方的夜空，耀眼的流光劃破了整個夜空。

閩越王騶郢發兵攻打南越國的邊境城邑，南越王趙胡遵守與漢天子的約定，不敢擅自發兵進行抵抗，於是派使者到長安來向漢武帝請示。漢武帝對南越王的做法很是讚賞，便派出兩路人馬前去支援南越。派大行令王恢率軍從豫章出發，派大農令韓安國率軍從會稽郡出發，分頭去攻打閩越國。

淮南王劉安上疏勸阻漢武帝出兵閩越，他說：「陛下君臨天下以來，推行德政、廣施恩惠，國家政局穩定。百姓安居樂業，我以為這一輩子也不會再看到有戰爭發生了，現在我聽說有關部門正在調動軍隊去討伐閩越國，臣劉安勸陛下在出兵這件事情上應該保持慎重。

「南越國原本不屬於中國管轄，習俗也與中國大不相同，他們剪短頭髮，在身上刺滿花紋，對待他們不能用我們中原地區的法度去治理。即使是在夏、商、周三個朝代最鼎盛的時候，北方的胡人和南方的越人也沒有奉行中原的曆法，不遵守中原王朝的管轄，並不是當時不夠強大不能征服他們，也不是中原王朝的權威無法控制他們。而是認為那個地方不適合中原人居住，那裡的民眾是不可教化、管理的民眾，不值得為他們來麻煩中國。從漢朝平定天下以來到現在已經七十二年，越人之間互相攻擊的事情，多得數不過來，而歷代皇帝都沒有派兵進入他們的境內。我還聽說，越國沒有城鎮鄉邑的建制，人民都分散的居住在山間、溪谷和茂密的竹林中，習慣於在水上作戰，善於駕馭船隻，地理環境複雜、山惡水險。中國人不熟悉那裡的險要地勢，如果深入其地，就是用一百個人也敵不過他們一個人。即使得到那片土地，也不能把它設置為郡縣；攻打它，又不可能在短時間內把它征服。從地圖上察看那裡的山川要塞，相距不過幾寸遠，而實際距離卻要相差數百、上千里，其中的險阻、叢林中的險惡環境也不能在地圖上一一標示出來。看起來好像很容易，而深入其中才知道它的艱難。漢朝的天下託賴先祖在天之靈的保佑，四境之內太平無事。滿頭白髮的老人，沒有見過戰爭，老百姓夫婦得以長相廝守，父親兒子盡享天年，這都是陛下的恩德啊。越國人名義上是中國的屬國，而他們所進貢的土產方物、獻納的酎金，都沒有資格進入國家的寶庫；他們的國民，沒有一個給皇帝做過事。他們之間互相攻伐，陛下卻要發兵去救，這是使中國人去為蠻夷效勞。況且，越國人既愚蠢、輕浮，又見識淺薄，違背誓約，反覆無常，他們拒絕實行中國的法度也不是一天兩天了。如果他們一不接受皇帝的命令，就派兵去征討，我擔心以後與他們的戰爭將永遠沒有休止的時候。

「最近幾年來，國家連年糧食歉收，百姓有的要靠出賣他們的爵位、將自己的兒子送到別人家去做上門女婿，以換取衣食。全靠陛下廣施恩德，對災民給以賑濟，才使他們沒有四處逃荒而餓死在溝壑之中。建元四年，全國糧食歉收，建元五年，又發生蝗災，時至今日百姓的正常生活還沒有得到恢復。現在又要發兵到幾千里遠的地方去幫助南越國攻打閩越，攜帶、運送糧食衣物深入越地。翻山越嶺全靠人抬肩扛，過河時還得要士兵在岸上拉縴，船隻才能向前。這樣行軍幾百里，或者上千里，加上兩岸長滿深林茂竹，船隻在水中不時地與亂石相碰撞，叢林中還隱藏著許多毒蛇猛獸。夏季裡，不僅酷暑難耐，而且水土不服，嘔吐腹瀉、霍亂等疾病也會接踵而至。還沒等與越人接戰，就必定死傷很多了。以前南海王謀反，陛下以前的老臣淮南王劉長派遣簡忌將軍率領一支軍隊前去平叛，因為南海王率軍投降，被安置在上淦。後來他們再次謀反，當時正遇上盛夏，天氣酷熱，大雨下個不停，即使是在高大的樓船上，士卒也是泡在水中划槳，結果仗還沒打，士兵已經損傷大半。年老的雙親哭泣，孤兒哀號，傾家蕩產，到千里之外去收取親人的屍體，最後只帶回了一包親人的骸骨。那種淒慘悲哀的氣氛，幾年都不能平息，上了年紀的人到現在還記憶猶新。還沒有進入蠻夷的領地，而災難就已經是這個樣子了。陛下的仁德如同天高地厚，英明如同日月高懸，您的恩惠及於禽獸，您的愛心推及草木。如果有一個人因飢寒而死，沒能終其天年，陛下都會因此而傷心痛苦。如今四境之內盡享太平，就連狗叫的報警聲也沒有，在這種情況下，使陛下的武裝士卒去遭受死亡，將屍體暴露在荒野之中，讓他們的鮮血沾滿山谷。使邊城之民因此而將城門早閉晚開，整日提心吊膽，惟恐朝不保夕，我認為陛下應該慎重決策。

「對南方地理形勢不熟悉的人，大多都認為越國人口眾多兵力強盛，能夠給漢朝的邊城帶來威脅。早年，淮南王國還沒有被分為淮南、衡山、廬江三個王國的時候，淮南國在與南越接壤的地區設置了很多官吏，所以我對那裡情況的瞭解與中原地區的人不一樣。越國境內遍布高山峻嶺，人煙稀少。車輛不能通行，這是上天有意要將中國與南越分隔開。那裡的人要想進入中國，只有一條水路可通，那就是沿領水而下，而領水兩岸懸崖峭壁地勢險峻，水勢湍急，順水滾動的巨大石頭能夠將過往的船隻摧毀，所以不能用大船載運糧食。越人如果想要叛亂，就必須先在餘干境內開荒種田，儲備糧食，還需要進入漢朝的邊境採伐樹木打造船隻。而漢朝的邊境城邑又戒備森嚴，發現越人進山砍伐樹木就立即將他們抓起來，並燒掉他們積蓄的物資。如此看來，就是有一百個閩越國，對邊城也無可奈何！再說閩越人力氣不大，身體矮小，不能在陸地上作戰，又沒有戰車、騎兵和弓弩等作戰工具。然而所以不能深入其國境內，是因為閩越人所居住的地區有險要的地形可以防守，而中原人不服那裡的水土。我還瞭解到越國的軍隊有幾十萬，中國要想戰勝他們，必須要有五倍於他們的軍隊才夠用，而那些為軍隊運送糧餉的，還不包括在內。南方氣候酷熱潮溼，接近夏季的時候就更加的酷熱難耐，人們經常浸泡在水中以躲避熱浪的襲擊，那裡有許多毒蛇出沒於雜草叢中，由於中國的士兵不習慣那裡的水土氣候而導致疾病頻發。還沒等與越人交戰，因病而死的就已經是十分之二三。即使是把全閩越的國民都俘虜過來，也不足以補償所遭受的損失。

「我聽過往的人們傳說：閩越王的弟弟某某已經殺死了閩越王，而閩越王的弟弟某某又被閩越人所殺，目前閩越的百姓還無所歸屬。陛下如果想將閩越人招降過來，將他們安置在中原內地，只要派一名重要官員前去撫慰，用恩德和獎賞去招撫他們，閩越的百姓必定會扶老攜幼前來歸附於聖明的陛下。陛下如果覺得招撫他們到中國來也沒有什麼用處，那麼為了保留閩越國的建制，讓它繼續留存下來，可以為他們設立一位君主，讓他管理閩越國，那麼他必定死心塌地地歸順漢朝，願意做中國的藩臣屬國，世世代代地履行向漢朝貢獻方物的職責。陛下只需用一寸見方的金印和一條二丈長的綬帶，就可以鎮撫住化外的閩越國。而不必辛勞一兵一卒、不必損壞一件兵器，而陛下的威嚴與恩德就同時施加於閩越之民了。如果率兵進入閩越國境內，必定引起那裡人們的驚懼和恐慌，以為要將他們全部屠殺消滅掉，因此就會像山雞、野兔遇到獵人一樣四處逃散，進入深山和叢林。一旦中國的軍隊離開，他們就又聚集起來；如果派部隊留守，那麼經年累月，士卒疲憊不堪，糧餉匱乏，百姓被戰爭所苦，必定引起社會動盪，盜賊趁機蜂湧而起。我聽年長的人說：秦朝的時候，就曾經派遣尉官屠睢率領軍隊攻打百越，又派一個名叫祿的監郡官督促百姓開鑿靈渠，溝通湘江和灕江，結果越人全部逃入深山老林，想攻擊卻根本找不到目標。只好留下軍隊駐守在曠野之中，曠日持久，士卒疲勞倦怠，越人組織反擊，秦軍被打得大敗，最後不得已將罪犯遣送到邊境擔任守衛。在那個時候，秦國內外騷動，民不聊生。軍隊中也是逃亡不斷，這些人聚集起來變成了盜賊，於是引起山東六國紛紛起兵反抗秦朝。軍事行動是一種凶險的事情，一方有了戰事，四面八方都會引起震動。我擔心一旦出兵閩越，將引起國內政局不穩，奸邪之人趁機謀亂。

「我聽說，天子的軍隊有討伐而沒有征戰，意思是說天子的軍隊討伐罪惡、撫慰人民，沒有人敢進行抵抗。假如閩越之人抱著一種僥倖獲勝的心理而冒險迎戰朝廷的軍隊，哪怕是只有一個打柴、趕車的軍中奴隸被殺不能回國，即使得到閩越王的首級，我認為那也是大漢王朝的恥辱。陛下把四海作為漢朝的國境。國境之內所有的人，都是陛下的臣屬和姬妾。陛下對人民廣施恩德，像天一樣覆蓋著他們、像雨露一樣滋潤著他們，使他們能夠生活穩定、安居樂業，則千秋萬代都能感受到您的恩德，您的功業必將留傳給子孫後代，永無窮盡。國家的穩固就會像泰山那樣不可動搖而四周又有所加固。夷狄之人所佔領的那點地方，又哪裡值得陛下花費一天的閒暇時間，去憂慮並勞煩陛下的戰馬奔走千里去流血流汗呢！《詩經》上說：『國君的恩德確實令人滿意，所以徐方的民族前來歸附了。』說的就是王道特別偉大，遠方各民族都非常仰慕它。我所擔心的是那些將吏率領十萬大軍，只完成了一個和平使者的作用！」

當時，漢朝已經派出大軍向閩越進發，但還沒有越過武夷山，閩越王騶郢已經派兵把守住關隘險要。他的弟弟騶餘善與閩越國的丞相和宗室商議說：「大王沒有向漢朝天子請示就擅自發兵攻打南越，所以漢天子才派兵前來征討。漢朝的軍隊人數眾多勢力強盛，即使我們能僥倖戰勝他們，他們還會調集更多的兵力前來討伐，不把我們徹底消滅是不會停止的。現在如果我們把國王殺掉，然後向漢朝天子請罪，漢天子如果接受我們的做法就會罷兵而回，我們的國家自然得以保全；如果漢天子不聽從，我們就跟他們拼死一戰，如果不能取勝，就逃到海上去。」大家都說：「對。」於是騶餘善就用矛將閩越王刺死，然後派使者捧著閩越王的人頭送到漢朝大行令王恢處。大行令王恢說：「我們來此的目的就是要誅滅閩越王。如今閩越人已經將閩越王的人頭送來漢朝謝罪，不用作戰，就使閩越王的人頭落地，從國家的利益來看，沒有比這更好的了。」於是下令就地按兵不動，一面將情況通報給大農令韓安國，一面派人捧著閩越王的人頭，騎馬飛報漢武帝。

漢武帝下詔令大行令王恢、大農令韓安國兩位將軍撤軍，說：「閩越王騶郢等是罪魁禍首，只有老閩越王無諸的孫子、現在繇地為君的騶丑沒有參與陰謀。」於是派中郎將到閩越國封騶丑為越繇王，讓他主持對閩越祖先的祭祀。騶餘善殺死閩越王騶郢之後，威勢震動了閩越國，閩越國的國民大都歸附於他，騶餘善自立為閩越王，而漢朝所封的越繇王騶丑卻沒有能力阻止。漢武帝得知消息後，認為為了騶餘善一個人不值得再興師動眾，就說：「騶餘善屢次參與了騶郢的謀亂，但後來他帶頭誅殺了騶郢，使漢朝的軍隊免除了征戰之苦。」於是封騶餘善為東越王，與越繇王騶丑並立為王。

漢武帝派遣莊助去知會南越王。南越王趙胡趴在地上磕頭說：「漢朝天子竟然為我們南越出兵討伐閩越，我就是死也無法報答漢朝天子的大恩大德！」於是南越王派太子趙嬰齊到漢朝的宮廷充當侍衛，南越王對莊助說：「南越剛剛遭受過閩越的侵擾，請您先回去，我趙胡正在日夜準備行裝，隨後就去京城拜見大漢天子。」莊助在回朝途中經過淮南，漢武帝又讓莊助順便將討伐閩越的情況告訴淮南王劉安知道，並肯定他上書勸阻討伐閩越的好意。淮南王劉安趕緊承認自己見識短淺，趕不上皇帝的遠見而致歉意。莊助離開了南越後，南越國的大臣全都勸阻南越王趙胡赴京，說：「漢朝出兵誅滅了閩越王騶郢，也是藉此警告我們南越。再說，先王過去曾經說過：『侍奉漢天子，只要大致上過得去就行了。』重要的是，不要因為聽了漢朝使者的幾句好話就親自到漢朝去晉見漢天子。去了如果回不來，我們南越恐怕就要亡國了。」南越王趙胡聽從了大臣的意見，於是稱說有病，到底也沒有到漢朝京師朝見漢天子。

這一年，韓安國被任命為御史大夫。

東海太守濮陽人汲黯被任命為主爵都尉。開始時，汲黯擔任掌管收發、傳達以及贊禮等事的謁者，因為態度嚴肅而被他人所敬畏。東越與南越互相攻擊的時候，漢武帝派汲黯前去視察。汲黯沒有到達目的地，只到了吳地就回來報告說：「越人之間互相攻擊，這對他們來說本來是常有的事情，不值得委屈漢朝的使者前往。」河內郡發生火災，火勢蔓延，燒毀了一千多戶人家，漢武帝又派汲黯前去視察。汲黯回來以後向武帝彙報說：「是百姓家裡失火，因為房屋毗鄰，所以火勢蔓延成災，陛下不值得為此而擔憂。我在經過河南的時候，看到河南郡的窮苦百姓由於水旱之災，有一萬多戶人家陷入絕境，有的已經是父子相食了，我未經請示，就手持符節以皇帝欽差的名義打開了河南郡的糧倉，把倉庫裡的糧食救濟了當地的災民。我現在奉還此次出使所持的符節，請求陛下處置我假傳聖旨的罪過。」漢武帝認為汲黯很有見識，就赦免了他。汲黯在東海郡擔任太守的時候，處理政務、治理百姓，一切都以清淨無為為準則。親自選擇下屬官吏，把郡裡的事情都交給他們去辦理，只要求在大的方面不出錯即可，而不在雞毛蒜皮這樣的小事情上進行苛求。汲黯體弱多病，曾經有一年多時間臥病在床不能出門處理政事，而東海郡卻依然太平無事，以此而受到人們的稱讚。漢武帝得知後，就把他調到京師擔任主爵都尉，地位相當於九卿。他處理政務的原則就是能不幹的事情就不幹、能小幹的事情就絕不大幹，只抓大的方面，而不拘泥於法令條文。

汲黯為人高傲而不屈禮於人，敢於當面駁回人家的主張，不能寬容別人的過錯。當時漢武帝正在招攬讀儒家之書的學者，武帝剛說「我想……」，下文還沒有說出口，汲黯就批駁說：「陛下內心有許多欲望而只是表面上高唱仁義，這樣的話怎麼能效法堯舜、將國家治理成太平盛世呢！」武帝雖然沉默不語，實際上非常惱怒，立即變了臉色宣布退朝，朝廷大臣都為汲黯捏把汗。漢武帝回到宮中，對身邊的侍從說：「汲黯的愚直太過分了！」朝廷的大臣中有人責備汲黯，汲黯說：「皇帝設立三公九卿等輔弼大臣，難道是讓他們阿諛奉承、一切順從皇帝的旨意，最終陷皇帝於不仁不義嗎？再說，既然身居其位，縱然珍愛自己的生命，但侮辱了朝廷怎麼辦呢？」汲黯體弱多病，病休了將近三個月，武帝曾經多次賜予他假期讓他在家養病，但始終不見痊癒。最後，莊助代他向漢武帝請假。漢武帝問莊助說：「依你看汲黯是怎樣的一個人呢？」莊助回答說：「讓汲黯像普通官員那樣任職、照章辦事，他沒有什麼超過別人的地方。但是，如果讓他輔佐幼主、維護老皇帝的既定國策方面，他肯定會立場堅定，利誘和威嚇都不能使他改變立場。就是自稱有孟賁、夏育那樣勇力的人，也不能使他改變主意！」漢武帝說：「確實如此。古代有能與國家同患難共存亡的大臣，至於汲黯，就相當接近了啊！」

匈奴派使者前來請求和親，漢武帝將此事交付朝廷大臣們商議。擔任大行令的王恢是燕國人，對匈奴的內情很熟悉，他建議說：「每次漢朝與匈奴和親，兩國間的和平至多也就維持幾年的時間，匈奴就背叛了約定。不如不答應他們和親，派兵去攻打他們。」韓安國說：「匈奴人的生活習性是追逐水草、遷移不定，就像鳥兒一樣來去無常，很難把他們制服，從遠古的時候起就不把他們當做隸屬之民看待。如果漢朝派軍隊遠行幾千里與匈奴爭勝負，漢朝的軍隊肯定會人困馬乏，而匈奴以自己之全制漢軍之弊，那我軍就危險了。不如答應與他們和親。」朝臣中的大多數人也都附和韓安國，於是，漢武帝答應與匈奴和親。

元光元年（丁未　西元前一三四年）

冬季，十一月，開始下令各郡、國的官員在自己的轄區內選擇在孝敬父母、清正廉潔方面最為突出的各一名舉薦給朝廷，這是採納董仲舒的建議後做出的決定。

衛尉李廣擔任驍騎將軍，率軍駐紮在雲中郡。中尉程不識擔任車騎將軍，率軍駐紮在雁門郡。六月，將這兩處的駐軍撤掉。李廣和程不識全都以邊郡太守的身分統領軍隊，在當時都享有盛名。李廣行軍打仗不講究行列陣勢，總是選擇水草方便的地方駐紮。對士兵沒有任何約束，人人可以自便，夜間不安排人敲著刁斗打更巡邏。幕府中，各種公文案牘之類一律從簡，但卻注重偵察工作，總是將哨探的騎兵派到很遠的地方進行偵察，所以從來沒有遭受過敵人的突然襲擊使自己的部隊受到損失。而程不識恰好相反，他對軍隊的編制、行列次序、行軍布陣等都有嚴格的要求，軍隊宿營紮寨後，派人擊著刁斗在軍營四處巡視，幕府中的官吏們按照規章處理軍務一直忙到天亮，軍隊從來不能安心休息，由於治軍嚴格，所以也從來沒有使部隊遭受過嚴重的損失。程不識說：「李廣治軍極其簡便易行，如果突然遇到敵人進犯，就會無法抵擋。然而李廣軍中人人安閒快樂，作戰時能人人奮勇，不怕犧牲，都樂意為李廣去拚死。我所率領的軍隊雖然煩擾瑣碎，但敵人卻不敢輕易地來冒犯我。」然而，匈奴人還是畏懼李廣的風度才情，士卒也都願意跟隨李廣而不願意跟隨程不識。

司馬光說：「《周易》上說：『軍隊出動必須要有嚴格的紀律做保證，如果軍隊紀律不好，就會很危險。』就是說，統領眾多的軍隊而沒有法度、紀律進行約束，就無往而不兇險。李廣統軍，使人人自便。憑藉李廣的才能，這樣做是可以的；然而卻不能用作常規。為什麼呢？後來的人這樣做難以取得好效果，更何況是與他同時為將的人呢！小人物的常情是喜歡安逸自由，而對近在目前的危險、災禍卻感覺不到，他們既然認為程不識治軍煩擾辛苦，因此樂意跟隨李廣，如此必將導致仇視上級而不服從命令。從此可以看出治軍簡易的危害，還不只是使李廣的軍隊無法應付敵人的突然進犯這麼簡單。所以說『軍事上，必須始終嚴格要求』，身為軍事統帥，也只有對軍隊嚴格要求而沒有別的。效法程不識，即使沒有建立功勞，但至少可以不潰敗；如果效法李廣，就很少有不全軍覆沒的了！」

夏季，四月，大赦天下。

五月，漢武帝下詔舉薦賢良和文學之士，武帝親自主持選拔考試。

秋季，七月二十九日癸未，發生日蝕。

【研　析】本卷寫了武帝建元元年（西元前一四〇年）至元光元年（西元前一三四年）共七年間的全國大事，其中最值得注意的事情有以下幾點：

其一，關於漢武帝第一次發動尊儒被竇太后撲滅的問題。漢武帝上臺的第一年年僅十六歲，照理說在幕後垂簾的應該是武帝的母親王太后，但事實不然，干預朝政的是老祖母竇太后。竇太后是文帝的皇后，景帝的母親。早在景帝在位時，竇太后就干預朝政，殺了身居中尉之職的郅都，並縱容小兒子梁孝王，差點扮演一場共叔段向鄭莊公奪權的宮廷政變。漢景帝死後，老奶奶仍不甘寂寞，還要給孫子漢武帝垂簾。這是王太后所不能答應的，於是在建元元年她就與兒子漢武帝、弟弟田蚡聯合起來向老太太發難，其口號就是「尊儒」。他們先是搞什麼建立「明堂」等等不著邊際的一套，由於事情不關大體，所以竇太后冷眼旁觀，不露聲色。待至建元二年，御史大夫趙綰請求武帝從此「毋奏事東宮」，有事不要再向竇老太后請示時，竇太后突然出擊，一舉罷免了漢武帝所立的丞相、太尉，殺掉了漢武帝所立的御史大夫、郎中令，讓漢武帝費勁從全國招致而來的著名儒生一個個從哪兒來的就回到哪兒去。請注意，這不是震驚天下的政變是什麼？和兩千多年後的「戊戌政變」幾乎一模一樣。奇怪的是兩千年來的所有歷史書都不把這件事情稱作「政變」，都只是在講經學史的時候輕輕講一講，不知到底為什麼。這樁歷史公案完完整整地寫在《史記・魏其武安侯列傳》裡。直到建元六年，竇太后病死，這塊巨大的絆腳石自動離開了歷史舞臺後，漢武帝才得以掃蕩了竇太后的執政班底，招回了其舅氏田蚡等等，重新開張了他的「尊儒」宏業。說來也令人可笑，分明是一場尖銳而殘酷的奪權與反奪權的宮廷政變，雙方卻都披掛了一種「尊儒」或是「尊黃老」的學術鬥爭。由此看來，打著學術的幌子搞政變，並不是從二十世紀的批判《海瑞罷官》開始，而是早在兩千一百多年前的漢武帝與竇太后就用得爛熟。

其二，關於董仲舒的賢良對策與後代官方史學對董仲舒其人、其文的評價問題。首先，董仲舒的上書對策到底是在哪一年。《史記》語焉不詳，《漢書・董仲舒傳》含混其辭，《資治通鑑》將其繫於建元元年，而《漢書・武帝紀》則分明說「元光元年五月詔賢良曰」云云，「於是董仲舒、公孫弘等出焉」。究竟哪個為是，後代學者多以為應在元光元年，不贊成《資治通鑑》本篇的寫法。其次是董仲舒的評價，司馬遷對之評價並不高，只在《史記・儒林列傳》裡有短短的幾行字，而且說話帶著嘲弄。說董仲舒「以《春秋》災異之變推陰陽所以錯行」所著的災異之書，漢武帝將其「糊名」讓一群儒生討論時，竟被董仲舒自己的弟子呂步舒認為是「下愚」之作。以至於使董仲舒被下獄，差點被殺，嚇得他從此閉口再也不談「災異」問題。對董仲舒大肆吹捧的是西漢末年的劉向，他說「董仲舒有王佐之材，雖伊呂亡以加；管晏之屬，伯者之佐，殆不及也。」劉向的兒子劉歆對其父親的話不以為然，他認為董仲舒的地位還趕不上孔子的弟子子游、子夏。《漢書・董仲舒傳》的作者班固評價也大致如此。董仲舒的文章鼓吹「天命」，大講「陰陽災異」，奇談怪論，累牘連篇，使人感到可厭。這種一方面引經據典，一方面鼓吹天命；一方面諄諄告誡，一方面又虛聲恫嚇的既迂腐、又離奇的文章，以後我們還要在劉向、谷永等人的作品中讀到。

其三，關於東方朔、司馬相如等文學之士的評價問題。本卷在建元三年有一段文字說：「上自初即位，招選天下文學材智之士，待以不次之位。四方士多上書言得失，自眩鬻者以千數，上簡拔其俊異者寵用之。莊助最先進，後又得吳人朱買臣、趙人吾丘壽王、蜀人司馬相如、平原東方朔、吳人枚皋、濟南終軍等，並在左右。每令與大臣辨論，中外相應以義理之文，大臣數屈焉。然相如特以辭賦得幸。朔、皋不根持論，好詼諧，上以俳優畜之，雖數賞賜，終不任以事也。朔亦觀上顏色，時時直諫，有所補益。」這段話提到名字不少，但人們最熟悉的是司馬相如與東方朔。而這兩個人都是被漢武帝「俳優畜之」，也就是被視做只供插科打諢、起開心解悶之用的。這兩個人在文學史上都是有巨大貢獻的文學家，司馬相如作品的思想性可以說是很差，是一種御用文學。其〈子虛賦〉、〈上林賦〉極力鋪敘皇家的種種生活排場，以一種誇張、頌揚的口吻描寫他們的吃喝玩樂。對於這種文章揚雄曾入木三分地評論說：「靡麗之賦，勸百風一，猶騁鄭衛之音，曲終而奏雅。」即以本卷所引的〈上疏諫獵〉而言，統治者沉靡於遊獵，荒廢政事不說，單以擾民而言，其害大矣，但司馬相如竟專從不利於皇帝的龍體安康進言，諂媚之態可掬。但如果拋開思想，單從藝術、單從審美、單從文學發展上講，司馬相如還是有貢獻的。魯迅在〈從幫忙到扯淡〉裡說：「中國的雄主是把『幫忙』與『幫閒』分開來的，前者參與國家大事，作為重臣；後者卻不過叫他獻詩作賦，『俳優畜之』，只在弄臣之列。司馬相如在文學史上也還是很重要的作家，為什麼呢？就因為他究竟有文采。」但要說到東方朔，就應該換一種眼光了。東方朔也是重要的文學家，他的〈解嘲〉、〈答客難〉從文體而論，都很有開創性；若說到他的〈諫起上林苑疏〉，則東方朔不僅是一位傑出的文學家，而且是一位很有良心、很有責任感，而且是一位能見義勇為的人。本篇曾寫了一段漢武帝化裝遊獵，踐踏民田，惹得民怨沸騰；又要大肆圈地，擴展園林，以滿足其個人遊蕩的情節，對此，三公九卿哪個上過諫章？只有東方朔冒死上了這篇書疏。但《通鑑》文章居然說「朔、皋不根持論，好詼諧，上以俳優畜之」。東方朔好詼諧不假，但〈諫起上林苑疏〉是「不根持論」麼？明代林希元稱讚此文：「義理甚正暢，利害甚明快，辭氣昌大，美麗典則，如黃鐘大呂，可茂郊廟；如黼黻冕弁，可表冠裳。雖枚乘、鄒陽輩以文章名，或未能過也。」徐中行也說：「朔諫止上林苑一疏，較相如〈諫獵〉、〈長楊〉更宏贍古雅，乃西京諫書第一。」

其四，關於淮南王劉安〈諫伐閩越〉一文的思想與史料價值。劉安〈諫伐閩越〉一文，司馬遷在《史記・淮南衡山列傳》中沒有提及，而在〈韓長孺列傳〉、〈平津侯主父列傳〉中都提到了韓安國與主父偃的「諫伐匈奴」與公孫弘的「諫通西南夷」。其思想都是一樣的，都代表了司馬遷批評漢武帝的主要觀點，即所謂「貪欲無度」、「勞民傷財」等等。本卷還寫了汲黯其人的一些活動，汲黯可以說是司馬遷在這個方面的重要代言人。劉安的這篇文章有重要的史料價值，首先是他提到了秦始皇統一全國後的討伐嶺南地區，他提到了「尉屠睢」與「監祿」兩位領軍人物，這是很珍貴的，《史記．秦始皇本紀》與其他有關篇章都沒有說到這些人，而且在〈河渠書〉中竟然根本沒有提到開鑿靈渠的事情。其次是這篇文章還提到了淮南王劉長派兵打敗南海王，將其部眾遷居上淦；後來這些人又反，劉長付出了重大犧牲才將其討平的故事。「南海王」的事情只在《史記》與《漢書》的〈淮南王列傳〉和《漢書．高帝紀》中共提到三次，但都語焉不詳，只有劉安這篇文章對之敘述得比較清晰。而劉安這篇文章《史記》、《漢書》都不載，而被司馬光收入《通鑑》，可謂獨具隻眼。

卷第十八

漢紀十

起著雍涒灘（戊申 西元前一三三年），盡柔兆執徐（丙辰 西元前一二五年），凡九年。

【題 解】本卷寫了武帝元光二年（西元前一三三年）至元朔四年（西元前一二五年）共九年間的全國大事，其中最重要的是寫了漢武帝於元光二年設謀引誘欲襲擊匈奴於馬邑，結果因走漏消息而一無所獲，並由此引發漢、匈雙方進入戰爭狀態，以及此後由衛青為主要統帥對匈奴人大張撻伐的關市之戰、雁門之戰，以及收復河南、設立朔方郡等等，這些勝利都是前所未有的。朔方郡的設立，標誌著漢王朝北部邊防的空前鞏固，並為此後對匈奴的大舉進攻奠定了基礎。其次是寫了唐蒙、司馬相如的慫恿漢武帝通西南夷，與張騫的通西域，為此後勞民傷財的通西南夷與討伐大宛做了伏筆。此外還寫了武帝上臺初期田蚡的專權跋扈，殺害竇嬰、灌夫；寫了公孫弘因念《公羊春秋》而平步青雲，封侯拜相；寫了主父偃建言實行「推恩法」，以便將諸侯國化整為零，逐步削弱；寫了張湯、趙禹以嚴酷執法而受武帝信用，以及漢武帝因希求長生不死而被李少君、謬忌等騙子所愚弄等等。本卷收入的文章甚多，一類是徐樂、嚴安、主父偃的諫伐匈奴，這些文章在當時雖然不合時宜，但卻受到了司馬遷、司馬光等歷史家的喜愛，故而連篇載錄；另一類則是班固、荀悅由西漢游俠郭解被殺所引發的對游俠問題的尖銳批評。在這些地方表現了班固與司馬遷立場、觀點的巨大差異。

世宗孝武皇帝上之下

元光二年（戊申　西元前一三三年）

冬，十月，上行幸雍❶，祠五畤❷。

李少君❸以祠竈❹卻老方❺見上，上尊之。少君者，故深澤侯舍人❻，匿其年及其生長❼，其游以方徧諸侯❽，無妻子。人聞其能使物❾及不死，更饋遺之❿。常餘金錢、衣食，人皆以為不治生業⓫而饒給⓬。又不知其何所人⓭，愈信，爭事之⓮。少君善為巧發奇中⓯。嘗從武安侯飲⓰，坐中有九十餘老人，少君乃言與其大父⓱游射處。老人為兒時，從其大父，識其處⓲，一坐盡驚。少君言上曰：「祠竈則致物⓳，致物而丹沙可化為黃金，壽可益⓴。蓬萊㉑仙者可見，見之，以封禪㉒則不死，黃帝是也㉓。臣嘗游海上，見安期生㉔。食臣棗，大如瓜㉕。安期生，仙者，通蓬萊中㉖，合㉗則見人，不合則隱。」於是天子始親祠竈，遣方士入海求蓬萊安期生之屬，而事化丹沙諸藥齊為黃金矣㉘。居久之，李少君病死，天子以為化去，不死。而海上燕、齊㉙怪迂之方士多更來言神事矣㉚。

亳人謬忌㉛奏祠太一㉜。方曰㉝：「天神貴者太一，太一佐㉞曰五帝㉟。」於是天子立其祠㊱長安東南郊。

鴈門馬邑豪聶壹㊲，因大行王恢言㊳：「匈奴初和親㊴，親信邊㊵，可誘以利致之㊶，伏兵襲擊，必破之道也。」上召問公卿。王恢曰：「臣聞全代之時㊷，北有強胡㊸之敵，內連中國之兵㊹。然尚得養老長幼㊺，種樹以時㊻，倉廩常實㊼，匈奴不輕侵㊽也。今以陛下之威，海內為一，然匈奴侵盜不已者，無它，以不恐㊾之故耳。臣竊以為擊之便㊿。」

韓安國曰：「臣聞高皇帝嘗圍於平城(51)，七日不食。及解圍反位(52)，而無忿怒之心(53)。夫聖人以天下為度(54)者也，不以己私怒傷天下之公(55)。故遣劉敬(56)結和親，至今為五世利(57)。臣竊以為勿擊便。」

恢曰：「不然。高帝身被堅執銳(58)，行幾十年(59)，所以不報平城之怨者，非力不能，所以休天下之心(60)也。今邊境數驚(61)，士卒傷死，中國槥車相望(62)，此仁人之所隱(63)也。故曰擊之便。」

安國曰：「不然。臣聞用兵者以飽待飢(64)，正治以待其亂(65)，定舍以待其勞(66)，故接兵覆眾(67)，伐國墮城(68)，常坐而役敵國(69)，此聖人之兵也。今將卷甲輕舉(70)，深入長毆，難以為功。從行則迫脅(71)，衡行則中絕(72)。疾(73)則糧乏，徐則後利(74)。不至千里，人馬乏食。兵法曰『遺人獲也』(75)。臣故曰勿擊便。」

恢曰：「不然。臣今言擊之者，固非發而深入也。將順因單于之欲[76]，誘而致之邊[77]，吾選梟騎[78]壯士，陰伏而處[79]以為之備，審遮險阻[80]以為其戒[81]。吾埶已定，或營[82]其左，或營其右，或當其前，或絕其後，單于可禽[83]，百全必取[84]。」上從恢議。

夏，六月，以御史大夫韓安國為護軍將軍[85]，衛尉李廣[86]為驍騎將軍[87]，太僕公孫賀[88]為輕車將軍[89]，大行王恢為將屯將軍[90]，太中大夫李息[91]為材官將軍[92]，將車騎、材官三十餘萬匿馬邑旁谷中[93]，約[94]單于入馬邑縱兵[95]。陰使聶壹為間[96]，亡入匈奴[97]，謂單于曰：「吾能斬馬邑令、丞[98]，以城降，財物可盡得。」單于愛信[99]，以為然而許之。聶壹乃詐斬死罪囚，縣[100]其頭馬邑城下，示單于使者為信[101]，曰：「馬邑長吏已死，可急來！」於是單于穿塞[102]，將十萬騎入武州塞[103]。未至馬邑百餘里[104]，見畜[105]布野而無人牧者，怪之。乃攻亭[106]，得鴈門尉史[107]，欲殺之。尉史乃告單于漢兵所居。單于大驚曰：「吾固疑之。」乃引兵還，出曰：「吾得尉史，天也！」以尉史為天王[108]。塞下傳言單于已去，漢兵追至塞[109]，度弗及[110]，乃皆罷兵。王恢主[111]別從代出擊胡輜重[112]，聞單于還，兵多，亦不敢出。

上怒恢。恢曰：「始，約為入馬邑城，兵與單于接，而臣擊其輜重，可得利。

今單于不至而還[113]，臣以三萬人眾不敵，祇取辱[114]。固知還而斬，然完[115]陛下士三萬人。」於是下恢廷尉[116]。廷尉當恢逗橈[117]，當斬。恢行千金丞相蚡[118]，蚡不敢言上，而言於太后曰：「王恢首為[119]馬邑事，今不成而誅恢，是為匈奴報仇也[120]。」上朝太后，太后以蚡言告上。上曰：「首為馬邑事者恢，故發天下兵數十萬，從其言為此。且縱[121]單于不可得，恢所部擊其輜重，猶頗[122]可得，以尉[123]士大夫[124]心。今不誅恢，無以謝天下[125]。」於是恢聞，乃自殺。自是之後，匈奴絕和親，攻當路塞[126]，往往[127]入盜於漢邊，不可勝數。然尚貪樂關市[128]，嗜漢財物。漢亦關市不絕以中[129]其意。

三年（己酉　西元前一三二年）

春，河水徙[130]，從頓丘東南流[131]。夏，五月丙子[132]，復決濮陽瓠子[133]，注鉅野[134]，通淮、泗[135]，汎郡十六[136]。天子使汲黯、鄭當時[137]發卒十萬塞之，輒復壞[138]。是時，田蚡奉邑食鄃[139]。鄃居河北，河決而南，則鄃無水災，邑收多。蚡言於上曰：「江、河之決，皆天事，未易以人力彊塞[140]，塞之未必應天[141]。」而望氣[142]用數[143]者，亦以為然。於是天子久之不復事塞[144]也。

初，孝景時，魏其侯竇嬰[145]為大將軍[146]。武安侯田蚡乃為諸郎[147]，侍酒[148]，跪起如子姪。已而蚡日益貴幸[149]，為丞相。魏其失埶[150]，賓客益衰[151]，獨故燕相潁陰灌夫[152]不去。嬰乃厚遇[153]夫，相為引重[154]，其游如父子然[155]。夫為人剛直使酒[156]，諸有埶，在己之右[157]者，必陵[158]之。數因醉[1]，忤丞相[159]。丞相乃奏案[160]：「灌夫家屬橫潁川[161]，民苦之[162]。」收繫[163]夫及支屬[164]，皆得棄市[165]罪。

魏其上書論救[166]灌夫，上令與武安東朝廷辨[167]之，魏其、武安因互相詆訐[168]。上問朝臣：「兩人孰是[169]？」唯汲黯是魏其[170]，韓安國兩以為是[171]，鄭當時是魏其，後不敢堅[172]。上怒當時[173]曰：「吾并斬若屬[174]矣！」即罷[175]。起，入[176]，上食太后[177]，太后怒不食[178]，曰：「今我在也，而人皆藉[179]吾弟；令我百歲[180]後，皆魚肉之乎[181]！」上不得已，遂族[182]灌夫。使有司[183]案治[184]魏其，得棄市罪。

四年（庚戌　西元前一三一年）

冬，十二月晦[185]，論殺[186]魏其於渭城[187]。春，三月乙卯[188]，武安侯蚡亦薨[189]。及淮南王安敗[190]，上聞蚡受安金，有不順語[191]，曰：「使武安侯在者，族矣[192]！」

夏，四月，隕霜殺草[193]。

御史大夫安國行丞相事[194]，引，墮車蹇[195]。五月丁巳[196]，以平棘侯薛澤[197]為丞相，安國病免。

地震，赦天下⑲⑧。

九月，以中尉⑲⑨張歐為御史大夫。韓安國疾愈，復為中尉(200)。

河間王德(201)，修學好古，實事求是，以金帛招求四方善書(202)，得書多與漢朝等(203)。是時，淮南王安亦好書，所招致(204)，率多浮辯(205)。獻王所得書，皆古文先秦舊書(206)。采禮樂古事，稍稍(207)增輯(208)至五百餘篇(209)，被服造次必於儒者(210)，山東(211)諸儒多從之遊(212)。

【章　旨】以上為第一段，寫武帝元光二年（西元前一三三年）至元光四年共三年間的全國大事，主要寫了漢武帝為希求長生不死而被李少君、謬忌等人所蠱惑而沉迷的情景；寫了王恢慫恿武帝設謀想在馬邑襲擊匈奴，因走漏消息而一事無成，從此開始與匈奴征戰；寫了武安侯田蚡因裙帶關係而專權怙勢，殺害灌夫、竇嬰，自己也惶恐而死的貴族內訌；此外也寫了韓安國、劉德等的一些事跡，為後文做鋪墊。

【注　釋】❶上行幸雍　武帝到雍縣祭祀五畤。雍，漢縣名，縣治在今陝西鳳翔南，其地有秦、漢時代統治者祭天的壇臺，故歷代皇帝屢屢前往。❷祠五畤　祭祀五座祭天的壇臺。五畤，指密畤、鄜畤、吳陽上畤、吳陽下畤、北畤。❸李少君　當時有名的方士，以長生不死之術招搖撞騙。事跡詳見《史記・封禪書》。❹祠竈　祭祀灶神。❺卻老方　免除衰老的辦法。❻深澤侯舍人　深澤侯家的用人。深澤侯的始封者為劉邦的開國功臣趙將夜，景帝時襲其祖封者為趙胡。舍人，依附於貴族門下寄衣食並為之充當役使者，也可以理解為親信用人。❼匿其年及其生長　隱瞞起自己的年齡與籍貫。及其生長，《漢書・郊祀志》作「及所生長」，較此為順。師古曰：「生長，謂其郡縣所屬及居止處。」❽其游以方偏諸侯　意即到處兜售他的長生不老之方，遊遍了各個諸侯國。❾使物　支使精靈魔怪。物，漢時指鬼神之外的一種精靈魔怪。❿更饋遺之　爭相給他送東西。

更，交互；交相。⑪不治生業　不從事任何謀生的事業。⑫饒給　用度富裕。⑬何所人　究竟是什麼人。⑭爭事之　爭相侍候他、供奉他。⑮善為巧發奇中　善於按照人的心理，說到人的心坎上。⑯嘗從武安侯飲　有一次跟田蚡一道喝酒。武安侯，田蚡，武帝之舅，王太后的同母異父弟，以佐立武帝之功，封武安侯。事跡見《史記・魏其武安侯列傳》。⑰大父　祖父。⑱識其處　記得那個地方。識，同「誌」。記。⑲致物　招來精靈。⑳益　延長。㉑蓬萊　傳說中的海上仙山名。㉒封禪　到泰山頂築臺祭天叫封，到泰山下的某處拓場祭地叫禪。㉓黃帝是也　黃帝當年就是這樣升仙而去的。茅坤曰：「至是始以封禪為不死之術。」錢鍾書曰：「茅言是也，秦始皇封禪，而不死之方術則別求之海上三山；漢武乃二而一之，故下文公孫卿曰：『封禪七十二王，唯黃帝得上泰山封；申公曰：漢主亦當上封，上封則能登天矣。』又丁公曰：『封禪者，合不死之名也。』是泰岱之效，不減蓬瀛，東封即可，無須浮海。」㉔安期生　楚漢時一個有神祕色彩的人物，據《史記・樂毅列傳》：「河上丈人以黃老教安期生，數傳至蓋公，為曹相國師。」則為戰國末期人；而〈田儋列傳〉則謂「安期生嘗干項羽，項羽不能用其策」，則又楚漢間人也。後世遂傳以為神仙。㉕食臣棗二句　他給了我一顆大棗吃，棗大得像瓜一樣。㉖通蓬萊中　與蓬萊仙山的人們相往來。㉗合　合得來。師古曰：「謂道相合。」㉘而事化丹沙諸藥齊為黃金矣　郭嵩燾曰：「此著武帝信用方士之始。」諸藥齊，各種藥材。齊，通「劑」。㉙燕齊　當時的兩個諸侯國名，燕國的都城薊縣，即今北京市。齊國都城臨淄，在今山東淄博臨淄西北。㉚更來言神事矣　郭嵩燾曰：「此著方士言神鬼之始，皆李少君倡之。」㉛亳人謬忌　亳，也作「薄」，在今山東曹縣東南。謬忌，姓謬，名忌，因其居薄，故也稱之為「薄忌」。㉜太一　也寫作「泰一」，最高的天神。㉝方曰　有關太一之神的仙方上說。㉞太一佐　輔佐太一神的群僚。㉟五帝　五方之帝，即東方之神青帝、西方之神白帝、南方之神赤帝、北方之神黑帝、中央之神黃帝。與《史記・五帝本紀》所云之「五帝」非一事。㊱其祠　祭祀太一神的廟宇。㊲鴈門馬邑豪聶壹　雁門郡馬邑縣的富豪，姓聶名壹。雁門郡的郡治善無，在今山西左雲西。馬邑城，即今山西朔州。㊳因大行王恢言　通過大行令王恢向朝廷提出建議。因，通過。㊴初和親　剛與漢王朝實行和親。匈奴與漢王朝最近議定的和親是在武帝建元六年（西元前一三五年）。㊵親信邊　相信我們的邊郡不會向他們發動進攻。㊶可誘以利致之　可用利益騙他們前來。致，使之前來。㊷全代之時　當初代國作為一個獨立國家存在的時候。胡三省曰：「戰國之初，代自為一國，故曰『全代』。其後為趙襄子所滅，代始屬趙。」㊸強胡　即指匈奴。㊹內連中國之兵　指南方、東方與趙國、燕國作戰。中國，中原國家，此指戰國初期接近北部邊境的燕、趙、中山諸國。㊺養老長幼　指生活照舊、生計不愁。長幼，撫育幼兒成長。㊻種樹以時　按時種植莊稼。㊼倉廩常實　倉庫裡的糧食總是滿的。㊽不輕侵　不敢貿然進犯。㊾不恐　不怕我們。㊿擊之便還是要給它點教訓為好，意即要讓它怕我們。(51)嘗圍於平城　曾被匈奴人圍困於平城。事在高祖七年十月，見前文及《史記》之〈匈奴列傳〉、〈陳丞相世家〉。平城，漢縣名，在今山西大同東北。(52)解圍反位　指接受條約、返回朝廷之後。反，同「返」。(53)無忿怒之心　沒有對匈奴發火動怒報仇的意思。(54)以天下為度　以使天下人普遍受利為尺度。度，標準；原則。(55)傷天下之公　使天下人的公共利益受損。(56)劉敬　原叫「婁敬」，因建議劉邦遷都關中而受劉邦寵愛，被賜姓劉。是對匈奴實行和親政策的鼓吹者。事跡詳見《史記・劉敬叔孫通列傳》。(57)為五世利　使以後的五代皇帝都蒙受了和親的利益。五世，指惠帝、高后、文帝、景帝、武帝。(58)被堅執銳　披堅甲、執利兵，指長期從事戰爭。被，通「披」。(59)行幾十年　差不多打了十年。幾，近；差不多。劉邦反秦用了二年多，滅項用了三年多，建國初期不斷平亂又打了五六年。(60)休天下之心　讓普天下的人能得到休息。(61)數驚　屢屢受到驚嚇，意即匈奴屢屢進攻漢王朝。(62)轊車相望　運送戰死者的喪車相望於道路。轊，小而薄的棺材，以殮戰死者的屍體。(63)隱　內心痛苦。(64)以飽待飢　以己之飽待敵之飢。(65)正治以待其亂　以己之治待敵之亂。正治，整頓自己的行陣使之有條不紊。(66)定舍以待其勞　搞好居住條件，以己之逸待敵之勞。定舍，安頓住宿。(67)接兵覆眾　只要一交火就能消滅敵人。接兵，猶言交火。覆眾，消滅敵軍。(68)伐國墮城　只要討伐敵國就能毀滅其城。墮，同「毀」。(69)坐而役敵國　自己安坐不動而能支使得敵方團團轉。(70)卷甲輕舉　意即「卷甲而驅」，輕裝地奔襲敵人。卷甲，將鎧甲脫下來背著前進。輕舉，輕快地奔馳。(71)從行則迫脅　王先謙引王文彬曰：「軍魚貫，則慮其迎擊，而前受迫脅。」從，同「縱」。排成縱隊而行。(72)衡行則中絕　王文彬曰：「並進則防其鈔截，而中路斷絕。」衡，通「橫」。橫行，兵分數道並排推進。中絕，被敵方所衝斷、分割。(73)疾　指前進的速度太快。(74)後利　錯過有利時機。(75)兵法曰遺人獲也　這就是《兵法》上所說的把自己的軍隊送過去讓敵方俘虜。(76)順因單于之欲　順著匈奴首腦的願望。順因，二字意思相同。單于，匈奴的最高君長，此時在位的是軍臣單于。(77)誘而致之邊　把它引誘到我們的邊境上來。(78)梟騎　勇猛的騎兵。(79)陰伏而處　埋伏起來等著。(80)審遮險阻　仔細地佔據一切險要地形。審，仔細。遮，攔截，這裡即指佔據。(81)以為其戒　同上「以為之備」。戒，也是「準備」的意思。(82)營　屯兵；出兵。(83)禽　通「擒」。(84)百全必取　百無一失地必定大獲全勝。(85)護軍將軍　負責節制、協調各路兵馬。護，監督；節制。(86)衛尉李廣　衛尉是九卿之一，統兵護衛宮廷。當時有未央宮衛尉、長樂宮衛尉，李廣時為未央宮衛尉。(87)驍騎將軍　雜號將軍名，所統以騎兵為主。驍，勇也。(88)太僕公孫賀　太僕為九卿之一，主管為皇帝趕車。公孫賀，武帝皇后衛子夫的妹夫，《漢書》有傳。(89)輕車將軍　雜號將軍名，所統以車兵為主。(90)將屯將軍　雜號將軍名，統領屯駐沿邊各地的守兵。屯，駐守。(91)太中大夫李息　太中大夫是皇帝的侍從官員，上屬郎中令，秩千石，掌議論。李息的事跡參見

《史記・衛將軍驃騎列傳》。92材官將軍　雜號將軍名，統領力大善射的特種兵。93將車騎材官三十餘萬匿馬邑旁谷中　此句與以上數句的關係不清。此戰役的總指揮是韓安國，諸將皆受韓安國節制。而率眾三十餘萬騎埋伏於馬邑旁山谷中的是韓安國與公孫賀，其他諸將李廣、王恢、李息都不在馬邑，乃是在代郡伺機攻擊匈奴的輜重。事情詳見《史記・韓長孺列傳》。車騎，車兵與騎兵。材官，一種力大善射的特種兵。94約　與各路兵馬約定。95單于入馬邑縱兵　見單于進入馬邑的埋伏圈內後各路一齊出兵攻打。縱兵，出擊。96陰使聶壹為間　暗中派聶壹出動做間諜。97亡入匈奴　假裝叛漢逃入匈奴。亡，逃。98馬邑令丞　馬邑縣的縣令、縣丞。縣丞是縣令的助手。99愛信　愛而信之。100縣　通「懸」。101信　證據。102穿塞　越過邊境線。塞，邊境上的界牆與防禦工事。103入武州塞　進入了武州境內。武州，漢縣名，縣治即今山西左雲。當時漢代的長城在今內蒙古的集寧、清水河一線，武州在長城以內，在當時的馬邑東北約八十公里。104未至馬邑百餘里　離著馬邑城還有一百來里。105畜　牲畜，家養的各種獸類。106亭　邊境上用以眺望敵情與傳遞消息的碉堡。107得鴈門尉史　捕獲了雁門郡郡尉手下的小吏。108以尉史為天王　將這個尉史當做天王供奉起來。109追至塞　向北追至邊境線上的長城。110度弗及　估計追不上了。度，估計。111主　主管；負責。112別從代出擊胡輜重　另率一支軍隊從代郡出兵攻擊匈奴的後勤運輸部隊。代郡的郡治即今河北蔚縣東北的代王城。輜重，支應前方軍隊需要的後勤物資。113不至而還　未至馬邑而半道撤回。114祇取辱　意即如果還堅持出擊就只能自取失敗。115完　保全。116下恢廷尉　將王恢交由廷尉審判。廷尉，九卿之一，全國最高的司法官。117當恢逗橈　判處王恢停止不前。當，判定。逗橈，停止不前。凌稚隆引王維楨曰：「王恢不擊輜重，是量敵保軍，可以情宥；然令朝廷背約，自開邊釁，則當死也。」118恢行千金丞相蚡　此處著田蚡之貪，蓋其受賄乃常事也。119首為　首先發起。120是為匈奴報仇也　田蚡此說情語甚工，蓋用《左傳》楚成王因城濮之敗殺子玉，重耳聞之而喜為例。121縱　即使。122頗　略微；多少可以。123尉　同「慰」。安慰；搪塞。124士大夫　指全軍將士。125謝天下　向天下人請罪。126當路塞　進攻漢王朝所要經過的關塞。127往往　接連不斷。128貪樂關市　貪心喜歡與漢王朝做買賣。關市，邊界上的交易市場。129中　投合。130河水徙　黃河改道。131從頓丘東南流　頓丘是漢縣名，縣治在今河南清豐西南，濮陽城北。按，在此以前的黃河是自頓丘向東北流，經今山東德州、河北滄州，至黃驊入海；現在則自頓丘決口向東南流去。132五月丙子　五月初三。133濮陽瓠子　黃河流經濮陽縣北時的南側大堤名，漢時的濮陽縣治在今河南濮陽西南。漢時的瓠子大堤在當時的濮陽縣城北，現在的濮陽西南角，北距頓丘不遠，在頓丘的上游。134注鉅野　流入鉅野澤。鉅野澤是當時水澤名，在今山東巨野北、鄆城南。135通淮泗　與泗水、淮水連通起來。泗水從今山東泗縣流來，經今江蘇沛縣、徐州，東南匯入淮水。淮水西自河南桐柏山流來，東經安徽蚌埠、江蘇淮陰，東北流入海。(136)汎郡十六　大水淹了十六個郡。汎，氾濫；到處橫流。(137)汲黯鄭當時　當時兩個比較正直的官員，汲黯事已見於前文。鄭當時字莊，此時任大司農。事跡見《史記·汲鄭列傳》。(138)輒復壞　總是剛堵好，又沖開。輒，往往；總是。(139)田蚡奉邑食鄃　田蚡的領地在鄃縣。奉邑，領地。因為有領地貴族坐吃領地的賦稅，故稱領地曰奉邑。鄃縣的縣治在今山東平原縣西南，上屬清河郡，地處當時決口黃河的另一側。梁玉繩曰：「田蚡封於魏郡武安（今河北邯鄲西北之武安西南），何以食邑在清河郡之鄃縣？蓋因為丞相別食奉邑，如張安世國在陳留，別邑在魏之比。」(140)彊塞　勉強地堵塞，不應塞而塞。(141)應天　合乎上天的意願。鍾惺曰：「人臣以國事自便其私，從古如此。」(142)望氣　以占測雲氣比附人世吉凶的迷信。《史記·天官書》中有占測雲氣一節。(143)用數　講究各種迷信的技術、法術。數，數術，此指那些雜有大量荒誕、迷信的技術行當。李笠以為此「望氣用數者」五字應作「望氣者王朔」，可備一說，「王朔」又見於《史記·封禪書》與〈李將軍列傳〉。徐孚遠曰：「望氣者言，亦揣度丞相指為依建耳。」(144)久之不復事塞　一放就是二十多年。(145)魏其侯竇嬰　竇嬰是文帝竇皇后之姪，景帝時封魏其侯，平定七國之亂時為大將軍，武帝即位初官至丞相，後被竇太后罷職。事跡詳見《史記·魏其武安侯列傳》。(146)大將軍　此時尚非固定官名，只表明在諸將中地位崇高，統領諸將。(147)諸郎　一般郎官，指中郎、侍郎、郎中等，都是皇帝的侍從人員。(148)侍酒　陪侍宴飲。(149)蚡日益貴幸　指武帝建元六年，竇太后死，武帝罷掉竇太后所任諸官，重新任命田蚡為丞相，從此炙手可熱。(150)魏其失埶　竇嬰從建元二年被罷相失勢，以後遂一蹶不振。(151)賓客益衰　家裡的食客幕僚越來越少。(152)燕相潁陰灌夫　曾經任過燕國相的潁陰（今河南許昌）人姓灌名夫，一個具有某種俠義精神的地方豪紳。事跡見《史記·魏其武安侯列傳》。燕相，燕劉定國之相。(153)厚遇　厚待；優待。(154)相為引重　王先謙曰：「兩相援引藉重也。」竇嬰在上層社會有影響、有根基；灌夫有錢，又在黑道上有勢力，二人彼此借助，優勢互補。(155)其游如父子然　言二人年齡相差大，但交情深厚。凌稚隆引張之象曰：「兩人俱失勢，困厄中意氣慷慨，故易相結耳。」茅坤曰：「摹寫兩人相結而相死處，悲情嗚咽。」(156)使酒　酒後逞強使氣。師古曰：「因酒而使氣也。」(157)在己之右　猶言在己之上。漢時以「右」為上，可參看《史記·陳丞相世家》陳平之為右丞相事。(158)陵　侵犯；欺侮。(159)忤丞相　得罪田蚡。忤，違逆；得罪。(160)奏案　奏請懲治灌夫。案，懲治。(161)橫潁川　在潁川郡橫行霸道。(162)民苦之　據說當時有民歌稱：「潁水清，灌氏寧；潁水濁，灌氏族。」(163)收繫　逮捕關押。(164)支屬　家屬。(165)棄市　處死於市場。長安有東西二市，商賈雲集，亦殺人之場所。(166)論救　為其分辯是非曲直以救之。(167)東朝廷辨　在長樂宮的朝堂辯論田蚡與灌夫誰對誰錯。東朝，東宮（即長樂宮）的朝堂。廷辨，在朝廷公開辯論。按，對於田蚡與竇嬰、灌夫的這場矛盾，漢武帝本來是同情竇嬰而討厭田蚡的，因為田蚡倚仗著其姐王太后的勢力自任丞相以來盛氣淩人，使得漢武帝也無法容忍，但是他自己不好得罪王太后，故而想藉著群臣的公論把田蚡彈壓一下，所以他把這場辯論特意地安排到王太后所住的長樂宮。(168)互相詆訐　互相詆毀；互相揭發陰私。(169)孰是　誰的話是事實。(170)是魏其　以為魏其侯竇嬰是對的。是，肯定。(171)兩以為是　兩人都有對有錯。(172)後不敢堅　意思是開始肯定竇嬰，但後來又不敢堅持。堅，堅持己見。(173)怒當時　漢武帝本想多聽到有人肯定竇嬰，而鄭當時表態了但又不敢堅持，故而武帝為之惱火。(174)吾并斬若屬　我把你們全都殺了。若屬，你們。(175)即罷　宣布廷辯結束。(176)起二句　起身入後宮。(177)上食太后　侍候其母親吃飯。上食，進獻食物。(178)怒不食　也看出了武帝的立場不在田蚡一邊。(179)藉　踐踏。(180)百歲　婉稱人死。(181)皆魚肉之乎　還不把他當成魚肉宰割了嗎。(182)族　滅族；殺光全族。(183)有司　主管該項事務的官吏。(184)案治　審問、查辦。(185)十二月晦　十二月的最後一天。開首即說「冬十二月」事，而後說「春三月」云云，是因為當時尚沿用秦曆，以十月為歲首。(186)論殺　判罪處死，這裡就指殺。(187)渭城　漢縣名，縣治即舊日的秦都咸陽，在今陝西咸陽東北。(188)三月乙卯　三月十七。(189)武安侯蚡亦薨　所以用「亦」字，是說元光四年十月，灌夫被族；十二月末，竇嬰棄市；至三月乙卯，田蚡死。被害與害人者都死在同一年。據《史記》、《漢書》，都說田蚡還死得很奇怪，說是巫師「見魏其、灌夫共守，欲殺之」，而田蚡則「呼服謝罪」云云。淩稚隆引錢福曰：「武安倚勢陷殺二人，二人卒為厲鬼，事未必真，特以此為天下後世擅權者之戒。」茅坤曰：「此必當時人不厭魏其、灌夫之死，故為流言云云。」(190)淮南王安敗　指淮南王劉安因謀反事洩被迫自殺，事在武帝元狩元年（西元前一二二年）。詳情見《史記・淮南衡山列傳》。(191)不順語　叛逆的語言。指武帝建元二年淮南王入朝，田蚡到霸上迎接淮南王時所說的「上未有太子，大王最賢，高祖孫，即宮車晏駕，非大王立當誰哉」。論史者皆以此為不可信。(192)使武安侯在者二句　如果武安侯沒死，這些事就可以叫他滅族。此寫史者借武帝語以表明自己的愛憎。吳見思曰：「作快語結，所以深惡武安也。」(193)隕霜殺草　四月而下霜凍死野草，自然現象反常，故書於史。(194)行丞相事　時田蚡死，丞相職缺，故由御史大夫韓安國代理其事。行，代理。按，御史大夫職同副丞相，丞相有缺，多由御史大夫遞補。(195)引二句　給皇帝出行做前導，從車上掉下來摔瘸了腿。引，《史記》、《漢書》皆作「奉引」，意思相同，即給皇帝做前導。胡三省《通鑑注》注曰：「據漢制，大駕則公卿奉引，安國蓋因奉引而墮車也。」蹇，跛；瘸。(196)五月丁巳　五月二十。(197)平棘侯薛澤　劉邦功臣平棘侯薛歐之孫，襲其先輩之爵為侯，附見於《史記・張丞相列傳》，是被司馬遷視為「娖娖廉謹」而「無所能發明功名有著於當世」的「丞相備員」之一。(198)地震二句　當時講究「天人感應」，以為地震是上天對人世政治不滿的一種表示，故以「赦天下」的行動回應上天。(199)中尉　朝官名，掌管京師治安。(200)復為中尉　復職當了中尉，御史大夫是三公之一，中尉尚不在九卿之內，極言韓安國之倒楣不逢時。201 河間王德　劉德，景帝之子，栗姬所生。景帝前二年受封河間王。河間國的都城樂成，即今河北獻縣。202 善書　好書。203 與漢朝等　與漢王朝的國家藏書相等。204 招致　意即得到。205 多浮辯　大多是浮淺、耍嘴的書。206 古文先秦舊書　秦朝統一以前用東方各國文字所寫的古本圖書。古文，指秦朝統一前東方諸國所使用的文字，即大篆。207 稍稍　漸漸。208 增輯　補充、編訂。209 五百餘篇　指單是有關古代禮、樂方面的儒家書籍。210 被服造次必於儒者　意即服裝打扮、一舉一動都必須符合儒家的規範。被服，指穿戴。造次，指一舉一動。王先謙曰：「造當訓行，次當訓止。被服造次必於儒者，則謂不服奇服，不苟行止也。」211 山東　崤山以東，泛指關中以東的全國各地。212 多從之遊　多喜歡投奔他，與之交遊。

【校記】[1] 醉　原作「酒」。據章鈺校，乙十一行本作「醉」，今據改。

【語譯】世宗孝武皇帝上之下

元光二年（戊申　西元前一三三年）

冬季，十月，漢武帝到雍縣巡視，在五座祭天的壇臺祭天。

方士李少君以祭祀灶神能得到長生不老藥方求見漢武帝，漢武帝對他十分敬重。李少君，是已故的深澤侯的家臣，他隱瞞了自己的年齡、籍貫及個人經歷，利用「長生不老藥方」遊遍了各個諸侯國，他沒有妻子兒女。人們聽說他能夠驅使鬼神、使人長生不老，就輪番地饋贈給他財物。因此，他總是有用不完的金錢和衣食，人們看到他雖然不從事任何謀生的事業卻用度富足。又不知道他究竟是什麼人，對他說的話就越加相信，都爭相侍奉他。李少君善於察言觀色，總能摸透人的心理，說到人的心坎上。他曾經跟武安侯田蚡在一起飲酒，在座的有一位九十多歲的老人，李少君竟然說出與那位老人的祖父在一起遊玩射箭的地方。那位老人小時候經常跟著祖父遊玩，還記得那個地方，當時在座的人全都感到很震驚。李少君對漢武帝說：「祭祀灶神能招致精靈，這些精靈能把丹砂煉成黃金，服食這樣的黃金可以使人延年益壽。還能看見漂浮在大海中的蓬萊仙山以及山上的神仙，看見神仙以後，再去泰山封禪就可以長生不老，古代軒轅黃帝就是這樣升仙而去的。我曾經在大海上遨遊，看見了仙人安期生。安期生拿棗給我吃，那個棗大得就像西瓜一樣。安期生，是一個仙人，他與蓬萊仙山的人相往來，遇見道術與他相合的他就出來與之相見，如果是與他道術不合他就隱身不見。」於是漢武帝開始親自祭祀灶神，又派遣方士入海尋求蓬萊仙山和安期生這類的神仙，並開始從事治煉丹砂及各種藥材，想使丹砂變成黃金。過了很久，李少君病死，漢武帝認為他是升仙而去，而不是死。於是靠近海邊的燕國、齊國中那些行為怪異言語荒誕的方士也紛紛地來到京師向漢武帝講述有關神仙之事了。

亳縣人謬忌奏請漢武帝祭祀天神太一。有關太一之神的仙方上說：「天神中最尊貴的是太一神，輔佐太一神的是青帝、白帝、黃帝、赤帝、黑帝。」於是漢武帝在長安東南郊為太一神建立祭祀的廟宇。

雁門郡馬邑縣的富豪聶壹，通過大行令王恢向漢武帝建議說：「匈奴剛剛與漢朝和親，因此相信我們的邊郡不會向他們發起進攻，可以用利益引誘他們前來，設好埋伏，等他們一來就襲擊他們，這是把他們打敗的最好辦法。」漢武帝召集公卿大臣商議此事。大行令王恢說：「我聽說當初代國作為一個獨立國家而存在的時候，北邊有強大的敵人匈奴，南邊受到中原國家的威脅。然而代國之人仍然能夠安居樂業，使人老有所養，撫育兒童成長，人們按時種植莊稼，倉庫裡的糧食經常很充足，匈奴不敢輕易前來侵擾。現在，憑藉陛下的威嚴，四海歸於統一，然而匈奴卻不斷的前來侵擾，沒有別的，就是因為他們不懼怕我們。我認為還是抓住機會給他們點教訓為好。」

韓安國說：「我聽說高皇帝劉邦曾經被匈奴圍困在平城，整整七天都沒能吃上飯。等到解圍之後返回京師，卻沒有因憤怒而去尋機報復。這是聖人以天下人普遍受益為尺度，不以一己的私憤而使天下人的公共利益受損。所以派遣劉敬去匈奴和親，至今已經使五代皇帝蒙受了和親的好處。我認為還是不要襲擊匈奴為好。」

王恢說：「你說得不對。高皇帝親自披堅執銳，東征西討了將近十年，所以沒有報復平城被圍之仇，不是力量不夠，而是一心想讓天下人得到休養生息。現在邊境一日數驚，士卒傷亡不斷，中國運送戰死者屍體的棺車相望於道，這是具有仁愛之心的人心中的隱痛。所以還是應該攻打他們為好。」

韓安國說：「你說得不對。我聽說會用兵的人以己之飽以待敵之飢，以己國之治等待敵國之亂，安排好自己的居住條件，以己之逸待敵之勞，所以只要一和敵人交戰，就能徹底消滅敵人，只要討伐敵國，就一定能夠摧毀他的城池，自己端坐不動而能支使得敵方團團轉，這就是聖人的用兵之道。如果現在派輕裝部隊去奔襲敵人，深入敵境、長驅直入，很難取得成功。如果縱向行進，則擔心正面受到敵人的迎擊，兵分數路並排推進，則後邊無法接應。疾速前進，則給養供應不上，緩慢前進，又無法抓住戰機。還沒等行進上千里路，就已經是士兵缺少糧食，戰馬缺乏草料。如《兵法》上說的『把自己的軍隊送過去，使之成為敵方的俘虜』。所以，我認為還是不要襲擊他們為好。」

王恢說：「你說得不對。我現在所說的襲擊他們，並不是要發動軍隊深入敵境。而是利用匈奴單于的貪欲，引誘他們進入我國邊境，我們挑選驍勇的騎兵與壯士，悄悄地在隱蔽處埋伏好，做好迎敵的準備，利用一切有利地形做好警戒。我們的軍隊完成部署後，或進攻敵人的左側，或進攻敵人的右側，或正面進攻，或斷絕敵人的後路，匈奴單于可以被擒獲，百無一失地必定大獲全勝。」漢武帝於是決定聽取王恢的意見。

夏季，六月，漢武帝任命御史大夫韓安國為負責節制、協調各路兵馬的護軍將軍，任命衛尉李廣為驍騎將軍，太僕公孫賀為輕車將軍，大行王恢為將屯將軍，太中大夫李息為材官將軍。五位將軍率領著戰車、騎兵、特種兵等總計三十餘萬埋伏在馬邑旁邊的山谷中，只等匈奴單于率領人馬來到馬邑，然後一起出兵將其擒獲。暗地裡又派聶壹為間諜，逃到匈奴去，對單于說：「我能殺死馬邑的縣令、縣丞，使全城的人都投降匈奴，馬邑的全部財物就歸匈奴所有了。」匈奴單于很喜歡、信任聶壹，認為聶壹的計畫可行，就同意按照聶壹的計畫行事。聶壹回到馬邑以後，先殺死了兩名死囚犯，詐稱是斬殺了縣令、縣丞，並把他們的人頭懸掛在馬邑城門上，指給單于的使者作為憑證，並大聲說：「馬邑的縣令、縣丞已經被我殺死了，請匈奴單于趕緊來！」於是單于穿過邊塞，率領十萬騎兵進入武州邊塞。在距離馬邑還有一百餘里的地方，單于看見牲畜漫山遍野而無人放牧，感到很奇怪。便去攻打邊境上用以眺望敵情與傳遞消息的碉堡，俘虜了雁門郡郡尉手下的一尉史，並準備把尉史殺死。尉史害怕被殺，就將漢朝軍隊埋伏的地點全部告訴了匈奴單于。匈奴單于大驚說：「我本來就懷疑漢軍有埋伏。」於是立即撤兵，當退出雁門關外後說：「我得到尉史，真是天意啊！」於是封尉史為天王。塞下傳來消息說單于已經退去，漢兵追到邊塞，估計已經追趕不上，於是罷兵而回。王恢負責率領另外一支軍隊從代郡出兵襲擊匈奴運送輜重的部隊，聽說單于已經退兵，而且兵力眾多，也沒敢出兵。

漢武帝非常惱恨王恢。王恢辯解說：「當初約定等匈奴單于進入馬邑城，兩軍交戰之後，我再率軍襲擊匈奴的輜重，可以獲得勝利。現在匈奴單于沒有到達馬邑就退出塞外，我如果以三萬人對付匈奴的十萬人，不僅不能取勝，反而自取其辱。我本來知道不戰而回罪當斬首，然而我為陛下保全了三萬人馬。」於是將王恢交給廷尉審理。廷尉判王恢為畏敵觀望、停止不前，罪當斬首。王恢用千金賄賂丞相田蚡，田蚡不敢直接為王恢向皇帝求情，就向王太后求情說：「馬邑事件是王恢首先發起，現在因為沒有成功就要誅殺王恢，這是在為匈奴報仇啊。」在漢武帝拜見王太后的時候，王太后將田蚡的話告訴了漢武帝。漢武帝說：「首先提議在馬邑設置埋伏俘獲匈奴單于的是王恢，所以我調動了全國的數十萬大軍，按照王恢的計謀行事。當時即使不能俘獲單于，如果王恢的部隊能夠出兵襲擊匈奴軍隊的輜重，還可以使全軍將士的心理得到些許安慰。現在不誅殺王恢，沒法向天下人交代。」王恢知道這個消息後，就絕望地自殺了。從此之後，匈奴拒絕和親，不斷派兵攻擊漢朝的交通要塞，常常入侵漢朝邊境進行搶劫，次數多得不可勝數。然而，匈奴還是貪圖與漢朝在邊境的交易市場上做買賣，特別喜歡漢朝的財物。漢朝為了迎合匈奴的需要也沒有關閉邊境上的交易市場。

三年（己酉　西元前一三二年）

春季，黃河發生決口，河水離開故道，穿過頓丘縣境向東南方向流去。夏季，五月初三日丙子，黃河水又沖毀了濮陽縣的瓠子大堤，洶湧的洪水灌入鉅野澤後與淮河、泗水連通起來，大水淹了十六個郡。漢武帝派遣汲黯、鄭當時帶領十萬名士兵前去堵塞決口，決口被堵上之後，很快又被沖垮。當時，田蚡的封地在鄃縣。鄃縣在黃河之北，如果黃河在南岸決口，鄃縣就能避免水災而獲得豐收。田蚡對漢武帝說：「江、河決口，乃是上天的旨意，靠人力強行將其堵塞是很不容易的事，堵塞決口未必符合天意。」那些以占測雲氣來比附人世吉凶的和講究各種迷信的人，也都認為是這樣。於是漢武帝很久沒有派人去堵塞黃河決口。

當初，孝景帝的時候，魏其侯竇嬰為大將軍。武安侯田蚡只不過是個郎官，那時，田蚡在竇嬰面前陪侍宴飲，跪拜起居就像子姪一樣。後來田蚡日益受到武帝的寵愛，地位也越加尊貴，直到做了丞相。而魏其侯竇嬰卻失去權勢，原來的賓客也都逐漸地離開他而去投靠了田蚡，只有曾經擔任過燕國丞相的潁陰人灌夫沒有離開他。竇嬰於是厚待灌夫，兩人互相借助，來往密切得儼然父子一樣。灌夫為人剛強正直，酒後逞強使氣，那些有權有勢、地位比自己高貴的，他就一定想盡辦法去陵辱。屢次因為酒醉而冒犯丞相田蚡。田蚡於是奏請皇帝懲處灌夫說：「灌夫的家屬在潁川橫行霸道，人民受盡了他們的苦處。」於是，漢武帝下令拘捕灌夫及其族屬，都被判成死罪，在市場上斬首示眾。

魏其侯竇嬰給漢武帝寫信為灌夫辯解，漢武帝命令竇嬰和武安侯田蚡在長樂宮的朝堂進行辯論，竇嬰和田蚡互相詆毀、互相揭發對方的隱私。武帝向朝中大臣發問說：「竇嬰和田蚡誰的話是事實？」只有汲黯一個人支持竇嬰，韓安國認為兩人各有各的理，鄭當時開始也認為魏其侯竇嬰有理，後來又不敢再堅持。漢武帝很生氣地對鄭當時說：「我就該把你們這些人一塊斬首！」廷辯結束。漢武帝起身走入後宮，侍奉王太后吃飯，王太后生氣不肯吃，說；「現在我還活著，你們這些人就都敢踐踏我的弟弟；如果我死了，你們還不把我弟弟當魚肉一樣宰割了！」漢武帝迫於母親王太后的壓力，只好將灌夫全族人殺掉。又使主管官吏查辦竇嬰，竇嬰也被判處斬首罪。

四年（庚戌　西元前一三一年）

冬季，十二月最後一天，魏其侯竇嬰在渭城被殺。春季，三月十七日乙卯，武安侯田蚡也去世了。等到淮南王劉安謀反失敗後，漢武帝聽說田蚡曾經接受劉安的賄賂，並跟劉安說了叛逆的話，於是恨恨地說：「假使武安侯田蚡還活著，這些事就可以叫他滅族！」

夏季，四月，下霜凍死了野草。

御史大夫韓安國代行丞相事，一次在奉命為漢武帝出行做前導時，不慎從車上跌落下來摔斷了腿，成了瘸子。五月二十日丁巳，漢武帝任命平棘侯薛澤為丞相，韓安國因病被免職。

發生地震，武帝下詔大赦天下。

九月，任命中尉張歐為御史大夫。韓安國病癒，復職後擔任中尉。

河間王劉德，研習學業，喜好古書，實事求是，用金錢絲帛到四面八方購買善本書，所購求的書籍多得與朝廷的藏書數量差不多。當時，淮南王劉安也愛好古書，但所購求的，大多是些浮淺無用的書。河間王劉德所購買的書籍，全部都是秦朝統一以前用東方各國文字所寫的古本書籍。劉德從這些古籍中採集摘錄有關禮樂的古事，進行補充、編訂，逐漸地有了五百多篇，他的衣著裝束、言談舉止都要求必須符合儒家的標準，崤山以東的儒家學者都喜歡投奔他、與他交往。

五年（辛亥　西元前一三〇年）

冬，十月，河間王來朝，獻雅樂❶，對三雍宮❷及詔策❸所問三十餘事。其對❹，推道術❺而言，得事之中❻，文約指明❼。天子下太樂官❽常存肄❾河間王所獻雅聲，歲時以備數❿，然不常御⓫也。春，正月，河間王薨，中尉常麗⓬以聞⓭，曰：「王身端行治⓮，溫仁恭儉，篤敬⓯愛下，明知⓰深察，惠于鰥寡⓱。」大行令奏：「謚法⓲：『聰明睿知⓳曰獻』，謚曰獻王。」

班固贊⓴曰：「昔魯哀公㉑有言：『寡人生於深宮之中，長於婦人之手，未嘗知憂，未嘗知懼㉒。』信哉㉓斯言也，雖欲不危亡，不可得已㉔！是故古人以宴安為鴆毒㉕，無德而富貴謂之不幸㉖。漢興，至於孝平㉗，諸侯王以百數㉘，率㉙

多驕淫失道。何則？沈溺放恣[30]之中，居埶[31]使然[32]也。自凡人猶繫于習俗[33]，而況哀公之倫[34]乎！『夫唯大雅，卓爾不羣[35]』，河間獻王近之[36]矣。」

初，王恢之討東越[37]也，使番陽令[38]唐蒙風曉南越[39]。南越食蒙以蜀枸醬[40]，蒙問所從來[41]。曰：「道[42]西北牂柯江[43]。牂柯江廣數里，出番禺城下[44]。」蒙歸至長安，問蜀賈人。賈人曰：「獨蜀出枸醬，多持竊出市夜郎[45]。夜郎者，臨牂柯江，江廣百餘步，足以行船。南越以財物役屬[46]夜郎，西至桐師[47]，然亦不能臣使[48]也。」蒙乃上書說上曰：「南越王黃屋左纛[49]，地東西萬餘里，名為外臣，實一州主[50]也。今以[51]長沙、豫章[52]往，水道多絕，難行。竊聞夜郎所有精兵可得十餘萬，浮船牂柯江[53]，出其不意，此制越[54]一奇也。誠以漢之彊，巴、蜀[55]之饒，通夜郎道[56]，為置吏[57]，甚易。」上許之。

乃拜蒙為中郎將[58]，將千人，食重萬餘人[59]，從巴蜀筰關[60]入，遂見夜郎侯多同[61]。蒙厚賜，喻以威德，約為置吏，使其子為令[62]。夜郎旁小邑皆貪漢繒帛[63]，以為漢道險，終不能有[64]也，乃且[65]聽蒙約。還報[66]，上以為犍為郡[67]。發巴、蜀卒治道[68]，自僰道指牂柯江[69]，作者數萬人。士卒多物故[70]，有逃亡者，用軍興法[71]誅其渠率[72]，巴、蜀民大驚恐。上聞之，使司馬相如[73]責唐蒙等[74]，因諭告[75]巴、蜀民以非上意[76]。相如還報[77]。

是時，邛、筰之君長[78]聞南夷[79]與漢通，得賞賜多，多欲願為內臣妾[80]，請吏[81]比南夷[82]。天子問相如，相如曰：「邛、筰、冉、駹[83]者，近蜀，道亦易通。秦時嘗通，為郡縣[84]，至漢興而罷。今誠復通，為置郡縣，愈於南夷。」天子以為然，乃拜相如為中郎將，建節[85]往使，及副使王然于等乘傳[86]，因巴、蜀吏幣物[87]以賂西夷。邛、筰、冉、駹、斯榆[88]之君皆請為內臣。除邊關[89]，關益斥[90]，西至沫、若水[91]，南至牂柯[92]為徼[93]，通零關道[94]，橋孫水[95]以通邛都[96]，為置一都尉[97]、十餘縣，屬蜀[98]。天子大說。

詔發卒萬人治鴈門阻險[99]。

秋，七月，大風拔木。

女巫楚服[100]等教陳皇后[101]祠祭厭勝[102]，挾婦人媚道[103]。事覺，上使御史張湯[104]窮治[105]之。湯深竟黨與[106]，相連及誅者三百餘人，楚服梟首於市[107]。乙巳[108]，賜皇后冊[109]，收其璽綬[110]，罷退[111]，居長門宮[112]。竇太主[113]慚懼，稽顙[114]謝上。上曰：「皇后所為，不軌[115]於大義，不得不廢。主[116]當信道[117]以自慰，勿受妄言[118]以生嫌懼[119]。后雖廢，供奉如法[120]，長門無異上宮[121]也。」

初，上嘗置酒竇太主家，主見[122]所幸[123]賣珠兒董偃。上賜之衣冠，尊而不名[124]，稱為「主人翁[125]」，使之侍飲[126]。由是董君貴寵，天下莫不聞。常從[127]游戲北宮[128]，馳逐平樂觀[129]，雞鞠[130]之會，角狗馬之足[131]，上大歡樂之。上為竇太主置酒宣室[132]，使謁者[133]引內董君[134]。是時，中郎[135]東方朔[136]陛戟殿下[137]，辟戟而前[138]曰：「董偃有斬罪三，安得入[139]乎！」上曰：「何謂[140]也？」朔曰：「偃以人臣私侍[141]公主，其罪一也。敗男女之化[142]，而亂婚姻之禮，傷王制[143]，其罪二也。陛下富於春秋[144]，方積思於六經[145]，偃不遵經勸學[146]，反以靡麗為右[147]，奢侈為務，盡狗馬之樂，極耳目之欲，是乃國家之大賊，人主之大蜮[148]，其罪三也。」上默然不應，良久[149]曰：「吾業已設飲，後而自改。」朔曰：「不可[1]。夫宣室者，先帝之正處[150]也，非法度之政[151]，不得入焉。故淫亂之漸[152]，其變為篡[153]。是以豎貂為淫而易牙作患[154]，慶父死而魯國全[155]。」上曰：「善。」有詔止[156]，更置酒北宮，引董君從東司馬門[157]入。賜朔黃金三十斤。董君之寵由是日衰。是後，公主、貴人多踰禮制[158]矣。

上以張湯為太中大夫[159]，與趙禹[160]共定諸律令[161]，務在深文[162]。拘守職之吏[163]，作見知法[164]，吏傳相監司[165]。用法益刻[166]自此始。

八月，螟[167]。

是歲，徵(168)吏民有明當世之務、習先聖之術(169)者，縣次續食(170)，令與計偕(171)。菑川(172)人公孫弘(173)對策(174)曰：「臣聞上古堯、舜之時，不貴爵賞(175)而民勸善(176)，不重刑罰而民不犯，躬率以正(177)，而遇民信(178)也。末世貴爵厚賞而民不勸(179)，深刑重罰而姦不止，其上不正，遇民不信也。夫厚賞重刑，未足以勸善而禁非，必信而已矣(180)。是故(181)因能任官，則分職治(182)；去無用之言，則事情得(183)；不作無用之器，則賦斂省(184)；不奪(185)民時，不妨民力，則百姓富；有德者進，無德者退，則朝廷尊(186)；有功者上，無功者下，則羣臣逡(187)；罰當罪(188)，則姦邪止；賞當賢(189)，則臣下勸(190)。凡此八者，治(191)之本也。故民者，業之(192)則不爭，理得(193)則不怨，有禮(194)則不暴，愛之(195)則親上：此有天下(196)之急者也。禮義者，民之所服(197)也，而賞罰順之(198)，則民不犯禁矣。

「臣聞之：『氣同則從(199)，聲比則應(200)。』今人主和德(201)於上，百姓和合(202)於下，故心和則氣和，氣和則形(203)和，形和則聲和(204)，聲和則天地之和應(205)矣。故陰陽和(206)，風雨時，甘露降，五穀登(207)，六畜蕃(208)，嘉禾(209)興，朱草(210)生，山不童(211)，澤不涸(212)：此和之至(213)也。」

時對者百餘人，太常(214)奏弘第居下(215)。策奏(216)，天子擢(217)弘對(218)為第一，拜(219)為博士[220]，待詔金馬門[221]。

齊人轅固[222]，年九十餘，亦以賢良徵。公孫弘仄目而視固[223]，固曰：「公孫子[224]，務正學以言[225]，無曲學以阿世[226]！」諸儒多疾毀[227]固者，固遂以老罷歸。

是時，巴、蜀四郡[228]鑿山通西南夷[229]，千餘里戍轉相餉[230]。數歲，道不通。士罷餓[231]，離暑濕[232]，死者甚眾。西南夷又數反，發兵興擊[233]，費以鉅[2]萬計[234]而無功。上患之，詔使公孫弘視[235]焉。還奏事，盛毀[236]西南夷無所用[237]，上不聽。弘每朝會議[238][3]，開陳其端[239]，使人主自擇，不肯面折廷爭[240]。於是上察其行慎厚，辯論有餘，習文法吏事[241]，緣飾以儒術[242]，大說之，一歲中遷至左內史[243]。

弘奏事，有不可[244]，不廷辯[245]。常與汲黯[246]請間[247]，黯先發[248]之，弘推其後[249]，天子常說[250]，所言皆聽，以此日益親貴。弘嘗與公卿約議[251]，至上前，皆倍其約[252]，以順上旨[253]。汲黯廷詰[254]弘曰：「齊人多詐而無情實[255]，始與臣等建此議[256]，今皆倍之，不忠！」上問弘，弘謝[257]曰：「夫知臣者以臣為忠，不知臣者以臣為不忠[258]。」上然[259]弘言。左右幸臣每毀弘[260]，上益厚遇之。

【章　旨】以上為第二段，寫武帝元光五年（西元前一三〇年）一年間的全國大事，主要寫了唐蒙、司馬相如慫恿漢武帝通西南夷，致使勞民傷財；寫了公孫弘以讀儒書、善迎合而飛黃騰達的情景；此外還寫了漢武帝進用張湯、趙禹，罷黜陳皇后，與東方朔守正直言怒斥佞幸董偃的故事。

【注　釋】❶雅樂　廟堂、宮廷使用的音樂，與民樂、俗樂相對而言。❷對三雍宮　回答皇帝所問的有關「三雍宮」的建築制度問題。三雍宮，指明堂、辟雍、靈臺三座古代講禮的場所。❸詔策　皇帝所提的問題。❹對　回答皇帝所提問題的上書。❺推道術　引證、闡發儒家的思想觀點。道術，指儒家思想。❻得事之中　能抓住問題的要害。中，中心；要害。❼文約指明　文章簡短，說理透徹。約，少。指，通「旨」。思想；道理。❽下太樂官　下命令給太樂官。太樂官是掌管朝廷與宗廟音樂的長官，上屬太常。❾常存肄　永久保存，經常演習。肄，練習。❿歲時以備數　每到年關或每個季度祭祀祖先的時候以備選用。⓫不常御　不常用。御，進用。⓬中尉常麗　河間國的中尉姓常名麗。諸侯國的中尉在該國主管軍事。⓭聞　向朝廷報告。⓮身端行治　意即品行端正、行動嚴格守禮。⓯篤敬　虔敬。篤，厚。⓰明知　明智。知，同「智」。⓱惠于鰥寡　施恩於鰥寡。古稱無妻曰鰥，無夫曰寡。⓲諡法　古代流傳的一部講「諡法」的書，相傳是周公所作。⓳睿知　同「睿智」。聰明而有智慧。⓴班固贊　《漢書‧景十三王傳》末尾的「贊曰」。㉑魯哀公　春秋末期的魯國國君，西元前四九四—前四六六年在位。是孔子寫作《春秋》用以紀年的最後一位君主。㉒未嘗知懼　以上四句見《荀子‧哀公》。㉓信哉　的確如此啊。㉔已　通「矣」。句末語氣詞。㉕以宴安為鴆毒　把安逸生活視為毒藥。宴安，安逸。鴆毒，毒酒；毒藥。《左傳》管仲有云：「晏安鴆毒，不可懷也。」㉖無德而富貴謂之不幸　以為這樣的家族必將有大禍臨門。㉗漢興二句　自劉邦建國至西漢滅亡。孝平，西漢的末代皇帝，名衎，西元一—五年在位，其後被王莽篡位。㉘諸侯王以百數　此指各諸侯國歷代諸侯王的總和。㉙率　大都是。㉚沈溺放恣　習慣於為所欲為。沈溺，沉靡；隨波逐流，不思進取。放恣，放縱；為所欲為。㉛居埶　固有的地位與形勢。㉜使然　使其如此。㉝繫于習俗　受習俗影響而沉溺不能自拔。㉞之倫　之流；之輩。㉟夫唯大雅二句　只有那種登大雅之堂的賢者，才能有如此出類拔萃的表現。㊱近之　可以說就是這種人。㊲王恢之討東越　事見本書卷十七建元六年及《史記‧東越列傳》。㊳番陽令　番陽縣的縣令。番陽，漢縣名，縣治在今江西鄱陽東北。㊴風曉南越　意即向南越吹風示意，使南越知道漢王朝的厲害。按，據《史記‧南越列傳》，有朝廷派莊助「往諭」南越王，無王恢派唐蒙「風曉南越」事。㊵南越食蒙以蜀枸醬　南越王招待唐蒙吃蜀地出產的枸醬。按，此時的南越王為趙佗之孫趙眛。事跡見《史記‧南越列傳》。枸，果樹名，果實味酸，可以為醬。㊶所從來　從何地而來。㊷道　由。㊸牂柯江　河水名，即今之北盤江，流經貴州西南部，入廣西為紅水河，入廣東為西江，至廣州為珠江。㊹出番禺城下　向下流經番禺城下。番禺即今廣州，當時南越國的都城。(45)竊出市夜郎　偷著帶到夜郎去賣。夜郎，是當時的少數民族部落名，在今貴州之西南部。(46)以財物役屬　用財物收買令其聽從使喚。(47)西至桐師　謂南越王的勢力、影響，向西一直達到桐師（今雲南保山市、龍陵一帶）。(48)臣使　像臣民一樣地聽使喚。(49)黃屋左纛　儼然是大國皇帝的派頭。黃屋，以黃綾做車駕的篷頂，是漢代皇帝的車駕。左纛，在車駕左驂馬的頭上插有犛牛尾製的飾物，也是皇帝車駕所特有。(50)一州主　一個大國的諸侯。當時中國號有九州，一州之君略當於春秋時代的霸主。(51)以　從；經由。(52)長沙豫章　漢代的二郡名，長沙郡的郡治即今湖南長沙，豫章郡的郡治即今江西南昌。(53)浮船牂柯江　沿牂柯江乘船順流而下。(54)制越　制服南越。(55)巴蜀　漢之二郡名，巴郡的首府江安，在今重慶市西北。蜀郡的首府即今成都。(56)通夜郎道　打通由蜀郡經由夜郎前往番禺的道路。(57)為置吏　在夜郎一帶設立郡縣，委派官吏。(58)中郎將　皇帝的侍從武官，上屬郎中令，秩比二千石。(59)食重萬餘人　意即運送食物及各種物資的有上萬人。《史記索隱》曰：「食重，食貨輜重車也。」按，物多人眾，物用以收買，人用以示威。(60)巴蜀筰關　應依王念孫《讀書雜志》說作「巴符關」。(61)夜郎侯多同　夜郎侯名多同。(62)使其子為令　任多同的兒子為夜郎縣的縣令。(63)繒帛　皆絲織品。繒，絲織品的總稱。(64)不能有　不可能實際佔有、管理他們。(65)且　姑且；暫時。(66)還報　應增「唐蒙」二字讀。(67)上以為犍為郡　在夜郎及其鄰近的北部地區設犍為郡，事在建元六年（西元前一三五年）。犍為郡初治鱉縣（今四川合江縣），其後改治僰道（在今四川宜賓西南）。(68)治道　修築道路。(69)自僰道指牂柯江　從今宜賓直通夜郎。按，《水經・道水注》云：「唐蒙鑿石開閣以通南中，迄於建寧二千餘里，山道廣丈許，深二三丈，其鏨鑿之跡猶存。」(70)物故　死亡。(71)軍興法　即緊急軍事動員令。漢制，朝廷徵集財物以供軍用，謂之「軍興」。違者，以犯法論。(72)渠率　大頭領。(73)司馬相如　司馬相如原在武帝身邊為郎，此時以中郎將的身分出使西南夷地區。(74)責唐蒙等　責備他們假借名義，生事擾民。(75)因諭告　順便向巴蜀的百姓們做一些說明、解釋。(76)以非上意　說（唐蒙等所為）不是天子的意思。按，司馬相如為此寫了一篇〈諭巴蜀檄〉，全文見《史記・司馬相如列傳》。(77)還報　完事後回京報告天子。(78)邛筰之君長　邛、筰一帶的少數民族頭領。邛在今四川樂山市西，筰在今樂山市西南。(79)南夷　指夜郎與其周邊的少數民族。(80)內臣妾　即內臣，中國國內的臣僚。(81)請吏　請朝廷在其地設郡縣並委派相應官吏。(82)比南夷　與南夷的情況相同。比，等同。(83)冉駹　當時的少數民族部落名，都在今四川松潘以南。(84)為郡縣　曾在其地設過郡縣。(85)建節　手執旌節。旌節是皇帝使者所持的信物，以竹杖為之，上有三道犛牛尾的裝飾。(86)乘傳　乘驛車。傳，驛車，驛站為過往官員提供使用的車馬。(87)因巴蜀吏幣物　就近用巴蜀官吏提供的錢物。(88)斯榆　當時的少數民族部落名，在今四川西昌一帶。(89)除邊關　拆掉過去在巴、蜀與這些少數民族之間所修築的邊界關卡。(90)關益斥　將邊關向外推到了更遠的地方。斥，推；開拓。(91)沫若水　沫水即今之大金川，若水即今之雅礱江，都在今四川南部。(92)牂柯　即前述之牂柯江，今貴州境內之北盤江。(93)徼　邊界。(94)零關道　在今四川峨邊南。(95)橋孫水　在孫水上架橋。孫水，即今安寧河，源於今四川涼山州之冕寧，注入雅礱江。(96)邛都　在今四川西昌東南。(97)都尉　軍官名，級別相同於校尉與郡尉，通常設於新開發地區或軍事要地，為當地的軍政長官。(98)屬蜀　上屬於蜀郡。(99)治鴈門阻險　修築雁門郡內險要的嶺厄關塞，以防備匈奴的入侵。(100)女巫楚服　女巫姓楚名服。巫是用於祭祀的神職人員，此處則是以裝神弄鬼幫人求福或幫人害人的騙子。(101)陳皇后　漢武帝的第一任皇后，大長公主劉嫖之女，名阿嬌，時因衛子夫進幸，阿嬌被冷淡。(102)祠祭厭勝　古時騙人的巫術，妄言能通過祭祀詛咒以達到害人或其他目的。(103)挾婦人媚道　《史記・外戚世家》寫陳皇后之母誣陷栗姬時說栗姬「與諸貴夫人幸姬會，常使侍者祝唾其背」云云，蓋即求神鬼害人以為自己掃除進幸之路。「婦人媚道」或即此類伎倆。(104)張湯　當時著名的酷吏，此時任御史（御史大夫的屬員）之職。事跡詳見《史記・酷吏列傳》。(105)窮治　尋根究底地拷問。(106)深竟黨與　將有關人員徹底查出。黨與，同「黨羽」。(107)梟首於市　將其人頭懸掛於市場示眾。(108)乙巳　七月十四。(109)賜皇后冊　給陳皇后下詔書。冊，此處指詔書。(110)收其璽綬　收回她的皇后印與綬帶。綬，繫印的絲條。(111)罷退　意即被廢。(112)長門宮　在當時長安城的東南部。按，司馬相如〈長門賦〉有所謂：「陳皇后別在長門宮，怨悶悲思，奉黃金百斤為相如取酒，乃為作頌以奏，皇后復親幸。」崔適《史記探源》以為此「復幸」之說，乃文人寓言，不足取信。(113)竇太主　即阿嬌之母大長公主劉嫖。所以稱「竇太主」，是因為劉嫖乃竇太后所生。(114)稽顙　最嚴重的跪拜之禮，以額觸地。(115)不軌　出格；違法。(116)主　「大長公主」的簡稱，以稱劉嫖。(117)信道　相信道義。(118)妄言　傳言；別人的瞎說。(119)嫌懼　疑心、恐懼。(120)供奉如法　還是按規定享受過去的待遇。(121)上宮　皇后所住的宮殿。(122)見　叫出來讓武帝看。(123)所幸　所寵養的相公。(124)不名　不直呼其名，表示尊敬。(125)主人翁　主人家的先生。(126)使之侍飲　意即讓他陪著一道喝酒。侍飲，陪著尊長喝酒。(127)從　跟隨；跟隨竇太主。(128)北宮　宮室名，在當時未央宮內的北部。(129)平樂觀　上林苑中的一所殿堂，周圍十五里。(130)雞鞠　鬥雞與踢球。(131)角狗馬之足　進行賽狗賽馬。角，比賽。(132)宣室　未央宮前殿的正室，是宣布政教的地方。(133)謁者　皇帝的侍從官員，主管收發傳達與贊禮等。(134)引內董君　領著董偃進入宣室。內，通「納」。(135)中郎　皇帝的侍從、警衛人員，由中郎將統管。(136)東方朔　漢代的著名文學家，以滑稽著稱。事跡詳見《漢書・東方朔傳》。(137)陛戟殿下　執戟在殿下夾階而立。陛，臺階。(138)辟戟而前　放下長戟，走到武帝跟前。辟，放下。(139)安得入　有什麼資格進入宣室。(140)何謂　此話指何而言。(141)私侍　暗中陪著。侍，侍寢。(142)男女之化　男女之間的規矩。(143)傷王制　破壞了皇家的制度。(144)富於春秋　正當年輕有為。(145)方積思於六

經　正在潛心鑽研儒家經典。方，剛；正在。積思，潛心思考。(146)遵經勸學　按著儒學經典的思路勸導皇帝上進。(147)以靡麗為右　以華麗的生活為追求目標。右，上。(148)蜮　傳說中的一種害人魔怪，據說能含沙射影。這裡即泛指害人蟲。(149)良久　好久。(150)正處　鄭重居處。文帝當年祭祀後曾在宣室休息受禧，並接見賈誼。(151)法度之政　符合法度的大事。(152)淫亂之漸　淫亂活動的慢慢發展。漸，如同水的逐漸浸潤。(153)篡　奪；奪權奪位。(154)豎貂為淫而易牙作患　豎貂、易牙都是春秋時期齊桓公身邊的小人，豎貂為了侍候齊桓公而自宮為宦者，易牙為了讓齊桓公嘗到異味而殺了自己的兒子。管仲臨死勸齊桓公遠此二人，齊桓公不聽，結果二人作亂，齊桓公被活活餓死。事見《左傳》與《史記・齊太公世家》。「為淫」二字不知所謂。(155)慶父死而魯國全　慶父是春秋時魯桓公之子，莊公之弟。莊公死，慶父殺莊公之子閔公而作亂，魯國多年不寧，後來慶父之弟季友設謀殺了慶父，魯國始獲安定。當時有所謂「慶父不死，魯難不已」之語。這裡是以慶父比董偃。(156)有詔止　下詔停止在宣室擺酒。(157)東司馬門　未央宮東門內的司馬門。(158)踰禮制　即所謂「僭越」，指衣食住行各方面的超越名分的行為。(159)太中大夫　皇帝的侍從官員，出入於皇帝周圍，掌議論，秩千石，上屬郎中令。(160)趙禹　當時著名的酷吏之一。事跡詳見《史記・酷吏列傳》。(161)諸律令　各種法律條文。(162)深文　指條文訂得細密，而懲治犯禁者的章程又嚴。(163)拘守職之吏　為把主管該項事務的各級官吏都嚴加控制起來。拘，控制。(164)作見知法　制定了懲辦見知不告的條例。見知，知情而不舉報。(165)吏傳相監司　何焯曰：「謂互相監察也。」傳，相互。司，暗中監視。(166)益刻　越來越嚴酷刻細。益，漸；越來越……。(167)螟　謂螟蟲成災。螟，一種蛀食秧苗的害蟲。(168)徵　招募；徵求。(169)先聖之術　孔子的治國治民方法。(170)縣次續食　在其進京的路上走到哪裡，哪裡的地方官就負責供應伙食。次，依次；按順序。續食，接續供應伙食。(171)令與計偕　讓應詔者與上計的官吏一道進京。計，也稱「計吏」，各郡國委派進京向朝廷交納錢糧的官吏。(172)菑川　諸侯國名，都城劇縣，在今山東昌樂西北。武帝前期的菑川王是齊悼惠王劉肥之子劉志。(173)公孫弘　姓公孫名弘，一個以讀《春秋公羊傳》起家的儒生，後來成為丞相，封平津侯。是《史記》中司馬遷最反感的人物之一。事跡詳見《史記・平津侯主父列傳》。(174)對策　回答皇帝所問的題目。因為皇帝所問的題目是寫在竹簡上，故稱作「策」。(175)不貴爵賞　用不著以爵位賞賜吸引人。貴，抬高；用以吸引人。(176)勸善　自動積極地向好處走。勸，奮勉。(177)躬率以正　以正確的言行給人們親自做出榜樣。躬率，親自帶頭。(178)遇民信　對待百姓說話算話。(179)不勸　無動於中，不聽他那一套。(180)必信而已矣　只有講信義才能解決問題。(181)是故　因此。(182)則分職治　他所分擔的任務才能做好。(183)則事情得　事物的真相才能看清楚。情，真實情況。(184)賦斂省　少向百姓巧取豪奪。(185)奪　耽誤。(186)尊　威望高；有威信。(187)逡　退，意即有退讓之心。(188)罰當罪　給人的懲罰與其所犯的罪過恰如其分。(189)賞

當賢　給人的獎賞與其好的作為恰如其分。[190]勸　受到鼓勵，鼓舞人們上進。[191]治　治理一切；做好一切事情。[192]業之　各有自己的崗位；各得其所。[193]理得　感到合理。[194]有禮　意即受到尊重，使之以禮。[195]愛之　指上對下有愛心。[196]有天下　意即治理國家、維持統治。[197]服　講究；習慣。[198]賞罰順之　意即該賞則賞，該罰則罰。[199]氣同則從　呼吸相同者則彼此跟從。氣，這裡即指呼吸。[200]聲比則應　聲音相同者就彼此呼應。比，挨近，這裡也是相同的意思。《周易・文言》有所謂「同聲相應，同氣相求」，意思是指物以類聚。[201]和德　以寬和為德。[202]和合　以溫和與執政者相應合。[203]形　形體、行動。[204]聲和　皇帝與萬民的聲音彼此和諧。[205]天地之和應　漢人鼓吹天人感應，人間的上下和諧，必然要感動天地二氣也為之和諧。[206]陰陽和　陰陽二氣彼此調和。[207]登　豐收。[208]蕃　繁殖得多。[209]嘉禾　表現祥瑞徵兆的禾苗，如一禾生出多穗等。[210]朱草　表現祥瑞的紅色草。[211]山不童　山頂沒有不長草木的地方。童，禿頂。[212]涸　乾枯。[213]和之至　人間上下相和，天地為之感應生和，一切都達到和的頂點。至，到頂。[214]太常　九卿之一，主管朝廷禮儀與考試選拔等事。[215]奏弘第居下　在上報考生成績名次的時候，將公孫弘排在下頭。[216]策奏　考試成績呈報皇帝。[217]擢　拔出。[218]弘對　公孫弘的對策文章。[219]拜　任命、授官的敬稱。[220]博士　皇帝的侍從官名，以知識淵博備皇帝顧問之用。[221]待詔金馬門　在金馬門值勤，聽候招呼。金馬門，西漢未央宮裡的一個官署名，《三輔黃圖》曰：漢武帝得大宛馬，乃鑄銅馬於宦者署之門，因稱此門曰「金馬門」。東方朔、主父偃、徐樂、嚴安等都曾在此處等候過武帝的召見。[222]轅固　姓轅名固，一個正直敢言的儒生，以治《詩》為博士。事跡詳見《史記・儒林列傳》。[223]仄目而視固　斜著眼睛看轅固，不敢正眼相看。仄，通「側」。《通鑑》「視」字誤作「事」，今據《史記》改。[224]公孫子　猶言「公孫先生」。「子」字是古代對男子的敬稱，這裡含挖苦之意。[225]務正學以言　要老老實實地搞學問、說真心話。[226]無曲學以阿世　不要歪曲聖人的學說以違心地迎合世俗。阿世，討好、迎合世俗。[227]疾毀　嫉恨、誹謗。疾，通「嫉」。[228]巴蜀四郡　指巴郡、蜀郡、廣漢郡、犍為郡。[229]通西南夷　打通由巴、蜀進入雲南、貴州的道路。[230]戍轉相餉　又要派兵駐守，又要運送物資、供應前方糧食。[231]罷餓　又疲勞又挨餓。罷，同「疲」。[232]離暑濕　遭受酷熱潮溼之苦。離，通「罹」。遭受。[233]發兵興擊　以「軍事動員」的名義徵兵攻打。[234]以鉅萬計　以億計算，指花費的銅錢。鉅萬，萬萬，即「億」。[235]視　視察、瞭解情況。[236]盛毀　大說有關此事的壞話。[237]無所用　謂通西南夷之舉，除勞民傷財外，對國家無任何好處。按，公孫弘能與武帝持不同態度，並公開堅持反對意見，前後蓋僅此通西南夷一事。[238]每朝會議　每次在朝廷上討論問題。[239]開陳其端　把解決該問題的幾種方案都列出來。[240]不肯面折廷爭　從不當面對皇帝的意見表示不同意或當眾與皇帝爭論。[241]習文法吏事　熟悉法令規章，善於處理行政事務。何焯曰：「弘號以儒進，然所以當上意者，習文法吏事，乃少為獄吏力也。」242緣飾以儒術　不論辦什麼事情，都要從儒家的經典中找出說法，以文飾之。《史記索隱》曰：「以儒術飾文法，如衣服之有領緣以為飾也。」按，此處「緣飾」二字，可見漢代尊儒的實質，亦可見寫史者對漢儒的反感。243左內史　也稱「左馮翊」，當時首都及其東部郊區的行政長官，與右扶風、京兆尹合稱「三輔」。244有不可　凡遇自己與別人的意見不同。245不廷辨　不當眾與之爭辯。246汲黯　武帝時期的直臣，時為主爵都尉。事跡見《史記・汲鄭列傳》。247請間　請求皇帝避開眾人單獨接見他們。間，縫隙。248先發　公孫弘總是讓汲黯先說。249弘推其後　而後公孫弘再接著加以申說。按，此其用心是，倘武帝聽汲黯言時意有不悅，則公孫弘可以立即轉舵，視下文可知。何焯曰：「他人先發而推其後，則先以他人試上之喜怒也。」250說　通「悅」。251約議　與其他朝臣事先約定好大家都提某種相同的建議。252倍其約　違背事先的約定。倍，通「背」。違背。253以順上旨　以迎合皇帝的想法。黃震曰：「〈轅固傳〉：『弘與固同徵，弘反目視固。固曰：公孫子，無曲學以阿世！』然則弘之阿諛，雖未委質，固已知之矣。」254廷詰　當眾質問。詰，問。255齊人多詐而無情實　公孫弘這個傢伙奸詐狡猾沒有真情實意。256始與臣等建此議　本來是他在下面與我們商量好共同提這個建議的。257謝　道歉；請罪。258知臣者以臣為忠二句　《史記・魏其武安侯列傳》寫田蚡與竇嬰當廷爭辯曲直，韓安國勸田蚡曰：「君何不自喜？夫魏其毀君，君當免冠解印綬歸，曰：『臣以肺腑幸得待罪，固非其任，魏其言皆是。』如此，上必多君有讓，不廢君；魏其必內愧，杜門咋舌自殺。今人毀君，君亦毀人，譬如賈豎女子爭，何其無大體也！」公孫弘此處可謂深諳其術。259然　肯定；以之為正確。260毀弘　說公孫弘的壞話。

【校　記】[1]不可　原無此二字。據章鈺校，乙十一行本、孔天胤本皆有此二字，張瑛《通鑑校勘記》同。今從乙十一行本及《漢書・東方朔傳》補。[2]鉅　原作「巨」。據章鈺校，乙十一行本作「鉅」。今從乙十一行本及《通鑑紀事本末》改。[3]議　原無此字。據章鈺校，乙十一行本、孔天胤本皆有此字，張瑛《通鑑校勘記》同。今從諸本及《漢書・公孫弘卜式兒寬傳》補。

【語　譯】五年（辛亥　西元前一三〇年）

冬季，十月，河間王劉德入朝拜見漢武帝，向漢武帝進獻適於在廟堂、宮廷演奏的音樂，並回答了有關三雍宮的建築制度以及武帝親自提問的三十多個問題。他在漢武帝所提問題的上書中，引證、闡發了儒家的思想觀點，能抓住問題的要害，文章簡短，說理透徹。漢武帝下令太樂官對劉德所進獻的雅樂要永久保存、經常演習，以備在慶典、節令祭祀祖先的時候選用，但實際上並不常用。春季，正月，河間王劉德逝世，為河間王劉德擔任中尉的常麗向朝廷奏報說：「河間王品行端正，行為嚴格守禮，謙恭仁愛，生活節儉，為人虔敬，愛護下屬，明智睿達，體察民情，孤寡老人都得到了他的恩惠。」大行令向漢武帝奏報說：「根據《謚法》：『聰明睿智稱作獻』，河間王的謚號應該稱為獻王。」

班固評論說：「春秋末期魯國的魯哀公曾經說過：『我出生在深宮之中，在婦人關愛的環境下長大，從來不知道什麼叫做憂愁，什麼叫做恐懼。』這話說得多麼可信啊，雖然極力想使國家不危亡，那也是辦不到的！所以古人把安逸生活看做是用鴆鳥羽毛浸泡出來的毒酒，沒有德行卻享受富貴的家族必將大禍臨頭。從漢朝建立，到漢孝平帝的時候，諸侯王有上百個，這些諸侯王大多是驕奢淫逸，不走正道。為什麼呢？因為他們始終沉溺在放縱的生活習慣裡，這是他們固有的地位和形勢使他們這樣啊。從一般人來說還會受風俗習慣的影響，更何況像魯哀公這類的王公貴族呢！『只有那種能登大雅之堂的賢人，才有如此出類拔萃的表現』，河間獻王可以說是受之無愧了！」

當初，王恢討伐東越的時候，曾經派遣番陽縣令唐蒙去知會南越王。南越王在招待唐蒙的時候，請他吃蜀國出產的枸子醬，唐蒙問從哪裡得來的枸子醬。南越王回答說：「枸子醬來自西北的牂柯江。牂柯江寬數里，從番禺城下流過。」唐蒙回到長安以後，就向蜀國的商人詢問此事。蜀國的商人說：「只有蜀國出產枸子醬，有許多人偷偷地將枸子醬帶出去到夜郎國販賣。夜郎國緊挨著牂柯江，牂柯江江面寬一百多步，完全可以行船。南越用財物收買夜郎為自己服務並希望夜郎歸屬自己，以使自己的勢力、影響一直到達西部的桐師，然而卻始終不能徹底征服夜郎，使其成為自己的屬國。」唐蒙於是給漢武帝上書說：「南越王出行時所乘坐的車輦，車蓋用的是黃色的綢緞，左衡上樹著用犛牛尾做裝飾的大旗，儼然就是一副大國皇帝的派頭；南越王所管轄的地方東西長萬餘里，名義上臣屬於中國，實際上卻是一個大國的諸侯。現在經由長沙、豫章郡前往南越，水路大多不通，很難通行。我私下打聽到夜郎國所有的兵力加起來約有十萬，如果乘船沿牂柯江順流而下，出其不意攻打南越，這是制服南越國的一個奇計。憑藉漢朝的強盛，巴郡、蜀郡的富饒，打通由蜀郡經由夜郎通往番禺的道路，在夜郎一帶設置郡縣、委派官吏，應該是件很容易的事情。」漢武帝表示贊同。

於是任命唐蒙為中郎將，率領著一千人，運送食物及各種物資的有上萬人，從巴蜀筰關進入夜郎，會見了夜郎侯多同。唐蒙賞賜給多同很多的財物，向他宣傳漢朝是如何的強大、漢朝皇帝是多麼的仁德，與夜郎王約定為那裡設置官吏，並任命他的兒子為夜郎縣令。夜郎周邊的小部落都貪圖漢朝的絲織品，認為夜郎通往漢朝的道路艱險，漢朝終究不可能佔有夜郎，於是，就暫時聽從了唐蒙的約定。唐蒙回來後把情況向漢武帝做了彙報，漢武帝把夜郎及其鄰近的地區設置為漢朝的犍為郡。又徵調巴、蜀兩郡的士兵修築道路，從僰道一直修到牂柯江，僅修路的人就有好幾萬。這些修路的士卒有許多人死亡，也有不少人逃亡，唐蒙根據緊急軍事動員令誅殺了他們的大首領，為此，巴、蜀之人非常驚恐不安。漢武帝聽到這種情況後，就派司馬相如前去責備唐蒙等人假借名義擾民生事，並向巴、蜀人民解釋，說這只是唐蒙的個人行為而不是皇帝的本意。司馬相如完成使命後回京向漢武帝作了彙報。

當時，邛、筰一帶的少數民族首領聽說西南各少數民族與漢朝往來，得到很多賞賜，就有許多部落的首領表示願意歸附漢朝，希望漢朝在他們那裡設置郡縣並從國內委派官吏，請求漢朝像對待南夷一樣對待他們。漢武帝徵詢司馬相如的意見，司馬相如說：「邛、筰、冉、駹各部落都靠近蜀國，道路也很容易修通。秦朝的時候曾經有路相通，也曾經在那裡設置過郡縣，到漢朝建立之後才被廢除。現在如果能夠恢復與那裡的交通，設置郡縣，要勝過南夷許多。」漢武帝也認為是這樣，於是任命司馬相如為中郎將，手持漢朝符節出使邛、筰，司馬相如與副使王然于等人乘坐驛車，就近用巴、蜀官員提供的錢物賄賂西南各部落首領。於是邛、筰、冉、駹、斯榆等部落首領都請求做漢朝的屬臣。於是撤去舊時設置的邊關，將邊關向外推到了更遠處，疆界向西擴展到沫水、若水，向南以牂柯江為界，修通了零關道，還在孫水上架起橋樑直通邛都，為那裡設置了一個都尉，將其地劃分為十多個縣，全部隸屬於蜀郡。漢武帝非常高興。

漢武帝下詔徵調萬餘名士兵修建雁門郡內險要的嶺扼關塞。

秋季，七月，大風把大樹連根拔起。

一個名叫楚服的女巫教唆已經失寵的陳皇后祭祀鬼神、用咒語詛咒仇人，還教陳皇后祈求鬼神為自己掃除進幸的道路。事情暴露後，漢武帝派遣御史張湯負責審理此事，要他務必深究嚴懲。張湯將女巫楚服及其同夥全部查出，因受株連而被殺死的有三百多人，女巫楚服在鬧市被斬首示眾。七月十四日乙巳，漢武帝給陳皇后阿嬌下詔書，收回她的皇后印信及綬帶，廢掉了她的皇后名號，將她送入長門宮。陳皇后的母親竇太主劉嫖對此深感慚愧和恐懼，她向漢武帝不停地磕頭請罪。漢武帝說：「皇后的所作所為太過分，做了她所不該做的事情，不能不廢掉她。公主應當相信道義，自己寬慰自己，不要聽信別人的傳言而心生疑慮和恐懼。皇后雖然被廢掉，但對她的供養還是依照規定享受過去的待遇，居住在長門宮跟居住在正宮沒有什麼區別。」

當初，漢武帝曾經在竇太主劉嫖家裡設宴，竇太主叫她所寵幸的珠寶商人董偃拜見漢武帝。漢武帝賞賜給董偃衣服帽子，對他很尊重，不直接稱呼他的名字，而是稱他為「主人家的先生」，讓他在旁邊侍奉飲酒。董偃因得到漢武帝的青睞而逐漸顯貴起來，這件事情天下沒有人不知道。董偃曾經跟隨竇太主劉嫖到北宮遊戲，到平樂觀騎馬奔馳，參與鬥雞、踢球活動，觀看狗、馬賽跑，漢武帝非常喜歡董偃。漢武帝在未央宮的宣室宴請竇太主劉嫖，並派謁者領著董偃進入宣室。這時候，擔任中郎的東方朔正執戟立於宮殿的臺基之下，他放下手中所執的戟走到武帝面前說：「董偃犯有三條死罪，怎麼能讓他進入宣室呢！」漢武帝問他：「董偃犯了哪三條死罪？」東方朔說：「董偃以臣屬的身分暗中侍寢公主，這是一件罪。破壞了男女之間的規矩，擾亂了正常的婚姻禮法，損害了皇家的制度，這是第二件罪。陛下年輕有為，正在潛心鑽研儒家經典《六經》，董偃不按照儒家經典的思路勸導皇上上進，反而以靡麗奢華的生活作為追求的目標，處處以奢侈為務，享盡玩狗、走馬的樂趣，極盡耳目的欲望，這是國家的大禍患，是含沙射影危害國君的害人蟲，這是他的第三件罪狀。」漢武帝聽了默然不語，過了好久才說：「我已經設宴，以後改過就是了。」東方朔說：「不行。宣室，是先帝鄭重居處的地方，不是有關國家軍國大事的，不得入內。所以淫亂逐漸發展，就會轉變為篡奪政權。所以在齊桓公的時候，豎貂自閹為宦官，易牙烹其子以侍奉齊桓公，這兩人就是以此來獲取齊桓公對他們的寵信，最後二人作亂害死了齊桓公，而魯國也是直等慶父死了之後國家才獲得安寧。」漢武帝說：「你說得對。」於是下詔停止在宣室擺酒設宴，而將宴席改在北宮，派人領著董偃從東司馬門進入。賞賜東方朔黃金三十斤。此後董偃逐漸失寵。此後公主、貴人卻有很多人在衣食住行等方面有超越禮法規定的行為。

漢武帝任命張湯為太中大夫，讓他與趙禹一起制定各種律令，務必使法律條文細密周備。為了約束、控制主管各項事務的各級官吏，特別制定了見知不告的「見知法」——即看見有人犯法而不舉報就是故意放縱人犯，使官吏之間互相監督。漢朝應用嚴刑苛法就從這時開始。

八月，螟蟲成災。

這一年，從官吏、民眾之中徵召那些深明當世之政務、熟習孔子的治國治民方法的人前往京師，沿途所經過的郡縣負責供給這些人的飲食，讓這些應徵之人與當地所派到朝廷呈獻計簿的官吏一同進京。

菑川人公孫弘回答漢武帝的策問說：「我聽說上古時期堯、舜治理天下的時候，用不著以爵位賞賜來吸引人而人民全能相互勉勵往好處走，不重用刑法而人民不輕易犯法，君主能以正確的言行為人民做出表率，對待百姓講求誠信、說話算話。到了末世，雖然注重用高官厚祿進行獎賞而人民卻無動於衷、根本不聽那一套，雖然加重刑法和懲罰的力度，而違法亂紀卻得不到禁止，這是因為高高在上的君主本身不正派，對待人民不講誠信所造成的呀。厚重的賞賜和嚴厲的刑法，並不足以勸人向善和禁止人為非作歹，只有講求信用才是最有效的治國方法。所以要根據人的實際才能來委任官職，這樣的官員才能盡職盡責的把分擔的任務做好；去掉華而不實的言論，事情的真相才能看得清；不製作那些無用的器物，就會減少向百姓徵收賦稅；不在農忙季節強迫農民去服各種徭役，不耽誤民力，那麼百姓就能生活富足；德才兼備的人受到朝廷重用，無才無德的人被貶黜出朝廷，那麼朝廷的威信就會很高；有功勞的就提拔，無功勞的就斥退，那麼群臣自然明白什麼樣的該退、什麼樣的該進的道理；給人的懲罰與其所犯的罪過恰如其分，那麼奸邪之人就不敢違法亂紀為非作歹；受到的獎賞與其好的作為恰如其分，那麼臣下就會受到鼓勵，從而更加努力上進。凡此八件事，是治理國家、做好一切事情的根本。所以作為百姓，使他們各有各的職業，就不會發生爭執，使他們覺得合理就不會產生怨恨，受到尊重、使之有禮就不會有暴力產生，上級對下級有愛心，下級就會親近他們的上級：這是享有天下的皇帝治理國家、維護統治最緊迫的任務。禮義，是人民都願意遵守、服從的，如果做到該賞的賞、該罰的罰，百姓就不去違法亂紀了。

「我聽說：『呼吸相同者就會互相跟從，聲音相同者就會相互呼應。』如今皇帝以寬和為德，百姓必定以溫和與執政者相應和，所以心情平和則呼吸平和，呼吸平和則形體平和，形體平和則聲音平和，聲音平和則必然感動天地二氣也為之和諧了。所以就表現出陰陽平衡，風調雨順，天降甘露，五穀豐登，六畜繁衍，莊稼茂盛，瑞草生長，山頂草木蔥蘢，河澤不再乾涸：這就是和所達到的最佳狀態啊。」

當時參加對策的有一百多人，負責評判的太常在上報考生成績的時候將公孫弘的名次排在後頭。這些考卷被呈送到漢武帝手裡，漢武帝將公孫弘的名次擢升為第一，並任命他為博士，讓他在金馬門值勤，隨時聽候招呼。

齊國人轅固，當時已經九十多歲，也被地方遴選為賢良而送到京師。公孫弘對轅固從不敢用正眼相看，轅固規勸公孫弘說：「公孫先生，要老老實實地搞學問、說真話，不要以歪曲聖人的學說來迎合世俗！」許多儒生因為嫉妒而不斷詆毀轅固，漢武帝就以轅固年老為由將他罷免回家。

當時，巴、蜀四郡的人民鑿山鋪道，修築通往西南夷的道路，千餘里之內都要為修路人戍守、為修路人運送物資、糧食。幾年過去了，道路仍然沒有修通。而士兵疲勞飢餓、再加上飽受暑熱潮溼，死亡的人很多。西南各少數民族又屢次反叛，漢朝發兵平息叛亂，花費巨大卻勞而無功。漢武帝對此很發愁，下詔派公孫弘前去視察、瞭解情況。公孫弘回來後奏報漢武帝，極力詆毀通西南夷之事，說通西南夷對國家沒有任何好處，漢武帝沒有聽從他的意見。公孫弘每次在朝廷參與朝議，都是先把解決該問題的幾種方案擺出來，讓皇帝自己做出選擇，他從來不當面對皇帝的意見表示不同意或當眾與皇帝爭論。於是，武帝覺得公孫弘行事謹慎為人厚道，辯論起來很有口才，又熟悉法令規章、善於處理行政事務，還能從儒家的經典中找出理論依據作為修飾，所以非常喜歡他，一年之內就將他提升為左內史。

公孫弘奏報事情，若有不同的意見，也從不在朝廷上當眾與人爭辯。他經常與汲黯一起請求武帝在閒暇時避開眾人單獨召見，而且每次都是汲黯首先發言，公孫弘再接著加以申述，而每次談話武帝都顯得很高興，兩人所說的意見也都能被採納，因此越來越得到漢武帝的信任，地位也一天一天的尊貴起來。公孫弘曾經和公卿大臣事先約定好，大家都向皇帝提出某種相同的建議，但到了武帝面前，公孫弘全都違背了原來與公卿大臣的約定而順從了皇帝的意見。汲黯在朝廷上就責備公孫弘說：「齊國人奸詐狡猾而做事不誠實，你當初與我等商量好了要提這些建議，現在你卻全部推翻，你這是對皇帝的不忠！」漢武帝詢問公孫弘是怎麼回事，公孫弘謝罪說：「瞭解我的人，認為我忠於皇帝；不瞭解我的人，認為我不忠於皇帝。」漢武帝同意公孫弘的說法。武帝身邊那些受寵的人雖然經常詆毀公孫弘，而武帝卻越發厚待公孫弘。

六年（壬子　西元前一二九年）

冬，初筭商車❶。

大司農鄭當時言：「穿渭為渠，下至河❷，漕關東粟❸，徑易❹，又可以溉渠下❺民田萬餘頃。」春，詔發卒數萬人穿渠，如當時策❻。三歲而通❼，人以為便。

匈奴入上谷❽，殺略❾吏民。遣車騎將軍❿衛青出上谷⓫，騎將軍⓬公孫敖出代⓭，輕車將軍⓮公孫賀出雲中⓯，驍騎將軍⓰李廣出鴈門⓱，各萬騎，擊胡關市下⓲。衛青至龍城⓳，得胡首虜七百人⓴。公孫賀無所得。公孫敖為胡所敗，亡㉑七千騎。李廣亦為胡所敗。胡生得廣，置兩馬間，絡而盛臥㉒，行十餘里。廣佯死㉓，暫騰㉔而上胡兒馬上，奪其弓，鞭馬南馳，遂得脫歸㉕。漢下敖、廣吏㉖，當斬㉗，贖為庶人㉘。唯青賜爵關內侯㉙。青雖出於奴虜㉚，然善騎射，材力㉛絕人，遇㉜士大夫㉝以禮，與士卒有恩，眾樂為用㉞，有將帥材，故每出輒㉟有功。天下由此服上之知人㊱。

夏，大旱，蝗。

六月，上行幸雍。

秋，匈奴數盜邊㊲，漁陽尤甚。以衛尉韓安國為材官將軍，屯漁陽㊳。

元朔元年（癸丑　西元前一二八年）

冬，十一月，詔曰：「朕深詔執事㊴，興廉舉孝㊵，庶幾成風㊶，紹休聖緒㊷。夫十室之邑，必有忠信㊸；三人並行，厥有我師㊹。今或至闔郡㊺而不薦㊻一人，是化不下究㊼，而積行之君子㊽壅於上聞㊾也。且進賢受上賞，蔽賢蒙顯戮㊿，古之道(51)也。其議二千石不舉者罪(52)！」有司(53)奏：「不舉孝，不奉詔(54)，當以不敬(55)論。不察廉(56)，不勝任也，當免(57)。」奏可(58)。

十二月，江都易王非(59)薨。

皇子據(60)生，衛夫人(61)之子也。三月甲子(62)，立衛夫人為皇后，赦天下(63)。

秋，匈奴二萬騎入漢，殺遼西太守[64]，略二千餘人，圍韓安國壁[65]。又入漁陽、鴈門，各殺略千餘人。安國益東徙[66]，屯北平[67]，數月，病死[68]。天子乃復召李廣[69]，拜為右北平太守[70]。匈奴號曰「漢之飛將軍」，避之數歲，不敢入右北平。

車騎將軍衛青將三萬騎出鴈門，將軍李息出代，青斬首虜數千人[71]。

東夷薉君南閭[72]等共[1]二十八萬人降[73]，為蒼海郡[74]。人徒之費[75]，擬於南夷[76]，燕、齊[77]之間，靡然[78]騷動。

是歲，魯共王餘[79]、長沙定王發[80]皆薨。臨菑[81]人主父偃[82]、嚴安[83]，無終[84]人徐樂[85]，皆上書言事。

始，偃游齊、燕、趙[86]，皆莫能厚遇，諸生相與排擯[87]不容。家貧，假貸[88]無所得，乃西入關[89]，上書闕下[90]。朝奏，暮召入。所言九事，其八事為律令[91]，一事諫伐匈奴[92]，其辭曰：「司馬法[93]曰：『國雖大，好戰必亡；天下雖平，忘戰必危[94]。』夫怒者逆德[95]也，兵者凶器[96]也，爭者末節[97]也。夫務戰勝[98]，窮武事[99]者，未有不悔者也。

「昔秦皇帝并吞戰國[100]，務勝不休，欲攻匈奴。李斯[101]諫曰：『不可。夫匈奴，無城郭之居，委積[102]之守，遷徙鳥舉[103]，難得而制也。輕兵深入，糧食必絕[104]；

踵糧[105]以行，重不及事[106]。得其地，不足以為利也；得其民，不可調而守[107]也。勝必殺之[108]，非民父母也[109]。靡敝[110]中國，快心匈奴[111]，非長策也[112]。』秦皇帝不聽，遂使蒙恬[113]將兵攻胡[114]，辟[115]地千里，以河為境[116]。地固沮澤鹹鹵，不生五穀[117]。然後發天下丁男[118]以守北河[119]，暴兵露師[120]十有餘年。死者不可勝數，終不能踰河而北[121]。是豈人眾不足，兵革不備哉？其勢不可也。又使天下蜚芻輓粟[122]，起於東腄[123]、琅邪[124]負海[125]之郡，轉輸北河[126]，率[127]三十鍾而致一石[128]。男子疾耕，不足於糧餉[129]；女子紡績，不足於帷幕[130]。百姓靡敝，孤寡老弱不能相養，道路死者相望，蓋[131]天下始畔秦[132]也。

「及至高皇帝定天下[133]，略地於邊[134]，聞匈奴聚於代谷[135]之外而欲擊之。御史成進諫曰[136]：『不可。夫匈奴之性，獸聚而鳥散[137]，從之如搏影[138]。今以陛下盛德攻匈奴[139]，臣竊危之。』高帝不聽，遂北至於代谷，果有平城之圍[140]。高皇帝蓋悔之甚，乃使劉敬[141]往結和親之約，然後天下忘干戈之事[142]。

「夫匈奴難得而制，非一世也。行盜侵驅[143]，所以為業也，天性固然。上及虞、夏、殷、周，固弗程督[144]，禽獸畜之，不屬為人[145]。夫上不觀虞、夏、殷、周之統[146]，而下循[147]近世之失[148]，此臣之所大憂，百姓之所疾苦[149]也。」

嚴安上書曰：「今天下人民，用財侈靡[150]，車馬、衣裘、宮室，皆競修飾[151]。調五聲使有節族[152]，雜五色使有文章[153]，重五味方丈於前[154]，以觀欲天下[155]。彼民之情，見美則願之，是教民以侈也。侈而無節，則不可贍[156]，民離本而徼末[157]矣。末不可徒得[158]，故搢紳者[159]不憚為詐[160]，帶劍者[161]夸殺人以矯奪[162]，而世不知愧，是以犯法者眾。臣願為民制度[163]，以防其淫[164]。使貧富不相燿[165]，以和其心。心志定，則盜賊消，刑罰少，陰陽和，萬物蕃[166]也。

「昔秦王[167]意廣心逸[168]，欲威海外，使蒙恬將兵以北攻胡，又使尉屠睢[169]將樓船之士以攻越。當是時，秦禍[170]北構[171]於胡，南挂[172]於越。宿兵[173]於無用之地，進而不得退。行十餘年[174]，丁男被甲，丁女轉輸[175]，苦不聊生[176]，自經[177]於道樹，死者相望。及秦皇帝崩[178]，天下大畔，滅世絕祀[179]，窮兵[180]之禍也。故周失之弱，秦失之彊[181]，不變[182]之患也。今徇南夷[183]〔2〕，朝夜郎[184]，降羌、僰[185]，略薉州，建城邑[186]，深入匈奴，燔其龍城[187]，議者美之[188]。此人臣之利，非天下之長策也[189]。」

徐樂上書曰：「臣聞天下之患，在於土崩，不在瓦解，古今一也。

「何謂土崩？秦之末世是也。陳涉無千乘之尊[190]、尺土之地[191]；身非王公大人名族之後，鄉曲之譽[192]；非有孔、曾、墨子[193]之賢，陶朱、猗頓[194]之富也。然起窮巷，奮棘矜[195]，偏袒[196]大呼，天下從風[197]。此其故何也？由民困而主不恤[198]，下怨而上不知，俗已亂而政不脩。此三者，陳涉之所以為資[199]也，此之謂土崩。故曰天下之患在乎土崩。

「何謂瓦解？吳、楚、齊、趙之兵[200]是也。七國謀為大逆，號皆稱萬乘之君[201]，帶甲數十萬，威足以嚴[202]其境內，財足以勸[203]其士民。然不能西攘[204]尺寸之地而身為禽於中原[205]者，此其故何也？非權輕於匹夫[206]，而兵弱於陳涉也。當是之時，先帝之德[207]未衰，而安土樂俗之民眾[208]，故諸侯無竟外之助[209]，此之謂瓦解。故曰天下之患不在瓦解。

「此二體[210]者，安危之明要[211]，賢主之所宜留意而深察也。

「間者[212]，關東[213]五穀數不登，年歲未復[214]，民多窮困。重之[215]以邊境之事[216]，推數循理[217]而觀之，民宜有不安其處[218]者矣。不安，故易動[219]；易動者，土崩之埶也。故賢主獨觀萬化之原[220]，明於安危之機[221]，脩之廟堂之上[222]，而銷未形之患[223]也。其要期[224]使天下無土崩之埶而已矣。」

書奏，天子召見三人[225]，謂曰：「公等皆安在，何相見之晚也！」皆拜為郎中[226]。主父偃尤親幸，一歲中凡四遷[227]，為中大夫[228]。大臣畏其口，賂遺[229]累千金[230]。

或謂偃曰：「太橫矣！」偃曰：「吾生不五鼎食[231]，死即五鼎烹[232]耳！」

【章旨】以上為第三段，寫元光六年（西元前一二九年）至元朔元年（西元前一二八年）兩年間的全國大事，主要寫了衛青的為人與其擊匈奴於龍城（關市之戰）、雁門北（雁門之戰）；寫了主父偃、徐樂、嚴安三人上書諫伐匈奴，雖蒙武帝升賞而實則置若罔聞；此外還提到了東置蒼海郡與李廣在右北平防守匈奴的情形。

【注釋】❶初筭商車　初次向商人徵收車稅。❷穿渭為渠二句　開鑿一條由長安引渭河水直通黃河的渠道。渭河從甘肅流來，經當時的長安城北，東流入黃河，此渠為另一條直通黃河的水道。❸漕關東粟　把函谷關以東的糧食由黃河經由渠道運進長安。❹徑易　路近而方便。❺渠下　渠道經由的地區。❻如當時策　依照鄭當時的主意。❼通　指渠道修成。❽上谷　漢郡名，郡治沮陽，在今河北懷來東南。❾殺略　殺害與劫虜。略，此處同「虜」、「掠」。❿車騎將軍　高級武官名，其地位僅次於大將軍。⓫出上谷　由上谷郡率軍北出。⓬騎將軍　雜號將軍名，統領騎兵。時公孫敖以太中大夫的身分臨時任騎將軍。⓭代　漢郡名，郡治在今河北蔚縣東北之代王城。⓮輕車將軍　雜號將軍名，以統領車兵為主。蓋公孫賀以太僕的身分臨時為輕車將軍。⓯雲中　漢郡名，郡治在今內蒙古托克托東北。⓰驍騎將軍　雜號將軍名，地位在驃騎將軍之下。時李廣為未央宮衛尉，乃以衛尉的身分充任驍騎將軍。⓱鴈門　漢郡名，郡治善無，在今山西左雲西。⓲擊胡關市下　在漢與匈奴舉行貿易的地方對匈奴人發起了攻擊。關市，邊境貿易市場。按，此次衛青等所攻擊匈奴的「關市」地址，史無明載。就四將出兵的方向估計，似乎應在今內蒙古的集寧一帶地區。此時的匈奴首領為軍臣單于(西元前一六一—前一二七年在位)。⓳龍城　也作「蘢城」，匈奴的大本營，在今蒙古國鄂爾渾河西側的和碩柴達木湖附近。⓴得胡首虜七百人　首虜，斬敵之首與俘獲敵兵。按，此衛青第一次打敗匈奴人，勝雖不大，但是一個良好的開端。㉑亡　損失。㉒置兩馬間二句　在兩匹馬之間做成一副網狀的擔架，讓傷病的李廣睡在上面。絡，結網。㉓佯死　假裝已死。㉔暫騰　突然一躍而起。㉕脫歸　逃回。㉖漢下敖廣吏　朝廷把公孫敖、李廣交給軍法吏處置。㉗當斬　判為死罪。當，判處。㉘贖為庶人　花錢贖其死罪，免以為平民。庶人，平民百姓。㉙賜爵關內侯　封以關內侯之爵位。關內侯比列侯低一級，列侯有封地，多數為一個縣；關內侯沒有封地，只在皇帝直轄的關中地區劃給他一塊「食邑」，吃其租稅。列侯為秦爵二十級的最高級，關內侯為第十九級。㉚奴虜　奴隸；奴僕。衛青原為平陽公主家的騎奴。㉛材力　材質、氣力。㉜遇　對待。㉝士大夫　指部下的各級軍官。㉞樂為用　樂於為他出力。㉟輒　總是。㊱服上之知人　佩服皇帝的知人善任。㊲數盜邊　多次攻擊掠奪漢帝國北部邊境。㊳屯漁陽　駐守漁陽。漁陽是漢郡名，郡治在今北京市密雲西南。㊴深詔執事　嚴格督促各級官吏。執事，各部門、各級的管事人員。㊵興廉舉孝　鼓勵、選拔清廉與盡孝的人士。㊶庶幾成風　希望能夠形成社會風氣。㊷紹休聖緒　繼承發揚孔子的美好思想。紹，繼承。休，美。㊸十室之邑二句　意即凡有人群的地方，必定會有忠誠而守信義的好人。十室之邑，十戶居民的小村落。以上二句見《論語・公冶長》，原文作「十室之邑，必有忠信如丘者，不如丘之好學也。」㊹三人並行二句　三個人一起走路，其中必有可以成為我老師的人。厥，其；其中。以上二句見《論語・述而》，原文作「三人行，必有我師焉。」㊺闔郡　整個郡里。㊻不薦　推舉不出。㊼化不下究　朝廷的教育不能貫徹到基層。㊽積行之君子　屢屢做好事、有好品質的君子。㊾壅於上聞　被壓制而朝廷不知道。㊿顯戮　公開的、嚴厲的懲罰。(51)古之道　古人就是這樣做的。(52)其議二千石不舉者罪　你們要討論一下那些不向朝廷推舉賢才的二千石們該治什麼罪。二千石，指各郡的郡守與各諸侯國的相，是當時最高的地方行政長官。(53)有司　主管監察該項事務的官吏。(54)不舉孝二句　不向上推舉在家盡孝的孝子，就等於不執行皇帝的詔令。(55)不敬　對皇帝不尊重，故意對抗。(56)不察廉　不審察屬下官吏哪個清廉、哪個貪墨。(57)免　就地免官。(58)奏可　有司將此處治辦法上奏皇帝，皇帝同意照辦。(59)江都易王非　劉非，景帝之子，程姬所生，在位二十六年，易字是其死後的謚。江都國的都城即今江蘇揚州。(60)據　劉據，即戾太子，因是衛子夫所生，也稱「衛太子」。事變詳見《漢書・武五子傳》。(61)衛夫人　名子夫，原是平陽公主家的歌女，因偶然得寵而進宮。詳情見《史記・外戚世家》。(62)甲子　三月十三。(63)赦天下　因皇后生子是大喜事，故赦天下以示同慶。(64)遼西太守　遼西郡的太守。遼西是漢郡名，郡治陽樂，在今遼寧義縣西南。(65)壁　營壘。(66)益東徙　更進一步地向東移動。(67)屯北平　按，據《史記》、《漢書》之〈韓安國傳〉當作「右北平」。右北平，漢郡名，郡治平剛，在今遼寧淩源西南。(68)數月二句　乃氣憤、鬱悶嘔血而死。(69)復召李廣　時李廣正以庶人身分在家閒居。詳情見《史記・李將軍列傳》。(70)拜為右北平太守　右北平與匈奴接壤，原是韓安國率軍屯於此郡，因韓安國死，駐軍無人統領，故起用李廣為右北平太守，也兼統該郡之駐軍。(71)青斬首虜數千人　這就是通常所說的「雁門戰役」，是衛青第二次打敗匈奴人，武國卿《中國戰爭史》稱之為武帝與匈奴作戰以來的「首次較大的勝利」，並說「這一勝利穩定了漢王朝在北部邊境的態勢，堅定了漢王朝對匈奴主動進擊的戰略決心」。(72)東夷薉君南閭　東方的少數民族薉貊的君主名叫南閭。東夷，古指東部沿海地區或是東部海島的少數民族部落名。薉，也稱「薉貊」、「穢貊」，當時居住在今朝鮮半島東部地區的少數民族名。(73)共二十八萬人降　《史記‧平準書》有所謂「彭吳賈滅朝鮮，置滄海之郡」，語雖混亂模糊，可知此事與「彭吳賈」其人有關，或者接受此二十八萬人投降的漢朝官吏即彭吳賈。(74)蒼海郡　也作「滄海郡」，漢郡名，即古薉貊國之地，在今朝鮮半島臨津江與北漢江的上游地區。(75)人徒之費　派勞力戍守與運輸等事的耗費。人徒，被朝廷調發的百姓與囚徒。(76)擬於南夷　和打通巴蜀與夜郎的交通並在那裡設郡縣所花的費用不相上下。擬，相比；不相上下。(77)燕齊　當時的諸侯國名，燕國的都城即今北京市，轄今河北東北部與遼寧西部地區。齊國的都城臨淄，轄今山東之東北部一帶地區。(78)靡然　野草隨風披靡的樣子，以喻百姓東倒西歪無所適從。(79)魯共王餘　景帝子，程姬所生，共字是其死後的諡。魯國的都城即今山東曲阜。(80)長沙定王發　景帝子，唐姬所生，定字是其死後的諡。長沙國的都城即今湖南長沙。(81)臨菑　當時齊國的都城，在今山東淄博之臨淄西北。菑，同「淄」。(82)主父偃　姓主父名偃，一個報復性極強、用心險惡的投機分子。事跡見《史記‧平津侯主父列傳》。(83)嚴安　當時一個帶縱橫色彩的文人。事跡附見《史記‧平津侯主父列傳》。(84)無終　漢縣名，縣治即今天津市薊縣。(85)徐樂　當時一個帶縱橫色彩的文人。事跡附見《史記‧平津侯主父列傳》。(86)趙　當時的諸侯國名，都城即今河北邯鄲。此時在位的趙王是劉彭祖，景帝子，武帝的同父異母兄。(87)相與排擯　勾結起來排擠主父偃。(88)假貸　借債。假，借。(89)西入關　西入函谷關，指西上長安。(90)上書闕下　到宮門前給皇帝上書。帝王的宮門左右立有雙闕，故稱宮門之前曰「闕下」。(91)八事為律令　上書共提及九件事，其中八件是有關國家規章制度的。(92)一事諫伐匈奴　司馬遷、司馬光對漢武帝的伐匈奴都持批評態度，故凡遇反對伐匈奴的文章必然載入。(93)司馬法　古代的一部兵書名，作者不詳。司馬是古代的主兵之官。也有說即指《司馬穰苴兵法》。《史記‧司馬穰苴列傳》云：「齊威王使大夫追論古者《司馬兵法》而附穰苴於其中，因號曰《司馬穰苴兵法》。」(94)國雖大四句　四句見今本《司馬法‧仁本篇》。淩稚隆曰：「此書雖以『好戰』、『忘戰』並起，然偃意專為諫伐匈奴，故所重卻在『好戰必亡』上。」(95)怒者逆德　發怒是一種不好的品性。逆德，與「仁德」相對而言。(96)凶器　不吉利的東西。凶，不祥。(97)末節　小節。按，以上六句見《國語‧越語》：「范蠡曰：『勇者，逆德也；兵者，凶器也；爭者，事之末也。』」《尉繚子‧兵議》：「兵者，凶器也；爭者，逆德也。」文字略有出入，意思相同。(98)務戰勝　追求一定打敗對手。(99)窮武事　極端講究武力。(100)并吞戰國　吞併東方諸國。(101)李斯　協助秦始皇統一六國的重要人物之一，後為秦國丞相。事跡詳見《史記‧李斯列傳》。(102)委積　倉庫所儲存的各種物資。(103)遷徙鳥舉　要想搬家，像鳥似地一張翅膀就飛走了。舉，飛起。(104)糧食必絕　必然要斷絕糧食供應，因為運送糧草的隊伍不可能像突襲部隊那樣快速前進。(105)踵糧　後面跟著運糧大隊。踵，接續。[106]重不及事　指行動遲緩，不可能抓住敵人。[107]調而守　加以調教，予以管理。按，《漢書》於此作「調而使」，較此為順。[108]勝必殺之　為恐敵人重新集聚，故將所降敵兵盡數殺掉，如白起坑趙卒四十萬於長平。[109]非民父母也　這不是仁德之君為民父母的做法。[110]靡敝　耗費；損耗。[111]快心匈奴　以滿足打敗匈奴的一時痛快。[112]非長策也　這不是治理國家的好方法。瀧川引呂祖謙曰：「李斯方助始皇為虐，必無此諫。」徐孚遠曰：「李斯諫伐胡，本傳不載，非實事也。意者為欲沮蒙恬之功，故為正言耶？」[113]蒙恬　秦朝名將，曾打敗匈奴，奪回被匈奴所佔的今內蒙古河套一帶地區，並為秦朝修築長城。事跡見《史記・蒙恬列傳》。[114]胡　古代用以稱北部地區的少數民族，這裡即指匈奴。[115]辟　開闢；拓展。[116]以河為境　以黃河為秦與匈奴的邊界，這裡指今內蒙古河套一帶的那段黃河。[117]地固沮澤鹹鹵二句　沮澤鹹鹵，沼澤地與鹽鹼地。按，匈奴地區多沙漠，亦多戈壁、鹽鹼，但謂河套地區「地固沮澤鹹鹵，不生五穀」則非，古語有所謂「黃河百害，唯富一套」，即指蒙恬所攻取的這些地方。[118]丁男　成年的男人。[119]北河　即上述內蒙古河套一帶的黃河，因其在關中地區的北方，故稱「北河」。[120]暴兵露師　使軍隊被太陽曬著，被風雨吹著淋著。暴，日曬。[121]終不能踰河而北　梁玉繩曰：「〈始皇紀〉、〈蒙恬〉、〈匈奴傳〉皆云：『逐戎築長城，起臨洮至遼東萬餘里，渡河至陽山。』乃偃書言『辟地千里，終不能逾河而北』，未詳其故。《通典》以恬傳為實，則偃未考耳。」按，主父偃為反對伐匈奴，故極力貶低秦對匈奴之勝，一則稱所得之河套地區「地固沮澤鹹鹵，不生五穀」；再則曰「終不能踰河而北」，當初趙國的長城，以及蒙恬後來所築的長城都在黃河北側，主父偃根本不明白河套地區的地形。[122]蜚芻輓粟　即運輸糧草。蜚，通「飛」。師古曰：「運載芻草，令其疾至，故云『蜚芻』也。輓，謂引車船也。」[123]東腄　東方的腄縣，縣治即今煙臺西南的福山縣，在山東半島的東北沿海，當時屬東萊郡。[124]琅邪　漢郡名，地處山東半島的東南部海邊，郡治即今山東諸城。[125]負海　靠近海邊。負，背靠。[126]轉輸北河　輾轉運送糧草到河套一帶。[127]率　大概；大體上。[128]三十鍾而致一石　從始發點運送一石糧食到前線，運輸者在路上的吃用要達到三十鍾。一石等於十斗，一鍾等於六石四斗。也就是說，運到的糧食，相當於路上消耗的一百九十二分之一。按，此話過於誇張，危言聳聽，不著邊際。[129]糧餉　供應前線的糧食。[130]帷幕　此指軍隊使用的帳篷。按，《史記》之〈淮南衡山列傳〉云：「男子疾耕，不足於糟糠；女子紡績，不足以蓋形」；〈平準書〉云：「海內之士力耕，不足糧餉；女子紡績，不足衣服」，蓋《史記》中之屢用語。[131]蓋　因；於是。[132]始畔秦　陳勝起義反秦，在秦二世元年（西元前二〇九年）七月。畔，通「叛」。[133]高皇帝定天下　劉邦稱漢王，在西元前二〇六年；滅掉項羽做皇帝在西元前二〇二年。[134]略地於邊　略地，拓展地盤。高祖六年（西元前二〇一年），韓王信投降匈奴，七年，劉邦北征韓王信，大破之，遂欲北擊屯駐於今山西北部的匈奴軍。事見《史記・韓信盧綰列傳》。(135)代谷　具體方位不詳，有說在今河北蔚縣附近，有說在今山西代縣附近，有說在今山西大同附近。(136)御史成進諫曰　舊注皆曰為御史者姓成名進。御史，御史大夫的屬官，主管監察。成進，事跡不詳。也有說「御史名成，進諫者，進納諫言也」，其說亦通。徐孚遠曰：「成進之諫，與奉春君（即婁敬）同，而其說不顯，僅見於此。」(137)獸聚而鳥散　互文見義，蓋言如鳥獸之聚散。聚也快，散也快。(138)從之如搏影　與這樣的敵人作戰簡直就如同與影子作戰一樣，根本抓不住人。從，進擊。胡三省注：「影，隨物而生者也，存滅不常，難得而搏之。」沈欽韓曰：「《管子・兵法篇》：『善者之為兵，使敵若據虛，若搏影。』」師古曰：「搏，擊也。搏人之陰影，言不可得也。」(139)以陛下盛德攻匈奴　憑著您如此淳美的道德威望，居然想去進攻匈奴人。(140)平城之圍　事在高祖七年（西元前二〇〇年）冬。劉邦率軍進至平城（今山西大同東北）東北之白登，被匈奴所包圍，七日不得出。後通過陳平施反間計，始脫困境。詳情參見《史記》之〈高祖本紀〉、〈陳丞相世家〉。(141)劉敬　原名婁敬，因勸劉邦由洛陽改都關中，而被劉邦喜愛賜姓劉，是最早提倡與匈奴實行和親政策的人。事跡見《史記・劉敬叔孫通列傳》。(142)忘干戈之事　指與匈奴之間長時間沒有爆發大規模的戰爭，但小規模的入侵幾乎沒有斷過。(143)行盜侵驅　往來不定，侵盜邊疆，驅掠人畜。(144)固弗程督　從來沒對這些北方敵人採取嚴厲的措施。程，規範管理。督，嚴厲懲治。(145)不屬為人　不把他們與中原人同等要求。王叔岷曰：「為，猶『於』也。」(146)統　傳統，這裡指傳統的做法。(147)循　仿效；奉行。(148)近世之失　指秦時與劉邦時對匈奴問題的錯誤處置。(149)百姓之所疾苦　被百姓視為深重的災難。以上即所謂〈諫伐匈奴〉，原文見於《史記・平津侯主父列傳》，此處所引有刪節。(150)用財侈靡　不怕花錢。(151)皆競修飾　相互攀高門富。(152)調五聲使有節族　調整五音的高低成為有節奏的音樂。這裡即指每個人都在追求好聽的音樂。五聲，也叫「五音」，古樂的五個音階名，即宮、商、角、徵、羽。節族，即「節奏」。(153)雜五色使有文章　把各種顏色搭配好以成為美麗的圖畫。這裡即指每個人都在追求好看的東西。雜，搭配。五色，紅、黃、藍、白、黑。文章，指圖畫、圖案等等。(154)重五味方丈於前　把許多珍貴好吃的東西都擺到飯桌上。重，重重疊疊，極言其多。五味，酸、甜、苦、辣、鹹。方丈，一丈見方，指飯桌。(155)觀欲天下　向天下人顯白自己的欲望之滿足。觀，顯白；讓人看。(156)不可贍　無法使之滿足。贍，足。(157)民離本而徼末　意謂從事本業的人一旦感到欲望不能滿足，就會棄農經商。本，指務農。徼，要求；追求。末，指手工業、商業。(158)不可徒得　不是不花力氣就能獲得錢財。徒，空；白白地。(159)搢紳者　插笏板於大帶的人，指官僚士大夫。搢，插。紳，古時男人繫於腰間的大帶。(160)不憚為詐　不惜一切手段地弄虛作假。憚，怕；顧忌。(161)帶劍者　指俠客之流。(162)夸殺人以矯奪　為了劫奪財物而不惜肆意殺人。夸，競相；肆意。矯奪，變相劫奪。(163)制度　制定規章法則。(164)淫　任意胡來，如水之溢。(165)不相燿不相互炫耀。(166)蕃　豐盛；繁多。(167)秦王　即秦始皇。(168)意廣心逸　欲望越來越大，心氣越來越高。逸，放縱。(169)尉屠睢　都尉姓屠名睢，秦伐南越的軍事統領。其事見《淮南子・人間》。(170)秦禍　秦王朝的戰爭災難。(171)構　連；交兵、開戰。(172)挂　與「構」的意思相同。王念孫曰：「讀為『絓』，結也，言禍結於越也。」(173)宿兵　駐兵；派兵駐守。師古曰：「宿，留也。」(174)行十餘年　就這樣一連過了十來年。按，自秦始皇統一天下，到秦始皇死，首尾共十二年。(175)丁男被甲二句　全部成年男子都被徵去當兵，全部成年女子都被徵去運糧。轉輸，拉著車子運送糧草。(176)苦不聊生　痛苦得無法賴以為生。(177)自經　自縊；上吊。(178)秦皇帝崩　事在秦始皇三十七年（西元前二一〇年）七月。(179)滅世絕祀　滅掉了帝位的傳承與宗廟的祭祀。(180)窮兵　無休止的黷武好戰。凌約言曰：「此言窮兵之禍極為詳悉，於治道有關。其言華采中有質實，質實中有華采。」(181)周失之弱二句　周因弱而亡，秦因強而亡。(182)不變　不知形勢變化了就必須採取變通的政策。賈誼之〈過秦論上〉亦結論於此。(183)徇南夷　招納南夷歸順。徇，招；招撫。(184)朝夜郎　使夜郎王進京朝見。夜郎，當時南夷中一個較大的小國名，其地約當今貴州之西部地區。(185)降羌僰　使羌族、僰族歸降。羌、僰都是當時的少數民族名，僰族約在今四川宜賓西南，羌族約在今川、陝、甘三省交界地帶。按，以上三句即通常所說的「通西南夷」。(186)略薉州二句　即前文之所謂「東夷薉君南閭等共二十八萬人降，為蒼海郡。」(187)燔其龍城　即前文所記之元光六年（西元前一二九年）衛青等伐匈奴至龍城事。燔，燒。(188)議者美之　談到這件事情的群臣都說這是好事。(189)此人臣之利二句　司馬光等反對北宋與遼國開戰，故對於漢臣之反對武帝經略四夷者亦表同情。楊慎曰：「此論極盡事情，宋富弼與契丹議意祖此。然安之論本出韓非，《韓非子・備內篇》曰：『苦民以富貴人，起勢以藉人臣，非天下之長利也。』」陳仁子曰：「嚴安上書與主父偃不同，主父偃皆隨其末而救之，嚴安則探其本而救之，本正則末自正矣。至於『用兵乃人臣之利，非天下之長策』二語，可以關要功生事者之口，噫！『一將功成萬骨枯』，其言概本諸安。」(190)陳涉無千乘之尊　指陳涉由一個被發配戍守北方邊地的人，因遇雨失期而揭竿起義，事在秦二世元年（西元前二〇九年）七月，詳情見《史記・陳涉世家》。千乘，具有千輛兵車的大國諸侯。(191)尺土之地　極言為王為侯者所享有封地之少。(192)鄉曲之譽　在故鄉有好評、有名望。司馬遷〈報任安書〉有云：「少負不羈之行，長無鄉曲之譽」，與此意思相同。鄉曲，猶言鄉里，平民百姓居住的基層單位。(193)孔曾墨子　都是春秋末、戰國初時的賢人。孔丘，字仲尼，春秋末期人，儒家學派的祖師。事跡見《史記・孔子世家》。曾子，名參，孔子的弟子，以孝聞名。事跡見《史記・仲尼弟子列傳》。墨翟是墨家學派的祖師，戰國初期人。事跡略見於《史記・孟子荀卿列傳》。(194)陶朱猗頓　都是古代著名的大商人。陶朱即范蠡，協助句踐滅吳後，辭官做商人，發了大財，人稱陶朱公。事見《史記・越王句踐世家》。猗頓是戰國時期的大鹽商，事見《史記・

貨殖列傳》。195棘矜　師古曰：「棘，戟也。矜，戟之把也。時秦銷兵器，故但有戟之把耳。」賈誼〈過秦論〉有所謂「鉏櫌棘矜」，王念孫以為「棘矜」即「伐棘以為杖」。196偏袒　袒露出一隻胳膊，古人宣誓或表決心時常做這種姿態，如《史記・廉頗藺相如列傳》有所謂「肉袒」，〈呂太后本紀〉有所謂「左袒」，意思皆同。瀧川曰：「此一節，分明襲賈生〈過秦論〉。」197從風　意即緊密跟從，以草之從風而偃喻之。198不恤　不關心；不體恤。199為資　為其發動起義的資本。資，資本；藉口。200吳楚齊趙之兵　即指吳楚七國之亂。事在景帝三年（西元前一五四年），以吳王劉濞為首，其餘六國為楚、趙、膠東、膠西、菑川、濟北（因後面的四國都在故齊地，故統而稱齊），後被周亞夫武力討平。詳見《史記・吳王濞列傳》、〈絳侯周勃世家〉、〈袁盎鼂錯列傳〉等篇。201萬乘之君　具有萬輛兵車的一國之君。202嚴　威脅；控制。203勸　鼓勵、收買之以為其效力。按，《史記・吳王濞列傳》中載有吳王告諸反國書，其中開有鼓勵叛軍攻漢城殺漢將，及號召漢臣漢將率眾投誠的賞格。204西攘　指向西奪取漢王朝中央所轄的地盤。攘，奪。205身為禽於中原　吳王濞在當時的梁國（今河南商丘一帶）地面被朝廷軍打敗後，逃至江南之丹徒（今鎮江城東），投奔駐紮在那裡的東越人，結果被東越人所殺，獻其頭於朝廷。禽，通「擒」。206匹夫　古時指平民百姓，這裡即指陳涉。陳涉原為居於「閭左」的平民，後又被調發謫戍漁陽，中途因遇雨失期而發動起義。207先帝之德　指高祖、文帝等人的遺澤。208安土樂俗之民眾　願做老實百姓以安樂享福的人多。209無竟外之助　沒有其他國家對他們的響應與援助。按，當時東越曾隨從吳王劉濞，匈奴也與趙王劉遂有所串通，但後來七國很快失敗，東越與匈奴遂未再捲入。竟，通「境」。210二體　指「土崩」與「瓦解」兩種不同的形勢。211安危之明要　是有危險與無危險的鮮明而重要的標誌。按，硬說「土崩」與「瓦解」有何不同，似乎像是文字遊戲；但徐樂所比喻的是「人民革命」與「統治階級內部鬥爭」的區別，其眼光便確實卓越了，頗與當年毛澤東所講的階級鬥爭理論相吻合。212間者　前者；前些時候。213關東　函谷關以東，指今河南以及河北南部、江蘇、安徽北部、山東西部等大片地區。214年歲未復　至今尚未獲得好的收成。年歲，指農業收成而言。215重之　再加上。216邊境之事　指與匈奴的戰爭。217推數循理　按照規律、道理推斷。數，這裡指規律、法則。218不安其處　指無法再在原地生活下去。219易動　容易受波動、被推動。220獨觀萬化之原　注意觀察社會上各種事物變化的苗頭。原，根源；苗頭。221明於安危之機　看清楚哪些是屬於「土崩」性質的，哪些是屬於「瓦解」性質的。222脩之廟堂之上　指及早制定好的方針政策。廟堂，宗廟與朝堂，都是決定國家方針大計的地方。223銷未形之患　在禍患尚未形成之前就將其消解。224其要期　最主要的就是做到。期，希望；達到。225召見三人　就此文而論，似三人乃同時被召見，則時間只能在元光末或元朔初，但與嚴安上書所提及的內容不合。如理解為不一定同時召見，則矛盾容易說通。226郎中　皇帝身邊的侍從官員，官秩比三百石，上屬郎中令。淩稚隆引劉子翬曰：「主父偃等諫甚切，帝歎相見之晚，悉拜為郎，然征伐竟不已；又為上林苑，東方朔陳三不可，帝拜朔為太中大夫，賜以黃金，然遂起苑。蓋武帝知受諫為人君之美，故不吝爵祿以旌寵之也。」227四遷　四次提升。228中大夫　皇帝身邊的顧問人員，掌議論，秩比八百石。229賂遺　賄賂、送禮。230累千金　意即數千金。漢代稱黃金一斤曰「一金」，「一金」可抵銅錢一萬枚。231五鼎食　極言生活的排場，古代貴族之家有所謂「列鼎而食」。張晏曰：「五鼎食，牛、羊、豕、魚、麋也。諸侯五，卿大夫三。」沈欽韓曰：「〈聘禮〉注：『少牢鼎五，羊、豕、膚、魚、臘。』」《通鑑》胡注引孔穎達曰：「少牢陳五鼎，羊一、豕二、膚三、魚四、臘五，亦不言牛。」瀧川曰：「五鼎，猶言盛饌，不必論其品目。」按，「生不五鼎食，死即五鼎烹」，蓋猶今之所謂「拼它一場，拼不上個『流芳百世』，也要拼它個『遺臭萬年』」。」232五鼎烹　指用大鍋將人烹死的酷刑。

【校記】1共　據章鈺校，乙十一行本、孔天胤本皆作「□」，熊羅宿《胡刻資治通鑑校字記》同。2南夷　原作「西夷」。據章鈺校，乙十一行本、孔天胤本皆作「南夷」，張瑛《通鑑校勘記》同。今從諸本及《史記・平津侯主父列傳》改。

【語譯】六年（壬子　西元前一二九年）

冬季，開始向商人徵收車稅。

大司農鄭當時說：「開鑿一條由長安引渭河水直通黃河的渠道，把函谷關以東地區生產的糧食，由黃河經由渭水渠運送到長安，道路順直而且方便，還可以利用渠水灌溉周圍的萬頃良田。」春季，漢武帝下詔徵調數萬名士卒，按照鄭當時的設計開挖渠道。三年後挖通，人民得到了很大的好處。

匈奴侵入上谷郡，殺害劫掠官民。朝廷派遣車騎將軍衛青從上谷郡出兵，騎將軍公孫敖從代郡出兵，輕車將軍公孫賀從雲中郡出兵，驍騎將軍李廣從雁門郡出兵，各率領騎兵一萬，到漢與匈奴舉行貿易的邊關交易市場對匈奴人發起進攻。衛青在龍城與匈奴軍交戰，斬敵之首與俘獲的敵人總計七百多名。公孫賀沒有什麼戰果。公孫敖被匈奴的軍隊打敗，損失了七千名騎兵。李廣也被匈奴人打敗。匈奴人將李廣活捉，匈奴人在兩馬之間用繩索做成一副網狀的擔架，讓受傷的李廣躺在裡面，走出了有十多里。李廣假裝已死，一直沒有動彈，看到匈奴人逐漸放鬆了警惕便突然一躍而起，跨上了一名匈奴軍的馬背，同時奪取了敵人的弓箭，鞭打著戰馬向南飛奔，終於擺脫了匈奴的追殺逃回漢朝。漢武帝把公孫敖、李廣交給軍法吏審理，按照法律應當斬首，兩人分別交納了贖金才免於一死，被貶為平民。只有衛青因功被封為關內侯。衛青雖然出身奴隸，然而擅長騎馬射箭，才智氣力過人，對待部下的各級官吏謙恭有禮，對待士卒十分愛護，所以眾人都樂意為他出力，衛青又具備將帥的氣質和才能，所以每次出征都能獲得成功。天下之人由此而佩服漢武帝知人善任。

夏季，大旱，蝗蟲成災。

六月，漢武帝巡視雍縣。

秋天，匈奴多次攻擊掠奪漢朝的北部邊境，漁陽郡受害尤其嚴重。於是漢武帝任命衛尉韓安國為材官將軍，率軍駐紮在漁陽。

元朔元年（癸丑　西元前一二八年）

冬季，十一月，漢武帝下詔說：「我屢次下詔嚴厲督促各級地方官員，要他們為國家選拔、舉薦品行廉潔、孝敬尊長的人，希望以此而形成良好的社會風氣，繼續發揚孔子的美好思想。即使僅有十戶的小鄉鎮，也必定有忠誠守信的人；三個同行的人中，也會有值得我學習的老師。現今有的整個郡里都舉薦不出一個人，這是朝廷的教育沒有得到深入貫徹執行，而使那些經常做好事、有好品行的君子被壓制而不能上達於朝廷。而且舉薦賢人的人可以受到最高等的獎賞，埋沒賢才的人就要受到公開的、嚴厲的懲罰，古代人就是這樣做的。有關部門立即制定出不向朝廷推舉賢才的郡守該如何治罪的條款！」主管監察該項事務的官員隨後向武帝奏告說：「對於不肯向朝廷推舉有孝行的孝子，就等於不執行皇帝的詔命，當以不尊敬皇帝、故意對抗的罪名論處。不審察屬下官吏哪個廉潔、哪個貪墨，就是不勝任職責，應當免職。」武帝批示同意。

十二月，江都易王劉非逝世。

皇子劉據出生，劉據是衛夫人子夫為漢武帝所生的兒子。三月十三日甲子，漢武帝冊封衛夫人為皇后，大赦天下。

秋季，匈奴的兩萬名騎兵侵入漢朝邊境，殺死了遼西郡太守，擄掠了兩千多人，將韓安國圍困在營壘中。

隨後又侵入漁陽郡、雁門郡，各處都殺死、擄掠了一千多人。韓安國更進一步向東移動，屯駐在北平，數月後，韓安國病死。漢武帝於是重新起用李廣，任命李廣為右北平太守。匈奴稱李廣為「漢朝的飛將軍」，遠遠地避開他，好幾年的時間匈奴不敢入侵右北平。

車騎將軍衛青率領三萬名騎兵從雁門關出發，將軍李息從代郡出發，衛青斬殺、俘虜了敵人數千人。

東方的少數民族薉貊的君主南閭等率領所屬的二十八萬人投降漢朝，漢朝將薉貊故地設置為蒼海郡。漢朝派人戍守與運輸所花費的費用巨大，與打通巴蜀與夜郎的交通並在那裡設置郡縣所花的費用不相上下，從而引發了燕、齊一帶動盪不安。

這一年，魯共王劉餘、長沙定王劉發相繼去世。

臨淄縣人主父偃、嚴安，無終縣人徐樂，都先後上書給漢武帝談論如何治理國家的事情。開始時，主父偃遊歷齊國、燕國、趙國等地，那些諸侯王都沒有給他足夠的重視，那裡的專家學者反而勾結起來排斥他。主父偃家裡很貧窮，四處借貸都沒有人肯借錢給他，於是他就向西進入函谷關來到京師長安，到皇宮門前給皇帝上書。他的奏章早晨遞上去，晚上漢武帝就召見了他。他所陳述的九件事當中，有八件事是有關律令的，其中一件是勸諫武帝討伐匈奴的，他說：「《司馬法》中寫道：『國家雖然強大，如果愛好戰爭必然導致國家滅亡；天下雖然太平，如果忘記戰爭必然使國家處於危險的境地。』發怒是一種不好的品性，兵器是不吉利的東西，爭執是微不足道的小事情。追求務必打敗對方，極端講究武力的，最後沒有不後悔的。

「過去秦始皇併吞六國，不取得最後勝利絕不罷休，他還想要攻打匈奴。李斯勸諫說：『不能這樣做。匈奴是游牧民族，居住的地方沒有城郭，也沒有儲備糧食的府庫，遷徙游動就像鳥飛起來一樣容易，很難將他制服。如果軍隊輕裝深入其境，必定造成糧草短缺；如果後面跟著運送糧草的大部隊，必定因為負擔繁重造成進軍緩慢而無法取得勝利。即使得到匈奴的土地，也不會給中國帶來什麼利益；得到匈奴的人口，也無法對他們進行調教和管理。所以打了勝仗必定要將俘虜全部殺死，這不是仁德之君為民父母的做法。消耗掉中國大量的人力物力，為貪圖一時的痛快而打敗匈奴，這不是治理國家的好辦法。』秦始皇沒有聽從李斯的勸告，還是派遣蒙恬率兵攻打匈奴，開拓了千里疆土，佔領了河套一帶，把黃河作為秦國與匈奴的邊界。但那裡不是沼澤地、就是鹽鹼地，五穀不生。然後又徵發天下的壯年男子去防守河套地區，使軍隊露宿野外被風吹日曬達十多年之久。死亡的人不計其數，卻始終不能跨過黃河以北。這難道是他的人力不足、軍隊裝備不好嗎？是軍事形勢與地理條件不允許罷了。秦始皇又徵調天下大量的人力為前線運輸糧草，從東方靠近海邊的腄縣、琅邪郡，輾轉運輸糧草到河套一帶，大體上從始發地運輸三十鍾糧食，等到達目的地時就只剩下大約一石左右糧食。男人即使拼命地耕種，種出來的糧食也不足以供應軍隊的糧餉；女子就是再加緊紡絲績麻，也難以供應軍隊縫製帷幕。百姓疲敝不堪，民生凋敝，孤寡老弱無人奉養，餓殍相望於道，於是天下之人開始紛紛起來反抗秦朝了。

「等到高皇帝劉邦平定天下之後，也想開拓疆土，當聽說匈奴的軍隊集結在代谷之外的消息後，就想去襲擊匈奴。當時的御史成勸諫高皇帝說：『不可以這樣做。匈奴的性情，就像鳥獸一樣聚散迅速，追逐他們就像捕風捉影一樣。現在以陛下的盛德攻擊匈奴，我覺得這是很危險的。』高皇帝沒有聽從御史成的意見，他親自率領大軍到北邊的代谷攻打匈奴，結果在平城被匈奴圍困了七天。高皇帝於是非常後悔，這才派劉敬去和匈奴締結和親之約，然後天下才獲得多年的太平，人們幾乎忘掉了與匈奴之間的戰爭。

「匈奴難以被制服，並不是一代的事情。他們就像盜賊一樣把侵入邊境搶掠人、畜當做了賴以生存的手段，他們的習性就是如此。往上推及到虞、夏、殷、周的時代，就從來沒有對這些北方的敵人採取過嚴厲的措施，把他們當做禽獸一樣畜養，而不把他們與中原人同等看待。現在不往上借鑑虞、夏、殷、周的傳統做法，反而要沿襲近世的錯誤做法，這是我最擔憂的了，因為這會給百姓帶來深重的災難。」

嚴安上書給漢武帝說：「現在全國之人，在財用方面都很奢侈浪費，無論是車馬、衣裘，還是宮室，都相互攀比著追求豪華。調整五音的高低成為有節奏的音樂，把各種顏色搭配好以成為美麗圖案，把許多珍貴好吃的東西都擺到餐桌上，向天下人展現自己的欲望之滿足。人的本性本來就是看見好的東西自己就想擁有，這實際上是在教育人民追求奢侈。奢侈而沒有節制，財用就會不足，百姓就要捨本求末——放棄農業生產而去從事工商了。而工商也不那麼容易做，所以，一些官僚士大夫不惜一切手段弄虛作假，勇武之士憑藉武力劫奪財物而不惜殺人，而在世人面前絲毫不感到愧疚，所以犯法的日益增多。我希望國家能夠為百姓制定出相關的法律制度，以阻止這種奢侈浪費的現象蔓延。使富人不再炫耀自己的財富，使窮人心理得到平衡。人民情緒穩定，盜賊就會減少甚至消失，違法亂紀的少了，動用的刑法自然減少，陰陽和諧，萬物才會得到增殖繁衍。

「過去秦始皇欲望越來越大、心氣越來越高，想要揚威於四海之外，所以派蒙恬率兵向北去攻打匈奴，又派都尉屠睢帶領士兵乘坐著大船去攻打南越。在那個時候，秦王朝的戰爭災難：在北邊和胡人爭雄，在南邊和南越較量。將軍隊駐紮在毫無用處的地方，只能進不得退。進行了十餘年的戰爭，成年男子披甲執銳，成年女子運輸糧草，人民痛苦得無法生存，有的便在道路旁邊的樹上自縊身亡，道路上的死人一個挨著一個。等到秦始皇去世不久，天下便群起而叛之，最終導致秦朝滅亡，祭祀斷絕，這是窮兵黷武所帶來的災禍啊。所以，周朝的失敗是由於力量弱小，秦朝的失敗則是由於國力的強大，這是由於不懂得形勢變化了就必須採取變通的政策惹下的禍患。現在招撫南夷前來歸順，使夜郎王前來朝見，使羌人、僰人歸降，攻佔了濊州，建立了城邑，深入匈奴，燒毀了匈奴的龍城，談論的人全都對此讚不絕口。這對參與其事的大臣有利，卻不是國家的長治久安之策啊。」

徐樂上書說：「我聽說天下的禍患，在於土崩，不在於瓦解，從古到今都是如此。

「什麼叫土崩？秦朝末世就是土崩。陳涉沒有諸侯王的尊貴地位，沒有尺寸的封地；出身既不是王公、大臣，又不是名望貴族的後代，在鄉里也沒有什麼好聲望；既沒有孔子、曾子、墨子那樣的賢能，更沒有陶朱公、猗頓那樣的富有。然而在窮鄉僻壤之間揭竿而起，袒露臂膀大聲一呼，天下群起而響應。這是什麼原因呢？是因為人民困苦不堪到了極點而君主和官吏不知道憐憫體恤，人民對在上位的已經充滿了怨恨而在上位的卻全然不知，社會風氣已經敗壞而政令卻絲毫沒有改進。這三個方面，就是陳涉揭竿而起的資本，這就叫作土崩。所以說天下最大的禍患在於土崩。

「什麼叫瓦解？吳、楚、齊、趙發兵造反就叫瓦解。七國謀反企圖篡奪帝位，這些諸侯都是擁有萬乘兵車的一國之君，披堅執銳的武裝部隊有幾十萬，他們的威嚴足以治理好他們的封國，他們的財力足以收買他們的人民為其效力。然而在他們謀反以後，不僅沒能向西奪取到朝廷一尺一寸的土地反而被朝廷所打敗，自身也被朝廷所擒獲，這是什麼原因呢？並不是他們的權勢比一介平民的陳涉輕，而兵力比陳涉弱。在那個時候，先帝的遺澤還沒有衰退，而希望安居樂業、靜享清福的人多，所以七國諸侯得不到其他國家的幫助和響應而以失敗告終，這就叫瓦解。所以說天下之患不在於瓦解。

「土崩與瓦解這兩種不同的形勢，是國家有危險還是無危險的鮮明而重要的標誌，是賢明的君主所應隨時留意與深刻體察的。

「近來，函谷關以東的廣大地區糧食連年歉收，至今尚未獲得好收成，百姓大多生活在貧窮困苦之中。又加上邊境上與匈奴的戰爭，按照規律、情理來推斷，恐怕有人將不安於他們的處境了。民心不穩，就容易產生騷動；容易產生騷動，就是土崩之勢的前兆。所以賢明的君主能夠觀察出各種事物發展變化的苗頭，明白什麼是國家安危的關鍵，在朝廷上及時調整應對的策略，將禍患消除在無形當中。總之，務必不要使天下形成土崩的形勢罷了。」

漢武帝看了這些奏疏之後，立即召見主父偃、嚴安、徐樂三人，武帝對他們說：「你們先前都在哪裡呢，怎麼到現在才使我見到你們！」於是武帝將他們三人全都任命為郎中。主父偃最受武帝的信任和寵幸，一年之中他的職位就被連續提升了四次，做到了中大夫。大臣們恐怕主父偃在皇帝面前說自己的壞話，都紛紛地拿財物賄賂他，主父偃收受的黃金有數千斤。有人指責主父偃說：「你未免太專橫了吧！」主父偃聽後不以為然地說：「我如果活著的時候不能享受五鼎而食的豪華生活，那我寧願死時是用五鼎烹殺！」

二年（甲寅　西元前一二七年）

冬，賜淮南王几杖❶，毋朝❷。

主父偃說上曰：「古者諸侯不過百里❸，彊弱之形易制。今諸侯或連城數十，地方千里。緩❹則驕奢，易為淫亂；急❺則阻其彊❻而合從❼以逆❽京師。以法割削之❾，則逆節萌起❿，前日鼂錯是也⓫。今諸侯子弟或十數⓬，而適嗣代立⓭，餘雖骨肉，無尺地之封，則仁孝之道不宣⓮。願陛下令諸侯得推恩分子弟⓯，以地侯之⓰，彼人人喜得所願。上以德施⓱，實分其國，不削而稍弱矣⓲。」上從之。

春，正月，詔曰：「諸侯王或欲⓳推私恩分子弟邑⓴者，令各條上㉑，朕且臨定其號名㉒。」於是藩國始分㉓，而子弟畢侯㉔矣。

匈奴入上谷、漁陽㉕，殺略吏民千餘人。遣衛青、李息出雲中以西㉖至隴西㉗，擊胡之樓煩、白羊王於河南㉘，得胡首虜㉙數千、牛羊百餘萬，走㉚白羊、樓煩王，遂取河南地。詔封青為長平侯㉛。青校尉蘇建㉜、張次公㉝皆有功，封建為平陵侯㉞，次公為岸頭侯㉟。

主父偃言：「河南地肥饒，外阻河㊱，蒙恬城之㊲以逐匈奴。內省轉輸戍漕㊳，廣中國，滅胡之本也。」上下公卿議㊴，皆言不便。上竟用㊵偃計，立朔方郡㊶，使蘇建興十餘萬人築朔方城[42]。復繕[43]故秦時蒙恬所為塞[44]，因河為固[45]。轉漕[46]甚遠，自山東咸被其勞[47]，費數十百鉅萬[48]，府庫並虛[49]。漢亦棄上谷之斗辟縣造陽地[50]以予胡。

三月乙亥晦[51]，日有食之。

夏，募民徙朔方[52]十萬口。

主父偃說上曰：「茂陵初立[53]，天下豪傑[54]、并兼[55]之家、亂眾之民，皆可徙[56]茂陵。內實京師[57]，外銷姦猾[58]，此所謂不誅而害除。」上從之[59]，徙郡國豪傑及訾三百萬以上[60]于茂陵。

軹[61]人郭解[62]，關東大俠也，亦在徙中[63]。衛將軍[64]為言[65]：「郭解家貧，不中徙[66]。」上曰：「解，布衣，權至使將軍為言，此其家不貧。」卒徙解家[67]。解平生[68]睚眦殺人[69]甚眾，上聞之，下吏捕治解[70]，所殺皆在赦前[71]。軹有儒生侍使者坐[72]，客譽郭解[73]，生[74]曰：「解專以姦犯公法[75]，何謂賢！」解客[76]聞，殺此生，斷其舌。吏以此責解[77]，解實不知殺者。殺者亦竟[1]絕[78]，莫知為誰。吏奏解無罪，公孫弘[79]議曰：「解，布衣，為任俠行權[80]，以睚眦殺人。解雖弗知，此罪甚於解殺之[81]，當大逆無道[82]。」遂族郭解[83]。

班固[84]曰：「古者天子建國，諸侯立家[85]，自卿大夫以至于庶人，各有等差[86]，是以民服事[87]其上，而下無覬覦[88]。周室既微[89]，禮樂征伐自諸侯出[90]。桓、文[91]之後，大夫世權[92]，陪臣執命[93]。陵夷[94]至於戰國，合從連衡[95]。繇是列國公子，魏有信陵[96]，趙有平原[97]，齊有孟嘗[98]，楚有春申[99]，皆藉王公之埶，競為游俠[100]。雞鳴狗盜[101]，無不賓禮[102]。而趙相虞卿[103]，棄國捐君[104]，以周窮交魏齊之厄[105]。信陵無忌，竊符矯命[106]，戮將專師[107]，以赴平原之急[108]。皆以取重諸侯[109]，顯名天下。搤腕而游談者[110]，以四豪為稱首[111]。於是背公死黨之議成[112]，守職奉上之義廢[113]矣。

「及至漢興，禁網疏闊[114]，未知匡改[115]也。是故代相陳豨[116]從車千乘，而吳濞、淮南[117]皆招賓客以千數[118]。外戚大臣魏其、武安[119]之屬競逐[120]於京師，布衣游俠[121]劇孟、郭解[122]之徒馳騖於閭閻[123]。權行州域[124]，力折[125]公侯。眾庶榮其名迹[126]，覬而慕之[127]，雖其陷於刑辟[128]，自與殺身成名[129]，若季路、仇牧[130]，死而不悔。故曾子[131]曰：『上失其道，民散久矣[132]。』非明主在上，示之以好惡[133]，齊之以禮法[134]，民曷由[135]知禁而反正[136]乎？古之正法：五伯，三王之罪人[137]也；而六國，五伯之罪人[138]也；夫四豪者，又六國之罪人[139]也。況於郭解之倫[140]，以匹夫之細[141]，竊殺生之權[142]，其罪已不容於誅[143]矣。觀其溫良泛愛[144]，振窮周急[145]，謙退不伐[146]，亦皆有絕異之姿(147)。惜乎不入於道德，苟放縱於末流(148)。殺身亡宗(149)，非不幸也。」

荀悅(150)論曰：「世有三游，德之賊(151)也：一曰游俠，二曰游說(152)，三曰游行(153)。立氣勢(154)，作威福(155)，結私交以立強於世(156)者，謂之游俠；飾辯辭(157)，設詐謀(158)，馳逐(159)於天下以要時勢(160)者，謂之游說；色取仁(161)以合時好(162)，連黨類(163)，立虛譽(164)以為權利(165)者，謂之游行。此三者，亂之所由生也。傷道害德，敗法惑世，先王之所慎也。國有四民(166)，各修其業。不由(167)四民之業者，謂之姦民。姦民不生，王道乃成。

「凡此三游之作(168)，生於季世(169)，周、秦之末尤甚焉。上不明，下不正，制度不立，綱紀(170)弛廢。以毀譽為榮辱(171)，不核(172)其真；以愛憎為利害(173)，不論其實；以喜怒為賞罰，不察其理(174)。上下相冒(175)，萬事乖錯(176)；是以言論者(177)計薄厚(178)而吐辭，選舉者(179)度親疏(180)而舉筆。善惡謬於眾聲(181)，功罪亂於王法(182)。然則(183)利不可以義求(184)，害不可以道避(185)也。是以君子犯禮(186)，小人犯法(187)，奔走馳騁，越職僭度(188)，飾華廢實(189)，競趣時利(190)。簡父兄之尊(191)，而崇賓客之禮(192)；薄骨肉之恩(193)，而篤朋友之愛(194)；忘脩身之道，而求眾人之譽，割衣食之業(195)，以供饗宴之好(196)。苞苴(197)盈於門庭，聘問(198)交於道路(199)，書記繁於公文(200)，私務眾於官事：於是流俗成[201]而正道壞矣。

「是以聖王在上，經國序民[202]，正[203]其制度。善惡要於功罪[204]，而不淫於毀譽[205]。聽其言而責其事[206]，舉其名而指其實[207]。故實不應其聲[208]者謂之虛，情不覆其貌[209]者謂之偽，毀譽失其真[210]者謂之誣，言事失其類[211]者謂之罔。虛偽之行不得設[212]，誣罔之辭不得行[213]。有罪惡者無僥倖[214]，無罪過者不憂懼；請謁[215]無所行[216]，貨賂[217]無所用；息華文[218]，去浮辭[219]，禁偽辯[220]，絕淫智[221]；放百家之紛亂[222]，壹聖人之至道[223]；養之以仁惠[224]，文之以禮樂[225]：則風俗定而大化[226]成矣。」

燕王定國[227]與父康王姬[228]姦，奪弟妻為姬。殺肥如令郢人[229]，郢人兄弟上書[230]告之。主父偃從中發其事[231]，公卿請誅定國，上許之。定國自殺，國除[232]。齊厲王次昌[233]亦與其姊紀翁主通[234]。主父偃欲納其女於齊王[235]，齊紀太后[236]不許。偃因言於上曰：「齊臨菑[237]十萬戶，市租千金[238]，人眾殷富[239]，鉅於長安[240]。非天子親弟愛子，不得王此[241]。今齊王於親屬益疏[242]，又聞與其姊亂[243]，請治之。」於是帝拜偃為齊相，且正其事[244]。偃至齊，急治[245]王後宮宦者[246]，辭及王[247]。王懼，飲藥自殺。

偃少時游齊及燕、趙[248]，及貴，連敗燕、齊[249]。趙王彭祖[250]懼，上書告主父偃受諸侯金，以故諸侯子弟多以得封[251]者。及齊王自殺，上聞，大怒，以為偃劫[252]其王令自殺，乃徵下吏治[253] [2]。偃服受諸侯金，實不劫王令自殺。上欲勿誅，公孫弘曰：「齊王自殺，無後，國除為郡入漢，主父偃本首惡[254]。陛下不誅偃，無以謝天下[255]。」乃遂族主父偃[256]。

張歐免[257]，上欲以蓼侯孔臧[258]為御史大夫。臧辭曰：「臣世以經學為業，乞為太常[259]，典臣家業[260]，與從弟侍中[261]安國[262]綱紀古訓[263]，使永垂來嗣[264]。」上乃以臧為太常，其禮賜如三公[265]。

三年（乙卯　西元前一二六年）

冬，匈奴軍臣單于[266]死，其弟左谷蠡王伊稚斜[267]自立為單于，攻破軍臣單于太子於單，於單亡降漢[268]。

以公孫弘為御史大夫。是時，方通西南夷[269]，東置蒼海[270]，北築朔方之郡[271]。公孫弘數諫[272]，以為罷敝[273]中國[274]以奉[275]無用之地，願罷之。天子使朱買臣[276]等難以置朔方之便[277]，發十策[278]，弘不得一[279]。弘乃謝[280]曰：「山東[281]鄙人，不知其便[282]若是，願罷西南夷、蒼海而專奉朔方[283]。」上乃許之[284]。春[285]，罷蒼海郡。

弘為布被[286]，食不重肉[287]。汲黯[288]曰：「弘位在三公[289]，奉祿[290]甚多，然為布被，此詐也[291]。」上問弘，弘謝曰：「有之[292]。夫九卿[293]與臣善者，無過黯，然今日廷詰弘[294]，誠中[295]弘之病。夫以三公為布被，與小吏無差[296]，誠飾詐[297]，欲以釣名，如汲黯言[298]。且無汲黯忠[299]，陛下安得聞此言？」天子以為謙讓，愈益尊之[300]。

三月，赦天下。

夏，四月丙子[301]，封匈奴太子於單為涉安侯[302]，數月而卒。

初，匈奴降者言：「月氏[303]故居敦煌[304]、祁連[305]間，為彊國，匈奴冒頓[306]攻破之。老上單于[307]殺月氏王，以其頭為飲器[308]。餘眾遁逃遠去，怨匈奴，無與共擊之[309]。」上募[310]能通使月氏者。漢中張騫[311]以郎應募[312]，出隴西[313]，徑匈奴中[314]，單于得之，留騫十餘歲。騫得間亡鄉月氏[315]，西走數十日，至大宛[316]。大宛聞漢之饒財[317]，欲通不得，見騫，喜，為發導譯[318]抵康居[319]，傳致[320]大月氏。大月氏太子為王[321]，既擊大夏[322]，分其地而居之。地肥饒，少寇，殊無報胡[323]之心。騫留歲餘，竟不能得月氏要領[324]，乃還。並南山[325]，欲從羌中歸[326]。復為匈奴所得，留歲餘。會伊稚斜逐於單，匈奴國內亂，騫乃與堂邑氏奴甘父[327]逃歸。上拜騫為太中大夫[328]，甘父為奉使君[329]。騫初行時百餘人，去十三歲，唯二人得還[330]。

匈奴數萬騎入塞，殺代郡太守恭[331]，及略[332]千餘人。

六月庚午[333]，皇太后[334]崩。

秋，罷西夷[335]，獨置南夷夜郎兩縣、一都尉[336]，稍令犍為自葆就[337]，專力城朔方。

匈奴又入鴈門，殺略千餘人。

是歲，中大夫張湯為廷尉[338]。湯為人多詐，舞智以御人[339]。時上方鄉文學[340]，湯陽浮慕[341]，事[342]董仲舒、公孫弘等。以千乘兒寬[343]為奏讞掾[344]，以古法義決疑獄[345]。所治即上意所欲罪，與監史深禍者[346]；即上意所欲釋，與監史輕平者[347]。上由是悅之。湯於故人子弟調護[348]之尤厚，其造請諸公[349]，不避寒暑，是以湯雖文深意忌、不專平[350]，然得此聲譽[351]。

汲黯數質責[352]湯於上前曰：「公為正卿[353]，上不能褒[354]先帝之功業，下不能抑天下之邪心，安國富民，使囹圄[355]空虛，何空取高皇帝約束[356]紛更[357]之為？而公以此無種[358]矣！」黯時[359]與湯論議，湯辯常在文深小苛[360]，黯伉厲守高[361]，不能屈[362]，忿發[363]，罵曰：「天下謂刀筆吏[364]不可以為公卿，果然。必湯也，令天下重足而立，側目而視矣[365]！」

四年（丙辰　西元前一二五年）

冬，上行幸甘泉366。

夏，匈奴入代郡、定襄367、上郡368各三萬騎，殺略數千人。

【章旨】以上為第四段，寫元朔二年（西元前一二七年）至元朔四年共三年間的全國大事，主要寫了主父偃建言實行「推恩法」，將諸侯國化整為零；又建言向朔方郡、向茂陵移民，以充實邊郡、充實關中；寫了衛青伐匈奴，取河南地，置朔方郡；寫了張騫通西域的艱難經歷，表彰了其堅忍不拔的奮鬥精神；寫了張湯為廷尉，嚴酷執法，與汲黯批評張湯、公孫弘的言論；寫了游俠郭解被漢武帝、公孫弘等強加罪名殺害，以及班固、荀悅站在統治立場攻擊游俠，死心為封建皇權衛道的面目。

【注釋】❶賜淮南王几杖　淮南王劉安是劉邦之孫，老淮南王劉長之子，武帝之叔。几杖，古代老人可憑可倚的几案和手杖，贈送老人几杖以表示尊敬慰問。❷毋朝　不必進京朝見皇帝。❸百里　謂土地方圓百里。❹緩　平常無事的時候。❺急　指戰爭狀態。❻阻其彊　仗恃著其國力強大。阻，憑藉；仗恃。❼合從　指諸侯王的相互聯合，如吳、楚七國之作為。❽逆　迎；對抗。❾以法割削之　依照法律對其領土加以削減。❿逆節萌起　立刻萌生造反的念頭。⓫前日鼂錯是也　前些年鼂錯實行削藩政策，諸侯們就是這樣對抗朝廷的。鼂錯，景帝時為御史大夫，因力主削弱諸侯王，引發了吳楚七國之亂，被景帝當做替罪羊殺害。事在景帝三年（西元前一五四年），詳見《史記・袁盎鼂錯列傳》與本書景帝三年。⓬諸侯子弟或十數　每個諸侯都會有兄弟、兒子十來個以至幾十個。⓭適嗣代立　只有嫡長子繼承其父為王。適，通「嫡」。⓮仁孝之道不宣　不能體現國家倡導的仁愛與孝友。不宣，不顯；不彰。⓯推恩分子弟　推廣恩情把自己的領地分封給所有的兒子。⓰以地侯之　將本國之地分成若干份，除嫡長子繼任為王外，其他所有子弟一律都封為列侯。⓱上以德施　從皇帝來說，這是對所有諸侯的子弟普施了恩典。⓲實分其國二句　實際上是將這些諸侯國化整為零，不用再像鼂錯那樣由朝廷削減他們的領土，其結果就是越分越小、越分越弱了。稍，逐漸。王先謙引錢大昭曰：「〈中山王勝傳〉云：『其後更用主父偃謀，令諸侯以私恩自裂地分其子弟，而漢為定制封號，輒別屬漢郡。』此偃削弱之計也。」按，賈誼雖早在其〈陳政事疏〉中就向文帝提出過「眾建諸侯而少其力」，亦即「化整為零」的主張，但具體做法與主父偃不同。主父偃這一著爭得了大量諸侯王子弟的擁護，使諸侯王明知結局如此，但無法反對這一主張。⑲或欲　如果有人想。⑳分子弟邑　劃分土地立諸子為侯。邑，鄉鎮，這裡即指領地。㉑令各條上　寫成條陳，呈報皇帝。㉒臨定其號名　由皇帝親自確定這些諸侯的名號、稱呼。㉓藩國始分　諸侯王國開始化整為零。藩國，諸侯王國。古稱諸侯是中央天子的藩籬屏障。㉔子弟畢侯　所有諸侯王的子弟全部被封為列侯。畢，全部。㉕上谷漁陽　漢之二郡名，上谷郡的郡治沮陽，在今河北懷來東南。漁陽郡的郡治在今北京市密雲西南。㉖出雲中以西　從雲中郡出發西行。雲中郡的郡治在今內蒙古呼和浩特西南。㉗隴西　漢郡名，郡治狄道（今甘肅臨洮）。何焯曰：「出雲中，則若向單于庭者，忽西至隴西，攻其無備，所以遂取河南也。」㉘擊胡之樓煩白羊王於河南　樓煩、白羊都是匈奴的別支，當時佔據在今內蒙古之臨河區、杭錦旗一帶地區。河南，即今內蒙古之臨河區、東勝一帶地區，因其地處黃河之南，故稱。這一帶在秦朝屬於九原郡（郡治九原，在今包頭西），秦末中原大亂後，這一帶被匈奴人佔據，至此又被衛青等收回。按，此即通常所說的「河南朔方之戰」，武國卿、慕中岳稱之為「漢武帝驅逐匈奴的重大戰役，也是西漢王朝統一我國西北地區邁出的重要一步」。並說它「加速了我國西北地區的統一，解除了匈奴貴族從西北方對京都長安的威脅，建立了向匈奴進一步出擊的戰略基地。」說它「實際上是西漢王朝向匈奴貴族發動一系列戰略進攻的奠基之戰」。㉙首虜　斬敵之首與俘虜敵兵。㉚走　趕走。㉛長平侯　封地長平，在今河南西華東北。㉜校尉蘇建　蘇建是蘇武之父。事跡除見於《史記・衛將軍驃騎列傳》外，《漢書》有〈李廣蘇建傳〉。校尉是軍官名，將軍屬下設若干部（約當今之師團），部的長官即校尉。㉝張次公　衛青的部將。事跡參見《史記・衛將軍驃騎列傳》。㉞平陵侯　封地平陵，在今湖北十堰市北。㉟岸頭侯　封地岸頭，在今山西河津縣，當時屬皮氏縣。㊱外阻河　北靠黃河。阻，依之以為險阻。㊲蒙恬城之　當年蒙恬沿著黃河修築的長城。蒙恬沿著黃河築城事，見《史記・蒙恬列傳》。㊳內省轉輸戍漕　意即如果能在黃河以南地區屯兵種田，就可以不再從內地向這一帶用車用船運送糧食。㊴上下公卿議　皇帝把主父偃的意見交給朝臣討論。下，下達；交付。㊵竟用　最後還是採用。㊶朔方郡　漢郡名，郡治在今內蒙古烏拉特前旗東南。㊷築朔方城　為朔方郡修築城池。《史記正義》引《括地志》曰：「夏州朔方縣北什賁故城是，蘇建築，什賁之號蓋出番語也。」按，此舉表明漢代已穩定佔領河套地區，並準備以此為依托繼續西征、北伐。㊸繕　修整。㊹故秦時蒙恬所為塞　即秦始皇時代的長城。其西段自今甘肅蘭州西南築起，沿黃河東北行，經靖遠入寧夏，至賀蘭山一帶，再北行穿烏蘭布和沙漠進入內蒙古；中段大體即舊日之趙長城，它西起烏蘭布和沙漠，東北行至高闕，沿黃河後套東行，再經由固陽北、呼市城北，復東北行，至今集寧以東；其東段大體即舊時之燕長城的一部分，自今內蒙古化德東行，經河北之圍場、內蒙古之赤峰，東行入遼寧，經新民至瀋陽之東北，復東南折，入朝鮮境內，至平壤北之涓水（今清川江）北岸。就記載看，蒙恬連綴、修葺舊長城的工作似乎主要是在西段與中段，因這一帶地區是華夏與匈奴作戰的主要戰場。㊺因河為固　依托黃河進行防守。㊻轉漕　指用車船運送糧食。㊼自山東咸被其勞　意謂為了經營北方的黃河前線，不僅臨近地區吃盡了苦頭，連遙遠的東方各地也為之不得安生。自，連帶。㊽費數十百鉅萬　耗費了幾十億乃至上百億。數十百，八九十乃至上百。鉅萬，也稱「大萬」，即今所謂「億」，單位指銅錢。㊾府庫並虛　國家糧庫與錢庫全都用光了。㊿上谷之斗辟縣造陽地　在東北邊界上向北突出縣分的造陽一帶。斗辟，意指突出、伸進。「斗」字蓋與「陡」意思相近。造陽，古地名，約當今河北之獨石口一帶地區，漢時聳入匈奴地。按，《鹽鐵論・地廣篇》有所謂「割斗辟之縣，棄造陽之地以與胡」之語，與此正同。(51)三月乙亥晦　三月的最末一天是乙亥日。晦，每個月的最後一天。(52)募民徙朔方　以優惠條件招募百姓搬遷到朔方郡居住。(53)茂陵初立　茂陵是漢武帝的陵墓，從建元二年開始修建，在今陝西興平城東十五公里。漢代皇帝的慣例是，自其繼位為帝的第二年起，便著手為自己預建陵墓。並在其陵墓所在地置縣，名曰「陵邑」，強制各地區的富戶、豪紳向這些地區搬遷，以圖使其很快繁榮起來。(54)天下豪傑　散布在天下各地區的有勢力、有號召力的人物。(55)并兼　指吞併別家、別族的資產。(56)徙　勒令搬遷。茅坤曰：「此即劉敬故智。」按，劉敬建議劉邦將各地大姓遷往關中事，見《史記・劉敬叔孫通列傳》。(57)內實京師　一方面可使長安地區的經濟狀況好起來，人口多起來。實，充實。(58)外銷姦猾　另一方面又可使東方各郡、各諸侯國減少鼓動是非、影響社會安定的危險分子。(59)上從之　武帝下令各郡國向茂陵移民，前後共兩次。一次在建元二年（西元前一三九年），《漢書・武帝紀》但云「初置茂陵邑」，未明言移民，其實開始移民是必然的。另一次在元朔二年（西元前一二七年），《漢書・武帝紀》云：「徙郡國豪傑及訾三百萬以上於茂陵。」即用主父偃之建議，《史記・游俠列傳》所寫之郭解被強制搬遷即在此第二次。《中國戰爭史》曰：「主父偃二策一經實施，於是削弱諸侯之政策乃告徹底成功，京師根本亦益固。此時武帝正用武於匈奴，故主父偃此二策對漢帝國之貢獻益顯其得要。」(60)徙郡國豪傑及訾三百萬以上　被徙的人有兩種，一種是地方豪傑，即《水滸傳》中晁蓋、宋江一流的人物，這種人家產不一定多；另一種是家產在三百萬錢以上的富人，有經濟實力。訾，資產。(61)軹　漢縣名，縣治在今河南濟源南。(62)郭解　字翁伯，以任俠聞名。事跡詳見《史記・游俠列傳》。(63)亦在徙中　也在被勒令搬遷的名單之內。(64)衛將軍　即衛青，以伐匈奴功被封為大將軍之職。(65)為言　為郭解向武帝說情。(66)不中徙　不夠搬遷的標準。(67)卒徙解家　最後還是強制郭解家搬遷了。(68)平生　有生以來，這裡即指從前。(69)睚眦殺人　因為一點很小的過節就動手殺人。睚眦，瞪眼怒視。(70)下吏捕治解　下令主管官吏逮捕郭解進行審問。治，審問。(71)所殺皆在赦前　意即無任何現行罪過。(72)侍使者坐　陪同來軹縣訪查郭解的朝廷使者閒坐。(73)客譽郭解　有人當著使者的面讚賞郭解。(74)生　即「侍使者坐」的儒生。(75)姦犯公法　觸犯國家的法律。姦，冒犯。(76)解客　敬佩郭解的賓客。(77)吏以此責解　法吏以儒生被殺的事情指責郭解，要郭解對此負責。(78)殺者亦竟絕　殺人者最後也逃得無影無蹤。(79)公孫弘　一個以讀《公羊春秋》出名，在漢武帝尊儒過程中平步青雲的人物，此時任左內史。事跡詳見《史記・平津侯主父列傳》，是司馬遷最反感的人物之一。(80)任俠行權　意即打抱不平，作威作福。行權，行使他所不該行使的權力。(81)解雖弗知二句　史珥《四史剿說》曰：「平津之議，即從武帝『其家不貧』語推出，平津逆推上旨而殺之也。」瀧川引中井曰：「弗知之罪，甚於親殺，是老吏弄文處。」按，史公極寫時人之敬慕郭解；而忌恨之、必欲殺之者，乃前一儒生，後一公孫弘。於此見司馬遷對漢世儒生之反感、氣憤。(82)當大逆無道　判處為「大逆不道」。當，判；定罪。(83)遂族郭解　遂將郭解滿門抄斬。族，滅族。(84)班固　字孟堅，漢代的大史學家與辭賦家，《漢書》的作者。事跡詳見《漢書・敘傳》與《後漢書・班彪傳》。(85)天子建國二句　此是古說，司馬遷《史記》將春秋諸侯列入「世家」即其遺意。但春秋、戰國的事實一直是諸侯受天子之封而建「國」，大夫受諸侯之命而立「家」。《孟子・梁惠王》亦有所謂「王曰『何以利吾國』，大夫曰『何以立吾家』……」，《左傳》中之魯三桓、晉六卿、齊管晏亦皆稱「家」，未見有諸侯自稱「家」者。(86)等差　等級。(87)服事　服從而為之效力。(88)覬覦　對其上級的地位、權力有非分之想、有取而代之之心。(89)周室既微　指西周滅亡、東周遷都以來。微，指權威削弱。(90)禮樂征伐自諸侯出　意即國家的一切大事都是諸侯說了算。禮樂代表文事，征伐代表武事。《論語》中有所謂「國有道，禮樂征伐自天子出；國無道，禮樂征伐自諸侯出」。(91)桓文　齊桓公、晉文公，皆春秋時代的霸主。齊桓公名小白，西元前六八五—前六四三年在位。晉文公名重耳，西元前六三六—前六二八年在位。(92)大夫世權　大夫在諸侯國內世代掌權，如晉之六卿、魯之三桓、齊之田氏。(93)陪臣執命　大夫掌管該諸侯國的號令，與「大夫世權」意思相同。諸侯國的大夫，對周天子自稱「陪臣」。執命，掌權。(94)陵夷　衰敗；越來越不行。指整個國家的道德水平。(95)合從連衡　指合縱、連橫兩種不同策略、不同目的學說。合從，同「合縱」。指倡導東方諸國聯合共同抗秦的學說。連衡，同「連橫」。指倡導秦與東方某國單獨聯合，以分化瓦解東方聯盟，實行各個擊破鬥爭學說。(96)信陵　信陵君無忌，魏安僖王之弟，以養士聞名。事跡詳見《史記・魏公子列傳》。(97)平原　平原君趙勝，趙惠文王之弟，以養士聞名。事跡詳見《史記・平原君虞卿列傳》。(98)孟嘗　孟嘗君田文，齊威王之孫，齊湣王的堂兄弟，以養士聞名。事跡詳見《史記・孟嘗君列傳》。(99)春申　春申君黃歇，楚頃襄王之弟，以養士聞名。事跡詳見《史記・春申君列傳》。關於春申君身世的考訂，見韓兆琦《史記箋證》。(100)競為游俠　競相為游俠之舉，指招賢納士、扶困救危，被司馬遷稱為「貴族之俠」。(101)雞鳴狗盜　孟嘗君所養賓客中的兩個，在孟嘗君遇到危難時，雞鳴、狗盜援助孟嘗君脫離了險境。事見《史記・孟嘗君列傳》。(102)賓禮　以賓禮相接待。(103)虞卿　戰國時的縱橫家，為趙孝成王之相。事跡詳見《史記・平原君虞卿列傳》。(104)棄國捐君　丟開國家與君主不顧。(105)以周窮交魏齊之厄　魏齊是魏國丞相，因迫害過秦國丞相范雎，范雎通過秦王要魏王交出魏齊。魏齊不得已逃到趙國，趙王畏秦不敢收留，虞卿出於友情與正義，捨去丞相之位，陪同魏齊一道離開了趙國。過程詳見《史記・范雎蔡澤列傳》。周，救解；順從。窮交，走投無路的朋友。厄，困。(106)竊符矯命　盜竊兵符，假傳魏王之命。(107)戮將專師　殺死晉鄙，奪得晉鄙兵權。(108)以赴平原之急　以回應平原君的緊急求救。當時趙國先被秦兵大破於長平，接著秦兵東進包圍了趙國的都城邯鄲，趙國危在旦夕。平原君時為趙相，向魏公子緊急求救，魏公子遂竊兵符假傳王命，椎殺晉鄙，奪兵權以救趙國，大破秦軍。事情詳見《史記・魏公子列傳》。(109)取重諸侯　受到各國諸侯的尊重。(110)搤腕而游談者　指當時敬佩、稱讚四公子與虞卿等行為的人們。搤腕，慷慨而談的激昂情態。(111)以四豪為稱首　把四公子當成首先被稱道的人物。(112)背公死黨之議成　為私黨不怕犧牲，而不顧國家利益的輿論形成。背公，背叛國家。死黨，為私黨而死。議，輿論。(113)守職奉上之義廢　為君主盡心盡職、死而後已的責任感不再被人看重。奉上，侍奉君主。義，宜；應盡的職責。(114)禁網疏闊　意即法律寬鬆，主要指對游俠之士採取寬容放縱的政策。(115)匡改　糾正。(116)代相陳豨　陳豨是劉邦的開國功臣，建國後任之為代相，監代、趙邊兵。為人喜賓客，回京路過趙都時，隨車上千輛，因而被趙相周昌進讒舉告。事跡詳見《史記・韓信盧綰列傳》。(117)吳濞淮南　都是漢初的諸侯王名，吳濞指吳王劉濞，劉邦次兄劉仲之子，被劉邦封為吳王，都廣陵，即今江蘇揚州。事跡詳見《史記・吳王濞列傳》。淮南指淮南王劉安，劉長之子，劉邦之孫，都城壽春，即今安徽壽縣。事跡詳見《史記・淮南衡山列傳》。(118)皆招賓客以千數　淮南王劉安的確是招納文學之士，而吳王濞則是為圖謀造反而招降納叛，集聚天下亡命奸人。(119)魏其武安　魏其侯竇嬰、武安侯田蚡，論輩分都是武帝之舅。前者是竇太后之姪，後者是王太后之弟。二人相互傾軋，皆廣招天下賓客。事跡詳見《史記・魏其武安侯列傳》。(120)競逐　競爭、角逐。(121)布衣游俠　亦即所謂平民之俠，如《水滸傳》中的宋江、晁蓋等人。(122)劇孟郭解　皆西漢前期的著名游俠，深受司馬遷讚賞。事跡詳見《史記・游俠列傳》。(123)馳騖於閭閻　猶言爭雄於民間。馳騖，車馬奔跑，這裡也是競賽、稱雄的意思。閭閻，里巷。(124)州域　泛指各地區、各郡縣。古稱中國曰「九州」，也稱作「九域」。(125)折　摧折；挫敗。(126)榮其名迹　稱道他們的名字、事跡。(127)覬而慕之　敬慕而欲效法之。覬，希望也能像他那樣。(128)陷於刑辟　受到了刑法的懲治。(129)自與殺身成名　自己以「殺身成名」者自居。自與，自許。(130)季路仇牧　古代兩個為救其主而不惜犧牲生命的人。季路，即孔子的學生子路，是衛國貴族孔悝的家臣。衛國的逃亡者蒯聵劫持孔悝圖謀篡位，子路為救助衛君與孔悝而戰死。此事《史記》記載混亂，請參看韓兆琦《史記箋證．仲尼弟子列傳》注。仇牧是春秋時宋國大夫，宋臣南宮萬作亂殺宋閔公，仇牧為救宋閔公與南宮萬戰，被南宮萬所殺。事見《左傳》與《史記．宋微子世家》。(131)曾子　名參，孔子的學生。事跡見《史記．仲尼弟子列傳》。(132)上失其道二句　二句見《論語．子張》。散，指人心渙散，對統治者離心離德。(133)示之以好惡　告訴人們什麼事物應該愛，什麼事物應該恨。示，告。好，愛。惡，憎恨。(134)齊之以禮法　以禮法約束他們。齊，整齊；約束。(135)曷由　何從；從何處。(136)知禁而反正　知道哪些事情是不該做的，而回到正確的路子上來。(137)五伯二句　春秋五霸的行為如果放到三王的時代，他們就是三王的罪人。五伯，同「五霸」。指春秋時的五個霸主，即齊桓公、晉文公、楚莊王、吳王闔閭、越王句踐。三王，指夏禹、商湯、周文王、周武王，夏、商、周三朝的開國之君，被儒家視為以仁德治天下的代表人物。(138)六國二句　戰國時代的六國諸侯如果放到春秋時代，他們又會成為五霸的罪人。六國，指齊、楚、燕、趙、韓、魏六國之君。戰國時代還有秦國，為何不說「七國」？因為秦國在班固、司馬光等儒家分子看來比東方六國還要野蠻殘暴，不值一數。(139)四豪者二句　如果把四公子與戰國的各國諸侯相比，則四公子又是戰國諸侯的罪人。因為他們「棄國捐君」、「背公死黨」。四豪，即前文所說的信陵君、平原君、孟嘗君、春申君。(140)之倫　猶言「之流」、「之類」。(141)以匹夫之細　以一個小民的微不足道。匹夫，指平民百姓。細，微小。(142)竊殺生之權　指憑著自己的主觀意志隨便殺人救人。(143)不容於誅　意即「死有餘辜」，殺了還不解恨。(144)泛愛　對許多受害者充滿愛心。(145)振窮周急　拯救處於絕境、走投無路的人。振、周，都是「救濟」、「拯救」的意思。(146)不伐　不炫耀；不自誇。(147)絕異之姿　出類拔萃的姿態。(148)放縱於末流　在令人不齒的事情上逞能、充好漢。(149)亡宗　滅族。按，以上班固的議論，見《漢書．游俠傳》序。(150)荀悅　東漢時期的歷史家，字仲豫，著有《漢紀》、《申鑒》等書。事跡見《後漢書．荀韓鍾陳傳》。(151)德之賊　都是有害於道德的人。賊，害。(152)遊說　到處遊說當權者，為之出謀劃策，如戰國時代的縱橫家。(153)遊行　到處遊動，投靠於權貴之門，為之奔走效力，如貴族門下的食客。(154)立氣勢　靠著講義氣，形成勢力。(155)作威福　作威作福，能使人受害、能使人享福。(156)立強於世　在社會上形成一股勢力，如後世之所謂不良幫派。(157)飾辯辭　賣弄花言巧語。(158)設詐謀　幫人出一些險惡詭詐的主意。(159)馳逐　這裡即指奔走。(160)要時勢　抓住時機，控制局勢。要，把握；控制。(161)色取仁　表面上裝出一種仁者的樣子。色，顏色；表面。(162)以合時好　以投合權貴者的心理。合，投合；迎合。(163)連黨類　拉幫結派。(164)立虛譽　建立起一種虛假的名聲。(165)以為權利　從而形成一種能以權勢、利益影響社會的力量。(166)四民　四種百姓，即士、農、工、商。(167)由　行；從事。(168)作　產生；興起。(169)季世　末世；一個朝代的晚期。(170)綱紀　維持國家、社會秩序的根本大法，如封建社會之所謂「三綱」、「五常」云云。(171)以毀譽為榮辱　一個人的光榮、恥辱全憑世俗的讚揚與誹謗來定。毀，誹謗。172核　核對；考察。173以愛憎為利害　一個人的得利與受害全憑當權者的愛憎來定。174理　實情。175相冒　相互矛盾、彼此爭持不下。冒，頂。176乖錯　紊亂。乖，也是「錯亂」的意思。177言論者　給朝廷上書進言的人。178計薄厚　對自己的利益大還是不大。179選舉者　向朝廷推薦人才的人。180度親疏　根據被推薦者與自己的關係親近還是疏遠。度，考量；根據。181善惡謬於眾聲　好人與惡人的實情都被世俗的輿論弄顛倒了。謬，是非顛倒。182功罪亂於王法　有功還是有罪都被執法者弄亂了套。183然則　這樣一來就形成了。184利不可以義求　做好事的人得不到獎賞。義，宜，指做好事。185害不可以道避　謹慎行道的人到頭來還是倒楣受害。186君子犯禮　在位的君子原應守禮，現因是非顛倒也不再守禮了。187小人犯法　平民百姓原應守法，現因社會黑暗也不再守法了。188越職僭度　都在幹著超越自己本分的事情。189飾華廢實　追求表面好看而不講一點實際。190競趣時利　都在爭先恐後地追求眼前利益。趣，通「趨」。追求。191簡父兄之尊　對自己的父兄簡慢無禮。簡，怠慢。192崇賓客之禮　在賓客面前大搞排場。崇，提高。193薄骨肉之恩　對自己的骨肉至親關係冷漠。薄，寡；淡。194篤朋友之愛　對於一些朋友感情深厚。篤，深厚。195割衣食之業　把發展農桑本業的錢財移來。割，移取。196供饗宴之好　都用在請客的大擺筵席上。197苞苴　原意是裝魚肉用的草袋，後來用以指行賄送禮的包裹，這裡指行賄送禮的人。198聘問　原指諸侯間的禮節性往來，這裡即指送禮拜謁，奔走權門。199交於道路　在道路上彼此交錯，絡繹不絕，極言此類人員之多。200書記繁於公文　相互請託、買官賣官的私人書信比官府處理公家事務的文書要多得多。201流俗成　黑暗腐敗的風氣習慣形成。202經國序民　意即治國治民。序，治之使其有序。203正　端正；嚴格執行。204善惡要於功罪　確定一個人的好壞要根據他到底有功還是有罪。要，根據。205不淫於毀譽　不隨著無根據的誹謗或吹捧而變換。淫，水之亂流，以喻行動的無目標、無準則。206責其事　要求具體行事與其言論相副。責，要求。207指其實　要求其實際與其名聲相副。指，有事實可指證。208實不應其聲　實際行動與其聲明不相合。應，對應；相合。209情不覆其貌　真實感情與其臉色表現不一致。覆，符合；一致。210毀譽失其真　對人對事的詆毀與讚揚與實際情況不合。211言事失其類　敘述某件事情說得離譜。失其類，不是原有的樣子。212不得設　不能讓它成立。213不得行　讓它行不通。214無僥倖　無法幸免。215請謁　請託，即今所謂「託人情」、「走後門」。謁，求見。216無所行　行不通。217貨賂　以財物行賄。218息華文　廢止華麗的文字。219去浮辭　罷斥空洞的言辭。220偽辯　虛假的雄辯。221淫智　用於邪門歪道的才智。222放百家之紛亂　廢黜儒家以外諸子百家的七嘴八舌。放，廢除。紛亂，七嘴八舌爭論不休的樣子。223壹聖人之至道　使孔子的思想學說成為全國唯一的行動準則。壹，統一。至道，最高準則。224養之以仁惠　用仁義恩惠教養全國上下。225文之以禮樂　還要用禮樂把人們都包裝起來。文，文飾；包裝。226大

化　整個國家接受教育的理想境界。按，以上荀悅的言論見《漢紀》。(227)燕王定國　劉定國，劉邦功臣劉澤之孫，燕康王劉嘉之子。襲其父祖之位為燕王，西元前一五一—前一二八年在位，即《史記・漢興以來諸侯王年表》所列之燕定王。(228)父康王姬　其父康王之妾。(229)殺肥如令郢人　殺了一個名叫「郢人」的肥如縣縣令。肥如，漢縣名，縣治在今河北盧龍北，當時屬燕。郢人，史失其姓。(230)上書　指給朝廷上書。(231)主父偃從中發其事　主父偃早年曾遊學於燕國，燕人對之無禮，後來因上書受武帝寵幸，為太中大夫，在武帝身邊，故當郢人之兄弟上書告發劉定國時，主父偃也進言證成其事。從中發，從宮廷內起來揭發。(232)定國自殺二句　劉定國自殺後，朝廷遂將燕國的建制撤銷，改設為郡，屬漢王朝中央管轄，劉澤的封爵由此被滅除。(233)齊厲王次昌　劉次昌，劉邦子劉肥的後代，齊懿王劉壽之子，西元前一三一—前一二七年在位。按，據《史記・齊悼惠王世家》，「劉次昌」應作「劉次景」。說見韓兆琦《史記箋證》。(234)與其姊紀翁主通　與其胞姐紀翁主私通。當時稱皇帝的女兒叫「公主」，稱諸侯的女兒叫「翁主」，因為皇帝的女兒出嫁時由國家的三公做主；諸侯的女兒出嫁時是由該女的父親（翁）做主。紀翁主，紀太后所生的女兒，劉次昌的同胞姐姐。此稱呼與前文稱武帝之姑太長公主劉嫖曰「竇太主」意思相同。(235)欲納其女於齊王　想把自己的女兒送進齊國王宮。按，事情的過程相當曲折，詳情見《史記・齊悼惠王世家》。(236)齊紀太后　劉次昌的母親紀氏，齊懿王的王后。(237)臨菑　也寫作「臨淄」，齊國的都城，在今山東淄博臨淄西北。(238)市租千金　每天從市場所收之稅，即可多達千金。漢時稱黃金一斤曰「一金」，「一金」可抵銅錢一萬枚。(239)人眾殷富　人口眾多，家產雄厚。(240)鉅於長安　言臨淄城比漢都長安還要大。按，為了挑撥是非，竟誇張到這種地步。(241)非天子親弟愛子二句　意思是換個親緣關係稍遠的人，就很容易據其地圖謀叛亂。據《史記・高祖本紀》，劉邦聽人傳說韓信謀反，於是用陳平之計襲捕韓信後，有說客名田肯者立即向劉邦進言，以為齊國國大兵強，「非親子弟，莫可使王齊矣。」主父偃語與之相同。(242)於親屬益疏　意謂現時的齊王和現時皇帝的親緣關係已相當疏遠。(243)亂　意即通姦。(244)且正其事　同時查辦這件事情。正，糾察；查辦。(245)急治　風風火火地查辦。(246)王後宮宦者　齊王後宮的姬妾與宦者。(247)辭及王　這些被查問的口供裡都涉及到了齊王。按，《史記・齊悼惠王世家》於此作「令其辭證皆引王」，則主父偃的報復、誘供目的更加明顯。史珥曰：「觀偃所為，已是江充先趨。」(248)少時游齊及燕趙　《史記・平津侯主父列傳》謂：「游齊諸生間，莫能厚遇也。齊諸儒生相與排擯，不容於齊。家貧，無所假貸，乃北游燕、趙、中山，皆莫能厚遇，為客甚困。」(249)連敗燕齊　一下子搞垮了燕、齊兩個國家。敗，搞垮。(250)趙王彭祖　劉彭祖，景帝之子，景帝五年由廣川移封到趙國。此人的性行奸詐狡猾，詳見《史記・五宗世家》。楊樹達曰：「時彭祖太子丹與其姊妹姦，彭祖之懼蓋以此。」(251)以故諸侯子弟多以得封　武帝接受主父偃的建議實行「推恩法」，分封各自的所有子弟為王，目的是將諸侯國化整為零，今趙王乃稱諸侯賄賂主父偃始得子弟受封，事實究竟如何？[252]劫　劫持；威逼。[253]乃徵下吏治　將其調到京城交有關部門查辦。[254]首惡　猶言「元兇」，是造成齊王身死，又因齊王無後因而齊國建制被撤銷的「罪魁禍首」。[255]不誅偃二句　齊王自殺，國除為郡，這不是正符合武帝打擊諸侯王的意圖麼？但當輿論譁然，諸國紛紛不滿時，朝廷也就只有拿主父偃當替罪羊了。文帝流放淮南王劉長，劉長途中憤而自殺，天下譁然，於是袁盎提出「殺丞相以謝天下」，主父偃離丞相還遠得很呢，殺之何足惜！楊樹達曰：「誅首惡乃《春秋》義，見僖公二年虞師、晉師滅夏陽《公羊傳》。弘本學《春秋》，此弘傳所謂『緣飾儒術』者也。」[256]乃遂族主父偃　主父偃被族在元朔三年（西元前一二六年），《通鑑》繫之於元朔二年者誤。楊樹達曰：「偃之獄咸宣所治，見宣傳。」[257]張歐免　張歐被免去御史大夫之職。張歐是一個平庸圓滑的官僚。事跡見《史記・萬石張叔列傳》。[258]蓼侯孔臧　劉邦功臣孔聚之子，襲其父位為蓼侯。[259]太常　九卿之一，掌宗廟禮儀，兼掌選舉考試之事。[260]典臣家業　管理我們家族祖傳的事業。孔臧自稱是孔子的後裔，孔子向來鼓吹禮樂治國，講究祭祀等等，而太常正是掌管這些事務的官。但御史大夫的職位遠非太常所可比，孔臧於此可謂實事求是，不圖虛名。典，掌管。[261]侍中　皇帝的侍從人員，級別不甚高，但地位清顯。[262]安國　孔安國，當時著名的經學家，曾為《尚書》、《詩經》、《論語》等多種古書作過注。[263]綱紀古訓　整理古代的注釋。綱紀，這裡即「整理」的意思。[264]永垂來嗣　猶言「永傳後世」。[265]禮賜如三公　對他的禮遇和給他的賞賜仍與三公相同。[266]軍臣單于　冒頓之孫，老上單于之子，西元前一六一—前一二六年在位。[267]左谷蠡王伊稚斜　左谷蠡王名叫伊稚斜。匈奴的官制是單于之下有左、右賢王二人，等同於單于的左膀右臂。再往下是左、右谷蠡王二人。[268]亡降漢　逃出匈奴投降了漢王朝。按，於單降漢後被封為涉安侯。見《史記・建元以來侯者年表》。[269]方通西南夷　正在從事通西南夷的活動。事從建元六年開始，至此已近十年，仍無結果。[270]東置蒼海　指在今朝鮮東部的江原道一帶設置蒼海郡，事在元朔元年（西元前一二八年）。蒼海，也作「滄海」。[271]北築朔方之郡　指在朔方郡的郡治（在今內蒙古烏拉前旗東南）築城，主管此事者為蘇武之父蘇建。按，漢對匈奴的戰爭，自元光二年（西元前一三三年）開始。元朔二年（西元前一二七年），漢將衛青等大破匈奴，收復了今內蒙古的河套一帶地區，並在這一帶新設置了朔方郡與五原郡。[272]弘數諫　公孫弘認為這些通西南夷、置蒼海郡，以及驅逐匈奴，設置朔方郡、五原郡的事情通通是多餘，都應該停止。[273]罷敝　通「疲敝」。勞民傷財，耗損人力物力。[274]中國　指中原地區，以與下文所謂四周的「無用之地」相對而言。[275]奉　供應；用於。[276]朱買臣　武帝時的辯士，以讀儒書進身，此時在武帝身邊任中大夫；後曾為會稽太守、丞相長史，《史記・酷吏列傳》中夾帶敘及了他的一些事情，《漢書》中有傳。[277]難以置朔方之便　稱說在朔方置郡築城的好處，以駁斥公孫弘「罷敝中國以奉無用之地」的說法。難，責問。[278]發十策 朱買臣一連提了十個理由。策，寫在竹簡上的問題、理由。[279]弘不得一 公孫弘連一個也回答不上來。師古曰：「言其利害十條，弘無以應之。」《史記集解》引韋昭曰：「以弘之才，非不能得一也，以為不可，不敢逆上耳。」[280]謝 表示歉意。[281]山東 崤山以東，泛指東方郡國，以與皇帝腳下的關中地區相對而言。崤山在今河南靈寶東南，戰國、秦漢時代通常以此為關中與東方的分界線。公孫弘是齊地菑川國人，故自稱「山東鄙人」。[282]其便 指朱買臣所盛誇的設立朔方郡、五原郡的巨大好處。[283]專奉朔方 意即集中力量，專門對付匈奴。《史記會注考證》引中井曰：「弘不敢置對，似阿世者，然因此罷西南夷、滄海，則大有裨益，立朝統職者不能無是臭味，宜算其損益多少而褒貶之。」[284]上乃許之 據《漢書．武帝紀》，元朔三年，「罷蒼海郡」。《史記．西南夷列傳》云：「上罷西南夷，獨置南夷夜郎兩縣一都尉，稍令犍為自葆就。」按，公孫弘此議保證了全國的集中力量對付匈奴，大大有裨於時政，不能因其人品而並廢其謀略。[285]春 先敘「冬」天的事情，而後才敘到「春」，這是因為此時漢朝仍用秦朝的曆法，以「十月」為歲首。[286]為布被 蓋著一條布製的被子。布與絲綢相對而言。[287]食不重肉 飯桌上沒有第二種肉菜。[288]汲黯 武帝時的直臣，一向與公孫弘、張湯等人的意見相對。事跡詳見《史記．汲鄭列傳》。[289]三公 指丞相、太尉、御史大夫。[290]奉祿 同「俸祿」。[291]然為布被二句 汲黯此議，可以說是雞蛋裡面挑骨頭。《史記．酷吏列傳》說周陽由「與汲黯俱為忮」，人常責史公用詞欠妥，今見汲黯以公孫弘之「布被」為說，似亦「惡則洗垢索瘢」之類。[292]有之 意謂「確實如此」。[293]九卿 指太常、郎中令、衛尉、太僕、廷尉、典客、宗正、大司農、少府。汲黯當時為主爵都尉，原不屬於九卿，但《漢書．百官公卿表》稱中尉、主爵都尉等數官為「列於九卿」，故公孫弘寬泛稱之曰「九卿」中人。[294]廷詰弘 在朝廷上當著大家的面對我提出質問。詰，問；質問。[295]中 擊中；說準。[296]無差 沒有差別。[297]誠飾詐 的確是裝假。[298]如汲黯言 正像汲黯所說。凌稚隆引余有丁曰：「實自美也，而言似遜，韓大夫教武安不當與魏其爭，即此智。」[299]且無汲黯忠 再說您如果沒有汲黯這樣的忠臣。[300]愈益尊之 兩年後，公孫弘升任為丞相，封平津侯。[301]四月丙子 四月初七。[302]涉安侯 梁玉繩以為是「名號侯」，沒有封地。[303]月氏 西域國名，最初活動在今甘肅的武威、張掖、敦煌一帶，南倚祁連山；後被匈奴擊敗，西遷至今新疆的伊犁河流域；後又被匈奴、烏孫所驅逐，遂西遷至今阿富汗北部的噴赤河流域，在當時的大宛西南。[304]敦煌 漢縣名，縣治在今甘肅敦煌西。[305]祁連 山名，在今甘肅走廊與青海的交界線上。[306]冒頓 秦漢之際的匈奴頭領，是使匈奴強大起來的關鍵人物，西元前二〇九－前一七五年在位。事跡詳見《史記．匈奴列傳》。[307]老上單于 冒頓之子，西元前一七四－前一六二年在位。[308]飲器 一說指飲酒、飲水之具；一說指「虎子」，即溺器。王先謙引沈欽韓曰：「〈趙策〉『以知伯頭為飲器』，《呂覽》云：『斷其頭以為觴』，則云『虎子』者非也。元僧楊璉真伽截理宗頂骨為飲器，胡俗同然。」按，《正義》引《漢書·匈奴傳》曰：「元帝遣車騎都尉韓昌、光祿大夫張猛與匈奴盟，以老上單于所破月氏王頭為飲器者，共飲立盟。」顯然是指飲水、飲酒之具。309無與共擊之　找不到可以聯合共擊匈奴的人。與，聯合。310募　招募。311漢中張騫　張騫是漢中郡的成固縣（今城固東北）人。漢中是漢郡名，郡治西城（今陝西安康西北）。312以郎應募　以郎官的身分應募。郎是皇帝的侍從人員，有議郎、中郎、郎中、侍郎之別，官級在比三百石至比六百石之間，上屬郎中令。313隴西　漢郡名，郡治狄道（今甘肅臨洮）。314徑匈奴中　路上要經過匈奴管轄的地面。徑，穿過；經過。315得間亡鄉月氏　抓住空隙向著月氏的方向逃去。間，空隙。鄉，通「向」。316大宛　西域國名，其地在今新疆西部境外的哈薩克斯坦境內，首都貴山城（今卡賽散）。317饒財　廣有錢財，意即國家富足。318導譯　嚮導與翻譯人員。319康居　西域國名，其地約當今哈薩克斯坦的南部，在當時的大宛西北，大月氏之北，國都卑闐（或說即今塔什干）。320傳致　轉送，意即將張騫等轉送到大月氏。321大月氏太子為王　即前文所說匈奴人殺月氏王以其頭為飲器，月氏人遂立其太子為王。322大夏　西域國名，在當時的月氏以南，今之阿富汗北部，國都藍氏城（今巴里黑）。323報胡　找匈奴人報殺父之仇。324不能得月氏要領　意即琢磨不透月氏人是怎麼想的。師古曰：「要，衣腰也；領，衣領也。凡持衣者，則執要與領。言騫不能得月氏意趣。」325並南山　傍著南山東行。南山，指今新疆塔里木盆地南側的昆侖山，再東行即阿爾金山，再東行就是甘肅南側的祁連山。326欲從羌中歸　羌中，羌人居住的地區，此處主要指今新疆東南部的阿爾金山與其西面「南山」北麓居住的羌族部落。白壽彝《中國通史》敘當時的西域交通說：「自玉門、陽關出西域有兩道：南道即敦煌出陽關向西，經羅布泊至樓蘭，再依阿爾金山、昆侖山北麓向西，沿塔克拉馬干沙漠南側西行，經且末、精絕、扜彌、渠勒、于闐、莎車、疏勒等地，越過蔥嶺再向西南至罽賓、身毒（今印度），或向西到大月氏、安息（今伊朗）、條支（今伊拉克）至於犁軒（今土耳其境內）；另一條自敦煌向西出玉門關至車師前王庭（今吐魯番），傍天山南麓，經塔克拉馬干沙漠北側向西，經危須、焉耆、尉犁、烏壘、龜茲（今新疆庫車）、姑墨、溫宿、尉頭、疏勒等，與南道相合。張騫東歸即行經南路。」327堂邑氏奴甘父　堂邑氏家的奴隸名叫甘父。此人一開始就跟隨張騫一道出使，現又跟著張騫一道逃回漢王朝。328太中大夫　皇帝身邊的侍從官員，掌議論，秩比千石，上屬郎中令。329奉使君　但有封號，享有一定俸祿，但不掌實事。330去十三歲二句　此次一道逃回的除張騫與堂邑氏奴甘父外，還有張騫在匈奴居留期間所娶的匈奴妻子。吳見思曰：「一人再逃奇矣，乃又挈婦逃，堂邑父亦逃，極寫張騫謀勇。」又，《漢書·蘇武傳》寫蘇武被拘於匈奴，返回時有所謂：「單于召會武官屬，前已降及物故，凡隨武還者九人。武留匈奴凡十九歲，始以強壯出，及還，鬚髮皆白。」韻味與此相同。331代郡太守恭　代郡太守名恭，史失其姓。332略　意思同「掠」，劫掠。333六月庚午　六月初二。334皇太后　武帝之母，景帝的王皇后。335罷西夷　即停止司馬相如所建議的對「西夷」邛、筰地區的經營活動，撤銷已經設立的「一都尉，十餘縣」。336獨置南夷夜郎兩縣一都尉　單獨保留在南夷地區設立的兩個縣，令一個都尉統領之。都尉相當於郡尉，兼掌該地區的軍政大權。兩縣，一為夜郎縣，另一失考。郭嵩燾認為「南夷」是縣名，即「且蘭」，恐非。夜郎都尉的駐地即今貴州關嶺縣。337稍令犍為自葆就　讓犍為郡自力更生地逐步謀求生存與發展。稍，逐漸。自葆就，自力更生地謀求生存與發展。王念孫曰：「葆就，猶保聚也。」338廷尉　九卿之一，國家的最高司法官員。339舞智以御人　耍手段以駕馭群僚。340方鄉文學　正喜歡發展儒學事業。鄉，通「嚮」。傾慕；提倡。文學，儒學；儒術。341陽浮慕　表面上也假裝喜歡。陽，通「佯」。假裝。浮慕，假裝仰慕。342事　服務；效力。這裡指「討好」。343千乘兒寬　千乘郡（郡治在今山東博興西北）人姓兒名寬，當時一個念儒書出身的平庸官吏。344奏讞掾　專門起草進呈皇帝裁斷的疑難案件的吏員。讞，平議；覆審。345以古法義決疑獄　詞語不順，意謂在審理、判處重大案件時，要引用古代經典的條文，以之作為根據。按，漢代編有《春秋決獄》，以之作為判案的準則，蓋即此類。346所治即上意所欲罪二句　所審理的案子如果是皇帝想嚴辦的，張湯就派酷苛的僚屬去審理。即，若；假如。與，派。深禍，指狠毒酷苛。347即上意所欲釋二句　如果是皇帝想要釋放的，張湯就派寬和的僚屬去審理。與，通「予」。委派。輕平，指寬厚慈和。348調護　關照；愛護。349造請諸公　登門拜望朝野的名公宿望。350文深意忌不專平　執法既嚴酷狠毒又不公平。文深，指執法嚴格。意忌，用意刻毒。不專平，不公平。351然得此聲譽　但卻被人們所稱讚。352質責　意同「指責」。353正卿　時張湯任廷尉，是九卿之一。354褒　獎，這裡指發揚、光大。355囹圄　牢獄。356高皇帝約束　當年劉邦制定的法令，如約法三章之所謂「殺人者死，傷人及盜抵罪」云云即其一項。357紛更　胡亂修改。358公以此無種　你將要因此而滿門滅絕。無種，滅門；絕後。359時　時常；經常。360文深小苛　意即常在一些瑣碎的具體條文上苛求。361伉厲守高　意即常在一些大的問題上堅持原則。362不能屈　意即說不倒張湯。363忿發　發怒；發脾氣。364刀筆吏　原意即指小吏。刀筆是古代的書寫工具，用筆寫在竹簡或木牘上，有錯誤則以刀刮去重寫。管文牘的小吏要隨身帶著刀筆以備應用，故人稱「刀筆吏」。但後人多以「刀筆吏」稱司法部門的小吏，而不再指其他行業。365必湯也三句　與《史記·匈奴列傳》之中行說云「必我行也，為漢患者」句式相同。意即如果一定讓張湯掌了大權，那天下的百姓就將整天惶恐不可終日了。「必」字提前，構成一種假定語氣。重足而立，側目而視，都是形容人們的畏懼之甚。366甘泉　山名，也是秦、漢時代的離宮名，在今陝西淳化西北。367定襄　漢郡名，郡治成樂，在今內蒙古和林格爾西北。368上郡　漢郡名，郡治膚施，在今陝西榆林東南。

【校　記】1竟　原無此字。據章鈺校，乙十一行本、孔天胤本皆有此字。今從諸本及《史記・游俠列傳》補。2治　原無此字。據章鈺校，乙十一行本、孔天胤本皆有此字，張敦仁《通鑑刊本識誤》同。今從諸本及《史記・平津侯主父列傳》補。

【語　譯】二年（甲寅　西元前一二七年）

冬季，漢武帝賞賜給他的叔叔淮南王劉安几案和手杖，准許他不用到京師來朝見皇帝。

主父偃對漢武帝說：「古時侯諸侯的土地方圓不超過百里，不論他是強大還是弱小都容易控制。現在的諸侯有的擁有數十座城池，有方圓上千里的土地。如果對他們不加控制則驕奢淫逸，為非作歹；如果控制得緊了，他們依仗自己的強大互相聯合起來對抗朝廷。按照法律對他們的封地加以削減，他們就立即萌生造反的念頭，以前鼂錯建議削藩引起七國叛亂就是例證。如今諸侯的子弟多的有幾十個，卻只有嫡長子能繼承其父為王，其他的兄弟雖然都是至親骨肉，卻沒有尺土之封，那麼國家所提倡的仁愛與孝友的美德就體現不出來。希望陛下令諸侯推廣恩德，把封國的土地分給所有的兒子，使其他所有子弟都能封為列侯，這樣的話，那些諸侯子弟人人稱心如願必定非常高興。從皇帝這方面來看，是對所有諸侯子弟普施了恩典，而實際上是將這些諸侯國化整為零，朝廷沒有削減他們的土地，而其實他們的勢力已經變得弱小了。」武帝聽從了主父偃的建議。春季，正月，漢武帝下詔說：「諸侯王如果有人願意推廣恩德把土地分給自己所有的子弟，可以寫成條陳，呈報朝廷，朕要親自決定這些諸侯的名號。」於是，各諸侯國開始將封國化整為零，所有諸侯王的子弟全部被封為列侯。

匈奴侵入上谷郡和漁陽郡，殺死、劫掠的官民有一千多人。武帝派遣衛青、李息率軍從雲中郡往西直到隴西，攻打位於河套以南的樓煩王、白羊王，殺傷俘虜了數千人，繳獲了牛羊一百多萬隻，趕跑了白羊王、樓煩王，全部佔有了河套以南地區。武帝下詔封衛青為長平侯。衛青屬下的校尉蘇建、張次公都建立了戰功，所以封蘇建為平陵侯，張次公為岸頭侯。

主父偃說：「河套以南土地肥沃富饒，北部靠近黃河，蒙恬在那裡修築長城以抵禦匈奴的入侵。如果在那裡屯兵種田，就可以節省從內地向這一帶用車用船運輸糧草的費用，擴大中國的疆土，這是消滅匈奴的根本大計。」武帝把主父偃的建議交給大臣們議論，大臣們都認為不妥當。但武帝最後還是採納了主父偃的建議，將河套地區設置為朔方郡，派蘇建帶領十餘萬人前去修築朔方城。把秦朝時期蒙恬所修築的長城重新加以修整，依托黃河作為屏障。由於從內地通過水路陸路往朔方郡運輸糧餉路途遙遠，崤山以東地區的人民全都身負其勞，耗費的資財數以百億計，就連國家的府庫也都消耗空了。漢朝最終還是放棄了上谷郡轄區之內邊境線上向北突出的縣分——造陽縣而送給了匈奴。

三月最後一天乙亥日，發生日蝕。

夏季，以優惠條件招募到十萬名百姓搬遷到朔方郡居住。

主父偃對漢武帝說：「茂陵剛剛開始修建，散布在天下各地的那些有權勢、有號召力的人物、吞併別人資產的有錢人家以及無業遊民，都可以勒令他們搬遷到茂陵居住。一方面可以充實京師的人口，使長安地區的經濟繁榮起來，另一方面可使東方各郡、各諸侯國減少鼓動是非、影響社會治安的危險分子，這就叫做不誅殺他們而禍害已經消除。」武帝聽從了主父偃的建議，把各郡、各諸侯國內的豪傑以及資產在三百萬以上的人家全都強迫搬遷到茂陵。

軹縣人郭解是函谷關以東有名的大俠，也在被勒令搬遷的名單當中。衛青將軍為他向漢武帝請求說：「郭解的家裡很貧窮，不夠勒令搬遷的條件。」漢武帝說：「郭解只是一個平常百姓，卻能使衛將軍前來為他講情，這說明他家裡不窮。」最後還是強制郭解將家搬遷到了茂陵。郭解有生以來經常因為一點很小的過節就動手殺人，因此殺了很多人，漢武帝知道後，就下令主管官吏逮捕郭解進行審問，將他治罪，經過調查取證，郭解所殺的人都是在皇帝頒布大赦令以前而沒有任何現行罪過。軹縣有一個儒生陪同來軹縣訪查郭解的朝廷使者閒坐，有人當著使者的面稱讚郭解行俠仗義，是個賢能的人，那個儒生反駁說：「郭解專門作奸犯科，哪裡配稱賢人呢！」郭解的門客聽到之後，就殺死了那個儒生，割斷了他的舌頭。官吏以此事責令郭解交出殺人兇手，而郭解確實不知道殺人兇手是誰。殺人兇手最後也已逃得不知去向，因此沒有人知道是誰殺死了儒生。審問的官吏向漢武帝奏報說郭解無罪，公孫弘評論說：「郭解只是一個平民，卻專好打抱不平、作威作福，行使不該由他行使的權力，動不動就殺人。郭解雖然不知道儒生被誰所殺，但他的罪過比親手殺死儒生還嚴重，應當按照大逆不道之罪判他死刑。」遂將郭解滿門抄斬。

班固說：「古時候天子所建為國，諸侯所建為家，從卿大夫到平民百姓，各有各的等級次序，所以人民服從他們的上級，為他們的上級效力，而沒有非分之想。周朝王室的勢力衰微之後，國家的一切大事都由諸侯說了算。齊桓公、晉文公之後，大夫在諸侯國內世代掌權，由大夫在該諸侯國發號施令。這種衰落的趨勢一直延續到戰國時期，有人主張合縱有人主張連橫。於是在諸侯國中出現了幾個有名的公子：魏國有信陵君魏無忌，趙國有平原君趙勝，齊國有孟嘗君田文，楚國有春申君黃歇，他們都是憑藉著王公的勢力，競相為游俠之舉。就連雞鳴狗盜之徒，也都以賓客之禮相接待。而趙國的丞相虞卿，竟然丟開國家與君主不顧，去搭救走投無路、處在災難之中的朋友魏齊。信陵君魏無忌，偷竊兵符，假傳魏侯的命令，椎殺了魏國大將晉鄙，奪取了晉鄙的軍權，以回應趙國平原君的緊急求救。他們都以此獲取了各國諸侯的尊重，揚名於天下。當時的人們慷慨激昂地談論起來，都把四公子當成首先談論、稱讚的對象。於是違背國家利益而為私黨不怕犧牲的風氣開始形成，為君主盡心盡職、死而後已的責任感不再被人看重。

「等到漢朝建國之後，由於法律寬鬆，沒有對這種風氣進行扭轉和糾正。所以代國國相陳豨反漢時後面跟隨的車子有上千輛，而吳王劉濞、淮南王劉安都豢養著成千的賓客。就連外戚大臣魏其侯竇嬰、武安侯田蚡這樣的人也都以賓客眾多而角逐於京師，平民出身的游俠劇孟、郭解之流則爭雄於民間。他們的影響遍布州城府縣，其勢力足以挫敗公侯。人們反而仰慕他們的美名，效法他們的行事，希望也能像他們那樣。即使因此而被捕入獄、受到刑罰的懲治，仍然以『殺身成名』者自居，像季路、仇牧，到死都不後悔。所以曾子說：『由於在上位的迷失了正道，所以人民離心離德已經很久了。』除非是英明的君主在上，告訴百姓應該尊崇什麼，憎惡什麼，用禮儀法律約束他們，百姓們怎麼能夠知道什麼是不應該去做的而加以改正呢？按照古代的禮法：春秋時期的齊桓公、晉文公、秦穆公、宋襄公、楚莊王這五個霸主的行為，如果放到是夏、商、周這三王的時代，他們就是三王的罪人；而戰國時期的齊、楚、燕、趙、韓、魏六國諸侯如果放在春秋時期，他們就又是五霸的罪人；至於信陵君、平原君、孟嘗君、春申君這四個豪強如果與戰國時的諸侯相比，他們又是六國諸侯的罪人。何況是郭解這類，他們以一介小民的身分，竟敢憑藉自己的主觀意志隨便殺人、救人，其罪行簡直就是死有餘辜。但是，看他們的溫順、善良，對許多受害者充滿愛心，拯救處於絕境、走投無路的人，謙遜退讓、從不自我誇耀，也都有表現不同凡響的地方。可惜的是，他們的行為不符合道德規範，只是在令人不齒的事情上逞能、充好漢。終於導致殺身滅族，正是罪有應得啊。」

荀悅評論說：「世上有三種行為是道德的敵人：第一個叫做游俠，第二個叫做遊說，第三個叫做遊行。靠著講義氣而形成自己的勢力，在社會上作威作福，以私利互相勾結，在社會上形成黑幫團夥的，叫做游俠；賣弄花言巧語，幫人出一些險惡詭詐的主意，在天下到處奔走，謀求操縱時局的，叫做遊說；表面上裝出一種仁者的樣子以迎合權貴者的心理，拉幫結派，建立起一種虛假的名聲，從而形成一種能以權勢、利益影響社會的力量的，叫做遊行。這三種行為，是產生動亂的根源。傷害道德，敗壞法律，惑亂民眾，歷代君主對這些人都非常慎重的。國家有士、農、工、商四種人，各自從事各自的職業。不從事上述這四種職業的，就是奸民。沒有奸民產生，用仁義禮樂治理國家才能成為可能。

「這三種遊民的興起，往往都出現在一個朝代的晚期，周朝、秦朝的末世最為嚴重。統治者昏瞶不明，在下位的行為不端，好的制度建立不起來，國家的正常秩序被破壞。以世俗的詆毀為恥辱，以世俗的讚譽為光榮，而不考慮其真實程度有多少；對自己所愛的就給他好處，對自己所憎惡的就無情打擊，而不論真實情況怎樣；以自己的喜怒哀樂作為賞罰的標準，高興快樂的時候就獎賞，發怒、悲哀的時候就處罰，而不考察是不是符合情理。上下互相牴牾，矛盾百出，社會混亂；給朝廷上書進言的人往往根據與自己的人情厚薄而發表不同意見，向朝廷舉薦人才的人首先衡量被舉薦的人與自己的關係是親近還是疏遠而後決定。好人與壞人的實情都被世俗的輿論弄得善惡顛倒，有功還是有罪也被執法者搞得一塌糊塗。這樣一來就形成了做好事的人得不到獎賞，謹慎行道的人到頭來還是躲避不了受害。所以在位的君子不再守禮，平民百姓違犯法律，各種人都在奔走馳騁，幹著超越自己本分的事情，他們只追求表面的好看而不講一點實際，都在爭先恐後地追求眼前的利益。他們對自己的父兄簡慢無禮，相反倒是在朋友面前大搞排場；看輕骨肉之間的恩情，而重視朋友之間的友好；忘記自身的道德修養，而去追求眾人的讚譽，把發展自家農桑的本錢拿來，而用在邀請友好大吃大喝。行賄送禮的門庭若市，奔走私門的相望於道路，私交書信多於官府公文，私人事務多於官府公事：於是黑暗腐敗的社會之風形成，而良好的道德習俗被破壞。

「所以聖明的君主治國治民，要使民眾長幼有序，要完善法律制度。根據實際的功過善惡確定賞罰，而不以人們的詆毀和讚美作為賞罰的依據。聽其言論更要觀察他的具體行事，依據他的名望而要求他的實際與名聲相符合。所以實際與聲望不符的就是虛有其名，外在表現和心裡想的不一致就是虛偽，詆毀和讚譽沒有事實做依據就是欺騙，說的事情與實際情況相差太遠叫做欺罔。要使虛偽的行為失去存在的餘地，誣罔的言辭沒有流行的市場，有罪惡的無法幸免，無罪過的不再憂愁恐懼；託人情走關係的行不通，以財物行賄的失去作用；廢止華麗的文字，取締空洞的言辭，禁止虛假的詭辯，杜絕用於歪門邪道的才智；罷黜眾說紛紜的諸子百家學說，用聖人的道德標準統一人們的思想；用仁義恩德來教化全國上下，用禮儀音樂來陶冶人的情操：那麼，良好的社會風氣就會形成而教化大業也就完成了。」

燕王劉定國與他的父親康王劉嘉的愛姬通姦，搶奪了弟弟的妻子作為自己的姬妾。劉定國又殺死了肥如縣的縣令郢人，郢人的弟弟向朝廷寫信告發燕王劉定國。主父偃也從宮廷內起來揭發，公卿大臣都請求皇帝誅殺劉定國，漢武帝表示同意。於是劉定國自殺，燕王國的編制被撤銷。

齊厲王劉次昌也與姐姐紀翁主通姦。主父偃曾經想把自己的女兒送進齊國王宮，齊國紀翁主的母親紀太后不同意。主父偃便趁機報復，他向漢武帝進言說：「齊國的都城臨淄有十萬戶居民，僅交易租稅就有千金之多，人口眾多，物產豐富，臨淄城之大超過了京師長安。如果不是皇帝的親弟弟、親兒子，就不要封到那裡為王。現在齊王劉次昌與皇帝的血緣關係已經很疏遠，又聽說劉次昌與他的姐姐通姦亂倫，請皇帝懲治他。」於是漢武帝任命主父偃為齊國的國相，同時負責查辦這件事。主父偃到達齊國後，立即風風火火地對齊王後宮的宦者及姬妾進行調查取證，供詞牽連到齊王劉次昌。劉次昌畏罪，服毒自殺。

主父偃年少的時候曾經遊歷過齊國、燕國及趙國，等到他地位顯赫、掌握大權後，一下子搞垮燕國、齊國兩個國家。趙王劉彭祖也感到很恐懼，就給漢武帝寫信告發主父偃接受諸侯王的賄賂，所以諸侯王的子弟才有很多得到了侯的封號和封地。等到齊王自殺的消息傳到京師，漢武帝非常惱怒，認為是主父偃劫持齊王、逼迫齊王自殺的，於是將主父偃召回京師移交給執法官審理。主父偃供認曾經接受過諸侯王的賄賂，但不承認威脅齊王令其自殺。武帝本不想誅殺主父偃，公孫弘勸諫漢武帝說：「齊王劉次昌自殺，又沒有後代，導致齊國被撤銷而成為漢朝的一個郡，這都是主父偃的罪過。陛下不殺掉主父偃，沒法向天下人交代。」於是主父偃被滅族。

漢武帝免去張歐御史大夫的職務，準備任命蓼侯孔臧為御史大夫。孔臧推辭說：「我一生以研習儒家經典為職業，就請任命我為太常，順便管理我們孔家祖傳的事業，與擔任侍中的堂弟孔安國一起整理先人的遺訓，使其能永遠的流傳後世。」於是漢武帝任命孔臧為太常，對他的禮遇和賞賜與三公相同。

三年（乙卯　西元前一二六年）

冬季，匈奴軍臣單于去世，他的弟弟左谷蠡王伊稚斜自封為匈奴單于，他率軍打敗了軍臣單于的太子於單，於單逃亡歸降了漢朝。

漢武帝任命公孫弘為御史大夫。當時，漢朝正在從事通西南夷的活動，在東邊設置蒼海郡，在北邊為朔方郡修建朔方城。公孫弘屢次進諫，認為這是將國家的資財、人力耗費到毫無用處的地方，並請求撤銷朔方郡。武帝讓朱買臣等人以設置朔方郡的諸多好處責難公孫弘，朱買臣連續提出了十條，公孫弘連一條也答不上來。公孫弘向武帝謝罪說：「我不過是山東一個見識淺薄的人，不知道修築朔方城對國家有這麼多的好處，希望停止通西南夷、設置蒼海郡等活動而全力以赴經營朔方郡。」漢武帝於是批准公孫弘的建議。春天，撤銷蒼海郡。

公孫弘所蓋的是布做的被子，每頓飯只有一個肉菜。汲黯抨擊他說：「公孫弘位列三公，俸祿豐厚，然而卻蓋布被子，說明他虛偽狡詐。」武帝轉問公孫弘，公孫弘謝罪說：「有這回事。九卿中與我最要好的，莫過於汲黯，然而今天，汲黯在朝廷上當面責問我的話，正中我的要害。我以三公的身分而用布被，這與小官吏沒有差別，確實有偽詐的嫌疑，說是想以此沽名釣譽一點也不為過，就像汲黯說的那樣。而且，如果不是汲黯對陛下的忠心，陛下怎麼能夠聽到這樣的話？」漢武帝認為公孫弘謙讓，對他更加敬重。

三月，大赦天下。

夏季，四月初七日丙子，漢武帝封匈奴軍臣單于的太子於單為涉安侯，幾個月之後，涉安侯於單去世。

當初，匈奴投降的人說：「月氏國在敦煌、祁連山之間，是一個很強大的國家，但被匈奴冒頓單于打敗。老上單于殺死了月氏王以後，還把月氏王的人頭骨當做飲酒的器皿。其他的月氏人都逃向了很遠的地方，他們心裡仇恨匈奴，只是沒有人能幫助他們來共同襲擊匈奴。」漢武帝於是招募能夠出使月氏的使者。漢中人張騫以郎官的身分應募前往，他走出隴西，在經過匈奴境內的時候，被匈奴單于捉住，張騫在匈奴被扣留了十多年。後來張騫終於找個機會逃跑了，他繼續向西邊的月氏方向進發，走了幾十天，到達大宛國。大宛國聽說漢朝是一個非常富饒的國家，想與漢朝通商卻一直沒有辦法，看見張騫到來，非常高興，為他派遣了嚮導和翻譯人員，陪同他抵達康居國，再乘傳車到達大月氏。當時是大月氏太子為國王，他擊敗了大夏國，佔領了大夏國的部分國土而後定居下來。這裡的土地肥沃，很少有敵人入侵，因此他們已經沒有一點向匈奴報仇的意願。張騫在這裡逗留了一年多，始終得不到月氏的肯定答覆，只好返回漢朝。他途中沿著喀喇昆侖山，想要穿過羌族佔領的地區返回漢朝。不料又被匈奴擒獲，拘留了一年有餘。碰巧趕上伊稚斜正在驅逐於單，匈奴國發生內亂，張騫才得以與堂邑氏家的奴隸甘父逃回漢朝。武帝封張騫為太中大夫，封甘父為奉使君。當初張騫出使時帶去的有一百多人，十三年後返回漢朝時，只有張騫和甘父兩個人。

匈奴數萬名騎兵侵入邊塞，殺死了代郡太守恭，並掠走了一千多人。

六月初二日庚午，漢武帝的母親王太后去世。

秋季，停止經營西夷的活動，只設置南夷、夜郎兩個縣，任命一個都尉統領，後來又讓犍為郡憑藉當地的力量自力更生謀求發展，朝廷則集中力量修築朔方城。

匈奴又侵入雁門郡，殺死和掠走了一千多人。

這一年，中大夫張湯擔任廷尉。張湯為人狡詐多端，靠耍手段制馭群僚。當時漢武帝正對儒學產生濃厚興趣，張湯表面上裝出一副對儒家學說很感興趣的樣子，尊稱董仲舒、公孫弘等為自己的老師。任用千乘縣人兒寬為掌管申訴和審定案件的奏讞掾，在審理、判決重大案件時，總要引用一些古代的經典條文作為判案的依據。張湯所審理的案子，如果是漢武帝想要嚴辦的，張湯就派手下那些酷苛的僚屬用苛刻的法律條文置之於死地；如果是漢武帝想要釋放的人，那麼張湯就派寬和的僚屬按照皇帝的意圖從輕發落。武帝由此而非常喜歡張湯。張湯對於親戚朋友的子弟格外關照，倍加保護，他登門拜訪朝野的名公宿望，不避寒暑，所以張湯執法既嚴酷狠毒又不公平，然而卻享有很高的聲譽。

汲黯屢次在漢武帝面前指責質問張湯說：「你身為國家重臣，位列九卿，對上不能發揚光大先帝的功業，對下不能抑制天下人的邪惡之心，使國家安定、人民富裕，使案件減少、監獄空虛，為什麼平白無故把高皇帝制定的法律胡亂修改？而你將會因此而滿門滅絕了！」汲黯經常與張湯辯論，張湯的辯詞常常在一些瑣碎的具體條文上糾纏，而汲黯剛直嚴厲，總是在大的問題上堅持原則，卻不能使張湯屈服，氣得無法，就大罵他說：「天下人都說刀筆小吏不能讓他做公卿，今天看來果然如此。如果讓張湯這個人掌了大權，將使天下人重足而立不敢舉步，側目偷覷而不敢正眼相看了！」

四年（丙辰　西元前一二五年）

冬季，漢武帝到甘泉巡視。

夏季，匈奴分別以三萬名騎兵侵入代郡、定襄郡、上郡，殺死掠走了幾千人。

【研　析】本卷寫了武帝元光二年（西元前一三三年）至元朔四年（西元前一二五年）共九年間的全國大事，其中可議論的主要有以下幾方面：

其一，漢武帝上臺前後，漢王朝與匈奴的矛盾原不十分尖銳，首先挑起雙方戰爭的是漢武帝盲目聽信王恢的貿然興兵，理應受到歷史的譴責；但漢王朝與匈奴的戰爭是不可避免的，只是一個時間問題。漢與匈奴的戰爭展開後，漢將衛青的表現是卓越的。關於首次進行的關市之戰，臺灣三軍大學《中國歷代戰爭史》評論說：「衛青所以能獨勝者，青之智勇或較他將為優，但實為當時情況所使然。因青所擊之地，正當匈奴本部與其左賢王兩地區之接界處；且敖與廣已將匈奴本部之主力吸住，此實青致勝之主要緣由也。」陳梧桐等《中國軍事通史》說：「關市誘敵奇襲戰的總體戰果並不理想。漢軍投入作戰的兵力不多而又分散作戰，彼此難以相互支援，勝少敗多，勢在必然。從作戰規模來推測，漢軍此戰似乎帶有試探的性質，目的主要是為了偵察敵情，積累作戰經驗。其中衛青的小勝，雖然含有僥倖的成分，但意義卻非同一般。龍城乃是匈奴單于大會諸國、祭祀天地、祖先的神聖之地，漢軍將它一舉攻破，對匈奴的精神打擊遠比軍事打擊要沉重得多，漢軍也因此而深受鼓舞，士氣大為高漲。還應該看到，關市誘敵奇襲戰是漢軍第一次把戰場擺到了匈奴的境內，而衛青率輕騎奔襲成功，則為漢軍提供了遠途奔襲作戰的最初範例。」關於收復河南的一戰，亦即軍事史所說的「河西朔方戰役」，武國卿《中國戰爭史》稱之為「漢武帝驅逐匈奴的重大戰役，也是西漢王朝統一我國西北地區邁出的重要一步」。並說它「加速了我國西北地區的統一，解除了匈奴貴族從西北方對京都長安的威脅，建立了向匈奴進一步出擊的戰略基地」。說它「實際上是西漢王朝向匈奴貴族發動一系列戰略進攻的奠基之戰」。此舉表明漢代已穩定佔領河套地區，並準備以此為依託繼續西征、北伐。又，漢武帝之所以決心在此設郡並築城，頗與主父偃之進言有關，因為主父偃曾盛言「河南地肥饒，外阻河，蒙恬城之以逐匈奴，內省轉輸戍漕，廣中國，滅胡之本也」。

其二，關於張騫的歷史評價。梁啟超曰：「博望通西域之役，其功在漢種者有三：一曰殺匈奴猾夏之勢，自文、景以來，匈奴役屬西域，結黨南羌，地廣勢強，蒸蒸南下，候騎每至甘泉，屯防及於細柳。非有以挫之，則小之為劉淵、石勒之橫行河朔，大之為金源、蒙古之蹂躪神州，左衽之痛豈俟數百年千年之後哉？其時漢欲制匈奴，則伐謀伐交之策，遠交近攻之形，不可不注意西域。張博望首倡通月氏、結烏孫之議，卒以斷匈奴右臂，隔絕南羌，斬其羽翼；及孝武末世，遂至匈奴遠遁，幕南無王庭。元成以後，卒俯首貼耳，稱藩屬於我大國。而發之成之者，實自張博望。二曰開亞歐交通之機。秦漢之間，東西民族皆已成熟漲進，務伸權力於域外。羅馬帝國將興，而亞力安族文明將馳驟於地中海之東西岸，顧不能逾蔥嶺，以求通於我國。而溝而通之者，實始博望。三曰完中國一統之業。當時滇黔諸國，皆未內屬，漢武初雖嘗從事西南夷，然以費多罷之。其後感博望蜀布邛杖之言，卒再興作，使王然于、柏始昌、呂越人等十餘輩往求身毒國，遂開滇道、達交趾，卒使數千年為國屏藩。雖其事不專成於博望，而創始之功實博望尸之，博望之有造於漢種者何如也？」《飲冰室文集・張博望班定遠合傳》 按：首先載錄張騫通西域事跡的是《史記・大宛列傳》，但由於司馬遷是把張騫視為與鼓動漢武帝設謀馬邑以挑起與匈奴戰爭的王恢、慫恿武帝勞民傷財以通西南夷的唐蒙、司馬相如為同一類人物，是引發日後討伐大宛戰爭的罪魁禍首，是鼓動漢武「生事」的分子，所以司馬遷不喜歡他。其實張騫的通西域與漢武帝的討伐、擴張並無必然聯繫。張騫是我國最早的大探險家，其勇敢堅毅，忠於國家、忠於探險事業的精神，是令人敬佩的。就其實際品質與其歷史貢獻而言，應該是遠遠地高出於單純以氣節著稱的蘇武之上。司馬遷儘管從總的情緒上不喜歡張騫，但他仍是把張騫那種非常人所能及的意志品格充分表現出來了。張騫無疑是漢代最傑出的為人類做出過重大貢獻的少有人物之一。

其三，郭解是司馬遷筆下最生動、最富有感情色彩的人物之一，詳情見《史記・游俠列傳》。郭解是被漢武帝親自干預，被漢代儒生躍居丞相之位的公孫弘親定罪名殺害的。司馬遷敢於和當朝天子、當朝丞相唱對臺戲，敢於無保留地歌頌郭解並為之樹碑立傳，就憑這一條就足足可以判他一個「宮刑」之罪了。〈游俠列傳〉是《史記》中最富民主性、批判性的篇章之一。但是話又說回來，只要是一個有章法、有法律的社會，哪個統治者能允許破壞法制的游俠存在呢？只有那些敵視現行政權、現實統治的人才希望天下越亂越好，所以是否肯定游俠、是否肯定「黑道」人物，完全是一個立場、觀點問題。司馬遷有較強烈的民主思想；又聯繫社會下層，與受壓迫的勞動人民聯繫較緊；又自身慘遭封建王朝的迫害，活得生不如死，因此他的許多思想與正統文人、尤其與那些御用文人針鋒相對就不會讓人覺得奇怪了。班固尖銳地批評司馬遷「論大道則先黃老而後《六經》，序游俠則退處士而進奸雄，述貨殖則崇勢力而羞賤貧」。其言甚壯，但細讀他的「古者天子建國、諸侯立家，自卿大夫以至於庶人各有等差，是以民服事其上而下無覬覦」云云，豈不太封建、太奴性化了麼？

卷第十九

漢紀十一

起強圉大荒落（丁巳 西元前一二四年），盡玄黓閹茂（壬戌 西元前一一九年），凡六年。

【題解】本卷寫了武帝元朔五年（西元前一二四年）至元狩四年（西元前一一九年）共六年間的全國大事，其中最重要的是寫了衛青、霍去病的北伐匈奴，這裡包括衛青的大破右賢王與兩次出定襄擊匈奴，使匈奴從此遠避漢北；霍去病的過焉支山擊匈奴，平定河西，迫使渾邪、休屠二部歸降漢王朝；以及衛青、霍去病兩路越大漠伐匈奴，衛青與單于大戰，單于敗走，霍去病大破左賢王，封狼居胥山。這是漢王朝大破匈奴的頂戰，也是衛青、霍去病的最輝煌軍事勝利。其次是寫了淮南王、衡山王的蓄謀造反與其被消滅的過程；寫了公孫弘的拜相封侯與漢王朝的尊儒活動；寫了桑弘羊等推行鹽鐵官營、算緡告緡，使用白金、皮幣等經濟措施；寫了張湯、甯成、王溫舒等酷吏為保證武帝政策的推行而實行嚴刑峻法。此外還寫了直臣汲黯繼續對武帝的政策進行批評，名將李廣以四千對匈奴四萬人的卓絕戰鬥，與其隨衛青北伐因失道落後而悲憤自殺等等。

世宗孝武皇帝中之上

元朔五年（丁巳　西元前一二四年）

冬，十一月乙丑❶，薛澤免❷，以公孫弘❸為丞相，封平津侯❹。丞相封侯自弘始❺。

時上方❻興功業❼，弘於是開東閤❽以延❾賢人，與參謀議❿。每朝覲⓫奏事，因言國家便宜⓬，上亦使左右文學之臣⓭與之論難⓮。弘嘗奏言：「十賊彍弩⓯，百吏不敢前。請禁民毋得挾弓弩⓰，便⓱。」上下其議⓲。侍中⓳吾丘壽王⓴對曰：「臣聞古者作五兵㉑，非以相害㉒，以禁暴討邪㉓也。秦兼天下，銷甲兵，折鋒刃㉔，其後民以耰鉏箠梃㉕相撻擊，犯法滋眾㉖，盜賊不勝㉗，卒以亂亡㉘。故聖王務教化㉙而省禁防㉚，知其㉛不足恃㉜也。禮㉝曰：『男子生，桑弧、蓬矢以舉之㉞。』明示有事也㉟。大射之禮㊱，自天子降及庶人㊲，三代之道㊳也。愚聞聖王合射以明教㊴矣，未聞弓矢之為禁㊵也。且所為禁者，為盜賊之以攻奪也㊶。攻奪之罪死㊷，然而不止者，大姦之於重誅，固不避㊸也。臣恐邪人挾之而吏不能止㊹，良民以自備而抵法禁㊺，是擅賊威而奪民救也㊻。竊以為大不便。」書奏，上以難弘㊼，弘詘服㊽焉。

弘性意忌㊾，外寬內深㊿。諸嘗與弘有隙(51)，無近遠，雖陽與善(52)，後竟報其過(53)。董仲舒(54)為人廉直，以弘為從諛(55)，弘嫉之。膠西王端(56)驕恣，數(57)犯法，所殺傷二千石(58)甚眾。弘乃薦仲舒為膠西相(59)，仲舒以病免(60)。汲黯(61)常毀儒(62)，面觸弘(63)，弘欲誅之以事(64)，乃言上曰：「右內史界部中(65)多貴臣、宗室(66)，難治(67)。非素重臣(68)不能任，請徙黯為右內史。」上從之。

春，大旱。

匈奴右賢王(69)數侵擾朔方(70)，天子令車騎將軍青(71)將三萬騎出高闕(72)。衛尉蘇建(73)為游擊將軍，左內史李沮為彊弩將軍，太僕(74)公孫賀為騎將軍，代相李蔡(75)為輕車將軍：皆領屬車騎將軍(76)，俱出朔方。大行(77)李息、岸頭侯(78)張次公為將軍，俱出右北平(79)。凡十餘萬人擊匈奴(80)。右賢王以為漢兵遠，不能至，飲酒，醉。衛青等兵出塞六七百里，夜至，圍右賢王(81)。右賢王驚，夜逃，獨與壯騎(82)數百馳，潰圍北去。得右賢裨王(83)十餘人，眾男女萬五千餘人，畜數十百萬(84)，於是引兵而還(85)。至塞，天子使使者持大將軍(86)印，即(87)軍中拜衛青為大將軍，諸將皆屬焉。

夏，四月乙未(88)，復益封青八千七百戶(89)，封青三子伉、不疑、登皆為列侯(90)。青固謝(91)曰：「臣幸得待罪(92)行間，賴陛下神靈，軍大捷，皆諸校尉(93)力戰之功也。

陛下幸已益封臣青，臣青子在襁褓[94]中，未有勤勞，上列地封為三侯，非臣待罪行間所以勸士[95]力戰之意也。」天子曰：「我非忘諸校尉功也。」乃封護軍都尉[96]公孫敖[97]為合騎侯[98]，都尉韓說[99]為龍頟侯[100]，公孫賀[101]為南窌侯[102]，李蔡[103]為樂安侯[104]，校尉李朔為涉軹侯[105]，趙不虞為隨成侯[106]，公孫戎奴為從平侯[107]，李沮、李息及校尉豆如意皆賜爵關內侯[108]。

於是青尊寵，於羣臣無二[109]。公卿以下皆卑奉之[110]，獨汲黯與亢禮[111]。人或說黯曰：「自天子欲羣臣下大將軍[112]，大將軍尊重，君不可以不拜[113]。」黯曰：「夫以大將軍有揖客[114]，反不重邪[115]！」大將軍聞，愈賢黯[116]，數請問[117]國家朝廷所疑，遇黯加於平日[118]。

大將軍青雖貴，有時侍中，上踞廁而視之[119]。丞相弘燕見[120]，上或時不冠[121]。至如汲黯見，上不冠不見也。上嘗坐武帳[122]中，黯前奏事。上不冠，望見黯，避帳中，使人可其奏[123]。其見敬禮如此。

夏，六月，詔曰：「蓋聞[124]導民以禮[125]，風之以樂[126]。今禮壞樂崩，朕甚閔[127]焉。其令禮官[128]勸學興禮[129]以為天下先[130]！」於是丞相弘等奏：「請為博士官[131]置弟子[132]五十人，復其身[133]，第其高下[134]，以補郎中、文學、掌故[135]。即有秀才異等[136]，輒以名聞[137]。其不事學若下材[138]，輒罷之[139]。又，吏通一藝以上者[140]，請皆選擇以補右職[141]。」上從之。自此公卿、大夫、士、吏彬彬多文學之士矣[142]。

秋，匈奴萬騎入代[143]，殺都尉[144]朱英，略[145]千餘人。

初，淮南王安[146]好讀書屬文[147]，喜立名譽[148]，招致賓客方術之士數千人。其羣臣、賓客，多江、淮間輕薄士[149]，常以厲王遷死[150]感激安[151]。建元六年[152]，彗星見[153]。或[154]說王曰：「先吳軍時[155]，彗星出，長數尺，然尚流血千里。今彗星竟天[156]，天下兵當大起。」王心以為然，乃益治[157]攻戰具，積金錢。

郎中雷被[158]獲罪於太子遷[159]。時有詔[160]，欲從軍者輒詣長安[161]，被即願奮擊匈奴[162]。太子惡被於王[163]，斥免之[164]，欲以禁後[165]。是歲，被亡之長安[166]，上書自明[167]。事下廷尉治[168]，蹤迹連王[169]，公卿請逮捕治王[170]。太子遷謀令人[171]衣衛士衣，持戟居王旁，漢使有非是[172]者，即刺殺之，因發兵反。天子使中尉宏[173]即訊王[174]。王視中尉顏色和，遂不發[175]。公卿奏[176]：「安雍閼[177]奮擊匈奴者，格明詔[178]，當棄市[179]。」詔削二縣[180]。既而安自傷曰：「吾行仁義，反見削地[181]。」恥之，於是為反謀益甚。

安與衡山王賜[182]相責望禮節[183]，間不相能[184]。衡山王聞淮南王有反謀，恐為所并[185]，亦結賓客為反具[186]。以為淮南已西[187]，欲發兵定江、淮之間而有之[188]。衡山王后徐來譖太子爽於王[189]，欲廢之，而立其弟孝[190]。王囚太子而佩孝以王印[191]，令招致賓客。賓客來者微知淮南、衡山有逆計[192]，日夜從容勸之[193]。王乃使孝客江都[194]人枚赫、陳喜作輣車[195]、鍛矢[196]，刻天子璽、將相軍吏印。秋，衡山王當入朝[197]，過淮南[198]。淮南王乃昆弟語[199]，除前隙[200]，約束反具[201]。衡山王即上書謝病[202]，上賜書不朝[203]。

【章旨】以上為第一段，寫元朔五年（西元前一二四年）一年間的全國大事，其一是寫了公孫弘的為人與其為丞相、尊儒術的一些事情；其二是寫了衛青大破匈奴右賢王，並被封為大將軍的光輝事跡，同時也附帶寫了汲黯的耿介人格；其三是寫了淮南王、衡山王兄弟圖謀造反的一些情節，為下卷淮南、衡山兩國被滅做了伏筆。

【注釋】❶十一月乙丑　十一月初五。❷薛澤免　薛澤免去丞相之職。據《史記·漢興以來將相名臣年表》，薛澤自武帝元光四年（西元前一三一年）為丞相。薛澤是劉邦功臣薛歐的後代，襲其先人之爵為平棘侯。❸公孫弘　一個以念儒書而平步青雲的人，在《史記》中是被司馬遷集中批判的對象，在此之前任御史大夫。事跡詳見《史記·平津侯主父列傳》、《漢書·公孫弘傳》。❹平津侯　封地平津鄉。平津鄉在今河北鹽山縣城南。❺丞相封侯自弘始　西漢初期之為丞相者例皆劉邦之開國功臣或襲其父兄之爵的功臣後代，這些人自身都是列侯。而公孫弘則是一個由平民進身為丞相的人，本來是個白丁，漢武帝為提高他的身分，特別因其任丞相而封之為列侯。且由此定例，凡是白丁出身的人，一旦任丞相，隨即封之為列侯。此例自公孫弘始。❻方　正在；正值。❼興功業　指內興儒業，外對四夷用兵等等。❽東閤　也作「東閣」。朝堂東開的小門，與群臣、諸僚出入的南向正門相對而言。師古曰：「閤者，小門也，東向開之，避當庭門而引賓客，以別於掾史官司屬也。」

❾延　請；招納。❿與參謀議　共同研討國家大事。⓫朝覲　朝見皇帝。覲，拜見。⓬國家便宜　對國家的發展有利，當前應該採取的措施。⓭左右文學之臣　如徐樂、嚴安、東方朔、司馬相如等在皇帝身邊或排憂解悶、或聊充謀議的文化人。⓮論難　論辯，故意令其回答。⓯十賊彍弩　有十個土匪拉開硬弓對著眾人。彍弩，拉弓搭箭。弩，一種可以連發的弓。⓰毋得挾弓弩　猶今所謂不准私藏武器。挾，持；執。⓱便　這種規定對社會治安有利。⓲下其議　將公孫弘的提議交由群臣討論。⓳侍中　在宮廷侍奉皇帝的人。侍中也是官名，皇帝的侍應官員。⓴吾丘壽王　姓吾丘，名壽王，即上文所說的「左右文學之臣」。㉑五兵　五種兵器，指矛、戟、弓、劍、戈，這裡即泛指各種兵器。㉒非以相害　不是為了讓大家互相傷害。㉓禁暴討邪　制止殘暴、討伐邪惡。㉔銷甲兵二句　指毀掉武器不用。銷，熔化。㉕耰鉏箠梃　泛指農具與棍棒之類。耰，古農具名，用以擊碎土塊、平整土地。也有說耰即鋤杠。箠，趕馬的竹片。梃，木棍。㉖滋眾　更多。㉗盜賊不勝　盜賊多得國家沒法制止。言不可勝。㉘卒以亂亡　最後被推翻了。卒，終於。㉙務教化　強調以仁義教育感化。務，強調。㉚省禁防　減少酷烈的刑罰統治。㉛其　指刑罰。㉜不足恃　不能倚靠。㉝禮　此指《禮記》，儒家的所謂「經典」之一。㉞男子生二句　兩句見《禮記・射義》。意思是一個男孩生下來，在舉行洗沐禮的時候就要象徵性地教他拈弓射箭。桑弧蓬矢，以桑木做弓，以蓬草桿為矢。舉，古時對新生兒舉行的洗沐禮。㉟明示有事也　意思是現在象徵性地教他射箭，目的就是讓他日後要志在四方。㊱大射之禮　古代各級官府、各級學校都要按時舉行的一種射箭禮儀。㊲自天子降及庶人　意即上自天子，下至平民百姓，都要參加這種大射禮。㊳三代之道　這是從夏、商、周流傳下來一貫如此的規矩。㊴合射以明教　召集大家一齊演練以教育群眾。㊵未聞弓矢之為禁　從未聽說哪一代聖王曾下令禁止攜帶弓箭。㊶且所為禁者二句　公孫弘之所以要提出禁止百姓攜帶弓箭，是因為盜賊拿著弓箭掠奪百姓。㊷攻奪之罪死　攻擊劫奪百姓本來就是死罪。㊸大姦之於重誅二句　那些死心塌地的土匪強盜從來是不怕死的。重誅，嚴懲。㊹邪人挾之而吏不能止　意即禁止百姓攜帶弓箭的命令根本禁止不了壞人的私帶弓箭。㊺良民以自備而抵法禁　結果是讓那些良民為用於自衛而攜帶弓弩反而成了犯法。抵，觸犯。㊻是擅賊威而奪民救也　你這樣做的結果是剝奪了良民自衛的武器，而讓土匪強盜去專享弓箭的效用。擅，專享；獨佔。㊼難弘　用吾丘壽王的意思以責問公孫弘。㊽詘服　被問得張口結舌，無話可說。㊾意忌　多疑且又忌恨人。王念孫曰：「意忌二字平列，意者，疑也。」㊿外寬內深　表面上寬和厚道，而內心裡陰狠刻毒。(51)有隙　有怨恨；有過節。隙，舊怨。(52)陽與善　表面上裝作與其關係良好。陽，意思通「佯」，假裝。(53)後竟報其過　最後都是要對之進行報復。報其過，報舊仇。(54)董仲舒　武帝時期的著名儒生，以治《公羊春秋》聞名於世。董仲舒為人正直，事情詳見《漢書・董仲舒傳》。(55)以弘為從諛　認為公孫

弘是一個巴結、討好權貴的人。(56)膠西王端　劉端，景帝之子，武帝的異母兄，為人強暴兇悍，許多派往膠西（國都在今山東高密西南）的朝廷官吏都死在他手裡。詳情見《史記・五宗世家》。(57)數　屢屢。(58)所殺傷二千石　指朝廷派到膠西國去的二千石一級的官吏，如相、太傅、內史等官。(59)薦仲舒為膠西相　目的是借刀殺人。(60)以病免　意謂董仲舒當了一段時間的膠西相之後，自己推說有病辭職回家。(61)汲黯　武帝時期的直臣，敢於批評武帝推行的各種政策，是司馬遷筆下受歌頌的人物。事情詳見《史記・汲鄭列傳》。(62)毀儒　誹謗儒生；說儒家分子的壞話。(63)面觸弘　當面頂撞公孫弘。(64)欲誅之以事　想找藉口殺了他。(65)右內史界部中　右內史的管轄區域內。右內史是官名，也是政區名，景帝二年由掌治京師的內史一分為二。右內史、左內史的治所都在長安（在今陝西西安西北）城內。(66)宗室　皇族。(67)難治　難以管理。(68)素重臣　一向受朝廷重視的大臣。素，平時；向來。(69)匈奴右賢王　匈奴單于部下的兩個最高官長之一，通常都由單于的兒子或兄弟充任。右賢王居單于的東方，左賢王居單于的西方，協助單于統治全國。(70)朔方　漢郡名，郡治在今內蒙古烏拉特前旗東南。(71)車騎將軍青　衛青，時任車騎將軍之職。車騎將軍是高級武官名，其地位僅次於大將軍。(72)高闕　軍事要塞名，在今內蒙古之杭錦後旗東北。(73)衛尉蘇建　蘇建是西漢名臣蘇武之父，時任衛尉之職。衛尉是統兵護衛宮廷的軍事長官，當時有未央宮衛尉與長樂宮衛尉二人。(74)太僕　朝官名，九卿之一，主管為皇帝趕車。(75)代相李蔡　李蔡是西漢名將李廣之弟，時任代相。此時的代王劉義，是文帝子劉參的後代。代國的都城在今山西晉陽西南。(76)皆領屬車騎將軍　都歸車騎將軍衛青統領。(77)大行　即大行令，也稱「典客」，九卿之一，主管歸附的少數民族事務。(78)岸頭侯　封號名，封地在岸頭鄉。(79)右北平　漢郡名，郡治平剛（舊說在今遼寧凌源西南，經查，乃在內蒙古寧城之淀子鄉）。(80)擊匈奴　此時之匈奴首領為伊稚斜單于（西元前一二六—前一一五年在位）。(81)圍右賢王　何焯曰：「右賢王怨漢侵奪其河南地，數侵擾朔方，此出專以擊走右賢王，終前功也。前出雲中而忽西，焉知不出朔方而忽東乎？亦令兩將軍出右北平者，綴單于，疑左賢王也。」臺灣三軍大學《中國歷代戰爭史》曰：「是役衛青竟能指導遠東方之作戰，是為中國史上戰略指導之一大躍進。」(82)壯騎　精壯的騎兵。(83)右賢裨王　右賢王手下的小王。裨王，師古曰：「小王，若言裨將也。」《史記・匈奴列傳》謂匈奴官職有「二十四長」，這些人可以自置「千長、百長、什長、裨小王、相封、都尉、當戶、且渠之屬」。(84)數十百萬　師古曰：「數十萬以至百萬。」(85)引兵而還　以上元朔五年之衛青北伐匈奴即通常所說的「奇襲右賢王庭之戰」。高銳《中國軍事史略》曰：「河南、漠南之戰，是漢與匈奴大戰的第一回合，事關全局。這一勝利達到了三個目的：一、正面推進，擴大戰果，將匈奴主力逼往漠北，使其遠離漢境；二、將匈奴左右部切斷，以便分而制之；三、確保了河南地不再得而復失，根除了匈奴對長安的直接威脅。」「此一戰役成功運用了避實就虛的戰術，當時，匈奴左部勢力強大，所以從漢朝東北進攻上谷、漁陽，而漢軍卻不在東方與匈奴主力硬拼，而是在正面乘虛攻取河南，出其不意，攻其不備，取得漢匈戰爭正面戰場的勝利。」(86)大將軍　漢武帝設立的最高軍官名，其下是車騎將軍、衛將軍，這些職位名義上是在丞相之下，其實權都在丞相之上。這是從武帝開始的西漢職官的一大變化。(87)即　就。就其所在而封拜之，以見尊寵之極。(88)四月乙未　四月初八。(89)益封青八千七百戶　元朔二年，衛青以收復河南之功被封為長平侯，食邑三千八百戶，不久又追加三千戶；至元朔五年大破右賢王，又益封八千七百戶，累計已達一萬五千五百戶。(90)封青三子伉不疑登皆為列侯　據《史記·衛將軍驃騎列傳》，青子伉被封為宜春侯，封地宜春，在今河南汝南縣西南；青子不疑被封為陰安侯，封地陰安，在今河南清豐北；青子登被封為發干侯，封地發干，在今山東冠縣東南。(91)固謝　堅決推辭。(92)待罪　謙言自己任某職。「待罪行間」即謙言任該軍統帥。(93)諸校尉　指衛青屬下各部隊長。當時將軍屬下分若干部，各部的長官即校尉。(94)襁褓　也寫作「繈褓」，《正義》曰：「襁長尺二寸，闊八寸，以約小兒於背。褓，小兒被也。」這裡極喻其諸子年齡之幼小。(95)勸士　勉勵全軍將士。(96)護軍都尉　軍官名，級別略同於校尉，在大將屬下主管監護、協調諸部兵馬。(97)公孫敖　姓公孫名敖，衛青早年的朋友。(98)合騎侯　《索隱》曰：「以戰功為號，謂以軍合驃騎，故云『合騎』，若『冠軍』、『從驃』然也。」按，此處之「合騎」意即「配合車騎將軍」。(99)韓說　劉邦功臣韓王信的曾孫，弓高侯韓穨當之孫，武帝男寵韓嫣之弟。事跡可參見《史記·韓信盧綰列傳》。(100)龍額侯　封地龍額，在今河北景縣東。額，通「額」。(101)公孫賀　武帝皇后衛子夫的姐夫。事跡詳見《漢書·公孫賀傳》。(102)南窌侯　封地南窌，具體方位不詳。(103)李蔡　漢代名將李廣之弟。(104)樂安侯　封地樂安，在今山東博興東北。(105)涉軹侯　封地涉軹，在今山東淄博之臨淄西。(106)隨成侯　名號侯，無封地。(107)從平侯　名號侯，無封地。(108)關內侯　比列侯低一級，以其無封地，住在長安，故稱關內侯。(109)於羣臣無二　在群臣中沒有第二個。(110)卑奉之　謙卑地尊奉他。(111)亢禮　行對等之禮。亢，同「抗」。相等；相當。(112)下大將軍　意即尊崇大將軍，自己甘處其下。(113)拜　古代與人相見的一種恭敬姿態，躬身九十度，頭手相碰。(114)揖客　只拱手而不行拜禮的客人。揖，拱手。如拱手而兼彎腰則叫長揖。(115)反不重邪　難道就降低了他的身分嗎。邪，同「耶」。反問語氣詞。(116)愈賢黯　越發覺得汲黯人品好。(117)數請問　屢屢向汲黯請教。(118)遇黯加於平日　對待汲黯的態度比以前更好。遇，對待。鍾惺曰：「『長揖大將軍』，非難事也；獨其言曰『夫以大將軍有揖客，反不重耶』，此語殊帶婉轉，安置大將軍甚有地步，使人可思，不似戇者之言。而大將軍聞，愈賢黯，請問國家朝廷所疑，亦隱然以『社稷臣』待黯也。黯雖亢直，好面折人過，然皆有一段至誠，達於面目，故雖不甚合於主，不甚悅於時，亦未有以害之。無其誠而效其戇，未有不殆者也。」(119)上踞廁而視之　坐在馬桶上和他說話。視，這裡是接見、說話的意思。《集解》引如淳曰：「廁，音側，謂床邊，踞床視之。一云，溷廁也。」按，後說是，「廁」即指廁所。錢鍾書《管錐編》云：「踞廁接見大臣，亦西方帝皇舊習，蒙田所謂據廁牏寶座，處理機要；並有入廁面君特許狀，頒與重臣，俾於溷圊得便宜如宣室之覲。」(120)燕見　平常時候的入宮求見，與朝會相對而言。燕，通「晏」。安閒；安樂。(121)或時不冠　有時不戴帽子，以見其隨便之狀。(122)武帳　四周陳列武器的帷帳。《集解》引應劭曰：「織成為武士像也。」又引孟康曰：「今御武帳，置兵闌五兵（矛、戟、鉞、楯、弓矢）於帳中。」《漢書補注》引沈欽韓曰：「帳置五兵，蓋以蘭錡圍四垂，天子御殿之制如此。有災變，避正殿，寢兵，則不坐武帳也。」(123)可其奏　同意他所請示的事情。楊慎曰：「將言望見黯避帳中，故先從衛青、弘常日見時說來，如此則前所謂尊重，後所謂封侯，皆有不足道矣。」(124)蓋聞　我聽古人說。蓋，發語詞。(125)導民以禮　用禮引導、教育黎民百姓。(126)風之以樂　用樂陶冶、感化黎民百姓。按，《論語・為政》有所謂「道之以政，齊之以刑，民免而無恥；道之以德，齊之以禮，有恥且格」，漢武帝此詔酌用其意。(127)閔　傷心；惋惜。(128)其令禮官　命令主管禮儀的長官。「其」字是發語詞，表示祈請、命令的口氣。禮官是掌管禮儀、教化的長官，即九卿之一的太常。(129)勸學興禮　即按照儒生的說法興辦教育、倡導禮樂。勸，鼓勵。(130)為天下先　為整個社會起帶頭作用。(131)博士官　一種是帝王身邊的參謀顧問人員，一種是太學裡的教官，這裡是指後者。自漢武帝實行尊儒以來，太學裡設有「《五經》博士」，分別講授儒家的各種「經典」。(132)弟子　太學裡的生員。(133)復其身　免除這些生員本人的賦稅徭役。(134)第其高下　按照他們學習成績的優劣不同。第，等級，這裡用如動詞。(135)以補郎中文學掌故　按其成績優劣分別派去充任郎中、文學、掌故等職。郎中，皇帝身邊的低級侍從人員，上屬郎中令。文學，掌握某門儒家學問在中央或地方官府服務的文職人員。掌故，熟悉儒家典籍，能為人提供諮詢的小吏。(136)即有秀才異等　如果發現特別優秀的人才。即，若；假如。秀才異等，即成績特別突出者。(137)輒以名聞　要隨時將其姓名上報朝廷。(138)其不事學若下材　對於那些不努力學習或是素質低下的人。不事學，不好好學；不以學習為事。若，或者。下材，材質低下。(139)罷之　取消其學習資格。(140)吏通一藝以上者　對於那些業餘自學，精通一門以上儒家學問的各級政府官吏。藝，指《詩》、《書》、《易》、《禮》、《春秋》等儒家的各門學問。(141)皆選擇以補右職　都把他們選拔出來委派以更高的官職。右職，級別更高的官職。(142)自此公卿大夫士吏彬彬多文學之士矣　從此上自朝廷的袞袞諸公，下至地方上的斗食小吏一概全都儒化了。彬彬，溫文爾雅的樣子。《文心雕龍・時序》曰：「逮孝武崇儒，潤色鴻業，禮樂爭輝，辭藻競鶩。柏梁展朝宴之詩，金堤制恤民之詠。應對固無方，篇章亦不匱，遺風餘采，莫與比盛。」(143)代　漢郡名，郡治在今河北蔚縣東北之代王城，當時的代郡屬於代國。(144)都尉　駐守代郡的軍事長官，兼掌該郡之軍事。(145)略　意思同「掠」。

146 淮南王安　劉安，劉邦的兒子老淮南王劉長之子。事跡詳見《史記‧淮南衡山列傳》。

147 好讀書屬文　屬文，即寫文章。屬，連綴。《漢書》本傳稱劉安「招致賓客方術之士數千人，作為《內書》二十一篇，《外書》甚眾（即所謂《淮南子》）。又有《中篇》八卷，言神仙黃白之術，亦二十餘萬言。時武帝方好藝文，以安屬為諸父，辯博，善為文辭，甚尊重之。每為報書及賜，常召司馬相如等視草乃遣。初，安入朝，獻所作內篇新出，上愛祕之。使為〈離騷傳〉，旦受詔，日食時上之。又獻頌德及長安都國頌。每宴見，談說得失及方伎賦頌，昏暮然後罷。」

148 喜立名譽　好沽名釣譽。

149 輕薄士　不講道德而一味追逐名利、喜歡生事的人。

150 厲王遷死　厲王名長，即淮南王劉安之父，厲字是其死後的謚。遷，發配，劉長因謀反罪被文帝發配，自殺於途中。

151 感激安　刺激、煽動劉安。

152 建元六年　西元前一三五年。

153 彗星見　古人以為彗星出現預示國家將有大的變亂，是凶險的徵兆，故歷史家將其書之於史。見，通「現」。

154 或　有人。

155 吳軍時　當年吳楚七國興兵造反之時。事在景帝三年（西元前一五四年）。

156 竟天　從天空的這頭到那頭。

157 益治　漸漸準備。治，收拾；打造。

158 郎中雷被　劉安的侍從人員姓雷名被。

159 獲罪於太子遷　雷被在與淮南王太子劉遷比劍時曾失手刺中劉遷，故劉遷恨之。

160 時有詔　朝廷有明文規定。

161 欲從軍者輒詣長安　各諸侯國凡是願意從軍往討匈奴的人都可以自行到漢王朝的首都長安去，任何人不得阻攔。欲從軍，想應募當兵。輒詣長安，可以自行到長安報名。詣，到。

162 被即願奮擊匈奴　雷被遂提出願應募從軍。

163 惡被於王　向淮南王說雷被的壞話。

164 斥免之　罷免了雷被的職務，也不准他前往長安參軍。

165 欲以禁後　想通過罷斥雷被以禁止人們隨意離開淮南到長安應募從軍。

166 亡之長安　偷偷地跑到了長安。亡，潛逃。

167 自明　將自己的實際情況報告了朝廷。

168 事下廷尉治　朝廷將雷被的訴狀交由廷尉調查處理。廷尉，九卿之一，國家的最高司法長官。

169 蹤迹連王　查來查去，事情牽連到了淮南王。蹤迹，用如動詞，即追查。

170 請逮捕治王　請求將劉安逮捕到長安查辦。

171 令人　令自己的親信。

172 有非是　有對王不利的情況。

173 中尉宏　漢王朝的中尉殷宏，中尉是主管首都治安的長官。按，據《漢書‧百官公卿表》此人乃是殷容，則「宏」或當作「容」。

174 即訊王　到淮南國的都城壽春來對劉安進行盤問、調查，這是一種比較寬容的做法。

175 不發　沒有動手襲殺漢中尉。

176 公卿奏　參與審理淮南案件的公卿們上奏朝廷。

177 壅閼　同「壅遏」。壓制；攔阻。

178 格明詔　對抗皇帝的詔令。格，阻擋；不執行。《索隱》引崔浩曰：「詔書募擊匈奴，而壅遏應募者，漢律所謂『廢格』。」

179 棄市　意即處死。處死於市，以明與世人共棄之。

180 詔削二縣　武帝不從眾議，只是削減了淮南國的兩個縣，以示懲罰。

181 反見削地　反而被朝廷削減了國土。見，被。

182 衡山王賜　劉賜，老淮南王劉長之子，劉安之弟。文帝十六年與劉安同時受封為王。

183 相責望禮節　彼此怪罪對方對自己失禮。

184 間不相能　有隔閡，彼此合不來。間，隙；隔閡。不相能，即「不相得」，合不來。185恐為所并　怕被淮南國所吞併。186為反具　準備造反需要的東西。187以為淮南已西　意思是等候淮南王造反率軍殺向漢王朝之後。188定江淮之間而有之　趁機將今安徽、江蘇一帶地區佔為己有。189譖太子爽於王　在衡山王面前說太子的壞話。譖，讒毀，在權勢者面前說人壞話。太子爽，淮南王的太子劉爽，乃前王后乘舒所生的長子。190其弟孝　太子爽的胞弟劉孝。191佩孝以王印　讓劉孝身佩淮南王印。192逆計　反叛朝廷的計謀。193日夜從容勸之　一天到頭地慫恿、鼓動衡山王父子造反。勸，鼓勵；鼓動。194江都　漢縣名，縣治在今江蘇揚州南。195輣車　兵車。196鍛矢　金屬製成的利箭。197當入朝　按規定應進京朝見皇帝。198過淮南　到淮南國訪問。過，過訪。199乃昆弟語　以親兄弟的身分進行了暢談。昆弟，兄弟。200除前隙　消除了以往的隔閡。隙，隔閡；過節。201約束反具　商定好共同製作造反用具。師古曰：「共契約為反具。」202謝病　向朝廷道歉稱病。203上賜書不朝　皇帝給予回信，允許其不必入朝。

【語　譯】世宗孝武皇帝中之上

元朔五年（丁巳　西元前一二四年）

冬季，十一月初五日乙丑，罷免了薛澤的丞相職務，任命公孫弘為丞相，並封公孫弘為平津侯。丞相被封為侯爵，就從公孫弘開始。

此時的漢武帝正雄心勃勃，內興儒業、外對四夷用兵，想要建立蓋世之功，公孫弘於是便將丞相府的東小門打開，專門用來接待、延攬天下那些賢能之人，與他們共同商討國家大事。他每次上朝奏事，都藉機提出對國家發展建設有益的建議，武帝也讓身邊的那些知識分子與公孫弘進行論辯。公孫弘曾經跟漢武帝說：「十個盜賊拉開硬弓準備拼命的時候，即使有一百個官吏，也不敢向前去制止。請皇帝發布命令，禁止私自攜帶弓弩，這樣有利於社會治安。」武帝把這件事交給群臣討論。擔任侍中的吾丘壽王說：「我聽說，古時候製作各種兵器的目的，並不是為了讓人民用來互相傷害，而是為了鎮壓暴力、制止邪惡。秦始皇統一天下後，銷毀了兵器，折斷了鋒刃而不再使用，但後來人民照樣用耰鉏、箠梃之類的東西互相攻擊，違法亂紀、聚眾滋事的不僅沒有得到禁止，反而越來越多，盜賊遍地，多得數不清，秦朝終於因為天下大亂而滅亡。所以賢明的君主強調以仁義教育感化而減少酷烈的刑罰統治，因為他們知道靠強行禁止是靠不住的。《禮記》上說：『生了男孩，在舉行洗沐禮時就要象徵性地用桑木做的弓、蓬草桿做的箭教他拈弓射箭。』寓意是男孩子長大以後要志在四方。古時候舉行射箭禮儀，上自天子下到平民都要參加這種大射禮，這是從夏、商、周三代流傳下來的一貫規矩。我雖然愚笨，但是我聽說賢明的君王召集大家一起演練以教育群眾，卻從來沒有聽說過哪一代聖王曾經下令將弓箭作為禁止之物。而且禁止人民挾持弓弩的目的是為了防止盜賊用它攻擊、奪取百姓的財物。搶奪百姓財物是犯了死罪，然而屢禁不止的原因，是因為奸猾大盜對於殺頭的重刑，本來就不在乎。我所擔心的是奸邪的人挾持弓弩而官吏不能禁止，善良的百姓自備弓弩用於自衛反而觸犯了禁令，這實際上是助長了盜賊的威風而剝奪了人民防衛自救的權利。我認為這樣做很不好。」漢武帝看了吾丘壽王的奏書後，就用這些話責難公孫弘，公孫弘理屈詞窮，無言以對。

公孫弘生性多疑而且嫉妒，表面上很寬和厚道，骨子裡卻陰險狠毒。如果有誰曾經跟他有過過節，不論原來關係遠近，公孫弘表面上都會裝出很友好、很親善的樣子，實際上卻懷恨在心，最後一定要尋找他的過錯進行打擊報復。董仲舒為人廉潔耿直，認為公孫弘善於阿諛奉承，公孫弘對他十分忌恨，總想伺機報復。膠西王劉端驕橫放縱，屢次觸犯法律，殺了好幾個俸祿在二千石以上的朝廷官員。公孫弘就推薦董仲舒去做膠西王劉端的國相，董仲舒推說有病而辭職。汲黯經常毀謗儒生，當面頂撞公孫弘，公孫弘想尋找機會給他定個罪名將他除掉，於是就對漢武帝說：「右內史管轄的區域內有很多的皇親貴戚，很難治理。除非平素有威望的大臣不能勝任此職，請陛下任命汲黯為右內史。」武帝採納了他的意見。

春季，乾旱無雨。

匈奴右賢王屢次率軍侵擾朔方郡。漢武帝命令車騎將軍衛青率領三萬名騎兵從高闕出擊。任命衛尉蘇建為游擊將軍，左內史李沮為強弩將軍，太僕公孫賀為騎將軍，代相李蔡為輕車將軍：全都歸屬車騎將軍衛青指揮，都從朔方郡出擊。大行令李息、岸頭侯張次公也被任命為將軍，兩人都從右北平出擊。總計調動了十多萬人去攻打匈奴。匈奴右賢王認為漢兵路途遙遠，不能很快到達，於是毫無戒備，終日開懷暢飲，經常喝得爛醉如泥。衛青等率兵離開邊塞，疾行六七百里，夜裡抵達匈奴住地，包圍了右賢王。右賢王從睡夢中被驚醒，連夜逃走，慌忙中只帶出數百名強壯的騎兵衝破包圍向北潰逃而去。漢軍擒獲了右賢王屬下的小王十餘人，其他匈奴男女總共一萬五千多人，牲畜數十萬頭，漢軍大獲全勝、凱旋而歸。衛青等人回到邊塞的時候，漢武帝已經派使者捧著大將軍的印綬在邊塞迎接，使者就在軍中宣布武帝的詔命，任命衛青為大將軍，諸將領都歸他統領。

夏季，四月初八日乙未，武帝又給衛青的封邑增加八千七百戶，封衛青的三個兒子衛伉、衛不疑、衛登為列侯。衛青堅決推辭說：「我有幸在軍中擔任統帥，託賴陛下的英明睿智，軍隊才獲得大捷，這都是各個校尉英勇作戰的功勞。陛下已經增加了我的封地，我的孩子們還很幼小，沒有建立功勞，陛下劃分土地將他們三人都封為侯，這不是我在軍中勸勉全軍將士努力作戰的本意啊。」武帝說：「我並沒有忘記諸位校尉的功勞。」於是封護軍都尉公孫敖為合騎侯，都尉韓說為龍頟侯，公孫賀為南窌侯，李蔡為樂安侯，校尉李朔為涉軹侯，趙不虞為隨成侯，公孫戎奴為從平侯，李沮、李息以及校尉豆如意等人都賜封為關內侯。

此時漢武帝對衛青的尊寵和信任，在群臣中獨一無二。公卿以下都很謙卑地奉承他，唯獨汲黯與他行平等之禮。有人對汲黯說：「從皇帝的本意來說，是希望群臣都尊崇大將軍、甘心居於大將軍之下，大將軍非常尊貴，您不可以不對他行拜見禮。」汲黯說：「你是否覺得大將軍有個只對他行拱手禮的客人他就不尊貴了嘛！」大將軍衛青聽說這件事後，更加認為汲黯人品好，屢次將國家、朝廷所遇到的疑難問題向汲黯請教，對汲黯比過去更加敬重。

大將軍衛青雖然地位尊貴，有時在宮中侍奉漢武帝，武帝蹲在廁所裡就召見衛青。平時丞相公孫弘入宮求見，武帝有時不戴帽子就接見他。若是汲黯求見就不同了，武帝不戴好帽子整理好衣服絕不接見汲黯。一次，武帝正坐在陳列著武器的帷帳中，汲黯前來奏事。武帝當時因為沒有戴帽子，看見汲黯來了，趕緊躲避到帷帳後面，派人傳達自己的旨意，同意汲黯所請求的事情。從這裡可以看出武帝對汲黯的敬重程度。

夏季，六月，漢武帝下詔說：「我聽說要用禮來引導、教育人民，用樂來陶冶、感化人民。如今禮壞樂崩，我對此深感惋惜。命令掌管禮儀教化的官員按照儒學的說法興辦教育、倡導禮樂，為人民做出表率！」

於是丞相公孫弘等人奏請武帝：「請為每個博士官招收五十名弟子，免除這些弟子本人的賦稅和徭役，按照他們成績的優劣等次，分別派去補充郎中、文學、掌故等職位的不足。如果發現特別出類拔萃的人才，要即時把他們推薦給朝廷。對於那些不專心於學習、或是素質低下的人，要立時取消他的學習資格。另外，對於那些靠業餘自學，能精通一門以上經學的各級政府官吏，都要選拔上來讓他們擔任更高的職務。」武帝同意他的建議。從此以後，上自公卿、大夫，下及士、吏等各級官員，湧現出很多溫文爾雅的儒學之士。

秋季，一萬多名匈奴騎兵侵入代郡，殺死了都尉朱英，擄掠了一千多人。

當初，淮南王劉安愛好讀書和寫作文章，喜歡沽名釣譽，他招攬了具有各種技藝、其中包括方士在內的數千名賓客。他手下的群臣、賓客大多是長江、淮河流域的不講道德而一味追逐名利、喜歡生事的人，這些人經常把淮南厲王劉長因為遭到流放而慘死的事情來刺激和挑唆劉安造反。建元六年，天上出現彗星。有人藉機煽動淮南王劉安說：「當年吳楚七國興兵造反時，天上就曾經出現過彗星，彗星的光芒雖然僅有數尺長，尚且死傷了很多人，造成血流千里的慘狀。如今彗星的流光劃過了整個長空，恐怕天下將要發生大的戰爭了。」淮南王劉安認為說得有道理，於是就加緊製造攻戰的武器，積聚錢財。

為劉安擔任郎中的雷被因為與淮南王太子劉遷比試劍法，失手刺中太子而獲罪。當時朝廷有明文規定，凡是願意從軍攻打匈奴的，可以直接前往長安，雷被想從軍去攻打匈奴。太子劉遷在淮南王劉安面前詆毀雷被，於是淮南王劉安罷免了雷被的職務，也不允許他前往長安從軍，想以此禁止人們隨意離開淮南去應募從軍。當年，雷被逃到了長安，他給漢武帝上書來表白自己。武帝把此事交給廷尉審查，審查的結果牽連到淮南王劉安，朝廷大臣請求武帝逮捕淮南王劉安，懲罰他的罪過。太子劉遷密謀讓人穿上衛士的服裝，持戟站在淮南王劉安旁邊，漢使如果有異常舉動，就當場將漢使刺死，然後發兵造反。武帝派遣中尉殷宏前往淮南國的都城壽春對劉安進行調查、盤問。淮南王劉安看見中尉殷宏態度和藹、言語溫和，便沒有採取行動。朝中的大臣們奏報武帝說：「淮南王劉安有意阻攔自願前去拼殺匈奴的人，對抗皇帝有關從軍的詔令，罪當處死，陳屍示眾。」漢武帝下詔削減了淮南王的兩個縣以示懲戒。過後，淮南王劉安自怨自艾地說：「我以仁義治理國家，反而被削減了土地。」覺得國土被削減是一件可恥的事情，於是更加緊了謀反的準備工作。

劉安與親兄弟衡山王劉賜曾經為了一些小事而互相責備對方對自己無禮，弟兄之間因而產生隔閡，彼此合不來。衡山王劉賜聽說淮南王劉安有謀反的跡象，恐怕被淮南王所吞併，也結交賓客準備謀反的器械。想等淮南王起兵謀反向西進兵，自己好趁機發兵將長江、淮河之間的土地佔為己有。衡山王的王后徐來在衡山王面前讒毀太子劉爽，想要廢掉劉爽，而立劉爽的弟弟劉孝為太子。衡山王於是囚禁了太子劉爽，而讓劉孝佩戴衡山王的印信，衡山王劉賜令劉孝廣招賓客，擴大黨羽。劉孝招致的賓客私下裡瞭解到淮南王、衡山王有反叛朝廷的跡象，就日夜慫恿衡山王父子趕緊起事。衡山王於是命令劉孝的賓客江都人枚赫、陳喜負責打造戰車、利箭，刻製天子玉璽以及將軍、丞相、軍吏的印章。秋季，衡山王按照規定應當入京朝見皇帝，途中路過淮南。淮南王此次真像個做哥哥的樣子，非常熱情友好地接待了衡山王，於是兄弟倆以前的矛盾完全消除，並約定共同製造謀反的器械。衡山王於是給皇帝寫信推託有病不能入京朝見，漢武帝也致書給衡山王允許他不必進京。

六年（戊午　西元前一二三年）

春，二月，大將軍青出定襄❶，擊匈奴。以合騎侯公孫敖為中將軍❷，太僕公孫賀為左將軍❸，翕侯趙信為前將軍，衛尉蘇建為右將軍，郎中令❹李廣為後將軍，左內史李沮為彊弩將軍：咸屬大將軍。斬首數千級❺而還，休士馬于定襄、雲中、鴈門。

赦天下。

夏，四月，衛青復將六將軍出定襄，擊匈奴，斬首虜⑥萬餘人。右將軍建、前將軍信并軍三千餘騎獨逢單于兵⑦，與戰一日餘，漢兵且盡⑧。信故胡小王⑨，降漢，漢封為翕侯⑩。及敗，匈奴誘之，遂將其餘騎可八百降匈奴⑪。建盡亡⑫其軍，脫身亡⑬，自歸大將軍。

議郎周霸⑭曰：「自大將軍出⑮，未嘗斬裨將⑯。今建棄軍，可斬，以明將軍之威。」軍正閎⑰、長史安⑱曰：「不然。兵法：『小敵之堅，大敵之禽也⑲。』今建以數千當單于數萬，力戰一日餘。士盡，不敢有二心，自歸，而⑳斬之，是示後無反意㉑也，不當斬。」大將軍曰：「青幸得以肺腑㉒待罪行間，不患無威，而霸說我㉓以明威，甚失臣意㉔。且使臣職雖當斬將㉕，以臣之尊寵，而不敢自[1]擅誅於境外㉖，而具歸天子㉗。天子自裁之，於以見為人臣不敢專權㉘，不亦可乎？」軍吏皆曰：「善。」遂囚建詣行在所㉙。

初，平陽縣吏霍仲孺㉚給事平陽侯家㉛，與青姊衛少兒㉜私通，生霍去病。去病年十八，為侍中，善騎射，再從㉝大將軍擊匈奴，為票姚校尉㉞。與輕騎勇㉟八百，直棄大軍㊱數百里赴利㊲，斬捕首虜過當㊳。於是天子曰：「票姚校尉去病，斬首虜二千餘級，得相國、當戶㊴，斬單于大父行㊵藉若侯產㊶，生捕季父羅姑比㊷，再冠軍[43]，封去病為冠軍侯[44]。上谷[45]太守郝賢四從大將軍，捕斬首虜二千餘級，封賢為眾利侯[46]。」

是歲失兩將軍[47]、亡翕侯[48]，軍功不多，故大將軍不益封[49]，止賜千金。右將軍建至[50]，天子不誅，贖為庶人[51]。

單于既得翕侯，以為自次王[52]，用其姊妻之[53]，與謀漢[54]。信教單于益北絕幕[55]，以誘罷[56]漢兵，徼極而取之[57]，無近塞[58]。單于從其計。

是時，漢比歲[59]發十餘萬眾擊胡，斬捕首虜之士受賜黃金二十餘萬斤[60]。而漢軍士馬[61]死者十餘萬，兵甲[62]、轉漕[63]之費不與[64]焉。於是大司農經用竭[65]，不足以奉[66]戰士。六月，詔令民得買爵[67]及贖禁錮[68]，免臧罪[69]。置賞官[70]，名曰武功爵[71]，級十七萬，凡直三十餘萬金[72]。諸買武功爵至千夫者，得先除為吏[73]。吏道雜而多端[74]，官職耗廢[75]矣。

元狩元年（己未　西元前一二二年）

冬，十月，上行幸雍[76]，祠五畤[77]，獲獸，一角而足有五蹄[78]。有司言：「陛下肅祗郊祀[79]，上帝報享[80]，錫[81]一角獸，蓋麟云[82]。」於是以薦[2]五畤[83]，畤加一牛以燎[84]。久之，有司又言：「『元』宜以天瑞命，不宜以一二數[85]。一元曰『建』[86]，二元以長星曰『光』[87]，今元以郊得一角獸曰『狩』[88]云。」於是濟北王[89]以為天子且封禪[90]，上書獻泰山及其旁邑[91]。天子以他縣償之[92]。

淮南王安與賓客左吳等日夜為反謀，案輿地圖[93]，部署兵所從入[94]。諸使者[95]道長安來[96]，為妄言，言「上無男[97]，漢不治[98]」，即喜；即[99]言「漢廷治，有男」，王怒，以為妄言，非也[100]。

王召中郎伍被[101]與謀反事，被曰：「王安得此亡國之言[102]乎！臣見宮中生荊棘，露霑衣也[103]。」王怒，繫伍被父母[104]，囚之三月，復召問之。被曰：「昔秦為無道，窮奢極虐，百姓思亂者，十家而六七。高皇帝起於行陳[105]之中，立為天子[106]，此所謂蹈瑕候間[107]，因秦之亡而動[108]者也。今大王見高皇帝得天下之易也，獨不觀近世之吳、楚[109]乎？夫吳王[110]王四郡[111]，國富民眾，計定謀成[112]，舉兵而西[113]。然破於大梁[114]，奔走而東[115]，身死祀絕[116]者何？誠逆天道而不知時也。方今大王之兵，眾不能十分吳、楚之一[117]；天下安寧，萬倍吳、楚之時。大王不從臣之計[118]，今見[119]大王棄千乘之君[120]，賜絕命之書[121]，為羣臣先死於東宮[122]也。」王涕泣而起[123]。

王有孽子不害[124]，最長。王弗愛，王后、太子皆不以為子、兄數[125]。不害有子建[126]，材高有氣[127]，常怨望[128]太子，陰使人告太子謀殺漢中尉事[129]，下廷尉治[130]。

王患之[131]，欲發，復問伍被曰：「公以為吳興兵[132]是邪非邪[133]？」被曰：「非也。臣聞吳王悔之甚[134]，願王無為吳王之所悔。」王曰：「吳何知反[135]？漢將一日過成皋者四十餘人[136]。今我絕[137]成皋之口，據三川之險[138]，招山東之兵[139]，舉事如此。左吳、趙賢、朱驕如[140]皆以為什事九成，公獨以為有禍無福，何也？必如公言，不可徼幸[141]邪？」被曰：「必不得已，被有愚計。當今諸侯無異心，百姓無怨氣。可偽為丞相、御史請書[142]，徙郡國豪傑高貲於朔方[143]，益發甲卒急其會日[144]。又偽為詔獄書[145]，逮諸侯太子、幸臣[146]。如此，則民怨，諸侯懼。即使辯士隨而說之[147]，儻可徼幸什得一乎[148]！」王曰：「此可也。雖然，吾以為不至若此[149]。」

於是王乃作皇帝璽，丞相、御史大夫、將軍、軍吏、中二千石[150]及旁近郡[151]太守、都尉[152]印、漢使節[153]。欲使人偽得罪而西[154]，事大將軍[155]。一日[156]發兵，即刺殺大將軍。且曰：「漢廷大臣，獨汲黯好直諫，守節死義[157]，難惑以非[158]。至如說丞相弘等[159]，如發蒙振落[160]耳！」

王欲發國中兵，恐其相、二千石[161]不聽，王乃與伍被謀，先殺相、二千石。又欲令人衣求盜衣[162]，持羽檄[163]從東方來[164]，呼曰：「南越[165]兵入界！」欲因以發兵[166]。

會[167]廷尉逮捕淮南太子[168]，淮南王聞之，與太子謀，召相、二千石，欲殺而發兵。召相，相至，內史、中尉[169]皆不至。王念[170]獨殺相無益[171]也，即罷相[172]。王猶豫，計未決[173]。太子即自剄[174]，不殊[175]。

伍被自詣吏[176]，告與淮南王謀反蹤跡[177]如此。吏因捕太子、王后，圍王宮，盡求捕[178]王所與謀反賓客在國中者，索得反具[179]以聞〔3〕上[180]。下公卿治其黨與[181]，使宗正[182]以符節治王[183]。未至[184]，十一月〔4〕，淮南王安自剄。殺王后荼、太子遷，諸所與謀反者皆族[185]。

天子以伍被雅辭[186]，多引漢之美[187]，欲勿誅。廷尉湯[188]曰：「被首為王畫反計[189]，罪不可赦。」乃誅被。侍中莊助[190]素與淮南王相結交，私論議[191]，王厚賂遺[192]助。上薄其罪[193]，欲勿誅。張湯爭[194]，以為：「助出入禁門[195]，腹心之臣[196]，而外與諸侯交私如此，不誅，後不可治[197]。」助竟棄市。

衡山王上書，請廢太子爽[198]，立其弟孝為太子。爽聞，即遣所善白嬴之[199]長安上書，言「孝作輣車、鍛矢，與王御者[200]姦」，欲以敗孝[201]。會有司捕所與淮南王謀反者，得陳喜於衡山王子孝家[202]。吏劾孝首匿喜[203]。孝聞律：「先自告，除其罪」[204]，即先自告所與謀反者枚赫、陳喜等[205]。公卿請逮捕衡山王治[206]之，王自到死，王后徐來、太子爽及孝皆棄市，所與謀反者皆族。

凡[207]淮南、衡山二獄，所連引列侯、二千石、豪傑等，死者數萬人。

夏，四月，赦天下[208]。

丁卯[209]，立皇子據[210]為太子，年七歲。

五月乙巳晦[211]，日有食之。

匈奴萬人入上谷，殺數百人。

初，張騫自月氏還[212]，具[213]為天子言西域[214]諸國風俗：「大宛[215]在漢正西可萬里[216]。其俗土著[217]，耕田。多善馬[218]，馬汗血[219]。有城郭、室屋，如中國。其東北則烏孫[220]，東則于窴[221]。于窴之西，則水皆西流注西海[222]；其東，水東流注鹽澤[223]。鹽澤潛行地下，其南則河源出焉[224]。鹽澤去長安可五千里。匈奴右方[225]居鹽澤以東[226]，至隴西長城[227]，南接羌[228]，鬲漢道[229]焉。烏孫、康居[230]、奄蔡[231]、大月氏，皆行國，隨畜牧[232]，與匈奴同俗。

「大夏[233]在大宛西南，與大宛同俗。臣在大夏時，見邛竹杖[234]、蜀布[235]，問曰：『安得此[236]？』大夏國人曰：『吾賈人往市之身毒[237]。』身毒在大夏東南可數千里，其俗土著，與大夏同。以騫度[238]之，大夏去漢萬二千里，居漢西南。今身毒國又居大夏東南數千里，有蜀物，此其去蜀不遠[239]矣。今使大夏[240]，從羌中，險，羌人惡之[241]；少北，則為匈奴所得[242]。從蜀，宜徑，又無寇[243]。」

天子既聞大宛及大夏、安息[244]之屬皆大國，多奇物，土著，頗與中國同業[245]，而兵弱，貴漢財物[246]。其北有大月氏、康居之屬，兵強，可以賂遺設利朝[247]也。誠得而以義屬之[248]，則廣地[249]萬里，重九譯，致殊俗[250]，威德徧於四海[251]。欣然以騫言為然，乃令騫因蜀、犍為發間使[252]王然于[253]等四道並出[254]。出駹[255]，出冉[256]，出徙[257]，出邛僰[258]：指求身毒國[259]，各行一二千里。其北方閉氐、莋[260]，南方閉嶲、昆明[261]。昆明之屬[262]無君長，善寇盜，輒殺略漢使，終莫得通[263]。於是漢以求身毒道[264]，始通滇國[265]。滇王當羌[266]謂漢使者曰：「漢孰與我大[267]？」及夜郎侯亦然[268]。以道不通，故各自以為一州主，不知漢廣大。使者還，因盛言[269]滇大國，足事親附[270]。天子注意[271]焉，乃復事西南夷[272]。

【章 旨】以上為第二段，寫元朔六年（西元前一二三年）與元狩元年（西元前一二二年）兩年間的全國大事，其要點之一是寫了衛青一年中兩次出定襄北伐匈奴，使漢與匈奴間的兵力對比發生根本變化，從此匈奴遠避漠北，同時寫了青年英雄霍去病以勇於奔襲登上戰爭舞臺；其要點之二是寫了淮南王、衡山王的繼續圖謀造反，與其陰謀洩露、兩國先後被滅的過程；其要點之三是寫了張騫向武帝講述西域見聞，建議由蜀郡經由西南夷以通身毒國，經身毒國以通西域，從而引起漢王朝二次發動通西南夷的艱苦活動。

【注釋】❶定襄　漢郡名，郡治成樂，在今內蒙古和林格爾西北。❷中將軍　《漢書・百官公卿表》不載，或與下述前、後、左、右四將軍級別相同。❸左將軍　《後漢書集解》引韋昭曰：「武帝征四夷，有前、後、左、右將軍，為國爪牙，所以扭示威靈，折衝萬里。」按，漢代武官最高者依次為大將軍、驃騎將軍、車騎將軍、衛將軍；其次為前、後、左、右四將軍；再往下才是諸雜號將軍。前後左右四將軍位同上卿。❹郎中令　九卿之一，統領皇帝侍從，管理宮廷門戶。❺數千級　數千個人頭。因秦漢時代的法令規定，凡斬一敵首，即升一級，故稱人頭曰「首級」。❻斬首虜　斬敵之頭與捉得俘虜。❼單于兵　單于親自統領的中央大軍。此單于即伊稚斜，軍臣單于之子，西元前一二六—前一一五年在位。❽且盡　幾乎全部戰死。❾信故胡小王　前將軍趙信原是匈奴人，在匈奴時是一個小王爺。❿翕侯　翕是封地名，在今河南民權西北。⓫降匈奴　後文寫衛青大破匈奴於漢北，曾追擊之至「寘顏山趙信城」，蓋即單于尊養趙信之地。漢匈長期交戰，都注意尊寵歸降者，匈奴降漢者得封侯；漢之投降匈奴者如中行說、衛律、李陵等亦皆封王，皆形勢所需。⓬亡　損失，包括戰死、被俘與逃散。⓭脫身亡　獨自一人逃出重圍。⓮議郎周霸　議郎原是皇帝身邊的侍從人員，上屬郎中令，秩六百石，現從軍在衛青幕府。周霸其人又見於《史記・封禪書》、〈儒林列傳〉，是申公之弟子，官至膠西內史。⓯出　率兵出征。⓰裨將　副將；屬將。⓱軍正閎　軍正名閎，史失其姓。軍正，軍中的司法官。⓲長史安　長史名安，史失其姓。長史，大將軍屬下的諸史之長，秩千石。⓳小敵之堅二句　語見《孫子・謀攻》。意謂小部隊遇到敵人的大部隊，如果堅戰，只有被敵人全部消滅。禽，通「擒」。⓴而　若。㉑示後無反意　告訴後人再遇到類似問題就乾脆別回來。㉒以肺腑　以至親的身分，謂青姐子夫是武帝之皇后。肺腑，以喻親屬。此語又見於《史記・魏其武安侯列傳》。王念孫有「肺腑」猶「柿桴」之說，「柿桴」是小木皮，以比喻自己為帝室微末之親，似過於穿鑿。㉓說我　勸說我。㉔甚失臣意　這與我的意思大不相同。㉕雖當斬將　雖然有權力誅殺偏將。㉖不敢自擅誅於境外　意即不行使專斷殺將的這種權力。擅，專；自己作主。㉗具歸天子　將其帶回來交給皇帝處理。㉘於以見為人臣不敢專權　以上數語見衛青之謙卑謹慎，史公若以此便謂之「柔媚」，恐偏見過深。鍾惺曰：「此一讓及『不肯招賢』等語，有識、有體、有機權、有情實，似從學問世務中出，漢功臣鮮有及此者。獲上收眾，道不出此。」《漢書評林》引吳京曰：「霸欲明將軍之威，安欲結士卒之心，青欲尊朝廷之體，三者各有所執。」㉙詣行在所　詣，到，這裡指押解到。

行在所，也簡稱「行在」、「行所」，即指皇帝當時的所在之處。蔡邕《獨斷》曰：「天子以四海為家，故謂所居為行在所。」按，以上元朔六年的兩次出擊匈奴，即通常所說的「漢南戰役」。武國卿、慕中岳曰：「兩次漢南會戰最重要的意義就是爭得了漢匈力量對比趨於平衡的臨界點的到來。匈奴自兩次漢南會戰後，實力大削弱，已基本失去了繼續向漢王朝發動大規模進攻的力量，這應當看作是漢王朝戰略全局上偉大勝利。」㉚平陽縣吏霍仲孺　平陽是漢縣名，是劉邦功臣平陽侯曹參家的世襲封地，在今山西臨汾西南。平陽縣是曹參家的封地，但平陽縣的行政管理權卻是由朝廷所派的官員執掌，而霍仲孺就是由平陽上屬的河東郡派來管理平陽縣政務的官員。㉛給事平陽侯家　為平陽侯家服務。給事，為之做事，管理平陽縣政務的客氣說法。㉜青姊衛少兒　衛青的姐姐姓衛名少兒。據《史記·衛將軍驃騎列傳》，衛青之母共生了三個兒子、三個女兒。三個兒子是衛長子、衛青、衛步廣；三個女兒是衛孺、衛少兒、衛子夫。㉝再從　兩次跟從。㉞票姚校尉　票姚，也寫作「剽姚」、「嫖姚」、「驃姚」。梁玉繩曰：「『剽姚』、『嫖姚』、『票姚』，當作『驃鷂』，蓋合二物為官名，取勁疾武猛之義。趙破奴為『鷹擊司馬』，與『鷂』義同。去病後稱『驃騎將軍』，尚仍斯號。」校尉是將軍部下的中級軍官。㉟輕騎勇　輕裝勇敢的騎兵。㊱直棄大軍　將大部隊遠遠地拋在後面，小股騎兵孤軍深入。棄，甩下。㊲赴利　尋求克敵立功。㊳過當　自己損失的兵員，比斬獲敵兵的數目少。師古曰：「言計其所將人數，則捕首虜為多，過於所當也。一曰，漢軍失亡者少，而殺獲匈奴者多，故曰『過當』也。」後說為是。㊴得相國當戶　活捉了匈奴的相國、當戶。相國、當戶都是匈奴人的低級官名，與漢初丞相稱「相國」意思不同。㊵大父行　單于祖父一輩的人。大父，祖父。㊶藉若侯產　藉若侯是封號名，其人名產。㊷季父羅姑比　單于的小叔父，名羅姑比。季，伯仲叔季之季。㊸再冠軍　兩次功蓋全軍。㊹冠軍侯　封地冠軍縣，在今河南鄧州西北。按，「冠軍侯」自是取其勇冠全軍之義，河南的冠軍，疑是為封霍去病而改的新縣名。㊺上谷　漢郡名，郡治沮陽，在今河北懷來東南，北京市延慶西南。㊻眾利侯　封地眾利縣，在今山東諸城西北。楊樹達曰：「姜宸英云：『驃騎戰功三次，皆於天子詔辭見之，此良史言外褒法也。』按，姜說甚諦。衛青戰功，《史》、《漢》亦如此敘之，不獨驃騎。」㊼失兩將軍　句末「軍」字似應重出，意即喪失了趙信、蘇建兩支軍隊的全部。㊽亡翕侯　指趙信降匈奴。亡，失掉。㊾不益封　沒再增加封地。㊿右將軍建至　右將軍蘇建被押解到長安。(51)贖為庶人　花錢贖了死罪，降為平民。(52)以為自次王　將他封為僅僅次於單于的王爺。(53)用其姊妻之　將單于之姐嫁與趙信為妻。(54)與謀漢　與趙信共同謀劃對付漢朝的辦法。(55)益北絕幕　向北方撤退，撤退到大沙漠以北。絕，越過。幕，同「漠」。(56)誘罷　誘使追擊，以疲憊之。(57)徼極而取之　等他疲憊不堪時再出兵攻擊他。徼，等待。極，疲憊。(58)無近塞　不要靠近漢朝邊塞。(59)比歲　連年。(60)受賜黃金二十餘萬斤　漢代的一斤，略當今之〇・五一六五市斤。61士馬　士兵與馬匹。62兵甲　兵器、鎧甲。63轉漕　指用車船運送物資供應前線。64不與　不計算在內。65大司農經用竭　意思是大司農掌管的國庫中的錢財都已用盡。大司農是當時的九卿之一，執掌財政與農事。經用竭，意為盡耗，全部用盡。66不足以奉　不夠供應；無法供應。67買爵　花錢或交糧食向主管部門購買爵位。68贖禁錮　因犯罪而被禁錮者，今可花錢贖免。禁錮，因犯罪而被封殺不准做官。69免臧罪　即花錢以贖免貪汙之罪。按，《史記・平準書》於此作「免減罪」，「臧」字似應作「減」。「免減罪」即花錢可以減刑或全部免罪。70賞官　獎賞殺敵立功的官爵，其實也是準備用以賣錢的官爵。「置賞官」以下數句，是有司組織討論後，向皇帝提出的具體實施辦法。71武功爵　《集解》引臣瓚曰：「《茂陵中書》有武功爵：一級曰造士，二級曰閑輿衛，三級曰良士，四級曰元戎士，五級曰官首，六級曰秉鐸，七級曰千夫，八級曰樂卿，九級曰執戎，十級曰左庶長，十一級曰軍衛。此武帝所制以寵軍功。」72級十七萬二句　對此二句，各家的解釋紛紜。胡三省曰：「級十七萬者，賣爵一級，為錢十七萬；至二級，則三十四萬矣，自此以上每級加增。王莽時黃金一斤值錢萬，以此推之，則三十萬金，為錢三十餘萬萬矣，此當時鬻武功爵所直之數也。」中井積德曰：「級十七萬，是為十七金，是買爵之定價矣。是時戰士有功，賜爵者多矣。以級十七金算之，凡當三十餘萬金也。初苦無金可賞，及置爵，乃綽綽有餘裕。得首虜萬九千餘級，級各受爵一級，級十七金，而九千之，則為三十二萬三千金矣。凡民欲買爵者，皆就軍士受爵者買也，非官自賣之。」餘不錄。73諸買武功爵至千夫者二句　意思是說凡是買武功爵買到第七級「千夫」以上的可以優先被任用為吏。除，任用為吏。74吏道雜而多端　言進身為吏的門路變得既多且雜。75官職耗廢　指空有虛名，不盡職責。耗，衰敗。76雍　漢縣名，縣治在今陝西鳳翔南，其地有秦代以來的離宮與祭天的壇臺，故而漢代皇帝經常去雍縣。77祠五時　祭祀五座祭天的壇臺。所謂五時即密時、鄜時、吳陽上時、吳陽下時、北時。78足有五蹄　一隻腳上有五個腳趾。79肅祇郊祀　虔敬地祭天。80報享　回報下界的祭祀。81錫　賜。82蓋麟云　看來就是一隻麟。蓋，表示推斷的語氣詞，以留有疑問。83以薦五時　在祭典時將此一角獸進獻給上帝。84時加一牛以燎　給每個時所用的祭品再外加一頭牛，架在火上燒。85元宜以天瑞命二句　皇帝改元的年號應該根據上天的祥瑞命名，不應該簡單地稱「一元」、「二元」。吳仁傑引王朗曰：「古者有年數無年號，漢初猶然，其後乃有『中元』、『後元』。元改彌數，『中』、『後』之數不足，故更假取美名。蓋文帝凡兩改元，故以『前』、『後』別之；景帝凡三改元，故以『前』、『中』、『後』別之；武帝即位以來，大率六年一改元，二十七年之間改元者五，當時但以『一元』、『二元』、『三元』、『四元』、『五元』為別。『五元』之三年，有司言『元宜以天瑞命，不宜以一二數』，蓋為是也。」天瑞，上天顯示的吉祥徵兆。按，顧炎武也以為「建元」、「元光」之號皆自後追為之，學人多以為是；而陳直曰：「『建元』、『元光』兩年號並非追記，西安南郊曾出土有『建元四年高（下缺）』陶尊，又《藤花亭鏡譜》有『漢元光元年五月丙午』銅鏡，均可證明。」陳直之說留以備考。(86)一元曰建　即「建元」年號之來由。(87)二元以長星曰光　即「元光」年號之來由。(88)今元以郊得一角獸曰狩　即「元狩」年號之來由。錢大昕曰：「『元光』之後尚有『元朔』，則『元狩』乃『四元』，非『三元』。言『建元』、『元光』而不言『元朔』者，『建』以『斗建』為名，『光』以『長星』為名，皆取天象；若『元朔』紀年，應劭解『朔』為『蘇』，取品物蘇息之義，不主天瑞，故不及之。」吳仁傑又引王朗曰：「至五元尚未有以名，帝意將有所待也。明年寶鼎出，遂改『五元』為『元鼎』。」(89)濟北王　劉胡，淮南王劉長之孫，劉邦的曾孫。濟北國的國都盧縣（今山東長清西南）。(90)且封禪　將到泰山進行封禪大典。登泰山築臺祭天曰封，在泰山下某地拓地祭地曰禪。(91)獻泰山及其旁邑　當時泰山在濟北國境內，為向武帝討好，故劉胡將泰山與其周圍之地奉還朝廷。(92)以他縣償之　另撥給他幾個別的縣作為補償。(93)案輿地圖　看著地圖分析形勢。輿地圖，即今所謂地圖，古稱大地曰「坤輿」，故稱地圖曰「坤輿圖」、「輿地圖」。(94)所從入　從何地攻入關中。(95)諸使者　指淮南國的使者。(96)道長安來　出使長安，從長安回來。道，由。(97)言上無男　說皇帝至今尚無子男。因當初武安侯田蚡曾向劉安說，皇帝至今尚無子男，如果他一旦死掉，您是高皇帝的長孫，不是您即位還有誰呢？故劉安老是想著這一點。(98)漢不治　漢王朝的社會不安定。治，太平；安定。(99)即　若；如果。(100)以為妄言二句　就說他是瞎說，是沒有的事。(101)中郎伍被　淮南王的侍從人員姓伍名被。中郎，帝王的侍從官員，以備參謀顧問。(102)安得此亡國之言　怎麼能說這種足以導致亡國滅族的話呢。(103)宮中生荊棘二句　意謂按照您的想法做，我已經看到您的宮殿是一片荒蕪、長滿野草了。(104)繫伍被父母　實乃「繫伍被與其父母」，《史記》中常有類似句法，如〈魏其武安侯列傳〉「蚡弟田勝，皆以太后弟」云云，實乃「蚡與其弟田勝，皆以太后弟」云云。(105)起於行陳　猶言「起於軍中」，由反秦的起義軍中興起。行陳，猶言「行陣」、「行伍」。陳，同「陣」。(106)立為天子　劉邦於西元前二〇六年被項羽立為漢王，通常即以此年為漢王朝開國之始。劉邦為皇帝實在西元前二〇二年，項羽敗亡之後。(107)蹈瑕候間　意即等待時機。瑕、間，都是時機、機會的意思。(108)因秦之亡而動　看到了秦朝滅亡的徵兆而採取行動。(109)近世之吳楚　即景帝三年所爆發的吳楚七國之亂，其首謀為吳王劉濞、楚王劉戊，起兵三個月後被朝廷討平。事見本書景帝三年（西元前一五四年）與《史記・吳王濞列傳》。(110)吳王劉濞，劉邦之姪，高祖十二年（西元前一九五年）被立為吳王，國都廣陵（即今江蘇揚州）。因與景帝有殺子之仇，又遭削地，故於景帝三年（西元前一五四年）串連其他六國同時造反。(111)王四郡　《史記・吳王濞列傳》作「王三郡五十三城」。梁玉繩曰：「實東陽、鄣、吳、會稽四郡。〈高紀〉、〈濞傳〉言『三郡』者，以吳包會稽也。」(112)計定謀成　意即經過長期的深思熟慮。〔113〕舉兵而西　起兵向漢王朝首都所在的西方殺來。〔114〕破於大梁　此「大梁」指當時的梁國都城睢陽（今河南商丘城南），而非通常所稱的今河南開封。據《史記·吳王濞列傳》，吳軍攻下梁國的棘壁後，遂包圍梁都睢陽，梁孝王誓死抵抗，使吳軍消耗甚大，故曰「破」。〔115〕奔走而東　指敗逃到在今江蘇鎮江市東南的丹徒，投奔當時駐軍在那裡的東越人。〔116〕身死祀絕　本人被殺、吳國滅亡。據《史記·東越列傳》，吳王劉濞造反時，東甌人曾率兵從之。待吳楚軍敗，東越遂接受朝廷的懸賞，殺吳王濞於丹徒。祀絕，斷絕了祭祀的香火，指帝王的國家宗廟被滅。〔117〕眾不能十分吳楚之一　造反的人數不到吳楚七國的十分之一。〔118〕從臣之計　即放棄造反念頭。〔119〕今見　馬上就可以看到。今，將。〔120〕棄千乘之君　指強大的吳國被滅，吳王之號被褫奪。古稱一車四馬曰「乘」，「千乘」即千輛兵車，指大國諸侯。〔121〕賜絕命之書　指被勒令自殺。〔122〕東宮　《集解》引如淳曰：「王時所居也。」〔123〕王涕泣而起　意謂淮南王聽罷伍被之言，一方面覺得有理，承認造反的希望不大，但又不甘心、不肯放棄的心理狀態。〔124〕孽子不害　一個非正妻所生的兒子，名曰不害。孽子，也稱「庶子」，非正妻所生的孩子。〔125〕不以為子兄數　謂王、王后不視之為子，太子不視之為兄。〔126〕有子建　有子曰劉建。〔127〕材高有氣　有才幹、有豪氣。〔128〕怨望　怨恨。望，也是怨的意思。〔129〕謀殺漢中尉事　即前文所敘布置親信欲殺害朝廷所派中尉殷宏事。〔130〕下廷尉治　朝廷將劉建上書揭發淮南王太子的問題交由廷尉查辦。廷尉是九卿之一，主管全國刑獄。〔131〕王患之　淮南王對此事很傷腦筋。患，憂慮；擔心。〔132〕吳興兵　吳王劉濞的興兵叛亂。〔133〕是邪非邪　對呢還是錯呢；應該呢還是不應該呢。〔134〕吳王悔之甚　《史記》、《漢書》諸篇未見有劉濞後悔造反的記載。〔135〕吳何知反　吳王劉濞哪裡懂得造反。按，吳王的確不懂戰略戰術，其部下田祿伯、桓將軍、周丘等都給他提過許多好的建議，劉濞不聽，結果很快失敗。詳見《史記·吳王濞列傳》。〔136〕漢將一日過成皋者四十餘人　成皋是古城名，舊址在今河南滎陽西北，是控制東西方往來的軍事要地，當年劉邦與項羽長期相持於此。《集解》曰：「言吳不塞成皋口，令漢將得出之。」按，桓將軍就曾勸吳王火速西進，以佔領敖倉（離成皋不遠）、洛陽一帶；漢軍統帥周亞夫東出時，也深怕吳人在這一帶的路上設伏。又曰：「吾據滎陽，以東無足憂者！」而吳王偏不重視，任漢將自由通行，此其失敗的重要原因之一。〔137〕絕　控制；佔據。〔138〕三川之險　三川郡的險要之處，滎陽即在此範圍之內。漢時的河南郡，在秦時稱為「三川郡」，以其地有黃河、伊水、洛水三水而言。〔139〕招山東之兵　號召東方地區的各郡、各諸侯國。山東，泛稱今河南、河北南部、安徽北部、山東西部一帶的廣大地區。《漢書》於此作「天下」，意思相同。〔140〕左吳趙賢朱驕如　都是南淮王的幕僚親信。〔141〕徼幸　同「僥倖」。求取意外的幸運。徼，求取。〔142〕偽為丞相御史請書　假造一個丞相、御史大夫聯名呈送皇帝的意見書。〔143〕徙郡國豪傑高貲於朔方　把全國各郡、各諸侯國有影響力的傑出人物與財產多的富人都搬遷到朔方郡去住。豪傑，有權威、有影響力的人物。高貲，家產富足的人家，《史記》明說是五十萬。貲，同「資」。朔方，漢郡名，郡治在今內蒙古烏拉特前旗東南。(144)益發甲卒急其會日　還要增派兵丁逼著他們趕緊起行。急其會日，將搬遷的期限規定得很急。會日，期限。(145)偽為詔獄書　再假造一套皇帝下令查辦重大案件的文書。詔獄，皇帝下令督辦的案件。(146)逮諸侯太子幸臣　逮捕許多諸侯國的太子與國王的寵臣。(147)即使辯士隨而說之　再派出說客去勸說各諸侯國一同造反。(148)儻可徼幸什得一乎　或者也許能有十分之一獲勝的可能。儻，或許。按，伍被前數次皆堅決反對劉安謀反，此次則主動為其籌謀劃策，前後判若兩人，此令人生疑處。凌稚隆引王維楨曰：「前多美詞，末乃為畫逆計，何其智愚相背哉？」(149)不至若此　沒有像你所說的那麼艱難。(150)中二千石　官階名，即實足的二千石，指九卿一級，其下是「二千石」、「比二千石」。(151)旁近郡　淮南國周圍的諸郡。(152)都尉　郡守的副職，在郡裡執掌武事。郡守與都尉皆為二千石。(153)漢使節　漢朝使者所持之節。偽造漢節為了用以欺騙、指揮忠於漢王朝的各郡國。(154)偽得罪而西　假裝得罪了淮南王而西逃長安。(155)事大將軍　意即混到大將軍衛青身邊潛伏待命。(156)一日　猶言「一旦」。連下句意謂淮南王一旦發兵造反，派進長安的人則立刻暗殺衛青。(157)守節死義　能堅守操節，為維護正義而不怕死。(158)難惑以非　難以用非法的言辭誘惑他。(159)說丞相弘等　勸說公孫弘等人投降淮南王。(160)發蒙振落　揭去器物上所蒙之布，搖動樹幹使其將墜的葉子落下，以喻不用費力。意謂公孫弘可通過威脅利誘，輕而易舉地使其為我所用，不必刺殺。(161)其相二千石　指淮南王國的相及秩二千石的內史、中尉等高級官吏。(162)衣求盜衣　身穿「求盜」所穿的制服。求盜，淮南國主管緝捕盜賊的亭長手下的小吏名。(163)持羽檄　手執緊急請求派兵的文書，插羽毛以示事態緊急。(164)從東方來　從淮南國的東部邊境來到都城壽春告急。(165)南越　秦朝官吏趙佗乘秦末大亂之機在今廣東、廣西一帶建立的政權，都城番禺，即今廣州。事跡詳見《史記・南越列傳》。淮南國有豫章郡（郡治即今南昌），與南越相鄰。(166)因以發兵　以此作為起兵的藉口。(167)會　正好這時。(168)廷尉逮捕淮南太子　朝廷的廷尉派人來壽春逮捕淮南王太子。(169)內史中尉　朝廷派到淮南國任職的內史與中尉，內史主管該國民政，中尉主管該國軍事。(170)念　心想；思考。(171)無益　沒有用處。(172)罷相　自己罷手，放淮南相走了。(173)計未決　拿不定主意是否造反。(174)自剄　自刎。(175)不殊　指傷勢甚重，而尚未死。師古曰：「殊，絕也，雖自刑殺，而身首不絕。」(176)自詣吏　即今所謂「投案自首」。詣，到。(177)謀反蹤跡　其謀反的詳細情形。(178)求捕　搜尋逮捕。(179)反具　準備造反的物資器材。(180)以聞上　將這些造反證據上報朝廷。(181)下公卿治其黨與　皇上責令公卿審問淮南王的黨羽。黨與，意同「黨羽」。(182)宗正　九卿之一，主管劉氏皇族的事務。據《漢書・百官公卿表》，這時任宗正的是劉棄，也作「劉棄疾」，其人與汲黯友善，又見於《史記・汲鄭列傳》。(183)以符節治王　手執符節到淮南國當面審問劉安造反的情形，這是皇帝對其特別關照的一種處理方式。符節，皇帝使者外出所持的一種信物。[184]未至　指皇帝使者尚未到達淮南之前。[185]族　滅門。[186]雅辭　口供的文辭華麗。[187]多引漢之美　曾說大漢王朝的許多好話。[188]廷尉湯　張湯，當時有名的酷吏，自元朔三年（西元前一二六年）為廷尉，至此已在職五年。事跡見《史記・酷吏列傳》。[189]首為王畫反計　據《史記》原文，首欲謀反者乃劉安，伍被開始一再反對，最後才一反常態；而讀史者則多以為罪魁禍首乃在伍被。中井曰：「天子受被之欺，太史公亦受被之欺，唯張湯不受焉，酷吏亦有識哉！」[190]侍中莊助　莊助，後來因避明帝諱，也被稱為「嚴助」，一個帶有縱橫色彩的文人，與朱買臣等俱以長於辭令而為武帝的侍從官員，《漢書》有傳。[191]私論議　私下議論的事情。[192]賂遺　賄賂、贈送。[193]上薄其罪　皇帝認為莊助的罪過不嚴重。[194]爭　表示並堅持不同意見。[195]禁門　宮門。[196]腹心之臣　因其靠近皇帝、受皇帝信任，故云。[197]後不可治　日後沒法再管理別的犯禁者。[198]請廢太子爽　原因見本卷武帝元朔五年。[199]之　往。[200]王御者　其父衡山王的使女。[201]敗孝　搞垮其弟劉孝。[202]得陳喜於衡山王子孝家　意外地從劉孝家裡搜出了淮南王的黨羽陳喜。[203]劾孝首匿喜　彈劾劉孝窩藏陳喜。首匿，領頭窩藏。[204]聞律三句　聽說漢律規定：「如能自己坦白並能揭發別人就可以免除自己之罪」。[205]先自告所與謀反者枚赫陳喜等　於是先自首交代了與淮南謀反者枚赫、陳喜等相互交往的事情。[206]治　審問；查辦。[207]凡　總計。[208]赦天下　因將立太子故也。[209]丁卯　四月二十一。[210]皇子據　劉據，武帝的長子，皇后衛子夫所生。[211]五月乙巳晦　五月的最末一天三十是乙巳日。晦，月末的最後一天。[212]張騫自月氏還　事見本書卷十八武帝元朔四年。月氏，此指大月氏，西域國名，最初活動在今甘肅的武威、張掖、敦煌一帶，南倚祁連山。後被匈奴擊敗，西遷至今新疆的伊犁河流域；後又被匈奴、烏孫所驅逐，遂西遷至今阿富汗北部的噴赤河流域，在當時的大宛西南。[213]具　逐一地。[214]西域　指今新疆與新疆以西的廣大地區。[215]大宛　西域國名，其地在今新疆西部境外的哈薩克斯坦境內，首都貴山城（今卡賽散）。[216]可萬里　距離漢朝差不多有上萬里。可，大約；差不多。[217]土著　生根於土地，指住房子，有村落。[218]多善馬　《索隱》引〈外國傳〉云：「外國稱天下有三眾：中國人眾，大秦寶眾，月氏馬眾。」[219]馬汗血　通常即謂其馬出汗呈鮮紅色。沈欽韓曰：「《後書・東平王蒼傳》：『宛馬血，從前髆小孔中出』。」王先謙曰：「今伊犁馬之強健者，前髆及脊往往有小瘡出血，名曰傷氣。必在前肩髆者，以用力多也。前賢未目驗，不知其審。」[220]烏孫　西域國名，其地約當今我國新疆之西北部、塔吉克共和國的東南部，與吉爾吉斯共和國的東部地區，首都赤谷城，在今吉爾吉斯斯境內的伊塞克湖之東南，距我國的新疆邊界不遠。蘇北海《西域歷史地理》引瓦利漢諾夫之報導說：「在伊塞克湖東南發現了古城遺址，並在古城遺址內發現了漢代建築、漢代遺物和漢文字題銘。瓦利漢諾夫認為即中國史書所稱的赤谷城。」[221]于窴　西域小國名，在今新疆南部的和田一帶，國都西城，在今和田西南。222水皆西流注西海　郭嵩燾曰：「于闐西隔葱嶺，其水無從注入西海。《漢書》稱『其河北流，與葱嶺河合，東注昌海』。斯為得之，此史公誤也。」按，于闐以及其西之蒲犁，其西北之莎車、疏勒，河水都是向東北流；只有到了大月氏、大宛、康居一帶，河水才向西流。西海，即現在所說的鹹海。223鹽澤　即今新疆東部的羅布泊。224其南則河源出焉　河源，黃河的源頭。《漢書・西域傳》曰：「河有二源，一出葱嶺，一出于闐。」《山海經》云：「河出昆侖東北隅。」郭璞注：「河出昆侖，潛行地下，至葱嶺山于闐國，復分流歧出，合而東注泑澤（即今羅布泊），已而復行積石，為中國河。」按，以上皆古人稱說。依今天科學的說法，黃河乃發源於青海之巴顏喀拉山北麓。225匈奴右方　即匈奴之右賢王所部。226居鹽澤以東　武帝反擊匈奴以前的右賢王所部，東境佔據著今內蒙古河套一帶，對著漢王朝的上郡（今陝西東北部）；後被衛青、霍去病等猛烈攻擊，始大幅度西移。郭嵩燾曰：「匈奴地不能南及鹽澤，蓋其時西域諸小國多臣屬匈奴者。」227隴西長城　秦代長城的西南部分，西起今甘肅岷縣，東北行經臨洮、渭源、寧夏固原、甘肅環縣、陝西吳起、靖邊、榆林，北上內蒙古的準噶爾旗，再向北至黃河南岸。武帝反擊匈奴前，此即漢王朝之西北邊界。228南接羌　此指當時居住在今甘肅河西走廊與青海東部地區的羌族部落。按，當時在今甘肅、青海、新疆之東南部、西藏之東北部、四川之西北部等都是羌族居住的地區。229鬲漢道　隔絕了漢與西域的相通之道。鬲，通「隔」。230康居　西域國名，其地約當今哈薩克斯坦的南部，在當時的大宛西北，大月氏之北，國都卑闐（或說即今塔什干）。231奄蔡　也稱「闔蘇」，其地在今俄國境內的鹹海、裏海一帶。232行國二句　沒有定居，隨牲畜遷移之國。與「土著」之國相對而言。233大夏　西域國名，在當時的月氏以南，今之阿富汗北部，國都藍氏城（今巴里黑）。234邛竹杖　邛都（今四川西昌一帶）出產的竹製手杖。235蜀布　蜀郡（郡治成都）出產的一種細布。吳見思曰：「遙遙萬里，忽見故物，如遊客歸鄉，恍然感目。」236安得此　從哪裡得來的這些東西。237市之身毒　從身毒國買來的。身毒，也寫作「天竺」，印度河流域的古國名，在今印度、巴基斯坦境內。238度　推測；料想。239去蜀不遠　身毒國應該距離我們的蜀郡不遠。240今使大夏　現在我們經過西域到達大夏。241從羌中三句　如果我們經過羌人居住的地區（即當時所說的「南路」），那裡道路難走，而且羌人還憎惡漢人從那裡通行。242少北二句　如果我們偏北一點（也就是走當時的所謂「北路」），那就很容易被匈奴人所俘虜。243從蜀三句　如果我們從成都一帶尋路西出應該是最直捷的，而且又沒有敵人攔截。徑，直捷；近便。244安息　伊朗境內的古國名，有人以為即歷史上所講的「帕提亞王朝」。245同業　從事的作業相同。業，事業；勞動生產的項目。246貴漢財物　看重漢朝的東西。247可以賂遺設利朝　可以通過物質的利誘、收買，使之來朝。248以義屬之　指通過收買、勸說使之歸附。249廣地　擴大地盤。250重九譯二句　通過多重翻譯，把不同風俗國家的使者或其君主都招致到中國來。鍾惺《史懷》曰：「揣摩雄主妄想虛願如見。」[251]威德徧於四海　使自己的國威聲望遍布於天下。[252]因蜀犍為發間使　就近讓蜀郡、犍為郡派出祕密使節以辦理此事。因，就近調派。蜀、犍為，漢之二郡名，蜀郡的郡治即今成都。犍為郡的郡治僰道，即今四川宜賓。間使，悄悄派出的祕密使節。[253]王然于　當時派出往通身毒國的使者之一。[254]四道並出　據《史記・西南夷列傳》，武帝聽罷張騫的演說後，「乃令王然于、柏始昌、呂越人等，使間出西南夷，指求身毒國」，未言派張騫本人。倘如此文再加上張騫，恰是四個人，分別經駹、冉、徙、邛僰四道而出。[255]駹　成都西北部的少數民族部落名，其地約在今四川茂縣北。[256]冉　成都西北部的少數民族部落名，其地約在今四川松潘南。「冉」、「駹」兩個部落的居住區域鄰近，都屬於羌族系統，故有時以「冉駹」連稱。[257]徙　成都西南部的少數民族部落名，其地約在今四川天全一帶，屬羌族系統。[258]邛僰　這裡即指邛都，今四川西昌。邛、僰是當時生活在這一帶地區的兩個少數民族部落名，邛族屬羌族系統，僰族屬越族系統。僰族的集中居住地區是在僰道（今四川宜賓），邛都一帶居住的多數是邛族人，但也有僰人，故這裡以「邛僰」稱之。邛都是「四道並出」的出發點之一，而不可能將邛都與僰道合稱為一路的出發點。[259]指求身毒國　目標明確地就是奔著身毒國前去。[260]北方閉氐筰　由北路出發的使者被氐族、筰族部落擋住。氐，少數民族名，與羌族的關係較近，故常以「氐羌」連稱。氐族的集中居住地在今甘肅東南部、陝西西南部與四川西北部的三省交界處，這裡指與筰族雜居的氐族部落。氐、筰，這裡即指筰都，在今四川漢源一帶。筰是少數民族部落名，屬羌族系統，其集中居住地即在筰都。[261]南方閉巂昆明　由南路出發的使者被「巂」與「昆明」兩個民族部落擋住。巂、昆明，都是羌族系統的兩個少數民族名，巂族的住地在今雲南西部的保山縣以北，昆明族的住地在今雲南的洱海南面。關於氐、筰、巂、昆明等族的活動，可參看《史記・西南夷列傳》。[262]昆明之屬　名叫「昆明」的少數民族。[263]輒殺略漢使二句　據《史記・西南夷列傳》，漢使「至滇，滇王嘗羌乃留，為求道西十餘輩，歲餘，皆閉昆明，莫能通身毒國」。[264]以求身毒道　為了探尋通往身毒國的通道。[265]始通滇國　首先發展與滇國的關係。滇國，少數民族政權名，其都城在今雲南滇池東南的晉寧東北，其民族屬越族系統。關於滇國國王的來歷，司馬遷說他是戰國時楚將莊蹻的後裔。詳見《史記・西南夷列傳》。[266]滇王當羌　滇王名曰當羌。[267]漢孰與我大　漢王朝和我們國家相比，哪個更大。[268]及夜郎侯亦然　輪到夜郎侯，也是這種樣子。按，滇王與夜郎侯都曾問漢使「漢孰與我大」，且滇王之語尚在前，而後世成為典故者卻是「夜郎自大」，而不是「滇王自大」，其故何哉？[269]盛言　極力誇說。[270]足事親附　值得花力氣招納，令其歸附。足，值；值得。[271]注意　留心；專心。[272]乃復事西南夷　重新開始進行通西南夷的活動。此句的意思在於說明漢代之所以有第二次通西南夷之舉，是張騫的進言與王然于等的使還報告起了作用。

【校記】①自　原無此字。據章鈺校，十四行本、乙十一行本皆有此字。今從諸本及《通鑑紀事本末》、《史記・衛將軍驃騎列傳》補。②薦　原作「慶」。據章鈺校，十四行本、乙十一行本皆作「薦」。今從諸本及《史記・孝武本紀》改。③聞　原無此字。據章鈺校，十四行本、乙十一行本、孔天胤本皆有此字，張瑛《通鑑校勘記》同。今從諸本及《通鑑紀事本末》、《史記・淮南衡山列傳》補。④十一月　原無此三字。據章鈺校，十四行本、乙十一行本皆有此三字，張敦仁《通鑑刊本識誤》作「十二月」，云：「無注本作『十一月』。」今從諸本及《通鑑紀事本末》補。

【語譯】六年（戊午　西元前一二三年）

春季，二月，大將軍衛青率軍從定襄出發攻打匈奴。任命合騎侯公孫敖為中將軍，任命太僕公孫賀為左將軍，翕侯趙信為前將軍，衛尉蘇建為右將軍，郎中令李廣為後將軍，左內史李沮為強弩將軍：全都歸屬大將軍衛青指揮。此次出兵，共斬殺了匈奴幾千人，撤軍後，就近將軍馬屯駐在定襄、雲中、雁門一帶休整。

大赦天下。

夏季，四月，衛青再次率領六位將軍從定襄出發攻打匈奴，斬殺、俘獲了匈奴一萬多人。右將軍蘇建、前將軍趙信合兵一處共有三千多名騎兵與匈奴單于的騎兵相遇，雙方激戰了一天多，漢兵傷亡殆盡。趙信原本是匈奴的小王，後來投降了漢朝，漢朝封他為翕侯。此次兵敗，匈奴誘降趙信，趙信便帶領自己手下所剩的大約八百名騎兵投降了匈奴。蘇建則全軍覆沒，隻身一人逃回到大將軍衛青的帳下。

議郎周霸說：「自從大將軍出征以來，從來沒有斬殺過副將。現在右將軍蘇建所率領的軍隊全軍覆沒，可以將他斬首，以顯明將軍的威嚴。」軍正閎、長史安反駁說：「你說得不對。《兵法》上說：『軍事力量對比懸殊，力量弱小的一方即使頑強作戰，終究會被勢力強大的一方所消滅。』如今蘇建以數千名騎兵抵擋匈奴單于的數萬名騎兵，英勇作戰一天多。士兵喪盡，不敢對朝廷有二心，雖然是自己逃回，如果將他斬首，就是在告訴後人以後打了敗仗不要再逃回來，所以不應該將蘇建斬首。」大將軍衛青說：「我有幸以皇帝的心腹之臣在軍隊中任職，並不擔心沒有威嚴，而周霸卻勸說我以殺死蘇建的方式樹立自己的威嚴，這嚴重違背了我的想法。而且即使我身為大將軍有權斬殺將領，但就憑皇帝對我的恩寵，我也不敢擅自在邊境以外行使誅殺大權，而應該把他帶回去交給皇帝。由皇帝親自裁決，用來表明為臣的不敢專權，這不是也可以嗎？」軍吏都說：「好。」於是將蘇建囚禁起來，押送到漢武帝那裡聽候皇帝裁決。

當初，擔任平陽縣吏的霍仲孺在平陽侯家供職的時候，與衛青的姐姐衛少兒通姦，生了霍去病。霍去病十八歲的時候，便擔任了侍中，他擅長騎馬射箭，曾經兩次跟從舅父大將軍衛青與匈奴作戰，被提拔為票姚校尉。他率領八百名精銳的騎兵，獨自離開大軍幾百里去尋找有利的戰機，他所斬殺捕獲的敵人數量超過了自己軍隊損失的數量。於是武帝說：「票姚校尉霍去病，斬殺、俘獲了兩千多名敵人，還抓獲了匈奴的相國、當戶，殺死了單于祖父輩的藉若侯皪提產，活捉了匈奴單于的小叔父羅姑比，他的功勞兩次蓋過全軍。封霍去病為冠軍侯。上谷太守郝賢四次跟隨大將軍衛青出戰，抓獲、斬殺的敵人共計兩千多人，封郝賢為眾利侯。」

這一年，損失了兩位將軍，加上翕侯趙信逃歸匈奴，軍隊建立的功勞不多，所以沒有加封大將軍衛青，只賞賜給他一千斤黃金。右將軍蘇建被押回到長安後，漢武帝沒有誅殺他，讓他的家人出錢將他贖回，貶為平民。

匈奴單于得到翕侯趙信，就提拔他做了次王，地位僅次於單于，匈奴單于還把他的姐姐嫁給翕侯趙信為妻，與趙信共同謀劃如何對付漢朝的辦法。趙信建議單于向北方撤退，撤退到瀚海沙漠以北的地方去，以誘使漢朝的軍隊進入沙漠深處，等到漢軍極度疲勞的時候，再出兵襲擊，必定能夠戰勝漢軍，而不要靠近兩國的邊塞作戰。單于採納了趙信的建議。

當時，漢朝連年徵調十餘萬人與匈奴作戰，漢武帝賞賜給那些殺敵立功的有功將士的黃金就多達二十多萬斤。而漢軍將士、馬匹死亡的各有十多萬，水陸運輸、武器裝備的費用還不計算在內。於是大司農所管轄的國庫中錢財已經用盡，再也沒有能力供應軍隊作戰的需要。六月，漢武帝下詔允許民間花錢或向國家繳納糧食來購買爵位，可以用錢糧贖免禁錮，用錢糧可以減刑或全部免罪。特別設置了十一級爵位作為賞官，統稱為武功爵，如果花錢購買，每級最低賣價十七萬錢，賣爵所得總價值達三十餘萬萬錢。有人購買爵位，一下就買到第七級千夫，這樣的人就優先被提升為官吏。從此做官的渠道既雜又多，選拔官吏的制度從此陷於混亂。

元狩元年（己未 西元前一二二年）

冬季，十月，武帝巡視雍縣，在五座祭天的壇臺祭祀上天，捕獲了一隻怪獸，這隻怪獸長著一個犄角，卻有五個蹄子。有關管理部門的官吏向漢武帝報告說：「陛下恭恭敬敬的在五畤祭祀上帝，上帝酬答陛下的祭享，所以賜給陛下一隻獨角獸，大概是麒麟。」於是把這隻獨角獸進獻給五畤祠，祭祀時給每個畤的祭品又增加了一頭牛，並舉行了燒柴祭天儀式。過了一段時間，有關部門的官吏又建議說：「年號名稱應該以天降的祥瑞命名，不應該用一、二、三……的順序數字計數。您的第一個年號稱作『建元』，第二個年號因為有長星出現，所以稱為『元光』，如今郊外祭祀又獲得一隻獨角獸，所以應該將年號改稱為『元狩』。」此時濟北王劉胡以為漢武帝將要到泰山進行封禪活動，於是向漢武帝上書，表示願意把泰山及其旁邊的縣邑貢獻給朝廷。漢武帝很高興，於是就把其他地方的縣劃給濟北王劉胡作為補償。

淮南王劉安與賓客左吳等人日夜緊鑼密鼓地策劃謀反，根據地形圖研究部署軍隊應該從哪裡進入函谷關。他所派往長安的諸位使者從長安回來，便在劉安面前胡言亂語起來，有人對淮南王劉安說「武帝到現在還沒有男孩，朝廷內部也很不穩定」，淮南王劉安聽了就會立即高興起來；如果有人說「漢朝治理得很好，武帝後繼有人」，淮南王就會發怒，認為是一派胡言，不是實情。

淮南王劉安將擔任中郎職務的伍被找來商量謀反的事情，伍被吃驚地說：「大王怎麼竟敢說出如此大逆不道、足以招致亡國的言論呢！我將要看見王宮之中長滿荊棘、露水打溼衣裳了。」淮南王劉安大怒，立即派人將伍被的父母捆綁了，送入監獄囚禁起來，過了三個月，淮南王又把伍被找來商議反叛的事情。伍被說：「以前秦王朝無道，窮奢極欲，兇殘暴虐，百姓當中十家就有六七家想要造反。高皇帝劉邦崛起於行伍之間，建立了漢朝，成為大漢天子，這就是所說的等待有利時機，看到了秦朝將要滅亡的徵兆而後採取行動，所以取得了成功。如今大王只看到高皇帝得天下很容易，難道您就沒有看見近世吳、楚謀亂失敗的下場嗎？當時吳王劉濞統治著四個郡，王國之內國富民強，加之計畫早定、謀劃周密，然後才發動軍隊向西進攻。然而在梁國那裡就被打得大敗，倉皇向東逃走，最後身死異地、國家滅亡，是什麼原因呢？是因為違背上天的旨意而沒有看清形勢啊。如今大王的軍隊，論數量不及吳、楚軍隊的十分之一；而現在天下的穩定程度，與吳、楚謀亂之時相比要穩定一萬倍。大王如果不聽從我的建議，放棄謀反的念頭，我將馬上會看到擁有千輛戰車的強大淮南國被消滅，被勒令自殺的詔書送到大王的面前，大王恐怕比群臣還要先死於東宮。」淮南王劉安聽後淚流滿面地站起身來。

淮南王劉安的庶子劉不害，年齡最大。淮南王不喜歡他，王后不把他當做兒子看待，太子劉遷也不把他當做兄長看待。而劉不害的兒子劉建，卻又很有才幹、有豪氣，他心裡怨恨太子劉遷，就暗地裡派人向漢武帝告發淮南王太子劉遷謀殺朝廷中尉的事情，漢武帝將此事交付廷尉查辦。

淮南王對此事感到很擔憂，就想馬上發兵造反，他再次詢問伍被說：「你認為吳王舉兵謀反，是對呢，還是錯呢？」伍被回答說：「錯。我聽說吳王後悔得很，希望大王不要做使吳王感到後悔的那種事情。」淮南王劉安說：「吳王哪裡懂得如何舉兵謀反的事情？漢將一日之中經過成皋的有四十多人。如今我派兵把守住成皋關口，佔據伊水、洛水、黃河三川交匯處的險要，號召函谷關以東各諸侯國一起起兵，如此部署獲勝的把握就很大。左吳、趙賢、朱驕如都認為事情有九成成功的把握，只有你認為是禍不是福，為什麼呢？難道真的像你說的那樣，不存在僥倖成功的可能嗎？」伍被說：「如果迫不得已必須起兵造反的話，我倒有一個計策。如今諸侯對朝廷沒有二心，百姓對朝廷沒有怨氣。我們可以偽造一封丞相、御史聯名呈送皇帝的意見書，書中建議皇帝把各郡、諸侯國中有影響力的傑出人物與財產多的人家全都搬遷到朔方郡居住，還要多派全副武裝的士兵進行緊急押送，並將搬遷的日期規定得很急。再偽造一份皇帝下令查辦重大案件的文書，逮捕一些諸侯國的太子、寵臣。這樣一來，就會使百姓心生怨恨，諸侯產生恐懼。再派能言善辯之人去遊說各諸侯王，或許能夠有十分之一成功的希望！」淮南王說：「這個主意可行。即使這樣，我認為也沒有你所說的那麼艱難吧。」

於是，淮南王開始製造皇帝玉璽，以及丞相、御史大夫、將軍、軍吏、中二千石以及附近郡太守、都尉的印章、漢朝使臣的符節。又想派人假裝犯罪向西逃往京師，投靠大將軍衛青。等淮南一旦發兵，就把大將軍衛青刺死。淮南王劉安又說：「漢朝的大臣當中，只有汲黯一人敢於直諫，恪守臣節，能為維護正義而不怕死，難以用非法的言辭誘惑他。至於說服丞相公孫弘等人歸順淮南，就像揭開蒙在臉上的面紗、搖落樹上的枯葉一樣容易！」

淮南王想調動國中軍隊謀反，又擔心朝廷委派的丞相以及俸祿在二千石以上的高官們不服從，淮南王就與伍被密謀，先殺掉丞相和俸祿在二千石以上的朝廷官員。又使人穿上只有抓捕盜賊的小吏才穿的衣裳，手持插有羽毛的緊急文書從東方來，大聲喊叫說：「南越兵侵入邊界啦！」想以此作為發兵的藉口。

正好碰上廷尉奉漢武帝之命前來逮捕淮南王太子劉遷，淮南王聽到消息，急忙與太子劉遷商議，決定召集丞相和俸祿在二千石以上的官員，先把他們殺掉，然後起兵造反。他們召丞相，丞相來了，召內史、中尉，內史、中尉都不肯來。淮南王想，只殺掉丞相一個人，於事無補，於是就將丞相放了回去。淮南王此時還在猶豫不決。太子見情勢緊急，立即拔劍自剄，卻自殺未遂。

伍被主動到朝廷特使那裡投案自首，將淮南王謀反的前前後後如此這般地詳細交代了一番。於是朝廷特使派人逮捕了太子、王后，包圍了王宮，並在淮南國內大肆搜捕參與淮南王謀反的那些賓客，並搜索到了淮南王劉安準備謀反的物資器械，於是將這些謀反的證據上報朝廷。漢武帝將淮南王的黨羽交付公卿大臣處治，又派遣宗正手持符節前往淮南國當面審問劉安造反的情形。宗正在到達淮南國的都城壽春之前，十一月，淮南王劉安就已經自剄身亡了。於是處死了王后荼、太子劉遷，那些參與淮南王謀反的全部遭到滅族的懲罰。

武帝因為伍被在供詞中，有許多讚美漢朝的好話，就不想殺死他。廷尉張湯說：「是伍被首先為淮南王謀反出謀劃策，其罪不可赦。」於是武帝下令誅殺了伍被。侍中莊助平時與淮南王私交很深，曾經私下裡議論過事情，淮南王也贈送給莊助很多錢物。武帝認為莊助的罪行並不很嚴重，也不想將他處死。張湯又極力諫諍，認為：「莊助出入宮門，是皇帝的心腹之臣，而在外面卻與諸侯王有如此深厚的私交，如果此次不殺，以後將無法治理。」莊助最後也在鬧市中被斬首示眾。

衡山王劉賜上書給漢武帝，請求廢掉太子劉爽，改立次子劉孝為太子。劉爽聽到父王想要廢掉自己而立劉孝的消息後，就立即派自己的好朋友白嬴到京師長安給皇帝上書，說「劉孝製作戰車、打造箭矢，還與父王的侍婢通姦」，想以此敗壞劉孝的名聲。正好朝廷派遣專使前來逮捕參與淮南王謀反的人，竟意外地在衡山王的兒子劉孝家裡抓獲了淮南王的黨羽陳喜。官吏於是彈劾劉孝是藏匿陳喜的首犯。劉孝聽說朝廷律法規定：「如能自己坦白並揭發別人，就可以免除自己之罪」，於是就去自首，揭發檢舉出參與謀反的枚赫、陳喜等人。公卿大臣向武帝請求逮捕衡山王，將衡山王治罪，衡山王得知消息後自刎而死，王后徐來、太子劉爽以及劉孝都被斬於鬧市示眾，凡是參與謀反的全都被滅族。

凡是被淮南、衡山兩處大案所牽連而被誅殺的列侯、二千石，以及郡縣豪強等，總計有數萬人之多。

夏季，四月，大赦天下。

四月二十一日丁卯，冊立皇子劉據為太子，當時劉據年僅七歲。

五月最後一天三十日乙巳，發生日蝕。

匈奴一萬人侵入上谷郡，殺死了數百人。

當初，張騫從月氏出使回來，詳細地為漢武帝介紹了西域各國的風俗習慣，張騫說：「大宛國在漢朝的正西方，距離大約有一萬里。那裡的人世代定居，以耕種田地為生。那裡出產很多的良種馬，馬身上出的汗，顏色如同鮮血一樣，被稱為汗血馬。那裡也有城郭、房舍、村落，跟中國一樣。大宛國的東北是烏孫國，烏孫國的東邊是于窴國。于窴國以西，河流都向西流入西海；于窴國以東，水向東流入鹽澤。鹽澤的水都是從地底下潛流，再往南，就是黃河的源頭。鹽澤距離長安大約五千里。鹽澤以東是匈奴右賢王管轄的地方，東部與隴西長城交界，南部與羌族所佔領的地區相連接，正好隔絕了漢朝與西域的相通之道。烏孫、康居、奄蔡、大月氏，都是游牧民族，沒有固定居所，隨牲畜而遷移，與匈奴的風俗一樣。

「大夏國在大宛國的西南，與大宛國風俗一樣。我在大夏的時候，看見了邛都出產的竹手杖，還有蜀地織的布，我問他們：『從哪裡得到這些物品？』大夏國的人告訴我說：『是我國的商人從身毒買回來的。』

身毒在大夏國東南大約幾千里遠的地方，世代定居，與大夏的風俗相同。按我估計，大夏國距離漢朝大約有一萬二千里，位置在漢朝的西南。如今身毒國又在大夏國東南數千里，有蜀郡出產的物品，大概距離蜀郡不會很遠。如今出使大夏國，如果從羌族人居住的地方通過，會很危險，因為羌人不歡迎我們；稍微往北一點，就是匈奴的地界，會被匈奴擒獲。如果從蜀郡前往西域，應當是最近便的，路上又無盜賊攔截。」

漢武帝聽說大宛國以及大夏國、安息國這類國家都是大國，又盛產奇異物品，有城郭、居室，跟中國一樣以耕種為業，而兵力又弱，又都很看重漢朝的物品。他們的北邊有大月氏、康居這樣的國家，軍事力量很強大，可以用漢朝的財富賄賂他們，誘使他們來歸附漢朝。假如可以不用戰爭而以懷柔政策使他們成為附屬國，那麼就可以使漢朝擴大上萬里的疆土，通過多重翻譯，把不同風俗國家的使者或君主都招致到中國來，可以使自己國家的國威和聲望遍布於天下，漢武帝非常高興。完全贊同張騫的看法，於是命令張騫就近從蜀郡、犍為郡派出祕密使節負責辦理此事，張騫、王然于等人分成四路同時出發：有的穿越駹國，有的經由冉國，有的經過徙國，有的取道邛僰，目標都是指向身毒國。他們各路都前進了一二千里。由北路出發的使者在經過氐部落、莋部落時被擋住無法通過，從南路出發的使者被嶲、昆明兩個少數民族部落擋住。名為「昆明」的少數民族歷來沒有君主，擅長於寇盜搶劫，他們經常劫略殺害漢朝使者，因此漢朝始終與這一地區沒有交往。此次漢朝因為尋訪通往身毒的道路，才開始和滇國發生聯繫。滇王名叫當羌，他問漢朝使者說：「漢朝與我們滇國相比哪一個國家大？」使者到了夜郎國，夜郎侯也是這樣問。因為他們與漢朝之間因為道路交通阻塞而沒有任何聯繫，所以他們各自稱王一方，而不知道漢朝地域究竟有多廣大。使者回來後，便極力誇說滇國是一個大國，值得花費力氣使他們成為臣屬國。這引起漢武帝的重視，於是又重新開始經營西南夷。

二年（庚申　西元前一二一年）

冬，十月，上幸雍，祠五畤。

三月戊寅❶，平津獻侯❷公孫弘薨。壬辰❸，以御史大夫樂安侯李蔡❹為丞相，廷尉張湯為御史大夫。

霍去病為票騎將軍❺，將萬騎出隴西❻，擊匈奴，歷五王國❼，轉戰六日，過焉支山❽千餘里，殺折蘭王，斬盧侯王❾，執渾邪王子❿及相國⓫、都尉，獲首虜⓬八千九百餘級，收休屠王祭天金人⓭。詔益封去病二千戶。

夏，去病復與合騎侯公孫敖將數萬騎俱出北地⓮，異道⓯。衛尉張騫⓰、郎中令李廣⓱俱出右北平⓲，異道⓳。

廣將四千騎先行，可數百里，騫將萬騎在後。匈奴左賢王⓴將四萬騎圍廣，廣軍士皆恐。廣乃使其子敢㉑獨與數十騎馳貫胡騎㉒，出其左右㉓而還，告廣曰：「胡虜易與㉔耳！」軍士乃安。廣為圜陳外嚮㉕，胡急擊之，矢下如雨。漢兵死者過半，漢矢且盡。廣乃令士持滿毋發㉖，而廣身自以大黃㉗射其裨將㉘，殺數人，胡虜益解㉙。會日暮，吏士皆無人色，而廣意氣自如㉚，益治軍㉛，軍中皆服其勇㉜。明日，復力戰，死者過半，所殺亦過當㉝。會博望侯軍亦至，匈奴軍乃解去。漢軍罷㉞，弗能追，罷歸㉟。漢法㊱：博望侯留遲後期㊲，當死㊳，贖為庶人。廣軍功自如㊴，無賞。

而票騎將軍去病深入二千餘里，與合騎侯失(40)，不相得(41)。票騎將軍踰居延(42)，過小月氏，至祁連山(43)，得單桓、酋涂王(44)及相國、都尉以眾降者二千五百人，斬首虜三萬二百級，獲裨小王七十餘人。天子益封去病五千戶，封其裨將有功者鷹擊司馬趙破奴(45)為從票侯(46)，校尉高不識(47)為宜冠侯(48)，校尉僕多(49)為煇渠侯(50)。合騎侯敖坐行留(51)不與票騎會，當斬，贖為庶人。

是時，諸宿將(52)所將士、馬、兵(53)皆不如票騎，票騎所將常選(54)。然亦敢深入，常與壯騎先其大軍(55)。軍亦有天幸(56)，未嘗困絕(57)也。而諸宿將常留落不偶(58)，由此票騎日以親貴，比大將軍(59)矣。

匈奴入代、鴈門(60)，殺略(61)數百人。

江都王建(62)與其父易王所幸淖姬(63)等及女弟徵臣(64)姦。建游雷陂(65)，天大風，建使郎(66)二人乘小船入陂中，船覆，兩郎溺(67)，攀船，乍見乍沒(68)。建臨觀(69)大笑，令勿救，皆死。凡殺不辜(70)三十五人，專為淫虐。自知罪多，恐誅，與其后成光(71)共使越婢下神(72)，祝詛上(73)。又聞淮南、衡山陰謀，建亦作兵器，刻皇帝璽，為反具(74)。事發覺，有司請捕誅，建自殺，后成光等皆棄市，國除(75)。

膠東康王寄(76)薨。

秋，匈奴渾邪王、休屠王居西方為漢所殺虜數萬人[78]，欲召誅之。渾邪王與休屠王恐，謀降漢，先遣使向邊境要遮[79]漢人，令報天子。是時，大行[80]李息將城河上[81]，得渾邪王使，即[1]馳傳以聞[82]。天子聞之，恐其以詐降而襲邊，乃令票騎將軍將兵往迎之。休屠王後悔，渾邪王殺之，并其眾[83]。票騎既渡河[84]，與渾邪王眾相望[85]。渾邪王裨將見漢軍，而多不欲降者，頗遁去[86]。票騎乃馳入，得與渾邪王相見[87]，斬其欲亡者八千人，遂獨遣渾邪王乘傳先詣[2]行在所[88]，盡將其眾渡河[89]。降者四萬餘人，號稱十萬。既至長安[90]，天子所以賞賜[91]者數十巨萬[92]。封渾邪王萬戶，為漯陰侯[93]，封其裨王呼毒尼等四人皆為列侯[94]。益封票騎千七百戶。

渾邪之降也，漢發車二萬乘[95]以迎之。縣官無錢[96]，從民貰馬[97]。民或匿馬，馬不具[98]，上怒，欲斬長安令[99]。右內史[100]汲黯曰：「長安令無罪，獨斬臣黯，民乃肯出馬[101]。且匈奴畔[102]其主而降漢，漢徐以縣次傳之[103]，何至令天下騷動[104]，罷敝[105]中國[106]而以事夷狄之人[107]乎！」上默然。及渾邪至[108]，賈人與市[109]者坐當死[110]五百餘人。黯請間[111]，見高門[112]，曰：「夫匈奴攻當路塞[113]，絕和親[114]，中國興兵誅之，死傷者不可勝計，而費以巨萬百數[115]。臣愚以為陛下得胡人，皆以為奴婢，以賜從軍死事者家；所鹵獲，因予之[116]，以謝天下之苦，塞[117]百姓之心。今縱不能，渾邪率數萬之眾來降，虛府庫賞賜[118]，發良民侍養[119]，譬若奉驕子[120]。愚民安知市買長安中物[121]，而文吏[122]繩[123]以為闌出財物于邊關[124]乎！陛下縱不能得匈奴之資以謝天下，又以微文[125]殺無知者五百餘人，是所謂『庇其葉而傷其枝[126]』者也。臣竊為陛下不取也。」上默然不許，曰：「吾久不聞汲黯之言，今又復妄發[127]矣！」

居頃之[128]，乃分徙[129]降者邊五郡故塞外[130]，而皆在河南[131]，因其故俗，為五屬國[132]。而金城河西[133]，西並[134]南山[135]至鹽澤[136]，空無匈奴。匈奴時有候者[137]到而希[138]矣。

休屠王太子日磾[139]與母閼氏[140]、弟倫[141]俱沒入官[142]，輸黃門養馬[143]。久之，帝游宴[144]，見馬[145]。後宮滿側[146]，日磾等數十人牽馬過殿下，莫不竊視[147]，至日磾獨不敢。日磾長八尺二寸[148]，容貌甚嚴[149]，馬又肥好[150]，上異而問之，具以本狀[151]對。上奇焉，即日賜湯沐、衣冠，拜為馬監[152]，遷侍中[153]、駙馬都尉[154]、光祿大夫[155]。日磾既親近，未嘗有過失，上甚信愛之，賞賜累千金，出則驂乘[156]，入侍左右。貴戚多竊怨曰：「陛下妄[157]得一胡兒，反貴重之。」上聞，愈厚[158]焉。以休屠作金人為祭天主[159]，故賜日磾姓金氏。

三[3]年（辛酉　西元前一二〇年）

春，有星孛(160)于東方。

夏，五月，赦天下。

淮南王之謀反(161)也，膠東康王寄微聞其事，私作戰守備(162)。及吏治淮南事，辭出之(163)。寄母王夫人，即皇太后之女弟也，於上最親(164)，意自傷，發病而死(165)，不敢置後(166)。上聞而憐之，立其長子賢為膠東王；又封其所愛少子慶為六安王，王故衡山[4]地(167)。

秋，匈奴入右北平、定襄各數萬騎，殺略千餘人。

山東(168)大水，民多飢乏。天子遣使者虛郡國倉廥(169)以振(170)貧民，猶不足。又募豪富吏民能假貸貧民(171)者以名聞(172)，尚不能相救。乃徙(173)貧民於關以西(174)及充朔方以南新秦中(175)七十餘萬口，衣食皆仰給縣官(176)，數歲假予產業(177)，使者分部護之(178)，冠蓋相望(179)。其費以億計，不可勝數(180)。

漢既得渾邪王地，隴西、北地(181)、上郡(182)益少胡寇，詔減三郡戍卒之半，以寬天下之繇(183)。

上將討昆明(184)，以昆明有滇池(185)方三百里，乃作昆明池(186)以習水戰。是時，法既益嚴，吏多廢免。兵革數動187，民多買復及五大夫188，徵發之士益鮮189。於是除千夫、五大夫為吏190，不欲者出馬191。以故吏弄法192，皆謫令伐棘上林193，穿194昆明池。

是歲，得神馬於渥洼水中195，上方立樂府196，使司馬相如等造為詩賦197，以宦者李延年198為協律都尉，佩二千石199印，絃次初詩200以合八音之調201。詩多爾雅202之文，通一經203之士不能獨知其辭204。必集會五經家205相與共講習讀之206，乃能通知其意。及得神馬，次以為歌207。汲黯208曰：「凡王者作樂，上以承209祖宗，下以化兆民210。今陛下得馬，詩以為歌，協於宗廟211，先帝、百姓豈能知其音212邪？」上默然不說213。

上招延士大夫214，常如不足215；然性嚴峻216，羣臣雖素所愛信者，或小有犯法或欺罔217，輒按誅218之，無所寬假219。汲黯諫曰：「陛下求賢甚勞，未盡其用220，輒已殺之。以有限之士，恣無已之誅221，臣恐天下賢才將盡，陛下誰與共為治222乎！」黯言之甚怒，上笑而諭223之曰：「何世無才，患人不能識之耳。苟能識之，何患無人？夫所謂才者，猶有用之器也。有才而不肯盡用224，與無才同，不殺何施225？」黯曰：「臣雖不能以言屈226陛下，而心猶以為非227。願陛下自今改之，無以臣為愚而不知理也。」上顧(228)羣臣曰：「黯自言為便辟則不可(229)；自言為愚(230)，豈不信然乎(231)！」

【章　旨】以上為第三段，寫元狩二年（西元前一二一年）、三年兩年間的全國大事，主要寫了霍去病過焉支山伐匈奴，大破渾邪王、休屠王二部，迫使二部歸降漢王朝，從而平定河西地區的歷史壯舉；也寫了李廣率軍四千人對抗匈奴左賢王四萬人的英勇戰績；寫了金日磾降漢後莊重有禮、勤奮做事受武帝寵用，為其日後的輔幼主做了伏筆；還寫了直臣汲黯批評武帝寵待匈奴降人、批評武帝得天馬作歌祭神，以及批評武帝好殺戮士大夫等等。

【注　釋】❶三月戊寅　三月初七。❷平津獻侯　公孫弘的封號名，生前稱平津侯，獻字是其死後的謚。❸壬辰　三月二十一。❹樂安侯李蔡　李蔡是李廣的堂弟，因隨衛青伐匈奴有功封東安侯，樂安是封地名。❺票騎將軍　票騎，也寫作「驃騎」、「剽騎」，取其勇猛迅捷的意思。驃騎將軍之設即從霍去病開始，其位置在「大將軍」之下，其實與「大將軍」同貴，權勢都在丞相之上。❻隴西　漢郡名，郡治狄道，即今甘肅臨洮。❼五王國　瀧川引丁謙曰：「五王皆休屠屬部，時休屠王駐涼州地，五王所部當在平番迤北一帶。」按，涼州即今甘肅武威，武威城北當時有休屠城。❽焉支山　在今甘肅山丹東南。❾殺折蘭王二句　折蘭、盧侯，皆匈奴部落名。《史記集解》引張晏曰：「折蘭、盧胡，國名也。殺者，殺之而已。斬者，獲其首。」❿執渾邪王子　活捉了渾邪王的兒子。執，捉。渾邪王是匈奴王名，也寫作「呼韓邪」。⓫相國　匈奴的中級職官名，與秦、漢王朝的「相國」大不相同。詳情見《史記・匈奴列傳》。⓬首虜　斬首與俘獲生敵。⓭休屠王祭天金人　休屠王祭天用的金製神像。⓮北地　漢郡名，郡治馬領，在今甘肅慶陽西北。⓯異道　分兩路出行。⓰衛尉張騫　張騫以衛尉的身分為將軍隨霍去病北出。衛尉是九卿之一，主管護衛宮廷，當時有未央宮衛尉與長樂宮衛尉二職。⓱郎中令李廣　李廣以郎中令的身分為將軍隨霍去病北出。郎中令統領皇帝的侍衛人員並主管宮廷門戶。⓲右北平　漢郡名，郡治平剛，舊說在今遼寧凌源西南，經查，乃屬內蒙古寧城之淀子鄉。⓳異道　此指分前後兩路出兵。⓴左賢王　匈奴大單于下面的兩個最高官長之一，與「右賢王」分部駐紮，共同襄助大單于處理國事。左賢王居匈奴之東部，右賢王居匈奴之西部。㉑其子敢　李廣的第三子李敢，事跡見後文。㉒馳貫胡騎　從敵兵前沿攻入，直穿到敵軍背後。貫，直穿。㉓出其左右　又從左到右，從右到左地衝殺、穿行了一遍。吳見思曰：「四千騎，四萬騎，一以當十，危矣；此獨以『數十騎』，極寫李敢。」㉔易與　容易對付。按，此處寫李敢的少年勇猛，亦在於襯托李廣。㉕圜陳外嚮　因李廣軍處十倍於己的敵人包圍中，須四面應敵，故列為圓陣，四周矛頭一齊向外。《史記·匈奴列傳》有所謂「士皆持滿，傅矢外向」。「傅矢」即張弓搭箭。傅，搭上。圜陳，同「圓陣」。㉖持滿毋發　拉滿弓以向敵，而不把箭射出去。㉗大黃　一種黃色的可以連發的大弓。㉘裨將　副將；偏將。㉙益解　漸漸士氣懈怠。解，同「懈」。鬆懈；洩氣。㉚意氣自如　意態和平時一樣，言其從容自然。㉛益治軍　更加精神十足地整頓自己的隊伍。治軍，師古曰：「巡部曲，整行陣也。」㉜軍中皆服其勇　郭嵩燾曰：「廣與匈奴大小七十餘戰，史公不一敘，獨上文敘其以百騎支匈奴數千，此以四千騎當匈奴四萬，寫得分外奇險。妙在一以不戰全軍，一以急戰拒敵，兩事各極其勝。」㉝過當　意即殺敵之數超過自己犧牲之數。㉞罷　通「疲」。疲憊。㉟罷歸　撤回。姚苧田曰：「此段廣之勇烈及其所遇之艱危，皆大略與其孫陵相似，皆以別將失道，獨與虜遇；皆以少敵眾，而廣之終得拔身還漢者，卒以救軍之來也。史公寫此極詳，蓋亦有所感云。」㊱漢法　依照漢朝的法律規定。㊲留遲後期　因行動緩慢而貽誤戰機。㊳當死　被判死刑。㊴軍功自如　軍功和敗軍之罪相當，相抵銷。㊵失　彼此走散。㊶不相得　彼此找不到對方。㊷踰居延　越過了居延澤。居延是沼澤名，在今內蒙古西部之額濟納旗東。㊸祁連山　在今甘肅走廊南側與青海交界處，主峰在酒泉東南。㊹單桓酋涂王　都是匈奴別部的頭領。㊺鷹擊司馬趙破奴　趙破奴身任司馬之職，在軍中主管司法。鷹擊，是加給趙破奴的稱號，以言其輕捷勇猛如鷹之擊燕雀。㊻從票侯　因其從票騎將軍出征有功，因以「從票」為號。㊼高不識　原為匈奴之王，降漢後任驃騎將軍之校尉。㊽宜冠侯　因其在票騎將軍統領下得以立功，故以「宜冠」為稱，意即適合於受冠軍將軍（霍去病舊稱冠軍將軍）統領。㊾僕多　姓僕名多，原是匈奴族人，後降於漢。《史記·建元以來侯者年表》作「僕多」，《漢書》年表作「僕朋」。㊿煇渠侯　封地煇渠，魯陽（今河南魯山縣）境內的鄉名。(51)行留　行動遲緩，中途逗留。(52)宿將　老將，如李廣等。(53)兵　這裡指兵器。(54)常選　通常都是經過挑選的。按，《史記·廉頗藺相如列傳》、〈魏公子列傳〉有所謂「選兵」、「選騎」，蓋與此同義。(55)先其大軍　指離開大部隊，率領輕兵深入，即前文之所謂「直棄大軍數百里赴利」。(56)天幸　像是有老天爺的保佑。(57)未嘗困絕　從來沒有陷入困境、沒有遇到走投無路的境地。(58)留落不偶　行動遲緩，遇不上敵人，沒有立功的機會。(59)比大將軍　和衛青所受的榮寵相等。比，相等。(60)代鴈門　漢之二郡名，代郡的郡治即今河北蔚縣東北的代王城。鴈門郡的郡治善無，在今山西左雲西。(61)略　意思同「掠」。(62)江都王建　劉建，景帝之孫，江都易王劉非之子。江都國的都城在今江蘇揚州城南。(63)淖

姬　劉建之父江都易王劉非的寵姬，其人姓淖。64女弟徵臣　劉建之妹名叫徵臣。65雷陂　湖澤名，舊址在今揚州北。66郎　帝王的侍從人員。67溺　落水。68乍見乍沒　時而露出水面，時而沉沒水中。見，露出。69臨觀　站在岸上，居高臨下地看著。70不辜　無罪。71其后成光　劉建的王后名叫成光。72使越婢下神　讓來自越族的女巫求神降臨。越，當時的小國名，東越在今福建一帶，南越在今廣東一帶。73祝詛上　向鬼神祈禱，求鬼神讓皇帝快死。詛，詛咒，求鬼神給某人以懲罰。74為反具　製作造反用的器械。75國除　江都國的建制被取消，改其地為郡。76膠東康王寄　劉寄，景帝之子，景帝王皇后之妹王夫人所生。康字是其死後的諡。膠東國的都城即墨，在今山東平度東南。77渾邪王　匈奴右賢王屬下的一個部落酋長，處於匈奴之西部地區。78為漢所殺虜數萬人　即上文所述被霍去病所殺虜數萬人。79要遮　攔截，這裡指尋找。80大行　即大行令，也稱「典客」，九卿之一，主管歸附的少數民族事務。81將城河上　將兵在今內蒙古臨河、包頭一帶的黃河邊上築城。82馳傳以聞　派人乘傳車飛報皇帝。傳，驛車。83并其眾　將其部眾併歸己有。84渡河　渡過黃河北進。85相望　彼此遠遠都能望見。86頗遁去　有些人回頭向北逃跑了。頗，有些。87票騎乃馳入二句　馳入，指飛馬直入渾邪王軍中。按，此處寫驃騎將軍之膽略，非常人之所及。88乘傳先詣行在所　乘驛車先進長安拜見皇帝。詣，到；達。行在所，也稱「行在」，指皇帝所在的地方，這裡即指京城。89盡將其眾渡河　將降漢的全部匈奴人都帶到黃河以南。主語是霍去病。90既至長安　此指降漢的全部匈奴人。91賞賜　指賞賜降漢的全體匈奴人。92數十巨萬　猶今所謂數十億。巨萬，萬萬，即今所謂「億」，這裡說的是銅錢。93漯陰侯　封地漯陰，在今山東禹城東。94呼毒尼等四人皆為列侯　據《史記．衛將軍驃騎列傳》，呼毒尼被封為下摩侯，鷹庇為煇渠侯，禽梨為河綦侯，銅離為常樂侯。95二萬乘　兩萬輛，古稱一車四馬曰一乘。96縣官無錢　意即國家拿不出這麼多錢購買馬匹。縣官，指國家、政府，有時也指皇帝。97從民貰馬　向百姓買了馬而欠著錢。貰，賒欠；買了東西而暫不給錢。98馬不具　湊不夠八萬匹。具，備；滿數。99長安令　長安縣的縣令。當時的長安城在今長安境內，長安令管轄京城周圍的農村，上屬於右內史。100右內史　首都長安城與其郊區的行政長官，當時分設左右二人，分別管理東、西兩部分。101獨斬臣黯二句　時汲黯為右內史，長安令是其屬官，為替下級承擔責任，故汲黯如此說。102畔　通「叛」。103徐以縣次傳之　王先謙曰：「令所過諸縣以次給傳，徐徐而來也。」「給傳」即為其提供驛車。按，匈奴降者數萬人，「以縣次傳之」，將要拖延到何年何月？又受降如受敵，沒有相當數量的戰鬥部隊，如何接受匈奴數萬人之投降？汲黯反對「擾民」是也；謂「徐以縣次傳之」，能曰知兵乎？104令天下騷動　指由政府向百姓貰馬引起的民間惶恐。105罷敝　勞乏、耗費。罷，通「疲」。106中國　華夏之國，即今之中原地區。107事夷狄之人　為夷狄之人服務。108及渾邪至　實際指渾邪王與其所帶領的歸降部眾來到長安。(109)賈人與市　長安城的商人與來降的匈奴人做買賣。(110)坐當死　因犯罪而被判死刑。當，判處。按，據《史記・衛將軍驃騎列傳》，匈奴四萬人降漢後，開始住在長安，故有與長安商人作交易事。(111)請間　請求皇帝個別接見。(112)高門　宮殿名。《集解》引《三輔黃圖》云：「未央宮中有高門殿。」未央宮是皇帝之所居，舊址在當時長安城的西部，其前殿的基礎今尚巍然存在。(113)當路塞　正對著匈奴人入侵道路的城池關塞。(114)絕和親　破壞了高祖以來的長達幾十年的和親政策。(115)巨萬百數　猶今之所謂「幾百億」，單位指銅錢。巨萬，萬萬，即今之所謂「億」。(116)所鹵獲二句　把掠奪來的物資，都賞給戰死者的家庭。鹵，同「擄」、「掠」。(117)塞　滿足；平撫。(118)虛府庫賞賜　把倉庫裡的所有東西都拿出來賞賜匈奴人。(119)發良民侍養　調動中國的良民百姓來侍候匈奴人。(120)譬若奉驕子　就如同供養自家受嬌慣的兒子一樣。奉，供養。(121)市買長安中物　這裡的意思是指長安百姓將貨物賣給匈奴人。(122)文吏　法官。文，指法律條文。(123)繩　指以法懲治。(124)闌出財物于邊關　此句意謂長安的百姓把東西賣給了住在長安的匈奴人，而司法官吏就給他們定罪為犯法向國外走私。闌，走私。臣瓚曰：「無符傳出入為闌也。」當時的法律規定：「吏民不得持兵器及鐵出關，雖於京師市買，其法一也。」(125)微文　猶言「酷法」、「苛法」。微，細；繁密。(126)庇其葉而傷其枝　保護樹葉而損傷枝條，分不出哪個更關鍵、更重要。(127)妄發　亂放炮；信口胡言。(128)居頃之　過不多久。(129)分徙　分別令其遷徙。(130)邊五郡故塞外　意即讓他們分別居住在沿邊五個郡的舊國境線外。五郡指隴西、北地、上郡、朔方、雲中。(131)皆在河南　都在黃河以南，即今內蒙古之西南部、陝西之北部與甘肅、寧夏的部分地區。(132)因其故俗二句　將他們分成五個部落，讓他們按舊有的習俗生活，而稱這些部落曰「屬國」。師古曰：「不改其本國之俗，而屬於漢，故號『屬國』。」(133)金城河西　金城是漢郡名，郡治允吾，在今甘肅永靖西北。河西是地區名，泛指今甘肅、寧夏段的黃河以西地區。(134)並　傍；沿著。(135)南山　指今甘肅與青海交界線上的祁連山。(136)鹽澤　即今新疆境內的羅布泊。(137)候者　偵察人員。(138)希　同「稀」。少。(139)日磾　金日磾，字翁叔，匈奴休屠王的太子。其父被渾邪王所殺後，隨渾邪王一同歸漢。(140)母閼氏　金日磾之母原休屠王的妃嬪。(141)弟倫　金日磾之弟，其名曰倫。(142)俱沒入官　都被判作奴婢，沒入宮廷服役。其所以如此是因為休屠王原打算與渾邪王一道降漢，後因動搖反悔，被渾邪王所殺。其家屬也成了犯罪之人，故別人蒙賞，他們被判為奴隸。(143)輸黃門養馬　被發落到黃門署餵馬。輸，送；派到。黃門，官署名。師古曰：「黃門之署，職任親近，以供天子，百物在焉。」(144)游宴　清閒無事時的玩賞飲宴。(145)見馬　想看看黃門署餵養的馬匹。(146)後宮滿側　指皇帝身邊站滿了嬪妃宮女。(147)竊視　指偷看皇帝與其身邊的宮人。(148)八尺二寸　約當現在的一・八九公尺多。(149)嚴　莊重。(150)馬又肥好　謂金日磾餵的馬長得又肥又壯。(151)本狀　實際情況。(152)拜為馬監　任以為負責養馬的官員，上屬黃門令。(153)遷侍中又提升為皇帝的侍從官員，可出入宮廷。[154]駙馬都尉　掌管皇帝副車的官員。[155]光祿大夫　原稱「中大夫」，皇帝的侍從官員，以備參謀顧問之用。[156]驂乘　陪皇帝同乘一輛車，立在皇帝身邊兼充侍衛之職。[157]妄　胡亂地；隨便地。[158]愈厚　謂越發親近、越發厚待。[159]祭天主　祭天用的神像。祭祖用的木製靈牌則稱木主。[160]孛　火花四射，這裡即指彗星。[161]淮南王之謀反事在元狩元年（西元前一二二年）。[162]私作戰守備　意即也暗中做謀反的準備。[163]辭出之　口供中帶出了劉寄的問題。[164]於上最親　與皇帝的關係最緊密。[165]發病而死　其死在元狩二年，已見上文。[166]不敢置後　不敢立其子繼位為王。[167]王故衡山地　衡山原是淮南王劉安之弟劉賜的封國，國都邾縣（今湖北黃岡）。劉賜於武帝元狩元年因與其兄劉安謀反，事覺自殺，國除。至此武帝又改其地曰六安國，以封劉寄之幼子劉慶，國都即今安徽六安之城東北。[168]山東　指崤山以東地區。[169]虛郡國倉廥　全部調出各郡與各諸侯國倉庫的糧食。廥，原指堆放柴草的房舍，這裡即指糧倉。[170]振　通「賑」。救濟。[171]假貸貧民　借錢財糧食給窮人。假貸，即今之所謂「借貸」。假，借。[172]以名聞　把姓名上報朝廷。[173]徙　搬遷；轉移。[174]關以西　指今陝西、甘肅、四川一帶。關，指函谷關，在今河南靈寶東北。[175]新秦中　古地區名，在今內蒙古河套一帶。西元前二一四年，秦始皇派蒙恬打退匈奴，取得其地。因其地近「秦中」（今陝西中部地區），故稱之曰「新秦中」，屬朔方郡。[176]皆仰給縣官　意即全靠國家政府供應。[177]數歲假予產業　一連幾年都是由國家供給這些移民生產、生活的物資。[178]使者分部護之　國家派專人分區監督管理。分部，按區；按片。護，監護。[179]冠蓋相望　極言所派的使者之多，道上絡繹不斷，前後都可以互相望見。冠蓋，衣冠、車蓋。按，「新秦中」即衛青新從匈奴手中奪回的「河南地」，今徙貧民居之，既使離開東方災區，又可加強邊防，一舉兩得，故政府全力以助之。鍾惺曰：「後世人主，如此留心於民者亦少。」[180]其費以億計二句　前既言「以億計」，則後不得言「不可勝數」，《漢書・食貨志》刪去後四字，是也。[181]北地　漢郡名，郡治馬領，在今甘肅慶陽西北。[182]上郡　漢郡名，郡治膚施，在今陝西榆林東南。[183]繇　通「徭」。徭役。[184]昆明　秦、漢時代的少數民族小國名，在今雲南的下關、大理一帶，因其阻礙漢使通身毒（今印度），故武帝練水軍以伐之。[185]昆明有滇池　此語有毛病，滇池在當時的滇國境內，在今雲南昆明南，不屬於當時的昆明。[186]昆明池　武帝時挖掘的人工湖，在今陝西西安西南之上林苑中。《索隱》引《三輔黃圖》曰：「昆明池周四十里，以習水戰。」[187]兵革數動　屢屢發動戰爭。數動，屢動。[188]民多買復及五大夫　皆指花錢以買得免除徭役之資格。復，免除徭役。五大夫，秦爵二十級的「五大夫」與漢代武功爵的「千夫」相等，都可以免除徭役，即鼂錯所謂「入粟受爵至五大夫以上乃復一人」是也。[189]徵發之士益鮮　可徵調從軍服役的人越來越少。鮮，少。[190]除千夫五大夫為吏　除，任命。因當時法令嚴酷，為吏者極易遭罪，故有爵者常不欲為吏，故此特強制之。[191]不欲者出馬　漢代馬少且貴，據鼂錯〈論貴粟疏〉「有車騎馬一匹者，復卒三人」，則一匹馬的價錢可以買三個「五大夫」。[192]以故吏弄法　由於這些被免職的官吏都有玩弄法律條文以害人的罪過。[193]皆謫令伐棘上林　都打發他們到上林苑去伐樹割草。謫，罰。上林，即上林苑，故址在今西安西南，周圍二百餘里，是秦漢時期的皇家獵場。[194]穿　挖；修造。[195]得神馬於渥洼水中　渥洼水在今甘肅敦煌西南漢龍勒故址南，其水源於當金山，北流至龍勒故城南匯為澤，復北流入沙漠。《集解》引李斐曰：「南陽新野有暴利長，當武帝時遭刑，田燉煌界，人數於此水旁見群野馬，中有奇異者，與凡馬異，來飲此水旁。利長先為土人持勒靽於水旁，後馬玩習，久之，代土人持勒靽收得其馬獻之。欲神異此馬，云從水中出。」[196]方立樂府　剛剛建立了樂府官署。樂府是掌音樂的機關，早在秦朝就有，至武帝時乃擴大規模，並使之到各地採集民間歌謠。[197]司馬相如等造為詩賦　司馬相如字長卿，成都人，漢代最傑出的辭賦家。事跡詳見《史記・司馬相如列傳》。宋人郭茂倩編的《樂府詩集》中有〈郊祀歌〉十九首，相傳即司馬相如等所作。[198]李延年　漢武帝李夫人之兄，當時著名的音樂家，官至協律都尉。事跡見《史記・佞幸列傳》。[199]二千石　郡守與諸侯相一級。[200]絃次初詩　給新作的歌詞譜曲。絃，原指絃樂器，絃次即指譜曲、配樂。[201]合八音之調　符合音樂規律的令人愛聽的曲調。八音指金、石、絲、竹、瓠、土、革、木等八種器樂。[202]爾雅　近於雅正，這裡即指文辭典雅。[203]一經　指儒家經典中的一種。[204]不能獨知其辭　一個人看不懂其文字的含義。[205]五經家　《詩》、《書》、《易》、《禮》、《春秋》的各種經典的專家。[206]相與共講習讀之　共同研究討論著閱讀。相與，一道。[207]及得神馬二句　等到獲得了「天馬」後，又譜寫了〈太一之歌〉，其辭曰：「太一貢兮天馬下，霑赤汗兮沫流赭。騁容與兮跇萬里，今安匹兮龍為友。」[208]汲黯　武帝時的直臣，事跡已見前文。[209]承　供奉。[210]兆民　眾民；億萬百姓。[211]協於宗廟　譜曲作樂以祭祀宗廟。協，和諧，指譜曲作樂。[212]豈能知其音　怎麼能夠明白您這首歌的意思。[213]不說　同「不悅」。不高興。[214]招延士大夫　即所謂「招賢納士」。延，請。[215]常如不足　總嫌不夠。[216]嚴峻　嚴厲，容不得缺點錯誤。[217]欺罔　欺騙；隱瞞真相。[218]按誅　查辦其罪而誅之。[219]寬假　寬饒；寬容。[220]未盡其用　還沒等發揮他們的作用。[221]恣無已之誅　放任您這種沒完沒了的誅殺。恣，放縱。[222]誰與共為治　與誰一道治理天下。誰與，與誰。[223]諭　告。[224]不肯盡用　指不努力工作或不好好工作。[225]何施　留著做什麼。[226]言屈　說服；辯倒。[227]心猶以為非　心裡還認為您是錯的。[228]顧　回頭看著。[229]黯自言為便辟則不可　如果汲黯說他自己愛順情說好話，那當然是不對的。便辟，逢迎諂媚；順情說好話。[230]自言為愚　如果他說他自己愚笨。[231]豈不信然乎　難道不正是這個樣子嗎。

【校　記】①即　原無此字。據章鈺校，十四行本、乙十一行本皆有此字，張敦仁《通鑑刊本識誤》同，云：「無注本亦無『即』字。」今從諸本及《通鑑紀事本末》、《史記・衛將軍驃騎列傳》補。②先詣　原作「詣至」。據章鈺校，十四行本、乙十一行本、孔天胤本皆作「先詣」，張敦仁《通鑑刊本識誤》同。今從諸本及《通鑑紀事本末》、《史記・衛將軍驃騎列傳》改。③三　原作「二」。據章鈺校，十四行本、乙十一行本、孔天胤本皆作「三」，今據改。④衡山　原作「衡山王」。據章鈺校，十四行本、乙十一行本皆無「王」字。今從諸本及《漢書・景十三王傳》刪。

【語　譯】二年（庚申　西元前一二一年）

冬季，十月，漢武帝前往雍縣巡視，在五座祭天的壇臺祭祀上帝。

三月初七日戊寅，平津獻侯公孫弘去世。二十一日壬辰，任命御史大夫樂安侯李蔡為丞相，任命廷尉張湯為御史大夫。

提升霍去病為票騎將軍，率領一萬名騎兵從隴西出發去攻打匈奴，他經過臣屬於匈奴的五個王國，轉戰六天，越過焉支山深入一千餘里，殺死了折蘭國王，割下了盧侯王的首級，俘獲了渾邪王的兒子以及他們的相國、都尉，總計俘獲、斬首敵人八千九百多人，繳獲了休屠王祭天用的金製神像。武帝下詔為霍去病的封邑增加二千戶。

夏季，霍去病又與合騎侯公孫敖一起率領數萬名騎兵從北地郡出發去攻擊匈奴，兩軍分道而行。衛尉張騫、郎中令李廣都從右北平出發，兩軍也是分道而行。

李廣率領四千名騎兵在前，與後面張騫所率領的數萬名騎兵拉開有幾百里的距離。匈奴左賢王率領四萬名騎兵將李廣軍團團圍住，李廣的軍士都感到很害怕。李廣就派他的兒子李敢帶領幾十名騎兵飛馬直闖匈奴的陣地，他們從匈奴騎兵的前沿攻入，直穿到敵軍的背後，又從左到右、從右到左地衝殺、穿行了一遍，然後返回，李敢告訴父親李廣說：「匈奴軍容易對付！」軍心這才穩定下來。李廣將軍隊列成圓陣，士兵全部面向敵人，匈奴的軍隊向李廣軍發起猛攻，射過來的箭，密集得就像下雨一般。李廣手下的士兵被射死的超過了一半，而所攜帶的箭矢也快要用完了。李廣因此命令士兵拉滿弓對著敵人但不要把箭放出去，李廣親自來到軍前用大黃弓射向匈奴的副將，一連射死了幾個人，匈奴的攻勢才逐漸懈怠下來。恰好天色將晚，李廣手下的將士們此時已經面無人色，而李廣的神情仍然像平時一樣，更加精神十足地整頓、部署自己的軍隊，軍中都非常佩服李廣的勇敢。第二天，李廣率領軍隊又與匈奴奮力死戰，軍士又死傷了一大半，但殺死敵人的數量遠遠超過了自己軍中損失的數量。此時博望侯張騫也率軍趕到，匈奴解除了對李廣軍隊的包圍向後退去。漢軍因為已經極度疲勞，無法追趕，也罷兵而回。按照漢朝法律的規定：博望侯張騫行軍遲緩、未能如期到達而延誤戰機，當處以死刑，因為交納罰金贖罪，被貶為庶人。李廣的戰功和敗軍之罪相抵消，不受處罰也沒有得到獎賞。

而票騎將軍霍去病深入匈奴腹地二千多里，與合騎侯公孫敖失去聯繫，無法會合。票騎將軍霍去病孤軍前進，越過居延澤，穿過小月氏，抵達祁連山，擒獲了單桓、酋涂王，及他們的相國、都尉所帶領的二千五百人向漢軍投降，此次出兵，票騎將軍霍去病總計斬殺和俘虜的敵人有三萬二百人，其中包括活捉了匈奴小王七十多人。漢武帝為霍去病的封邑增加了五千戶，封他手下立有戰功的副將鷹擊司馬趙破奴為從票侯，封校尉高不識為宜冠侯，校尉僕多為煇渠侯。合騎侯公孫敖因為行軍遲緩沒能與票騎將軍霍去病會合而獲罪，罪當斬首，出錢贖為庶人。

當時，諸位老將軍所率領的將士、戰馬、兵器，都不如票騎將軍霍去病，票騎將軍霍去病的將士通常都是經過選拔的精銳。當然，票騎將軍也敢於衝鋒陷陣、深入敵後，他經常率領部分精銳遠離大軍輕兵深入。他的軍隊也像是有老天爺的保佑，從來沒有陷入過困境。而其他老將卻經常因為行動遲緩遇不上敵人而失去立功的機會，因此，票騎將軍霍去病日益受到漢武帝的寵信，地位也一天比一天尊貴，完全和大將軍衛青比肩而立。

匈奴侵入代郡、雁門郡，殺死、掠走幾百名邊民。

江都王劉建與他的父親江都易王劉非所寵愛的淖姬等以及他的妹妹徵臣通姦。一次劉建在雷陂池遊玩時，颳起了大風，劉建讓陪同他一起遊玩的兩個郎官乘小船駛入湖中，船翻了，兩個郎官落入水中，他們抓住船幫求救，眼看著他們在風浪中忽隱忽現，隨時都會淹死。劉建站在岸上居高臨下地看著大笑，還下令不許其他人前去營救，結果兩個郎官全被淹死。劉建前後大約殺害了三十五個無辜的人，專幹些淫亂暴虐的事情。他自知罪孽深重，恐怕被殺，便與他的王后成光一起讓來自越地的女巫求神降臨，向鬼神祈禱，求鬼神讓皇帝早死。劉建又聽說淮南王、衡山王陰謀造反，他也命令工匠製造兵器，私刻皇帝玉璽，積極準備謀反的器械。事情敗露後，主管官員向漢武帝請求將劉建逮捕法辦，劉建畏罪自殺，他的王后成光等都被押到鬧市處死，江都國的建制被撤銷。

膠東康王劉寄去世。

秋季，匈奴渾邪王向漢朝投降。當時，渾邪王、休屠王居住在匈奴西部，與漢軍作戰失敗，被漢軍殺死、俘虜了幾萬人，匈奴單于對此怒不可遏，便想召他們去匈奴王廷把他們殺死。渾邪王、休屠王心裡恐懼，便密謀投降漢朝，他們先派使者到邊境約請漢人，讓漢人替他們報告漢天子。當時，大行令李息正率人在黃河邊上築城，截獲了渾邪王的使者，就趕緊派人乘驛車火速地向朝廷報告。漢武帝知道後，擔心匈奴用詐降計襲擊邊境，就命令票騎將軍霍去病率領大隊人馬前去迎接。屆時休屠王突然反悔，渾邪王便把他殺死，兼併了他的人馬。票騎將軍已經渡過黃河，與渾邪王的人馬遙遙相望。渾邪王手下的副將看見漢軍，就有許多人不願意投降，有的人乾脆回頭向北逃跑。票騎將軍飛快地馳入渾邪王的軍中，與渾邪王相見，趁機殺死了想要逃跑的八千人，單獨讓渾邪王乘坐傳車先到長安拜見漢武帝，然後把渾邪王所帶來降漢的匈奴人全帶到黃河以南。這次投降的總共有四萬多人，號稱十萬。這些人來到長安以後，漢武帝用以賞賜他們的錢物就達幾十萬萬。封渾邪王為漯陰侯，封地一萬戶，封其副王呼毒尼等四人都為列侯。又加封一千七百戶給票騎將軍霍去病。

渾邪王投降的時候，漢武帝派遣二萬輛戰車前去迎接。國家拿不出這麼多錢買馬，就向百姓賒欠馬匹。有的百姓不願意賒欠，就把馬藏起來，因此無法湊夠八萬匹的數目，漢武帝於是發怒，想殺死長安縣令，右內史汲黯說：「長安縣令無罪，要殺的話，只有把我一個人殺了，百姓才會把馬匹獻出來。再說匈奴王背叛他的主人投降漢朝，朝廷只要命令沿途各縣依次用傳車一站一站慢慢地將他們送來京師就可以了，何必因此而引起天下百姓的騷動，耗費中國的財力去侍奉匈奴呢！」漢武帝默然無語。等到渾邪王來到長安之後，長安的商人和百姓因為與這些匈奴人做交易而被判處死刑的有五百多人。汲黯請求漢武帝抽空在高門殿單獨召見自己，他對武帝說：「匈奴攻擊漢朝邊境的要塞，又拒絕與中國和親，中國發兵征討匈奴，戰士死傷的人數多得不可勝數，而耗費的錢糧有幾百億。我原以為陛下得到這些匈奴人，會全部把他們當做奴婢，用來賞賜給陣亡將士的家屬；把所擄獲的資財，都賞賜給那些陣亡將士的家屬，用以撫慰天下那些失去親人的痛苦，滿足百姓的心願。如今即使做不到這一點，渾邪王率數萬人來投降，陛下窮盡府庫所有賞賜給這些匈奴人，又徵調善良的百姓去侍奉他們，就像是供奉寵兒一樣。一般的百姓哪裡知道在長安城中把東西賣給投降過來的匈奴人，會被那些舞文弄墨的官吏按照走私兵器及鐵出關外的法律條文判處死刑呢！陛下即使不能把所得到的匈奴的物資賞給天下那些陣亡將士的家屬以撫慰天下，卻又用苛酷的法律誅殺五百多名無知的百姓，這就是俗話所說的『為了庇護樹葉而傷害了樹的枝條』啊。我認為陛下這樣做是不妥的。」武帝用沉默表示不接受他的意見，只是說：「我好久沒有聽到汲黯講話了，現在汲黯又開始胡言亂語了！」

過了一些時候，將投降過來的這些匈奴人分別遷徙到邊境五個郡的舊邊界線以外，都在黃河以南，將他們分成五個部落，讓他們仍舊保持原有的風俗習慣而隸屬於漢朝管轄。從金城郡黃河以西，向西沿著祁連山一直到鹽澤，再也沒有匈奴人的蹤跡。匈奴即使派有偵察人員前來，但也很稀少。

休屠王的太子日磾與他的母親休屠王閼氏、弟弟倫都被判作奴婢，沒入官府服役，日磾被派到黃門負責給皇帝養馬。很久以後，漢武帝閒暇之餘到黃門看馬。在他的身邊站滿了嬪妃宮女，日磾等數十人牽著馬從殿下經過，都忍不住要偷看上幾眼皇帝和他身邊的宮女，只有日磾不敢偷看。日磾身高八尺二寸，容貌莊重嚴肅，養的馬又肥又壯，武帝感到很奇怪，就詢問他，日磾以實情相告。武帝對他很欣賞，當天就賞賜他洗澡、發給他官衣官帽，任命他為養馬的官員，後來又提升他為侍中、駙馬都尉、光祿大夫。日磾雖然受到漢武帝的寵愛，卻從來沒有犯過過失，因此漢武帝非常信任、喜歡他，賞賜給他的財物有幾千斤黃金，漢武帝出行的時候讓他陪同乘車，回到宮中就讓他跟隨在左右侍奉。那些貴戚們都私下埋怨說：「陛下隨便得到一個匈奴人，就如此的看重他。」武帝聽說後，對日磾就越發親近、越發厚待。因為休屠王曾經製作金人祭天，所以就賜日磾姓金，叫他金日磾。

三年（辛酉　西元前一二〇年）

春季，彗星出現在東方的夜空。

夏季，五月，大赦天下。

淮南王謀反的時候，膠東康王劉寄稍微聽到些風聲，於是就私下裡也做好了謀反的準備。等到官吏審查淮南王謀反的事情時，供詞中透露了這件事。膠東王劉寄的母親王夫人是漢武帝的母親王太后的親妹妹，他與漢武帝的關係最為親近，劉寄對自己的行為感到非常悔恨自責，不久就發病而死，他臨死時也沒敢安排繼承人。武帝知道後非常憐憫他，就封他的長子劉賢為膠東王；又封他最喜愛的小兒子劉慶為六安王，其所管轄的地域是衡山王劉賜的故地。

秋季，匈奴侵入右北平、定襄，每處都有數萬名騎兵，殺死劫掠了一千多人。

崤山以東地區大水成災，人民飢餓乏食。漢武帝派使者前去賑濟災民，用空了倉庫的所有糧食儲備，仍然不夠用。又號召當地的豪強富戶凡是能夠借給貧困百姓錢糧的，就把他們的名字上報給朝廷知道，即使這樣，還是不能使飢乏的災民全部得到救助。於是就把七十多萬貧民遷徙到函谷關以西和朔方郡以南的新秦中，這些人的衣食全部依賴官府供給，一連幾年都是由政府提供物資給他們安置生活、生產，朝廷派專人分區對這些貧民進行監督和管理，使者的車子絡繹不絕於道路。所耗費的錢財數以億計，多得簡直無法統計。

漢朝得到了渾邪王的土地之後，隴西郡、北地郡、上郡遭受匈奴的侵擾越來越少，武帝下詔三郡的守邊士卒裁減一半，以減輕天下的徭役。

武帝準備討伐昆明國，因為昆明國內有方圓三百里的滇池，於是就在長安西南開挖昆明池用來演習水戰。那時候，國家的法律更加嚴密苛刻，有很多官吏被罷免。戰爭頻繁，稍微有些家產的人都紛紛用錢買爵，只要買到第九級五大夫的爵位，就能免除徭役，所以朝廷能夠徵調服兵役的人就越來越少。於是提升千夫、五大夫充當低級小吏，不願為小吏的，就得再向官府交納馬匹。那些被免職的官吏由於都有玩弄法律條文以害人的罪過，就貶謫發配到上林苑砍伐樹木、開挖昆明池。

這一年，在渥洼水中得到了一匹神馬，漢武帝當時正在設置主管音樂的樂府機構，讓司馬相如等撰寫詩賦，任命宦官李延年為掌管音樂的協律都尉，佩戴二千石的印信，為新詩新賦譜曲，要求他必須譜出符合音樂規律的令人愛聽的曲調。司馬相如等人所作的詩賦大多文辭典雅，只精通儒家一部經典的人，就讀不懂詩賦的全部含義。必須召集懂得《五經》的人共同研究討論著讀才能弄懂文意。等得到了神馬之後，司馬相如等人又為神馬寫詩作賦，並由李延年譜曲演唱。汲黯抗議說：「帝王制作音樂，對上是為了尊崇祖先，對下是為了教化億萬百姓。如今陛下得到一匹神馬，就為牠寫詩作賦、譜曲演唱，以祭祀宗廟，先帝、百姓能聽得懂這種音樂嗎？」漢武帝雖然沒有說什麼，心裡卻是老大的不高興。

漢武帝招攬賢才，總擔心延攬不到；然而武帝性情嚴厲苛刻，群臣當中，即使是平常非常寵愛的人，只要偶爾犯一點小過失，或是偶爾有些欺瞞的小動作被發現，就立即查辦其罪而誅之，從不寬恕。汲黯勸諫說：「陛下求取賢才不遺餘力非常辛勞，然而得到人才後還沒等他施展才能，就已經被殺掉了。以有限的人才，遭受這種無休止的誅殺，我擔心天下的賢才將要絕滅了，還有誰來輔佐陛下治理國家呢！」汲黯說話時口氣很衝，武帝就笑著告訴他說：「哪個時代沒有人才，擔心的是不能識別他們罷了。假使能識別賢才，哪裡用得著擔心沒有賢才呢？所謂的人才，就像那些有用的器物。有才能卻不肯盡心竭力做好工作，就跟無才是一樣的，不殺他們還等什麼？」汲黯說：「我雖然不能用言語說服陛下，然而心裡還是覺得陛下的做法不對。希望陛下從今改過，不要認為我愚笨不明白道理。」漢武帝環顧群臣說：「汲黯如果說他自己善於順情說好話，那當然不是；如果他說自己愚笨，難道不正是這樣嗎！」

四年（壬戌　西元前一一九年）

冬，有司❶言：「縣官❷用度大[1]空，而富商大賈冶鑄❸煮鹽，財或累萬金❹，不佐❺國家之急。請更錢造幣❻以贍用❼，而摧❽浮淫并兼之徒❾。」是時，禁苑❿有白鹿而少府⓫多銀錫⓬，乃以白鹿皮方尺⓭，緣以藻繢⓮，為皮幣⓯，直四十萬⓰。王侯宗室朝覲⓱聘享⓲，必以皮幣薦璧⓳，然后[2]得行⓴。又造銀、錫為白金三品㉑：大者圜之㉒，其文龍㉓，直三千㉔；次方之㉕，其文馬，直五百；小者橢之㉖，其文龜，直三百。令縣官㉗銷半兩錢㉘，更鑄三銖錢㉙。盜鑄諸金錢罪皆死，而吏民之盜鑄白金者不可勝數㉚。

於是以東郭咸陽㉛、孔僅為大農丞㉜，領鹽鐵事㉝。桑弘羊㉞以計筭用事㉟。咸陽，齊之大煮鹽；僅，南陽大冶㊱：皆致生㊲累千金。弘羊，洛陽賈人子，以心計㊳，年十三侍中㊴。三人言利事析秋毫㊵矣。

詔禁民敢私鑄鐵器、煮鹽者鈦左趾㊶，沒入其器物㊷。公卿又請令諸賈人末作㊸各以其物自占㊹，率緡錢二千而一筭㊺；及民有軺車㊻若船五丈以上㊼者，皆有筭㊽。匿不自占㊾、占不悉㊿，戍邊一歲，沒入緡錢(51)。有能告者(52)，以其半畀之(53)。其法大抵出張湯(54)。湯每朝奏事，語國家用(55)，日晏，天子忘食(56)，丞相充位[57]，天下事皆決於湯[58]。百姓騷動，不安其生，咸指怨湯[59]。

初，河南[60]人卜式數請輸財縣官[61]以助邊[62]，天子使使問式：「欲官乎？」式曰：「臣少田牧[63]，不習仕宦[64]，不願也。」使者問曰：「家豈有冤，欲言事[65]乎？」式曰：「臣生與人無分爭[66]。邑人[67]貧者貸之[68]，不善者教之，所居人皆從式[69]，式何故見冤於人[70]！無所欲言也。」使者曰：「苟如此，子何欲而然[71]？」式曰：「天子誅[72]匈奴，愚以為賢者宜死節[73]於邊，有財者宜輸委[74]，如此而[75]匈奴可滅也。」上由是賢之，欲尊顯以風百姓[76]。乃召拜式為中郎[77]，爵左庶長[78]，賜田十頃，布告天下，使明知之。未幾，又擢式為齊太傅[79]。

春，有星孛[80]于東北。夏，有長星[81]出于西北。

上與諸將議曰：「翕侯趙信[82]為單于畫計[83]，常以為漢兵不能度幕輕留[84]。今大發士卒[85]，其勢必得所欲[86]。」乃粟馬十萬[87]，令大將軍青、驃騎將軍去病各將五萬騎。私負從馬[88]復四萬匹，步兵轉者[89]踵軍後[90]又數十萬人，而敢力戰深入之士皆屬驃騎。驃騎始為出定襄，當單于[91]，捕虜言單于東[92]，乃更令[93]驃騎出代郡，令大將軍出定襄。郎中令李廣數自請行[94]，天子以為老，弗許。良久，乃許之，以為前將軍。太僕公孫賀為左將軍，主爵都尉趙食其為右將軍，平陽侯曹襄[95]為後將軍，皆屬大將軍。趙信為單于謀曰：「漢兵既度幕，人馬罷[96]，匈奴可坐收虜[97]耳。」乃悉遠北其輜重[98]，以精兵待幕北[99]。

大將軍青[3]既出塞，捕虜知單于所居，乃自以精兵走之[100]，而令前將軍廣并於右將軍軍[101]，出東道[102]。東道回遠[103]，而水草少，廣自請曰：「臣部為前將軍[104]，今大將軍乃徙令臣出東道。且臣結髮[105]而與匈奴戰，今乃一得當單于[106]，臣願居前，先死單于[107]。」大將軍亦陰受上誡[108]，以為「李廣老，數奇[109]，毋令當單于，恐不得所欲[110]。」而公孫敖新失侯[111]，大將軍亦欲使敖與俱當單于[112]，故徙前將軍廣。廣知之，固自辭[113]於大將軍，大將軍不聽，廣不謝[114]而起行[115]，意甚慍怒。

大將軍出塞千餘里，度幕[116]，見單于兵陳而待[117]。於是大將軍令武剛車[118]自環為營，而縱五千騎往當[119]匈奴。匈奴亦縱[120]可萬騎。會日且入，大風起，砂礫擊面，兩軍不相見。漢益縱左右翼[121]繞單于，單于視漢兵多而士馬尚彊，自度戰不能如漢兵，單于遂乘六騾[122]，壯騎可數百，直冒[123]漢圍，西北馳去。時已昏，漢匈奴相紛拏[124]，殺傷大當[125]。漢軍左校[126]捕虜言，單于未昏而去。漢軍發輕騎夜追之，大將軍軍因隨其後，匈奴兵亦散走。遲明[127]，行二百餘里，不得單于，捕斬首虜萬九千級，遂至窴顏山[128]趙信城[129]，得匈奴積粟食軍[130]。留一日，悉燒其城餘粟而歸。

前將軍廣與右將軍食其軍無導[131]，惑失道[132]，後大將軍[133]，不及單于戰[134]。大將軍引還，過幕南[135]，乃遇二將軍。大將軍使長史[136]責問廣、食其失道狀，急責[137]廣之幕府對簿[138]。廣曰：「諸校尉[139]無罪，乃我自失道，吾今自上簿至莫府[140]。」廣謂其麾下[141]曰：「廣結髮與匈奴大小七十餘戰，今幸從[142]大將軍出接單于兵，而大將軍徙廣部行回遠[143]，而又迷失道，豈非天哉[144]！且廣年六十餘矣，終不能復對刀筆之吏[145]！」遂引刀自剄。

廣為人廉，得賞賜輒分其麾下[146]，飲食與士共之。為二千石四十餘年[147]，家無餘財。猨臂[148]，善射，度不中不發。將兵，乏絕[149]之處見水，士卒不盡飲，廣不近水；士卒不盡食，廣不嘗食，士以此愛樂為用。及死，一軍皆哭。百姓聞之，知與不知，無老壯皆為垂涕[150]。而右將軍獨下吏，當死，贖為庶人。

單于之遁走，其兵往往與漢兵相亂而隨單于[151]。單于久不與其大眾相得[152]，其右谷蠡王[153]以為單于死，乃自立為單于。十餘日，真單于復得其眾，而右谷蠡王乃去其單于號。

票騎將軍騎兵車重[154]與大將軍軍等，而無裨將[155]，悉以李敢等為大校[156]，當裨將[157]。出代、右北平二千餘里，絕大幕[158]，直左方兵[159]，獲屯頭王、韓王[160]等三人，將軍、相國、當戶、都尉八十三人，封狼居胥山[161]，禪於姑衍[162]，登臨翰海[163]，鹵獲[164]七萬四百四十三級。天子以五千八百戶益封票騎將軍[165]，又封其所部右北平太守路博德等四人為列侯[166]。從票侯破奴等二人益封[167]，校尉敢[168]為關內侯[169]，食邑[170]。軍吏卒為官、賞賜甚多。而大將軍不得益封，軍吏卒皆無封侯者。

兩軍之出塞，塞閱[171]官及私馬凡十四萬匹，而復入塞者不滿三萬匹[172]。

乃益置大司馬位[173]，大將軍、票騎將軍皆為大司馬[174]。定令，令票騎將軍秩祿[175]與大將軍等。自是之後，大將軍青日退，而票騎日益貴。大將軍故人、門下士多去事票騎[176]，輒得官爵[177]，唯任安[178]不肯。

票騎將軍為人少言不泄[179]，有氣敢往[180]。天子嘗欲教之孫、吳兵法[181]，對曰：「顧方略何如耳，不至學古兵法[182]。」天子為治第[183]，令票騎視之，對曰：「匈奴未滅，無以家為[184]也！」由此上益重愛之。然少貴[185]，不省士[186]。其從軍[187]，天子為遣太官[188]，齎數十乘[189]，既還，重車餘棄粱肉[190]，而士有飢者。其在塞外，卒乏糧或不能自振[191]，而票騎尚穿域蹋鞠[192]，事多此類。大將軍為人仁，喜士退讓，以和柔自媚於上[193]。兩人志操如此。

是時，漢所殺虜匈奴合[194]八九萬，而漢士卒物故[195]亦數萬。是後匈奴遠遁，而幕南無王庭[196]。漢度河自朔方以西至令居[197]，往往通渠[198]，置田官，吏卒五六萬人[199]，稍蠶食匈奴以北[200]。然亦以馬少，不復大[201]出擊匈奴矣。

匈奴用趙信計，遣使於漢，好辭請和親。天子下其議[202]，或言和親，或言遂臣之[203]。丞相長史[204]任敞曰：「匈奴新破困，宜可使為外臣[205]，朝請於邊[206]。」漢使任敞於單于，單于大怒，留之不遣[207]。

是時，博士[208]狄山議[209]以為和親便，上以問張湯，湯曰：「此愚儒無知。」狄山曰：「臣固愚，愚忠[210]；若御史大夫湯，乃詐忠[211]。」於是上作色[212]曰：「吾使生居一郡[213]，能無使虜入盜乎[214]？」曰：「不能。」曰：「居一縣？」對曰：「不能。」復曰：「居一障[215]間？」山自度辯窮[216]，且下吏[217]，曰：「能。」於是上遣山乘障[218]。至月餘，匈奴斬山頭而去。自是之後，羣臣震慴[219]，無敢忤湯[220]者。

是歲，汲黯坐法免[221]，以定襄太守義縱[222]為右內史，河內太守[223]王溫舒[224]為中尉[225]。

先是[226]，甯成[227]為關都尉[228]，吏民出入關者號曰：「寧見乳虎，無值甯成之怒[229]。」及義縱為南陽太守[230]，至關[231]，甯成側行送迎[232]。至郡，遂按[233]甯氏，破碎其家。南陽吏民重足一迹[234]。後徙定襄太守，初至，掩[235]定襄獄中重罪輕繫[236]二百餘人，及賓客昆弟私入視[237]亦二百餘人。一捕[238]，鞠[4]曰[239]「為死罪解脫[240]」，是日，皆報殺四百餘人[241]。其後郡中不寒而栗。是時，趙禹[242]、張湯以深刻[243]為九卿[244]，然其治尚輔法而行[245]，縱事以鷹擊[246]為治。

王溫舒始為廣平[247]都尉，擇郡中豪敢往吏[248]十餘人，以為爪牙，皆把其陰重罪，而縱使督盜賊[249]。快其意所欲得[250]，此人雖有百罪，弗法[251]；即有避，因其事夷之，亦滅宗[252]。以其故，齊、趙之郊盜賊[253]不敢近廣平，廣平聲為道不拾遺。遷河內太守，以九月至。令郡具私[5]馬五十疋為驛[254]，捕郡中豪猾[255]，相連坐千餘家。上書請[256]，大者至族，小者乃死，家盡沒入償臧[257]。奏行[258]不過二三日得可事[259]，論報[260]，至流血十餘里。河內[261]皆怪其奏，以為神速。盡十二月[262]，郡中毋聲，毋敢夜行，野無犬吠之盜[263]。其頗不得，失之旁郡國[264]，追求。會春[265]，溫舒頓足歎[266]曰：「嗟乎！令冬月益展一月，足吾事矣[267]！」

天子聞之，皆以為能[268]，故擢為中二千石[269]。

齊人少翁[270]，以鬼神方[271]見上。上有所幸王夫人[272]卒，少翁以方夜致鬼[273]，如王夫人之貌，天子自帷中望見焉。於是乃拜少翁為文成將軍，賞賜甚多，以客禮禮之(274)。文成又勸上作甘泉宮(275)，中為臺室，畫天、地、太一諸鬼神而置祭具，以致天神。居歲餘，其方益衰(276)，神不至。乃為帛書以飯牛(277)，佯不知，言曰：「此牛腹中有奇。」殺視，得書，書言甚怪。天子識其手書(278)，問其人，果是偽書(279)。於是誅文成將軍而隱之(280)。

【章　旨】以上為第四段，寫元狩四年（西元前一一九年）一年間的全國大事。最主要的是寫了衛青、霍去病的越大漠北伐匈奴，寫了衛青與匈奴單于的漠北之戰，寫了霍去病大破匈奴左賢王，封狼居胥山而歸，這是漢代伐匈奴的登峰造極之戰。其中也寫了名將李廣的委屈、迷路、失意自殺。其次是寫了桑弘羊等人的推行鹽鐵官營、算緡告緡以及朝廷為掠奪王侯貴族而使用白金皮幣等手段；再有就是寫了張湯、甯成、義縱、王溫舒等酷吏在朝廷與地方推行嚴刑峻法，以為漢武帝對外戰爭、對內統治保駕護航的情形。

【注　釋】❶有司　主管該項事務的官吏。❷縣官　指國家政府，有時也指皇帝。❸冶鑄　指煉鐵與鑄造鐵工具。❹絫萬金　猶言數萬金。漢稱黃金一斤曰「一金」，「一金」可抵銅錢一萬枚。❺佐　助；解救。❻更錢造幣　改鑄新的貨幣。更，改。❼贍用　滿足需要。❽摧　打擊。❾浮淫并兼之徒　指奢華貪婪的工商業者。❿禁苑　天子的園林獵場，主要指上林苑。⓫少府　官名，九卿之一，負責為皇帝的私家理財，掌管山川池澤的收入和供皇室使用的手工製造等。⓬多銀錫　陳直曰：「銀用以鑄龍、馬、龜三種銀貨，錫用以和赤銅鑄三銖錢。」⓭方尺　一尺見方。⓮緣以藻繢　加上彩色的花邊。藻繪，五彩的刺繡。繢，古「繪」字。⓯為皮幣　做成一種皮質的貨幣。⓰直四十萬　每張皮幣值四十萬銅錢。直，通「值」。⓱朝覲　指朝見天子。春曰朝，秋曰覲。⓲聘享　指諸侯貴族之間的禮節性往來。⓳以皮幣薦璧　用皮幣襯托著璧玉，作為禮品。薦，襯墊。按，朝廷此舉，乃對諸侯宗室的一種赤裸裸的掠奪。⓴然后得行　只有這樣才算是禮數到了。㉑白金三品　用銀、錫混合製成的三種金屬物。三品，三類；三等。㉒大者圜之　最大的一種是圓形。圜，同「圓」。㉓其文龍　上面刻著龍紋。㉔直

三千　價值三千銅錢。㉕次方之　稍小一點的是方形。㉖小者橢之　最小的一種是橢圓形。㉗縣官　此指國家的鑄錢部門。㉘銷半兩錢　將原來發行的半兩錢都收回銷毀。㉙更鑄三銖錢　更造一種三銖重的銅錢。一銖是一兩的二十四分之一。㉚盜鑄白金者不可勝數　徐孚遠曰：「白金本輕而值重，故盜鑄者愈多，嚴刑而不能禁也。」㉛東郭咸陽　姓東郭，名咸陽。㉜大農丞　大農令（後稱「大司農」）的副職。大農令是主管國家錢財與農事的官，九卿之一。㉝領鹽鐵事　兼行主管鹽鐵方面的事務。領，兼任。㉞桑弘羊　武帝時的經濟名臣，曾任大司農，昭帝時為御史大夫。然《史記》、《漢書》皆無專傳，事跡主要見於《史記・平準書》與《漢書・食貨志》，此外則見於桓寬之《鹽鐵論》。㉟以計筭用事　因為有經濟頭腦被武帝重用。筭，同「算」。用事，主事；掌權。㊱南陽大冶　南陽郡冶煉行業的大工商業主。㊲致生　獲利。生，利息；利潤。㊳心計　思維敏捷，工於計算。㊴年十三侍中　《鹽鐵論》中有所謂大夫曰：「余結髮束修，年十三，幸得宿衛，給輦轂。」㊵言利事析秋毫　言為統治者謀利，秋毫不遺。析秋毫，極言其計算之精，毫釐不差。秋毫，秋天新長出的獸毛，以喻事物之細小。㊶釱左趾　用六斤重的鐵鉗箍住左腳。《索隱》引《三蒼》曰：「釱，踏腳鉗也。」又引《漢晉律序》云：「狀如跟衣，著左足下，重六斤，以代臏。」㊷沒入其器物　將其冶鐵、煮鹽的工具與其產品沒收歸公。沒入，沒收歸公。㊸賈人末作　泛指工商業者。末作，從事末業的人。㊹各以其物自占　意即估算自己家產的價值而上報官府。占，意即「估算」。㊺率緡錢二千而一筭　大體規定為有二千文的資金就要納「一筭」的稅。率，一律；一概規定。筭，同「算」。稅款單位，合一百二十文。㊻軺車　一種輕便的馬車。㊼若船五丈以上　或是家有五丈以上的船。漢時之一丈約當今之七尺。㊽皆有筭　意即皆出一算，即交一百二十文的稅。㊾匿不自占　即隱瞞不報。㊿占不悉　自報的資本不實，不夠數。悉，全；全數上報。(51)沒入緡錢　將家資全部充公。按，此所謂「緡錢」實際要將家中的牛馬、奴婢等全部折價估算在內。(52)有能告者　對那些舉報隱瞞家產的人。(53)以其半畀之　將沒收來的資產的一半賞給舉報人。畀，賜；分給。按，武帝實行告緡在元鼎三年（西元前一一四年）。(54)出張湯　都是張湯出的主意。張湯是當時的酷吏之一，事跡詳見《史記・酷吏列傳》。(55)語國家用　講述如何籌劃錢財，以供國家之開銷。(56)日晏二句　晏，晚。二句極言張湯的受寵任，及張湯對皇帝的蠱惑力量之大。(57)丞相充位　充位，充數；徒居其位，而不管事。按，李蔡於元狩二年為丞相，五年因罪自殺，後遂由莊青翟繼任丞相。(58)皆決於湯　都是張湯說了算。張湯時為御史大夫，職同副丞相。(59)咸指怨湯　都指名道姓地怨恨張湯。咸，皆。指，指名。(60)河南　漢郡名，郡治洛陽，在今河南洛陽東北部。(61)輸財縣官　將自己的家財捐給國家。輸，送；獻出。(62)助邊　佐助邊疆戰事之用。(63)田牧　耕田放牧。(64)仕宦　為官任職。(65)言事　指告狀、打官司。(66)分爭　糾紛；爭執。(67)邑人　同鄉之人。(68)貸之　借錢借物給他們。

(69)皆從式　全都聽我的。(70)見冤於人　被人折辱而懷冤屈。(71)何欲而然　為了何事而採取如此的行動，指輸財助邊。(72)誅討；討伐。(73)死節　為表現忠於國家的氣節而戰死。(74)輸委　獻出財物給國家。(75)而　用法同「則」。(76)欲尊顯以風百姓　謂尊顯卜式以為整個社會做榜樣。風，暗示；誘導。(77)中郎　帝王身邊的基層侍從人員，有中郎（秩比六百石）、郎中（秩比六百石）、侍郎（秩四百石）、議郎等類，都統屬於郎中令。(78)左庶長　秦漢時代二十級爵位的第十級。秦爵二十級自下而上為：一，公士；二，上造；三，簪裊；四，不更；五，大夫；六，官大夫；七，公大夫；八，公乘；九，五大夫；十，左庶長；十一，右庶長；十二，左更；十三，中更；十四，右更；十五，少上造；十六，大上造；十七，駟馬庶長；十八，大庶長；十九，關內侯；二十，徹侯。(79)齊太傅　齊王劉閎的太傅。劉閎是武帝之子，事跡見《史記・三王世家》。齊國的都城臨淄，在今山東淄博之臨淄區西北部。太傅，官名，執掌對帝王的訓導輔佐，秩二千石。按，劉閎為齊王與卜式為齊王太傅都在此後的元狩六年，此為終結卜式之事而一併敘述在這裡。(80)孛　火花四射的樣子。(81)長星　長長的流星。古人常將天象與人間事物相比附，長星出現是將有戰爭的徵兆。(82)翕侯趙信　原是匈奴人，後來投降了漢王朝，在前幾年的戰爭中被匈奴所俘又投降了匈奴人，深為單于所信任。(83)畫計　出主意。(84)不能度幕輕留　不敢越過大沙漠，不敢輕易地在大沙漠中停留。度，越過。幕，通「漠」。(85)今大發士卒　現在我們調動大部隊給他來個突然襲擊。(86)必得所欲　一定能達到我們的目的。(87)粟馬十萬　以糧食當飼料的戰馬十萬匹。(88)私負從馬　帶著私家行裝馬匹參軍的自願者。(89)步兵轉者　步兵以及運送糧食物資的後勤部隊。(90)踵軍後　跟隨在騎兵大隊的後面。踵，接續。(91)票騎始為出定襄二句　霍去病本來是準備從定襄郡北出，向著單于之所在撲去。為，其義同「將」。當，迎；對著。(92)捕虜言單于東　從捕獲的俘虜口中得知單于是在東部地區。(93)更令　改派。(94)數自請行　多次地請求出兵作戰。數，屢次。(95)曹襄　劉邦功臣曹參的後代，襲其先人之爵為平陽侯。(96)罷　通「疲」。(97)可坐收虜　意謂不必硬打，即可坐而俘之。(98)遠北其輜重　將各種儲存物資都遠遠地運到了大北方。輜重，指生活、作戰所需的各種後備物資。(99)幕北　大沙漠以北。(100)走之　向其奔襲而去。(101)并於右將軍軍　命令李廣和趙食其的兩支軍隊合併。(102)出東道　由東路並行北進。(103)回遠　較中路有些繞遠。(104)臣部為前將軍　我們這支部隊本來是該打頭陣的。(105)結髮　猶言剛成人。古代男子二十歲束髮戴冠，從此算作成人。(106)今乃一得當單于　今天好不容易才有機會能與單于面對面。當，對。(107)先死單于　謙詞，意即願為捕捉單于而首先戰死。(108)陰受上誡　暗中接受了皇帝的囑咐。(109)數奇　運氣不好。數，命運。奇，不偶；不逢時。(110)恐不得所欲　擔心由於倒楣的李廣，而影響了捕捉單于的計畫。(111)公孫敖新失侯　公孫敖是衛青窮困時的朋友，陳皇后因忌恨衛子夫而逮捕衛青欲殺之，當時公孫敖為騎郎，他與壯士拼死將衛青劫出，衛青始得不死。後公孫敖因軍功被封為合騎侯，武帝元狩二年，公孫敖率兵伐匈奴，因遲到未與霍去病按時會師，當斬，贖為庶人。(112)欲使敖與俱當單于　讓公孫敖和自己一道去捉單于。(113)固自辭　堅決地向衛青陳述理由。(114)不謝　不告辭。(115)起行　動身，指率兵去了東路。(116)度幕　度過了大沙漠。(117)陳而待　列陣而待之。陳，通「陣」。(118)武剛車　一種既可用於進攻，也可用於防守的戰車。《集解》引《孫吳兵法》曰：「有巾有蓋，謂之武剛車也。」蓋後世坦克之先導。(119)往當　前往迎擊。(120)縱　放出；派出。(121)益縱左右翼　更從兩側出兵包抄單于。(122)六騾　六匹騾子拉著的快車。騾，公驢與母馬交配生的馬駒，比馬更為健壯。(123)冒衝破。(124)相紛挐　相互混雜在一起。(125)殺傷大當　雙方的損失大體相當。(126)左校　左翼的部隊長。校，即指校尉，一位將軍統領若干部，部的長官即校尉。(127)遲明　到天亮時。遲，及；等到。(128)窴顏山　約即今蒙古國之杭愛山，在烏蘭巴托西南。(129)趙信城　匈奴人為尊寵趙信所修的城堡，在窴顏山下。(130)食軍　讓漢軍吃。(131)無導　沒有嚮導。(132)惑失道　迷惑，走錯了路。(133)後大將軍　沒能按衛青規定的時間到達。後，落後；遲到。(134)不及單于戰　沒趕上與單于作戰。(135)過幕南　返回到大沙漠以南。(136)長史　大將軍屬下的諸史之長。長史，屬官名，設於丞相、大將軍屬下，地位尊貴。(137)責　要求。(138)之幕府對簿　到大將軍帳下去說明原因。對簿，回答質問。簿，指文狀。(139)諸校尉　此指李廣屬下的各部長官。(140)吾今自上簿至莫府　我將自己給上頭寫材料報告情況。今，將。(141)麾下　部下。麾，大將的指揮旗。(142)幸從　有幸跟上。語含怨意，亦似自嘲。(143)徙廣部行回遠　將我所統領的部隊改派到了一條繞遠的路上。(144)豈非天哉　這不全都是天意嗎。姚苧田曰：「廣一生蹭蹬，至白首之年自請出塞，其意實以衛青福將，欲藉以成大功，不意反為所賣。觀其『幸從大將軍』、『又徙廣部』等語，飲恨無窮，真乃一字一涕。」(145)終不能復對刀筆之吏　無論如何也不能再去向那些刀筆吏們陳述什麼。刀筆之吏，指掌管文書、案牘的人員。刀筆是古代的書寫工具，因為這些人職管書寫，故以「刀筆」稱之。但通常多以「刀筆吏」稱司法部門的文職人員，因這些人舞文弄墨，足以顛倒黑白，為非作歹。(146)輒分其麾下　總是隨即分給他的部下。輒，總是；隨即。(147)為二千石四十餘年　李廣在朝為衛尉、為郎中令，皆為中二千石；在邊郡歷任太守，為二千石，此蓋通二者而言之。(148)猨臂　其臂如猿，蓋謂長且靈活。(149)乏絕　謂缺糧少水之時。乏，缺少。絕，完全沒有。(150)皆為垂涕　凌稚隆引凌約言曰：「『士大夫一軍皆哭，百姓皆垂涕』，廣之結人心於此可見。非子長筆力，安能於勝敗之外，乃出古今名將之上如是哉？」按，今甘肅天水市南二里之石馬坪有李廣墓，封土高約兩公尺，墓碑書曰「漢將軍李廣墓」，據說此墓只葬有李廣的衣冠與弓箭。墓前石馬、石獸造型生動，故人們稱此曰「石馬坪」。(151)其兵往往與漢兵相亂而隨單于　此句語意不清，實際是指匈奴人與漢人混雜一起，使得有些漢人也糊裡糊塗地跟著單于一道跑走了。(152)相得　相見。(153)右谷蠡王　匈奴王名，是單于之下的顯要貴族，一般都是單于的兄弟或子姪。據《史記・匈奴列傳》，單于之下，「左右賢王、左右谷蠡王最為大」。(154)車重　車輛輜重。(155)無裨將　朝廷不為之配備裨將，目的是突出霍去病在軍中的崇高地位。裨將，大將軍屬下的諸將、副將，如衛青部有前、後、左、右諸將軍，即所謂「裨將」。(156)以李敢等為大校　李敢是李廣之子，時為將軍，現降級使用，以其為霍去病部下的大校。大校，諸校尉之首。(157)當裨將　作為霍去病部下的裨將。分明是「裨將」，而稱之為「大校」，故意拉開他們與主將霍去病的距離。(158)絕大幕　越過了大沙漠。(159)直左方兵　正好碰上匈奴東部地區的軍隊，即左賢王部。(160)屯頭王韓王　皆匈奴王名。(161)封狼居胥山　在狼居胥山頭築臺祭天。封，在山上築臺祭天。狼居胥山，在今蒙古國烏蘭巴托東。(162)禪於姑衍　在姑衍拓場祭地。禪，拓地以祭地神。姑衍，地名，在今烏蘭巴托東南，離狼居胥山不遠。(163)登臨翰海　登高遠望北方更大的沙漠。翰海，沙漠的別稱。(164)鹵獲　俘獲。鹵，通「掠」、「虜」。(165)以五千八百戶益封票騎將軍　驃騎將軍前後五次受封，累計共一萬六千一百戶，超過衛青三千三百戶。(166)路博德等四人為列侯　此四人是：路博德為符離侯，邢山為義陽侯，復陸支為壯侯，伊即軒為眾利侯。(167)從票侯破奴等二人益封　從票侯趙破奴與昌武侯安稽皆益封三百戶。(168)校尉敢　李廣的兒子李敢，時為校尉之職。(169)關內侯　較列侯低一等，沒有封地，只在關中地區有些「食邑」。(170)食邑　《史記・衛將軍驃騎列傳》作「食邑二百戶」。(171)塞閱　出塞時的統計。閱，檢閱；統計。(172)不滿三萬匹　何焯曰：「書死馬之多，所亡士眾可以意求，此史家隱顯互見之詞也，上文固云『殺傷相當』。」王先謙曰：「〈武紀〉云：『兩軍士戰死者數萬人。』」(173)益置大司馬位　大司馬是古官名，漢代建國以來所未有，今始用之。(174)大將軍票騎將軍皆為大司馬　即他處史文之所稱「大司馬大將軍」、「大司馬票騎將軍」。(175)秩祿　級別與俸祿。據《後漢書・百官志》注引蔡質《漢儀》，「大將軍、驃騎，位次丞相」，則加「大司馬」後，位次與權勢實皆在丞相之上。(176)去事票騎　離開衛青，更去投靠霍去病。(177)輒得官爵　總能很容易地得到官職與爵位。(178)任安　司馬遷的朋友，字少卿。事跡見《史記・田叔列傳》與〈報任安書〉。(179)少言不泄　說話少，更不愛傳言。(180)有氣敢往　講義氣，勇於承擔責任。(181)孫吳兵法　齊人孫武與衛人吳起所著的兵法。孫武是春秋末期人，效力於吳王闔閭。吳起是戰國初期人，先後效力於魏國、楚國。二人的事跡詳見《史記・孫子吳起列傳》。《漢書・藝文志》中有《吳孫子兵法》八十二篇，《吳起》四十八篇。孫武的著作今有《孫子兵法》十三篇；吳起的著作今存《吳子》三篇，恐是後人依托。(182)顧方略何如耳二句　關鍵在於根據具體情況臨機處置的本領如何，不在於死讀古人的舊本。顧，轉折語氣詞，猶如今天的「問題在於」、「關鍵是」。不至，不在於。(183)治第　修造府第。古代稱一等的府宅為「甲第」，後即以第稱宅。(184)無以家為　沒必要建造自家的小窩。《漢書評林》引劉子翬曰：「李廣之騎射，程不識之軍律，霍去病無所稱焉。所長者，武帝使之學孫吳法，去病曰『顧方略何如耳』;上為治第,曰『何以家為』,其氣識已度越諸將矣。」[185]少貴　自幼驕貴。[186]不省士　不關心人;不把人看在眼裡。[187]其從軍　每次率軍出征。[188]太官　皇家廚房的管理員。[189]齎數十乘　拉著幾十車吃的,以供霍去病的小灶所用。齎,攜帶。乘,古稱一車四馬。[190]重車餘棄粱肉　重車是拉東西的車輛。餘棄粱肉,吃不了扔掉的都是黃小米與肉食這些當時的上等飯菜。[191]不能自振　餓得站不起來。[192]穿域蹋鞠　開闢場地進行蹋球。蹋鞠,古時的一種蹋球遊戲,用以鍛鍊身體。軍中也有時用作訓練項目。何焯《義門讀書記》曰:「《蹋鞠》二十五篇,《漢書》附兵家技巧中。」史珥曰:「李廣得賞賜輒分其麾下,飲食與士共之,而不得封侯,且自劃絕域;驃騎重車餘粱肉,而士有飢色,卒乏糧或不能自振,而驃騎尚穿域蹋鞠,翻至大司馬,以功名終。子長傳兩人,有無限不平之意。」[193]以和柔自媚於上　以神態溫和討好皇帝。[194]合　總共。[195]物故　指死。《索隱》引《釋名》曰:「物就朽故也。」[196]幕南無王庭　大漠以南無匈奴單于的立腳之地。王庭,單于的停宿與辦公之地。[197]令居　漢縣名,在今甘肅永登西。[198]通渠　開渠通水,以發展農業。[199]置田官二句　此中包括管理農事的官員,也含有屯田的吏卒。[200]稍蠶食匈奴以北　慢慢向北擴展,不斷侵削匈奴的地盤。稍,漸漸;逐漸。[201]大　大規模地。[202]下其議　將此事交由群臣討論。[203]遂臣之　意即進一步打擊,使其徹底臣服。[204]丞相長史　丞相手下的諸史之長,秩千石,大將軍、丞相屬下都有此官。當時的丞相為李廣之弟李蔡。[205]外臣　境外之臣,指附屬國的君主。[206]朝請於邊　指按時到兩國邊境朝拜漢朝皇帝。舊有所謂「春曰朝,秋曰請」。[207]留之不遣　將其扣留在匈奴,不放其歸漢。[208]博士　皇帝的侍從官員,以博學多聞者充之,以備顧問之用。[209]議　發言;提出看法。[210]臣固愚二句　意即「臣雖愚,但出於忠心。」[211]詐忠　看似忠,實乃奸詐。[212]作色　變了臉色。[213]使生居一郡　讓先生你去任一個郡的太守。生,猶言「先生」。[214]能無使虜入盜乎　能讓匈奴不入侵嗎。[215]障　邊境上的一座塞堡。《正義》曰:「謂塞上要險之處,別築城置吏士守之,以捍寇盜也。」[216]自度辯窮　估計著如果再說「不能」。辯窮,謂無話再說。[217]且下吏　將被交由法官整治。且,將。[218]乘障　往守一座塞堡。乘,登也,登而守之。[219]震慴　恐懼,誰也不敢再提反戰的意見。[220]忤湯　與張湯持不同意見。忤,違背。[221]坐法免　因犯法而被罷官。[222]義縱　姓義名縱,當時有名的酷吏。事跡見《史記・酷吏列傳》。[223]河內太守　河內郡的郡守。河內郡的郡治懷縣,在今河南武陟西南。[224]王溫舒　當時有名的酷吏。事跡見《史記・酷吏列傳》。[225]中尉　主管首都治安的長官。[226]先是　在此以前。追敘往事的前置語。[227]甯成　當時有名的酷吏。南陽人。事跡見《史記・酷吏列傳》。[228]關都尉　當為鎮守武關的都尉。武關在今陝西丹鳳東南,是湖北與河南南部進入陝西的必由之路。[229]寧見乳虎二句　極言甯成的兇狠可怕。乳虎,哺育小虎的母虎,據說哺乳期中的母虎為養小虎而特別兇猛。世俗稱惡婦為「母老虎」,即由此而來。值,遇;碰上。[230]南陽太守　南陽是漢郡名，郡治宛縣（今河南南陽）。[231]至關　由京城出發到南陽上任，中途要經過武關。[232]側行送迎　「側行」、「倒行」是古時虔敬的迎接之禮。甯成對他人兇不可言，而對義縱討好如此，是希望義縱到南陽不要傷害他的家族。[233]按　逮捕審判。[234]重足一迹　謂並足而立，所立之處只有一個足跡，極言其謹畏，不敢活動之狀。或曰，指人們因畏懼犯罪而行動一致，如走路之足跡相重。[235]掩　乘其不防而突然逮捕。[236]重罪輕繫　重囚按輕囚管押，蓋獄吏受賄賣法也。[237]賓客昆弟私入視　謂在押犯人之賓客兄弟私自入獄探看。[238]一捕　一概逮捕起來。[239]鞠曰　審問並逼其承認。鞠，通「鞫」。審問。[240]為死罪解脫　定其罪名為「隨意給死刑犯摘脫刑具」。《集解》引《漢書音義》曰：「律，諸囚徒私解脫桎梏鉗赭，加罪一等；為人解脫，與同罪。」[241]皆報殺四百餘人　意即連罪犯帶探監者一同判罪斬決。報殺，此處即判定死刑立即斬決。[242]趙禹　當時有名的酷吏。事跡見《史記・酷吏列傳》。[243]深刻　意即嚴厲、殘酷。[244]九卿　指為廷尉之職，廷尉為九卿之一。[245]輔法而行　按著法律條文辦事。[246]鷹擊　如蒼鷹之擊燕雀。[247]廣平　漢郡名，郡治在今河北雞澤東南。[248]豪敢往吏　豪橫敢為之吏。敢往，敢為。[249]把其陰重罪二句　手中握著這些人的重大把柄，派他們去捕捉別的盜賊。縱，撤出去。[250]快其意所欲得　如果這些人能使王溫舒滿意，能抓到王溫舒想抓的人。[251]此人雖有百罪二句　那麼這些被王溫舒用為爪牙的人即使有再大的罪，也不繩之以法。[252]即有避三句　如果誰不盡心捕捉，而有所避漏的話，那就清算他的老帳，殺掉他，滅他滿門。即，若；如果。夷，平，這裡即殺死。[253]齊趙之郊盜賊　齊、趙兩國之間諸交通要衝的盜賊。郊，交通衝要之處。按，廣平郡之西南部，靠近趙國；其東部與齊地之諸郡國相鄰。[254]為驛　自己開設了一條自河內直通朝廷的驛路。驛，驛路，古代為官方人員往來開設的道路，沿途有驛站，以供應往來者的食宿及提供交通工具等。[255]豪猾　橫暴奸詐的地方豪紳。[256]請　請求皇帝照准。[257]沒入償臧　沒收歸公，以償還掠奪霸佔的財物。臧，通「贓」。[258]奏行　請求批准的文書送上去。[259]得可事　王先謙曰：「得奏可之事。」按，「得可事」三字不順，「事」字疑衍。得可，即上報的事情得到了皇帝的批准。[260]論報　二字同義，即處決犯人。[261]河內　此指所有河內郡的人。[262]盡十二月　王溫舒以九月到郡，至十二月，前後不過四月。[263]無犬吠之盜　僅能引起犬吠的小盜亦無，大盜更不待言。[264]其頗不得二句　偶爾有幾個沒有捉到，逃到鄰近的郡縣或諸侯國去了。頗，略有，極言其少。[265]追求二句　正要派人去捕捉，春天已經到了。[266]頓足歎　深感遺憾的樣子。[267]令冬月益展一月二句　如果讓冬天再延長一個月，我的事情就能全部辦完了（指想殺的全部殺完）。按，漢代講究尊儒，儒家唱說春天乃萬物生長的季節，故漢代處決死刑犯照例都在秋後。春天一到即告暫停，再處決又得等秋後了。[268]能　有才幹。[269]中二千石　指九卿一級。以上王溫舒、趙禹、甯成等人，有的官至廷尉，有的官至中尉，中尉雖不在正九卿，但也是中二千石。[270]少翁　以誇說鬼神，祈求長生，玩弄漢武帝於股掌的騙子，姓李，史無其名。事跡見《史記・封禪書》。271鬼神方　祈求鬼神降臨的「法術」。272王夫人　《史記・外戚世家》云：「及衛后色衰，趙之王夫人幸，有子，為齊王。王夫人早卒。」蓋即齊王劉閎之母，褚少孫所補〈三王世家〉中有大段文字描述武帝與王夫人謀議封劉閎事。273夜致鬼　夜間將王夫人的「鬼魂」招來。274以客禮禮之　意即不以人臣視之。275作甘泉宮　興建新的甘泉宮，在今陝西淳化西北的甘泉山上。也稱「雲陽宮」，乃在秦代林光宮的基礎上擴建而成，內有高光宮、通天臺、竹宮等等，今其宮殿臺基猶存。276益衰　越來越不靈驗。277為帛書以飯牛　把一根布條子寫上字，讓牛吞下去。278識其手書　認識這是某人的筆體。手書，手跡。279果是偽書　果然是偽造的「天書」。280隱之　假說李少翁是食馬肝而死，以免張揚開顯露武帝之蠢。

【校　記】1大　原作「太」。據章鈺校，十四行本、乙十一行本皆作「大」。今從諸本及《史記・平準書》改。2后　原作「後」。胡三省注云：「『后』與『後』同。」據章鈺校，十四行本、乙十一行本皆作「后」，熊羅宿《胡刻資治通鑑校字記》同。今從諸本及胡注改。3青　原無此字。據章鈺校，十四行本、乙十一行本皆有此字。今從諸本及《通鑑紀事本末》、《史記・李將軍列傳》補。4鞫　原作「鞠」。據章鈺校，十四行本、乙十一行本皆作「鞫」。今從諸本及《史記・酷吏列傳》改。5私　原無此字。據章鈺校，十四行本、乙十一行本、孔天胤本皆有此字，張瑛《通鑑校勘記》同。今從諸本及《史記・酷吏列傳》補。

【語　譯】四年（壬戌　西元前一一九年）

冬季，有關部門的官員說：「現在官府費用不足，而富商大賈開礦煉銅鑄造錢幣、煮海水製鹽獲取厚利，有人擁有幾萬金的錢財，卻不肯拿出來幫助國家解決急需。請另行鑄造新錢幣以滿足需要，也藉以打擊那些奢華貪婪的工商業者。」當時，皇家苑囿裡有的是白鹿，而少府手中有的是銀、錫，於是就將白鹿皮裁成一尺見方，四周用彩繡碼邊，稱為皮幣，定價四十萬錢。王侯、宗室朝見皇帝、諸侯貴族間的禮尚往來，規定必須以皮幣襯托著璧玉，只有這樣才算禮數到了。又以銀、錫為原料製造白金幣，白金幣分為三種：最大的為圓形，上面所繪的圖案是龍，定價三千；中等的為方形，上面所繪的圖案是馬，定價五百；最小的是橢圓形，上面所繪的圖案是龜，定價三百。又下令官府將半兩錢全部銷毀，更鑄一種重三銖的銅錢。並規定：凡是私自鑄造各類金錢的一律處以死刑，然而吏民當中盜鑄白金幣的仍然數不勝數。

於是任命東郭咸陽、孔僅為大農丞，主管煮海水製鹽、開礦煉鐵方面的事務。桑弘羊因為很有經濟頭腦而被漢武帝重用。東郭咸陽，是齊國最有名的煮鹽大戶；孔僅，是南陽有名的大礦產主：他們家中每年的產業都有幾千金。桑弘羊，是洛陽大商人的兒子，精於計算，十三歲的時候就擔任侍中。讓這三個人一起商討為國家開闢財源，分析得簡直精闢透徹到了極點。

漢武帝下詔禁止民間私自製造鐵器、用海水煮鹽，敢於違犯的，判處用六斤重的鐵鉗箍住左腳，並將其器物全部沒收。公卿大臣又向武帝建議：讓那些從事工商業的人評估自己的財產，大體規定為有二千文的資金就要交納一算的稅；擁有一輛軺車、或是擁有長度在五丈以上的船隻的家庭，都要交納一算的稅。如果隱瞞財產不報、或是估算得不完全，給以戍邊一年的處罰，同時沒收全部家產。如果有人檢舉告發，就將沒收來的資產的一半獎勵給舉報人。這些法律大多出自於張湯之手。張湯每次上朝奏事，談論起國家的財政，都要滔滔不絕地談到很晚，漢武帝聽得入神，有時甚至忘記了吃飯，而丞相李蔡是徒居其位而不管事，天下的大小事情都是張湯說了算。由於法令苛刻，百姓擾攘騷動，生活無法安定，所以都指名道姓地怨恨張湯。

當初，河南人卜式屢次請求將家產捐獻給國家以補充邊防費用的不足，漢武帝派使者去問卜式說：「你這樣做的目的是不是想要做官呢？」卜式回答說：「我從小就種田放牧，不懂得如何做官，我不願意做官。」使者又問他說：「你家難道有冤枉，希望藉此向皇帝申訴？」卜式說：「我從出生到現在從來沒有與人發生過爭執。同鄉之人特別貧困，我就借錢借物給他們，有行為不好的我就教育他們，所居之處人們都聽從我，我怎麼會被別人冤枉！我沒有什麼要申訴的。」使者又問：「假如是這樣的話，那你為什麼要這樣做呢？」卜式說：「天子想要誅滅匈奴，我認為有勇力的人就應該為消滅匈奴而戰死沙場，有財力的就應該獻出財物給國家，這樣的話，匈奴才能盡快被消滅。」漢武帝覺得卜式的品行很好，就想尊崇卜式以勸勉百姓向他學習。於是就封卜式為中郎，賜爵為左庶長，賞給他良田十頃，並布告天下，讓全國的人都知道此事。過了沒多久，又提升卜式為齊王劉閎的太傅。

春季，有彗星出現於東北的夜空。夏季，又有流星出現在西北夜空。

漢武帝與諸位將領商議說：「翕侯趙信為匈奴單于出謀劃策，總是以為漢朝的軍隊不敢越過大沙漠進攻漠北，不敢輕易地在大沙漠中停留。如果我們利用匈奴的這種心理，對逃入沙漠以北的匈奴來個突襲，一定能達到我們的目的。」於是加緊用小米餵養十萬匹戰馬，命令大將軍衛青、票騎將軍霍去病每人率領五萬名騎兵。再加上帶著私家馬匹參軍的志願者又是四萬匹馬，還有步兵以及緊隨大軍之後負責轉運糧草的後勤部隊又有幾十萬人，而那些驍勇善戰、敢於衝鋒陷陣的將士全都隸屬於票騎將軍霍去病。票騎將軍霍去病本來準備從定襄出塞，攻打匈奴單于，後來從抓獲的俘虜口中得知匈奴單于在東部，於是漢武帝又改變計畫，命令票騎將軍霍去病從代郡出塞，令大將軍衛青從定襄出塞。郎中令李廣屢次請求出征，漢武帝覺得李廣年紀已老，不同意。過了很久，又同意李廣出征，讓他擔任前將軍。太僕公孫賀為左將軍，主爵都尉趙食其為右將軍，平陽侯曹襄為後將軍，全歸大將軍衛青指揮。趙信為匈奴單于出主意說：「如果漢軍度過了大沙漠，必定是人困馬乏，匈奴以逸待勞一定能將漢軍全部俘獲。」於是將全部輜重向更遠的北方轉移，只留下精銳的部隊在漠北等候與漢軍決戰。

大將軍衛青率領軍隊出塞後，從抓獲的俘虜口中知道了匈奴單于的所在，於是，就挑選部分精銳騎兵，親自率領著向匈奴單于的所在地全速進發，命令前將軍李廣的軍隊與右將軍趙食其的軍隊合在一處，由東路並行北進。東路軍與中路相比需要繞道而行，路途遙遠而水草又少，李廣親自向大將軍衛青請求說：「我所率領的部隊本來應該是先頭部隊，如今大將軍卻改變部署，命令我走東路。再說，我從剛成年開始就與匈奴作戰，今天好不容易才遇到一次與匈奴單于面對面交戰的機會，我希望做先鋒，願意為捕獲匈奴單于而首先戰死。」大將軍衛青在出發前暗中受到武帝的告誡，認為「李廣年老，運氣不好，不要讓他直接與匈奴單于作戰，恐怕達不到出征的目的。」而公孫敖最近又失去侯爵，大將軍衛青也想給他提供一個立功的機會，就讓他和自己一道去攻打單于，所以才把李廣的前軍改做東路軍。李廣知道大將軍的用意，堅持向大將軍表示不同意走東路，大將軍衛青堅決不答應，李廣非常失望，也不告辭，站起來就走，心中的憤怒溢於言表。

大將軍衛青率軍出塞，前進了一千多里，才穿過大沙漠，看見匈奴單于的軍隊已經嚴陣以待。於是大將軍衛青下令軍中，用武剛車迅速圍成營寨，同時派出五千名騎兵迎戰匈奴。匈奴也派出了大約一萬名騎兵上前迎戰。兩軍激戰到天色將晚，又颳起大風，飛沙走石撲面而來，兩軍之間根本分不清敵我。漢軍趁機派出軍隊從左右兩翼包抄匈奴單于，匈奴單于發現漢軍眾多而且兵強馬壯，估計戰勝不了漢軍，於是就坐上用六匹騾子拉的車，由幾百名精壯的騎兵護衛著，衝破漢軍的包圍，向西北方向逃竄。當時天色昏暗，漢軍與匈奴相互混戰在一起，雙方死傷大體差不多。漢軍左校從俘虜的嘴裡得知匈奴單于已經在天黑之前逃走，趕緊報告給大將軍衛青，大將軍衛青馬上派輕騎兵連夜追趕，他自己則率領大軍緊隨其後，匈奴軍隊聽說單于已經逃走，立時軍心大亂，軍士們四散而逃。到天亮時，漢軍已經追出有二百多里，雖然沒有看見單于的蹤影，卻殺死和俘虜了一萬九千多名匈奴人，於是來到窴顏山的趙信城，奪取了匈奴存放在這裡的糧食讓漢軍吃。在這裡停留了一天，然後放火燒城，把剩餘的糧食全部燒毀，然後班師。

前將軍李廣與右將軍趙食其由於軍中沒有嚮導，因而迷失了道路，落後於大將軍，沒有趕上與大將軍會戰匈奴單于。大將軍衛青率軍而回，向南穿過了大沙漠，才與兩將軍的人馬相遇。大將軍衛青派長史責問李廣和趙食其迷失道路的情況，並要求李廣限期到大將軍帳下去說明原因。李廣說：「我屬下的諸位將領沒有過錯，是我自己迷失了道路，我自己去給上頭寫材料報告情況。」李廣又對他的屬下說：「我從剛成長的時候起就與匈奴作戰，大大小小的打過七十多仗，這次有幸跟隨大將軍出征與匈奴單于作戰，而大將軍卻將我從前軍改派到一條繞遠的路上，又迷失了道路，這難道不是天意嗎！再說，我李廣已經六十多歲了，無論如何也不能再去向那些刀筆吏們陳述什麼！」遂拔出佩刀自刎而死。

李廣為人廉潔，每次得到賞賜都分給自己的部下，飲水吃飯都和士兵在一起。擔任二千石的高級將領四十多年，家中沒有多餘的錢財。李廣的兩臂像猿臂，長而靈活，善於射箭，但沒有射中的把握絕不把箭射出去。率軍行軍打仗的時候，每當缺糧斷水之時，發現水源，全軍將士沒有全部喝上水，他絕不接近水源；全軍將士沒有全部吃上飯，李廣絕對一口不沾，將士們因此非常愛戴李廣，樂意為他效力。等到聽說李廣已死的消息，全軍將士無不痛哭流涕。老百姓聽到李廣自殺的消息，不論見過還是沒見過李廣的，也不論男女老少，全都為李廣的去世而傷心落淚。右將軍趙食其一人被移交司法部門接受審訊，司法部門判處趙食其死罪，家屬繳納贖金將其贖出，貶為平民。

匈奴單于逃走之後，他的士兵往往與漢軍混雜在一起尋找單于。匈奴單于好久無法與部下會合，匈奴的右谷蠡王以為單于已死，就自立為單于。過了十幾天，真單于又與他的部下重新會合在一起，右谷蠡王得知後去掉自己的單于稱號。

票騎將軍霍去病所率領的騎兵、車輛輜重與大將軍衛青的軍隊相同，但手下沒有設置副將，於是就把李敢這樣的中級將領任命為大校，充當副將。他們從代郡、右北平出塞後，行軍二千多里，穿過大沙漠，遭遇到匈奴的左方兵——即左賢王的軍隊，經過激戰，俘獲了屯頭王、韓王等三個小王，還有將軍、相國、當戶、都尉等匈奴高級官員八十三人，在狼居胥山頭築起高臺祭祀天神，在姑衍開拓出一片土地祭祀地神，又登上高處眺望大漠的奇異風光。此次出征，總計俘獲匈奴七萬四百四十三人。漢武帝為票騎將軍霍去病加封五千八百戶，又將票騎將軍霍去病屬下的右北平太守路博德等四人封為列侯。為從票侯趙破奴等二人增加了封邑，校尉李敢被封為關內侯，賞賜給他二百戶做食邑。軍隊中的小吏、士卒升官、接受獎賞的非常多。而大將軍衛青沒有受到任何獎賞，他部下的軍吏、士卒當中也沒有被封為侯爵的。

大將軍和票騎將軍出塞的時候，邊塞守衛人員查點官府的馬匹和私人攜帶出去的馬匹總計十四萬匹，而回來的時候，入塞的馬匹不足三萬匹。

於是，增設大司馬一職，大將軍衛青、票騎將軍霍去病都被封為大司馬。漢武帝特意頒布命令，讓票騎將軍霍去病的職位、俸祿與大將軍衛青相等。從此之後，大將軍衛青的權勢漸漸衰退，而票騎將軍霍去病日漸尊貴。大將軍衛青的老朋友、門客也大多離開大將軍衛青而去投靠了票騎將軍霍去病，凡是投靠票騎將軍霍去病的就有官做，只有任安不肯那樣做。

票騎將軍為人，少言寡語，不露聲色，講義氣，勇於承擔責任。漢武帝曾經想讓他學習孫、吳兵法，票驃騎將軍霍去病回答說：「關鍵在於根據具體情況臨機處置的本領如何，沒有必要去死學古代的兵法。」漢武帝又為他修建府第，修好了之後讓他去看，票騎將軍說：「匈奴還沒有被消滅，經營自己的小家有什麼用呢！」正因為如此，漢武帝就更加的敬重他、寵愛他。然而，票騎將軍從小在富貴中長大，不懂得體恤士卒。每當他率軍出征的時候，漢武帝就派宮中主管膳食的太官，為他用十幾輛車子拉著吃的，等到班師回國的時候，就將輜重車上剩下的糧、肉全部扔掉，而出征的士卒卻在忍飢挨餓。他在塞外的時候，由於軍中缺乏食物，有的士兵被餓得無法站起來行動，而票騎將軍還要讓人給他修球場供他踢球娛樂，像這類的事情還很多。大將軍衛青的為人卻很仁慈，善待士卒，喜好賓客，謙恭禮讓，依靠自己的恭敬順從獲得漢武帝的寵幸。大將軍衛青與票騎將軍霍去病兩個人的志向操守就是這樣。

當時，漢軍殺死和俘虜的匈奴人總計約有八、九萬人，而漢朝自己損失的士卒也有數萬人之多。從此以後，匈奴逃向更加遙遠的北方，大漠以南再沒有匈奴單于的立腳之地。漢朝的軍隊渡過黃河，從朔方郡往西一直到令居，往往開渠引水，發展農業生產，設置屯田的官吏，安置五六萬名士卒在這裡屯墾，像蠶吃桑葉一樣漸漸地向北擴展。然而終究因為馬匹太少，不能再大規模地出兵攻打匈奴了。

匈奴採用了趙信的計策，派遣使者來到漢朝，用委婉的言辭請求與漢朝和親。漢武帝將此事交給大臣商議，大臣中有人主張和親，有人主張繼續打擊匈奴使其徹底臣服。丞相長史任敞說：「匈奴剛剛被漢朝打敗，應該使它成為漢朝的屬國，讓匈奴單于定期到邊境朝請皇帝。」漢武帝就派任敞作為使者出使匈奴，任敞向匈奴單于轉達了漢朝皇帝的旨意，匈奴單于聽了大怒，就將任敞扣留下來不准返回漢朝。

當時博士狄山也參加了大臣的討論，他認為與匈奴和親有利，漢武帝就此事徵詢張湯的意見，張湯說：「這個迂腐的儒生太無知。」狄山反譏他說：「我雖然愚，但出於忠心；像御史大夫張湯，看似忠，而內心奸詐。」當時漢武帝就拉下臉來，質問狄山說：「我派你去當一個郡的太守，你能保證匈奴不來進犯嗎？」狄山回答說：「不能。」武帝又問：「讓你去當一個縣令，你能保證匈奴不進犯這個縣嗎？」狄山仍然回答：「不能。」武帝更逼近一步問：「那麼讓你守衛一個塞堡呢？」狄山心裡盤算，如果再說「不能」，恐怕就要把自己送入大牢了，於是趕緊說：「能。」漢武帝於是派狄山去守衛一個塞堡。狄山到任一個多月，匈奴前來進犯，就將狄山的人頭砍去了。這件事發生之後，眾位大臣都很恐懼，再也沒有人敢與張湯持不同意見了。

這一年，汲黯因犯法而被免職，漢武帝任用定襄太守義縱為右內史，河內太守王溫舒為中尉。

早先，甯成擔任武關都尉，經常出入武關的人不論是官吏還是百姓都傳說著這樣一句話：「寧可看見一隻母老虎，也不願遇見甯成發怒。」等到義縱擔任南陽太守，他在上任途中經過武關，甯成竟然恭恭敬敬地側著身子送往迎來。義縱到達郡署之後，就著手查辦甯成家族，將甯成弄得家破人亡。南陽郡的官吏與百姓被嚇得戰戰兢兢，兩隻腳就像重疊在一起一樣，連路也不敢走了。後來義縱被調任到定襄郡擔任太守，剛一上任，就突然提審定襄監獄中那些重囚按輕囚管押的犯人二百多人，以及當天私自到監獄探視犯人的親屬、賓朋也有二百多人。一律被抓起來審問，逼迫那些探視的人承認是來「給死囚解脫刑具」，當天就將那些罪犯以及探監者共四百多人判定死刑立即全部處死。此後，定襄郡中的人被嚇得不寒而慄。當時，趙禹、張湯全都因為執法嚴厲苛酷而位列九卿，但他們兩人審理案件還能依法而行，而義縱審理刑獄就像餓鷹追逐獵物一樣，非得置對方於死地不可。

王溫舒開始時擔任廣平都尉，他從郡中挑選十幾個豪橫敢為的官吏，作為自己的爪牙，同時又掌握著他們重大犯罪的把柄，然後派這些人去抓捕別的盜賊。如果是王溫舒特別想要抓住的人，能馬上給他抓來，讓他感到心滿意足，那麼這個人即使是犯了一百次法，王溫舒也不會將他繩之以法；如果發現某人在有意迴避，不把他想要的人抓來，他就會利用某人過去的犯罪事實將他處死，還要滅他的族。因為這個緣故，齊國、趙國之間諸交通要道的盜賊不敢靠近廣平，廣平的治安聲稱是道不拾遺。後來王溫舒被調往河內郡擔任太守，當年九月到任。到任後立即下令郡中準備五十匹私馬以供驛站之用，然後派人將郡中那些強橫狡猾的地方豪紳全都抓捕起來，因受牽連而被抓捕的就有一千多家。王溫舒立即上書奏請漢武帝批准，將那些罪大惡極的誅滅全族，罪行輕微的處死，家產全部沒收以償還掠奪霸佔的財物。奏疏呈交上去後不到兩三天，得到皇帝的批覆是「可以」，於是按照原先的判決將這一千多家全部處死，由於被殺的人太多，犯人的鮮血流出去有十多里遠。河內郡的人都感到很奇怪，覺得王溫舒從審訊到奏報、從批覆到行刑，簡直是太神速了。到十二月底的時候，郡中已經沒有人敢再大聲說話，沒有人敢在夜間出行，就是荒郊野外，就連能引起狗叫的小盜賊都沒有，更不用說是大盜了。偶爾有幾個未能捕到的漏網分子，也都逃到鄰近的郡、國中去了，正要派人去追捕。正好已經進入春季，王溫舒遺憾地跺著腳長歎一聲，說：「嗨，太令人遺憾了！如果能讓冬季延長一個月，我的事情就辦完了！」

漢武帝聽說了王溫舒的事情，認為王溫舒很有才幹，所以就提拔他做了俸祿在二千石的中尉。

齊國人少翁，他以自己能招致鬼神的法術求見漢武帝。漢武帝有一個特別寵愛的王夫人剛剛去世，少翁用他的法術在夜間將王夫人的鬼魂招來，其形貌確實很像王夫人，漢武帝從帷幕之中親眼看到了。於是就封少翁為文成將軍，賞賜給他很多的錢物，並以對待賓客的禮節對待他。文成將軍少翁又勸說漢武帝建造甘泉宮，宮中建造亭臺宮室，宮室中畫上天神、地神、太一等諸鬼神，並擺設著祭祀用的器具，用來祭祀、招致鬼神。過了一年多，少翁再也玩不出什麼新花樣，而神仙也沒有出現。於是他就預先在一片帛上寫好字，餵給牛吃進肚裡，自己假裝一無所知，對人說：「這牛的肚子裡有一個奇怪的東西。」於是將牛殺死一看，果然發現一片帛書，上面寫的內容很是稀奇古怪。漢武帝認出是少翁的筆跡，就審問少翁，少翁承認是自己偽造的；於是將文成將軍少翁處死，而此事對外嚴格保密。

【研　析】本卷寫了武帝元朔五年（西元前一二四年）至元狩四年（西元前一一九年）共六年間的全國大事，其中值得重視的問題主要有以下兩點：

其一，本卷記載了衛青、霍去病伐匈奴的幾次最輝煌的戰役。陳梧桐《中國軍事史》讚揚霍去病元狩二年的河西之戰說：「此役使匈奴繼失河南地後又喪失河西，其統治西部地區的根基便被徹底拔除了。此後，匈奴不僅在與漢朝爭奪西域的鬥爭中長期陷於被動的地位，同時也在經濟上遭受重大的損失，匈奴人哀歌曰：『亡我祁連山，使我六畜不蕃息；失我燕支山，使我嫁婦無顏色。』而對漢朝來說，由於河西匈奴勢力的消滅，西部邊郡的人民因而得到了喘息的機會。就在河西之戰勝利的當年，漢武帝下詔將隴西、北地、上郡的戍卒減少一半，這對減輕人民負擔、恢復和發展因長期戰爭而遭受巨大消耗的西漢經濟，有著積極的作用。同時，由於西漢控制了整個河西走廊，不僅切斷了匈奴與西羌的聯繫，而且打開漢朝通往西域的道路，開始實現『斷匈奴右臂』的戰略目標，漢匈的實力對比因此開始發生了變化。如果說，此前漢匈雙方還是保持均勢的話，那麼，此後匈奴便日趨衰弱並漸居下風，而漢朝的優勢則日益明顯，基本掌握了戰爭的主動權。」臺灣三軍大學《中國歷代戰爭史》曰：「(霍去病)轉戰數千里，一戰完成斷匈奴右臂之任務，厥功至偉。此種長驅深入之機動閃擊攻勢，又開中國戰史上空前之例。」「霍去病兩次遠征河西走廊，深入數千里作戰，所以皆能致勝，消滅匈奴駐右部之強大部落者，一以去病勇敢善戰；二以去病善能因水草、因糧於敵之作戰；三以去病所率之軍皆漢騎之最精良者，故能遂行遠距離之機動迂迴、包圍奇襲，而常以寡勝眾也。」陳梧桐盛讚衛青與霍去病的「漠北之戰」說：「漢武帝在取得河南、漠南、河西三大戰役勝利的基礎上，根據漢軍經過實戰鍛鍊積累的運用騎兵集團進行長途奔襲與迂迴包抄的作戰經驗，利用匈奴王廷北徙之後誤以為漢軍不敢深入漠北的麻痹心理，決定出其不意，攻其不備，大膽地制定了遠途奔襲、深入漠北、犁廷掃穴、尋殲匈奴主力的戰略方針。與此同時，他又細心進行戰前的準備，除集中全國最精銳的騎兵和最優秀的戰將投入戰鬥外，還調集大批馬匹與步兵運送糧草輜重，以解決遠距離作戰的補給問題。而在作戰中，漢軍統帥又發揮了出色的指揮才能，充分利用騎兵的機動性與衝擊力，不僅敢於深入敵境，而且善於迂迴包抄，特別是衛青，在遭遇單于主力後，機智地運用了車守騎攻、協同作戰的新戰術，先借助戰車的防禦能力使自己立於不敗之地，繼而發揮騎兵迅速機動的攻擊能力，迂迴包抄敵軍的兩翼，一舉擊潰單于的主力，更顯示出其戰役指揮方面的優異才能。所有這一切，都為漢軍的勝利提供了保障。漠北之戰最終以漢軍的全面勝利而告終，從此出現了『幕南無王廷』的局面。」關於衛青大戰匈奴單于的戰鬥情景，明代楊慎說：「自『日且入』至『二百餘里』，寫得如畫。唐詩『胡沙獵獵吹人面，漢虜相逢不相見』；『月黑雁飛高，單于夜遁逃。欲將輕騎逐，大雪滿弓刀』，皆用此事。」凌稚隆說：「千年以來所無之戰，亦千年以來所無之文，而騷人墨客共得本之以歌出塞、賦從戎，未嘗不令神馳而目眩也。太史公絕世之姿，故《漢書》不為增損一字。」

其二，在征討匈奴諸將中，作者同情李廣，而批評衛青、霍去病；在衛青與霍去病的對比中，作者又同情衛青。這種態度是從司馬遷開始，李廣號稱「飛將軍」，名震千古，但仔細閱讀《史記．李將軍列傳》，李廣一輩子似乎沒有打過什麼勝仗，最好的時候是與人打個平手，失敗的時候居多，最嚴重的一次還被敵人俘虜了去。但就是這樣一個人司馬遷把他寫得活靈活現。通過打敗仗描寫「名將」，是司馬遷寫文章的一大創造，不用再說別的，就單看司馬遷描寫李廣被俘逃脫的一個片斷就足夠了：「胡騎得廣，廣時傷病，置廣兩馬間，絡而盛臥廣。行十餘里，廣佯死，睨其旁有一胡兒騎善馬，廣暫騰而上胡兒馬，因推墮兒，取其弓，鞭馬南馳數十里，復得其餘軍，因引而入塞。」這不是英雄是什麼？更何況李廣還有絕好的人緣。司馬遷寫李廣的死是充滿感情的，他說這是皇帝和衛青串通好了不讓李廣打頭陣，還因為衛青要關照他生死的朋友公孫敖，想讓公孫敖立功封侯，故而有意地犧牲李廣。李廣既受氣又趕上倒楣，鬧得失道後期，故只有悲憤地自殺了事。李廣的兒子李敢恨衛青，把衛青揍了一頓。衛青理虧，自己沒有說什麼，但他外甥霍去病為給衛青報仇，竟在陪著皇帝打獵時故意將李敢射死了。請注意，這時的李敢是身居郎中令之職，正九卿。漢武帝是怎麼對待此事呢？他為霍去病打掩護，說李敢是被鹿撞死的。這就是李廣父子為漢王朝打了一輩子仗的下場。司馬遷在《史記》中這樣寫，司馬光又幾乎原樣把《史記》的文字移入《通鑑》，故而司馬光的感情傾向也與司馬遷相同。

關於衛青與霍去病的問題，明代鍾惺說：「太史公敘驃騎封賞極其熏灼，覺大將軍漸冷矣，卻詳大將軍漠北一戰不容口，而以『大將軍不得益封，軍吏皆無封者』二語結之，仍接敘驃騎戰功封賞。此時大將軍之視驃騎，幾於昔李廣之視大將軍，其感深矣。」茅坤說：「青武剛車之戰，氣震北虜，而去病斬馘雖多，非青比也。太史公特抒憤懣之詞，無限累欷。」又曰：「大將軍此戰極為奇絕，以不得並驃騎益封，故太史公盡力描寫，令人讀之凜凜有生色。」作品在敘述霍去病的地位權勢漸漸超過衛青，而門下賓客漸漸離開衛青改投霍去病時，只有任安態度不變。凌稚隆引王世貞的話說：「賢乎哉任安也，其猶有古俠士馮諼、虞卿之風焉。當大將軍盛時，士爭自潔飾求昡，其趨之也若飄風之積羽，其用之也如烈焰之炙手；而安與田仁方以貧事家監，得養惡齧馬，非有國士之遇也。迨趙禹過擇郎將，得安，大將軍猶不肯，此與安何德？灰飛鳥散，而安如故，語曰『歲寒知松柏之後凋』，難能哉！」《史記》原文如此，司馬光移入《通鑑》仍如此，亦可見司馬光與司馬遷的態度相同。